箱式石棺

付・全国箱式石棺集成表

茂木雅博 著

同成社

まえがき

　「箱式石棺」は弥生の初頭に中国大陸から九州の響灘・玄界灘沿岸に伝来したと考えられているが、板石を組み合わせて作られるこの石棺は弥生時代から古墳時代にかけて現在の鹿児島県から山形県まで、ほぼ日本列島全域に盛行した。今日までにその存在が知られたものは約3,400基を数える。

　私が箱式石棺と最初に出会ったのは1958年のことである。まだ高校の2年生だった私は、当時私の通う県立麻生高校で日本史を教えておられた大森信英先生が夏休みを利用して実施した、麻生町に所在する南古墳群の発掘調査の現場に、偶然の機会を得て参加したときであった。それまでは考古学とは何の関わりもなかったのだが、思えばこの発掘調査への参加が私と考古学、就中古墳、さらには箱式石棺との長いつきあいの発端となり、さらには私の生涯を左右する出来事になろうとは、その時は思いもしなかったのである。

　ちなみに、この調査では当古墳の主体部は箱式石棺とは報告されず、竪穴式石室状の埋葬施設とされており、私が完全な箱式石棺と最初に対面したのは翌年の夏休みに玉里村（現小美玉市）の通称大塚山古墳の石棺実測においてであった。

　私と箱式石棺のつきあいはその後営々と続くのだが、2007年にそれまで勤務していた大学を定年で退き時間に余裕ができたのを期に、奈良県立橿原考古学研究所の図書室を利用して、日本国内の箱式石棺につき報告書上で悉皆調査を行ってきた。その成果が本書末尾の集成表である。その意味では、この集成表こそ本書の中枢部であり、私のつたない論考などよりずっと意義のあるものといってよいだろう。

　本書がこの後、箱式石棺、ひいては古墳の研究に携わる方々にとって、ささやかな踏み石のひとつとなれば望外の幸せである。

　　　2015年8月

　　　　　　　　　　　　　　　　　　　　　　　　　　　　　　　　　著者記す

目　次

まえがき

論考・箱式石棺 …………………………………………………………………………… 1

序　章　箱式石棺とは何か　3
第1章　「箱式石棺」研究史概略　7
第2章　日本における箱式石棺の分布　19
第3章　弥生時代の箱式石棺　25
第4章　古墳時代の箱式石棺　41
第5章　方形・円形周溝墓、方形台状墓、四隅突出型墳丘墓と箱式石棺　75
第6章　箱式石棺の埋葬頭位　85
第7章　箱式石棺の構築法　91
第8章　箱式石棺に副葬された遺品　101
第9章　箱式石棺を埋葬施設とする人びと―霞ヶ浦沿岸を例に―　109
付　章　補論―中国揚子江流域の箱式石棺　119
引用・参考文献一覧　127

箱式石棺実測図 …………………………………………………………………………… 137

Ⅰ　弥生時代篇　138
Ⅱ　古墳時代篇　215
Ⅲ　中国編　304

全国箱式石棺集成表 ……………………………………………………………………… 311

Ⅰ　弥生時代篇　312
Ⅱ　古墳時代篇　390

あとがき ……………………………………………………………………………………… 607

論考・箱式石棺

序　章　箱式石棺とは何か

　「箱式石棺とは何か」を述べるにあたっては、これまでに刊行されたいくつかの考古学辞典の該当の項目を開き、それらを整理することとしたい。

酒詰仲男・篠遠喜彦・平井尚志編『考古学辞典』（改造社、1951年）
　はこしきせっかん　箱式石棺〔古墳〕箱形石棺。弥生時代に北九州に於いて甕棺と平行して行われ、後古墳の内部主体として用いられた。数枚の平石を合わせて箱式にしたもので組合式石棺中最も原始的なものである。徳島縣（阿波國）方面に多いので阿波式石棺とも称ばれる。シストと單に称せられものもこれである。箱式石棺は海岸、山頂等にみられ、人骨も副葬品も甚だ稀である。

水野清一・小林行雄編『図解考古学辞典』（創元社、1957年）
　はこしき―かん・はこしき―せっかん　箱式棺・箱式石棺
　（1）CISTの訳語。板状または塊状の石材で4側をかこんで、人体をいれるに適した長さ1.5m～2.0mの粗末な箱状の空間を作り、上部にも同様な石材をおおった構造のものである。死者の埋葬に用いる石造の棺として、もっとも簡単なものであって、新石器時代から現代まで、世界各地に実例をみる。しかしまた、簡単であり普遍的なものであるだけに、類似の構造物との区別が困難になることがおこる。たとえば日本では、棺のおおいとして作られたものを竪穴式石室とよび、木棺などの第2の容器を用いることなく、直接に死者をおさめた箱式石棺と区別しようとしている。しかし、木棺が使用されたか否かの判定は困難なことが多いので、便宜上、側壁の石材のつみ形によって、上下につみかさねたものを石室、横に並置するにとどめたものを箱式石棺として区別することが多い。ただし、内法の大きさが考慮されることはいうまでもない。また箱式石棺においては、底石の有無は決定的な要素とはされない。底石がある場合にも、それが側石の下方に敷かれたものと、側石の内側にはめこまれたものとがあり、さらに1枚の板石を用いたものと、数個の板石をならべたものがある。底石がない場合には、砂や礫を底面にしくこともある。底石を有する箱式石棺に似たものに、軟質の石材を板状に加工して同様にくみたてたものがある。これは組合式石棺というが、箱式石棺とは区別して取り扱われることが多い。しかし、この場合でも底石がなければ箱式石棺のうちに入れるなどかなり便宜的に処理されている。
　（2）箱式石棺は新石器時代にすでにみられるが、とくに盛行したのは、その後半から青銅器時代にかけてである。北欧ではモンテリュウスによると新石器時代Ⅳ期編年では、第Ⅳ期の墓制を特徴づけるものとされる。東アジアでは箱式石棺が顕著になるのは金属器使用の初期の段階である。内モンゴル自治区赤峰には初期青銅器時代の箱式石棺群があり、吉林省延吉小営子では石器を副葬品

とする箱式石棺群が分布する。河北省唐山古墓群でも6基の箱式石棺が調査されている。この頃朝鮮半島や日本でも、箱式石棺を支石墓の下に埋置したり、単独に設けた例がある。普通箱式石棺といえば、1体の遺骸を伸展葬したものがあるが、弥生時代の山口県土井ガ浜遺跡の箱式石棺は屈葬の同時合葬に用いた例があり、古墳時代になると、伸展葬の合葬がしばしばみられ、あきらかに追葬の場合もある事が知られている。(小林行雄記)

日本考古学協会編『日本考古学辞典』(東京堂、1962年)
　遺骸を収める施設。自然に裂開しやすい安山岩・緑泥片岩・粘板岩などの扁平な板石を長い箱形に組み合わせ、同じく板石で蓋した棺。底も板石で施設するものと、底石の欠除している例とがある。この形式は、遺骸を保護する施設として、最も簡易なものである関係上、かなり普遍的に行われ、しかも長い間用いられている。この種の箱式石棺(cist)は、ヨーロッパでは新石器時代末期から青銅器時代にかけて行われ、アジアでも熱河の赤峰、南満州・間島・朝鮮半島の各地で発見され、磨製石剣・石鏃等を伴出する例が多い。わが国でも、弥生式時代の墓にこの種のものがあり、原始箱式石棺ともいわれているが、高塚墳墓が発達してからかなり広く行われた。これは前期から行われ、直接土中に埋められているが、後期の横穴式石室内に設けられたこともある。なお、阿波地方では、この地に多く緑泥片岩の板石を組み合わせた石棺が発達しており、早くから阿波式石棺の名で呼ばれているが、時代も比較的さかのぼる時期から、かなり長い間にわたって用いられた。(斎藤忠記)

『世界考古学事典』(平凡社、1979年)
　せっかん　石棺　石製の棺　死体を入れるためのもので、大部分は全身を直接葬ったものであるが、火葬骨や洗骨後の骨を入れたものなど小形の例もある。1体1棺がふつうであるが、合葬用のものや、次々と追葬した例もみられる。大別すると組合せ式石棺(シスト cist)と刳抜式石棺がある。
　組合わせ式石棺は新石器時代以来存在する。このうち板状の自然石を用いて1体を入れられる程度に4辺を囲んだものは箱式石棺とよばれる。この種の石棺には底や蓋を欠く例も含まれる。南インド鉄器時代の巨石墓の内には、箱式石棺が巨大化してドルメンまたは石室と判別し難いものもある。インドネシアのスマトラ島では箱式石棺で壁画を描いた例がある。日本では縄文後期(長野県茂沢南石堂など)から存在し、弥生・古墳時代に及んでいる。同様な大きさであって、遺体を直接埋葬した可能性があっても、板石を横積にしたり、礫を土壙壁に積んだような場合は石槨(墓)とされ、石棺とはよばない。箱式石棺は土中に直接置くのが通例であるが、墓室の中におくこともあった。遺体は直接石棺に入れるほか、木棺その他の柩を用いた場合もあったと考えられる。この場合は槨とよぶべきであろうが、いずれとも判定できない場合が多いので、すべて石棺と称されている。(重松和男記)
　せっかんぼ　石棺墓　適当な板石や塊石を組合わせて長方形の箱形を作り、その中に遺骸を直葬し、加えて若干の副葬品を納めている墓。

［中国］　河北・吉林・遼寧の各省に分布の中心があり、山西省太原や四川省の岷江上流域にも知られる。ともに内陸アジアの青銅器文化の影響を直接・間接に受けて成立したものである。立地が概して山腹ないし丘陵の頂上にありながら、各地域の石棺墓は、属する時代、石棺の構造、副葬品の内容において異なっている。赤峰地区では前1千年紀に現れ、構造では床石を欠くものが多く、蓋はケルン状に積まれている場合がある。副葬の土器は、いわゆる紅陶であり、骨鏃、青銅製刀子などに特色をもつ。吉林市付近も石棺墓の一大中心地であり、時代は前1千年紀の中ごろと考えられ、石棺には床石のあるのが一般的で、蓋も1段となっており、時に副葬品を納める副室を有することがある。副葬品は多くの墓にみられ、赤褐色無文土器、石鏃、石包丁、青銅製の斧や刀子、勾玉に特徴がある。なお石棺墓にはしばしば獣骨の出土があり、赤峰の場合これが犬を主体としているのに対して吉林では猪であるのも両者の大きな相違点である。さらに吉林省の中でも延吉県など豆満江流域の例は、時代が前1千年紀後半のものとなり、石棺も中央に石牆を立てて棺を左右に区分したり、合葬をみることがある。副葬品は骨・貝製品が多く、かえって青銅製品や獣骨が欠如している。四川省では、茂汶・汶川・理県に密集し、時代はおおむね前漢期に相当する。棺底に石を敷かず、副葬品の双耳罐や銅柄鉄剣、銅製連珠鈕などに特色をもつ。（量博満記）

［朝鮮］　石棺墓、箱式石棺墓とよばれる。中国東北地方からの影響下に無文土器時代に盛んに行われた。豆満江流域では吉林省小営子遺跡のように石棺墓のみで一群をなすことが多いが、他地域では支石墓などに混在して墓群をなすことがある。構造が簡単なため、時期的な変化は不明であるが、頭を置く部分が広く、足もとは狭い。副葬品としては細形銅剣や銅鏃など青銅製品を伴出することもあるが、磨製石剣や磨製石鏃などの金属を模倣した製品を副葬する例がほとんである。慈江道豊龍里の石棺墓からすると、この種の墓制は無文土器時代の当初から存在したとみられ、また構造上支石墓の成立に密接に関与したと考えられるが、石棺墓の変遷や終末、その意義については不明の点が多い。（甲元真之記）

［日本］　東日本に配石遺構との関係がある縄文後期の長野県茂沢南石堂、久栗坂山野峠などの例があるが、西日本では朝鮮半島との関連を想定させるものが、縄文晩期に支石墓の下部構造として現われる。縄文晩期、弥生前期には唐津平野、長崎県本土に分布するが、多くは小型方形の粗製箱式石棺で、屈葬を行ったらしい。副葬品はまれであるが、晩期終末の長崎県狸山では鰹節形大珠1個が副葬されていた。箱式石棺自体は弥生前期に土井ヶ浜、中ノ浜など山口県西部に現われ、その後九州、中国、四国に分布する。北部九州では前期例は未発見であることが注意されるが、九州では後期に増加する。弥生時代の箱式石棺の構造は、板石や平たい面をもつ塊石を数個並べて長側辺をつくり、両端に短側石をはさみこみ、石蓋をするもので、群集したり、甕棺などと共存するのがふつうである。埋葬は1基に1体を伸展葬するのがふつうであるが、5体を埋葬した土井ヶ浜の例、重葬した中ノ浜の例などもある。副葬品をもつ例は少ないが、九州では青銅武器や鉄剣を副葬した例があるほか、対馬では塔の首、シゲノダンなど、日本や朝鮮の多種の青銅製品を副葬したものもみられる。箱式石棺は支石墓のほか上部構造をもたないものがほとんどであるが、特異な上部構造をもつものもある。山口県梶栗浜の列石遺構、中ノ浜の蓋石上に石塊を置くもののほか、福岡県御廟塚、泊大塚、大分県美和、金屋廟森など、小円墳状の盛土をもったものが後期には現われる。ま

た、広島県花園墳墓群のように、周溝をもち、裾部に列石のある方形台状部に多数の箱式石棺を築いた特異な群集形態を示すものもある。弥生終末～古墳時代初めには福岡県祇園山のように墳丘をもつ例があって、古墳との関係を思わせる。箱式石棺は古墳時代にも行われ、板状の石材を得やすい地域で古墳の石棺として使われることがあった。なお、石蓋土壙は箱式石棺の一変形である。(新田栄治記)

西谷正編『東アジア考古学事典』(東京堂、2007年)
　石棺墓　せっかんぼ　　板石を立てて箱形に組み立てた棺を用いた墓。箱式石棺・箱式棺・組合せ式箱式石棺などの名称で呼ばれる。平面プランは長方形や方形が主流である。墓壙の中に4個以上の板石・塊石を四周に並べて棺とし、遺体をその中に直接埋葬した後、石蓋をしている。支石墓の内部主体として用いられる場合もある。遺体はふつう単独で埋葬されるが、複数埋葬した場合もある。棺の規模が大型のものと小型のものがあるが、必ずしも成人・小児の区別と対応しない。小型の石棺に成人が埋葬された例では、再葬の可能性も指摘される。弥生時代初頭から西日本を中心に存在し、弥生時代の西北部九州では継続して石棺墓が営まれた。朝鮮半島では無文土器（青銅器）時代を中心にみとめられる。(谷直子記)

　これらを総合的に整理すると、以下の6点になる。
①名称については、箱式石棺（cist）でほぼ統一され、一部に組合せ式石棺や箱式棺という場合もある。箱形石棺という名称が後藤守一によって使用されたこともあるが、現在はほとんど使用されていない。
②世界的な築造時期は新石器時代から青銅器時代にかけて、北欧からインド・中国・朝鮮半島で盛行する。日本では縄文時代後期からみられるが、現在では弥生時代前期に長崎県壱岐市小場遺跡、山口県土井ヶ浜遺跡、同中ノ浜遺跡、同梶栗浜遺跡等が最古とされ、やがて北九州を中心とする西日本で盛行する。
③弥生時代の箱式石棺は共同墓地として群集して発見され、副葬品を伴うものは少ないが、長崎県対馬市浅茅湾沿岸では青銅器を伴うものも発掘されている。
④古墳時代の箱式石棺は瀬戸内海に面する地域に現れ、やがて肥後・天草や霞ヶ浦沿岸で爆発的に構築される。しかしヤマト王権下の畿内ではあまりみられない。
⑤霞ヶ浦沿岸地域では、前方後円墳の後円部頂に埋置される場合もあるが、圧倒的に裾部に営まれることが多い。それは追葬を主目的とするからである。
⑥墳丘裾部に営まれる箱式石棺には副葬品は少なく、追葬を原則とする。

第1章 「箱式石棺」研究史概略

1. 明治・大正期の研究と「阿波式石棺」論争

　箱式石棺の研究の嚆矢は明治19年（1886）の鳥居龍蔵氏によるものである。鳥居氏は徳島県の寺山古墳を調査し、ここで発掘された8基の箱式石棺を中国東北地方の石棺と関連するものであると論じた（鳥居1882）。これが日本における箱式石棺に関する最初のリポートであり、鳥居氏の面目躍如たる卓見である。氏はさらに明治24年（1891）に「徳島近傍の石棺」の中でこの種の石棺の形態を3類型に整理しているが（鳥居1891）、この3類型は日本のみの資料による類型ではなかったので、今日では実態に添わないものとなっている。

　大正時代になると箱式石棺の研究は比較的活発に行われるようになり、大正2年（1913）に発表された笠井新也氏の「阿波国古墳概説」には研究者の批判が集中した（笠井1913）。すなわち"阿波式石棺論争"である。笠井氏はこのリポートの中で、「古墳の整理」という1節を設けて「圓墳・前方後圓墳・石塚・阿波式石棺・半圓墳」等に整理し、「阿波式石棺」を次のように規定した。
「一種の石棺であるが、その構造も埋葬の方法も一種特殊なものであるから、仮に阿波式のを冠らせておいた。即ちその石棺は阿波国特産の緑泥片岩の板状をなしたものを以て、長方形の箱状に組み合わせたものである。而して丘陵上の適当の場所を掘ってそこへ埋めたものである。この形式のものは吉野川下流南方面へかけて栄えてゐる。勝浦郡本庄村丈六寺山のものヽ如きはこの種類の代表的のものであろう」。

　さらにその構築法について「これらの石棺の組立には種々の形式があるが、大別すると二つとなる。甲は最も単純なもので四側上下の六枚の石を組合せたもので、乙は各側上下共数枚の石を継ぎ合せたものである。その外変則的なものも少なくない。またその石の組合せ方にも、柄鑿の細工を施したものと、少しも細工を用ゐず、そのまヽ並列的に組合せてあるものとの二種がある」と述べている。

　この視点に最初に反論したのが中井伊與太氏である。中井氏は「阿波国古墳概説を読む」の中で「氏が海岸南方面の特色として阿波式石棺を挙げられて居るのには余は賛成を表することが出来ぬのである。氏は古墳の地理的系統の項に於て海岸南方面も栄えたのは阿波式石棺で、この種の石棺は阿波国に於ける分布をみると、すべて吉野川下流の南岸方面及び海岸の南方面にのみあって、北方面には殆どない事であると説かれてあるのは、氏が踏査の不充分から来た断案である。即ち吉野川上流方面に於ても下流北方面に於ても存在し、吉野川上流方面には比較的その愁数少く、下流に到るに従って漸次其の数を増加し、板野郡川端村附近を中心として撫養妙見山脈にまで及んでいるのである。而してこの種の石棺は決して南方面の特色ではない、寧ろ南方（那珂海部）の北方（三好

美馬波野麻植名西名東）に異なる点は古墳の石槨の差異によるものと自分は思うのである」（中井1914）と笠井氏の研究姿勢までも否定するような激しい批判をしている。

しかし笠井氏は何故かこの批判には全く答えようとせず、同年8月には「阿波国古墳概説続篇」（笠井1914）を発表し、その中で中井氏の批判には一切触れず、あたかも市民権を得たものであるかのように"阿波式石棺"の名称を多用している。

この笠井氏の論に対して徳島県に生まれた喜田貞吉氏は「阿波国には、この種の新しい型の竪穴式の墓が少なからずありまして、それは塚の頂上に平たい石を並べて、小さい石室を作ったのであります。この式の墓はどこにでもあるのですが、阿波のは多少作り方が違ふ。これは佐古石といふ様な剥げ易い石があるためでもありませうが、これまでの研究者は、かういう類のものは外にみない、これは阿波に限るといふ事で、阿波式石棺など、雑誌に書いてありましたが、実はこれは阿波に限らず、私は先年九州へ調査に行った時、大分縣で幾らも見た事があります。又その石室は小さくとも石棺といふべきものではありません。横穴式石室と同じく、壙即ち墓穴と申すべきものであります」（喜田1914）と批判的意見を述べた。

笠井氏はこの喜田氏に対して論争を挑むのである。すなわち「阿波式石棺を論じて喜田博士に示教を乞う」である（笠井1915a）。笠井氏はこの中で喜田氏の批判に反論し、以下5点につき質問した。

①阿波式石棺が大分県に存在するか。
（ここで笠井氏は弥生式土器が弥生町から出土した土器群で構成されたごとく、現在の箱式石棺を阿波式石棺と命名するのであって、同様のものが大分県から発見されても何ら矛盾はないと言う）
②阿波式石棺は壙穴か。
（この時期は考古学史上"棺・槨論争"が起きていた時代であり、箱式石棺が"棺"か"槨"かは重要な問題であった）
③阿波式石棺の名稱がなぜ否か。
④喜田の説く阿波式石棺の埋葬法は事実と相違する。
⑤阿波式石棺の盛行期を大化以後と斷じる理由は。

この質問に対して喜田氏は「所謂阿波式石棺に就いて笠井君に答ふ」で以下のように応えている（喜田1915）。

「一、然り。全然同一のものは確実に大分県に現存す。た、に大分県のみならず、他の諸地方にも同式のもの甚だ多く存在する。
二、然り。正に判然と壙穴なり。決して石棺など、称すべきにあらず。
三、石棺にあらざるものを石棺と称するは断じて許容すべからず、又阿波特有にもあらず、阿波に於て発見されたるにもあらぬものを、阿波式と名づけんは妥当ならず。
四、簡単なる講演中に於ける余の説明があらゆる場合を詳説せざるは固よりなり。而も其の説く所大体に於て差支なし。
五、余も其のすべてを以て大化以後なりとは思はず、又然かく断言したる事なし。」

以下これらの各項目について喜田氏は詳細にその理由を述べて解答し、最後に研究者の先輩として笠井氏の感情的な文章を戒め、中井氏の問いに答えるよう諭している。

　しかしながら笠井氏はこの後この種の研究を断念したようである（笠井1915b）。「何が故に君は阿波を以て之が本場たることを認められんとするか。君が阿波以外のものについて未だ知識を有せられぬといふ事は、何等阿波が本場たる上に於て、理由とはならぬのである。……余は実に、笠井君程のお方が、かゝる浅薄な揚足取り見た様な事を言われるには驚かざるを得ないのである」という喜田氏の反論は笠井氏にとって厳しいものであるが、冷静にみれば喜田氏の主張には多くの矛盾点が存在していたのである。笠井氏は冷静さを無くし、感情的過ぎたために、その卓見までも葬り去ってしまったことは研究史上惜しまれる。

　その後、後藤守一氏は1922（大正11）年、対馬に存在するこの種の石棺を「粗製組合箱式棺」あるいは「粗製組合石棺」と呼び、「石槨等はない。蓋石は佐護クビルに於て見た如く、どれも二三枚を重ねているし、用石は通じて厚い」と解説している（後藤1922）。

　また清野謙次氏は形質人類学の立場から1925年（大正14）に、この種石棺内から発見される遺骸について検討し、その分布範囲が九州・瀬戸内・霞ヶ浦沿岸にわたることを紹介した（清野1925）。これによって箱式石棺が汎日本的に分布することが知られるようになった。

2．昭和初期の研究

　昭和になると後藤守一氏は「箱形石棺」という名称を用い、アジア的視点から①石棺の出現―箱形石棺、②九州地方の箱形石棺、③九州以東の箱形石棺、④箱形石棺の出自の4点について整理した（後藤1934）。

　その内容を簡単に紹介すると、以下の通りである。

① 「石棺の最初の形として現れたのは箱形石棺と呼ぶ様式のものである。それは板石を以て箱形を作ったもので、この石が厚い大形のものとなると、槨のなが相応しいものとなる」と言い、「この種石棺は古くは石器時代末期、即ち金属器文化の黎明期に於て顕現したものとすべきである」とした。

② 「壱岐・對馬地方にはこの種石棺が広く分布している。更に九州に於ても肥後・筑紫地方から豊前・豊後地方に亘って行われ特に後者にその分布の密度が濃密である」としたうえで、その築造時期を「西紀前1～2世紀代から長く行われ、西紀5～6世紀代まで及んでいる」としている。

③ 「先ず瀬戸内について見るに、伊豫・阿波に亘って多くの分布を見、かつこれが海岸地方に比較的多く分布するのである。又瀬戸内では山陽道地方に於てはこの種遺蹟の報告されたものに接する事は少ない。山陰地方に目を転ずると本様式の石棺の著しい発展を見る。近畿地方ではその数を減じ、紀伊では再び著しい発展を来し、上総・下総に入って再び著しく普及し、常陸にもその類例を見るのである。一方古墳の発達の著しい濃尾地方から信濃・上野・下野地方に亘っては殆んど之を見ないのは特記に値する」。

④ 「その源流を朝鮮半島から中国東北部に求め、その分布が必ずしも散布ではなく、一の地方的連

絡あるに見て、これを一の文化相と見るよりは、寧ろ民族又は集団の習慣を意味するものであると仮想するも興味なしとせぬ」。

　以上の見解はこの種の石棺研究のひとつの方向性を示すものとして、その意義は大きいと言えよう。とはいえ、問題も多くある。たとえば名称について「箱形石棺」「箱式棺」「箱式石棺」「箱石棺」等不統一である点は気がかりである。

　さらに鏡山猛氏は「原始箱式石棺の姿相」（鏡山1941・1942）および「日本古代殉葬制について」（鏡山1946）を発表し、弥生時代の箱式石棺を中心に以下のような整理をした。

①石材は自然に裂開しやすい安山岩、緑泥片岩、頁岩、玄武岩等を使用し、略ぼ長方形或は長方形を具える程度で、切石の面を調磨する事がない。

②壮大な封土を持たないこと。その大さが屍体を容れるに広すぎないこと。即ち遺骸が棺壁に密接していること。及び副葬品として石器、青銅器を伴う事等がその特徴として上げられる。

③構造が簡単であるから、後世に至る迄永く用いられ高塚古墳時代の初期にはかなり広く分布し、その末期横穴式古墳に迄もその伝統を残している。

とし、「分布は日本内地では西方に限られる状態を示し、大陸半島方面に点在する同種の石棺と共通する特徴を多く認める事が出来る。西欧の所謂 Stone Cist Buriale が之に相当し、欧亜大陸の北方に點々として知られる遺跡によって、新石器時代末より青銅器時代にかけて文化的な流動の相が窺い得られる」として、九州（熊本県・長崎県・福岡県・宮崎県・大分県）から瀬戸内（岡山県）、関東（千葉県・茨城県）等の資料を紹介し、その大半に2体以上の遺骸が埋葬されていることから殉葬問題に発展させている。

　これら後藤氏や鏡山氏の研究により笠井氏の視点は一掃され、列島を越えた広い視野での研究が進められることになった。

3. 昭和20年以降の研究

　いわゆる戦後、最初に箱式石棺を問題にしたのは乙益重隆氏である。乙益氏は「八代市大鼠蔵山古墳―肥後における箱式石棺内合葬の例について―」なるリポートの中でこの種石棺の年代に関して重要な提言を行っている（乙益1956）。すなわち、この地区から発見された4基の箱式石棺がいずれも複数埋葬であることから熊本県内の12古墳の資料をあげ、それらが追葬であることから「近親者を単位とした家族墓的な色彩が強く現れ、多くの石棺が群集している事からも実証される」として、大鼠蔵3号墳には側壁に線刻による壁画が描かれていることを重視して「この種石棺の年代が必ずしも古く遡らないのではないか」としいる。このことは従来この種石棺には副葬品が皆無に近い状況から築造年代の確定に苦慮していただけに、注目される指摘と言えよう。

　時を同じくしてふたたび鏡山氏は『北九州の古代遺跡』の中で弥生時代のこの種の石棺を"箱式棺"なる名称で次のように整理した（鏡山1957）。

①顕著な封土を持たない。封土の全然認められないものが大多数である。

②群集している。孤立して単一の石棺がある場合は稀で、たいてい石棺が群をなしているか、或は

他の形式のもの即ち土壙やカメ棺と共存しているものである。この場合は特に別の個人墓ではなく、共同墓地を形成することが明かである。
③切り石の面がやゝ粗い。
④小形棺を混えている。石棺内の死体は直接遺骸を収めたと考えられるので、その長さは被葬者の身長を余り出ない。幅も亦それに比較する。中には小形のものもあり、幼小者の棺と推定される。古墳期のものには、小形のものは少なく、成人の棺が多い。或地域では特に小形棺が多く混っているのも弥生期の特徴と考えられる。

これらの石棺は北九州を中心に分布し、特に福岡県に集中的にみられるが、その源流を半島や中国東北部に求めている。さらに鏡山は同書の中で、「箱式棺の社会性」なる一節を設け、大変興味ある解釈をしている。すなわち、箱式棺は甕棺と共存することが多く、甕棺墓には青銅器（鏡・剣・鉾等）や装身具等を多量に副葬するものがあるのに、箱式棺には副葬品は伴わないものと小型の石棺が多いことに注目して「甕棺や土壙と同じく、幼小者に対する葬法が共通の観念に基いて発生していること、思われる。それは必ずしも家系的な優位を物語るものではあるまい。」と結んでいるのである。

古墳時代のこの種の石棺については、後藤守一氏の「古墳の編年研究」がある（後藤1958）。この中で特に注目されるのは「石棺の中でも箱形石棺は陵墓のような貴族には用いられていないが、九州方面では古墳文化の初期から行われている」という指摘である。さらに後藤氏は、箱形石棺と称し、弥生時代に日本に伝播し、連綿として古墳時代に継続されたという従来の視点に疑問を持ち、次のように整理している。
①弥生時代のものは海を渡って半島にその系統を求める事が出来るが、地理的位置からは中国東北部・蒙古のものも仲間であり、中国古代文化には関係ない。その分布は對馬から始まって筑前・筑後・豊前・豊後の北九州、長門・周防及び伊豫の如く北九州に近接している中国及び四国地方に限定される。
②古墳時代には南九州、さらに東国にも分布圏を広げる。つまり、肥後・大隅・薩摩の南九州、東は四国の讃岐・阿波、本州では日本海側の伯耆・因幡から丹後・越前に及び、瀬戸内海沿岸では安芸・備後・備中・備前等に分布している。太平洋沿岸では紀伊・三河・駿河・伊豆・相模・上総・下総・常陸から磐城にまで分布する。
③箱形石棺を有する古墳は、海岸線に沿ってのみ分布している。静岡平野でいうと、久能山麓には多いが、静岡市の西側地域にはない。また関東地方に入っては。武蔵国には殆んどなく、秩父山塊には緑泥片岩を産しているので、箱形石棺を造るのに極めて都合がよいのに、その利用がない。
④箱形石棺は民衆の墓のものに使われ易いということと共に、何か特殊な人の群れに結びついて発展して来たもののように思われる。それは社会的地位の低い者も墳丘を築くようになってからであり、階級的色彩をおびているものである。
⑤原始箱形石棺の形だけでは年代比定に苦しむものであるが、東日本にあるものは大体年代の下った6～7世紀代を普通とする。

以上であるが、箱式石棺研究にとってきわめて注目される指摘である。この中の①②は事実の整理であるが、①の中では中国古代文明とは無関係という指摘が注目される。③では海岸線に沿って分布するとの指摘は先にみられるものである。④はこの種石棺の性格を理解するうえできわめて重要な指摘である。何れにせよこれらの指摘は、この種石棺の研究にとってきわめて大きな方向性を示したものといえる。

後藤の論文と同じシリーズの第2編に三上次男氏は「中国東北地方における箱式石棺墓」を発表した（三上1958）。三上氏は日本の古墳の出現期に先立つ満鮮地方の墓葬として、支石墓、甕棺墓、箱式石棺墓などを上げ、両地域の間には種々の角度からみて、何らかの影響関係があると想定して、この地方の箱式石棺墓を整理し明快な設定をしている。この論考は日本の箱式石棺研究を進めるうえできわめて示唆に富むものであるが、その内容を要約すると以下のようになろう。

①石棺墓の基本的形式は適当な岩石を組合せて長方形の箱形をつくり、その中に一体の遺骸と若干の副葬品を収める単室墓である。
②石棺の長軸は東西方向をとり、頭部は東向となる。遺骸は全て伸展葬である。
③副葬品は土器・骨器・石器・青銅器・玉製品等がことなった組合せで収められる。
④この地方の丘陵・平原地帯には貊（バク）と総称される種族が散在し、海浜・水辺の低地帯には濊（ワイ）とよばれた種族が点在したことが知られる。
⑤築造年代は前1000年紀前半から紀元前後である。

以上の論考によって、この種石棺の中国東北部から朝鮮半島の実態が紹介され、日本の研究にも広い視野が要求されることになった意義は大きい。

三上氏の成果を経て、最初に全国的な視野で検討したのは小野真一氏である（小野1960）。小野氏はこの種石棺を"組合式箱形石棺"と規定し、256基を集成して地区別に整理し、数のうえから弥生時代に北九州に発祥地を求め、その伝播を以下のように整理した。
「以下一方は南九州へ、一方は東方本州地域に伝播して行ったことが推察されるが、後者に於いて瀬戸内（山陽・北四国）、畿内、東海、南関東という主軸を考える」として、従来の成果とは全く異なる伝播経路を以下のように示した。

なぜこのような結論が導き出されたかは、小野氏の資料収集の視点にある。すなわち「組合式箱形石棺は一般に竪穴式又は横穴式の石室内に設けられている場合が多いが、一方石棺のみが墳内に置かれて、それ自身内部主体をなす場合もある。後者の場合、往々にして竪穴式石室の一種とみなされ、又混同される傾向も従来あったが、今日ではやはり石室と石棺は明確に区別されるのが常識である」としながら、横穴式石室内に埋置された石棺と直接墳丘に埋置された石棺を同等に集成して論じた結果である。このリポートは論理的な過ちを犯している。後藤氏の論考を充分に咀嚼して

いればこのような結果にはならなかったと思われる。
　この年には松岡文一氏が愛媛県下の箱式石棺を整理し、その形態を主軸と幅の比較から以下ように五類型化して紹介した（松岡 1960）。
①基準型箱形石棺：長さ 1.5 m 以上、1.8 m 以内のもので、縦横比 3 以上 6 前後のもの。
②長細型箱形石棺：基準型箱形石棺に似ていながら、長さ 1.8 m 以上のもの。
③切り石造り箱形石棺：平面プランは基準型箱形石棺に類するが、切り石を使用して内面は美しく仕上げられている。
④竪穴石室型：縦横比 3 以下の幅広いもので、純粋の箱形石棺ではなく、竪穴石室というべきものいであろうが、箱形石棺の様相を検討するうえでその異形のものである。
⑤小型箱形石棺：形のうえからは基準型石棺に類するが、小型のものである。
　さらに、昭和 37 年（1962）、三木文雄氏は徳島県の箱式石棺を整理して、長側石の構築状態から以下のように 4 類型に分類し、時間的に 4 期に編年した（三木 1962）。
A 類型：長目の板石の一辺を上線にして、不整な他の線を地中に埋めたてた側石の内傾を支えるために、小型の扁平石を長側石の内側にいだく形で、頭部に大きく、脚部にわずかに組立てられ、側石と似た板石一枚で覆われた、底石のない伸展単葬の埋葬施設。
B 類型：大人を収納するに足りる大形の箱づくりに要する長目の板石の用意にことかく場合に、割に平たい面をもった、整わない厚味のある小型たて長の平石いくつかを、整った縁を上に、不整な縁を下にして、内面をそろえて土中に並べてたてる。
C 類型：一枚の長目の板石の長さにことかく他の場合は、さらに板石一枚又は二枚を補って、合わせて二枚又は三枚の板石のつぎ目をそろえて、平らにつぎあわせ、所用の大きさにつくる。
D 類型：二枚以上のより扁平な、薄い板石を横も重ねついで所用の大きさにつくる箱形の収納容器。
　三木氏は長側石に重点を置いて整理した点が特徴である。

4. 1960 年代以降の研究

(1) 近藤義郎『佐良山古墳群の研究』以降の動向

　古墳時代研究は昭和 30 年代に入ると、特に後期古墳時代に爆発的に増加する小規模古墳の群集化に対する解釈をめぐって、近藤義郎氏の『佐良山古墳群の研究』（近藤 1952）を契機として大きな変革が現れ、「家父長制家族の家族墓」という視点が若い研究者に支持された。
　それを受けて門脇俊彦氏は石見国山間部に焦点を絞って後期古墳の性格を論じ「邑智郡に於いては先ず箱式棺・粘土槨の様な労力を要しない─経済的・権力的背景─の弱い古墳が築造され、Ⅳ期に入って横穴式石室や横穴を主体とする古墳の築造が始められたことを認めなければならない」と述べるが（門脇 1964）、筆者はこれは論理的に成立しない仮説と読みとらざるをえない。この点に関しては、葛原克人氏の「これら箱式棺が、弥生時代ないしは前期古墳時代から連続的に伝えられた葬法なのか、あるいは非連続的なものか厳密に検討しなければなるまい。氏の論述からすれば、

横穴式石室も箱式棺も同様に『権力墓』と規定されるのであるから、質的な相違は全くないことになる。はたしてそうであろうか」（葛原1964）という指摘が、箱式石棺の研究としては注目されよう。

この時期の研究においては、北九州に弥生時代に伝播した箱式石棺が古墳時代後期にまで存在し、それが連続的に築造されたのか、それとも断続するかが検討の対象であった。それは今日的には葛原の視点であることが実証されている。

一方、関東地方では市毛勲氏の"変則的古墳"が登場する（市毛1963）。市毛氏は「箱式石棺のあり方を通して一の古墳の型を把握し、すなわち、変則的古墳という認識の上に東国における後期古墳を分析してみよう」と言い、その変則とは「内部施設の位置が墳丘の裾部にあって、墳丘が無視されたかの如く受け取れる。したがって、内部施設は封土では覆いきれなくなって、土壙を掘ることになる。そのために地下に埋没してしまっているものもある。このような古墳を古墳の原則に合わないという意味合いから変則的古墳と名づけるものである」として、以下5つの特徴をあげている。

①内部施設が墳丘裾部に位置すること
②内部施設は通常扁平な板石を用いた箱式石棺であること
③合葬（追葬）を普通とすること
④群集墳を形成していること
⑤東関東中央部に分布すること

以上のことから箱式石棺を埋葬施設とする東国の後期古墳を変則的として整理しようとしたのであるが、先の笠井氏の狭い視点での"阿波式石棺"の二の舞であったため、研究の視野が狭く、研究の拡大に継承されなかった。

1960年代に入り、石部正志氏は古墳時代のこの種石棺の集成を始めるが、九州地区だけで完成をみなかったのは残念であった（石部1961）。石部が集成した九州地区の52基中、熊本県久保原石棺前期、平松7号棺が前期末から中期に位置づけられて最古とされ、中期12基、中期〜後期6基、後期12基、終末期1基が整理されている点は注目される。

1966年、筆者は霞ヶ浦沿岸の箱式石棺の編年的区分を、埋納された位置、土壙内外被粘土の状況、石棺内面赤色顔料塗布の有無等を整理してその目安とした。しかしⅠ〜Ⅲ期に区分したものの、第Ⅲ期に類例が集中して結果的には成功しなかった（茂木1966b）。

1970年、立花博氏は鳴門市大麻町谷口山発見の箱式石棺を紹介し、県下の石棺の集成を行った（立花1970）。

(2) 大場磐雄編『常陸大生古墳群』の意義

1971年発行の大場磐雄編『常陸大生古墳群』はわが国の箱式石棺を研究するうえできわめて注目される内容を包蔵している（大場編1971）。

この中で下津谷達男氏は子子前塚古墳の墳丘築成に関して「墳丘築成の基盤と思われる層は、全体にわたって発見されるが、造出には認められていない。それだけでなく、造出の第二礫床下部の

ローム層は築成以前の地山であるから、墳丘平面形を旧地表に移した際には、勿論造出を画いているが、先ずここには殆んど盛り土は行なわず、それを除く、他の墳丘の盛り土が行なわれたと思われる。換言すれば造出を除く大部分の墳丘が出来上っても、造出はまだ、その予定地として確保されていたかも知れない」という推測を導き、「その時間的な問題はとにかくとしても、『寿陵』的意義をもつものがあったかも知れないと思われる」と興味深い仮説を展開している。

大場氏は先述の市毛氏の提唱した「変則的古墳」を容認しながらも、「本墳は括部に設けられた造出部に存するという特異な例であって、この点はかなり差異がある」としてその解釈を異にした。すなわち、造出部に埋納された箱式石棺をこの古墳の主体埋葬施設とは認めず、「そこで私は一つの妄想を提唱したい。つまり何かの事情で主体部を納めなかった墳丘の存在である」として「空墓」説を提唱した。「本墳においても主墳に納まるべきこの地の主は、生前において豪壮な墳墓を造らせたが、間もなく何等かの事情でこの地を去り、永く帰り給うことなく他国で逝去せられた。それを聞いた一族か特別の臣下の一人が、後を追って殉死したので、一族はこれを主墳に納めず、傍らの造出部に埋葬した。私の夢は以上のように一応解いて見たのである」というのである。ウェットの考古学を任んじる大場氏ならではの解釈といえようである。

筆者は同書の中で、これまでに発見された箱式石棺133基の霞ヶ浦沿岸の地名表を紹介し、29基の箱式石棺の実測図を基にその構築法について検討している。その結果、霞ヶ浦沿岸地方のこの種石棺は三木氏の長側石に重点を置く、阿波地方とは異なり一方の妻石に重点を置いた構築法が確認された。それを基に九州・瀬戸内・関東の平面的な比較をすると、本書99頁に掲載した「妻石を基本とする箱式石棺の規模の地域比較」の図のような広がりが現れた。この表を仮にAブロックを関東地方、Bブロックを古墳時代九州地方、Cブロックを弥生時代及および古墳時代前期の瀬戸内・九州地方とすると、A・B両ブロックは妻石・側壁ともに規模が大きいのに対して、Cブロックは規模が小さいことがみてとれる。このことは弥生時代後期の石棺が通常単葬を原則として構築されたのに対して、古墳時代の石棺は明らかに追葬を念頭に置いていることを物語っている。

これは単に霞ヶ浦沿岸地方のローカルな特徴ではなく、日本全体に共通した現象である。しかし構築された場所には、東国の場合は1墳丘に1埋葬施設、瀬戸内・九州地方の場合は1墳丘に数個の箱式石棺を埋納したり、弥生時代の場合は墳丘を持たず丘陵上に集中するといった傾向がみられる。

(3) 1970年代

1975年、原田大六氏は「古墳文化への始動―カメ棺・箱式石棺・ドルメン・方形周溝墓―」（原田1975）の中で「箱式石棺は板状節理の石を何枚か組合せて長方形にかこみ、その上に同質の石で蓋したもので大人用と小児用がある。これは大陸に例が多く朝鮮では一般で、弥生文化に相当する年代のものを見受けるから、その影響を受けたのであろう。箱式石棺はカメ棺墓地と併存していて、それ等全部を弥生文化のものと判定しようとされていたが、唐津、博多両湾を結ぶ地方では弥生中期までカメ棺に圧倒されている現状である。弥生文化のものと確認されるのは中心よりも外れた場所の対馬や筑後から筑前も東界に偏り、豊前豊後から、四国中国地方に達している。これがカ

メ棺の分布区域より拡がりながら時代判定の難しさが残されているのは、同一形式が古墳時代の後期まで継続して行われているからである」と述べているが、これが当時の箱式石棺に対しての学界の一般的定説であった。しかし、「これは大陸に例が多く朝鮮では一般で、弥生文化に相当する年代のものを見受けるから、その影響を受けたのであろう」との見解には大きな疑問点があると言わざるをえない。

　1978年、築比地正治氏は「千葉県北部における後期群集墳―特に箱式石棺内蔵墳を中心として―」において、この年までに調査した千葉県北部の箱式石棺を整理し、集成した（築比地1978）。

　1979年、吉田章一郎氏は「『変則的古墳』小考」において市毛説以降の研究成果を整理し、筆者の論考が「一貫性を欠く」と批判した（吉田1978）。筆者は卒業論文を作製した段階では、墳丘裾部埋葬施設が存在する古墳が霞ヶ浦沿岸に多く分布する実態を編年的に理解しようとした。しかしそれを変則的という概念で整理するまでの確たる根拠に乏しかったことは事実である。そこで断面円錐形の墳丘の裾部に箱式石棺が存在する点を重視して、安易に神奈備型墳丘という短絡的な名称を使用したにすぎなかったので、今後検討し直す責任を痛感している。霞ヶ浦沿岸として「千葉県我孫子市や成田市の龍角寺古墳群、茨城県水海道市や矢田部町の例もあげており、地域の概念に明確さを欠いている様に思われる……」との吉田氏の批判に対しては、筆者の論述は徳川家康の江戸開府以降の利根川の流路変更以前を想定しての地域概念であり、古墳時代の利根川流路は同氏の概念とは異なることを前提にしているからだ、と弁明をしておきたい。

　日本の考古学研究は1980年代に入ると開発に伴う遺跡の破壊を前提とした発掘が増大し、研究を前提とした発掘調査は影をひそめるようになる。そのため若い研究者は研究時間を犠牲にしていわゆる行政調査に追われることになり、発掘面積の拡大に反比例して学術論文の発表される数が減少し、学問的な論争がみられなくなったのは事実である。これは考古学界にとってきわめて不幸な事態であり、それは箱式石棺の研究にとってもしかりである。そうした中でもいくつかの貴重な研究成果が発表されている

(4) 1980年～現在

　1980年、一山典氏は徳島市内における集成を行っている（一山1980）。

　1983年、正岡睦夫氏は愛媛県下の箱式石棺を整理し222基の資料を表示した（正岡1983）。

　1985年、高橋敦彦氏は東北地方の箱式石棺集成を公表し、福島県58基、宮城県29基、山形県65基計152基の検討を行った（高橋1985）

　1986年、筆者は霞ヶ浦沿岸域からより広範囲に研究域を広げるべく、岡山県の箱式石棺の集成を行ったが（茂木1986）、それによれば同県で発見された箱式石棺は96遺跡から200基を越える数に及んでいた。そのうち29遺跡が複数の石棺を埋納し、多いものは新見市・横見墳墓群の4号で10基、5号で14基、6号で20基、7号で8基、8号で7基、9号で11基、10号で13基もの数が同一墳墓に埋納されていた。さらに築造された時期は弥生時代期から古墳時代初期1基、4世紀3基、5世紀14基、6世紀11基、5世紀～6世紀4基、古墳時代前期7基、中期5基、後期4基であった。このことから、吉備地方では弥生時代末期から古墳時代中期までを築造のピークとし、後

期群集墳が最盛期を迎えるころにはほとんどみられなくなっていることが明らかとなった。

1990年には甲元真之氏らによって熊本県倉岳町の宮崎石棺群が調査され、22基の石棺が海抜28ｍ～29ｍの尾根状地に群集して確認された。それらが築造された時期は古墳時代前期に属し、方形周溝墓の内部主体である確率が高いという注目すべき調査結果が報告された。調査報告書には熊本県下の総数259遺跡に及ぶ箱式石棺が集成されている（新谷1990）。

1993年、上野恵司氏は「総における古墳時代後期の埋葬施設の研究―箱式石棺―」を発表し、現利根川左岸の箱式石棺を中心とする埋葬施設について論究された（上野1993）。

1999年、筆者は学界の研究成果の進展をふまえ、霞ヶ浦沿岸の箱式石棺について再検討した（茂木1999）。それにあたって、政治的背景によって埋葬される位置を以下のように4類に整理した。
A類：墳頂部に埋置されるもの
B類：前方後円墳の括れ部に埋置されるもの
C類：墳丘裾部に埋置されるもの
D類：前方後円墳の前方部に埋置されるもの

その出現は桜川市の青柳古墳および常陸太田市の幡山16号墳等であり、これらの箱式石棺は形態的には後期群集墳の埋葬施設の石棺とは異質である。5世紀に入ると、石岡市・舟塚山古墳培冢や香取市・三ノ分目大塚山古墳等に先駆的な箱式石棺が見られ、後半になるとかすみがうら市・富士山古墳の前方部や行方市・三昧塚古墳等で先駆的な形態の石棺として出現する。そして6世紀中葉以降になるとこの地方の箱式石棺は爆発的に分布するようになる。この事実を6世紀の日本の政治的背景の中で整理しようとしたのが再検討である。その結果、筑紫国造磐井の乱に対する東国支配強化として箱式石棺を埋葬施設とする群集墳時代を創造したと結論づけた。

2002年、栗林誠治氏は徳島県下の資料を中心に「阿波式石棺再考」を発表したが、問題の所在を次のように整理した。「徳島では古墳時代全般を通じて、組合式箱形石棺が構築される。低墳丘墓や無墳丘墓の埋葬施設として採用される例が多いが、一方では前方後円墳や円墳の中心主体部としてもこの埋葬は採用されている」として、「現在では、漠然と徳島における在地色の強い埋葬施設として認識される事が多い」という前提で、古く「阿波式石棺」と呼ばれたものを再評価したいと述べた。そして多角的に考古学的な検討を加えて、笠井氏の提言した「阿波式石棺」を再定義しているが、疑問に思うのは「筆者には東アジア全体を概観し、そこから各地域論へと昇華するのは困難である」という最後の一文である。ここでは、研究史の中ではすでに昇華された後藤守一氏や三上次男氏の成果が等閑視されており、この時点で箱式石棺の研究は東北アジアの成果を評価しなくては論理的に成り立たず、笠井氏の仮説の域を出ないことを改めて指摘したい（栗林2002、茂木2008・2009）。

2003年、神庭滋は奈良県葛城地域の箱式石棺を集成整理した（神庭2003）。この論文も小野真一氏と同様、横穴式石室内に埋納された石棺と直接埋納された石棺を同一視点で集成しているが、15例中4例が直葬なのである。

そして、これらの研究成果が筆者の長い箱式石棺研究の到達点とも言うべき「古墳時代東国の武器副葬」なる論文に結びついたといえよう（茂木2008）。

以上、日本における箱式石棺の研究史を整理したが、これを簡単に整理すると大きく3つに整理できよう。
①後藤守一・三上次男・鏡山猛らによる東アジア的視点での整理された成果。
②大場磐雄・筆者らによる歴史的視点での成果。
③笠井新也・市毛勲・栗林誠治らによる地域史的視点での成果。
　これらのほかにあまたの研究成果を見落としているやもしれず、また幾多の発掘調査報告の中で考察されているかもしれないが、それらに言及できなかったことついてはご寛恕願いたい。

　なお、脱稿後、長崎県考古学会編『長崎県本土地域における古墳の様相』が刊行されたが、その成果を充分に活用することができなかったことを書き添えておきたい（長崎県考古学会編2014）。ただし巻末の集成表には加えさせていただいた。

第2章　日本列島における箱式石棺の分布

　日本列島への箱式石棺伝播の初源は、弥生時代前期中葉以降に響灘沿岸の北九州市から下関市においてと考えられる。従来そのルートは半島経由とされてきたが、半島と本土の中継地である対馬には弥生時代前期に属する箱式石棺の存在が確認されていないことや、近年、大陸側で確認された諸事例の蓄積により南の方へ大きく舵を切る必要が指摘されている。すなわち日本でみられる箱式石棺の構造や集団的墓葬の様相が揚子江流域の夷族のそれに近似しているというのである。とはいえ、半島を除く大陸の箱式石棺の墓葬時期が新石器時代に多く、漢代にはみられないことなど多く問題があるのも事実である。

1. 弥生時代の箱式石棺の分布

　弥生時代前期に玄界灘から響灘沿岸に伝播した箱式石棺は、壱岐市・小場遺跡（中村2009）や福岡県東北部（藤崎遺跡3基）から山口県南西部（中ノ浜遺跡4基、武久浜遺跡等）に限定され、他に明確な墓葬時期を確定しえた遺跡は報告されていない。

　中期になると佐賀県、長崎県、福岡県、山口県、広島県へと拡大し、分布の中心が響灘から博多湾や瀬戸内西部の山陽側に拡大される。特にこの時期になると、現在までの考古学的調査によって、対馬にも存在することが証明されている。先にも触れたように、従来の研究では、大半の研究者が感覚的に半島経由で対馬を経て北九州に伝播したとの説を主張してきたが、筆者の知るかぎり弥生時代前期に1基も対馬の例が報告されていない。このことは対馬を経ずに半島の様相とは異なる、大陸系の性格を有する箱式石棺が響灘沿岸に伝播したことを意味すると筆者は想定する。そして中期に至って倭国から対馬にこの種の石棺が伝播したのであろう。後期になると分布は九州では熊本県、瀬戸内海側では岡山県、兵庫県、東アジア海側では島根県、鳥取県まで拡大されるようになる。しかし岡山、兵庫、島根、鳥取では低墳丘の方形墓域内の埋葬施設として採用され、前代のような群集墓とはやや性格を異にしている。これに対して従来は四国もその範囲内とされてきたが、藩政期に発見された愛媛県妻鳥町の東宮山1号石棺から中鋒銅戈片の出土を伝承されているが、それ以後このような遺跡は皆無であり、信憑性に欠けるので、本集成では最後に参考として加えておくことにした。

2. 古墳時代の箱式石棺の分布

　古墳時代になると従来の集団墓地の形態とともにヤマト王権型の前方後円墳を主体とする墳丘を

有する墳墓に箱式石棺が採用される地域がみられるようになる。しかしそれはきわめて限定された地域で汎日本的とは言えない状況である。詳しくは第4章を参照されたい。

本章では吉備地方と霞ヶ浦沿岸地域の状況について整理していきたい。

(1) 吉備地方の箱式石棺

吉備地方の箱式石棺については、1985年刊の故山本清先生喜寿記念論集に拙稿を献ずるにあたって、岡山県教育委員会の下澤公明氏の協力を得て66遺跡96基の箱式石棺を分析したのが基となっている。今回の成稿にあたって江見正巳氏の協力により123遺跡184基の古墳時代の箱式石棺を集成したが、その趨勢にはさほど大きな変化はみられなかった。

吉備・美作地域の箱式石棺は高梁川・旭川・吉井川の3水系を中心に分布している。これらについて水系ごとに整理することとする。

高梁川流域

この水系では箱式石棺は、倉敷市児島唐琴町の鷲羽山古墳群からはじまり総社市・高梁市・新見市を越えて哲西郡哲西町矢田にかけてみられる。これらの特徴を観察すると、墳形では明確な盛土墳丘を持つ遺跡が少なく、尾根上に箱式石棺を埋納しているものが多い。地山整形で判明する墓葬には方形墓が多くみられ、その墓域内には複数の埋葬施設があるのが一般的で、殿山11号墓の4基、横見4号墓の10基が報告されている。ここで注目されるのは、このように同一墓域内における箱式石棺の位置付けである。殿山11号墓の場合には土壙・竪穴式石室?・箱式石棺・組合せ木棺で、箱式石棺は中心主体部ではない。中心主体部は副葬品から第4主体部の組合せ木棺と想定される。同様に殿山9号墓も2基の埋葬施設をもつ第1主体部の組合せ木棺が中心主体部で、箱式石棺は中心的埋葬には成りえない。これに対して横見4号墓では箱式石棺3基、木棺6基、石蓋土壙1基が確認され、箱式石棺は、方形台状部の中央北寄りの第1主体部、中央東よりの第6主体部、中央南寄りの第9主体部の3基（小児用）である。ここでは第1主体部にのみ剣1・刀子3が副葬されており、この第1主体部の箱式石棺が中心主体部と想定されている。

次に箱式石棺の構造について観察すると、この地域の石棺は内法150cmを越えるものが少なく、全体的に小形である。埋葬頭位は報告された19遺跡で24体が記録されているが、内訳は単体埋葬が東10、北4の14遺跡、2体埋葬が東頭位並列1、西頭位と北頭位の交叉状態4の5遺跡で、計東12、北8、西4となる。さらに埋葬された遺骸の性別は♂10体、♀5体が判明しており、2体埋葬の場合は♂・♀が多い。ただしこの地域で発見された半数以上の小規模石棺が全て小児用であったか否かはほかに出土例がなく判定不能である。副葬品は全体的に貧弱である。副葬品の発見例は剣、直刀、鉄鏃、鎌、鍬先、斧、刀子、鉇、玉等であるが、武器類よりも農工具類が優先し、玉類の少ないのが特徴である。

旭川流域

この水系では、岡山市から真庭市までの流域にみられる箱式石棺である。この地域でも墳形は方

形を主とするが、時には円形もある。岩井山古墳群と宮の前遺跡が代表的な遺跡である。しかし横見墳墓群のように1区画内から10基もの埋葬施設が発見されることはない。

岩井山2号墳と同7号墳はそれぞれ4基の埋葬施設が存在した。それぞれ箱式石棺2基、石蓋土壙2基である。2号は第1主体部、7号は第2主体部の箱式石棺が中心埋葬施設であるが、副葬品は皆無であった。

宮の前1号墓は円形であり、中央に箱式石棺1基が埋納されていた。埋葬頭位は発見された遺骸は少ないが、枕石の存在を加えると東5、西1、南1、北Ⅰである。

発見された遺骸は岩井山6号墳が壮年♀、同8号墳が壮年♂である。副葬品については宮の前1号墳から鉄鏃20、刀子3、鉇1が発見された以外はあまり知られない。代表的には観音山12号墳第1主体部から鏡（素文鏡）1・鉇1・勾玉2・ガラス小玉120、岩井山2号墳第2主体部の棺外から斧1・鎌1・刀子1、同3号墳棺外から刀子・斧・鎌、同4号墳第2主体部棺外から剣1、同6号墳第1主体部から直刀1・鉇1・板状鉄器1、中原古墳群からは武器や農工具が少量発見されている。

吉井川流域

この水系は吉備東部の赤磐市から津山市にかけての流域で、42基を集成した。墳形については方形より円形が多い地域である。しかし注目されるのは四辻7号墳、竹田5号墳、久米三成古墳である。これらは何れも4〜5基の埋葬施設を有することで、四辻7号墳は5基（土壙2・木棺1・粘土槨1・箱式石棺2）、竹田5号墳は4基（全て箱式石棺）、久米三成4号墳は5基（全て箱式石棺）である。

四辻7号墳の中心主体部は第1主体部の木棺である。第4主体部の箱式石棺は第5主体部とともに墳丘の裾部に埋納され、副葬品は皆無であった。

竹田5号墳は4基全てが箱式石棺で、第1主体部（中央北棺）が中心主体部である。

久米三成4号墳は前方後方墳で、後方部墳頂の第1主体部が中心主体部で他の4基は前方部や後方部裾部に埋納されていた。石棺の構造は内法長が150cmを越えるものが多い。埋葬の頭位については27体が報告され、2〜3体の合葬も含まれるが、東13、西7、北6、南1である。

性別については明確なもの9体（♂5、♀4）で、特に竹田5号墳第1主体部では東壮年♀、西小児、久米三成4号墳では第1、第2主体部では♂♀合葬、隠里古墳では性別は不詳であるが東→西→東の順序で追葬されていた。副葬品については、全体的に貧弱であるが、玉類が特徴である。

以上、3河川流域の箱式石棺の概略を検討したが、これらによっていくつかの興味ある事実が以下の5点に整理される。

①墳丘問題

吉備地方のこの時期の墳丘墓は方形・円形の別なく小規模なものが多く、また箱式石棺は墳丘を持たず、丘陵上に埋置されることもある。その上前方後円墳や前方後方墳のような首長墓に採用されることはきわめて稀である。こうした畿内的な古墳には一般的に竪穴式石室を埋葬施設とするこ

とが多く、箱式石棺は採用されない。このような傾向はこの地方に竪穴式石室系の埋葬施設が出現した古墳時代前期の時点で現われている。具体的には鋳物師谷1号墓や黒宮大塚の竪穴式石室がそれである。前者は長軸内法約3m、幅約90cmの小規模なもので、鏡1、勾玉4、管玉38、小玉665が副葬され、後者は長軸内法約2.2m、幅約90cmで勾玉1、管玉1が副葬され、蓋石上には多量の土器が供献されていた。しかもこれらの竪穴式石室には複数の遺骸は埋葬されていない。

②箱式石棺の構造上の問題

　比較的小規模なものであることが特徴である。しかし遺骸の保存状態が悪く、これらが小児用であるのか、あるいは洗骨による再葬墓であるのか学際的な検討が必要である。

③埋葬頭位の問題

　ここに紹介した遺骸を総計すると、東30、西12、南2、北15という数値が得られる。西頭位は2体交叉埋葬の場合であり、全体的には東が圧倒的に多くそれに北が続いている。埋葬頭位については、都出比呂志氏の研究がある。氏は畿内地域の前期古墳に埋葬された首長級の埋葬頭位を分析して次のような見解を示している。

　「図に示した29例のうち24例はN30°WからN40°Wの範囲に入っておりまして、これらの例において頭位方向に北を優位とする約束を認めたいのです。しかし、これからはずれた頭位を示すものが5例認められるので、これについては解釈が必要となります。今の私の考えは頭位が北優位からはずれる古墳は、棺構造が長大で割竹形木棺でもないもの、あるいは、後述いたします私の前期古墳の分期案において新しい時期に属するものでありまして、少なくとも前期古墳の古い段階にこのような北優位の約束ごとが重視されていたのではないかと考えるのです」。

　埋葬頭位のこのような北優位の約束ごとが存在したと仮定すると、箱式石棺のような東頭位はきわめて注目されるのである。

④遺骸の性別問題

　今井堯氏は吉備地方の埋葬施設から発見された複数の遺骸を集成して、次の4つのパターンを摘出した。

(A) 成人♂♀の場合
(B) 成人♂♀と小児の場合
(C) 成人♀と小児の場合
(D) 成人同性2人の場合

　この中で最も多いのは(A)タイプであり、「幼少児が成人♀と同棺であっても成人♂と同棺でないことであり、母系的紐帯の強い状態を示すことである」と結論づけている。しかしこの論考では1棺多葬が合葬か追葬かは明確にされていない。赤羽7号墳では成人♂と熟年♀が同時に埋葬されたと報告されているし、隠里古墳の例もあり、十分な観察が必要であろう。今井氏の集成によれば♂16に対して♀13とほぼ同数であることから、箱式石棺を埋葬施設とする集団関係において埋葬行為に♂♀同等の社会が想定され、興味深い。

⑤副葬品問題

　副葬品は全体的に貧葬である。少量の武器類と装身具類を副葬するか、皆無のものが多い。

最後にこれらの箱式石棺が盛行した時期について触れておきたい。

吉備における箱式石棺は弥生時代後期末にみられ、古墳時代中期から後期初頭に盛行し、終末期には姿を消している。

(2) 霞ヶ浦沿岸の箱式石棺

霞ヶ浦沿岸地域の箱式石棺は下総および常陸の南西部に集中的に分布している。具体的な数は千葉県160基、茨城県373基の総数533基である。この地域は吉備地方と異なり、河川流域とは無関係に全面的に分布している。しかし県央部の山間部より北側では久慈川流域の常陸太田市と東海村に10基近く存在する以外は未発見である。最近の調査によって香取市・三ノ分目大塚古墳、石岡市・舟塚山古墳陪塚（14号墳）、桜川市・青柳1号墳南裾部等が最初の例であることが判明している。

これらの石棺は筑波山系南東部に位置する石岡市粟田附近のホルンフェルス製の石材（波付石）によって構築されている。現在の石岡市染谷から鳴滝方面にかけてはこれらの石材の露頭が各所で確認される。5世紀後半になると行方市・三昧塚古墳を嚆矢として、群集墳にこの石材を使用して箱式石棺が採用され、爆発的に増加する傾向にある。総数533基のうち9割近くが6世紀後半から7世紀中葉の築造と想定される。

この時期に入ると、石材の採掘場所としてつくば市平沢地区が新たに開発され、黒雲母花崗岩の巨石が筑波山の南西部一帯に運ばれて使用された横穴式石室が多くみられるようになる。しかし7世紀の中葉を過ぎるとこれらの墓葬は全くみられなくなり、この地方から完全に古墳が消滅する。これには6世紀後半の列島問題が大きく関わっており、ヤマト王権の北方防備の必要性による兵士

石岡市粟田付近の波付石

派遣が強く影響していると推測される。そのことは石棺内の遺骸の複数埋葬と副葬品の統一化によって証明されよう。これは従来のような副葬品を被葬者の威信材埋納として埋納する寿墓制を脱し、前方後円墳が政治的・精神的シンボルとして単なる死体処理の場に位置づけられたことを意味している。その背景としてヤマト王権の蝦夷対策があると思われる。すなわち、筑紫国造磐井の乱による王権の危機に端を発して大量の兵士がこの地域に屯田兵的に配置され、やがて勿来の関を越えてより北の多賀城に鎮守府が設置されて、北の防備の前線が霞ヶ浦沿岸から勿来・胆沢・多賀城・秋田城へと北進するにつれ、これらの箱式石棺を残した兵士集団が移動し、この種の石棺が北進したということではあるまいか。

第3章　弥生時代の箱式石棺

1．分布と埋葬時期

　この種の石棺が日本に伝わったのは弥生時代前期の後半とされている。現在までに報告されたその数は、2010年度までに876基に及んでいるが、この数はおそらく全体の70％弱であろうと考えられる。876基の分布を南から県別に整理すると以下のごとぐである。

　　　熊本県5　　　長崎県65　　　佐賀県83　　　福岡県288　　　大分県12　　　山口県163
　　　広島県219　　岡山県29　　　島根県8　　　兵庫県3　　　愛媛県1

　このうち愛媛県の1例は江戸時代の発見例であり、筆者が集成したところではその後に同県で発見された例が確認されていないので、その存在は疑がわしい。もしそうであれば、弥生時代にこの葬法は四国に伝播していなかったことになる。

　弥生時代の箱式石棺の分布の中心は現在の福岡県、山口県、広島県に集中しているが、これは響灘から周防灘に面する地帯である。といっても、この数字は開発に伴う発掘による報告事例が中心であり、また各行政単位による事前調査の不平等を念頭に置かねばならない。特に福岡県では朝倉市57基、福岡市40基、北九州市43基、若宮市28基、筑紫野市14基、みやこ町18基、小郡市32基、八女市13基、行橋市17基、香原町12基、中間市9基が報告されているが、これは必ずしも湾岸部に集中するわけではない。それに対して山口県では下関市73基、山口市111基で、集成した資料の大半がこの2市に集中している。また広島県では、東広島市111基、三原市34基、北広島町39基、広島市26基、福山市6基、三次市4基を集成した。

　これらの遺跡の中で調査者によって墓葬の年代が想定された石棺は、前期8基、中期29基、後期1基にすぎないが、この種の石棺には年代を決定する遺品の副葬を伴わない場合が圧倒的に多く、そのため考古学的な年代想定が困難だからである。

(1) 前　期

　前期の箱式石棺は福岡県・藤崎遺跡、長崎県・小場遺跡、山口県・中ノ浜遺跡等に代表され、時期的には現在のところ中ノ浜遺跡が先行するようである。この遺跡を調査した木下尚子氏はその成果を次のように整理している。(伊東他1988)

　「現在までに9回の調査が行われ、調査面積約1100㎡に達する。その間百体以上の人骨が検出され、土壙墓47、箱式石棺43、配石墓4、甕棺9が確認された。……長期間にわたる広範囲な調査は、ここが数千平方メートルに及ぶ広大な墓地であり、少なくとも6単位の墓域が互いに空白地を隔てて併存していることを明らかにした。その形成時期は弥生時代初頭から中期後半に及ぶ。中ノ

浜遺跡はこの間、附近の複数の集落の共同墓地であったといえる。多くの遺構の調査から、土壙墓が石棺に先行する傾向のあること、改葬が一般的であったこと、地上標石を伴う墓が多いことなどが明らかにされた。また一つの墓域に頭位を異にする（東枕・南枕）二つのグループのあることから、この背景に双系的社会が存在するのではないかという想定もなされた」。

氏はさらに箱式石棺築造の時期を具体的に「弥生前期末に集中するが、三号石棺のみこれに先行する」としている。

特に弥生時代の箱式石棺の性格を理解するうえできわめて注目される提言をしている。すなわち、中ノ浜遺跡の箱式石棺は「蓋石の開閉を前提として構築」され、数回開口され原埋葬と改葬という葬送儀礼が実施されたことを証明している。この遺跡から理解できることは日本列島に伝来した箱式石棺葬が墳丘を伴わず、群集し、蓋石を開閉して何度か改葬・追葬を可能にする葬法であり、この伝統が箱式石棺葬最後の群集地霞ヶ浦沿岸地域の7世紀代の終末期古墳まで継続する事実である。

この葬法は先にも述べた通り、弥生時代前期後半に玄界灘から響灘の沿岸地帯に伝播し、中期には佐賀県、長崎県（対馬を含む）、山口県、広島県に拡大している。特に長崎県対馬では西の神様鼻、平野浦、ハロウ1号、佐保浦赤崎1号、小姓島2号、同5号の6基が知られるようになる点が興味深い。この点においてこの種葬法の伝播はきわめて政治的な現象であるといえよう。すなわち、地理的に中国東北部から朝鮮半島を経由して列島に伝播したとされてきたが、弥生時代の箱式石棺の時間的配置が対馬を経由せずに玄界灘や響灘に出現する状況を検討する必要があるからである。弥生時代の箱式石棺は本集成では876基である。そしてそれらについての調査の報告事例のうち、現在の時点で葬送時期を確認されたものが643基存在し、前期21基、中期89基、後期387基、終末期から古墳初期が165基という時間的配置の中に、対馬からは前期の報告が存在しない点が重視される。当然、地理的には半島から対馬・壱岐を経て玄界灘にと想定するのが自然の成り行きである。しかしこの想定が時間的に成立しえないとなるならば、弥生時代前期を政治的にどのような情勢と理解することが可能なのであろうか。あるいは日本列島における箱式石棺による墓葬をどのように定義づけるかが問題とされねばならない。

(2) 中　期

中期の石棺としては福岡県の中間市・上り立遺跡1号・2号石棺の2基、福岡市・藤崎4号、北九州市・高槻第7地点1号石棺、長崎県の諫早市・宗方遺跡、佐賀県の武雄市・東宮裾遺跡SC024号石棺、山口県の下関市・中ノ浜遺跡東教大2号石棺、同伊倉遺跡LG-003号・004号石棺の2基、同武久浜遺跡ST-2号・3号・5号・6号・7号石棺の5基、広島県の広島市・坊主山遺跡ST-14号石棺、三次市・矢谷1号墓、福山市・法成寺サコ遺跡SK-4号石棺が記録されている。このことは箱式石棺墓葬が瀬戸内に拡大したことを意味している。すなわち、弥生時代前期に玄界灘の沿岸地帯に発生した甕棺墓葬を中心とする共同墓地文化が九州南部よりも東方に拡大していたことを証明している。

中期の箱式石棺で注目される副葬品を伴出した例として、下関市・武久浜遺跡ST-7号があげら

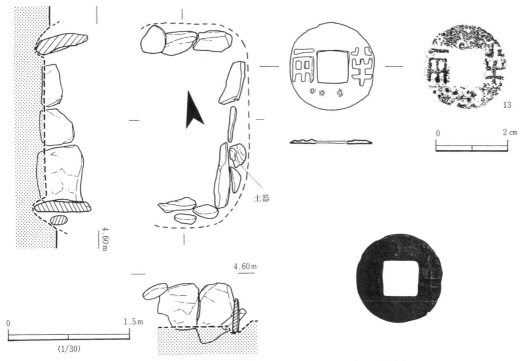

下関市・武久浜遺跡 ST-7 号墓の実測図と出土した半両銭（右）

れる。この石棺からはガラス小玉 4 と半両銭 1 枚が発見されたが、発掘調査を担当した小南祐一氏はその状況を「ガラス小玉と半両銭は埋土のフルイによって検出されたため、出土レベルや位置は不明である。これらの遺物が ST-7 の副葬品である可能性が高いが、石棺自体が破壊されていることから 100％の断定はできない」（小南編 2002）と述べている。この銭は直径 2.2cm、孔径 0.9cm、重さ 1.3g というもので明らかに舶載品である。小南氏によれば、日本における半両銭の出土は熊本県の新御堂遺跡（1 枚）、福岡県の御床松原遺跡（1 枚）、新町遺跡（1 枚）、山口県の沖ノ山遺跡（20 枚）、それと同遺跡の 1 枚であるという。前漢時代の鋳造と思われる半両銭は、それまでに日本で発見されている同種資料の絶対年代を確認させるものである。

北九州市・高槻遺跡第 7 地点（山手 1987）の 1 号石棺は、数少ない中期前半に比定されるものである。保存状態も比較的良好で、副葬品も少量であるが発見されている。

(3) 後　期

後期の事例は 580 基と急増する。これらを県別に整理すると以下のごとくである。

　　熊本県 4　　　長崎県 35　　佐賀県 33　　福岡県 233　　大分県 8　　　山口県 19
　　広島県 210　　岡山県 29　　島根県 8　　　兵庫県 1

考古学の研究者は慎重であることが多く、そのために明確な年代の決定に困難な資料の場合、当該欄を不記載とすることが多いが、後期に属する例がこれほど多いのは弥生時代において箱式石棺の葬送がこの期にいかに盛行しかを示すといえよう。近年、歴史研究者の間で「東アジア海」という語が試験的に使用されているが、その沿岸を構成する島根県と鳥取県にそれらが拡大した事実に

注目したい。瀬戸内海沿岸では兵庫県まで拡大するが、四国にはみられないのは政治的な事情によるものであろうか。

この時期の箱式石棺について注目されるのは、福岡県の北九州市・城野遺跡第1号方形周溝墓の主体部として築造された南北に並ぶ2基の石棺のうち、南石棺の妻石に描かれたと思われる朱線画？である（谷口他 2011）。この主体部は方形周溝墓の北西寄りにN34°Eに主軸を取る墓壙内に2基並列して設置された小児用箱式石棺である。南石棺は蓋石1枚、両側石各2枚、妻石各1枚の砂岩製切石で構成されているが、内面は朱彩され、西頭位に4～5歳の幼児が埋葬されていた。この西妻石の表面に朱彩の上面を箆状器具で押し描いた線状画とも推定される痕跡が残されている。設楽博己氏はこれを悪霊を封ずる方相氏と理解しているが、検討に値する資料である。

近年、中国の重慶市豊都県槽房沟で発掘された後漢時代に属する方相俑は、総高44cm、頭上に3本の角を持ち、大きな両耳と突眼、高鼻、獠牙、さらに長舌を胸の前まで垂らし、左手に蛇を握り、右手に物を持つ土製の灰色の陶器である。これと同時に出土した揺銭樹台座には延光四年（AD 125）五月十日の紀年銘がみられる（中国文物報社編 2002）。もし設楽氏の理解が正しいとすれば、後漢安帝期の日中交流の記録として注目される。

筆者も北九州市埋蔵文化財調査室の協力を得て城野遺跡の資料を調査する機会が与えられたが、科学的な調査が求められる資料といえよう。明らかに箱式石棺の組み立て後に赤色顔料（朱）の塗布（朱の粉末の吹き付けか？）が行われ、その後にこの絵様の擦り付けが行われている。筆者の少ない調査経験では設楽氏のような解釈は不可能であるが、明らかに朱の塗布後に絵のような痕跡が砂岩の表面に有機質の細い箆状器具で擦られ、張り付いている。一般的な線刻画とは異なり、塗布された朱が落ちてこの部分が隆起状に残されている。強く水洗いすると消滅するおそれがある。報告書によるとこの絵の註として「絵の下に引いた二本の線は、棺床および西小口と側壁間の粘土に撒かれた朱の痕跡である。また、下線より下は埋まっていた部分である」という解説がある。このことから箱式石棺が組み上げられ床面まで完成した後に赤色顔料の塗布が行われたことが理解できる。朱の痕跡は下線部のみに見られるわけではないので、この線を実線で図化するのは疑問である。きわめて注目される資料であるゆえに、以下の諸点から再検討を強く求めたい。

第1は現在保管されている西妻石を学際領域で科学的に調査し、ここに残された絵がどのようにして描かれたかを確認して、確実な基礎資料を提供してほしいこと。

第2は絵が人工的に描かれた壁画であるとしたら、その題材は何かを学際領域で検討してほしいこと。

第3は壁画と確認されたら、日本最古の壁画古墳であることになり、壁画古墳の再検討が必要となる。

第4は設楽氏の解釈がこの3点の後に再検討に入れるのではないか。

第5はここで初めて箱式石棺の源流問題が再浮上するのではないか。すなわち現在の解釈に以下のような矛盾を指摘できるからである。

（イ）西頭位の幼児を埋葬した箱式石棺である点。

（ロ）方相思想は漢民族の来世観であるが、漢族は箱式石棺を採用していない。

第 3 章　弥生時代の箱式石棺　29

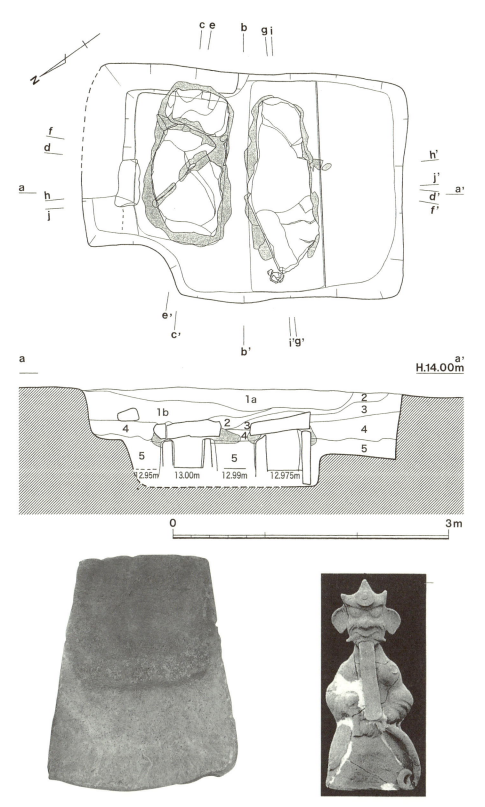

城野遺跡第 1 号墓実測図と朱線画の描かれた妻石（下左）、および中国・重慶市で発掘された方相俑（下右、文物報 1027 号より）

（ハ）弥生時代後期の箱式石棺は首長墓葬には採用されていない。

　この遺跡の再検討は日本の歴史を理解するうえできわめて重要な問題提起となるものと思われる。

2. 箱式石棺の様相

　ここでは弥生時代の箱式石棺の様相を時期別に整理しておきたい。この時期の箱式石棺は共同墓地というか、集団墓地を形成することが多い。弥生時代の墓葬は甕棺墓・箱式石棺墓・石蓋土坑墓・支石墓等に整理され、中期以降になると一定の区域を方形あるいは円形に区画した墓域を有する、いわゆる墳丘墓が出現する。しかし中には弥生時代前期に方形区画を有する墓域の存在を認める研究者も存在する。それを受けて兪偉超氏は徐福の伝承と絡めて、日本の方形周溝墓を秦人墓と想定した（兪 1993・1996、兪・茂木 2001）。さらに三上次男氏は中国東北部の箱式石棺墓の被葬者を濊人と考え（三上 1961）、古賀登氏は中国西北の箱式石棺墓の被葬者を戈基人（氏族）と想定している（古賀 2003）。

　この時代の文化形成には半島は無論のこと、大陸との交流を無視しては考えられない。

　李水城氏によると、中国大陸での箱式石棺の主要な分布は「長城沿線を東北から西北に向かいさらに西南に向けて折れる弧状地帯にある。考古学的な発見によれば、最も古い石棺墓の出現は二つの地域にある。一つは東北の遼河上流域（遼寧、内モンゴル東南部及び河北北部）で、もう一つが西北の黄河上流域（甘粛・青海）である」と言う（李 2013）

　満鮮地域の箱式石棺を研究した三上氏は中国東北地方の箱式石棺は「原則として長軸を東西に向け、頭部は東方に向いている」と言い、また長江流域の東チベット地方を調査研究した宮本一夫氏による石棺墓の型式細分と変遷過程の論究からも長軸は東西、東頭位が読み取れる（宮本 2013）。

　箱式石棺の様相について語る場合、その密集度も注目される。三上氏は中国東北部と朝鮮半島の相違点として「半島における石棺墓は単純形の場合、1 遺跡 1 ～ 2 基の割合で発見されることが多く、1 遺跡 3 基以上密集することは少ない。それに対して中国東北部地方の石棺墓は必ず数基あるいは十数基群在しているのと大変異なっている」としている。

　中国および朝鮮半島の石棺墓文化は紀元前 11 世紀から紀元後 3 世紀ごろ漢中以外の周辺地帯で、日本の縄文時代から弥生時代にかけての時期に栄えた墓葬であるが、このような先進地帯の石棺墓文化が日本列島ではどのような様相で伝播したのかを以下に整理しておきたい。

(1) 弥生時代前期の様相

　この時期の代表的な遺跡は山口県の中ノ浜遺跡である。国分直一氏の報告によると、調査総面積 1,100 平方メートル、土壙墓 47 基、箱式石棺墓 43 基、配石墓 4 基、甕棺墓 9 基から 100 体を超える遺骸が検出されたという（伊東他 1988）。しかも箱式石棺墓は主軸を東西にとる例が多いことも注目される。この遺跡を分析すると 47 基もの箱式石棺が集中的に存在する点に特徴がみられ、その源流は三上氏の整理した半島の分布状況と大きく異なる。

これに対して福岡県の藤崎遺跡では、全体で7基が確認され、3基が弥生時代前期後半に属している。九州地域では現在までのところ発掘調査報告書に記載された前期の資料は後半期のこの遺跡の3基と壱岐市・小場遺跡の1基のみである。
　以上の結果、興味深いのは日本列島での箱式石棺採用の初源が対馬ではなく、弥生時代前期に響灘沿岸にみられることである。しかも墓葬形態からは半島からではなく、大陸の形態が採用されて

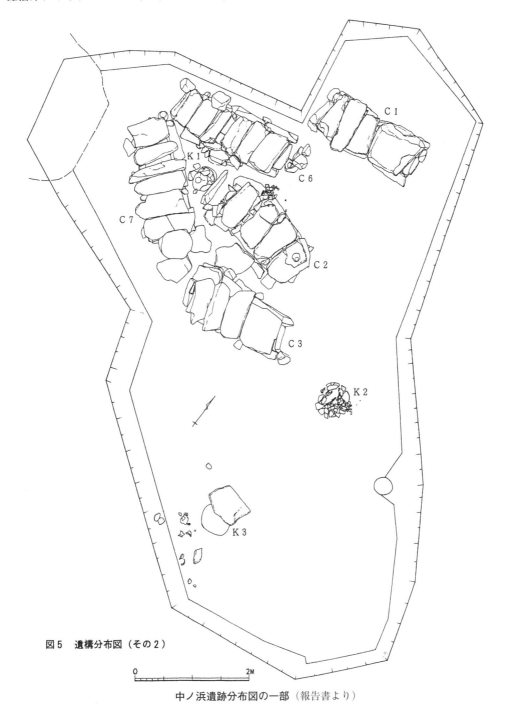

図5　遺構分布図（その2）

中ノ浜遺跡分布図の一部（報告書より）

いるという結論を得る。かつて樋口隆康氏から同様の教示をなされたことがある。氏は対馬の青銅器を調査したとき、その出現は当然のごとく半島の影響によるものと想定していたが、実際は筑紫型の青銅器であったと言い、対馬の青銅器は九州から伝来したものであり、対馬は弥生時代から九州の文化圏であったと結論すべきだと指摘する（水野他1953、岩尾2001）。

（2）弥生時代中期の様相

　この時期になると長崎県の対馬市に単発的に6基、諫早市1基、佐賀県の武雄市1基、福岡県の中間市2基、福岡市1基、北九州市1基、山口県の下関市7基、広島県の広島市1基、三次市1基、福山市1基が記録されている。このうち中間市の2基は上り立遺跡で報告されている11基の石棺で、埋葬時期が記録されているのは2基のみで他の7基は不明だからである。しかし状況的には同一の可能性もあり、注目される遺跡である。主軸は東西7基、南北2基とある。

　山口県の7基は下関市の伊倉遺跡2基、武久浜遺跡5基である。武久浜遺跡では9基が調査されているが、うち4基は時期不詳とある。5基のうちの1基（ST-7）から前漢代の半両銭1とガラス小玉4が出土したのは前述通りである。

　この時期でも前期同様に箱式石棺が集中する傾向は強いが、対馬では半島同様単発的な墓葬形態を採用する地域もみられることは注目に値しよう。また広島県東部の三次市と福山市まで箱式石棺の採用が拡大されたこと、三次市の矢谷1号墓では山陰地方特有の四隅突出型墳丘墓の埋葬施設として箱式石棺が採用されたこと、なども注目される。

　これは従来の集団的墓葬の形態と大きく異なる現象である。この墓葬には一定の区画された（18.5 m×12 m）範囲内に箱式石棺2基、木棺墓8基、土壙墓1基等11基の埋葬施設が検出されている。

（3）弥生時代後期の様相

　後期に入ると箱式石棺を墓葬とする範囲はさらに拡大し、山陰地方から兵庫県にまでみられるようになる。しかし瀬戸内海を越えて四国にはみられない。ただし愛媛県四国中央市妻鳥町の東宮山1号石棺で安政年間に半折した銅矛が発見されたという伝承があり（三木1971）（現在宮内庁に保管されている）、その後、同県からの弥生時代の箱式石棺出土の類例がみられず信憑性に乏しいと言わざるをえない。弥生時代のこの種の墓葬の葬送年代は副葬品が皆無で形式変化に乏しいため確定し難いが、それでも現在、発見例が157基と圧倒的に増加している。これら石棺墓の中から調査報告書によって、詳細な内容の理解できる例をいくつか紹介したい。

＜長崎県＞

佐世保市・門前遺跡（副島編2006）

　後期終末から古墳時代初期の7基の砂岩板石製の箱式石棺が調査され、主軸を東西にとり、6基が西頭位で埋葬されていた。副葬品は少なく剣1か素環頭刀子1あるいは装飾品の玉類を少量副葬するのみである。

第3章　弥生時代の箱式石棺　33

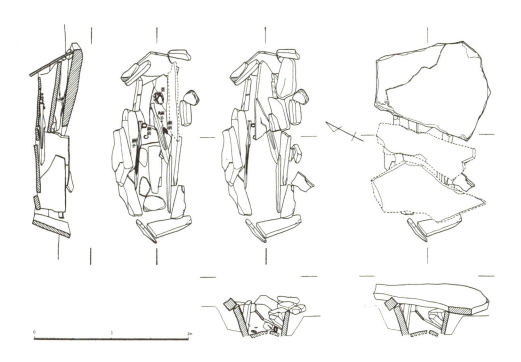

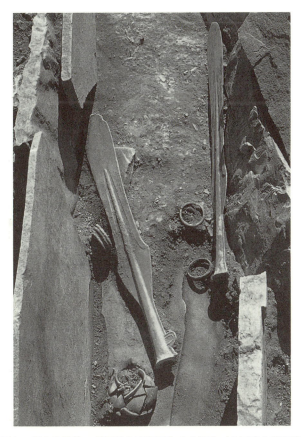

対馬市・塔の首遺跡3号石棺の実測図と出土遺物（小田富士雄氏提供）

対馬市・塔の首遺跡（小田編 1974）

後期終末の石棺が 2 地点から 5 基発見され、特に 3 号石棺には青銅製矛 2、同釧 2 が副葬され、注目されている。

対馬市・唐崎遺跡（小田編 1974）

この遺跡は舌状丘陵の先端部分に発見されたもので、箱式石棺 1 基であるが、双頭状銅器を副葬しためずらしい後期の遺構である。

＜佐賀県＞

佐賀市・礫石 B 遺跡（田平 1989）

後期終末の花崗岩と緑泥片岩製の箱式石棺 9 基が調査されている。主軸を東西にとるものが 7 基、南北にとるものが 2 基で、4 基が東頭位、3 基が西頭位、1 基が北頭位に埋葬され、合葬や追葬は報告されていない。副葬品は皆無か鉄鏃 1 とかガラス小玉 2 等が発見されたにすぎない。なおうち 1 基は小児用である。

佐賀市・久池井遺跡（田平 1989）

この遺跡は 3 地点から構成されⅢ区が後期の埋葬遺跡である。構成は土壙墓 6 基、箱式石棺 4 基からなり、特に SC04 号石棺の蓋石は鎧重に載せられていた。

神埼市・山古賀遺跡（立石他 1980）

後期から古墳時代初期にかけて花崗岩製の箱式石棺 14 基が報告されている。この墓葬では主軸が東西のもの 9 基、南北が 5 基である。うち 3 基は小児用である。埋葬された頭位は東が 6 基、西が 4 基、北が 5 基である。副葬品はほとんど皆無に近い。

三養基郡みやき町・姫方遺跡（木下他 1964）

この遺跡は専崎山頂から南斜面にかけて形成された弥生時代の埋葬遺跡である。その構成は甕棺墓 34 基、箱式石棺墓 34 基からなるが、残念ながら報告書にはその年代記載がみられない。

そのほか神埼市・志波屋四の坪遺跡（佐賀県教育庁文化財課編 1992）で 5 基、吉野ヶ里遺跡で 3 基が報告されている。しかし両遺跡とも報告書に石棺の材質などは記録されていない。

＜福岡県＞

福岡市・野方中原遺跡（柳田 1971）

花崗岩を主とする 8 基が報告され、主軸を南北に置くものが多く、1 号からは獣帯鏡片、鉄刀、素環頭刀子、勾玉 1、管玉 1 が、3 号からは内行花文鏡片、勾玉 1、管玉 1、ガラス小玉 2 が発見されている。

福岡市・野方塚原遺跡（石川・折尾 1996）

花崗岩・粘板岩製箱式石棺 12 基が調査され、うち 6 基は小児用である。これら主軸は 1 号が東西に置く以外、全て南北で北頭位が多く、副葬品は皆無である。

福岡市・唐原遺跡（小林 1987）

この遺跡は唐原川に南に延びる砂丘の最先端に形成された箱式石棺 9 基からなる弥生時代後期の墳墓群である。詳しくは SX01 と SX02 の 2 基が南東隅の緩斜面に立地し、他の 7 基は南端部分に集中して存在した。

朝倉市・狐塚南遺跡（小池 1994）

この遺跡は箱式石棺 15 基、木棺墓 8 基、土壙墓 2 基、石蓋土壙墓 1 基等径 26 基からなる埋葬遺跡である。その時期は弥生時代後期から古墳時代初頭であるが、副葬品等が少量で詳細は決しがたい。

朝倉市・大庭久保遺跡（佐々木 1995）

緑泥片岩製の箱式石棺 8 基が報告されているが、詳細は不詳である。

小郡市・寺福童遺跡（佐藤・沖田 2007）

この遺跡は弥生時代後期から古墳時代初頭に形成された埋葬遺跡であり、箱式石棺 12 基が発見されたが副葬品等が皆無であり、年代を決定する資料が乏しく詳細は不詳である。

小郡市・横隈狐塚（速水 1985）

この遺跡は弥生時代終後期後半から古墳時代にかけて構築された埋葬遺跡で、箱式石棺 12 基が調査された。この遺跡も年代判定の困難な遺跡である。

北九州市・古立東遺跡（柴尾他 2010）

この遺跡は箱式石棺と石蓋土壙墓の複合複合遺跡で、特に 4 号石棺の保存状態は良好であった。

北九州市・蒲生遺跡（山口・佐藤編 2010）

この遺跡では箱式石棺が 6 基調査されているが 28 号石棺を除いて副葬品が報告されている。27 号は小児用で勾玉 1、30 号は刀子 1・貝輪 7、34 号は管玉 1・ガラス小玉 10、36 号は素環頭刀子 1・ガラス小玉 1、37 号は内行花文鏡 1・硬玉勾玉 1・管玉 17・ガラス製勾玉 24・ガラス小玉 17 である。石材については 27 号の砂岩以外は記録されていない。

北九州市・城野遺跡（谷口他 2011）

方形周溝墓の埋葬施設として、南北 2 基の箱式石棺が同時に埋納されていた。この遺構は東西 6.5 m、南北 23 m の方形周溝墓で、中央やや東寄りに東西 2.45 m、南北 3.4 m、深さ約 1 m で南北に主軸（N34° 50′ E）を置く、不整長方形墓壙内に 2 基並列して築造された箱式石棺がある。いずれも砂岩製の小児用箱式石棺で双方共に西頭位である。報告によると南棺は底面に東西 2.23 m、南北 81cm、深さ約 20cm の掘方内（N55° 30′ W）に東西方向に設置され、蓋石 1 枚、両妻石各 1 枚、両側石各 2 枚から構成され、床石は存在しなかった。副葬品は刀子 1 と碧玉製管玉 6 個と棗玉 1 個を検出した。石棺内は朱彩され、西側妻石部分に神像と想定される線画が図化された。この線画を方相氏との仮説もあるが、慎重な学際的検討が急がれる。北棺は東西 1.53 m、南北 1.07 m、深さ約 20cm。掘方内（N53° 15′）に東西方向で設置され、蓋石 2 枚、両妻石各 1 枚、東側石 2 枚、北側石 4 枚から構成され、床石は存在しない。副葬品は鉄製鉇 1 が、南側側壁外面の目張りに使用された灰白色粘土に巻き付けられた状態で発見された。副葬品と言えるかどうか疑問である。

行橋市・下稗田遺跡（長嶺・末永編 1985）

この遺跡では箱式石棺 7 基が報告され、東に頭位を置くものが多い。副葬品は 1 号に刀子 1、4 号に素環頭刀子 1 が報告されている。

行橋市・稲童遺跡（山中編 2005）

この遺跡は周防灘に沿って南北に延びる砂丘上に形成された埋葬遺跡である。その構成は箱式石

棺11基、土壙墓11基、木棺墓2基からなり、石棺の中に一方の妻石が合掌形を呈する例がある。

田川郡香春町・古坊遺跡（杉原2006）

　この遺跡は標高65mの丘陵先端部に立地する埋葬遺跡である。その構成は箱式石棺12基、石蓋土壙墓7基、土壙墓1基の計20基からなる。特に石棺は大形のものが古く、石蓋土壙墓と小形石棺墓がセットで作られている。

京都郡みやこ町・古川平原遺跡（末永1997）

　この遺跡は箱式石棺4基、石蓋土壙墓、土壙墓、甕棺墓等から構成された埋葬遺跡である。特に石棺の遺存状態が比較的良かった。

京都郡みやこ町・川ノ上遺跡（柳田1996）

　14基が報告されているが報告書から詳細を知ることはできない。

＜大分県＞

日田市・草場第2遺跡（高橋・桑原1989）

　後期から古墳時代中期にかけて9基の石棺が調査され、5基が弥生時代後期とされる。これらは安山岩製で2基は小児用である。石棺の主軸は東西で29号の小児用石棺を除いて西頭位である。副葬品は33号に鉇1・鉄鏃10？・不明鉄器1、51号は鉄剣1・鉄鏃2、97号は管玉3・貝輪1ときわめて貧葬である。

＜山口県＞

　下関市では多くの箱式石棺群が発掘されているが明確に時期を確定された資料が少なく、残念ながら充分な使用には耐えない。

山口市・朝田遺跡（中村他1976）

　90基を越える箱式石棺が調査されているが、報告書に時期の記載されたのは第Ⅱ地区の6基のみである。弥生時代終末期から古墳時代初期とあり、南北に主軸をとり、北あるは北東位に埋葬されたことが報じられている。特に1号石棺では成人男女の2体が埋葬され北♂と南♀に分かれていた。石材は緑泥片岩2、緑色片岩1、結晶片岩1で副葬品は1号に刀子1、4号に短刀1・勾玉1・管玉12・切子玉1が発見されている。因みにこの遺跡の埋葬頭位を全体的に整理すると東頭位9、西頭位1、南頭位2、南東位2、北頭位46、北東位12に分類され、北および北東が圧倒的に多いことが注目される。

山口市・茶臼山石棺墓群（小野他1978）

　9基の緑色片岩からなる箱式石棺が報告され、主軸を東西に置いている。副葬品は皆無に近く、わずかに2号からガラス小玉1顆、3号から管玉4個が検出されている。

山口市・乗ノ尾遺跡（小野他1983）

　5基が報告されているが、4号石棺のみ後期後半と記録されている。ここでは1号のみ石材が記録され三群変成岩とある。石棺の方位は東西で3基が東頭位である。副葬品は全て皆無で5号石棺の埋土から弥生後期の高坏片が検出され、これが時期決定の資料とされる。

山口市・白石石棺墓（渡辺1980）

　1基のみ報告されている。結晶片岩製で主軸を東西にとり、頭位を東に置く。副葬品は勾玉1個

である。

山口市・黒川遺跡（山口県教委編 1980）

1基の結晶片岩製の箱式石棺が調査され、主軸を東西にとり、東頭位で、副葬品は皆無である。

山口市・丸山遺跡（伊藤 1965、松岡他 1983）

この遺跡は 1965 年、農道拡幅工事中に箱式石棺 6 基が発見され、さらに近年 2 基が加えられた。

＜広島県＞

広島市・番谷遺跡（宮田編 1997）

花崗岩製の 8 基の箱式石棺が調査されたが、すべて主軸を南北にとり、8 号を除いて北頭位である。副葬品は皆無であり、5 号、7 号、8 号の 3 基は小児用である。

東広島市・西本 6 号遺跡（藤原他編 1997）

168 基の墳墓が発掘され、3 地点で 42 基の箱式石棺が発見された。その中で 1 基（5-b-SK77）のみ後期前葉と記録されている。石材についての記録はなく、副葬品も皆無だったようである。注目される点は 20 基が小児用であることである。埋葬頭位は東？ 2、西 23、南 3、北 4 基で、西頭位が圧倒的である。

東広島市・胡麻遺跡（広島県埋文センター 1990）

この遺跡は東広島ニュータウン遺跡群の中央部に位置する弥生時代終末期から古墳時代初頭の埋葬遺跡である。特に 4・5 号地点に弥生時代の遺構が集中し、4 号地点では箱式石棺 8 基、木棺墓 5 基、土壙墓 2 基、石蓋土壙墓 1 基等が発見された。5 号地点からは箱式石棺 30 基のほか木棺墓、石蓋土壙墓等 45 基が発見された。

東広島市・浄福寺 2 号遺跡（山田・佐々木 1993）

この遺跡では弥生時代後期前半の埋葬遺跡で総計 72 基の墓葬が発見され、調査区南側の第 1 墳墓には箱式石棺 7 基、石蓋土壙墓 1 基、土壙墓 7 基等計 15 基が発見された。さらに北東に位置する第 3 墳墓からは箱式石棺 30 基、石蓋土壙墓 5 基、木蓋土壙墓 14 基が調査されている。

三原市・手島山墳墓群（沢元 1991）

この遺跡は標高 400m 〜 413m の東南面する尾根上に点在する弥生時代後期の埋葬遺跡である。上段には箱式石棺 2 基、石蓋・木蓋土壙墓 13 基等が、下段には箱式石棺 11 基、木棺墓 1 基等が発見された。

三原市・入野中山遺跡（恵谷・沖 1994）

この遺跡は標高 200m を越える尾根状の 2 地点に別れて形成された弥生時代後期の埋葬遺跡である。その構成は箱式石棺 21 基、木棺墓 3 基、土壙墓 3 基、石蓋土壙墓 1 基からなる。

山県郡北広島町・歳ノ神遺跡（佐々木編 1986）

この遺跡では 3 号墓と 4 号墓が後期の四隅突出墓である。これらは報告書によると、3 号墓は東西 10.3 m（突出部を含め 11.4 m）、南北は流出されていたが 6 〜 7 m の地山整形による四隅突出型墳丘墓で、箱式石棺 2 基と土壙墓 1 基を検出したが、土壙墓は墳丘築造以前の埋葬施設である。SK3-1 の箱式石棺は墳丘の中央部からやや北寄りの位置に築造し、西枕で埋葬されていた。SK3-2 は墳丘の北西部にあり東枕で埋葬されたが、副葬品は皆無であった。4 号墓は南北 10.2 m（突出部

を含め11.1 m）、東西約7.5 mの地山整形による四隅突出型墳丘墓で、箱式石棺6基と土壙2基が検出されたが、3号墓同様土壙墓は墳丘築造以前の遺構である。箱式石棺は6基ともに墳丘上で発見された。

山県郡北広島町・須倉城遺跡1号調査区（橋本編1998）

この遺跡では33基の埋葬施設が発掘され、28基の箱式石棺が報告されているが、埋葬時期は報告にみられない。この墓葬でも成人墓は6基で21基が小児棺である。そして埋葬頭位は東8基、西1基、北東7基、南東6基、北西2基、南1基、北2基と一定しない。

＜岡山県＞

和気郡和気町・宇屋遺跡（小嶋2011）

この遺跡は埋葬時期が古墳時代以前という報告がある。花崗岩製の箱式石棺であるが、盗掘されており詳細は不詳という。

新見市・横見墳墓群（下澤他1977）

この遺跡は標高293 mの舌状丘陵上に10基確認された。その中で箱式石棺を埋葬施設とする墓葬は、第4号墓3基、第5号墓1基、第6号墓4基、第7号墓4基、第8号墓3基、第9号墓3基、第10号墓1基、他1基の計20基が調査された。この墳墓群は中期が中心であり、最初の築造は前期後半に比定される第4号墓のみである。第4号墓は地形的な制約もあり、墳形を明確にしえないが南・北・西側には溝が確認され、南西約6 m、北東約4 m、高さ1.5 mの方形墓が想定される。埋葬施設は10基（木棺墓6、石蓋土壙墓1、箱式石棺3）が調査され、1号、6号、9号の主体部が箱式石棺である。1号は主軸をほぼ東西にとる隅丸長方形の墓壙内に構築され、東側と北西部に2号・3号木棺の墓壙の重複が認められる。石棺の蓋石は二重に積まれ、東西両側に板石によって枕石が設置されていたが、副葬品は皆無であった。6号も主軸をほぼ東西にとる隅丸長方形の墓壙内に構築された箱式石棺であるが、調査時には攪乱され、蓋石および北側石の中央が1枚抜き取られており、副葬品は採取されなかった。9号は10号主体部の墓壙の一部を切断して構築された小形箱式石棺で蓋石が二重であるが、副葬品は皆無であった。

＜島根県＞

邑南町・順庵原1号墓（門脇1971、仁木他編2007）

この埋葬施設は四隅突出型墳丘墓で、11.5 m×9mの方形部分に箱式石棺2基と木棺1基がほぼ東西に並列し、墓壙を異にして埋葬されていた。第1主体部は方形部分の中央に封土面を切り込んだ約2.4 m×約1.65 m～約80cmの隅丸長方形の墓壙内に構築された箱式石棺である。棺内の副葬品は皆無であったが、墓壙北西の主軸線に沿って浅い掘り込みがあり、ガラス小玉14顆が発見された。調査を担当した門脇俊彦氏はこの石棺が埋葬後「石棺内部が覗き見されたのではないかと思われる形跡がある」と記し、その理由として調査によって得られた状況を「西北寄りに載せられている蓋石と、次の蓋石との間の一部にはやや広い隙間があって、それを覆うために小さな石が二個ほど載せられていたが、その石が何者かによって二次的にはぐられており、この部分では白色粘土もやや乱れていた。しかもその奥にあたる位置に棺身石の内部の一部に、明らかに松明によるものと思われるススが付着していて、この隙間から何者かの手によって棺内に松明が入れられたことを

物語っているのである。そして、石棺上を覆っていた墓壙内の埋土にまったく層序の乱れが認められなかったことから、この事実は、いまだ墓壙内に埋土しなかったあいだに起ったものと想像されるのである。もし前述の推理が正しいとするならば、一体墓壙を埋める作業は遺骸の埋葬後どれだけの時間を経過した後に行われるものか、興味深いことではある」と記録している。

安来市・仲仙寺墳墓群（近藤編 1972）

　この墳墓群は 9 号・10 号が四隅突出型墳丘墓で中海に注ぐ飯梨川の西岸、海抜 38.5 m の西赤井の尾根上に隣接して築造された。この尾根状には 3 群 16 基の墳丘墓が存在し、9 号・10 号墓から箱式石棺が発見された。9 号墓は東西約 15 m、南北約 18 m、高さ約 2 m の矩形台状部の四隅が突出する形態の墳丘墓である。墳丘は大半が地山削り出しで盛土はほとんど認められない。埋葬施設は墳頂部に 3 基の墓壙を穿ち、それぞれ木棺が埋納されていた。さらに墳丘裾部の北西側に 1 基、南西側に 2 基の箱式石棺を追葬していた。10 号墓は一辺約 18 m、高さ約 2 m の方形台状部の四隅が突出する形態の墳丘墓である。この墳丘墓も地山を削り出して構築され、盛土はほとんど確認されない。埋葬施設は墳頂部に重複する大小 11 基の墓壙が穿たれ、4 基から組合せ式木棺が確認された。さらに墳丘裾部の南側に箱式石棺 1 基と石蓋土壙 1 基、北側に箱式石棺 1 基が追葬されていた。

　なお、兵庫県では小野市・船木南山四隅突出型墳丘墓（小野市教委 1992）があげられる。

　以上、後期に属する箱式石棺を紹介したが、全体的に埋葬時期を確定する資料に乏しく、発掘されても時期不詳の資料が多いのが残念である。この時期の注目点としては、方形周溝墓や中期同様四隅突出型墳丘墓の埋葬施設に採用されているが、群集する性格は踏襲されていることで、広島県の歳ノ神 4 号墓では 6 基が方形部に埋葬されていた。しかし副葬品の希薄性は継続している。また小児用に採用されることにも特徴がみられる。

　以上述べたことを整理すると以下のようなことになる。

①日本列島に箱式石棺が伝播したのは弥生時代前期の響灘沿岸であり、半島に隣接する対馬には中期段階で九州から伝播する。
②源流は半島ではなく中国大陸であることも念頭に入れておく必要がある。
③形態の特徴は群集することである。
④副葬品がきわめて乏しく皆無の場合が多い。
⑤小児用が比較的多く存在する。報告例は 182 基で、発見数の 20.9% である。
⑥埋葬される頭位は一定していないが、東頭位が比較的多い。
⑦埋葬は原則的には単独葬である。記録された遺骸数が単葬 74 例、2 体 6 例、3 体 2 例、5 体 1 例が報告されている。
⑧弥生時代の箱式石棺の材料は砂岩・粘板岩・花崗岩・安山岩・緑泥片岩・角閃玢岩・凝灰岩・玄武岩・結晶片岩・頁岩など板状節理による板石の利用が報告されている。

第4章　古墳時代の箱式石棺

　本章を草するにあたって諸記録にあたった結果、古墳時代から飛鳥時代に採用されたと想定される箱式石棺で現在までにその存在の知られるものは、総数2602基+αであった。その数を都府県別に挙げると以下のごとくである。

鹿児島県 7	島根県 27	奈良県 5	東京都 2
宮崎県 10	鳥取県 111	京都府 3	千葉県 160
熊本県 442（+α）	岡山県 175	滋賀県 3	茨城県 382
佐賀県 82	兵庫県 10	三重県 2	群馬県 3
長崎県 214	愛媛県 254（+α）	愛知県 2	福島県 60
福岡県 148	香川県 7	静岡県 6	宮城県 29
大分県 93	徳島県 91	福井県 1	山形県 61
山口県 68	和歌山県 5	石川県 10	
広島県 125	大阪府 3	神奈川県 1	

　これによれば、古墳時代に箱式石棺の最も多く築造されたのは熊本県の442基、次いで茨城県382基、愛媛県254基、長崎県214基、岡山県175基、千葉県160基、広島県125基、福岡県122基、鳥取県111基、徳島県91基がベスト10である。さらに佐賀県の82基、山口県の55基が注目される。特に茨城県と千葉県を合わせた霞ヶ浦沿岸には古墳時代後期以降542基という箱式石棺が発見されているが、律令期の下総と常陸南部にこの種石棺が爆発的に築造された背景はヤマト王権の対蝦夷政策であり、肥後にも多いのは対熊襲政策の結果と考えられよう。

1. 古墳時代前期の箱式石棺

　この時期の箱式石棺は弥生時代からの伝統を受けて、集団墓地の形態を残すものと、前方後円墳の主体部に採用されたものとが存在する。

(1) 集団墓地の形態を残すもの
　集団墓地的形態を継承した墓葬は弥生時代同様に葬送年代の不祥な遺構が多く、明確に時代区分が未決定であることを最初にお断りしておく。
　これらは方形墓域内に複数石棺を埋葬した遺跡であるが、この形態の墓葬は弥生時代後期のものと明確な区別がみられず、①低丘陵に集中する墓葬と、②方形区画内の墓葬とに整理される。

①低丘陵に集中する墓葬の例
＜長崎県＞

大村市・久津石棺群（高野 1978）

A・B 地点から角閃安山岩製の箱式石棺が昭和 51 年に発見されている。

対馬市・白蓮江浦第 2 遺跡（真野 1974、橋口 1974）

小さな岬の先端に 6 基、近くに 3 基計 9 基の箱式石棺が集中して発見された。

対馬市・中道壇石棺墓群（藤田編 1988）

12 基中 1 基が弥生時代の所産である。

＜福岡県＞

福岡市・五郎山 1 号石棺（亀井 1970）

博多湾に面する独立丘陵の東端にあり、大正 3 年（1914）に発見され、二神二獣鏡 2、剣 4、銅鏃 9、勾玉 2、管玉 3、ガラス小玉 2 が副葬されていた。

北九州市・郷屋遺跡（栗山他 1988）

箱式石棺 6 基と石蓋土壙 2 基が調査されている。

＜大分県＞

玖珠郡玖珠町・志津里遺跡（宮内・友岡 2013）

8 基が報告されている。

＜広島県＞

山県郡北広島町・壬生西遺跡（広島県埋文調査編 1989）

A～E 区の 5 群に分かれた弥生時代後期から古墳時代後期にわたる複合遺跡で、A・B・E 群で墓葬が検出された。箱式石棺は A 群 2 基、B 群 2 基、E 群 1 基である。SK1 は A 群の西寄りに位置し南側の SK3 の土壙墓と並列し 10 基中の中心的墓葬である。主軸をほぼ東西にとる隅丸長方形の墓壙内に構築された箱式石棺である。SK2 は SK1 の東に位置する小児用石棺である。石棺は主軸をほぼ南北にとる不整隅丸長方形の墓壙内に構築されている。双方ともに副葬品は皆無である。SK11 と SK12 は B 群 10 基中の中心的墓葬で前者は主軸をほぼ東西にとる隅丸長方形の墓壙内に構築され、副葬品は碧玉製管玉 4 個が胸部附近から採集された。SK12 は SK11 の北側に位置し、主軸をほぼ東西にとる隅丸長方形の墓壙内に構築された箱式石棺で、棺内には赤色顔料が塗布され、碧玉製管玉 6 個を胸部付近から採集した。SK34 は E 群に位置し、主軸を東西にとる長楕円形墓壙内に構築され、棺内には少量の赤色顔料が塗布されていた。副葬品は皆無である。

東広島市・蔵田 1 号遺跡（三保編 1994）

1973 年に市道の拡幅工事で箱式石棺が発見されて以来、古墳時代の埋葬施設が 29 基発見され（箱式石棺 20、石蓋土壙墓 4、土壙墓 5）、うち 1 基の石棺が前期相当である。SK11 号は墳墓群の南側の一群に位置し、調査時点では道路法面に石材が露出していた。石棺は主軸をほぼ東西にとる不整隅丸長方形の墓壙内に構築され、南側石 2 枚を残して全て抜き取られており、詳細は不詳であった。副葬品と想定される碧玉製の比較的細形の管玉 1 個が採集された。

<山口県>

山口市・大判遺跡（山口市教委編 1978）

1基が知られている。

これら弥生時代から継続して集団的に構成された箱式石棺群は、副葬品が皆無か少量であり構造上変化が乏しいので、墓葬の実施された時期を確定することはきわめて困難である。また調査報告に時期がほとんど記載されておらず、今後の研究が待たれる状況である。

②方形区画内の墓葬

これらは方形または円形周溝墓および四隅突出型墳丘墓で、これも前代からの継承である。

<佐賀県>

小城市・滝遺跡（高瀬 1989）

C地点のST01は方形周溝墓で調査時には東南部が削平されていたが、安山岩製の箱式石棺と石蓋土壙等が発見された。

佐賀市・鈴熊遺跡

縄文時代から古墳時代にかけての複合遺跡で壺棺墓、箱式石棺墓、方形周溝墓、古墳が確認されている。箱式石棺はST011方形周溝墓と調査区北側の西崖に面して3基発見されている。埋葬時期の判明する方形周溝墓は一辺約4.6m、溝巾40cmから1mで深さは約20cmと報告されている。しかし周溝は一周せず、全体的に東側のみで、ほぼ中央に東西に主軸を置く隅丸長方形の墓壙内に北東頭位の箱式石棺が存在する。特に蓋石の配置に特徴があり、頭位側が二重の乱石積状を呈している。

神崎市・朝日北遺跡（家田・百崎 1992）

古墳時代の方形周溝墓4基、円形周溝墓4基の計8基が調査された。

4号墓は南面する斜面に立地し、長辺約4.5mの方形周溝墓で主軸をほぼ南北にとる隅丸長方形の墓壙内に構築された箱式石棺であり、蓋石は二重である。副葬品は皆無である。

6号墓は南斜面の中腹に立地し、長辺約7.2mの方形台状墓である。急傾斜であるため南側に周溝はなく、三方のみに検出され、埋葬施設は中央部に長軸に沿って主軸をほぼ東西にとる隅丸長方形の墓壙が穿たれ、箱式石棺が構築された。棺内に副葬品はなく、蓋石上に土師器広口壺1が供献されていた。

7号墓は標高約35.5mの尾根中段に構築された方形台状墓で、石蓋土壙と箱式石棺を埋葬施設としていた。石棺は台状部の中央に主軸をほぼ東西にとる隅丸長方形の墓壙内に構築され、東頭位で埋葬された。調査時には頭位側の蓋石1枚が除去されて盗掘されていたが、内行六花文鏡片が採集された。

8号墓は東西12.7m、南北9?m（一部13号の溝で切断）の方形台状墓で、中央部よりやや北寄りに主軸をほぼ東西にとる長方形墓壙内に構築された箱式石棺である。石棺は蓋石が二重に架せられ、床石は薄い緑泥片岩が乱石状に敷かれていた。周溝内には土師器（壺2、器台3）が供献され、棺内からは副葬品として鏡1（重圏文鏡）と鑿1が採集された。

9号墓は径約5.6mの円形台状墓であるが、調査時にはかなり攪乱されており、中央部に主軸をほぼ東西にとる隅丸長方形の墓壙内に石棺が構築されたが、攪乱により床石一枚を除いて石材が抜き取られていた。副葬品については不詳であるが、埋葬施設の埋土中より鉄片1を採集した。なお周溝内からは土師器埦2を採集した。なお10号墓、11号墓、12号墓も円形周溝墓であるが、埋葬施設は破壊されており詳細は不明である。

＜福岡県＞

朝倉市・立野遺跡（児玉1984）

　A地区で方形周溝墓16基、円墳3基、石蓋土壙墓6基、土壙墓53基が、D地区では円形周溝墓6基、土壙墓13基が調査され、A地区では13基、D地区では5基が箱式石棺を主体部として採用していた。特にA地区では1号、2号、6号、13号、14号が方形台状部中央に隅丸長方形墓壙内に箱式石棺1基を埋納しているが、3号、7号、10号、11号では台状部中央に別個の隅丸長方形墓壙内に2基の箱式石棺を並列して埋納している。

　1号は一辺9mの台状部に巾1〜1.5m、深さ約50cmの周溝が廻り、中央部よりやや西寄りにほぼ南北を主軸とする箱式石棺が埋置されている。棺床には板石を敷き、北隅には粘土による枕が逆U字状に設置されている。棺内に副葬品はみられなかったが、石棺北側の攪乱土中から鉄斧1点が採集され、棺外埋葬の可能性が想定される。周溝内には8個体ほどの土師器が供献されていた。

　2号は東西6.5m、南北6mの方形周溝墓で台状部中央に東西主軸の隅丸長方形墓壙内に箱式石棺が埋置され、床石を欠くが東妻石側にC字状に粘土による枕が設置されていた。副葬品は足部の粘土内から発見された刀子片1点である。

　6号は一辺11mの箱式石棺を埋葬施設とする本遺跡最大の方形周溝墓で、西側の一部にブリッジ

立野遺跡A-7号墓

が存在する形態の周溝墓である。埋葬施設はほぼ中央部に東西主軸の隅丸方形の墓壙内に設けられた箱式石棺である。この石棺も床石は敷かれず、東妻石側に粘土による枕が設置されていた。副葬品は皆無であるが、周溝内より供献土器片（壺 2、甕 4 個体分）が発見された。

13 号は一辺約 7 m の方形周溝墓と想定されるが、南西隅が L 形に検出され、中央付近よりやや西寄りに石材の除去された箱式石棺の痕跡が確認された。周溝内から刀子片 1 と土師器 5 個体分が発見された。詳細は不詳である。

14 号は東西 9 m、南北 7 m の箱式石棺を埋葬施設とする方形周溝墓で、南側周溝の東寄りに陸橋部が存在する。埋葬施設は中央部やや西寄りの主軸を東西に置く隅丸長方形墓壙内に構築された箱式石棺であったが、調査時にはすでに攪乱され石材は全て抜き取られていた。副葬品と想定される刀子片が棺床面より少し浮いた状態で発見された。

3 号は東西 9m、南北 8m の東隅に陸橋部を有する方形周溝墓で、台状部中央に墓壙を異にするほぼ東西主軸の箱式石棺 2 基を埋葬施設としていた。台状部中央に北西から南東に 6 世紀代の溝が走り、北側の第 1 号箱式石棺を破壊し、石材が全て抜き取られていた。

報告によると 1 号が先行して埋置されたと推定されるが、赤色顔料の塗布の痕跡以外には副葬品は発見されなかった。2 号石棺は 1 号石棺の墓壙南側に隅丸長方形墓壙を穿ち S45°E を主軸として埋置されたが、1 号同様に西側妻石部部を残して攪乱され、石材は大半が抜き取られていた。石棺内は赤色顔料の塗布の痕跡以外には副葬品等は確認されていない。周溝内からは鉄鏃 1、浅鉢 1、埦 2、鼓形器台 1、壺 2、大形坩 1 が発見された。

7 号は東西 11 m、南北 9 m の北周溝中央に陸橋部を有する方形周溝墓で、中央部に墓壙を異にするほぼ東西主軸の 2 基の箱式石棺を埋葬施設としている。1 号石棺は隅丸長方形墓壙内に構築され、東妻石側に粘土による枕が設置され、赤色顔料の塗布がみられるが、副葬品は皆無である。2 号石棺は 1 号石棺の墓壙の一部を切断して穿たれた隅丸長方形墓壙内に構築され、東妻石側に粘土による枕が設置されていた。棺内には赤色顔料の塗布が確認されたが、副葬品は皆無である。周溝内から鉄鏃 1、壺 2、坩 4 が発見された。

10 号は東西 9.5 m、南北 9 m の南周溝部に陸橋部を有する方形周溝墓で、ほぼ中央部に墓壙を異にする箱式石棺 2 基を埋葬施設としている。石棺は墓壙の切り合い関係から 1 号が先行と想定される。1 号石棺の墓壙は不整隅丸長方形で北東部が二段掘りである。石棺内に床石はなく東妻石側に粘土による枕が設置されていた。棺内には赤色顔料の塗布が確認されたが、副葬品は皆無である。埋葬後墓壙南側から内反り太刀 1、槍 1、筒形銅器 1 が発見された。2 号石棺は、1 号墓壙の南西部に切り込んで穿たれた長方形墓壙内に設けられ、床石はなく、東妻石側に粘土による枕が設置されていた。石棺内に赤色顔料の塗布は認められるが、副葬品は皆無である。周溝内からは刀子 1、甕 1 が発見された。

11 号は東西 10 m、南北 11 m の北東部隅に陸橋部を有する方形周溝墓で、台状部中央に墓壙を異にする 2 基の箱式石棺を埋葬施設としていた。報告では中央部よりの第 1 石棺を先行施設とする理由を考古学的に次の 3 点としている。

(1) 第 1 石棺の墓壙北辺ラインが、台状部の東西中軸線とほぼ一致し、第 2 石棺は中軸線より北

(2) 調査時点での墓壙埋土は第1石棺が黄色粘土だけであるのに対して、第2石棺のそれは暗褐色ブロックが混じっている。墓壙埋土の上記の相違による新旧関係はふたつの主体部が切り合っているり7号・10号においても認められること。

(3) 第1石棺は鏡や鉄器が副葬され、第2石棺は副葬品を持たず、後者は前者に比して従属的な性格を持っていると判断されること。

　1号石棺は不整隅丸方形二段掘り墓壙内に主軸を東西に置く箱式石棺で、床石はなく、東妻石側に粘土による枕が設置されていた。棺内には赤色顔料の塗布が認められ、鏡（重圏文鏡）1、刀子1、鉇1が副葬されていた。2号石棺は不整長方形の二段掘り墓壙内に構築された箱式石棺で、床石はなく、東妻石側に粘土による枕が設置されていた。棺内には赤色顔料の塗布が確認されたが、副葬品は皆無である。周溝内には鉄鎌1、刀子2、土師器約20個体分が供献されていた。

　同D地点2号墓は、径11mの円形周溝墓で、その中央部に主軸をほぼ東西に置く箱式石棺が埋置されたが、調査時点では石材が全て抜き取られていた。3号墓は径13.5mの円形周溝墓で、中央部よりやや北寄りに箱式石棺が埋置されたが、調査時点では石材は全て抜き取られていた。しかし墓壙底から蕨手形刀子1が採集された。4号墓は径11.5mの円形周溝墓で中央部に主軸をほぼ東西に置く箱式石棺が埋置されたが、調査時点では石材は全て抜き取られていた。副葬品は採集されなかった。5号墓は径15mの円形周溝墓で中央部に主軸をほぼ東西に置く箱式石棺が埋置されたが、調査時点では石材は全て抜き取られていた。6号墓は径12mの円形周溝墓で中央部に主軸をほぼ東西に置く箱式石棺が埋置された。この石棺は未盗掘で発掘された。墓壙は不整形な二段掘りの長方形墓壙で、箱式石棺床面に川原石を敷き、埋葬後東頭位蓋石上に刀子1が置かれていた。

宗像市・大井平野遺跡（白木2004）

　前期後半から中期にかけて6基の墓葬が調査されているが、そのうちS02号・S04号・S06号墓で箱式石棺が発見された。

　S02号は東西9.9m、南北11.3mの楕円形墓で、主軸を東西にとる箱式石棺と組合式木棺の折衷形式の埋葬施設で、両側は木板、東妻は板石、西妻は粘土、蓋は6枚の板石で構成されていた。床面は礫敷で、内面に赤色顔料の塗布がみられた。副葬品は東妻石よりのに竪櫛3個、南側中央部礫床内から刀子1が発見された。

　S04号は直径約7.5mの円形墓で、墳丘の高さは30〜60cmである。埋葬施設は主軸をほぼ東西にとる箱式石棺で、副葬品は皆無である。

　S06号は一辺約11mの方形周溝墓で、東南部は削平され、東溝と北溝の一部が検出された。埋葬施設は台状部のほぼ中央と想定され、北側の箱式石棺の南側石を利用して南石棺を追葬している。埋葬は最初北側に不整隅丸長方形の二段墓壙を穿って石棺aを構築し、次いで時間をおいて南側に不整隅丸長方形墓壙を穿ち、南側石2枚、西妻石2枚を組み、東妻側は開放して墓壙壁で封じている。蓋石は北側の葬送の際に封架した板石上に架している。さらにその南側に第3埋葬施設として割竹形木棺を直葬する墓壙が穿たれている。箱式石棺の副葬品は北側から鉇1、碧玉製管玉454個が、南側からは棺外から鉇1とガラス小玉1顆が採集された。

＜大分県＞

日田市・草場第2遺跡（高橋・桑原 1989）

　方形周溝墓群である。この遺跡は弥生時代後期から古墳時代中期にかけての墓葬で、古墳時代のものとしては第4号、第5号、第6号、第11号、第13号などの方形周溝墓で箱式石棺が調査されている。

　第4号は北溝約8.3mで南側が削平され不詳。墓壙は台状部北側に主軸をほぼ東西に穿たれた隅丸長方形の墓壙内に埋置されていた。調査時には大半の石材が抜き取られていたが、東側壙底より硬玉製勾玉2、管玉15個が採集された。

　第5号は一辺約12.5mの方形周溝墓で、台状部に10基の埋葬施設が発掘されたが、この周溝墓の中心主体部は台状部中央の第37号である。北東部隅の第33号は弥生時代の所産としてすでに紹介しておいた通りである。第37号石棺は第38号土壙墓の壙の北西隅を切断して墓壙が穿たれており。10基の埋葬施設が周溝墓に先行する可能性が強いと想定される。箱式石棺には棺床に赤色顔料が塗布されて3体が埋葬され、竪櫛1、刀子1が副葬されていた。なお周溝内には土器9個体分および刀子1、勾玉1が供献されていた。

　第6号は東西約14.3m、南北約13.2mの矩形と想定される周溝墓で、北側と西側の溝は検出されなかった。埋葬施設は全体的に東寄りの位置に埋置され、主軸をほぼ東西にとる長方形墓壙内に構築されていた。棺内には全面赤色顔料が塗布されていたが、副葬品は皆無であった。

　第11号は東西約13m、南北約12.6mで北東隅に陸橋部を有する方形周溝墓である。埋葬施設はその中央部に主軸をほぼ東西にとる箱式石棺である。しかし調査時には攪乱され、石材は東妻石の一部を除いて抜き取られており、詳細は不詳であるが、一部赤色顔料が確認された。周溝内からは少量の土師器片が採集された。

　第13号は東西約14m、南北約12mの方形周溝墓で、西溝は中央部のみに約6m穿たれている。埋葬施設は中央部に主軸をほぼ東西にとる箱式石棺ある。石棺は長方形墓壙内に構築され、5体の遺骸が追葬されていた。棺内からは剣1、直刀1、刀子1、竪櫛6、勾玉4、管玉15、棗玉1、ガラス小玉160が発見され、また鉄鏃が棺内外に36本？副葬されていた。

＜山口県＞

山口市・朝田遺跡（小野 1977・2009）

　この遺跡については弥生時代のところで94基紹介した。古墳時代に関しては28基が報告されているが、埋葬時期が記録されているのは第Ⅲ地区の15号方形墓1基（古墳時代前期）のみである。しかしこの遺跡は箱式石棺集成にとってきわめて注目されるものなので、報告書から筆者の理解によって整理しておきたい。

　第Ⅰ地区では弥生時代編に13基紹介している。古墳時代の2号墓は南傾斜の緩い地形に径約7.5mの円形周溝墓で、中央部に主軸をほぼ東西にとる不整隅丸長方形の墓壙を穿ち構築された箱式石棺である。蓋石を除く石棺内面には赤色顔料が塗布されていたが、副葬品は皆無である。

　4号墓は東傾斜の地形（約30°）にあって長辺（南北）約4.5m、短辺（東西）2.5mを計測する方形周溝墓で、東は流失しているが本来矩形の周溝墓と想定される。埋葬施設は中央部にほぼ南

北に主軸をとる長方形墓壙を穿って構築された箱式石棺である。床石はないが、北側に板石2個による枕が設置され、頭位を北にして埋葬されたと想定される。蓋石が二重に架せられた点が特徴である。しかし副葬品は皆無であった。

　5号墓は南斜面に設けられた径約8m（東西）の円形周溝墓で、主軸をほぼ東西にとる箱式石棺である。棺内からの副葬品は皆無である。しかし墳丘頂部に高坏2、甕1が供献されていた。

　6号墓は径約9mの円形周溝墓で、主軸をほぼ東西にとる箱式石棺である。床石はなく礫敷で、東妻石側に板石によって枕石が設置してあった。石棺は粘土で密封され、北側石中央部に剣1、東妻石側に鉄斧1、鉄鎌1が棺外副葬されていた。また周溝内から壺片が採集された。

　第Ⅲ地区では尾根上に立地し、方形墓2、円形墓13、石棺墓、石蓋土壙墓、土壙墓20が調査された。しかし詳細なデータが公表されておらず、報告書には「第7表　朝田墳墓群第Ⅲ地区古墳時代墳墓一覧表」が掲載されている。

　第Ⅳ地区では、調査区西側に東西約7m、南北約7mの不整な台状部が墳丘削り出し状に検出され、墓壙を異にする箱式石棺2基（ST1・ST2）が調査された。考古学的には墓壙の切り合い関係上ST2が先行し、ST1が追葬である。ST2はほぼ東西に主軸をとる長方形墓壙内に構築されたこの地域最大規模の箱式石棺である。棺内には赤色顔料が塗布され、北東頭位で単体埋葬である。副葬品は鉄鏃、刀子、鉈が採集された。ST1はST2の墓壙の北西隅を切って穿たれている。主軸をST2と並行にとり、東妻石の一部に赤色顔料が塗布され、北東頭位埋葬後に南西頭位の遺骸を追葬している。追葬時に鉄鏃1が副葬されている。

＜広島県＞

広島市・成岡遺跡（田村他2001）

　標高57mの尾根状地形に3基の墳丘墓状円墳が確認され、2号墓、3号墓で箱式石棺が埋葬施設とされていた。これらの墳丘は盛土がなく地山整形によって形成されていた。

　2号墓は径約11mの円形台状墓で、中央部にN46°W方向で隅丸長方形の墓壙内に箱式石棺を構築していた。遺骸は南西方向に頭位を置く1体で、身長161.5cmの老年男子が埋葬されていた。石棺内部には赤色顔料が塗布され、頭骨南側に刀子1口が副葬されていた。なお周溝内からは鼓型器台、壺が採集された。

　3号墓は標高64mの平坦面に構築され、径東西約11.5m、南北約13.5mの長円形で墳頂部に東西約6.8m、南北約9.3mの平坦面を有する。平坦部中央に中心主体の第1主体部があり墳丘東南側に9基の埋葬施設が存在する。中心から最も離れた東裾部に第9主体部が存在し、主軸をほぼ南北にとる隅丸長方形の墓壙内に箱式石棺が構築された。発掘時には石材は抜き取られており詳細は不詳であるが、墓壙内床面近くからガラス小玉1顆が採集された。

山県郡北広島町・宮城古墳群（沢元1993）

　標高326m（水田面からの比高約30m）の尾根上に6基の円墳から成る小古墳群が存在し、うち4基が調査されたが、その際、先行遺構として弥生時代後期の箱式石棺1、石蓋土壙墓1、住居址1棟が発掘された。時期の決定に際して1号墳と3号墳の墳丘から土師器片が採集されている。

　1号墳は径約11m、高さ約1mの地山整形による円墳で、墳丘に土師器甕が供献されていた。

墳丘は地山を整形後南側に少量の盛土を行い、中央部に墓壙を異にする2基の箱式石棺を構築し、同時に赤褐色土で覆っている。第1石棺は主軸をほぼ東西にとる隅丸長方形の墓壙内に花崗岩を使用して構築された。第2石棺は第1石棺の南側に墓壙の上場を切り込んで不整隅丸長方形の墓壙を穿ち、同様の石材で構築している。報告書の図面を読むかぎりでは同時に覆土を載せていることになり、短時間で2基の埋葬が実施されたものと想定される。なお双方ともに副葬品は皆無であった。

2号墳は地山整形後に少量の盛土をして、径9mの円形プランを構築し、平坦面に隅丸長方形の墓壙を穿ち、石棺を組んで埋葬し、赤褐色土で覆って墳丘を構成している。調査時に墳丘の高さ70cmを計測した。この古墳では明らかに墳丘を切り込んで墓壙が構築されている。

3号墳は地山整形後、北東側に少量の土砂を4層に積んで径約14mの円形プランを構築し、平坦面に主軸をほぼ東西にとる隅丸長台形の墓壙を穿ち、埋葬後淡黄褐色砂質土で覆っている。調査時の高さ約2mである。棺内に副葬品は認められなかったが、赤色顔料が塗布され、石棺西端から西へ1.2mの墳丘表土から数点の土師器片が採集された。

東広島市・槇ヶ坪遺跡 （広島県埋文編1990）

弥生時代中期末の墳墓と古墳時代前半期の方墳1、後半期の円墳3、箱式石棺1が確認された。A地区の第2号墳は一辺約9mの方形墓で中央部からや南西寄りに、隅丸長方形の墓壙内に石棺が発見された。副葬品は皆無で、南側周溝底部より弥生式土器片および土師器小形丸底坩と高坏片が発見された。B地区は南斜面に位置し、1号墳は東西7m、南北15mの地山整形の方形墓で、西寄りに主軸をほぼ東西にとる不整隅丸長方形の墓壙内に箱式石棺を構築していた。本墳は調査時には攪乱されており、西側壁の一部および蓋石は全て除去されていた。副葬品は皆無であり、棺内の攪乱層より弥生土器片を採集した。

府中市・山の神墳墓群 （小野編1998）

標高100mほどの尾根頂上の南側に、地山を整形した3基の方形墓が調査されている。その北側頂上に坊迫A遺跡が存在する。

2号墓は、11.5m×6.5mの規模で高さは一定しないが、南西側で約1mを計る。北西溝底に台状部から転落したと想定される土師器小形壺が発見されている。埋葬施設は長軸中央部にほぼ南北に主軸をとる長方形の墓壙内に箱式石棺が構築されている。南北頭位の2体の遺骸が確認され、北頭位は壮年♀、南頭位は壮年♂であり南頭位が追葬である。副葬品北に小型珠文鏡1、鉄鏃1、南に刀子1が検出された。

3号墓は2号墓の北側に接するように立地し、8.2m×7.7m規模で、高さは南西部で65cmを計り、長軸はほぼ南北である。埋葬施設は箱式石棺2基で、第1号石棺は長軸線上の南寄りに主軸をほぼ南北にとり、調査時にはかなり攪乱されていて、蓋石や両側石および南妻石は抜き取られていた。遺骸は2体で9歳前後と7歳前後の小児用棺である。副葬品は2体の中央に珠文鏡1面と9歳前後に伴うと推定される位置に管玉7、ガラス小玉4が採集された。第2号石棺は台状のほぼ中央部に長軸と直交して、主軸をほぼ東西にとる不整隅丸長方形の墓壙内に構築され、調査時には蓋石の大半と北東側石が抜き取られ、攪乱されていた。床面は礫敷で、石棺内面には赤色顔料が塗布さ

れていたが、副葬品は採集されなかった。

　4号墓は3基中の北端に位置し、前者同様地山整形によって、6.5m×4.7mm、高さ北東部で90cmを計り、平面不整長方形である。埋葬施設は南寄りに2基並列して構築され、東側は箱式石棺で、西側は石蓋土壙である。石棺は主軸をほぼ南北に取る不整楕円形の墓壙内に構築され、北東頭位の壮年♀が確認され、鉄鏃1が副葬されていた。

府中市・坊迫1号墓（岡田他2001）

　標高約91mの尾根頂上に地山整形によって構築された径約12m、高さ約1.5mの円形墓である。埋葬施設は中央部に構築された墓壙を異にする2基の箱式石棺である。しかし調査時には双方ともに攪乱されていた。第1号石棺は主軸をほぼ南北にとる隅丸長方形の墓壙内に構築された箱式石棺である。副葬品は採集されなかった。第2号石棺は、1号の南側に位置したが、攪乱がひどく、調査時には石材は東側石2枚と北妻石のみが現存したにすぎなかった。副葬品は採集されなかった。

＜島根県＞

松江市・奥才墳墓群（三宅・赤沢1985）

　地山整形によって構築された方形墓2基と円形墓4基が調査されている。

　第13号墓は23m×19mの矩形墓で、台状部に2基の箱式石棺が発見され、埋葬後に土師器壺が双方に供献されていた。

　14号墓は径約18mの円形墓で箱式石棺の西妻石部に小さな副室を有し、副葬品が多数存在した。棺内からは鏡2面（内行花文鏡・方格文鏡）、紡錘車1、副室から刀子1、棺外副葬として鉄剣1、鉄槍1、素環頭太刀1、鉄鏃、鉇、刀子などである。

　17号墓は径約20m、高2mの円形墓で、棺内から刀子片、鉄針片が採集された。

　32号墓は一辺約9.5mの方形墓で、小児用の小形箱式石棺が調査され、鉄剣1が副葬されていた。

安来市・八幡山古墳（錦田1995）

　小規模な方墳であり、鉄剣2を副葬していたが、古墳というよりも弥生時代からの伝統が踏襲されたものであろう。

＜鳥取県＞

米子市・尾高19号墳（西川・仲田編1994）

　10m×11.5mの地山整形後少量の盛土を施した方墳で、やや南寄りに3基の埋葬施設が発見された。石棺は北端の第3主体部であり、主軸をほぼ東西にとる不整長方形墓壙内に構築されていた。東頭位の部分に鼓型器台1が供献されていた。

米子市・古市宮ノ谷古墳群（中森他2002）

　西面する斜面に10基からなる前期中葉から中期にかけて形成された墳墓群である。箱式石棺は19号墓、20号墓、22号墓で確認された。うち22号墓は埋葬時期を確定することはできなかった。

　19号墓は西に傾斜が強いために、東溝は完全であるが西溝は確認されず。南北溝がわずかに残るのみである。南北10m、東西約7.5mが想定される方形墓である。主軸をほぼ南北にとる隅丸長方形の墓壙内に角礫凝灰岩製の箱式石棺同時に2基が構築されている。墳丘は埋葬後に構築され

たことが調査によって確認された。副葬品は西側の1号石棺内から長鋒柳葉式鉄鏃1点のみである。

20号墓は南側に弧を描く状態で周溝が確認され、東西約12m、南北約15mの円形墓が想定される。埋葬施設は南寄りに主軸をほぼ東西にとる不整隅丸長方形の墓壙内に構築された箱式石棺である。さらに墓壙の西妻部分を掘りこんで直交するように追葬用の箱式石棺が存在する。副葬品は採取されなかった。

東伯郡湯梨浜町・長瀬高浜1号墳（鳥取県教育文化財団編 1982・83・97）

19D地区で発見された径約24m、高さ約2mの裾部に葺石を有する円墳である。埋葬施設は墳丘中心部に主軸をほぼ東西にとる不整長楕円形の墓壙内に構築された箱式石棺である。棺内には東頭位の壮年♀1体が埋葬され、赤色顔料が塗布され、直刀1と竪櫛1および土師器（高坏3）が副葬されていた。この遺跡では古墳時代の箱式石棺が47基報告されているが、前期の資料は1号墳のみである。

東伯郡湯梨浜町・南谷29号墓（米田・岸本 1993）

一辺約10m、高約1.5mの方形墓で、台状部中央に主軸をほぼ東西にとる地山掘り込みの不整楕円形墓壙内に構築され箱式石棺である。調査時には撹乱され、蓋石は1枚を除いて抜き取られており、副葬品は皆無であった。ただし周溝内より土錘、玉髄剥片、土師器甕が採集された。

〈岡山県〉

総社市・鋳物師谷1号墓（春成他 1969）

径約20m、高約2mの円形墓とも想定されるが、報告によると方形の可能性もあるという。しかし詳細な調査を経ず消滅したため不詳である。埋葬施設は中央部の2基の竪穴式石室を中心として南側に床に礫敷の木棺土壙墓と西側墳端の箱式石棺4基である。D主体部の箱式石棺はかなり撹乱されて発見され、東側蓋石1枚と北側石1、南側石2が残されていた。両妻石はみられず、西側には土器片（大形鉢1・高坏脚部1・他2）が落ち込んでいた。なおA主体部の竪穴式石室からは鏡1（爬龍文鏡）、硬玉勾玉4個、碧玉管玉38個、ガラス小玉665顆が副葬されていた。

総社市・殿山墳墓群（平井 1982）

前期から中期にかけて5基の箱式石棺が発見されている。その中で前期の資料としては第11号墓、第21号墓、第11号墓外第2箱式石棺3基である。第11号墓は一辺約14m高約1mの方形墳で、墳頂平坦部は一辺約8.5mである。埋葬施設は台状部に4基（竪穴式石室1、箱式石棺1、木棺直葬2）、墳外西裾部箱式石棺1基、配石土壙墓1基が発見された。箱式石棺は台状部の南西寄りに主軸をほぼ南北にとる隅丸長方形の墓壙内に構築され、管玉2個が副葬されていた。墳外の2号箱式石棺は主軸をほぼ東西にとる隅丸長方形の墓壙内に構築されたが、調査時には撹乱されており、特に西側は石材が抜き取られていた。第21号墓は径斜面に構築された東西約5m、南北約8mの矩形墓で、台状部に墓壙を異にする2基の埋葬施設が発見された。第1主体部は箱式石棺、第2主体部は箱式木棺である。箱式石棺は南側に位置し、主軸をほぼ東西にとる不整隅丸長方形の墓壙内に構築され、東西両側に板石による枕が設置され、2体の遺骸が発見されたが、副葬品は皆無であった。

倉敷市・矢部古墳群 （浅倉・大智 1993）

　尾根上に構築された古墳群で、第 57 号墳は北西側の下位に位置し、箱式石棺は主軸をほぼ東西にとる不整隅丸長方形の墓壙内に構築され、蓋石が一部二重で、東側に石枕が設置され、以前鉄剣 1 石棺から 2m ほど離れた地点で発見されており、棺外供献の可能性が想定されている。

倉敷市・矢部堀越遺跡 （浅倉・大智 1993）

　古墳時代前期の箱式石棺 1 基と石蓋土壙 1 基が発見された。箱式石棺は、主軸をほぼ南北にとる不整隅丸長方形の墓壙内に構築されているが、調査時には攪乱され、蓋石は全て抜き取られており、副葬品等については不詳である。

新見市・山根屋遺跡 （竹田・岡本 1977）

　弥生時代からの系統を引く集団墓地 22 基と古墳 4 基が調査され、箱式石棺 18 基が報告されている。遺構は大きく分けて集団墓地群と古墳に分けられる。集団墓地は調査区南西端の集中区の 13 基とその他の 9 基に整理されるが、箱式石棺は南西地区の 1 号、2 号、3 号、4 号、11 号、12 号、その他の 14 号、15 号、17 号、18 号、19 号、20 号、22 号の 13 基で出土した。また古墳では 5 号墳 1 基、6 号墳 2 基、7 号墳 2 基の計 5 基が出土している。時期的に前期の墓葬は南西端の 1 号～12 号の 6 基のみであるが、1 号墓は主軸をほぼ南北にとり、径斜面の尾根状を呈する地形のために墓壙を検出することはできなかった。蓋石は接合部分を二重にしており、南側に枕石が存在した。副葬品は皆無であった。2 号墓は 1 号の東側に並列して存在し、主軸をほぼ南北にとる隅丸長方形の墓壙内に構築され、南側に枕石が置かれ、附近から刀子 2 点が採取された。3 号は 1 号と 2 号の間に主軸を南北にとる小児棺である。4 号は 2 号の東側に近接して主軸を同じく南北にとる小児棺で、南側に枕石が置かれていた。蓋石は接合部分が二重である。11 号は前述の一群の東端に位置し、主軸をほぼ東西にとる隅丸長方形の墓壙内に構築され、東西両側に枕石を設置し、蓋石は東側が二重に積まれていたが、副葬品は皆無であった。12 号は 11 号の東寄りに位置し、主軸をほぼ東西にとる隅丸長方形の墓壙内に構築され、東側に石枕が設置され、附近から鉄剣 1 と鉇 1 が副葬されていた。

真庭市・荒神風呂古墳 （平井編 1990）

　径約 13m、高約 1.2 m の円形墓で、墳丘内に 3 基、墳丘外に 2 基の埋葬施設が発見された。箱式石棺は墳丘内から 2 基、墳丘外から 2 基の計 4 基である。本墳の第 1 主体部は土壙であり、墳頂部中央に穿たれ、その西側に箱式石棺が 2 基並列して構築されていた。第 2 主体部は第 1 主体部側に位置し、主軸をほぼ南北にとる隅丸長方形の墓壙内に構築され、墓壙の西側が第 3 主体部の墓壙によって決断されていた。北側に枕石が設置され、蓋石は西側が二重と成副葬品は皆無であった。第 3 主体部は 2 号に接して同方向で構築され、北側に枕石が設置され、蓋石は一部二重に置かれ、副葬品は皆無であった。墳丘外 1 号石棺は、南東端の葺石下より発見され、未盗掘であった。主軸をほぼ東西にとる隅丸長方形の墓壙内に構築され、東側に枕石を設置され、四周には礫が認められた。副葬品は皆無であった。墳丘外 2 号石棺は北側の墳裾から約 4 m の位置にあり、主軸を東西にとる長方形墓壙内に構築され、全体的に盗掘はみられなかったが、かなり攪乱状態で発見された。東側に枕石を設置し、副葬品は皆無であった。

真庭市・中原古墳群（福田・山麿 1995）

　方形墳 24 基、円形墳 12 基で構成された前期から後期まで継続された古墳群で、総計 39 基の箱式石棺が調査された。前期の墓葬としては、第 3 号、第 4 号の 2 基が報告されている。3 号墳は 13.8 × 16.1m、高約 1.5 m の楕円形墳で、裾部に葺石が存在し、墳頂部やや南寄りに主軸をほぼ東西にとる隅丸長方形の墓壙内に構築された箱式石棺である。床面には小さな板石が敷き詰められ、東側に枕石を設置している。副葬品は鉄剣 1、直刀 1 が遺骸の左右から検出された。4 号墳は 3 号墳に接して存在する 10.8 × 6m、高約 1 m の矩形墳である。埋葬施設は長軸線上に、主軸をほぼ東西にとる不整隅丸長方形の墓壙内に構築され、調査時には西側の一部が攪乱されて蓋石 1 枚が抜き取られていた。床面は礫敷で、東側に枕石を設置していた。副葬品は棺内からは発見されず、石棺外の北側寄りに直刀 1 が、墳丘北東端から鉄鏃が一括して採集された。

真庭市・竹田 5 号墳（今井・土居 1984）

　一辺約 17 × 15 m、高約 2 m の東西を長軸とする矩形墓で、墳丘内に墓壙を異にする 4 基の箱式石棺が発見された。石棺は中央部に主軸をほぼ東西にとる隅丸長方形の墓壙内の南北に 2 棺、その東側に主軸をほぼ南北にとる隅丸長方形の墓壙の 1 棺と南側裾部に東西主軸の 1 棺である。中央部南棺は納棺後蓋石を粘土によって密封されていたが、副葬品は皆無であった。床石も敷かれ、東側には枕石が設置され、蓋石は接合部分が二重に積まれていた。中央部北棺は粘土の密封はみられないが、床石が敷かれ、東側に鼓型器台を利用した枕が、西側には枕石が設置され、2 体の遺骸が存在した。副葬品は東遺骸からは刀子 1、西遺骸からは鉄鎌 1、刀子 1 が発見された。東棺は南棺同様納棺後に蓋石が粘土で密封され、床面は礫敷きで北側に枕石が設置され、副葬品は頭部付近から鉇 1 が発見された。南側裾部の石棺は東側に枕石を設置し、2 体の遺骸が東頭位で発見された。棺内に副葬品はなかったが、棺外の東部に刀子 1 点が置かれていた。調査者はこの古墳の時期を 4 世紀に比定しているが、6 号墳、7 号墳は 7 世紀初頭としている。

　以上が古墳時代前期の弥生時代中期から登場する方形周溝墓や墳丘墓と想定される墓葬の埋葬施設として構築された箱式石棺の概略であるが、墓葬時期の不祥の遺構が多く今後の研究に待たねばならない。特に箱式石棺を墓葬とする時間的経過に大きな変革は確認できず、継続して箱式石棺の集団墓地化が進行している点を注目したい。しかもその分布域は北九州から中国・山陰に限定され、南九州や四国および近畿以東では調査報告書を繰る限りでは記録はみられない。

2. 前期古墳と箱式石棺

　ここでは墳丘墓のような低墳丘墓ではなく、高塚古墳に採用された箱式石棺を紹介し整理しておきたい。具体的には熊本県の大坪川古墳、久保原古墳、野原 9 号墳、長崎県の大将軍山号墳、福岡県の祇園山古墳、上高宮古墳、五島山古墳、大分県の赤塚古墳、千石古墳、野間 1 号墳、七ツ森 B 号墳、築山古墳、山口県の若宮古墳、広島県の安井古墳、島根県の八幡山古墳、鳥取県の馬山 4 号墳、兵庫県の養久山 1 号墳、香川県の快天山古墳、高松茶臼山古墳、奥 3 号墳、徳島県の前山 1 号

墳、滋賀県の瓢箪山古墳、の22基を上げるにとどまるが、これらのうち内容の比較的明確な大将軍山古墳、祇園山古墳、赤塚古墳、七ツ森B号墳、築山古墳、若宮古墳、馬山4号墳、養久山1号墳、快天山古墳、高松茶臼山古墳、奥3号墳、前山1号墳、瓢箪山古墳の13基について略述することとする。

長崎県・大将軍山古墳（駒井・増田1954）

対馬の北西岸、志田留の大将軍山の中腹に築造された前方後円墳である。昭和25年（1950）年九学会の考古学班によって、発掘調査が実施され、畿内的な副葬品等が発見され、特に主体埋葬施設に箱式石棺が採用されていた点と面径11.4cmの夔鳳鏡の発見は注目された。

福岡県・祇園山古墳（石山1979）

高良山頂から西の平野に向って派生する丘陵の先端部に営まれている。平地との比高は約10mの独立気味の低台地上に位置する。一辺約25m、高約5mの方墳である。墳丘は地山整形によって大半が形成され、墳頂部に4分の1ほどの盛土が確認される。裾部には二段に葺石が見られ、一辺約10mの墳頂平坦部中央に主軸をほぼ南北にとる隅丸正方形墓壙内に箱式石棺が構築されている。さらに裾部外周には甕棺墓3基、石蓋土壙墓32基、箱式石棺7基、竪穴式石室13基、不明7の埋葬施設が確認された。この遺跡を墳丘墓とせず方墳としたのは一辺10m四方の墳頂平坦部に主体部となる埋葬施設が単独に存在した点を重視したからである。特に調査担当者である石山勲氏の畿内型古墳としての視点を重視したい。赤色顔料の塗布は確認されたが副葬品は皆無であり、また蓋石の状況から主体部は盗掘されたものと調査者は結論づけているが、畿内型古墳に箱式石棺が採用された事実に注目したい。なお裾部外周の箱式石棺7基中、北西部の11号石棺から鉄剣片1が発見された以外に副葬品は皆無である。

福岡県・祇園山古墳の墳頂部第1主体部

大分県・赤塚古墳（梅原 1923）

　宇佐市高森の駅館川に面する洪積世台地の先端部に北西に面して構築された前方後円墳である。その規模は全長約 58 m、後円部径約 36 m、高さ約 5 m、前方部先端幅約 21 m、高さ約 2.5 m である。周囲には幅約 10 m 程度の周湟が確認される。埋葬施設は後円部墳頂やや東寄よりの主軸線上に構築された箱式石棺である。この古墳は大正 10 年（1921）10 月に地元の好事家により発掘され、翌 11 月梅原末治氏が現地調査を実施して報告している。それによると後円部墳頂より 2 尺（約 60cm）で蓋石に達し、3.42 尺（103cm）で石棺床下に至る数値が記録されている。ここで注目される点は、後円部の高さを 13 尺（約 3.94m）とするのに対して、埋葬施設の底を 5 尺 4 寸（約 164cm）とすることである。このことはこの石棺を構築するにあたり、すでに墳丘が存在していたことを物語っている。墳丘を有しない群集する箱式石棺では未確認である寿墓問題が、祇園山古墳や赤塚古墳では明確になる点が注目される。赤塚古墳は墳丘の規模といい、副葬品の内容といい明らかに宇佐国造の墓園として築造された墓葬である。そこに箱式石棺が主体埋葬施設として採用された点に注目したい。現在までに前方後円墳に採用された箱式石棺の最古資料のひとつと言えよう。

大分県・七ツ森 B 号墳（賀川 1956）

　柄鏡形の前方後円墳で、埋葬施設は後円部墳頂部に構築された箱式石棺である。後円部の高さが約 6 m であるのに対して、墳頂から 1.2 m で石棺を被覆する粘土部の上面に達したと報告されているので、明らかに墳丘内に墓壙が掘り込まれたものと想定され、この古墳も畿内的な寿墓と思われる。赤塚古墳同様に箱式石棺が中心主体部に採用されている。副葬品も石釧、刀子、勾玉、管玉、ガラス小玉など畿内的な内容を含んでいる。

大分県・築山古墳（賀川・小田 1968）

　全長約 90 m の西面する前方後円墳で、後円部墳頂に主軸に並行して南北 2 基の箱式石棺が埋置されていた。特に第 1 主体の南棺からは豊富な副葬品が発見された。東 2 体、西 1 体の遺骸が追葬され、第 2 主体の北棺には熟年女性が東頭位で埋葬されていた。

山口県・若宮古墳（伊東他 1964、中野 1987）

　下関市綾羅木にある標高 16 m の郷台地先端部に南面して構築された全長約 47 m の前方後円墳で、後円部墳頂中央部に東西 5 m 南北 6 m の墓壙を穿ち、箱式石棺が埋地されていた。発見は太平洋戦時下、陣地を構築中であったために不詳であるが、副葬品として武器類、工具、玉類が採集された。墳形は前方後円墳で、埴輪が樹立され、埋葬形態からも明らかにヤマト王権スタイルの墓葬である。

鳥取県・馬山 4 号墳（佐々木他 1962）

　東伯郡湯梨浜町の日本海に突出した丘陵先端に構築された前方後円墳である。前方後円墳 5 基、円墳 17 基から成る古墳群中の 1 基で、この 4 号墳から 1956 年、後円部墳頂で偶然に竪穴式石室 1 基と箱式石棺 1 基が並列して発見された。全長約 88 m、後円部径約 58 m、高さ約 10 m、前方部幅 35 m、高 6 m の前方部を西に向けた墳丘からは円筒埴輪のほか壺形や家形の埴輪が発掘された。埋葬施設は後円部上に、竪穴式石室と副室構造の箱式石棺が存在する。竪穴式石室は全長 8.51 m、

幅は東端で85cm、西端で59cm、深さは東端95cm、西端70cmを計り、中央部に全長約2.7mの槇材を用いた刳り抜き式木棺が安置されていた。さらに前方部には箱式石棺3基と埴輪円筒棺3基が確認された。この古墳は赤塚古墳と異なり中心主体部は竪穴式石室であるが、隣接して箱式石棺が併置されていた。この性格が何を意味するのか、また前方部に3基の箱式石棺を構築している点など、陪葬者の存在を理解するうえで注目される。前方部の箱式石棺はやや遅れて追葬された可能性が強い。

兵庫県・養久山1号墳（近藤編1985）

たつの市の標高約300mの揖保川に面する尾根上に西面して構築され、全長約32mの前方部がいわゆる撥型を呈する前方後円墳である。埋葬施設は後円部のほぼ中央部に主軸と斜交する竪穴式石室を中心主体部として、それを取り囲むように5基の箱式石棺が追葬されていた。調査を担当した近藤義郎氏は中心主体部と5基の箱式石棺の関係について「第1主体部は後円部の中央よりやや南寄り、墳丘主軸から34°傾いて、ほぼ東西に長く掘られた墓壙中に築かれた竪穴式石室である。地山に穿たれた掘方の上縁は、長軸方向で約4.95m、巾は東端近くで2.1m、中央部で2m、西端近くで1.8m、石室の巾もそれに順じ、東で広く西に向ってやや狭くなる。墳丘盛土に掘方が及んでいないので、盛土に地山上面から掘削されたものである」と墳丘築成が地山整形によって行われたことを報告している。さらに「第1主体部をとり囲んで5つの埋葬がみられた。これらは、いづれも主軸が、第1主体に平行ないし直交する組合せ箱式石棺で、お互いの掘り方の重複を避けてはいされている」と総括したうえで、5基の箱式石棺は全て墳丘盛土完成後に、墓壙の掘削が行われたとしている。きわめて注目される観察結果といえよう。なお副葬品は中心主体部から剣2・鉄鏃

兵庫県・養久山1号墳第2号墓の箱式石棺

3・鉇1・鏡1であるのに対して、2号から剣1、3号から剣1・斧1・ガラス小玉5、5号から剣1、6号から鉇1である。

香川県・快天山古墳（和田・松浦 1951）

丸亀市栗熊の標高約80mの尾根上に北面して構築された前方後円墳である。全長約100mの規模を有し、富田茶臼山古墳に次ぐ県下第2位の大前方後円墳である。埋葬施設は後円部墳頂に竪穴式石室2基と粘土槨1基の典型的なヤマト型の前方後円墳である。箱式石棺は前方部墳頂の西側に4基とその北側に1基の計5基が確認された。これらの詳細については未確認である。

香川県・高松茶臼山古墳（香川県教委編 1970）

高松市東山崎町から新田町にかける新川に面する独立丘の標高約50mの尾根上に北東面して構築された、全長約75mの中規模程度の前方後円墳である。埋葬施設は後円部墳頂に主軸に斜交して竪穴式石室2基が存在し、前方部に箱式石棺2基を含む6基の埋葬施設が発見されている。

香川県・奥3号墳（古瀬 1991）

さぬき市大川町の標高120mの丘陵頂部に北面して築造された前方後円墳である。その規模は全長約37mで、埋葬施設は後円部墳頂の南寄りに主軸に直交して竪穴式石室があり、北寄りに第2主体部の箱式石棺が存在する。

徳島県・前山1号墳（天羽 1999）

名西郡石井町石井字前山の標高161mの山頂に西面して築造された前方後円墳である。その規模は全長約17.7mと小形であるが、埋葬施設は後円部墳頂に主軸に斜交して箱式石棺が埋置されていた。盗掘されて詳細は不詳であるが、前方後円墳の主体埋葬施設として箱式石棺が採用されていた点は注目される。

滋賀県・瓢箪山古墳（梅原 1937a）

近江八幡市宮津の東海道線を見下ろす丘陵先端部に北西に面して構築された前方後円墳である。その規模は全長約162m、後円部径約90m、高さ約18m、前方部幅約70mを計測する。墳丘には円筒埴輪と葺石等の外護施設が存在する。昭和10年（1935）に前方部にある2基の箱式石棺から石釧および玉類が発見されたため、翌年京都大学によって発掘調査が実施され、後円部から3基の竪穴式石室が発見された。中心主体部は後円部の墳丘主軸に直交して設けられた3基の竪穴式石室中の真中の石室で、左右の2基は追葬と考えられる。中心の石室は全長約6.6m、幅約1.3m、深さ1.2mの規模を有し、割竹形木棺が安置されていた。副葬品は舶載鏡2面（夔鳳鏡・三角縁二神二獣鏡）、石製品（石釧・車輪石・鍬形石）、管玉、筒形銅器、武器（直刀・剣・銅鏃・鉄鏃）、刀子、農耕具（鎌・鍬・斧・鉇）、武具（短甲）、異形鉄器等が発見された。前方部の箱式石棺は、墳頂部先端に主軸に並行して構築され、北側を1号、南側を2号と命名した。報告書によると両石棺は3.6mほど離れて存在し、1号は60cm程度の封土があり、蓋石は一部抜き取られていたが副葬品は残されていた。2号は攪乱されて封土はなく、蓋石は4枚に割られて露出状態、側石は抜き取られていたが、それらを基に復原して保存された。

以上が前期古墳の類例である。興味ある点は、この時期には箱式石棺が盟主級の前方後円墳の主

体部として採用されることはきわめて稀だということである。祇園山古墳は一辺25m四方、高5mの規模といえ、弥生時代後期墳丘墓の延長線上で解釈すべき墓葬であり、規模は大きいが墳丘墓の範疇を越えるものではない。それに対して大将軍山古墳と赤塚古墳および七ツ森B号墳は、豊富な副葬品や寿墓制の採用等から明らかに畿内的な前方後円墳と想定され、竪穴式石室を埋葬主体とせず、箱式石棺が採用されたことに意義があろう。すなわち、箱式石棺の伝来地福岡や山口の畿内型古墳では採用されず、この地域では依然としてこの時期においても集団墓地として群集することである。この時期、前期の前方後円墳に少ない資料であることは注目される。

前期であっても大将軍山古墳や赤塚古墳よりやや遅れて構築された岡山県瀬戸内市の花行寺山古墳（梅原1937b）の中心主体部が連想されるが、この埋葬施設を箱式石棺と同類に論じることはできない。つまり、この組合式石棺は平面的には副室構造の箱式石棺のようにみえるが、大きな相違点は両側石の両端と蓋石の両端に各1個の縄懸け突起状の加工が存在することである。あるいは山梨県甲府市の大丸山古墳（茂木編2007）の埋葬施設の下位石槨も平面的には箱式石棺状であるが、蓋石上部に竪穴式石室を積んでいる。筆者の管見によれば、寿陵制が採用され、葬送の際に墳丘上に墓壙を穿ち、その中に直接箱式石棺を構築している前方後円墳は、現時点で知られるのは赤塚古墳と中山1号墳の2基のみである。それに対して馬山4号墳は中心主体部が竪穴式石室であり、それに並行して副室構造の箱式石棺が追従し、前方部に6基の陪葬墓が存在する。そのうち3基が箱式石棺である。この石棺と赤塚古墳の石棺では性格上大きな相違がみられる。すなわち瓢箪山古墳も箱式石棺は前方後円墳の中心的主体部ではなく、中心主体部には畿内的な竪穴式石室を採用し、陪葬施設として前方部に2基の箱式石棺を埋葬しているが、これは馬山4号墳の前方部の箱式石棺と同様の性格である。これに対して養久山1号墳では中心主体部の竪穴式石室の埋置と墳丘の整形の前後関係が考古学的に把握不能であるが、墳丘の全体的観察からすると、30mの前方後円形の墳丘は埋葬以前に削り出されていたと理解される。竪穴式石室を取り囲むように存在する5基の箱式石棺は明らかに墳丘築成後である。

古墳時代前期には箸墓古墳を嚆矢として、寿陵制を墓葬に採用したことを考古学的に理解することが可能である。それが前方後円墳体制である。それに対して寿墓制を採用しないのが箱式石棺を墓葬とする一群である。それが弥生時代から古墳時代へと継続しており、墓葬の時期決定を困難にしているのである。

3. 古墳時代中期の箱式石棺

集成された箱式石棺の中で古墳時代中期あるは5世紀と調査者によって報告された箱式石棺の数は108基である。それらを県別にあげると以下のごとくである。

鹿児島県2　熊本県46　佐賀県3　長崎県12　福岡県8
大分県1　広島県4　鳥取県5　岡山県17　愛媛県2、
東京都2　埼玉県1　千葉県1　茨城県4

この数字から依然として近畿地域には存在しないこと、西と東の外縁地区に拡大していることが

注目される。

<鹿児島県>

　2基は1基が前方後円墳、1基が地下式壙内である。前方後円墳は唐仁原所在の大塚古墳であるが、この古墳は薩摩地方最大の前方後円墳で中心主体部は竪穴式石室を採用し、その横に箱式石棺が存在するが、詳細は埋葬施設上に大塚神社が鎮座しており不詳である。

<熊本県>

　同県の古墳時代の箱式石棺のうち約1割の46基が中期のもので、九州地方ではこの時期になると箱式石棺の中心は熊本県に移動している。箱式石棺の年代につては原田氏が指摘するように判定が困難であるかもしれないが、これだけの資料が確認されながら、墓葬の相対的年代が記録されないことは研究者の怠慢と言わざるをえない。特に熊本県の集成中には石棺群という複数を記録した遺跡が33遺跡もあり2基から多いもので10数基まで記録されているが、これらの年代については残念ながら詳細を知りえない。ここに記された年代比定は石部氏の集成に記されたものであり、筆者の管見に入る古墳は羽根木古墳が唯一である。肥後の箱式石棺については再検討が必要と思われるので本稿では深く触れないことにしたい〔なお熊本県については島津義昭氏より墓葬年代の教示を得た〕。

<佐賀県>

佐賀市・金立開拓遺跡 ST028（蒲原他 1984）

　直径約11.5mの円墳で、高さは墳丘がすでに削平されており不詳であるが、埋葬施設の箱式石棺も破壊され、石材は全て抜き取られていた。埋葬施設は地山を掘り込んだ隅丸長方形土壙内に構築され、寿墓を実証することは不可能である。土壙床面から刀子1口が採集され、また周溝埋土から土師器（壺片）が発見され5世紀前半と想定された。この遺構は弥生時代からの伝統的箱式石棺と想定される。

伊万里市・杢路寺古墳（大塚・小林 1962）

　有田川に面する丘陵の先端部を利用した西面して構築された前方後円墳である。この古墳は松浦鉄道の敷設によって括れ部に鉄路が走り、その後の採土により墳丘がかなり削平されていた。しかし昭和36年（1961）明治大学によって残存する墳丘の測量調査が実施され、埋葬施設の位置等が明確にされた。それによると中心主体部は後円部墳頂に主軸に直交して構築された礫槨で、ほかに4基（後円部裾部2基、前方部裾部2基）の箱式石棺の存在が確認された。

　このほか唐津市黒岩石棺群（佐賀県教委 1964）からも1基出土している。

<長崎県>

雲仙市・遠目塚遺跡（正林・宮崎 1978）

　橘湾に面する標高30mの西側斜面に2基発見されている。この石棺墓は大正14年（1925）に1基発見され、さらに昭和51年（1976）に比高15mの崖上に発見された。副葬品（内行花文鏡・鉄鏃・刀子・勾玉・管玉・ガラス小玉）の組み合わせから5世紀前半と推定される。

　ここでも石棺墓群と古墳に整理できる。これらの遺跡の中でクワバル遺跡、中道壇遺跡、久津石

棺群、遠目塚遺跡は群集する石棺墓群である。それに対しネソ1号墳は前方後円墳である。

大村市・久津石棺群（高野1978）

大村湾に突出する標高12mの先端部分にあり、昭和51年（1976）圃場整備中に発見され、2基の箱式石棺が調査された。副葬品は未確認で墓葬の時期についての検討材料はないが、調査担当者の正林護氏はA号石棺について「構造的にみて、箱式石棺から横穴式石室へ到る過渡期のものとして考えてよいであろう。……従って一地域のローカル的要素を含むことはあってもその時期は4世紀～5世紀までに比定して大過はあるまいと考えられる」としており、この種石棺の年代比定としては卓見といえよう。

対馬市・クワバル遺跡（藤田2000）

標高25mほどの丘陵先端部分に形成された古墳時代の集団墓地で、昭和23年（1948）の東亜考古学会の調査によって1号石棺の存在が知られていた。平成10年（1998）道路改修工事により1号石棺の北側に2号石棺が発見され、この石棺の周辺から供献用の陶質土器が発見されて5世紀前半代と推定された。

対馬市・中道壇遺跡（藤田2000）

淵藻川に面する標高10mの舌状丘の南斜面に形成された12基から形成された古墳時代の石棺群である。このうち墓葬の時期が判明するのは5基で4世紀から6世紀前半であるが、中期の資料は半壊状態で発掘された5号石棺である。

以上の4遺跡は何れも墳丘の痕跡がみられず、傾斜面の複数群集しているのが特徴で、弥生時代からの伝統がよく表現されている。

対馬市・ネソ1号墳（水野他1953）

根曾浦に面する小高い尾根上に前方後円墳3基、円墳2基で構成される積石塚からなる古墳群で、築造時期は5世紀から6世紀と推定される。1号墳は前方後円墳で、後円部頂に主軸と並行して箱式石棺が埋置されている。

＜福岡県＞

いずれも前方後円墳のような畿内型の古墳はみられず、全て首長墓とは想定できない群集墓である。

宗像市・大井平野遺跡（白木2004）

この遺跡は前期でも触れたが、3基の箱式石棺が中期の範疇と報告されている。SO1号墓は標高約25mの尾根状地に構築された円形墓で、直径は約23m、高さ約2.5mを測り、墳頂部に埋葬施設6基が存在する。その中で第4・第5主体部が箱式石棺である。この墓葬の中心主体は第1主体部で墳頂平坦部の中央に構築された粘土槨で東頭位が想定され、その時期は4世紀後半である。第4主体部は第1主体部の北側に、第5主体は西側に5世紀中頃から追葬され、4号では4体（成人♂2・♀2）、5号では3体（成人♂2・♀1）の遺骸が確認された。副葬品は4号から刀子1・滑石製臼玉1が、5号から鹿角装剣1が発見された。SO2は調査区の西端尾根上にある径約10m×11mの楕円形墓で、高さ東約60cm、北約1.6mの規模である。埋葬施設は組合式木棺と箱式石棺の折衷形式で、両側石は木板、東妻は板石、西妻は粘土塊、蓋は板石6という特異な構造である。副

葬品は刀子1と竪櫛3である。

行橋市・稲童古墳群（山中編 2005）

6基（10号4基、11号1基、12号2基、13号1基、15号1基）の箱式石棺が発見されているが、墓葬の時期が記録されているのは第13号墳のみである。第13号墳は一辺約15m、高さ約1mの方墳である。埋葬施設は3基（中心主体部は箱式石棺、石蓋土壙1、土壙1）あり、中央の第1主体部が箱式石棺である。棺内には西側に粘土枕が設置され、赤色顔料（ベンガラ）が塗布され、頭部蓋石上に鉄斧1点が埋葬されていた。

このほか宗像市・上高宮古墳（小野 1960）、朝倉市・宝満宮境内遺跡（小野 1960）、朝倉市・深堀遺跡（甘木市教委編 1993）、若宮市・西の浦古墳（佐野・亀井 1969）から各1基発見されている。福岡県下の古墳時代中期の箱式石棺は先にも述べたごとく、畿内的な前方後円墳に伴う例は報告されていない。しかし大井平野遺跡が示すように、群集する例がこの時期まで継続されている点と、稲童13号墳が物語るように後期群集墳の嚆矢と思われる小規模な墳丘の集合体である古墳群にみられる点も注意しなければならない。

<大分県>

玖珠郡玖珠町・岩塚古墳（村上他 1995）

径約10m、高さ約10cmの小円墳である。この石棺には3体（熟年♂・成人♂・壮年♀）が追葬され、棺内からは剣1、刀子1、鉄鏃4が副葬されていた。調査者は築造時期を5世紀末と想定している。

大分市・御陵古墳（賀川他 1968）

全長約75mの前方後円墳で、口縁部頂に主軸に直交して2基の箱式石棺が存在した。調査時点では双方ともにかなり攪乱され、石棺材は抜き取られていたが、調査者は箱式石棺と想定している。1号石棺が中心主体部で玉類および鉄鏃が、2号石棺からも玉類および鉈片が採集され、また攪乱層から三角板革綴短甲片と剣片が採集されており、副葬品の豊富さがしのばれる。埋葬施設の位置や副葬品の規制からヤマト王権の寿陵制を物語る資料である。

以上が九州地方の古墳時代中期（5世紀代）の箱式石棺の実態であるが、この時期の箱式石棺はこの地方ではヤマト王権の傘下に直接的な関係を有する有力豪族に採用されることがない。しかし宇佐国は前期の赤塚古墳につづいて個性的な墓葬を継承しており、興味深い現象といえる。それ以外の地域は完全にヤマト王権の傘下に屈したものと思われる。ただし問題なのは、肥後地域の膨大な数の箱式石棺に墓葬年代の未決定という未消化問題があることで、この問題は一日も早く解消する必要性があろう。古墳時代後期に入るとこの地域には個性ある壁画古墳が登場することを勘案すると、中期のみが九州地方におけるヤマト王権の最盛期であったのかどうか、きわめて興味深い問題である。

<山口県>

熊毛郡平生町・白鳥古墳（中村 1991）

瀬戸内海に臨む標高20mの緩やかな傾斜面に北面して構築された前方後円墳である。記録によると1749年に白鳥神社の造営によって発見され、後円部頂に朱彩された箱式石棺があり、仿製鏡

2面、武器・武具（巴形銅器）、農工具類、玉類等が採集された。墳丘には円筒埴輪が樹立され、家形埴輪も発見されている。全長約120 mという堂々たるヤマト王権型の前方後円墳である。注目したいのは、群集する石棺墓群の明確な例が記録されていない点である。弥生時代前期に響灘沿岸に群集形態で伝播した箱式石棺が、古墳時代中期にはこの地域から完全に姿を消したのかもしれない。

＜広島県＞

　三原市・みたち1号墳（山田・沢元2006）、三次市・瀬戸越南古墳（新井2011）、同宮の本25号墳（梅本2013）、同権現2号墳・3号墳（梅本2010）、庄原市・曲3号墳（山澤編2011）の6基が調査者によって年代比定が行われた古墳である。いずれも小形の円墳で、特に宮の本25号墳は5世紀中葉から始まると想定される群集墳の中の1基であり、やや下降した古墳群には14基の箱式石棺が報告されている。権現2号墳では、直径約20 mの円墳の墳頂部に5基、3号墳11 mの円墳に2基の箱式石棺がそれぞれ埋置されている。しかもこれらの石棺からは刀子1、鎌1、玉類少量が副葬されているにすぎない。みたち1号墳は径13×12 mの楕円形墳で壮・熟年♀1体が刀子1口を伴って埋葬されていた。曲3号も同様で鑿1、刀子1、管玉1、小玉4等が瀬越南古墳では鉄滓が伴ったにすぎなかった。

東広島市・三ツ城古墳（松崎1954）

　全長約92 mという県下最大の前方後円墳で、後円部に3基の埋葬施設が存在していた。第1主体部は竪穴式石室であるが、通常の石室と異なり内部に箱式石棺状に板石を組んだ後に外周を石槨状に割石を積んでいる。これらは墳丘築成後に盛土を掘りこんで構築されており、ヤマト型の墓葬である。第2主体部は第1主体部の墓壙の一部を切り込んでおり、明らかに追葬を物語っている。しかし第1主体部と異なる点は石棺が二重構造である点で、茨城県の小美玉市・舟塚古墳を連想するが、外周を第1主体部同様に石槨状に小形板石が積まれている。第3主体部は第2主体部の墓壙の西壁を切断しており、第2主体部の後に追葬されたことが知られる。この古墳の箱式石棺は通常の例と異なること明記しておかねばならないだろう。

＜島根県＞

邑智郡邑南町・中山B-1号墳（石見町教委片1977）

　全長約22 mの前方後方墳で、後方部3基、前方部1基の計4基の箱式石棺が発見された。中心主体部は後方部の第1主体部で、地山を削り出した後方部のほぼ主軸線上の中央部に方形の墓壙を穿ち、その中央を隅丸長方形に掘り込み箱式石棺を構築している。副葬品としては剣2、刀子1、斧1、方形板革綴短甲1などを出土している。この地域では墳形が前方後方墳で埋葬施設が箱式石棺という組み合わせが一般的で、さら前方部1基と後方部2基の箱式石棺が追葬されている。島根県では、弥生時代後半には中山B-1号墳を残した邑南町の順庵原1号四隅突出型墳丘墓や、安来市仲仙寺9号・10号四隅突出型墳丘墓で知られた箱式石棺が、古墳時代前期にはその伝統を踏襲したと想定される奥才墳墓群や八幡山古墳が知られるが、中期に至りこのような小型前方後方墳の埋葬施設としてヤマト型の古墳が採用されている点が注目される。

<鳥取県>

東伯郡湯梨浜町の長瀬高浜遺跡に集中的に存在する。具体的には1号墳7基（ＳＸ42・同46・同49・同51・同52・同54・同56）、2号墳4基（ＳＸ34・同36・同38・同39）、5号墳（第1主体部・ＳＸ69）、7号墳、、28号墳、77号墳、78号墳、79号墳、85号墳、86号墳の20基である。この他に鳥取市の上ノ平古墳と里仁32号墳（1号・2号）が報告されている（山桝・中原編1985）。ヤマト型の前方後円墳としては東伯郡湯梨浜町・馬山4号墳の前方部箱式石棺が含まれている。

<岡山県>

笠岡市・茂平八幡神社1号・2号（間壁1968）、笠岡市・広浜古墳（間壁1968）、浅口市・宇月原古墳（間壁1968）、総社市・江崎古墳（間壁1968）、倉敷市・矢部53号墳（浅倉・井上・大智1993）、小田郡矢掛町・芋岡山1・2号石棺（間壁1968）、岡山市・上の山1号墳（出宮1974）、岡山市・岩井山2号墳（第1・第2主体部）、同3号墳、同6号墳（第1主体部）、同8号墳（第1主体部）（則武1976）、真庭市・荒神風呂古墳墳丘外（1号・2号石棺）、真庭市・中原11号墳、同12号墳、同13号墳、同15号墳、同16号墳、同17号墳（第1主体部・第3主体部）、赤磐市・四辻3号墳（神原他1973）、津山市・沼6号墳（今井1969）の25基が報告されているが、ここでは全県下に小型墳丘の古墳に箱式石棺が採用されているのが特徴であるが、ヤマト型の前方後円墳には採用されていないようである。何らかの形で箱式石棺を埋葬施設とする前方後円（方）墳は9基報告されているが、中期とされる古墳は1基も報告されていない。平井勝氏の測量図によれば、墳丘形態から想定して真庭市・そうずぶう古墳がそれとされる可能性はあるが、いかんせん情報が少ない。

<愛媛県>

伊予市・猪の窪古墳（正岡1983）

中期とされる資料はこの古墳のみである。直径約18mの円墳で熟年と若年の♂が埋葬されており、少量の武器と玉が副葬され、棺外にも武器や農工具類が少量検出された。前方後円墳は2基存在するが、いずれも後期の所産である。

中期の箱式石棺はこれより西では静岡県沼津市の長塚古墳（後藤1957）までみられない。集成表には京都府与謝郡与謝野町の作山古墳（佐藤1989）が記されているが、情報はきわめて乏しい。長塚古墳は沼津市東沢田の愛鷹山からの標高約50m舌状台地に西面して構築された前方後円墳で、その規模は全長約55mであるが、これについても確かな情報はない。

<関東地方>

東京都・野毛大塚古墳、東京都・亀塚古墳第3主体部、埼玉県・生野山将軍塚古墳第2主体部、千葉県・三ノ分目大塚山古墳、茨城県・舟塚山古墳陪塚（14号墳）、茨城県・青柳1号墳（1号・2号・3号石棺）の8基が存在する。

世田谷区・野毛大塚古墳（野毛大塚古墳調査会編1999）

多摩川に面する標高約30mの台地上に南西面にて構築された帆立貝式の前方後円墳である。その規模は全長約82mで後円部墳頂に4基の埋葬施設が発見され、中央部の中心主体部を一部切断

して東側に箱式石棺が追葬されていた。しかし第1主体部から第3主体部までは副葬品に重複がみられるのでほぼ同時期と想定される。第1主体部の粘土槨が盟主墓で第2・第3は葬具の埋葬施設とも想定される。特に凝灰岩切石製の石棺からは以前の出土品と合せて大量の武器武具および滑石製模造品が出土しており、3号主体部と合せて注目される遺構である。

狛江市・亀塚古墳（大場・小出 1985）

多摩川に面する標高約21mの台地上に西面して構築された帆立貝式前方後円墳である。その規模は全長約40mで、後円部墳頂に2基の木炭槨があり、前方部に第3主体部として泥岩切石製の箱式石棺がクビレ部寄りで確認された。しかし第3主体部からの副葬品は皆無であった。

本庄市・生野山将軍塚古墳（柳田 1964）

生野山丘陵の山頂に構築された直径約60mの円墳である。中心主体部は墳頂部の川原石積の竪穴式石室であるが、調査時には盗掘によりかなり攪乱され、詳細は不詳である。第2主体部は墳丘東南の裾部に設けられた緑泥片岩製の箱式石棺で、武器、農工具類が少量副葬されていた。しかしこの地方では唯一の資料である。副葬品の中に曲刃鎌が含まれているが、和泉期の高坏が近くから発見されており、5世紀代の墓葬といえるだろう。

香取市・三ノ分目大塚山古墳（平野 1990）

利根川に面する標高約4mの自然堤防上に東南に面して築造された前方後円墳である。その規模は全長約123mと利根川河口地域で最大の古墳である。埋葬施設は現在後円部頂に3枚の板石（ホルンフェルス製）が直立して現存している。しかしいつ頃発掘されてこのようにされたか記録はない。板石には2枚の上端に枘が彫られ、そのうちの一枚には両側が平坦に削られている。さらにこの石の上面は蒲鉾状に面取りされている。通常の箱式石棺とは異なり板石に加工がみられる。この

香取市・三ノ分目大塚山古墳後円部頂の3枚の板石（棺材）

桜川市・青柳1号墳南裾部の箱式石棺

板石を底石として他の2枚を側石とする長持形石棺用の石材と想定する意見もある。同様の加工は茨城県舟塚山古墳の陪塚の蓋石にもみられる加工である。しかし長持形石棺特有の縄掛突起は確認されておらず、箱式石棺の範疇で捉えてよいと思われる。この古墳は有黒斑の円筒・朝顔形埴輪が樹立されており、遅くとも5世紀中葉の墓葬と理解されている。関東のこの地で全長100mを越える前方後円墳の中心主体部に寿墓として箱式石棺が採用された嚆矢といえよう。しかもその石材は茨城国造の領域から供給されている。

石岡市・舟塚山古墳陪塚14号（長谷川1978、関根2001）

霞ヶ浦に注ぐ恋瀬川の河口を望む標高約20mの台地縁辺に西面して築造された前方後円墳（全長約186m）の後円部側陪塚である。直径約11.5mの円墳であり、墳頂部に蓋石内面に柄を彫り込んだ加工のみられる箱式石棺が存在する。舟塚山古墳の中心主体部は不詳であるが、茨城県では数少ない陪塚を有する大前方後円墳であり、前方部中央の陪塚の調査も実施され、葬具の埋置が確認されている。石棺からはかつて滑石製模造品が多量に発見されたとの伝承があり、そのうちの1点の石製模造刀子が『愛石遺稿』に紹介されている。

桜川市・青柳1号墳

標高約100mの独立丘陵頂に構築された直径約40mの円墳である。中心埋葬は墳頂部の粘土槨であるが、南裾部に4基の箱式石棺が埋置されていた。未報告であるが、筆者は調査中（1984年）に現地を訪れ調査者から詳細を教示された。

以上が古墳時代中期の箱式石棺の概況である。これを全国的に概観すると、

(1) 前期にから継続して大分県ではヤマト型の前方後円墳体制に箱式石棺が採用され、それは部分的に関東地方の千葉県に及んでいる。
(2) それ以外の地域では陪葬あるいは葬具埋葬用施設として採用されることが多い。
(3) 後期に大流行する群集墳の走りとして、小規模古墳に箱式石棺の採用が始まっている。

これに対して墳丘を持たず群集する石棺群遺跡はあまりみられなくなるようである。ただし、もし熊本県阿蘇周辺のキツネ塚石棺群、にれやま石棺群、釜尾堂出石棺群、上益城郡久保石棺群、宇土市大見観音崎石棺群、天草市尾串石棺群などの墓葬時期が問題である。これらの年代が確定されれば後期まで残る可能性も想定される。しかし副葬品の寡少化は弥生時代の伝統を継承しているといえよう。

4. 古墳時代後期の箱式石棺

古墳時代の後期に入ると、箱式石棺が南は鹿児島県から北は山形県まで、限定的に拡大し、特に熊本県（肥後）と千葉県・茨城県（旧下総・常陸）に集中的に発見されている。

本書の集成表から拾い出すと、以下の879基である。

鹿児島県 1	宮崎県 3	熊本県 31	長崎県 12	福岡県 9	大分県 1
山口県 1	広島県 5	島根県 12	鳥取県 30	岡山県 28	兵庫県 5
愛媛県 6	徳島県 3	和歌山県 4	大阪府 2	奈良県 2	三重県 2
愛知県 2	静岡県 5	石川県 6	千葉県 167	茨城県 384	福島県 61
宮城県 29	山形県 62				

以上にみるように、弥生時代から古墳時代中期までに数多く存在した福岡県、山口県、広島県が激減して、千葉県（下総）や茨城県（常陸南西部、現霞ヶ浦沿岸）、また東北地方にも爆発的に構築されるようになる。これまで全くみられなかった福島県や宮城県の浜道りや山形県までも拡大している点は注目される。

熊本県ではこの時期にも31基の箱式石棺が報告されており、中期に続きこの地域の中心であることには相違ない。また島根県と鳥取県でも二桁の数の箱式石棺がみられ、岡山県では山間部に多く記録されている。

(1) 5世紀後半〜6世紀前半の茨城県

この地域には5世紀後半から6世紀初頭に属する資料が多くみられるが、千葉県域では中期の三ノ分目大塚山古墳の後は6世紀後半まで一時中断がみられる。以下の8基の前方後円墳を6世紀前半の箱式石棺を埋葬施設とする資料として摘出したい。

行方市・三昧塚古墳（斎藤・大塚編 1960）

霞ヶ浦沿岸の沖積低地に構築された全長約87mの前方後円墳で、埋葬施設は後円部墳頂に設けられた箱式石棺であるが、蓋石に縄懸突起がみられ、長持型石棺の系統である特異な石棺である。

小美玉市・小舟塚古墳（大井戸古墳）（豊崎編 1975、小林他 2004）

霞ヶ浦沿岸の沖積低地に構築された前方後円墳であるが、前方部が削平されており、後円部墳頂に三昧塚古墳と同石材の箱式石棺が露出している。

小美玉市・権現山古墳（小林2000）

霞ヶ浦沿岸の沖積低地に北面する全長約89mの前方後円墳で、かつて箱式石棺が発見されたという伝承がある。墳丘からは円筒埴輪および形象埴輪片が採集される。

行方市・瓢箪塚古墳（茂木・信・姜1994）

北浦沿岸の沖積低地に北面して築造された全長約75mの前方後円墳で、明治初年に口縁部頂部から箱式石棺が発見され、現在板石1枚が所有者の氏神社の土台石として使用されている。墳丘には円筒埴輪が2段に樹立されている。

行方市・南古墳（大森1962、茂木他編1997）

霞ヶ浦を見下ろす行方丘陵上に霞ヶ浦沿岸の沖積低地に北面して構築された全長約30mの前方後円墳で、墳丘の周囲に円筒埴輪をを樹立し、後円部墳頂に主軸に直交して箱式石棺が発見された。

かすみがうら市・富士見塚古墳（千葉他2006）

出島半島の柏崎の丘陵上に築造された全長約78mの前方後円墳で、前方部墳丘内に第2主体部として箱式石棺が存在する。第1主体部は後円部墳頂に存在した粘土槨である。墳丘には三昧塚古墳同様、この地方最古の窖窯製の埴輪を樹立している。

つくば市・甲山古墳（小瀬1981）

丘陵の先端に築造され、本来は前方後円墳と想定される古墳だが、前方部が削除されその規模は不詳である。後円部径約30m、高約4mを計測する。埋葬施設は後円部墳頂にL字形に2基の箱式石棺が発見された。墳丘からは少量の円筒埴輪片が採集されている。

筑西市・茶焙山古墳（茂木1988）

鬼怒川の沿岸丘陵上にある。前方部が削平されて畑地に転用されているが、周辺地形の測量調査の結果、全長約126m、後円部径約41mのこの地域最大の前方後円墳と思われる。昭和8年（1933）報告の上野古墳と呼称される箱式石棺がこの古墳の埋葬施設であった可能性が考えられる。

この時期の箱式石棺は大きく2つに分類される。そのひとつは三昧塚古墳、小舟塚古墳、南古墳、瓢箪塚古墳、甲山古墳のように、それを中心埋葬施設とする古墳である。甲山古墳は墳頂部に2基の箱式石棺が同時に埋納されているが同時埋葬の可能性が高い。もうひとつは富士見塚古墳のように前方部の墳丘内にある第2主体部に箱式石棺が採用される場合である。茶焙山古墳の場合には上野古墳を同一古墳と仮定すると箱式石棺の置かれた場所は後円部墳頂とは想定できず、墳丘裾部である可能性が高い。

(2) 6世紀後半の千葉・茨城県

6世紀の後半になると、千葉県では経僧塚古墳、高野山1号墳、龍角寺101号墳、栗山古墳群、茨城県では野友1号墳、子子前塚古墳、日天月天塚古墳、東大沼7号墳、玉里舟塚古墳、白方7号墳、茅山古墳などがあげられる。この時期に入ると、この地域でも群集墳が登場し、ここに上げた

古墳は全て群集墳の範疇に整理されるべきものである。ただしこれらの中には群集墳の盟主級の前方後円墳もあれば、小円墳の場合もある。またここにあげた古墳には全て円筒埴輪の樹立が認められる。

山武市・経僧塚古墳（田中他 2010）

直径約 45 m の円墳である。墳丘内の南西側から筑波山系の板石使用の石棺が発見された。遺骸は男女 2 体で、墳丘には円筒埴輪が樹立され、少量の副葬品（直刀、鉄鏃、馬具、刀子、銅鈴、耳環、貝珠、ガラス小玉）が発見された。

我孫子市・高野山 1 号墳（東京大学文学部編 1969）

全長約 35.5 m の北西に面する前方後円墳で、墳丘には円筒埴輪が一巡し、埋葬施設は後円部墳頂には埋置せず、後円部の埴輪列の内側に 4 基発見された。それらは後円部南東側に 2 基（1・2号とも凝灰岩切石製組合せ式石棺）、クビレ部の両側に左右対称の位置に 2 基（3 号は東側で箱式石棺、4 号は西側で竪穴式石室）が存在した。埴輪は円筒のほかに人物も含まれており、墓葬の築造は 6 世紀の範疇である。

印旛郡栄町・龍角寺 101 号墳（房総風土記の丘編 1988）

6 世紀後半の構築と想定される直径約 32.5 m の比較的大形の円墳であり、龍角寺古墳群の中では中級の首長墓である。龍角寺古墳群はこの時期から 7 世紀末にかけての墓葬であり、天平仏を本尊とする龍角寺との関係が注目される東国最大の群集墳である。墳頂部に第 1 主体部があり、東北部裾に 3 基の箱式石棺が検出されている。本墳を含む古墳群からは 20 基近い箱式石棺が発見されている。

成田市・栗山古墳群（上野 1992）

6 世紀末から 7 世紀中葉にかけての墓葬で、現在までに 14 基の箱式石棺が調査されている。

鉾田市・野友 1 号墳（茂木 1995）

霞ヶ浦沿岸に分布する箱式石棺の北限に近く、巴川に面する標高 35 m の丘陵端に東面して構築された、全長約 35 m の前方後円墳のクビレ部に設けられた箱式石棺で、石棺南側に「天和二年」(1682) 発見の供養碑がみられる。墳丘から円筒埴輪片が採集されている。附近には数基の円墳が現存している。

潮来市・子子前塚古墳（大場編 1971）

北浦に面する標高 30 m の台地上に北西面して築造された全長約 71 m の前方後円墳である。墳丘内には多量の円筒埴輪が樹

潮来市・子子前塚古墳の箱式石棺（大場磐雄氏提供）

立され、埋葬施設として南西側のクビレ部から箱式石棺が発見された。この地区にはこの古墳を最大として鹿見塚古墳、第 4 号・5 号墳等前方後円墳 5 基、円墳 32 基からなる大生西古墳群、稲荷塚古墳を含む 60 基からなる大生東古墳群がある。これらは何れも 6 世紀後半から 7 世紀中葉にかけての墓葬である。

潮来市・日天月天塚古墳（茂木・横須賀編 1998）

霞ヶ浦に注ぐ夜越川に面する丘陵先端に北西面して構築された全長約 42 m の前方後円墳である。墳丘には 2 段に円筒埴輪が樹立され、後円部には形象埴輪も採集された。埋葬施設は後円部墳頂に設けられた箱式石棺である。この古墳は群を構成せず、単独の小規模な前方後円墳である。

稲敷市・東大沼 7 号墳（森田他 2000）

現在の利根川に面する丘陵上（標高約 25 m）に築造された群集墳の 1 基である。この古墳群は 6 世紀後半から 7 世紀の盛行した墓葬で、町史によると前方後円墳 4 基、円墳 22 基計 26 基から構成されるという。第 7 号墳は南西に面する前方後円墳が想定され、墳丘内からは埴輪等は採集されず、クビレ部と想定される位置から箱式石棺が発見された。石棺内からは 16 体という遺骸が確認されており、この追葬数は日本の箱式石棺の中で最も多数の例である。この遺骸を調査し梶ヶ山真理・馬場悠男氏は「成人 12 体・小児 4 体」の分析から「多数埋葬」が血縁関係以外の「集団としての類縁関係」ではないかと想定している。東国の横穴式石室や横穴等も含めて再検討に値する問題提起である。しかしこの古墳の墓葬開始年代はもう少し遅れるであろう。古墳群の中には円筒埴輪が確認されている古墳もあるので、群集墳の開始時期は 6 世紀後半であると思われるが、7 号墳は 7 世紀の築造といえよう。

小美玉市・舟塚古墳（大塚・小林 1968・1971）

那珂郡東海村・白方 7 号墳 1 号石棺

那珂郡東海村・茅山古墳の石棺

標高約20mの台地上に南東面して築造された全長約88mの前方後円墳である。墳丘には大量の円筒埴輪が樹立され、後円部頂に特異な二重構造の箱式石棺が埋置されていた。この構造の石棺は広島県三ツ城古墳第2号埋葬施設に近似しているが、霞ヶ浦沿岸の箱式石棺には類例のない特異な例もみられる。

那珂郡東海村・白方7号墳（茂木他編 1996）

太平洋に注ぐ久慈川河口の標高約20mの台地端に西面して築造された前方後円墳であるが、墳丘は中世の白方館の造成の際に削平されて不詳である。幸い1994年に区画整理中に箱式石棺が発見され記録保存の調査が実施された。発掘の結果、この箱式石棺はクビレ部地下に1号が、さらに後円部南東隅内から2号石棺が発見された。京都大学片山研究室の大藪由美子氏の調査により、1号石棺は11歳前後の小児、2号石棺は2歳未満の幼児であることが判明した。副葬品は少なく1号からは骨鏃3、鉄鏃1、刀子3、棗玉17個、2号からは金環2、棗玉12、ガラス小玉52顆にすぎなかった。

那珂郡東海村・茅山古墳（茂木他編 2006、大藪 2006）

久慈川の河口から少し上流の標高約40mの石神小学校の校庭にある前方後円墳で、全長約40mの規模である。墳丘には円筒・形象埴輪が樹立され、後円部のややクビレ部寄りの墳丘下に旧表土面からローム面を穿って墓壙を掘削して、箱式石棺が構築されていた。この石棺は墳丘構築以前のもので、箱式石棺を埋置後に墳丘の築造が行われたことが断面図から確認された。これは被葬者を斃った後に墳丘が築造されたことを意味し、寿墓制を検討するうえできわめて重要な調査事例といえる。

この時期、この地域では日天月天塚古墳、玉里舟塚古墳のように埋葬施設を前方後円墳の後円部

表1　3体以上を埋葬する7世紀の箱式石棺の例

古墳名	遺骸数	年齢・性別	時期
兼坂1号墳	3	成人♂1・同♀1・幼児1	7C後半
中津田古墳	4	熟年♀1・成人♂3	7C中葉
山田4号墳	3	壮年♂2・同♀1	7C初頭
同　9号墳	5	壮年♂1・同♀2・不詳2	7C前半
清水S11号墳	10以上	成人♂・♀　詳細不詳	7C初頭
同　S12号墳	10	成人♂6・同♀1・小児3	7C前半
御山SX015号墳	6	熟年♂1・壮年♀3・小児2	7C初頭
同　SX054号墳	7	成人♂2・同♀1・青年♂1・不詳1・小児2	7C後半
池向11号墳	6	青年♂1・同♀1・不詳4	7C前半
平戸8号墳	6以上	年齢不詳♂3・幼児3	7C前半
立田台第2 SM01	6以上	年齢不詳♂2・同♀1・他不詳	7C中葉
金杉1号墳	3	年齢不詳♂2・同♀1	7C後半
十老山古墳	6以上	詳細不詳	7C
雉ノ台11号墳	7	性別不詳成人4・青年1・幼児1・小児1	7C中葉
平山寺台古墳	4	熟年♂1・同♀1・不詳2	7C
宮中野84号墳	3？	未調査	7C
梶山古墳	5	性別不詳熟年1・壮年2・不詳2	7C
庚申塚古墳	5	壮年♂1・同♀1・幼小児3	7C
御安台2号墳	3？	未調査	7C
東大沼7号墳	16体	熟〜老♂1・壮年♂6・同♀2・性別不詳3・小児4	7C前半
常名台古墳	3？	未調査	7C
東台13号墳	3？	性別不詳成人3	7C
坊中内台古墳	3？	未調査	7C
大日山古墳	3	未調査	7C
四個大塚古墳	4？	未調査	7C
木舟Ⅱ号墳	4？	未調査	7C
同10号墳	4？	未調査	7C
山田峰5号墳	4？	未調査	7C
富士峰古墳2号石棺	3？	未調査	7C
根崎1号墳	6以上	未調査	7C
中道前6号墳	4	壮熟年♀1・壮年♂1・性別不詳成人1・10歳前後幼児1	7C前半

（註）年齢・性別未調査は形質人類学的調査が未調査である、そのため考古学的調査における遺骸数であり、これ以上であると推定される。

墳頂に設ける古墳、野友1号墳、東大沼7号墳、白方7号墳、茅山古墳のように前方後円墳のクビレ部に設ける古墳（下総ではこの例は発見されていない）、また龍角寺101号墳、子子前塚古墳、白方7号墳第2主体部のように墳丘裾部に設ける古墳の3つに整理されるが、ひとつの墳丘に多数の石棺を埋置するのではなく、裾部の石棺内に多数埋葬する形態に移行する時期を迎えている点が注目される。また茅山古墳のように、従来の寿墓制から造墓思想の変化をみてとれることも注目されよう。

(3) 多数埋葬の開始

　6世紀末から7世紀初頭、千葉・茨城県の群集墳では多数埋葬が開始される。東大沼7号墳の16体（熟～老♂1、壮年♂6、同♀2・成人性別不詳3、幼児4）や専行寺古墳の7体（壮年♂4、同♀2、3歳前後幼児1）、佐倉市の石川1号墳の5～6体（♂3～4、♀2）、八千代市の平戸台2号墳の15体（年齢不詳♂4、♀4幼児3、他不詳）、我孫子の市高野山4号墳の5体（性別不詳成人4、幼児1）、龍角寺101号墳第2主体部の8体（成人♂3、同♀3、幼児1、小児1）などがその顕著な例である。これまでに知られた例では、特に千葉県側に多数追葬が多くみられるが、茨城県の調査記録に遺骸の専門的調査が不足しているため、それは必ずしも正鵠を射ているとは言えない。いずれにせよ狭い空間に5体以上の遺骸を追葬することは、従来の寿墓制ではありえない現象であり、このことは墳丘を伴う箱式石棺が横穴式石室と同様、いわば死体処理の場であったことを示すものといえようか。

　7世紀に入るとこの地域の多数埋葬はさらに増加し、大半の地域住民が箱式石棺を墓葬として埋葬されたと想定される。この時期に墳丘裾部に埋置された箱式石棺で1体埋葬の例はきわめて少なく、大半が多数埋葬である。具体的に3体以上の埋葬例を示すと表1の通りである。

(4) 増加する群集墳

　この時期、この地域では群集墳が増えるのもひとつの特徴である。群集墳は円筒埴輪も樹立しないような小規模古墳が群集する古墳群で、龍角寺古墳群、宮中野古墳群、大生古墳群など100基前後が群集するものから、土浦市の山川古墳群のように数基で構成されるものまである。しかもこの地域ではこの時期に古墳が爆発的に構築され、古墳全体の半数以上がこの時期のものとも言える。これらの古墳群のうち、特に興味をひく土浦市の東台古墳群と潮来市の観音寺山古墳群について詳述したい。

土浦市・東台古墳群（小川他編1991）

　霞ヶ浦に南東面する標高約25mの台地端に形成された総数19基（前方後円形11基、円墳5、方墳3）で構成される小規模古墳群である。前方後円形の11基はいずれも小規模でありながら平面形にこだわり、6基がクビレ部主軸線上に隅丸長方形の墓壙を穿ち埋葬施設とし箱式石棺を採用している。そのうち古墳群の東端寄りに隣接して構築された5号・6号墳の概容と箱式石棺の状況は以下のようである。

　5号墳は、西面する全長24.4m、後円部径17.7m、前方部先端幅13.75m、クビレ部13.7mを

計測し、その周囲に深さ約 25cm～95cm、幅約 4 m～2 m の隍が掘削されている。埋葬施設はクビレ部主軸線中央に長軸 3.3 m、幅 2.6 m、深さ 77cm の長方形墓壙を穿ち、ホルンフェルス製の箱式石棺を設けている。

　6 号墳は、5 号墳の北側に 2 m ほど離れ、西寄りに存在する。南西面する全長 25.2 m、後円径 19.35 m、前方部先端幅 13.5 m、クビレ部 14 m を計測し、その周囲に深さ約 35cm～約 1 m、幅約 2.5～3 m の隍が掘削されている。周隍の土層断面観察から検討して、低墳丘の可能性が想定される。埋葬施設はクビレ部主軸線中央に長軸 3.4 m、幅 2.54 m、深さ 47cm の長方形墓壙を穿ち、ホルンフェルス製の箱式石棺を設けている。

潮来市・観音寺山古墳群 （茂木編 1980）

　霞ヶ浦を見下ろす標高約 22 m の独立丘陵上に存在する 17 基前後（前方後円墳 4 基、円墳 12 基、方墳 1 基等）の群集墳で、丘陵中央部を空間地帯として丘陵の南西北側に分布する。中心をなす墳墓と想定される 1 号墳は北西端に北西面して築造された全長 33 m、後円部径 22.6 m、前方部先端幅 12.2 m の前方後円墳で、クビレ部主軸線上に南北 4.1 m、東西 3.65 m、深さ 90cm の墓壙内に箱式石棺を設けている。

　小さな窪地を挟んで 1 号墳に対置する 7 号墳は、北面する前方後円墳で全長 15.7 m、後円部径約 11.2 m、前方部先端幅 5 m を計測し、後円部の高さは 1 m である。埋葬施設はクビレ部主軸線上に南北 3.5 m、東西 2.5 m、深さ 80cm の楕円形墓壙内に設けられた箱式石棺である。残念ながら両古墳共に発掘調査の時点では盗掘されて石材は全て抜き取られており、埋葬の実態は明らかにすることはできなかった。この古墳群からは埴輪片が一片も発見されておらず、7 世紀の所産であることは確かであろう。

　霞ヶ浦沿岸地域では 6 世紀の後半になるとこのような小規模前方後円墳が目につくようになり、7 世紀に入ると低墳丘の前方後円系の墓葬が数多く残されている。こうした竹の子状に構築された古墳が終焉を迎えるのは大化の送葬令を待たねばならない。何故この地方に 6 世紀後半から薄葬令までの間にこれだけ爆発的に箱式石棺を構築させ、多数の埋葬者を可能にしたのかは、今後の検討課題といえよう。

（5） 東北地方の箱式石棺

　この時期の東北地方では、福島県 61 基、宮城県 29 基、山形県 62 基の計 152 基を集成した。平面的には太平洋側から米沢を経由して出羽に分布域が延長しているが、これらを時間的巾で整理すると、まず太平洋側の本屋敷 1 号墳前方部の 1 基、さらに同 3 号墳墳頂部の 2 基の箱式石棺と、会津盆地の十九壇 4 号墳の 2 基があげられる。

双葉郡浪江町・本屋敷 1 号墳 （伊藤編 1985）

　西面する全長約 36.5 m の前方後方墳で、中心主体部は後方部主軸線上に設けられた全長 7.26 m の粘土槨であり、前方部中央の主軸線上に第 2 主体部として箱式石棺が発見された。中心主体部を伴うこの古墳の築造年代は 5 世紀前半を下らないが、第 2 主体部はそれよりもやや遅れるものと想定される。幸いこの古墳には隣接して 3 基の古墳が存在し、後方部に隣接する 3 号墳の墳頂部に並

列する2基の箱式石棺が発見された。この古墳石棺蓋上の土師器群や須恵器等から5世紀中葉と想定されるので、1号墳前方部の箱式石棺も同時期としてよいだろう。

喜多方市・十九壇4号墳（穴沢他1973）

会津盆地の北東部に位置する全長約24mの東面する前方後方墳に隣接する方墳である。その規模は一辺約10mで高さ1mほどの墳丘を有し、墳頂部の東西両端に箱式石棺が発見された。墓葬時期を想定する資料は伴出されていないが、主墳たる3号墳が外表土器群等から5世紀中葉と想定される点を考慮する必要がある。福島での初期箱式石棺の様相は霞ヶ浦沿岸地域と一部と同様に、中心主体部として箱式石棺が採用されるのではなく、陪葬的な施設として採用されていることに特徴がある。

次いで5世紀後半になると、本屋敷古墳群に近い双葉郡浪江町・上の原3号墳と山形市・大之越古墳が注目される。

上の原3号墳（伊東1980、高橋1985）

直径約20mの円墳で、2基の箱式石棺を埋納していた。特に1号石棺は特異な形態で、凝灰岩の板石を両側各二重に組み、蓋石も下部5枚、上部4枚の二重に重ねており、鉄剣・槍・鉄製石突が副葬されていた。さらに東頭位と報告されている。この古墳群の中には5世紀末に比定される4号墳が調査されている。

大之越古墳（川崎他1979）

径約10mの円墳であるが、発見時には墳丘は完全に削平され、周隍も中心から北側半分が削り取られた状態であった。箱式石棺は中心部に隅丸長方形の墓壙を穿ってほぼ東西に主軸を取って構築された（2号石棺）。さらに時間を経て北東側にこの墓壙を一部切断した状態で同形墓壙内に追葬れた箱式石棺が発見された（1号石棺）。1号石棺は西側が大きく破壊されていたが、副葬品は比較的残されていた。それに対して2号石棺は蓋石中央部分が一部攪乱され、側石等は完全であったが、副葬品は棺内皆無で蓋上に馬具数点が存在した。1号石棺内には単鳳式の環頭太刀と鹿角装太刀を含む武器と斧・鉗・鑿など工具類および冑が組み合わされて出土し、注目される。

この地方の箱式石棺は8世紀中葉までみられるが、霞ヶ浦沿岸のように爆発的に存在する様相を示さず、多数埋葬の風もみられない。

第5章 方形・円形周溝墓、方形台状墓、四隅突出型墳丘墓 と箱式石棺

　弥生時代後期から古墳時代前期にかけて、方形周溝墓や台状墓、また四隅突出型墳丘墓の埋葬施設として箱式石棺が採用されている例がある。

1．弥生時代

（1）方形周溝墓

　弥生時代の後期になると方形周溝墓に箱式石棺が採用されるようになるが、在り方としては大きく二つに分類される。ひとつは単一の中心的な埋葬施設、もうひとつは埋葬施設が複数設けられた墓葬であるが、いずれも弥生時代から古墳時代にかけても同様である。前者の弥生時代の出土例としては福岡県小郡市の寺福童遺跡R-1号墓があり、後者には福岡県北九州市の城野遺跡、広島県三次市の矢谷遺跡D地点MS2号墓がある。

寺福童遺跡R-1号墓（佐藤・沖田 2007）

　弥生終末期から古墳時代初頭の墓葬で、5.6 m×6.3 mの台状部中央に蓋石6、両側石各4、妻石各1から構成され、東西に主軸を持つ、棺内長176cm、東側幅28cm、西側幅50cm、深さ28cmを有する通常の規模の箱式石棺である。棺内には赤色顔料が塗布され、遺骸は腐朽されて現存しなかったが、西頭位に埋葬されたものと思われ、鉄鏃1口が副葬されていた。

城野遺跡（谷口他 2011）

　遺跡は複合遺跡であり、その概容は前章で述べた。遺跡中の周溝墓の台状部には墓壙を異にする2基の箱式石棺が南北に並列して埋葬され、しかも双方ともに西頭位の小児棺であった。副葬品は南棺で管玉6、棗玉？1が、北棺では鉄鏃1口がそれぞれ伴出した。また前述のごとく、北棺には棺内面に赤色顔料（朱）が塗布され、西妻石には朱塗布後に描いた線が確認されるが、方形周溝墓が兪偉超説のごとく大陸からの伝来だとすれば、この線描画？が漢代に悪霊からの僻邪側とされた方相氏である可能性も考えられる。今後の学際的調査検討を待ちたい。

矢谷遺跡D地点MS2号墓（加藤他 1981）

　東側に隣接する四隅突出型墳丘墓の西溝を切断して構築されている。さらに南西側にはMS1号があり、周溝を共有している。西側は削平されコの字形である。その規模は東辺10.6 m、南辺4.6 m、北辺7.6 mで周溝幅は120cm～200cmで、埋葬施設は7基（木棺4、箱式石棺2、石蓋土壙1）確認された。中心主体部は台状部中央に設けられた一辺約2.8m、深さ95cmの方形墓壙内に埋納された堂々たる割竹型木棺であるが、副葬品はガラス小玉3顆で附近に朱の散布が確認されただけで

ある。箱式石棺2基は台状部南東寄りの第1主体部と第5主体部であるが、陪葬的に追葬されたものである。第1は主軸を東西にとる87cm×137cmの隅丸長方形の墓壙内に構築され、副葬品は皆無であった。第5は中心主体分の東側に墓壙の一部を切断して東西に主軸をとる170cm×87cmの不整隅丸長方形の墓壙内に構築され、副葬品は皆無であった。

(2) 方形台状墓

箱式石棺を採用した方形台状墓としては岡山県の新見市・横見墳墓群の4号・5号・6号・7号・8号・9号・10号墓の7基が報告されているが（下沢他1977）、この墳墓群は標高295mから270mに掛けて、高梁川に突出する尾根上に形成された総数12基から構成される弥生時代終末～古墳初にかけての方形台状墓群で、調査により標高の高い墓葬からナンバリングされている。

第4号墓

標高290mほどの高位にあり、東西約12m、南北約11m、高さ1.5mの台状部に10基の埋葬施設が検出された。その中で3基（第1主体部・第6主体部・第9主体部）が箱式石棺である。他に木棺墓6基、石蓋土壙墓？1基がある。第1主体部は台状部の中心からやや北寄りに位置し、東西に長い不整形な2段掘りの東西3.64m、中央幅1.55mの隅丸長方形の墓壙内に構築され、棺内から剣1、刀子2が検出された。第6主体部は中央から東寄りに位置し、東西に主軸を置く170cm×62cm、深さ25cmの隅丸長方形の墓壙内に構築され、攪乱を受けており、副葬品は採集されなかった。第9主体部は第10主体部の墓壙を切断して掘削された長径80cm、短径68cmの長楕円形墓壙内に構築された小児棺である。

第6号墓

墳墓群の中央に位置し、東西約13m、南北約11m、高さ約1.5mの隅丸方形の台状部盛土内に8基、墳丘下に12基の計20基の埋葬施設が検出された。盛土内の埋葬施設は木棺墓2基と小児用箱式石棺4基、石蓋土壙墓1基、不明1基（調査中部外者に破壊される）である。墳丘下の埋葬施設は全て木棺墓である。箱式石棺3基の中第4主体部は台状部中心の木棺墓の墓壙を切断して、東西90cm、幅60cmの隅丸長方形の墓壙を穿ち、構築された小児用の石棺である。第5主体部は南東隅に位置し、第1主体部の東、第6主体部の南にあり、主軸を東西に採る75cm×68cm～15cmの隅丸方形の墓壙内に構築された小児棺である。第6主体部は第1主体部に東に位置し、主軸を南北に採る85cm×52cmの不整隅丸長方形の墓壙内に構築された小児棺である。第8主体部は北西隅に位置し、第1主体部の北西裾部寄りに、主軸を南北に採る100cm×63cm～13cmの隅丸長方形の墓壙内に構築された小児棺である。以上3基の小児用の箱式石棺からは副葬品は皆無であった。

第7号墓

6号墓・8号墓と溝を共有する方形墓で、墳丘は地山整形で削り出され、盛土は確認されない。溝底での規模は東西12m、南北11m、高さ2.6mで、上部平坦面は東西7m、南北8.5mを計測する。墳丘裾部南西コーナー附近に葺石が葺かれている。埋葬施設は8基確認され、箱式石棺4基、木棺墓3基、土壙墓1である。第1主体部は墳丘の中央部に位置し、尾根に平行して構築され

た 250cm × 125cm ～ 95cm の 2 段掘りの隅丸長方形の墓壙内に構築されている。遺骸は北頭位で埋葬されていたが副葬品は皆無であった。第 2 主体部は第 1 主体部の東側に接して構築され、墓壙の一部が第 1 主体部の墓壙の東壁を切断している。その規模は 345cm × 176cm ～ 100cm の隅丸長方形である。箱式石棺の蓋石は所謂鎧重ねの二重で、棺面にはベンガラの塗布が確認された。しかし副葬品は皆無であった。第 3 主体部は第 2 主体部の北側にあり、東側が削平され墓壙の全体を抑えることは不可能であった。墓壙は現表土下約 10cm の部位で確認された 90 ? × 45cm の隅丸長方形で、小児用の石棺が構築されていた。第 4 主体部は第 2 主体部の南側に位置し、主軸を直交させ 83cm × 54cm ～ 17cm の不整楕円形墓壙内に構築された小児用石棺である。この古墳も副葬品は皆無であった。

第 8 号墓

7 号墓と 9 号墓の間にあり、基底面で東西 10 m、南北 9.5 m、高さ 1.7 m の方形で、上部は東西 6.2 m、南北 6 m 規模である。埋葬施設は中央部に 7 基（木棺墓 4、石棺墓 3）確認された。第 5 号主体部は平坦部の西端にあり、南北主軸の 2 段掘りの 142cm × 93cm の不整隅丸長方形の墓壙内に構築された小児棺である。副葬品は鉄鏃 1 点である。第 6 主体部は第 2 主体部の東側に平行した浅い部位から穿たれた東西 170cm × 南北 131cm ～ 15cm の隅丸長方形の墓壙内に構築された小児用箱式石棺である。第 7 主体部は第 1 主体部の東側に主軸を南北にとる南北 92cm × 東西 72cm ～ 10cm の隅丸長方形の墓壙内に構築された小児棺である。なお第 6・第 7 主体部ともに副葬品は皆無であった。

第 9 号墓

8 号墓と 10 号墓の間に構築された方形墓で、その規模は裾部で東西 1.5 m、南北 11 m、高さ 1.7 m で、上面は東西 7.2 m、南北 8 m を計測する。埋葬施設は中央部に 11 基（木棺 3 基、竪穴式石室 3 基、箱式石棺 4 基）確認された。第 6 主体部は台状部の中央やや北寄りに位置し、第 5 主体部の墓壙の南西端を切断して、東西に主軸を採る 121cm × 74cm ～ 53cm の不整隅丸長方形の墓壙内に構築された小児棺である。第 7 主体部は第 6 主体部の南側に位置し、第 1 主体部の墓壙に接するように主軸を東西に採る 72cm × 51cm ～ 20cm の不整楕円形墓壙内に構築された小児棺である。第 8 主体部は第 3 主体部の北側に位置し、主軸を南北にとる南北 124cm、東西 85cm ～ 54cm の楕円形墓壙内に構築された小児棺である。第 9 主体部は第 4 主体部の北側に位置し、主軸を南北にとる 140cm × 80cm ～ 35cm の楕円形墓壙内に構築された小児棺である。この古墳の 4 基の小児用石棺からは副葬品は何も検出されなかった。

第 10 号墓

9 号墓の下方に位置し、尾根に直交する幅 2.5 m ～ 40cm の溝で区画された方形墓で、墳丘は地山整形で裾部は東西 11 m、南北 13.5 m、上部平坦部は東西 7.3 m、南北 9.7 m である。埋葬施設は中央部に 13 基確認された。それは木棺 9 基、竪穴式石室 1 基、箱式石棺 1 基、石蓋土壙墓 2 基である。第 4 主体部は台状部南端に位置し、東西に主軸を採る 105cm × 62cm ～ 20cm の小判型を呈する墓壙内に構築された小児棺である。副葬品は検出されなかった。

(3) 四隅突出型墳丘墓

　箱式石棺を採用した四隅突出型墳丘墓としては、広島県の北広島町・歳の神3号・4号墓、福山市の岩脇1号墓、三次市の矢谷MD1号墓、島根県の邑南町・順庵原1号墓、安来市・仲仙寺10号墓、兵庫県の加西市・周辺寺山1号墓、小野市・船木南山が報告されているが、歳の神3号墓と4号墓については前章で紹介したので省略する。

矢谷遺跡D地点MD1号墓（加藤他1981）

　東西約12.5 m、南北約17.5 m、高さ約1.6 mの台状部の四隅を突出されせた墳丘墓である。埋葬施設は中央部に11基発見され、木棺墓9基、箱式石棺2基で、中心主体は中心部北寄りの組合式木棺である。11基のうち箱式石棺は第1と第8であるが、第1は中心主体の北西に接するように主軸を東西にとる240cm×140cmの不整長楕円形墓壙内に構築され、副葬品として?1が発見された。第8は中央より西側に主軸を東西にとる145cm×90cmの隅丸長方形の墓壙内に構築された小児棺で、副葬品は皆無であった。

順庵原1号墓（門脇1971、仁木・岩橋・重松編2007）

　長軸10.7 m、短軸8.5 mの方形台状部の四隅に幅1 m強、長さ2 m～2.2 mの突出部が設けられた墳丘墓である。墳丘は地山整形後薄い盛土が積まれている。さらに墳丘裾部には何種類かの硬質の川原石が葺かれている。さらに葺石の外側周溝内に東側2基と北側1基のストーン・サークルが葺石と同質の石材によって周溝内に設置されていた。埋葬施設は台状部中央に主軸と直交して3基（箱式石棺2、木棺1）存在する。第1主体部は中心埋葬施設で墳丘盛土を切って主軸を東西にとる240cm×1.5 m、深さ約80cmの隅丸長方形の墓壙内に構築され、第2主体部はその北側に並んで258cm×145cm～48cmの同形態の墓壙内に構築されていた。

2. 古墳時代

　古墳時代には方形周溝墓に箱式石棺の採用例が拡大され、その分布域は南が熊本県、東は山口県、島根県、岡山県、愛媛県まで18遺跡に39基、さらに円形周溝墓の11基が報告されている。県別では熊本県が方形9基・円形1基、佐賀県が方形1基、福岡県が方形12基・円形6基、大分県が方形6基・円形1基、山口県が方形1基・円形3基、島根県が方形1基、岡山県が方形1基、愛媛県が方形8基となっている。

　前述のごとく、弥生時代と同様に単一の中心的な埋葬施設をなすものと、複数の埋葬施設の一部を形成するものとがある。前者の例としては滝C遺蹟ST01、鈴熊遺蹟ST011、立野A1号・2号・6号・13号・14号、妙見1号・13号、原の東9号、草場第2遺蹟4号・6号・13号、辻2号、釈迦面1号・2号・4号・5号、土壇原Ⅰ号・Ⅱ号・Ⅲ号の21基がある。また円形周溝墓では弥生時代には例がみられないが、古墳時代には立野D地区2号・3号・4号・5号・6号、古川平原5号、草場第2遺跡17号、黒川遺跡2基（石棺2基）、朝田Ⅰ区2号・5号・6号が知られている。

　これに対して後者の例としては、大井平野SO6の6基（石棺2基）、立野3号の2基（石棺2基）、4号の2基（石棺2基）、7号の2基（石棺2基）、10号の2基（石棺2基）、11号の2基（石

棺2基)、草場第2遺跡5号の10基(石棺2基)、吉佐山根1号の3基(石棺3基)、釈迦面7号の2基(石棺2基)など9遺跡が報告されている。これら複数埋葬の中での箱式石棺の性格は、中心埋葬もあるがむしろ陪葬的な意味合いが強く、小児用として採用されるものも多い。

これらのうち代表的な例をいくつか紹介したい。

＜熊本県＞

熊本市・塚原遺跡（熊本県教委編 1981）

第8号、第30号、第31号、第35号、第39号の5基の方形周溝墓において報告されているが、調査時点では石棺は撹乱されており詳細な報告はない。遺跡北端の丸山5号墓（円形周溝墓）は保存状態が良かったので取り上げておきたい。

この墓葬は北に緩く傾斜する地形に構築され、内径18.5 m、周溝を含む外径22.5 mの円形で西側にブリッジ状の通路が残されている。埋葬施設は中央部に東西主軸に390cm×220cm〜40cmの隅丸長方形の墓壙内に板石を組み、墓壙中位の板石よりに川原石を置き粘土で目張りした後、蓋石を乗せている。遺骸は2体で南頭位に熟年♂、北頭位に壮年♀を埋葬し、男性側に剣1、女性側に漆塗りの竪櫛1が副葬されていた。なお埋葬状態からこの2体は同時埋葬と報告されている。

＜佐賀県＞

小城市・滝C遺跡 ST01（高瀬 1989）

丘陵緩斜面に南東側が削平され、周溝は東北部側に掘削され、全周は築造当時から存在しなかったと想定される。周溝は調査時点で東溝が7 m、北溝が3.5 mでL字形に発掘され、台状部西側に2基の埋葬施設が発見された。中心主体部と第2主体部はほぼ中央部に想定される位置にあり、ほかに石蓋土壙墓と割竹形木棺の直葬がある。それより東側に60cm隔てて主軸を東西にとる不整長方形墓壙が穿たれ、箱式石棺が組まれている。副葬品は皆無で、方形の周溝で区画された意味が感じられない。

＜福岡県＞

宗像市・大井平野遺跡 SO6号墓（白木 2004）

遺跡は標高27 mの尾根上に形成された墳墓群で、尾根最高地点の平坦面にあり、円形墓に接して構築された推定一辺11 mの方形周溝墓である。南東側は大きく削平され北西部に周溝が確認されたが、その規模は南北10.2 m、東西4 mのL字状である。台状部に6基の埋葬施設が確認され、中央の箱式石棺が中心埋葬であるが、ほかに石蓋土壙墓と割竹形木棺の直葬がある。石棺は墓壙を異にするものが北側長側壁を共有するという特異な2基の箱式石棺であるが、報告書によればこの部分に3基の埋葬施設の重複が想定される。最初に台状部の中央と想定される位置に土壙が穿たれている。その痕跡が第1主体部 a の墓壙北東側に確認される。その後第1主体部 b の墓壙が隅丸長方形で穿たれ、その壙の北西側を切断して第1主体部 a の墓壙が掘られている。しかし箱式石棺の構築は a が先行し b が後に追加されている。そして調査時に現存した蓋石の状況から埋葬は同時であったと想定される。

朝倉市・立野遺跡（児玉 1981）

この遺跡は1983年度に調査が実施されたが、方形周溝墓と箱式石棺を検討するうえできわめて

注目される遺跡である。

　A地区で方形周溝墓13基、円形周溝墓3基、D地区で円形周溝墓6基が調査されているが、A地区の1号・2号・3号・6号・7号・10号・11号・13号・14号墓9基、D地区の2号・3号・4号・5号・6号墓5基が埋葬施設として箱式石棺を採用していた。このうちA地区の3号・4号・7号10号・11号では台状部中央に埋葬施設が重葬されていた。

　第7号墓　中央台状部から墓壙を異にする2基の箱式石棺が時期を異にして埋納されていた。中心埋葬の第1主体部は台状部中央に設けられ、その墓壙の北側を切断して第2主体部の墓壙が穿たれ、双方共に東側に粘土による枕が設置されていた。なお副葬品は無く、周溝の北西コーナー部分から鉄鏃1点が採集された。

　第10号墓　台状部が東西9.5ｍ、南北9ｍの規模で、周溝は幅1ｍ～1.5ｍ、深さ50cm～80cmで、南側中央部に幅約80cmの陸橋状部がある。埋葬施設は台状部ほぼ中央に墓壙を異にする主軸を東西にとる箱式石棺が埋置されている。この2基の埋葬は中央よりやや北側の第1主体部が先行し、墓壙上面は不整楕円形で下段は長方形であり、上面の規模は東西2.42ｍ×幅1.35ｍで下段一杯に石棺が構築されている。形式的には長側石が妻石を挟むように組まれ、床石はないが東側に粘土で枕を設えている。棺内に副葬品は無く、赤色顔料が全面に塗布されていた。蓋を閉めて石棺を密封後に墓壙南東側に直刀1と剣1が南西側に筒形銅器が、さらに南側中央蓋石上に小銅舌がそれぞれ検出された。第2主体部は第1主体部埋納後第1主体部の墓壙南側の一部を切断して、東西2.9ｍ、幅1.58ｍの二段掘の長方形に穿ち、下段一杯に石棺を構築している。石棺内面には赤色顔料が塗布され、床面東側に粘土による枕が存在した。副葬品は皆無であった。

　第11号墓　台状部が東西10ｍ、南北11ｍの規模で、周溝は幅1.5ｍ～2.0ｍ、深さ60cm～1.2ｍで北東部に約3ｍの橋状部が認められる。埋葬施設は分離して東西方向に2基の箱式石棺が存在する。調査者は南棺（第1主体部）が北棺（第2主体部）に先行して埋葬されたと次の3点を挙げて結論づけている。

①第1主体の墓壙北辺ラインが台状部の東西中軸線とほぼ一致し、第2主体は中軸線より北に片寄った位置であること。

②第1主体は鏡や鉄器が副葬され、第2主体は副葬品を持たず、後者は前者に比して従属的な性格を持っている、と判断されること。

③検出時点での墓壙埋土は第1主体が黄色粘質土だけであるのに対して、第2主体のそれは暗褐色ブロックが混じっている。墓壙埋土の上記の相違による新旧関係はふたつの主体が切り合っている7号、10号においても認められる。

　第1主体部は東西2.45ｍ幅1.7ｍの二段掘の隅丸長方形の墓壙内に妻石を両側石が挟む形式で構築され、東側に粘土による枕が設えられ、内面には赤色顔料が塗布され、鏡1、刀子1、鉇1が副葬されていた。第2主体部は第1主体部の墓壙上面より60cm北側に東西に主軸をとる東西2.35ｍ幅1.34ｍの隅丸長方形の墓壙内に構築された箱式石棺である。同じく内面には赤色顔料が塗布され、床面東側に粘土による枕が設えられていたが、副葬品は皆無であった。

　円形周溝墓にはD地区6号墓が特筆される。この墓葬は調査区の東端に位置し、内径約12ｍで、

幅約 1 m～1.5 m、深さ 20～30cm の周溝が一周する。埋葬施設は中央部に主軸を東西にとる隅丸長方形の墓壙内に構築された箱式石棺である。墓壙の規模は東西 2.51 m、幅 1.4 m の二段掘りである。石棺は床面に小石が敷かれ、頭部のある東側から径 20cm の範囲に赤色顔料が確認された。棺内は副葬品が皆無であったが、納棺後頭部蓋石上に刀子 1 が置かれていた。

みやこ町・古川平原第 5 号墓（末永 1997）

これは円形周溝墓である。この墓葬は南側半分が削平され周溝は全周せず部分的に 3 か所で確認され、それを推定すると直径 9 m 前後で、溝巾は約 80cm、深さは約 20cm である。埋葬施設は円形の中心よりやや北西に寄り、主軸を南西―北東にとる隅丸長方形の墓壙内に構築された箱式石棺である。墓壙の規模は主軸 2.53 m、幅 1.29 m、深さ 68cm の二段掘である。石棺内は全面に暗褐色の顔料が塗布され、東面する遺骸が存在し、鉄針 1、勾玉形石製品と不明鉄器片 1 が副葬されていた。さらに納棺後蓋石中央墓壙埋土内に鉄鏃 1 が棺外埋葬されていた。

＜大分県＞

日田市・草場第 2 遺跡（高橋・桑原 1989）

この遺跡は 5 基の方形周溝墓と 1 基の円形周溝墓から箱式石棺が発見されているが、ここでは第 5 号・第 6 号・第 13 号（以上方形周溝墓）と第 17 号（円形周溝墓）を紹介しておく。

第 5 号墓　　周溝の南西側から西側中央まで欠如しているが、一辺約 12.5 m の方形台状部が計測されている。周溝は北西コーナー部から南側中央部まで明確に調査され、東溝が最もよく残り、巾約 1.5 m、底幅約 60cm、深さ約 23cm である。台状部および西側には周溝墓築造以前の墓葬もあり、総数 17 基が調査された。本周溝墓の中心主体部は 37 号墓と仮称された箱式石棺で、調査者は北東コーナー寄りの第 33 号箱式石棺と周溝南東外寄りの第 43 号土壙墓の 2 基を本周溝墓に関連する墓葬とし、その他の墓葬は弥生時代後期後半から終末の時期と想定している。第 37 号は台状部の中央やや東寄りに地山を掘りこんだ東西 2 m、幅 60cm、深さ 40cm の長方形墓壙内に構築された箱式石棺である。調査時には樹木による攪乱はみられたが、人為的な盗掘は行われておらず、石材の接合部分には白色粘土によって目張りが施されていた。棺内は朱が塗布されて 3 体の遺骸が埋葬されており、北頭位で成人♂・♀、南頭位に成人♂が確認された。副葬品は北頭位の成人♂に伴って櫛 1、刀子 1 が発見された。第 33 号については中心主体部同様主軸を東西にとり、鉄鏃 10 数本と鉇 1 および不明鉄器 1 が副葬されていたが、詳細は不詳である。

第 6 号墓　　周溝が削除され、部分的に南東コーナーと北西部が残されていた。台状部は東西 14 m、南北 13 m、幅 1.4 m、深さ 8cm の矩形が想定される。埋葬施設は中心よりやや南東寄りに位置し、地山を掘り込んで東西 2.24 m、幅 80cm、深さ 34cm の長方形の墓壙内に箱式石棺を構築している。棺内は全面朱が塗布され、納棺後、石材は白色粘土で目張りされていたが、副葬品は皆無であった。周溝内から数点の土師器片が採集された。

第 13 号墓　　東西 14.2 m、南北 12.2 m、周溝幅最大幅 1.4 m、深さ 25cm の規模である。周溝は西側を除いてコ字形に廻るが、西側のみ中央部に長さ約 4 m 掘られていた。埋葬施設は中心部に第 1 主体部が、それよりやや北寄りに第 2 主体部が確認された。第 1 主体部は箱式石棺であり、第 2 主体部小規模な竪穴式石室である。第 1 主体部は地山を東西 2.26 m、幅 99cm、深さ 54cm の長

方形墓壙内に箱式石棺を構築している。棺内には朱が塗布され、追葬を含んで「1号（熟年♀）→ 4号（成人♀）→ 2号（成年♀）→ 3号（熟年♂）→ 5号（成年♂）」の順序に5体が埋葬されたと報告されている。また副葬品は発掘状況から5号人骨に伴う可能性が高いという。具体的には直刀1、剣1、鉄鏃36＋α、刀子2（内1は鹿角装）、櫛6、勾玉4、管玉14、棗玉1、ガラス小玉160である。

　　第17号墓　　は調査区の西端に位置し、箱式石棺の東側約4mの地区に長さ4mほど幅1m弱の溝が確認されたにすぎない。調査者はこの溝から、直径約14mの円形周溝墓を想定した。埋葬施設は地山を東西3.3m、幅1.66m、深さ45cmの不整長方形墓壙内に箱式石棺を構築している。棺内には全面に赤色顔料が塗布され、3体の追葬が実施され、墓壙と東妻石間の石棺覆土上に土師器坏1、須恵器高坏（脚欠）1、坏身1、甑1が棺外埋葬されていた。

大分市・辻2号墓（高畠2004）

　　北側が大きく削平され、不詳の部分が多いが、周溝外辺で北西・南東約10m、北東・南西約8m、幅最大約1m、深さ約20cmが想定される。調査時には南西溝約5m、北西溝約1mが検出されたにすぎないが、埋葬施設は墓壙の一部を除いて明確にされた。なお周溝の南東側は未確認である。埋葬施設は地山を掘り込んだ隅丸方形の墓壙内に箱式石棺を構築しているが、副葬品は皆無であり、赤色顔料の塗布については報告されていない。また発掘された周溝内からは多数の土師器（壺・甕・高坏等）が検出された。

＜山口県＞

山口市・黒川遺跡（山口県教委1980）

　　弥生時代終末から古墳時代初頭を中心とする集落跡と墓葬である。方形周溝墓は、東西6m、南北4mの台状部に幅約2mの周溝を穿ち、2基の箱式石棺を埋葬施設としていた。しかし調査時には盗掘を受けており、2基共に石棺は完全な状態ではなかった。特に3号石棺は石材が全て抜き取られており、詳細不詳であった。

山口市・朝田遺跡（中村1976・1978・1982・2009、小野1977・2009）

　　尾根の上面や斜面に多数の箱式石棺が発見されているが、石棺そのものが群集するものは少なく、方形または円形の低墳丘を有する墓葬の埋葬施設とする場合が多かった。報告書から箱式石棺を埋葬施設とする墓葬を抜き出すと、方形墓7基、円形墓15基、単独石棺墓5基がある。これらの中から第Ⅰ地区4号墓・北区第6号墓の方形墓と第Ⅰ地区2号墓・5号墓の円形周溝墓を取り上げる。

　　第Ⅰ地区4号墓　　海抜41.80m〜42.60mの緩い傾斜面に西面して地山岩盤を刳り抜いて構築された方形周溝墓である。周溝は南北に主軸をとり、台状部が南北4.5m、東西2.4m？、溝幅約90cm、深さ約25cmである。埋葬施設は台状部のほぼ中央部に主軸を南北にとる隅丸長方形の墓壙内に箱式石棺を構築している。副葬品は皆無であった。

　　第Ⅰ地区6号墓　　海抜38.6m〜39.20mの傾斜面のフラットな場所に5号墓と隣接して構築された方形墓である。台状部の規模は東西約5m、南北約4.5m、溝巾約50cm、深さ約15cmを計測し、埋葬施設は中央部に東西方向に存在した。墓壙は隅丸長方形を呈する二段掘りで、箱式石棺は

両側石を妻石が止める状態で構築されていた。石棺内に副葬品は皆無で、埋納後蓋石上に底部穿孔の壺形土器が置かれていた。

第Ⅰ地区2号墓　　海抜42mから43mの高さに位置し、底径約7m、高さ約1mの小盛土が存在する。周溝の平面形は南側が直線を示す馬蹄形をなし、その中央部に地山を掘りこんだ東西2.55m、幅1.5m、深さ約45cmの不整隅丸長方形の墓壙内に箱式石棺を構築している。蓋石を除く棺内には赤色顔料が塗布され、鉄針、不明鉄器、滑石製有孔円板、同小玉が副葬されていた。

第Ⅰ地区5号墓　　西側に2号墓があり、北側に4号墓が存在する。2号墓よりやや低いレベルに構築されている。その規模は径約8m、溝巾約180cm、深さ約20～50cmである。埋葬施設は中央部に地山を掘りこんだ東西2.73m、幅1.4m、深さ約40cmの二段掘り不整長方形墓壙内に箱式石棺を構築している。副葬品は皆無であったが、墳丘頂部に近い東斜面から高坏脚2、甕1が発見された。

＜島根県＞

安来市・吉佐山根1号方形周溝墓（錦田1995）

三辺をコ字形にめぐる周溝で画された東西7.6m、南北約7mのほぼ正方形の台状部に北側を除いて幅約70cm～約1.6m、深さ15cm～40cmの周溝が掘られ、北側は台形状に突出するが詳細は不詳である。低墳丘が想定されるが調査では確認することができなかった。埋葬施設は台状部に墓壙を異にする3基の箱式石棺と用途不明土坑と溝が発見された。石棺はほぼ中央部に存在し、主軸は第1が南北、第2・第3が東西方向である。

第1号石棺は中心部よりやや北西寄りに、地山面から隅丸長方形の墓壙を二段掘りに穿ち石棺を構築している。副葬品は皆無である。調査者の錦田剛志氏はこの箱式石棺の構築および埋葬過程を次のように整理している。
①隅丸長方形を意識して墓壙の1段目を掘る。
②そのほぼ中央に石棺の寸法・形状と安定を考慮しつつ、2段目の墓壙を掘る。
③2段目の墓壙内に石棺を埋置する。この際、棺材と地山面の隙間は小礫を含む5層で裏込めし、棺材間の隙間には目張り粘土を施す。
④1段目の墓壙内で、棺外のおよそ小口石と側石の上面付近まで土を埋め戻し、棺をさらに安定させる。
⑤被葬者を入棺し、蓋石を乗せ、隙間を小礫と淡灰色粘土によって被覆する。
⑥棺上をはじめ、1段目の墓壙を埋め戻す。

第2号石棺は第3号石棺と隣接し、中心部より西寄りに位置し、地山面から掘り込んだ隅丸長方形の部分的に3段掘り墓壙内に構築されている。未盗掘石棺でありながら副葬品は南東妻石付近から刀子1口が検出されたにすぎず、北西部に少量の赤色顔料（朱）か確認された。

錦田氏はこの石棺の構築および埋葬の過程についても以下のように整理をしている。
①隅丸長方形を意識した墓壙の1段目を掘る。
②そのほぼ中央に石棺底石の寸法・形状と安定を考慮しつつ、3段目（場所により2段目となる）の墓壙を掘り、底石を敷く。この際、底石と地山面の隙間にはブロック土を含む3層で裏込めす

る。
③ 2段目もしくは1段目の墓壙内で、棺材の寸法・形状に合わせ、底面や壁面の地山面を掘り込み石棺の小口石と側石、さらに小室を仕切る立石を埋置する。この際、棺材間を淡灰色粘土で目張りし、地山との隙間にはブロック土を含む3層や拳大から人頭大の若干の角礫で裏込めする。
④ 1段目の墓壙内で、石棺材の外側面に沿って拳大から人頭大の多数の角礫を並べて棺材の補強と安定をさらに図る。
⑤ 被葬者と副葬品を入棺し、蓋石を乗せて、隙間を淡灰色粘土で被覆する。
⑥ 棺上をはじめ、1段目の墓壙内をすべて埋め戻す。

　第3号石棺は西側に1号、南側に2号石棺と隣接し、台状部のほぼ中央に位置している。墓壙は地山を掘り込んだ隅丸長方形の3段掘りで、その規模は東西3m、幅2.5m、深さ約30cmである。副葬品は刀子1口が南東の妻石に接する側石と蓋石の隙間に置かれた平らな角礫の上から目張り粘土に被覆された状態で発見された以外は存在せず、棺内には南東妻石側から少量の赤色顔料（朱）が採集された。この石棺についても錦田氏は構築および埋葬の過程について以下のように整理している。
① 隅丸長方形を意識した墓壙の1段目を掘る。
② そのほぼ中央に石棺底石の寸法・形状と安定を考慮しつつ3段目の墓壙を掘り、底石を敷く。この際、底石と地山面の隙間には地山のブロック土を含む2層を裏込めする。
③ 2段目の墓壙内で、棺材の寸法・形状に合わせ、棺材の底面や壁面の地山面を掘り込み、石棺の小口石と側石を埋置する。この際、棺材間を淡灰褐色粘土で目張りし、棺材と地山との隙間を地山のブロック土を含む2層や角礫を用いて裏込めする。
④ 被葬者と副葬品を入棺し、蓋石を乗せて、蓋石間、蓋石と小口石および側石の隙間を淡灰褐色粘土と若干の小角礫で被覆する。
⑤ 棺上をはじめ、1段目の墓壙内をすべて埋め戻す。

　以上が方形・円形周溝墓および方形台状墓、さらに四隅突出型墳丘墓に採用された箱式石棺の様相である。これらを簡単に整理すると以下の如くになる。
1. 埋葬時期は弥生時代後期から古墳時代前期である。
2. その範囲は弥生時代に福岡県から兵庫県に達し、古墳時代には熊本県から四国南部に及んでいる。
3. ひとつの墓域には単一のものから多数埋葬のものまでバラエティーに富んでいる。
4. 副葬品は全体的に希薄である。
5. 盟主墓に採用されることはない。

第6章　箱式石棺の埋葬頭位

　箱式石棺には、必ずしも遺骸が残されていなくても、被葬者の頭位を知りうる条件が構造的に整っている。たとえば石枕や粘土による枕の設置であり、平面的には両妻（小口）の幅であったりする。特に頭位側は足部側に対して幅広である。本章では、そうした諸条件をもとに、当該期の被葬者の頭位の状況を箱式石棺において探ろうと試みた。

1. 弥生時代の埋葬頭位

　本書でとりあげた弥生時代の箱式石棺において、遺骸もしくは骨片から知られる遺体の総数は127体にすぎないが、頭位を想定でき資料は512体分である。その内訳は、東131体（全体の25％）、西134体（同26％）、南26体（同5％）、北115体（同22％）、北東30体（同5％）、北西53体（同10％）、南東16体（同3％）南西7体（同1％）である。これらのデータからみて、弥生時代の箱式石棺に埋葬される被葬者は西または東に頭を向けて埋葬される例が比較的多いと思われる。

　さらにこれらを時期の判明している少数の例で整理すると、確実なものは前期では東3・南東1・西1、中期では東4・西4・南2、北5・南西1、さらに後期では東34・西28・南7・北35・北東5・北西4・南東1となり、135体が判明している。このデータからみるかぎり、弥生時代の埋葬頭位は各時期を通して東・西・北側に向けられることが多く、南側の場合も報告されており、埋葬時に頭を向ける方位には特段こだわりがあったようには思われない。

　これらのデータを遺骸の確認された石棺の性別で整理すると東（♀5体・♂10体）、西（♀1体・♂2体）、南（♂2体）、北（♀2体・♂2体）、北東（♀1体）である。すなわち箱式石棺に埋葬された被葬者の頭位は性別ともさして関係がない。

2. 古墳時代

　古墳時代になると705体分の埋葬頭位が想定される。内訳は東323体（全体の44％）、西122体（同16％）、南55体（同7％）、北129体（同17％）、北東22体（同3％）、北西15体（同2％）、南東34体（同4％）、南西5体（同06％）である。これらを地域別に示すと表2～7の結果が示される。

　これらの表から各頭位の割合をみると、九州地方では東41％・西27％・南7％・北14％・南東3％・南西0.5％・北東2％・北西2％、山陽・山陰地方では東46％・西16％・南8％・北16％・南

東 6%・南西 0.8%・北東 2%・北西 1.9%、四国地方では東 41%・西 8%・南 8%・北 27%・南東 5%・南西 1%・北東 2%である。

すでに述べたように古墳時代にあっても箱式石棺の分布は、ヤマト王権の中心地である畿内周辺

表2 九州地方の埋葬頭位の状況

	宮崎県	熊本県	佐賀県	長崎県	福岡県	大分県	計
東	10	9	9	10	30	14	74
西	2	3	8	4	29	10	48
南		0	2	1	6	2	13
北		1	4	7	10	3	26
南東			1		4	1	6
南西							1
北東			2	1	2		5
北西			1	1	1	1	4
計	12	13	27	24	82	17	177

表3 山陽・山陰地方の埋葬頭位の状況

	山口県	広島県	岡山県	島根県	鳥取県	計
東	9	41	57	9	47	163
西	5	25	19	2	7	58
南	3	6	12	0	9	30
北	7	14	25	5	9	60
南東		5	14	1	3	23
南西		1	2		0	3
北東	1	3	3		2	9
北西		5	1		1	7
計	25	100	133	17	78	353

表4 四国地方の埋葬頭位の状況

	愛媛県	香川県	徳島県	計
東	21	1	7	29
西	7	1	1	9
南	3		3	6
北	11		8	19
南東	4			4
南西	1			1
北東	2			2
北西				
計	49	2	19	70

地域と北陸地方には弥生時代同様ほとんどみられないが、畿内地方では東21％・西7％・南21％・北35％・北西7％となっており、いわゆる北枕が第1位である。

関東地方は下総と常陸南部に集中するが、埋葬頭位の状況は東66％・西5％・南2％・北15％・

表5 近畿地方・北陸地方の埋葬頭位の状況

	奈良県	兵庫県	滋賀県	石川県	計
東		3	2	1	6
西		1			1
南	1	2			3
北	1	4			5
南東					
南西					
北東					
北西	1	1			2
計	3	11	2	1	17

表6 関東地方の埋葬頭位の状況

	東京都	埼玉県	千葉県	茨城県	計
東	2	1	34	39	76
西			3	3	6
南			1	2	3
北			8	10	18
南東			1		1
南西			1		1
北東	1		3	3	7
北西			1	1	2
計	3	1	52	58	114

表7 東北地方の埋葬頭位の状況

	福島県	山形県	計
東	4	3	7
西			
南			
北	1		1
南東			
南西			
北東			
北西			
計	5	3	8

南東0.8％・南西0.8％・北東6％・北西1％ある。下総・常陸の古墳時代後期後半から終末期にかけて、それまでの造墓観念ときわめて異なる背景で登場した。現在の印旛・手賀両沼から霞ヶ浦の周辺地帯の墓葬に採用された箱式石棺を中心主体部とする民衆墓の約70％は東頭位ということになる。

東北地方では磐城から出羽にかけて135基を越える箱式石棺が発掘されているが、埋葬頭位の明確な例は8例で、その状況は東87％・北12％であり、東頭位を踏襲している。

3. 古墳の墳形別の頭位状況

古墳時代の箱式石棺で頭位の推定できるものとして564例を集成することができた。これらを墳形別に整理したのが表8であるが、以下、各墳形別にみていきたい。

表8 頭位を推定できる古墳時代の箱式石棺況

	前方後円墳	前方後方墳	円墳	方墳	周溝墓	群集墓	計
東	41	5	132	44	17(4)	54	293
西	5	1	38	11	6	35	96
南	3	0	20	15	0	9	47
北	6	3	36	24	2	22	93
南東	0	0	14	9	0	9	32
南西	0	0	1	4	0	4	9
北東	1	0	9	2	1	1	14
北西	1	0	8	1	0	0	10
計	57	9	258	110	26	134	594

前方後円墳

箱式石棺から発見される遺骸は追葬や陪葬を含めて57体が集成されているが、頭位の割合は東71％、西8％、南5％、北10％、北東1％、北西1％で、前方後円墳では箱式石棺を採用している被葬者の7割が東頭位を採用していることになる。それに対して前方後方墳では長崎県の鶴の山古墳（駒井・増田1954）、広島県の善法寺11号墳（桑田1991）、津寺3号墳（古瀬1991）、岡山県の久米三成4号墳（河本・柳瀬1979）、七つ坑5号墳（近藤・高井編1987）、湯迫車塚前方部（近藤・鎌木1986）、島根県の中山B-1号墳（内田他1991）、香川県の石塚山1号墳（國木1991）、徳島県の奥谷1号墳（天羽・岡山1973）の9基で採用されているにすぎず、しかも埋葬頭位の報告された古墳はわずかに久米三成4号墳と中山B-1号墳の2基だけである。

円墳

円墳では258体が報告されているが、頭位の割合は東51％、西28％、南15％、北27％、南東10％、南西0.7％、北東6％、北西6である。東が半分程度であるのに対して、西と南が28％および15％と、前方後円墳とは大きく異なり東以外の割合が増加している。

方墳

　方墳には110体が集成されているが、頭位の割合は東40％、西10％、南13％、北21％、南東8％、南西3％、北東1％、北西0.9％である。

　古墳時代の方形周溝墓で箱式石棺を埋葬施設としたと想定されるもの36基、同じく円形周溝墓10基を集成した。その中からひとつの周溝墓に複数の石棺を埋置したものも含めて22体、円形周溝墓から4体を集成した。この墓葬ではかなり明確な数値が得られた。具体的には東20体（全体の87％）、西3体（同13％）、北2体（同9％）、北東1体（同4％）である。南頭位は確認できない。

群集墓

　古墳時代にあってなお墳丘を持たず弥生時代からの伝統を継承した群集する石棺墓群では、どのような頭位状況であろうか。この墓制では総数134基の箱式石棺の埋葬頭位が確認されているが、割合は東40％、西26％、南6％、北16％、南東6％、南西2％、北東0.7％である。

　以上の如く、箱式石棺に埋葬された被葬者は東頭位にすることが多いといえるだろう。

第7章　箱式石棺の構築法

　霞ヶ浦沿岸の古墳時代後期・終末期を追及するうえで箱式石棺のもつ意味はきわめて大きいといえる。なぜならばこの地域に箱式石棺が採用された時期を境に古墳文化の内容が一変しているからである。すでに述べたように、弥生時代に数多く構築された箱式石棺は古墳時代後期になると関東・東北地方に爆発的に採用されるようになるが、それは画一的ではなく、きわめて限定的な範囲に制限されている。本章では主として霞ヶ浦沿岸地域を舞台に、古墳時代後期の箱式石棺の構築法について検討したい。

1. 箱式石棺の構築法と形態分類

鳥居竜蔵氏の分類（鳥居 1891）

　鳥居氏は明治 24 年、徳島県下の箱式石棺を側壁の接合部の構造から以下の 4 つの形態に分類した。
① 1 ― A 型：側壁に板石を 4 枚を用いたもの
② 1 ― B 型：長側壁を複数にしたもの
③ 2 型：長側壁複数で妻石も 2 枚ずつ両端で接合したもの
④ 3 型：1 ― A と同様であるが側壁と妻石の部分に切り込みと突起を有するもの

松岡文一氏の分類（松岡 1960）

　松岡氏は昭和 35 年、愛媛県下の箱式石棺の規模を全長にたいしてその幅を比較して 5 類型に分類した。
①基準型箱形石棺：長さ 1.5 m～ 1.8m のもので縦横比が 3 ～ 6 のもの
②長細型箱形石棺：基準型箱形石棺に似ていながら長さ 1.8m 以上のもの
③切り石造り箱形石棺：平面プランは基準型箱形石棺に類するが切り石を使用し内面は美しく仕上げられているもの
④竪穴式石室型：縦横比が 3 以下の幅広いもので純粋の箱形石棺ではなく竪穴式石室というべきだが箱形石棺の様相を検討するうえでその異形ともいえるもの
⑤小型箱形石棺：形のうえからは基準型箱形石棺に類するが小型のもの

三木文雄氏の分類（三木 1962・1991）

　三木氏は昭和 37 年、長側石の構築状態から大きく 4 類型に分類し、さらに時間的に 4 期に編年した。
①A 類型：長目の板石の一辺を上線にして、不整な他の線を地中に埋めたてた側石の内傾を支える

ために小型の扁平石を長側石の内側にいだく形で、頭部に大きく、脚部にわずかに組立てられ、側石と似た板石 1 枚で覆われた、底石のない伸展単葬の埋葬施設

②B 類型：大人を収納するに足りる大形の箱づくりに要する長目の板石を用意にことかく場合に、割に平たい面をもった、整わない厚味のある小型たて長の平石いくつかを、整った縁を上に、不整な縁を下にして、内面をそろえて土中にならべたてる

③C 類型：1 枚の長目の板石の長さにことかく他の場合はさらに板石 1 ～ 2 枚を補い、合わせて 2 ～ 3 枚の板石のつぎ目をそろえて平らにつぎあわせ、所用の大きさにつくる

④D 類型：2 枚以上のより扁平な薄い板石を横に重ねてつぎ所用の大きさにつくる箱形の収納容器

これらの形態分類で注目されるのは、いずれも石棺の長側石に重点を置いていることである。こうした分類を基礎に、霞ヶ浦沿岸地域における箱式石棺の構築法を整理してみたい。

2. 霞ヶ浦沿岸の箱式石棺と構築法

ここでは、まず筆者が調査に関わったいくつかの古墳を中心に、霞ヶ浦沿岸地方の代表的な箱式石棺 30 例（参考として東海村の 3 基を加えた）についての概略を示しておくこととしたい。

三昧塚古墳（斎藤・大塚編 1960）

前方後円墳の後円部封土内に構築された箱式石棺で、蓋石 1 枚、両側石各 2 枚、妻石各 1 枚、床石 2 枚から構成され、東妻石に重点が置かれ、調査時まで直立していたが、足部に当たる西側妻石は内面に傾き、床石は地山を掘り込んだ墓壙内の石棺と異なり上げ底状であった。平面的には妻石が先行している。

堂目木 1 号墳（茂木 1968）

前方後円墳のクビレ部に半地下式に構築された箱式石棺である。蓋石 4 枚、両側石各 3 枚、妻石各 1 埋、床石 7 枚から構成され、周囲は粘土で目張りが行われていた。構築は西妻石に重点が置かれ、墓壙が地山ローム層を穿っており、側壁は全て垂直であった。平面的には妻石が先行している。

関の台 9 号墳（石橋 2010）

円墳の南裾部に構築された箱式石棺で、蓋石 3 枚、長側石各 2 枚、妻石各 1 枚、床は拳大の川原石から構成され、両側石の先

堂目木 1 号墳の石棺

四箇大塚古墳の石棺

端を妻石が塞いでいるが、北妻石に重点を置いて構築されたものと想定される。

四箇大塚古墳（茂木 1999）

円墳の東南裾部に構築された箱式石棺で、蓋石3枚、両側石各2枚、妻石各1枚、床石5枚から構成され、墓壙が地山ローム層を切って穿たれ西妻石を重点に石棺が構築されている、平面的には妻石が先行している。

面の井5号墳（石橋 2010）

円墳の東裾部に構築された箱式石棺で、蓋石4枚、北側石4枚、南側石3枚、妻石各1枚、床石4枚から構成され、両側石の先端部を妻石が塞いでいるが、東妻石を重点に構築している。

加生野7号墳（石橋 2010）

墳形削平不詳、蓋石3枚、両側石各3枚、妻石各1枚、床石4枚から構成され、北妻石を重点に石棺が構築されている。平面的には妻石が長側石に先行している。

丸山11号墳（後藤・大塚 1957）

円墳の墳頂部に構築された箱式石棺で、盗掘の際に蓋石除去、両側石各4枚、妻石各1枚、床石東側のみ小板石21枚から構成され、墳丘内に構築された為に妻石が内側に傾いている。床石は上げ底状で、全体的に不安定である。東側妻石に重点を置いて構築されたものと想定される。

丸山13号墳（後藤・大塚 1957）

円墳の南裾部に構築された箱式石棺で、蓋石は盗掘の際除去1枚残、両側石各2枚、妻石各1枚、床石3枚から構成され、東妻石を重点に構築されている。

城付古墳（米川 1964）

墳形削平不詳、蓋石5枚（接合部二重）、両側石各3枚、妻石各1枚床石4枚から構成され、墓

壙は完全に地山ローム層内、北妻石を重点に構築されている。平面的には東側石が長く、西側石は妻石に塞がれている。

塚山古墳（樋口・山田 1967）
　前方後円墳のクビレ部に構築された箱式石棺で、蓋石4枚、両側石各2枚、妻石各1枚、床石4枚から構成され、東妻石を重点に構築されている。平面的には妻石によって長側壁が支えられている。

大生西14号墳（大場編 1971）
　円墳の南裾部に構築された箱式石棺で、蓋石4枚、両側石各4枚、妻石各1枚、床石5枚から構成され、東妻石に重点を置いて構築されている。平面的には妻石が先行し、両側石が支えられている。

子子前塚古墳（大場編 1971）
　前方後円墳の西側片耳造出部に構築された箱式石棺で、蓋石5枚、東側石4枚、西側石3枚、妻石各1枚、床石5枚から構成され、地山ローム面を掘り込んで墓壙が穿たれ、東妻石に重点を置いて構築されている。平面的には妻石によって両側石が支えられている。

宮中野84号墳（市毛他 1970）
　円墳の南裾部に構築された箱式石棺で、蓋石3枚（接合部二重）、北側石4枚、南側石3枚、妻石各1枚、床石4枚から構成され、地山ローム面を掘り込んで墓壙が穿たれ、東妻石に重点を置いて構築されている。平面的には妻石によって、両側石が支えられている。

宮中野97号墳（市毛他 1970）
　前方後円墳の後円部南裾部に構築された箱式石棺であったが、盗掘によって石材は全て抜き取られていた。しかし地山ローム層内に掘り込まれた墓壙によって西側妻石に重点を置いて石棺が構築されたことが想定された。

宮中野98号墳（市毛他 1970）
　前方後円墳の後円部南裾部に構築された箱式石棺であったが、盗掘によって石材は全て抜き取られていた。しかし地山ローム層内に掘り込まれた墓壙によって西側妻石に重点を置いて石棺が構築されたことが想定された。

舟塚古墳（大塚・小林 1964b、1968、1971）
　前方後円墳の後円部頂上に構築された箱式石棺で、平面形が二重構造である。外周蓋石4枚、外周南側石3枚、北側石2枚+2?、妻石各1枚、床石7枚+1?、内面南側石1枚、北側石2枚、妻石各1枚、床石1枚から構成されるが、外周北側の西部が1～2枚抜き取られている。墳丘内に構築されているため床面が上げ底である。平面的には特異な構造で、比較的近似する形態は広島県三ツ城古墳第1主体部にみられる。

白方7号墳第1主体部（東海村）（茂木他編 1996）
　前方後円墳のクビレ部に構築された箱式石棺で、地山ローム層内に墓壙を穿ち、蓋石1枚両側石各2枚、妻石各1枚、床石2枚から構成され、板石に接合部分には粘土で丁寧に目張りされていた。頭位に当たる北側妻石に重点を置いて構築され、平面的には妻石によって、両側石が支えられ

白方7号墳第2主体部（東海村）（茂木他編 1996）

同前古墳の周隍内に構築された箱式石棺で、第1主体部の南側周隍底に墓壙を穿ち、蓋石3枚、両側石各1枚、妻石各1枚、床石1枚から構成され、接合部分は粘土で丁寧に目張りされた小児用石棺である。石材は両側石に対して妻石が薄く小規模であり、両側石が先行して構築された可能性が高い。

茅山古墳（東海村）（茂木他編 2006）

前方後円墳のクビレ部墳丘下に構築された箱式石棺で、地山旧表土面から墓壙を穿ち蓋石3枚＋1枚、両側石各2枚、妻石各1枚、床石3枚から構成され、石棺外周の上面には拳大の川原石が充填されていた。東頭位であるが石棺の構造的には西妻石が最も安定して、両側石を支えていたのに対して東妻石は南側石を支えているが北側石に支えられる形態であった。

専行寺古墳（茂木他 1986、松尾・滝沢 1988）

円墳の南東裾部に構築された箱式石棺で、蓋石3枚、両側石各2枚、妻石各1枚、床石3枚から構成され、東妻石に重点を於いて構築され、平面的にも妻石に両側石が支えられている。

大山古墳（茂木 1996a）

墳形不詳。地山ローム層に墓壙を穿ち、蓋石4枚、両側石各3枚、妻石各1枚、床面は木炭粒で構成され、東妻石に重点を置いて構築され、平面的には四隅が接合する形態である。

油作1号墳（滝口他 1961）

前方後円墳のクビレ部南裾部に構築された箱式石棺で、蓋石4枚、両側石各3枚、床石3枚から構成され、東妻石に重点を置いて構築され、平面的には妻石によって両側石が支えられている。

龍角寺101号墳（玉口・久保 1953）

円墳の南裾部に構築された箱式石棺で、蓋石4枚、両側石各3枚、妻石各1枚、床石3枚から構成され、平面的には東妻石に重点を置いて構築され、妻石が両側石を支えている。

城山3号墳（市毛・多宇 1974）

墳丘は削平され不詳。蓋石4枚、両側石各4枚、床石4枚から構成され、関東地方では平面的に特異な形態である。西妻石を重点に構築され、両側石を西から東へと狭くなるように構築している。

専行寺古墳南東裾部の石棺

高野山1号墳(東京大学文学部編 1969)

　前方後円墳のクビレ部北側裾部に構築された箱式石棺で、旧表土面から墓壙を穿ち、蓋石3枚、両側石各3枚、床石5枚から構成され、東側妻石に重点を置いて構築され、両妻石に両側石が支えられている。

高野山1号墳の石棺 (甘粕健氏提供)

高野山2号墳の石棺 (甘粕健氏提供)

高野山4号墳の石棺 (甘粕健氏提供)

高野山 2 号墳（東京大学文学部編 1969）

前方後円墳のクビレ部中央に構築された箱式石棺で、蓋石 3 枚、両側石各 3 枚、妻石各 1 枚、床石 4 枚から構成され、東妻石に重点を置いて構築されている。平面的には両妻石に両側石が支えられている。

高野山 4 号墳（東京大学文学部編 1969）

前方後円墳のクビレ部に構築された箱式石棺で、旧表土から墓壙を穿ち、蓋石 5 枚、北側石 5 枚、南側石 4 枚、妻石各 1 枚、床石 4 枚から構成されている。平面的には東妻石に重点を置いて構築され、両妻石によって両側石が支えられている。

平山寺台古墳（金子 1956）

墳丘は削平され不詳。地山ローム層内に構築された箱式石棺で、蓋石 4 枚、南側石 3 枚、北側石 2 枚、妻石各 1 枚、床面は片岩細片を敷き詰めて構成され、両妻石に両側石が支えられた状態である。

神子埋 2 号墳（上智大学史学会編 1963）

詳細不詳。蓋石 3 枚、側石 3 枚、4 枚、妻石各 1 枚、床石 5 枚から構成され、妻石が両側石を支えている（千葉県野田市立博物館に移築復原展示されている）。

観音寺山 3 号墳（茂木編 1980）

円墳の南裾部に構築された箱式石棺で、蓋石は除去され不詳であるが、両側石各 5 枚、妻石各 1 枚、床石 6 枚から構成され、東妻石に重点を置いて構築し、平面的には東妻石に両側石が支えられているが西側は妻石が最後に嵌め込まれたものと想定される。

以上にあげた例のうち、宮中野 97 号・98 号の墓壙底部の状態からこの種石棺の構築が、単に板石を組合せて矩形の平面空間を作るのではなく、構築以前から十分な設計がなされていたことが推察される。この 2 基に墓壙内の土砂を取り除いた結果、墓壙底面の石材を安定化させるための掘り込みが人為的に掘削され、しかも西側のみが他の 3 辺よりも丁寧にしっかりと掘られていること

観音寺山 3 号墳の石棺（森昭氏撮影）

とが判明した。このことはこの地方の箱式石棺の構築は頭位側の妻石に重点を置いて構築されていることを意味すると考えられる。さらに築造当初の状態を残す堂目木1号墳・四箇大塚古墳・城付

表9 九州地方と瀬戸内海沿岸の箱式石棺から得られた全長と幅の数値例

古墳名	全長(cm)	幅(cm)	古墳名	全長(cm)	幅(cm)
平松1号	230	69	平松6号	206	60
同　2号	181	65	同　7号	257	82
同　3号	255	78	同　8号	195	60
同　4号	205	55	同　9号	200	46
同　5号	200	48	同　12号	210	55
同　14号	173	40			
同円墳1号	228	50			
同円墳2号	195	40			
杢路寺	154	58	中原	161	37
三津永田	66	31	福城中学内	170	45
炭焼1号	169	50	小隈ヤシキ	172	44
同　2号	150	35	天皇山1号	169	39
油田2号	175	40	同　2号	182	48
上り立1号	180	45	同　3号	100	25
同　5号	145	40	同　6号	110	43
同　6号	130	40	狐塚	180	40
同　9号	55	20			
山田	160	50	土井ヶ浜1号	295	52
堂本	216	38	同　5号	193	46
当初	180	37	井地山1号	165	52
上原1号	160	42	同　2号	177	35
同　2号	114	34	同　3号	165	41
宗原1号	142	48	東宮山2号	128	32
同　2号	175	47	横地山2号	205	45
同　3号	167	39	恵解山2東	168	53
同　5号	160	38	同　西棺	176	56
同　9号	148	40	同8号東棺	197	42
二塚1号	245	78	同　西棺	194	51
同　2号	228	60	同9号南棺	160	43
同　3号	114	41	同　北棺	114	33
同　4号	160	50	節句山2号	151	49
同　5号	108	26	利包	165	30
妙見1号	175	45	芋岡山1号	160	55
外隈1号	200	45	同　2号	170	35

古墳は西妻石が、宮中野 74 号墳・大山古墳は東妻石を起点に石棺が構築されたことが理解できる。

3. 九州・瀬戸内と霞ヶ浦沿岸地域の箱式石棺

前述の鳥居、松岡、三木各氏の分類に関する構築法の視点は長側壁を主眼を置いていたが、霞ヶ浦沿岸の箱式石棺は頭位側の妻石を主眼として考察するのが有効と思われる。この方法で瀬戸内沿岸と九州地方の箱式石棺を観察すると、表 9 のような数値が得られる。

また、この計測表と霞ヶ浦沿岸地域の箱式石棺をグラフ上に落とすと右図のようになる。

このグラフをみると、3 地方の箱式石棺は土井ヶ浜 4 号のごとく大規模な石棺や上り立 9 号墳や三津永田遺跡（金関他 1961）のように極小石棺を除いて、A ＜霞ヶ浦沿岸＞、B ＜九州の古墳時代＞、C ＜九州・瀬戸内の弥生および古墳時代前期＞の 3 ブロックに類別される。それ

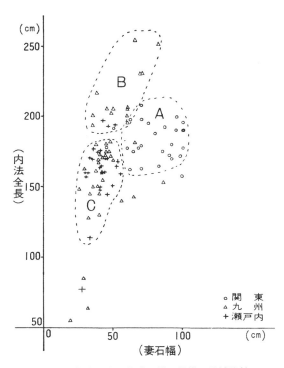

妻石を基本とする箱式石棺の規模の地域比較

ぞれの特徴を観察すると、A・B 両ブロックは妻石の幅および長側壁が大型であるのに対して、C ブロックは小型である。すなわち、A・B 両ブロックは妻石の幅に長側壁の長さが比例していることになる。また形式的には、瀬戸内海沿岸の古墳時代後期の箱式石棺も B ブロックの中に含まれる。

このことは弥生時代の箱式石棺が通常は単葬を原則として構築されたのに対して、古墳時代後期の箱式石棺は明らかに追葬を目的として構築されたことを物語っている。これは単に霞ヶ浦沿岸の特徴ではなく箱式石棺の盛行した地方の共通した現象である。しかし箱式石棺の構築される位置には地域的な相違点が介在する。すなわち霞ヶ浦沿岸では小規模でも墳丘を有し一墳一埋葬施設を原則としているのに対して、九州・瀬戸内では墳丘中に数個の石棺を埋納した例や、墳丘を持たず群集する弥生時代の墓葬形態を踏襲するものが多く存在するのである。

第8章　箱式石棺に副葬された遺品

　無文字時代である古墳時代の研究にとって、考古学的調査によって古墳から得られる情報は絶対的な資料であることは言うまでもない。だが、世界各地の古代墳墓と同様、日本の古墳もその多くが築造以来、盗掘・破壊の対象となった。特に古墳時代の中国模倣の巨大な陵園が古代天皇制の確立ととに破壊の対象となったことは、古代宮都の造営によって証明されている（王 1988、茂木 2002）。さらに武家政権が誕生すると、畿内では大王陵の巨石が築城の際に石材として利用されもした（本居 1795、村田 1995）。かくて幕藩体制が崩壊する明治期までに古代墓葬の大半は破壊・盗掘に遭遇したのである。

　そうしたなかで、常陸の古墳は発掘調査まで盗掘を受けずに残された古墳が比較的多いように思われる。本稿ではこれら未盗掘の常陸の古墳を対象に、古墳時代東国の武器副葬について検証することとする。

　1974 年に茨城県教育委員会が整理した『茨城県遺跡地名表』によると、常陸国内の墳丘を有する古墳の数は、筆者の計算に誤りがなければ 4,517 基である。この中で 2007 年 4 月現在、発掘調査時に未盗掘とされた古墳は 33 基あるが、それらを前・中期、後期、終末期に分け、主要副葬品を武器を中心に略記したものが表 10 〜 12 である。

1. 前・中期古墳の武器埋葬

　これら 33 基のうち前期に属する古墳は（〇囲みの数字は表 10 〜 12 に対応）、①狐塚古墳（西宮 1969）、②桜塚古墳（蒲原・松尾 1981）、③山木古墳（上川名 1972）、④桜山古墳（小泉 1990）、⑤丸山古墳（後藤・大塚 1957）、⑥佐自塚古墳（斎藤 1974）、⑦原 1 号墳（茂木編 1976）、⑧原 2 号墳（同前）、⑨勅使塚古墳（大塚・小林 1964a）、⑩大上 4 号墳（茂木他 1994）、⑪安戸星古墳（茂木・塩谷 1982）、⑫須和間 11 号墳（茂木他 1972）、⑬真崎 5 号墳（茂木・高橋 2006）、⑭鏡塚古墳（大場・佐野 1956）の 14 基である。このうち鏡塚古墳は前期〜中期にわたるものと考えられる（常陸地方の古墳を前期・中期・後期に時期区分する条件のひとつに埴輪の有無があるが、ここでは埴輪を墳丘外表に樹立する風習以前の古墳を前期として整理する。鏡塚古墳には初期の円筒埴輪や形象埴輪が確認されている）。

　常陸地方の古墳の出現上⑦原 1 号墳、⑩大上 4 号墳、⑪安戸星古墳、⑫須和間 11 号墳、⑬真崎 5 号墳の 5 基はきわめて注目される古墳であるが、このうち武器を副葬する古墳は⑦原 1 号墳のみである。ここで注目されるのは、いずれも方形の墳丘を採用していることである。特に⑫須和間 11 号墳は方形墳であるが、他の 4 基は前方後方墳である。さらに⑩大上 4 号墳、⑪安戸星古墳、

表10　前・中期古墳と主要副葬品

	古墳名	主要副葬品（特に武器を中心に）
1	狐塚古墳	武器（刀1・短剣1・刀子1・銅鏃4）、武具（短甲1）、工具（鉇1）、玉類（ガラス小玉4）。刀は大1。
2	桜塚古墳	武器（短剣1）、石製品1（石釧）、鏡1（変形四獣鏡）、玉類（勾玉1・管玉50・丸玉1・ガラス小玉29）。
3	山木古墳	武器（短剣1）、玉類（勾玉1・管玉9・ガラス丸玉1・同小玉3）。
4	桜山古墳	武器（刀1・剣2・刀子1）、工具（鉇1）、玉類（管玉49）。剣は大小各1。
5	丸山古墳	武器（刀3・剣6・刀子1・銅鏃4）、玉類（勾玉9・管玉90・棗玉1）。刀は大、剣は短剣である。
6	佐自塚古墳	武器（刀子1）、玉類（勾玉2・管玉20・ガラス小玉8）、その他（竹櫛1）
7	原1号墳	武器（短剣1・小形剣状鉄器1・斧鉞1）、農工具（鎌1・鑿2・鉇1・不明1）、その他（針1）。玉類（管玉4・ガラス小玉11）。
8	原2号墳	玉類（管玉13・ガラス小玉4）、鉄片1。
9	勅使塚古墳	武器（剣1）、玉類（管玉10・ガラス小玉40）、鏡1（重圏文鏡）。
10	大上4号墳	未埋葬？
11	安戸星古墳	墳丘下より玉類（ガラス小玉2）。
12	須和間11号墳	玉類（勾玉1）。
13	真崎5号墳	木蓋壙室（副葬品無）。
14	鏡塚古墳	武器（刀1・刀子10）、農工具（鎌1・鉇2・斧1・釿1）、鏡2（変形四獣鏡・内行花文鏡）、玉類（勾玉5・管玉27・ガラス小玉47・臼玉3989）、石製品（滑石製品・鑿2・釿16・刀子10・鎌2・紡錘車11・鉇1・鋤1・鑿1・釧6・勾玉2・異形品1）、その他（竹櫛10数枚）。
15	公事塚1号墳	武器（刀1・剣2・鉄鏃16）、玉類（勾玉1・管玉2・棗玉7・ガラス丸玉2・ガラス小玉23・臼玉9）。

⑬真崎5号墳は墳丘の形態が3対2対1のプロポーションを採用し、常陸最古の古墳である。これらの古墳には副葬品が皆無か少量であり、武器を副葬していない。⑦原1号墳にわずかに剣1、鉞に叶う板状鉄斧1、その他1が供えられているにすぎない。①狐塚古墳、②桜塚古墳、③山木古墳、④桜山古墳、⑤丸山古墳、⑥佐自塚古墳、⑨勅使塚古墳では剣と刀子を両有するかどちらか1点を副葬するのが一般的である。それに対して刀は①狐塚古墳、④桜山古墳、⑤丸山古墳にのみ副葬され、前期でもやや遅れて埋葬されている。後者のうち①狐塚古墳と⑤丸山古墳は銅鏃を伴う点で共通している。

　中期古墳は少なく⑭鏡塚古墳と⑮公事塚1号墳（茂木他1989）が調査されているのみであるが、

この地方でも前方後円墳の大型化が目立ち発掘調査を困難にしているためである。前者は直刀 1・剣 2・鉄鏃 1 束（16 本）、後者は直刀 1・刀子 10 を出土し、前期にみられなかった直刀の副葬が確認されている。

2. 後期古墳の武器埋葬

この時期の古墳は、⑯茶焙山古墳（茂木 1988）、⑰子子前塚古墳（大場他 1971）、⑱三昧塚古墳（斎藤・大塚 1960）、⑲西山 1 号墳（大森 1964）、⑳部原古墳（茂木他 1990）、㉑茅山古墳（茂木他 2006）、㉒白方 7 号墳（茂木他 1996）、㉓稲荷山古墳（千葉他編 2000）、㉔梶山古墳（橋本他

表 11　後期古墳と主要副葬品

	古墳名	主要副葬品（特に武器を中心に）
16	茶焙山古墳（?）	武器（刀 2・剣 1・鉾 1・鉄鏃 4）、武具（短甲 1）、馬具（轡・杏葉 3・馬鐸 3）、鏡 1（六鈴鏡）、玉類（管玉 8）。刀は大小各 1。
17	子子前塚古墳	箱式石棺（埋葬人 2）：武器（刀 9・刀子 4・鉄鏃 10）、装身具（金環 5）、玉類（管玉 7・切子玉 3、ガラス丸玉 19、小玉 20）。
18	三昧塚古墳	石棺内：武器（刀 2・剣 1・刀子 3・鉄鏃 50・尖頭形鉄器 1）、工具（棒状鉄器 1 鉤状鉄器）、武具（挂甲 1）、鏡 1（平縁変形四神四獣鏡）、玉類（管玉 12・ガラス丸玉 468・ガラス小玉 1792）、金銅冠 1、金銅垂飾付耳飾 1 対、その他（竹櫛 1・針 1・青銅飾金具 5）。石棺外：武器（戟 1・刀 1・刀子 1・鉄鏃 160）、武具（短甲 1・挂甲 1・衝角付冑 1）、工具（鉄斧 1）、馬具（轡鏡板 1 対・面繋飾金具 1 対）、砥石 1。
19	西山 1 号墳	木炭槨内：武器（剣 1・刀子 2・鉄鏃 1 束（完形 3 本、他は破片）。
20	部原古墳	粘土槨内：武器（刀 1）、玉類（管玉 8・ガラス小玉 18）。槨外：武器（鉄鏃 3 束＜1 群 13 本・2 群 18 本・3 群 10 本以上＞）、武具（胡籙 1）。
21	茅山古墳	箱式石棺（埋葬人 1）：武器（刀 1・刀子 1・鉄鏃 1 束（38 本））。
22	白方 7 号墳	箱式石棺第 1 主体（埋葬人 1）：武器（鉄鏃 1・骨鏃 3）、玉類（棗玉 17）。第 2 主体（埋葬人小児 1）：玉類（棗玉 12・ガラス小玉 33）。
23	稲荷山古墳	横穴式石室内・前室：武器（刀 4・鉾 1・刀子 1・鉄鏃？・弓弭 1）、馬具（杏葉 5・雲珠 1・辻金具 4・鞍金具 1）、その他（銅椀 1）、須恵器（台付 1・平瓶・高坏・台付長頸壺）。東箱式石棺内：武器（刀 3・刀子 2）。刀は円頭太刀 2・頭椎太刀 1。くびれ部所箱式石棺・棺外：馬具（轡鏡板 1 対・鞍金具・雲珠 1・辻金具 3・杏葉 3・飾金具 30・鉸具 2）、棺内：武器（刀 1）円頭太刀。玉類（ガラス小玉 30）、装身具（耳環 2）。
24	梶山古墳	箱式石棺（埋葬人 5）：武器（刀 10・刀子 1）、玉類（勾玉 24・切子玉 27・管玉 10・棗玉 3・ガラス丸玉 9・算盤玉 1・臼玉 5・ガラス小玉 645）。刀は円頭太刀 3・圭頭太刀 1・獅噛式環頭太刀 1 で全て大。
25	虎塚古墳	横穴式石室内：武器（刀 1・刀子 1・鉄鏃 3）、工具（鉇 1）。前庭部：武器（鉾 1・鉄鏃一束）、その他（鉄釧 2・釘 2・鉄環 2）。

1981)、㉕虎塚古墳（大塚・小林 1978）の 10 基があげられるが、このうち㉓稲荷山古墳、㉔梶山古墳、㉕虎塚古墳は後期後半から終末期に属する古墳である。

　この時期になると鉄剣の副葬が少なくなり（茶焙山古墳、三昧塚古墳、西山 1 号墳）、直刀の複数埋葬が顕著となる。具体的には茶焙山古墳から直刀 2・剣 1・鉾 1・鉄鏃 4 本、子子前塚古墳から直刀 9・刀子 4・鉄鏃 10 本、三昧塚古墳から直刀 2・鉄剣 1・刀子 3・尖頭形鉄器 1・鉄鏃 50 本、部原古墳からは直刀 1・鉄鏃 3 束（41 本）、茅山古墳から直刀 1・刀子 1・鉄鏃 1 束（38 本）、白方 7 号墳から鉄鏃 1 本・骨鏃 3 本、稲荷山古墳の前室から直刀 4・鉾 1・刀子 1・鉄鏃 4 本（現存）、東石棺内から円頭太刀 2・椎頭太刀 1、くびれ部石棺内から円頭太刀 1、梶山古墳から円頭太刀 3・圭頭太刀 1・獅噛式環頭太刀 1・刀子 1、虎塚古墳から足金物の装着する飾り太刀 1、直刀 1、棺外から鉄鏃 3 束（40 本以上）がそれぞれ発見されている。特に梶山古墳と虎塚古墳には埴輪は樹立されておらず、時期的には 6 世紀後半に築造され 7 世紀初頭まで追葬が行われたと解釈するのが一般的であり、装飾太刀の複数副葬が注目される（日高 2000、橋本 1981）。また、この地方ではこの時期から小規模古墳が爆発的に築造され、箱式石棺を死体処理の施設として墳丘のすそ部に設けるようになる。

　ここにあげた古墳はいずれもこの地方の盟主級の古墳であり、虎塚古墳は 7 世紀に築造された常陸地方仲国最後の国造墓であろうと筆者は想定している。常陸地方の国造の支配領域は下総地方同様に小範囲であり、茶焙山古墳は新治国、三昧塚古墳は茨城国、虎塚古墳は仲国、茅山古墳は久自国、子子前塚古墳と梶山古墳は鹿嶋地区（仲国）を代表する未盗掘墳である。これらの古墳は時期的には茶焙山古墳と三昧塚古墳が 5 世紀末から 6 世紀初頭であり、茅山古墳が 6 世紀中葉、子子前塚古墳が 6 世紀後半に築造された盟主墳である。しかし子子前塚古墳の括れ部埋置の箱式石棺を主体埋葬施設と解釈するか、大場氏のように殉葬施設とするか検討を要するが、筆者は主体埋葬施設と捉えたい。また西山 1 号墳、部原古墳、白方 7 号墳の 3 基を盟主墳と捉えることは墳丘の規模、埋葬施設の位置や形態さらに副葬品全体の構成から不可能であろう。この地方の古墳は、この時期から増加の傾向が強くなり、従来の盟主級およびそれに従属する臣下以外にも造墓が可能になったものと推定される（この地方の古墳は後期以降に爆発的に築造され、霞ヶ浦沿岸では箱式石棺に追葬が、北部では横穴群が顕著となる）。

3. 終末期古墳の武器埋葬

　筆者は、常陸の終末期を現象的には埴輪樹立の風が消える 7 世紀として捉え、大化の喪葬令（646 年）の発布に前後して前方後円墳を主とする造墓活動に厳しい制限が加えられ、厚葬に終止符が打たれたと解釈している。表 11 にあげた㉓稲荷山古墳、㉔梶山古墳、㉕虎塚古墳の 3 基も原則的には終末期である。この 3 基に㉖専行寺古墳（茂木他 1986）、㉗塚原古墳（渡辺 1960）、㉘甲山古墳（小瀬 1981）、㉙武者塚古墳（岩崎他 1986）、㉚寿行地古墳（石川他 1995）、㉛宮中野 F 号（旧 L 号）墳（市毛 1970）、㉜木滝桜山古墳（田口他 1978）、㉝中道前 6 号墳（茂木他編 2006）を加えた終末期の 11 基の古墳には埴輪は樹立されず、特に後者は副葬品も稀少である。

表12 終末期古墳と主要副葬品

	古墳名	主要副葬品（特に武器を中心に）
26	専行寺古墳	箱式石棺（埋葬人7）：武器（刀2・刀子1・鉄鏃2）、農具（鎌1）、漁具（釣針1）、玉類（ガラス小玉86）。刀2は大小各1。
27	塚原2号墳	箱式石棺（埋葬人3）：武器（刀2・刀子1）、鏡1（五鈴鏡）。刀は大小各1。
28	甲山古墳	1号石棺：武器（刀2）刀は大。2号石棺（埋葬人3体）：武器（刀4・刀子1・鉄鏃3束、平根鏃1）、玉類（臼玉2・ガラス小玉9）。刀は大3、小1、鉄鏃は各遺骸に1束、平根鏃は中央部から）。
29	武者塚古墳	横穴式石室（埋葬人6）・前室：武器（刀5・鉄鏃3束42本）、その他（銀製帯状金具・鉄柄付青銅製杓）。後室：玉類（3号人・ガラス小玉51、5号人勾玉16・切子玉1・ガラス小玉37）。刀5は三累環頭太刀1・銀装圭頭太刀1・直刀大3。
30	寿行地古墳	箱式石棺（埋葬人1）：装身具（金環1）。
31	宮中野F号墳	箱式石棺（埋葬人3）：1号人武器（刀1・鉄鏃9）。2号人武器（刀子2）。3号人武器（刀2・刀子1・鉄鏃2）、玉類（ガラス小玉2）。
32	木滝桜山古墳	箱式石棺（埋葬人2）・棺外：武器（刀2）。棺内・玉類（勾玉6・ガラス小玉20・土製小玉1）。
33	中道前6号墳	箱式石棺（埋葬人4）：武器（刀3）、玉類（管玉7・臼玉1・貝珠1・ガラス小玉84）。

　武器副葬について整理すると、前者3基は盟主墓として墳丘規模といい副葬品の質量といいまさに国造墓あるいはそれに匹敵する堂々たる古墳である。特に飾り太刀の複数埋納は被葬者の威信財として、この時代天冠副葬とともに注目される（茂木1980、千家1980）。これに対して後者8基は武者塚古墳を除いて箱式石棺を埋葬施設とする小円墳である。これらの古墳は追葬を基本とする墓葬で、盟主墓というには問題が多く、副葬品も武器として直刀1・刀子1・鉄鏃1束などを原則とする。飾り太刀を副葬したのは武者塚古墳のみである。調査を担当した増田精一・岩崎卓也氏はこの古墳について、築造時期を7世紀、前室の副葬品の中には後半でもそれほど早くないものもあり、被葬者は家父長家族を超えた小地域の首長層と想定している。

　これ以外の古墳から出土したの武器の副葬実態は以下のごとくである。

専行寺古墳　7体の追葬中1体は小児で3体は女子である。武器を男子の遺骸に副葬されたと仮定すると太刀2・刀子1・鉄鏃2では、この戸に太刀大小各1と刀子1と鉄鏃2の武器が所有されていたことになる。

塚原2号墳　3体の追葬で男女は不詳である。武器は太刀大小各1を所有する。

甲山古墳　第1号石棺が1体埋葬で太刀2、第2号石棺が3体追葬で太刀4と刀子1と鉄鏃3束が副葬されている。これによれば1体の遺骸に単純計算で太刀と鉄鏃1束が所有されている。

寿行地古墳　埋葬1体で武器は副葬されていない。

宮中野F号墳　3体埋葬で1号人に太刀1と鉄鏃9、2号人に刀子2、3号人に太刀2と刀子1と

鉄鏃2が副葬されていたと報告されている。

木滝桜山古墳　　石棺内に2体が追葬され、棺外に太刀2が置かれていた。

中道前6号墳　　4体が追葬され、1体が小児、1体が女性、2体が男子であった。武器は太刀3が副葬されていた。

　以上この時期の未盗掘墳を整理すると成人男子に副葬される武器は太刀と刀子と鉄鏃の1セットを原則とすることが想定される。

4. 副葬品から考えられること

　以上の副葬品を年代順にみていくいと、以下のようなことが想定される。

出現期

　原則的に北部地域では金属製品のような有機物の武器副葬品は皆無であり、わずかに須和間11号から勾玉1個と、安戸星古墳後方部墳丘下からガラス小玉2顆を発見したにすぎない。大上4号墳と真崎5号墳からは考古学的発掘法では副葬品は採集されなかった。これら4基の古墳には明らかに人工的な盛土による墳丘が積み上げられており、真崎5号墳と須和間11号墳では墳丘上部に埋葬施設が発見されている。これに対して霞ケ浦を中心とする南部地域では原1号墳にみられるように、墳丘築造前に埋葬が行われ、武器・農工具・玉類のセット関係がみられる副葬品が発見されている。銘記されることは武器が大小剣各1と斧鉞と想定される板状鉄斧1を副葬している点である。原1号墳は考古学的に解釈すると、墳丘の築造は被葬者の死後と想定される。このことと副葬された遺品は矛盾しない。すなわち副葬された威信財に鏡鑑類のような精神的威信財は含まれず、武器（剣）と斧鉞という外面的威信財のみが副葬されている点である。

前期古墳

　この時期には狐塚古墳に剣1・太刀1・刀子1・銅鏃4、桜塚古墳に剣1、山木古墳剣1、桜山古墳に剣2・太刀1・刀子1、丸山古墳に剣6・太刀3・刀子1・銅鏃4、佐自塚古墳に刀子1、勅使塚古墳に剣1が副葬されている。ここで注目したいのは狐塚古墳と丸山古墳で、剣の他に太刀・刀子・銅鏃がセットされる点である。また勅使塚古墳の小型鏡を葬具として副葬する以外は相変わらず外面的威信財の副葬に留まっているが、墳丘はすべて生前築造である。

中期古墳

　公事塚古墳は中規模円墳であり、国造級の奥津城とは想定されない。岩崎氏が述べるように小地域の首長墓として捉える必要があろう。それに対して鏡塚古墳は明らかに国造級墓以外のなにものでもない。両古墳が同時期と考えられる根拠は滑石製模造品の副葬である。滑石製品の伴出は常陸地域では原2号墳を嚆矢とする。

　鏡塚古墳は外面的威信財（太刀1・刀子10）よりも精神的威信財を多量に副葬している。ここにこの古墳が国造墓たる最大の特徴があるのである。常陸地域で最初の国造墓は新治国の長辺寺山古墳と久自国の梵天山古墳であると筆者は想定しているが、両古墳ともに未調査であり、詳細は明らかにされていない。鏡塚古墳はこれらより一時期後出である。この一例をもって国造墓すべてにつ

いて検討することは不可能であるが、武器の副葬が稀少であることは事実である。常陸地域ではこの後、有黒斑を有する円筒埴輪を樹立する古墳が築造されるが、この時期の古墳の発掘調査は実施されていない。具体的には茨城国の石岡市・舟塚山古墳、仲国の水戸市・愛宕山古墳がある。

後期古墳

　茶焙山古墳、子子前塚古墳、三昧塚古墳、西山1号墳、部原古墳、茅山古墳、白方7号墳の7基のうち茶焙山古墳、子子前塚古墳、三昧塚古墳、茅山古墳の4基は国造級墓であり、西山1号墳、部原古墳、白方7号墳は小地域首長墓と想定される。ただし子子前塚古墳については国造領域には含まれていない。

　茶焙山古墳には剣1・太刀2・鉾1・鉄鏃4本のほか武具・馬具類が副葬され、さらに六鈴鏡などの精神的威信財も含まれている。

　三昧塚古墳には棺内外から副葬品が検出され、棺外からは太刀1・戟1・刀子1・鉄鏃160本の武器のほか武具・馬具類が、棺内からは剣1・太刀2・刀子3・鉄鏃50本のほか武具類・鏡鑑1・金銅製冠1が副葬されていた。

　茅山古墳はきわめて注目される寿陵とは想定できない考古学的現象の古墳である。副葬品は太刀1・刀子1・鉄鏃38本と稀少であるが、埋葬施設の形状や墳丘に樹立された円筒埴輪や形象埴輪の種類と量から想定すると国造級の墳墓といえる。

　子子前塚古墳は墳丘規模や埴輪の樹立状況から国造級といえるが、埋葬施設の位置が問題である。武器類は太刀9・刀子4・鉄鏃10本であり、追葬が行われている。

　西山1号墳は寿陵ではなく、木炭槨を埋葬施設として剣1・刀子2・鉄鏃10本を、部原古墳も寿陵ではなく棺外に鉄鏃41本を、棺内から太刀1を検出した。この時期、常陸地域で注目されるのは埋葬後に墳丘の築造が行われている古墳の存在である。

終末期古墳

　重要なのは後期後半から爆発的に構築される小規模墳の性格を武器副葬から検討することである。この地域の古墳の80パーセントはこの時期の築造であり、圧倒的に小規模墳である。これらの古墳は追葬することが原則あり、筆者の知る限りでは東大沼7号墳の16体を最大とし、専行寺古墳の7体がこれに続いている。しかし寿行地古墳のような単葬もみられる。これを単純計算して平均3体とすると4,000基の小古墳で12,000人、3体として16,000人が埋葬されたことになる。6世紀後半から7世紀中葉まで3世代とすると、4,000人から5,300人が一時期に埋葬されたことになる。これだけの人びとが埋葬される実態は小古墳が首長墓とか盟主墓の域には到底達しないものである。当時の常陸地域の総人口の何割までこうした墓に埋葬されたかを明らかにすることはできないが、半数に近い数であった可能性も考えられる。そうしたうえで、これら小古墳のすべてに太刀・刀子・鉄鏃が1セットあるいは2セット副葬している事実は何を意味しているのであろうか。これはまさにエミシに対する大和王権の屯田兵的性格の農民配置であると理解したい。こうした屯田兵的農民を支配して、エミシに対抗することが常陸地域の国造である。国造墓と想定される古墳の副葬品とは性格的に大きな相違が存在する。それが外面的威信財か精神的威信財の副葬である。

第9章 箱式石棺を埋葬施設とする人びと
　―霞ヶ浦沿岸を例に―

　前述のごとく、箱式石棺が日本の墓葬に採用されるようになったのは、弥生時代前期中葉以降であり、北部九州から山口県にかけての響灘沿岸地域であった。この墓制はかなり規制された形で採用され、きわめて偏った分布状態を示す。原則的には単葬であり、複数埋葬の場合は洗骨されることが多い。分布論的には博多湾から東は瀬戸内・山陰地方に及んでいる。この墓葬は一貫して副葬品が貧弱で、弥生時代の墓葬の主流をなす甕棺墓に比べて低ランクに位置づけられる。

　古墳時代になると畿内的な墓制である前方後円墳の中心的埋葬施設に採用されることは少なく、九州では依然として墳丘を持たず、弥生時代のように低丘陵に集団的に群集することが多い。古墳時代中期に入ると従来の西国中心の墓葬から九州南部や吉備地方から関東地方にまでその範囲を拡大している。特に吉備地方では古墳時代前期末から中期にかけて盛行しているが、前代の九州地方同様に副葬品の貧弱化を踏襲しており、後期に入ると28基と減少している。後期の箱式石棺の比較的多く確認されている地域は熊本県31基、鳥取県30基、宮城県28基、福島県61基、山形県62基、千葉県167基、茨城県384基である。この数値からも6世紀以降、千葉、茨城、福島、宮城、山形など東国に爆発的に広がったことが明確であるが、本稿では霞ヶ浦沿岸に焦点を絞って整理しておきたい。

　霞ヶ浦北岸から鬼怒川中流域および現利根川流域を中心とする下総一帯にかけて古墳時代後期の埋葬施設として、箱式石棺を埋納することが一般的であるが、この地域の箱式石棺は埋置される位置によって性格を異にするように思われる。その位置は大きく分けて、(1) 墳頂部、(2) 前方後円墳のクビレ部、(3) 墳丘裾部、(4) 前方後円墳の前方部、の4つに整理されるが、筆者は当初この相違を時間的関係と理解した。しかし、その後の調査・研究によって時間差のみの現象では解決されない問題であることが明らとなった。そこでこれら4類例につきそれぞれ具体例をとりあげて、再検討を試みたい。

1. 前方後円墳の後円部墳頂部に箱式石棺を埋置する古墳について

　古墳には原則として埋葬施設が墳頂部に存在すると定義づけしたのは後藤守一氏である（後藤1958）。しかしこの地方では特に箱式石棺を埋葬施設とする古墳に限り、墳頂部に埋葬施設が存在する確率はきわめて少なく、クビレ部や墳丘裾部に存在することが多いことから、一部には変則的古墳と呼称する研究者もある（市毛1963）。しかし1970年代以降、開発に伴う発掘が増大する中で、箱式石棺を前方後円墳の後円部墳頂に埋置する古墳が確認されるようになり、変則的古墳とい

表13　箱式石棺を後円部墳頂に埋置する古墳

古墳名	墳　形	埴輪有無	主要副葬品	年　代
三昧塚古墳	前方後円墳	円筒・形象	冠・鏡・武器・武具・馬具・玉類	5C後半
南古墳	前方後円墳	円筒・形象	武器・玉類	6C後半
瓢箪塚古墳	前方後円墳	円筒・？	武器・武具	5C後半
日天月天塚古墳	前方後円墳	円筒・形象	武器・武具・玉類	6C後半
舟塚古墳	前方後円墳	円筒・形象	武器・武具・馬具・玉類	6C中葉
小舟塚古墳	前方後円墳	円筒・？	不詳	6C？
甲山古墳1号棺	前方後円墳？	円筒・？	武器	6C？
同　2号棺			武器・玉類	6C？
三ノ分目大塚山古墳	前方後円墳	円筒・？	不詳	5C前半？
片野10号墳	前方後円墳	無	武器・玉類	7C前半

う一面的な解釈では理解できない複雑な様相が知られるようになった。以下具体的な例を紹介すると表13に示す10基である。

　つくば市・甲山古墳（小瀬1981）は周囲が削平され前方部は未確認である。特に北西部が大きく削り取られていて周隍の確認が不可能であり、報告書には直径30mの円墳とある。しかし「本墳が小和田古墳群の主墳格的存在であったことは想像にかたくない。しかし十分に原形をとどめていないため本墳がはたして前方後円墳か円墳なのかを判断するには現時点では資料不足といわざるを得ない」ともあり、前方後円墳である可能性が残されている。

　また小美玉市・小舟塚古墳（豊崎編1975）は霞ヶ浦に注ぐ園部川の沖積地に立地し、前方部は削平されて痕跡を留めていない。しかし1985年、筆者らが附近の丘陵上にある愛宕山古墳（茂木1991）の墳丘を測量調査した際、地元古老から当時の様子を聞いて前方後円墳であることを確認することができた。上記資料が示す通り箱式石棺が墳丘頂上部に埋納されるのは前方後円墳に限られるようである。ただし石岡市・舟塚山古墳（関根2001）のように葬具専用の陪塚の場合にはこの限りではない。

　次にこれら古墳の墓葬時期を整理しておきたい。上記古墳は三昧塚古墳（斎藤・大塚編1960）と甲山古墳を除いて盗掘されているため副葬品等に問題点があり、それらの組み合わせを検討することは不可能である。ひとつの共通因数としては片野10号墳（尾崎編1976）を除いて円筒埴輪があげられる。これらの円筒埴輪の中で窖窯焼成以前の埴輪は三ノ分目大塚山古墳（平野1990）が唯一である。この地域で埴輪が小型化し、還元炎で焼成される具体例は三昧塚古墳からである。その時期は5世紀の後半である。ちなみに常陸で円筒埴輪が最初に存在するのは常陸太田市・星神社古墳（茂木他2003）であり、つづいて大洗町・鏡塚古墳（大場・佐野1956）、桜川市・長辺寺山古

墳（大橋他 1984）等である。

　このような円筒埴輪の様相を観察すると、舟塚山古墳や三ノ分目大塚山古墳は5世紀前半から中葉に位置づけられ、この地方のホルンフェルス製の箱式石棺はこの時期に茨城国造の領域から切り出された石材を材料に採用されたものと考えられる。特に三昧塚古墳や行方市・瓢箪塚古墳の築造された5世紀後半から窖窯焼成のによる埴輪の盛行とともに霞ヶ浦沿岸に拡大し、首長墓としての体裁を南古墳や日天月天塚古墳にも継続し、埴輪樹立の風が絶えても片野10号墳にみられるような形態が終末期にまで残存している。

　この類型で注目されるもうひとつの問題は箱式石棺内に埋葬される被葬者が単葬であると想定される点である。具体的に三昧塚古墳の成人♂、甲山古墳第1主体部熟年♀、さらに南古墳、日天月天塚古墳、舟塚古墳は調査時点では盗掘に遭遇しており詳細は不詳であるが、採集された骨片の量から推定すると単葬の可能性が強い。甲山古墳の第2主体部は成人♂・成人♀・幼児の3体埋葬であるが、この石棺は追葬の可能性がある。

　最後に副葬品の問題であるが、盗掘されながらもある程度内容の判明する三昧塚古墳、舟塚古墳、瓢箪塚古墳（茂木・信・姜 1994、茂木・木沢 1994）、日天月天塚古墳があげられる。三昧塚古墳と舟塚古墳は国造クラスの豪華な副葬品を、瓢箪塚古墳と日天月天塚古墳は武器・武具類の副葬が特徴的である。

　以上の結果、前方後円墳で墳頂部に単一埋葬を原則とする古墳は、いわゆる国造を含む首長あるいは族長墓であり、時代は少し降るが『日本書紀』孝徳天皇紀にみえる「凡兵者、人身輪刀甲弓矢幡鼓」（凡そ兵は、人の身ごとに刀・甲・弓・矢・幡・鼓を輪せ）という記事にある兵士を束ねるクラスの墓葬と想定したい。同様の記録は『常陸国風土記』信太郡条にもみられる。ここには古老相伝の一節で普都大神が帰還の折「即時　随身器仗　甲戈楯劔　及所執玉珪　悉皆脱弭　留置茲地　即乗白雲　還昇蒼天」とあり、興味深い伝承を伝えている。

2. 前方後円墳のクビレ部および後円部裾部に箱式石棺を埋置する古墳について

　前方後円墳のクビレ部に箱式石棺を埋置するといっても原則的には墳丘下であり、墳丘盛土内に構築されたものはほとんど見当たらない。その位置は大きく①前方後円墳の主軸上、②後円部墳丘裾部の2類に分けることができる。（表14・15）

①クビレ部主軸線上の箱式石棺

　クビレ部に箱式石棺を埋置する場合に、稲荷山古墳（千葉他編 2000）のように床石を地山直上に置き、墳丘築盛後に構築された古墳と、東台古墳群（小川他編 1991）のように周隍は前方後円形であるが、墳丘の状況の不祥なものとがある。本稿では観音寺山1号・7号墳（茂木編 1980）のような低墳丘が存在していたと仮定して前方後円墳として処理したい。類例を上げると、東台4号・5号・6号・10号・13号墳、石倉山5号墳（小室 1975）、根小屋22号墳（桜井 1985）、観音寺

表14　箱式石棺をクビレ部主軸線上に埋置する古墳

古墳名	墳　形	埴輪有無	主要副葬品	年　代
東台4号墳	前方後円墳	無	盗掘　無	7C初
同　5号墳	前方後円墳	無	盗掘　無	7C初
同　6号墳	前方後円墳	無	盗掘（伝直刀）	7C初
同10号墳	前方後円墳	無	盗掘（武器・玉採集）	7C初
同13号墳	前方後円墳	無	盗掘（3体・武器・玉採集）	7C初
石倉山5号墳	前方後円墳	無	盗掘　無	7C初
根小屋21号墳	前方後円墳	無	盗掘（武器・玉）	6C末
観音寺山1号墳	前方後円墳	無	盗掘（武器）	6C末
観音寺山7号墳	前方後円墳	無	盗掘（武器・玉）	6C末
堂目木1号墳	前方後円墳	無	盗掘（武器・玉）	7C初
稲荷山古墳	前方後円墳	円筒・形象	馬具	6C末
茅山古墳	前方後円墳	円筒・形象	武器・	6C中
婆里古墳	前方後円墳	円筒・形象	盗掘（2体・玉）	6C末
宮本2号墳	前方後円墳	無	盗掘（3体・玉）	6C末

山1号墳、同7号墳、堂目木1号墳（茂木1968）、稲荷山古墳、茅山古墳（茂木他編2006）、婆里古墳（大木1972）、宮本2号墳（石橋2010）などである。

　これらの古墳は箱式石棺の埋置されたレベルが地下か地上かによって性格を異にする。ここに紹介した古墳の中で稲荷山古墳のみが地山ローム面に床面を据えて構築されている。ただ残念なことに報告書には墳丘構築のどの時点で墓壙が穿たれたか記録されていない。この古墳の場合は後円部に第1主体部の横穴式石室が存在し、箱式石棺は第2主体部である。これに対して他の13基は全て地山ローム層を掘り込んだ墓壙内に構築され、茅山古墳を除いて追葬を原則としている。

　茅山古墳は特殊な状況である。すなわち全長約40mの前方後円墳の盛土下に黒色の旧表土面からローム層内に墓壙を穿ち白色片岩（俗称寒水石）を使用した箱式石棺を組み、丁重に埋葬した後、一気に墳丘を盛り、埴輪を樹立しているのである。これに対して観音寺山古墳群は、潮来市上戸の霞ヶ浦に面する標高26mの独立丘陵上に前方後円墳4基、円墳12基、方形墳1基の計17基から構成される終末期の小古墳群で、その主墳的なものが1号墳である。現在は土砂の採取により円墳2基を除いて削平され、旧状を知ることは不可能である。国道51号線のバイパス工事に先立って、1号墳、7号墳および8号墳の残存部の調査が行われ、次のような結果が記録された。

　1号墳：全長29m、後円部径22.6m、前方部先端幅7mの北西に面する前方後円墳で、箱式石

棺はクビレ部から前方部にかけて墳丘主軸線上に存在した。しかし調査時には盗掘に遭遇しており、箱式石棺の石材は全て抜き取られていた。石棺を構築するための墓壙は地山ローム層内に南北4.1 m、東西3.65 mの規模で隅丸方形に穿たれ、墓壙内の攪乱土層内から直刀片、刀子片、鉄鏃片が採集された。

　7号墳：全長15.7 m、後円部径11.2 m、前方部先端幅5 m、長さ4 mの北西に面する前方後円墳で、箱式石棺はクビレ部から前方部にかけて墳丘主軸線上に存在した。しかし調査時には1号墳同様に盗掘され、石材は全て抜き取られていた。石棺を構築するための墓壙は地山ローム層内に南北3.5 m、東西2.5mの楕円形に穿たれ、墓壙内の攪乱土層内から直刀片、鉄鏃片、鉄鉾1、水晶製切子玉1、琥珀製棗玉2、琥珀製臼玉1が採集された。

　堂目木1号墳は全長約25 m、後円部径約17 m、前方部長約13 mの南西に面する前方後円墳で、埋葬施設はクビレ部主軸線上に位置し、墓壙については不詳であるが、完全に地下埋納である。調査時には盗掘に遭遇していたが、蓋石4枚、両側石各3枚、妻石各1枚、床石大4枚・小10枚から構成され、副葬品として直刀片、刀子片、玉類198（水晶製切子玉7・ガラス丸玉12・小玉101・滑石製臼玉4・土製漆塗丸玉14）が採集された。なお骨粉も少量採集された。

　以上が前方後円墳のクビレ部主軸線上に構築された箱式石棺の概要である。

②前方後円墳の後円部裾部の箱式石棺

　前方後円墳の前方部主軸線上を離れ裾部に箱式石棺を構築したグループが存在する（表15）。

　このグループにも第2主体部として箱式石棺が採用されたと想定される古墳がある。子子前塚古墳は全長約71 mの前方後円墳で、墳丘には大量の埴輪が樹立されていた（大場編1971）。しかし後円部の墳頂部には埋葬施設が存在せず、埴輪樹立の外側すなわち片耳造り出しの部分に箱式石棺が存在した。調査を担当し大場磐雄氏はこの箱式石棺を中心的埋葬施設とはせず、空墓の可能性を想定された。その場合はこの箱式石棺は追葬ということになり、第2主体部ということになるが、その可能性は十分にありうるだろう。

表15　箱式石棺を後円部裾部に埋置する古墳

古墳名	墳　形	埴輪有無	主要副葬品	年　代
子子前塚古墳	前方後円墳	円筒・形象	2体・武器・玉類・須恵器	6C中葉
根小屋1号墳	前方後円墳	無	盗掘（無）	6C末
宮中野97号墳	前方後円墳	無	盗掘（武器片）	7C初
同　98号墳	前方後円墳	円筒・	盗掘（武器片・玉類）	6C末
宍塚1号墳	前方後円墳	無	盗掘（武器片）	6C末
油作1号墳	前方後円墳	無	盗掘（武器片・玉類）	6C末

宍塚1号墳は全長約56mの前方後円墳である（椙山他1971）。この古墳は舌状丘陵上に構築された南西に面する宍塚地区最大の前方後円墳であるが、埴輪を樹立せず、後円部墳頂には埋葬施設はなく、クビレ部東側の墳丘下に主軸にほぼ直交して隅丸長方形の墓壙を穿ち中心的埋葬施設として箱式石棺が埋置され、さらに前方部先端主軸線上に第2主体部として、地山面に土壙が確認された。第1主体部の箱式石棺は完全に破壊された状態で、石材は全て抜き取られていた。

3. 墳丘裾部に箱式石棺を埋置する古墳について

　この類型には前方後円墳と円墳が含まれる。ただし複数の埋葬施設を有する古墳と単一の箱式石棺とに分類される。最初に複数の埋葬施設を有する古墳を示すと表16の通りである。

青柳1号墳（未報告）
　独立丘陵頂部に構築された直径約50m？の大形円墳で、墳頂部に並列されたローム槨が存在し、武器（剣3、鉾1）、滑石製模造品（有孔円板6、剣形品6、臼玉296）が副葬されていた。さらに墳丘南裾部に主軸を東西にとる箱式石棺が弧状に4基存在した。これらの箱式石棺からは副葬品は発見されなかった。この石棺の年代は状況的に中心主体部と同時期と想定されるが、霞ヶ浦沿岸の箱式石棺の様相とは異質である。

白方7号墳（茂木他編1996）
　常陸北部に位置し、霞ヶ浦沿岸というよりも東北南部の範疇であり、福島県への伝播経路に位置する場所である。霞ヶ浦沿岸との大きな相違点は石材にみられ、2基ともに砂岩質の板石を使用し

表16　箱式石棺を墳丘裾部に埋置する古墳で複数の埋葬施設を有するもの

古墳名	墳形	埴輪有無	主要副葬品	年代
青柳1号墳	円墳	無	ローム槨2（武器・石製模造）	5C中葉
			箱式石棺4基	5C中葉
白方7号墳	前方後円墳	円筒・	1号石棺（幼児・武器・玉類）	6C後半
			2号石棺（小児・玉類）	6C後半
高野山1号墳	前方後円墳	円筒・形象	第3主体部（3体・武器・玉類）	6C後半
龍角寺101号墳	前方後円墳（帆立貝式）	円筒・形象	第2主体部（盗掘・無）	6C末
			第3主体部（8体・武器）	6C末
			第4主体部（盗掘・武器・須恵）器片	6C末

て箱式石棺を構築している。中心主体部部はクビレ部にあり、11歳前後の幼児1体が埋葬され、第2主体部は第1主体部の南側隍内にあり、2歳未満の小児1体が埋葬されていた。このような状況から推定すると、青柳1号墳の南裾部の4基の箱式石棺も単一埋葬の可能性が強い（茂木編1996）。

高野山1号墳（東京大学文学部編1969）

この古墳は台地上に北西に面して構築された全長約35.5 mの前方後円墳で、口縁部の周囲に4基の埋葬施設が発見された。第1主体部および第2主体部は軟砂岩切石製組合式石棺で、第4主体部は片岩製の竪穴式石室である。第3主体部の箱式石棺はクビレ部南裾部に位置し、3体が埋葬され、武器、玉類が副葬されていた。

龍角寺101号墳（千葉県立房総風土記の丘編1988）

この古墳は全長30 mの帆立貝式古墳である。埋葬施設は墳頂部を含めて5基検出され、墳頂部（木棺直葬）と周隍内（土壙）の2基を除いて3基が箱式石棺である。箱式石棺のうち裾部発見の第3主体部からは8体（成人♂3、同♀3、小児1、幼児1）の遺骸が確認され、直刀が副葬されていた。

表17　単一の箱式石棺を墳丘裾部に埋置する古墳

古墳名	墳形	埴輪有無	主要副葬品	年代
宮中野84号墳	円墳	無	未掘（3体?・武器・玉類）	7C初
梶山古墳	円墳	無	未掘（5体・武器・玉類・須恵器）	7C初
大生14号墳	円墳	無	盗掘（2体?）	7C初
棒山7号墳	円墳	無	未掘（5体・武器・金環）	6C末
観音寺山3号墳	円墳	無	盗掘（骨片・武器片）	7C初
寿行地古墳	円墳	無	未掘（1体・金環）	7C中葉
塚山古墳	円墳	無	未掘（5体・武器）	6C末
専行寺古墳	円墳	円筒	未掘（7体・武器・鎌・釣針・玉類）	6C末
大山古墳	不詳（円墳）	無	盗掘（棺外鉄鏃）	7C初
龍角寺109号墳	円墳	無	盗掘（2体?・武器）	7C初
同　110号墳	円墳	無	盗掘	7C初
片野8号墳	円墳	無	未掘（2体・武器・玉類・金環）	7C初

つぎに単一の箱式石棺を埋葬施設とする古墳を表示すると表17の通りである。

円墳の裾部に箱式石棺を埋葬施設とする古墳には埴輪の樹立がきわめて少ない。それはこの種古墳が埴輪樹立の風習が終焉を迎えた後に築造されているからである。ここに表示した12基の古墳の中で埴輪が採集されたのは専行寺古墳（茂木他1986）だけである。しかもこの古墳では数片の埴輪片が採集されたのみで、円筒列をなして樹立されたとは考えられない。この事実は霞ヶ浦沿岸のこの種古墳の築造年代を治定するうえで重要なキーポイントとなる。さらに未盗掘古墳の箱式石棺内の遺骸数に注目したい。寿行地古墳（石川1995）の単葬を除いてすべての古墳が複数埋葬を原則としている。特に箱式石棺はその規模が、内法2m以内、幅1m以下の狭い空間に5体〜7体という複数追葬を実施している。このことは霞ヶ浦沿岸の箱式石棺が当初より追葬することを第1に墳丘裾部に埋置されたことを示している。問題は追葬を主とするのであればなぜ横穴式石室を採用しなかったのかである。この時期に霞ヶ浦北岸地域より北部では同時代に横穴式石室が採用され、その中には壁画を描いた石室まで存在する。このことは下総と常陸南部地域における何らかの強い政治的規制が介在したものと想定される。

4. 前方後円墳の前方部墳丘盛土内に箱式石棺を構築する古墳

前方後円墳の前方部墳丘盛土内に箱式石棺を第2主体部として構築する唯一例が富士見塚古墳である。

この古墳は舌状丘陵の尾根上を利用して構築された東北に面する墳丘長約78mの前方後円墳で周隍が整然と残り（それを加えた総長は111m）、円筒・形象埴輪が出土した。後円部墳頂に中心埋葬施設として粘土槨？を設け（第1主体部、5世紀末）、副葬品として武器・武具・装身具・玉類が採集された。第2主体部（6世紀初）は前方部の墳頂部に近い高所に箱式石棺が埋置されていたが、調査時には盗掘を受けており、遺骸2体分？と武器片が採集された。

5. 6世紀の東国に箱式石棺が爆発的に増加する理由

以上にみてきたように、霞ヶ浦沿岸に分布する箱式石棺を埋葬施設とする古墳は、石棺の埋置された位置が時期によって大きく変化していることが理解できる。そして現象的にも三ノ分目大塚山古墳、三昧塚古墳、富士見塚古墳、舟塚古墳、小舟塚古墳、稲荷塚古墳では大きな相違が読み取れる。筆者はかつて三ノ分目大塚山古墳や舟塚山古墳陪冢、三昧塚古墳のような墳頂部に埋置されたものを初源期と想定し、ヤマト王権の精神的威信材としての長持ち型石棺系の箱式石棺を重視したが、それは弥生時代に伝来した箱式石棺と大きく性格を異にすることであり修正が必要であった。そうした点を考慮すると、霞ヶ浦沿岸の箱式石棺は青柳1号墳の南裾に埋置された4基の箱式石棺が重視されることになるだろう。

このように観察すると、青柳1号墳につづき舟塚山古墳陪冢および三ノ分目大塚山古墳に、さらに5世紀末には三昧塚古墳や瓢箪塚古墳戸が先駆的な箱式石棺として出現し、6世紀中葉以降、爆

発的に構築されたのである。それではなぜこの時期東国に箱式石棺を埋葬施設とする集団が導入されたのだろうか。それにはこの時期の歴史的背景を考慮する必要があろう。この時期の日本は男大迹大王政権期であり、『日本書紀』継体天皇二十一年夏六月壬申朔甲午条は次のように筑紫君磐井の謀反について記録している。

> 「近江毛野臣、率衆六萬、欲往任那、為復興建新羅所破南加羅、啄己呑、而合任那。於是、筑紫國造磐井、陰謀叛逆、猶預経年、恐事難成、恆伺間隙、新羅知是、密行貨賂于磐井所、而勧防遏毛野軍。於是、磐井掩據火豊國、勿使修職。……（略）……二十二年冬十一月甲寅朔甲子、大将軍物部大連麁鹿火、新與賊帥磐井、交戦於筑紫御井郡。旗鼓相望、埃塵相接、決機両陣之間、不避萬死之地。遂斬磐井果定疆場。」

「磐井の乱」はAD527～AD528の事件であるが、当時の連合王権（男大迹王権）にとって倭國を北から南まで統治することは至難の業であったと想像される。そのことをこの史料はよく示しているといえよう。ヤマト王権にとって筑紫国造磐井のクーデターは晴天の霹靂であったのかもしれない。この王権にとって北の化外（蝦夷）対策は常陸から始まっている。具体的には北辺の防備体制である。この地域に6世紀中葉以降爆発的に箱式石棺を埋葬施設とする小規模古墳の群集がみられるようになるのは、その背景として西国筑紫国造のクーデター存在があることに注目する必要があるのではなかろうか。これら小規模古墳の群集がかのクーデターの直後であることに重要な意味が存するよう思われるからである。

要するにこの時期のヤマト王権にとって完全な統治権は霞ヶ浦沿岸を含む常陸附近であり、この地域に築造された箱式石棺は、その内容からヤマト王権の北の化外防備対策として派遣された屯田兵的な人びとの家族墓ではないかと推測される。すなわち箱式石棺を墳丘裾部に埋葬施設として採用した古墳は、追葬と薄葬を原則としており、けっして横穴式石室を採用した古墳のように厚葬ではないからである。これらの墓葬は単なる死体埋葬の場としての墓地であり、首長墓などと呼べるものではないのである。その中には墳丘内に箱式石棺を埋置した南古墳、瓢箪塚古墳、日天月天塚古墳のような兵士を束ねる隊長級の中小前方後円墳も含まれてはいる。

最後に日本の箱式石棺を時期的に観察すると、大きく3期にまとめられる。第1期は弥生時代前期中葉以降後期まで（2世紀中葉～3世紀初頭）の響灘沿岸地域中心から一部瀬戸内・山陰地方。第2期は古墳時代前・中期（3世紀末～5世紀初）で九州地域では熊本に拡大し、瀬戸内では四国・岡山・鳥取にまで拡大するが、律令期の畿内にはみられない。第3期は古墳時代後期～終末期（5世紀末～7世紀中葉）で東国に集中的に群集する。

日本の箱式石棺は響灘周辺に弥生時代前期中葉の墓葬の一形態として採用され、7世紀中葉の送葬令までかなり限定された地域で採用されたが、全時代を通して墓制の共通因子的規制は徹底した薄葬を義務づけており、それは副葬品と追葬に最も強く表現されているといえよう。

付　章　補論─中国揚子江流域の箱式石棺─

　日本の箱式石棺の源流を考えるうえで大陸および半島の状況は重視されなければならない。かつては中国東北地方から朝鮮半島へという流れがこの種の墓葬が日本にもたらされる源流、という理解が日本の考古学界では定説とされていた。しかしこの種の墓葬研究の泰斗である三上次男氏の研究を整理すると、必ずしもそのような解答を導き出すことはできない。

　筆者は2002年秋、当時の中国歴史博物館が調査中の江蘇省連雲港市孔望山磨崖造像の調査に参加する機会を得た。この調査に参加したのは、この年この町で雙龍村漢墓から前漢晩期のミイラが発見され、湖南省の馬王堆漢墓、湖北省の老山漢墓に次いで3体目というので、現地視察を申し入れておいたからであった。この調査中に連雲港市博物館の許可を得て、館長の周錦屏氏から以下のような説明を受けた。すなわち、雙龍村漢墓は木槨墓で3基の木棺が埋納され、主人と2人の妻が埋葬されていたという。ホルマリン漬けの遺体は身長が158cm、年齢50歳代の女性で、死亡前に中風を患い、左半身不随であるということであった。

　この遺体と同時に連雲港市灌雲県大伊山の石棺群の存在を知った。この遺跡の概要を本書のために中国国家博物館の信立祥氏に報告してもらったので、その全文紹介させていただくことにしたい。

大伊山石棺群の概要

　連雲港市灌雲県の北1kmの地点にある大伊山東南台地の青雲嶺に所在する大伊山新石器時代の石棺遺跡は1981年11月に発見された。調査は連雲港市博物館と灌雲県博物館の合同調査で、1985年2月に第1次調査が行われた。さらに翌年2月には南京博物院によって第2次調査が実施され、面積700㎡、合計64基の新石器時代石棺が調査され、150点を越える遺物が発見された。特にこの石棺群は氏族墓葬群と理解され、特殊な埋葬法として注目された。

　この石棺群の石材は、遺跡近くに所在する大伊山の自然石の岩盤を長方形の竪穴に掘ったり、露頭した板状節理の板石に加工を加えて、長方形の薄い板石を側壁た妻石として5枚から6枚を向き合わせて立て、床石を敷かず、死者を埋納後同様の板石で蓋をしたものである。遺跡の西北部はレンガ工場のために破壊された。残された1000平方メートルの範囲内には3つの埋葬区が確認される。石棺の基本形態は頭部妻石側が広く、足部妻石側が狭く、石棺全体の主軸はほぼ同一方向で配列され、仰臥伸展葬である。副葬品は陶器、石器、骨器、玉器等4種類で、基本的には少なく、多くても5～6点であり少ない場合は1点あるいは皆無である。これらの石棺はその配置状況から氏族墓地と判断され、遺骸の形質人類学的調査分析から大半が女性であり、大伊山遺跡の石棺群は新石器時代の母系社会の遺跡であると想定された。その社会においては、群婚制であり、氏族の中で母親は判明するが、父親は特定できない。

大伊山石棺群では顔を赤い陶器の鉢で覆うという風習が非常に多く、この葬法は新石器時代の原始的は宗教儀礼と想定される。この点に関しては連雲港市博物館の丁義珍・劉鳳桂両氏の研究がある。それによると、「赤い陶器の鉢で顔面と頭部を覆うことは人間が天および祖先に対して、崇めの意を現わし、戦国期には冪目、漢代には玉マスク等も陶鉢を起源としていると推断されている。

この遺跡で出土した陶器は一般的に赤褐色で瓶や壺等粘土紐を巻き上げた手捏ねによって製作され、原則的に無文である。石器については石斧、石鑿、石鏃等磨製石器が多く発見された。玉器については玉珠、玉璜、玉琚塊、イヤリング等美しく製作され、この時代の美意識を表現している。

大伊山遺跡出土の石棺（信立祥氏提供）

この遺跡の時期は大汶口文化の特徴を有しながら、青連崗文化の要素を加味し、紀元前4500年前の東夷または東夷文化の継承であろう。

さらに近年、宮本一夫氏が2006年度から2011年度にかけて四川省文物考古研究院と共同で四川省雅礱上流域の甘孜チベット自治州で石棺墓群の調査研究を実施し、大きな成果を上げた（宮本2013）。特に宴爾龍遺跡と呷垃宗遺跡および脚泥堡遺跡が発掘調査され、双方から複数の石棺墓が検出され、詳細な記録が公表されている。以下概略を報告書から紹介しておきたい。

宴爾龍遺跡は四川省甘孜チベット族自治州炉霍県宴爾龍村に位置する石棺墓地である。遺跡は宴爾龍村の北端にあり、地形的には鮮水河の支流である達曲河左岸の丘陵先端に位置している。石棺墓群は北西から南東に延びる丘陵先端部にあり、南北方向に列をなして群集しているが、状況的にその北端部が現存していた。調査の結果、墓壙の完全なもの10基、一部削平された喪の1基、削平されながらも幅の確認できるもの4基、計15基の石棺墓を確認することができた。以下報告書によって表18を作製した。

報告書はさらにその成果について次のように整理している。

宴爾龍石棺墓地では、男性墓と女性墓で明確に副葬品構成を異にしている。男性墓は銅戈、磨製石斧、骨錐を基本とし、女性墓は装身具と紡績具を副葬品の基本とし、副葬土器を持たない段階の墓葬である。性別が明確に存在し、副葬品構成における多少の多寡は存在するものの、副葬品構成が一定の組み合せからなることは、基本的に平等社会であることを示し、性別分業などのジェンダーが明確に表現される等質的社会段階である部族社会段階と判断される。

墓葬の年代に関しては、1号墓、3号墓、5号墓、7号墓、8号墓、11号墓、13号墓の7基の石棺墓の古人骨の年代が、ほぼ前15〜11世紀に集中している。さらに銅戈の木質部の年代はやや新しく前11〜9世紀を示し、年代的な矛盾が感じられる。他の年代測定に比べ、この木質部の年代のみがやや新しい年代を示すことから、炭素量などが少ないことに由来する誤差

表18

NO	方位	規模	石棺	遺体	主要副葬品
M1号	東西	242×東40西37-20。(南東)	蓋石6、両側石各2、妻石各1、床石なし。	成人(♀)	銅管1、トルコ石管玉1、石製玉1、骨製針1、骨製紡錘車1、骨製玉5。
M2号	東西	188×東27西27-25。(南東)	攪乱、蓋石除去、東側石2残、西側石4、床石なし。	熟年(♂)	石斧1、石製玉1。
M3号	東西	157×東32西30-32。(南東)	攪乱、蓋石5、東側石2、妻石各1、床石なし。	成人(♀)	骨製玉1、骨製針1。
M4号	東西	162×30-?。(?)	攪乱、西側石2、以下不詳。	成人(?)	
M5号	東西	137×東35西25-35。(南東)	蓋石7、東側石3、西側石4、妻石各1、床石なし。	熟年(♀)	
M6号	東西	157×東30西27-27。(南東)	蓋石7、東側石3、西側石2、妻石各1床石なし。	熟年(♀)	骨製針4以上。
M7号	東西	182×東37西37-45。(南東)	蓋石4残、東側石2、西側石2、床石なし。	成人(♂)	銅戈1、石斧1、骨錘1、トルコ石製玉1、骨製装身具1、骨管玉）
M8号	東西	177×東40西32-42。(南東)	蓋石6、東側石4、西側石2、妻石各1、床石なし。	熟年(♂)7	銅戈1、銅鏃2、石斧1、骨製錐1、瑪瑙製玉1、トルコ石製玉2、水晶2。
M9号	東西	75+α×東?西20-27。(南東)	南東部削平、蓋石3、東側石2、西側石1、西妻石1残、床石なし。	不詳	
M10号	東西	212×東45西27-25。(南東)	東南部削平、両側石各3、妻石西側1残、床石なし。	熟年(♀)	骨針、トルコ石製玉2。
M11号	東西	175×東37西27-25。(南東)	蓋石8、東側石2、西側石3、妻石各1、床石なし。	老年(♂)	銅戈1、石斧1、骨製錐1。
M12号	東西	計測不能。	削平、詳細不詳。	不詳	
M13号	東西	計測不能。	削平、詳細不詳。	熟年(♂)	銅戈1、石斧1。
M14号	東西	計測不能。	削平、詳細不詳。	不詳	
M15号	東西	計測不能。	削平、詳細不詳。	不詳	

値の可能性もある。したがって、宴爾龍石棺墓は前 15～11 世紀の可能性がある。ただ、8 号石棺墓の銅戈を商代後期併行期と考えることから、8 号石棺墓の木柄の較正年代を考慮して、宴爾龍石棺墓の年代は前 13～11 世紀と考えておきたい。

呷垃宗遺跡は宴爾龍石棺墓同様雅礱江上流の甘孜チベット族自治区炉霍県にあり、詳しくは雅礱

表19

NO	方位	規模	石棺	遺体	主要副葬品
M1号	南北	202×南37北47-30、(北)	攪乱、西側石2残。	不詳	銅環片3。
M3号	東西	212×南50北32-30、(南東)	攪乱、蓋石除去、両側石各3、妻石各1、床石なし。	熟年(♂)	銅戈1、石斧1、トルコ石珠1、石珠、子安貝。
M4号	南北	152×南35北35-45、(北)	攪乱、蓋石除去、両側石各3、妻石各1、床石なし。	不詳	
M5号	東西	135×南30北35-27、(北西)	攪乱、蓋石3残、両側石各2、妻石各1、床石なし。	不詳	
M6号	南北	187×南45北50-50、(南)	一部攪乱、蓋石4残、両側石各2、妻石各2、床石なし。	熟年(♀)	銅泡16、石珠2。
M7号	南北	137×南32北30-32、(？)	攪乱、蓋石2残、両側石各2、妻石各1、床石なし。	不詳	
M9号	東西	200×東42西57-55、(？)	攪乱、蓋石除去、東側石2、西側石2残、妻石各1、床石なし。	不詳	
M10号	南北	192×南35北40-52、(北)	攪乱、蓋石1残、両側石各3、妻石各1、床石なし。	不詳	双耳罐1、石珠2。
M11号	南北	140？×南40北？-27、(？)	攪乱、両側石各1残、南妻石1残、床石なし。	不詳	銅環1。
M12号	南北	212×南37北30-37、(北)	攪乱、蓋石1残、両側石各3、妻石南1、床石なし。	成人(♂)	石珠1。
M13号	南北		攪乱、蓋石1残、西側石1残、床石なし。	不詳	
M14号	南北	190×南35北40-45、(北)	攪乱、蓋石2残、東側石2、西側石3、妻石各1、床石なし。	不詳	銅泡1、石珠1。

江左岸に位置している。この地域の石棺墓は日当たりの好い段丘上に位置し、住環境に適した場所に墓地が営まれている。調査は第2調査地点で石棺墓12基、石蓋土壙墓2基、土壙墓1基の計15基に行われた。それらを整理すると表19の通りである。

報告書はまた、その成果については以下のように整理している。

　岬垃宗石棺墓は、基本的に墓壙内に石棺が形成されたものであり、そのほとんどが従来は石蓋が施されていてであろうが、後世に削平撤去されている。したがって、一部の石棺墓は攪乱を受け、副葬品も流出している可能性がある。しかしこれらの石棺墓は、大きく三つの構造にわけられる。Ⅰ式は石棺の四辺に板石がしっかりと嵌め込まれるが、その高さは50cm未満と小振りで、床石のないものである。Ⅱ式は石棺の四辺のうち被葬者の頭部側の妻石のないもので、ここに木板などが挿し込まれていた可能性がある。Ⅲ式は、石棺の四辺の一部にのみ板石が配置されるものである。Ⅰ・Ⅱ式の石棺に比べれば簡易形態である。

　年代は、副葬品の構成で宴爾龍石棺墓と類似性の高い岬？宗3号石棺墓も、銅戈の可能性がある素環刀などは、宴爾龍石棺墓の銅戈からかなり形態変化しており、新しい段階のものであろう。古人骨の放射性炭素年代測定値は2号墓が前12～11世紀、15号墓は木炭の放射性年代や土器・青銅器の相対年代を勘案して前9～8世紀のものと考えられ、これ等を綜合して、その年代は前10～8世紀と想定される。

　頭位は北向きの墓葬が多いが、これは墓地の近くを流れる鮮水河の上流方向を基本的に指向した頭位であり、宴爾龍の頭位方向とは異なっている。

　群集形態は列を成さず、集塊状に墓域が形成されているようにみられる。全体的には大きく

宴爾龍石棺墓全景（宮本一夫氏提供）

三つの集塊墓群が存在した可能性がある。これは？莎湖石棺墓群や宴爾龍石棺墓群が列単位で血縁単位での墓域を構成したのとは異なり、終塊状に社会集団が形成されるといった、集団表示における社会変化を生み出しているのではないだろうか。

　副葬品については男性墓と女性墓に構成の差が認められ、特に女性墓には装飾品を伴う傾向がある。

脚泥堡石棺墓群は雅江県呷垃郷の西端のあり、雅江河の西岸段丘面に位置している。道路の断面に3基の石棺が露出する。道路を切り通す際に5基存在したという。1号石棺は蓋石まで地表下3mあり、石棺の深さは40cmで南西向きの頭位であったという。墓葬年代は前8〜7世紀と想定される。

湾地溝石棺墓は雅江県呷垃郷の雅江河の支流を2km遡った河川の左岸に立地する。詳細は不詳であるが、80年ほど前に数基の石棺が発見された。副葬品の一部を調査した宮本氏は次のように報告している。

　雅礱江上・中流域の場合、卡莎湖石棺墓や宴爾龍石棺墓には土器を副葬する習慣がなかったことからも、湾地溝石棺墓はそれらに続く段階であり、かつ呷垃宗15号墓や脚泥堡1号墓など副葬土器第Ⅱ段階のものより前出する段階のものとすることができ、前11〜10世紀と考えられる。

きわめて理解しやすく解説されているが、長江流域の箱式石棺研究に対する重要な整理であり、日本の箱式石棺研究に一矢を投じるものといえる。

卑南遺跡は台湾省台東市海岸山脈の南端に位置する卑南山の東南部段丘上に形成された複合遺跡

呷垃宗墓地（南から）（宮本一夫氏提供）

卑南遺跡の箱式石棺（田辺美江氏提供）

である。この遺跡は1806年、鳥居竜蔵氏によって紹介され、1945年、金関丈夫・國分直一氏によって発掘調査が実施されたのに始まり、1980年から1988年にかけて台湾大学の宋文薫・連照美氏が南廻鉄道の卑南新駅の建設に伴う都市計画に事前調査として13回にわたる発掘調査を実施し、その面積は約1万平方メートルに及び、多種類の遺構と1500基の墓葬を発見した。墓葬は石棺墓が主で、スレートを材とした箱式石棺である。石棺内は単葬を原則とするが、複数埋葬も少なくない。また被葬者には抜歯の風習がみられるという。

副葬品は比較的豊富で、特に玉器が多くみられる。その種類は片刃斧・鑿・槍・鏃等の他に種々の棒・管・珠・釧・垂飾・鈴・抉状耳飾等である。土器は赤褐色の無文土器で、二つの縦位把手を持つ器形が特徴的である。

以上、中国長江流域から台湾にかけての箱式石棺資料の概略を紹介したが、これはいわば今後の研究課題の導入であり、それはさらに資料の集積を待たねばならない。

なお以下に示す中国の箱式石棺の一覧表および付篇の石棺図には宮本一夫・高大倫共編『東チベットの先史社会』（中国書店、2013）に紹介された石棺墓からデータを引用させていただいた。また台湾省台東市卑南遺跡については、国立台湾史前文化博物館編『文化驛站』第27期および『卑南遺址出土的玉器』と西谷正他編『東アジア考古学辞典』から紹介させていただいた。

なお、中国東北部と朝鮮半島については三上次男『満鮮原始墳墓の研究』（吉川弘文館、1961）を参照されたい。

表20　中国の箱式石棺一覧

遺跡名	所　在　地	
卡莎湖石棺墓群	四川省甘孜チベット自治州炉霍県	200基以上
宴爾龍石棺墓群	四川省甘孜チベット自治州炉霍県	15基
呷垃宗石棺墓群	四川省甘孜チベット自治州炉霍県	12基
城中石棺	四川省甘孜チベット自治州炉霍県	
城西石棺	四川省甘孜チベット自治州炉霍県	
脚泥堡石棺墓群	四川省甘孜チベット自治州雅江県	5基
湾地溝石棺墓	四川省甘孜チベット自治州	1基
朱徳寨子石棺群	四川省甘孜チベット自治州炉霍県城西	2基
牟托石棺墓	四川省阿壩蔵族羌族州茂県	
常盤山石棺墓	四川省阿壩蔵族羌族州茂県	
撮箕山石棺墓	四川省阿壩蔵族羌族州茂県	
城関石棺墓	四川省阿壩蔵族羌族州茂県	
猴子洞石棺墓	四川省涼山彝族自治州会理県	
小営盤石棺墓	四川省涼山彝族自治州会理県	
阿栄大石棺墓	四川省涼山彝族自治州徳昌県	
大窰石棺墓	四川省雅安市漢源県大窰五隊	
漢塔山石棺墓	四川省雅安市宝興県	
瓦西溝口石棺墓	四川省雅安市宝興県	
官田壩石棺墓	四川省雅安市廬山県恩延山	
甘西溝石棺墓	四川省雅安市明礼郷	
列大公社石棺墓	四川省雅安市滎経県	
川西石棺墓	四川省	
磚瓦工場石棺	青海省海剛察県	21基
宗日遺跡	青海省同徳県	8基
張家台遺跡	甘粛省秦県張家台	
焦家荘遺跡	甘粛省蘭州市	
十里点遺跡	甘粛省蘭州市	
磨溝遺跡	甘粛省臨潭県	1基
馬家営遺跡	陝西省紫陽県馬家営村	4基
麦坪遺跡	陝西省漢源県	
大伊山石棺墓群	江蘇省連雲港市灌雲県	64基
卑南石棺墓群	台湾省台東市卑南	1500基？

引用・参考文献一覧

あ行

浅倉英昭・井上弘・大智浩　1993「矢部古墳群B」『山陽自動車道建設に伴う発掘調査報告6』岡山県埋蔵文化財発掘調査報告書82　岡山県教育委員会

穴沢咊光他　1973「塩川十九壇古墳群調査報告―会津における前方後方墳・方墳―」『福島考古』14　福島県考古学会

甘木市教育委員会編　1993『甘木市遺跡分布地図』

天羽利夫　1999「名西郡石井町前山古墳群の測量調査」『徳島県立博物館年報』8　徳島県立博物館

天羽利夫・岡山真知子　1973「原始・古代の徳島」『徳島市史』1　徳島市

家田淳一・百崎正子　1992『朝日北遺跡』九州横断自動車道関係埋蔵文化財調査報告書（15）　佐賀県教育委員会

新井慎吾　2011『瀬戸越南古墳』中国横断自動車道尾道松江線建設に伴う埋蔵文化財発掘調査報告書(13)　財団法人広島県教育事業団発掘調査報告書第36集

石川むつみ・折尾学　1996『野方塚原遺跡』福岡市埋蔵文化財発掘調査報告書第490集　福岡市教育委員会

石川功他　1995『寿行地古墳発掘調査報告書』土浦・出島合同遺跡調査会

石橋　充　2010「つくば市域の古墳」『常陸の古墳』六一書房

石部正志　1961「古墳時代箱形石棺集成（1）」『古代学研究』29　古代学研究会

石山　勲　1979「祇園山古墳の調査」『九州縦貫自動車関係埋蔵文化財調査報告書』27　福岡県教育委員会

市毛　勲　1963「東国における墳丘裾に内部施設を有する古墳について」『古代』41　早稲田大学考古学会

市毛勲他　1970『宮中野古墳群調査報告』茨城県教育委員会

市毛勲・多宇邦雄　1974「千葉県香取郡小見川町城山発見石棺群と城山六号墳の調査」『古代』第68号　早稲田大学考古学会

一山　典　1980「徳島市内の組合式箱形石棺」『徳島市文化財だより』5

伊藤玄三編　1985『本屋敷古墳群の研究』法政大学

伊藤　武　1965『山口市仁保下郷丸山遺跡緊急調査報告書』山口県立山口高等学校

伊東信雄　1980「福島県双葉郡浪江町上ノ原3号墳」『福島考古』20　福島県考古学会

伊東照雄・木下尚子・國分直一　1988「中ノ浜遺跡の弥生時代前期埋葬―第一次調査報告―」『地域文化研究所紀要』3　梅光女学院大学

伊東照雄他　1964『綾羅木郷遺跡若宮古墳遺構確認調査概報』下関市教育委員会

今井　尭　1969「美作津山市沼六号墳調査報告」『古代吉備』6　古代吉備研究会

今井尭・土居徹　1984『竹田墳墓群』鏡野町教育委員会

岩尾清治　2001『樋口隆康聞書　実事求是　この道』西日本新聞社

岩崎卓也他　1986『武者塚古墳』茨城県新治村教育委員会

　　　　　　　1992「千葉県香取郡下総町猫作・栗山古墳群」『日本考古学年報』43　日本考古学協会

石見町教育委員会編　1977『中山古墳群発掘調査概報』石見町教育委員会

上野恵司　1992「千葉県香取郡下総町猫作・栗山古墳群」『日本考古学年報43』（1990年度版）日本考古学協会

　　　　　　1993「総における古墳時代後期の埋葬施設の研究―箱式石棺―」『立正考古』32　立正大学考古学研究会

内田律雄・曳野律夫・松本岩雄・渡辺貞幸　1991「中山B-1号墳」『前方後円墳集成―中国・四国編―』山川出版社

恵谷泰典・沖憲明　1994　『入野中山遺跡』広島県埋蔵文化財調査センター調査報告書第119集　財団法人広島県埋蔵文化財調査センター

梅本健治　2010『権現第1～3号古墳』中国横断自動車道尾道松江線建設に伴う　埋蔵文化財発掘調査報告書（10）　財団法人広島県教育事業団

　　　　　2013『宮本20‐26・31・32号墳』中国横断自動車道尾道松江線建設に伴う　埋蔵文化財発掘調査報告書（29）　財団法人広島県教育事業団

梅原末治　1923　「豊前宇佐郡赤塚古墳調査報告」『考古学雑誌』14-3　日本考古学会

　　　　　1937a「近江安土瓢箪山古墳」『近畿地方古墳墓の調査』日本古文化研究所

　　　　　1937b「備前行幸村花光寺山古墳」『近畿地方古墳墓の調査』日本古文化研究所

王　建新　1988「日本の古代都城造営の際なぜ大きな古墳を潰したか」『古代学研究』118　古代学研究会

大木　衛　1972『羽計古墳群』東庄町教育委員会

大塚初重・小林三郎　1962「佐賀県杢路寺古墳」『考古学集刊』第4冊　東京考古学会

　　　　　　　　　　1964a「茨城県勅使塚古墳の研究」『考古学集刊』2-3　東京考古学会

　　　　　　　　　　1964b「茨城県舟塚山古墳の性格」『考古学手帳』22　塚田光編集発行

　　　　　　　　　　1968　「茨城県舟塚古墳」『考古学集刊』4-1　東京考古学会

　　　　　　　　　　1971　「茨城県舟塚古墳(監)」『考古学集刊』4-4　東京考古学会

　　　　　　　　　　1978　『虎塚壁画古墳』勝田市史編さん委員会

大橋泰夫・荻悦久・水沼良浩　1984「常陸長辺寺山古墳の円筒埴輪」『古代』77　早稲田大学考古学会

大場磐雄・佐野大和　1956『常陸鏡塚』國學院大學考古学研究報告第1冊　綜芸社

大場磐雄編　1971『常陸大生古墳群』茨城県潮来町教育委員会

大場磐雄・小出義治　1985「亀塚古墳」『狛江市史』狛江市

大森信英　1962「茨城県行方群麻生町南古墳」『日本考古学年報』11　日本考古学協会

　　　　　1964『勝田市津田西山古墳群調査報告』勝田市教育委員会

大藪由美子　2006「出土人骨について」『常陸茅山古墳』東海村教育委員会

岡田容子他　2011『坊迫古墳群』府中市教育委員会

小川和博他編　1991『木田余台Ⅰ』茨城県土浦市木田余土地区画整理事業に伴う埋蔵文化財調査報告書　土浦市教育委員会

奥田尚・茂木雅博・比気君男　2015「常陸南部から下総北部の古墳石材について」『土浦市立博物館紀要』第25号　土浦市立博物館

尾崎喜左雄編　1976『下総片野古墳群』芝山はにわ博物館研究報告4　東国文化研究所

小瀬康行　1981「甲山古墳」『筑波古代地域史の研究』筑波大学

小田富士雄他編　1974『対馬─浅茅湾とその周辺の考古学調査─』長崎県文化財調査報告書第17集　長崎県教育委員会

乙益重隆　1956「八代市大鼠蔵山古墳」『考古学雑誌』41-4　日本考古学会

小野市教育委員会編　1992『船木南山古墳』小野市教育委員会

小野真一　1960「組合式箱形石棺の考察」『考古学雑誌』46―1　日本考古学会

小野忠熈他　1978『山口市茶臼山石棺群・大判石棺調査報告書』山口県埋蔵文化財調査報告書第6集　山口県教育委員会

　　　　　　1983『美祢市内川遺跡・山口市乗ノ尾遺跡』山口県埋蔵文化財調査報告書第24集　山口県教育委員会

小野栄朗　1977『朝田墳墓群』Ⅱ　山口県埋蔵文化財センター

　　　　　　　2009『朝田墳墓群』Ⅷ　山口県埋蔵文化財センター
小野悟朗編　1998『山の神遺跡群・池の迫遺跡群』広島県埋蔵文化財センター調査報告書第 165 集

　か行

鏡山　猛　1941・1942「原始箱式石棺の姿相」『史淵』25・27 号　九州大学文学部
　　　　　1957『北九州の古代遺跡』至文堂
　　　　　1946「日本古代殉葬制について」『史淵』35 号　九州大学文学部
香川県教育委員会編　1970『高松市茶臼山古墳緊急発掘調査概報』
賀川光夫　1956「大分県（豊後国）竹田市戸上七ツ森古墳」『大分県文化財調査報告書』4　大分県教育委員会
賀川光夫他　1968『御陵古墳緊急発掘調査』大分県文化財調査報告書第 24 輯　大分県教育委員会
賀川光夫・小田富士雄　1968『中ノ原・馬場古墳緊急発掘調査』大分県教育委員会
笠井新也　1913「阿波国古墳概説」『考古学雑誌』4-4　日本考古学会
　　　　　1914「阿波国古墳概説續編」『考古学雑誌』4-12　日本考古学会
　　　　　1915a「阿波式石棺を論じて喜田博士の示教を乞ふ」『考古学雑誌』5-7　日本考古学会
　　　　　1915b「再び阿波式石棺を論じて喜田博士の所説を駁す」『考古学雑誌』5-10　日本考古学会
加藤光臣他　1981『松ヶ迫遺跡群発掘調査報告』広島県教育委員会
門脇俊彦　1964「古墳の普及と其周辺」『考古学研究』10-3　考古学研究会
　　　　　1971「順庵原一号墳について」『島根県文化財調査報告』7　島根県教育委員会
金関丈夫・坪井清足・金関恕　1961「佐賀県三津永田遺跡」『日本農耕文化の生成』東京堂
金子浩昌　1956「千葉県香取郡東庄町の石棺調査」『古代』19・20 合併号　早稲田大学考古学会
亀井明徳　1970「福岡市五郎山古墳と発見遺物の考察」『九州考古学』38　九州考古学会
蒲原宏行他　1984『金立開拓遺跡』九州横断自動車道関係埋蔵文化財発掘調査報告書（4）佐賀県教育委員会
蒲原宏行・松尾昌彦　1981「桜塚古墳」『筑波古代地域史の研究』筑波大学
上川名昭　1972『筑波山木古墳』茨城考古学会
川崎利夫他　1979『大之越古墳発掘調査報告書』山形県教育委員会
神庭　滋　2003「葛城地域の箱式石棺について」『博古研究』26　博古研究会
喜田貞吉　1914「阿波歴史一班」『小松島講演集』
　　　　　1915「所謂阿波式石棺にていて笠井君に答ふ」『考古学雑誌』5-9　日本考古学会
木下之治他　1964『姫方遺跡』佐賀県文化財調査報告書第 30 集　佐賀県教育委員会
清野謙次　1925『日本原人の研究』岡書院
葛原克人　1964「門脇俊彦　古墳の普及と其周辺」を読んで」『考古学研究』11-2　考古学研究会
國木健司　1991「石塚山古墳」『前方後円墳集成―中国・四国編―』山川出版社
熊本県教育委員会編　1981『塚原』熊本県文化財調査報告第 16 集　熊本県教育委員会
桑田敏明　1991「善法寺 11 号墳」『前方後円墳集成―中国・四国編―』山川出版社
栗林誠治　2002「阿波式石棺再考」『論集　徳島の考古学』徳島考古学論集刊行会
栗山伸司他　1988『郷屋遺跡』北九州市埋蔵文化財調査報告書第 44 集　財団法人北九市教育文化事業団埋蔵文
　　　　　　化財調査室
小池史哲　1994『朝倉郡朝倉町所在狐塚南遺跡の調査』九州横断自動車道関係埋蔵文化財調査報告書 28　福岡
　　　　　県教育委員会
小泉光正　1990『桜山古墳』茨城県教育財団文化財調査報告第 61 集　茨城県教育財団
神原英明他　1973『四辻土壙墓遺跡・四辻古墳群』山陽団地埋蔵文化財調査団

河本清・柳瀬明彦　1979「久米三成4号墳」『岡山県埋蔵文化財発掘調査報告』30　岡山県教育委員会
古賀　登　2003『四川と長江文明』東方選書　東方書店
小嶋善郎　2011『二本木遺跡・小松の谷古墳・宇屋遺跡・田尻遺跡』岡山県埋蔵文化財　発掘調査報告書229　岡山県教育委員会
児玉真一　1984「立野遺跡A地区の調査」九州横断自動車道関係埋蔵文化財調査報告書5　福岡県教育委員会
小林三郎　2000『玉里村権現山古墳発掘調査報告書』玉里村教育委員会
小林三郎他　2004『玉里の歴史』玉里村教育委員会
小林善彦　1987『唐原遺跡―墳墓編―』福岡市埋蔵文化財調査報告書第161集　福岡市教育委員会
小南祐一他編　2002『武久浜墳墓群』山口県埋蔵文化財センター調査報告第32集
駒井和愛・増田精一　1954「考古学から見た対馬」『対馬の自然と文化』九学会連合対馬共同調査委員会
小室　勉　1975「古墳群の調査―5号墳」『土浦市烏山遺跡群第2次調査報告』茨城県住宅供給公社
近藤正編　1972『仲仙寺古墳群』安来市教育委員会
近藤義郎編　1952『佐良山古墳群の研究』津山市教育委員会
　　　　　　　1985『養久山墳墓群』兵庫県揖保川町教育委員会
近藤義郎・鎌木義昌　1986「備前車塚古墳」『岡山県史』18　岡山県
近藤義郎・高井健司編　1987『岡山市七つ坑古墳群』七つ坑古墳群発掘調査団
後藤守一　1922「對馬瞥見録」『考古学雑誌』12-12　日本考古学会
　　　　　1934「箱形石棺」『世界歴史大系　東洋史　考古学』平凡社
　　　　　1957『沼津長塚古墳』沼津市教育委員会
　　　　　1958「古墳の編年研究」『古墳とその時代（一）』朝倉書店
後藤守一・大塚初重　1957『常陸丸山古墳』丸山古墳顕彰会

さ行

斎藤　忠　1974「佐自塚古墳」『茨城県史料　考古資料編古墳時代』茨城県
斎藤忠・大塚初重編　1960『三昧塚古墳』茨城県教育委員会
佐賀県教育委員会編　1973『大友遺跡発掘調査概報（図録編）』佐賀県教育委員会
佐賀県教育庁文化財課編　1992『吉野ヶ里―神埼工業団地計画に伴う埋蔵文化財発掘調査概要報告書』佐賀県文化財調査報告書第113集　佐賀県教育委員会
佐賀県教育庁社会教育課編　1964『佐賀県の遺跡』佐賀県教育委員会
桜井二郎　1985『根小屋古墳群―4号墳・13号墳発掘調査報告―』麻生町教育委員会
佐々木　謙他　1962『馬山古墳群』佐々木古文化研究所
佐々木隆彦　1995「朝倉郡朝倉町大字大庭所在の大庭・久保遺跡の調査」『九州横断自動車道関係埋蔵文化財発掘調査報告書（36）』福岡県教育委員会
佐々木直彦編　1986『歳の神遺跡群・中山勝負峠墳墓群』広島県埋蔵文化財調査センター
佐藤晃一　1989「京都府与謝郡加町史跡作山古墳」『日本考古学年報』42　日本考古学協会
佐藤雄史・沖田正大　2007『寺福童遺跡』小郡市教育委員会
佐野一・亀井明徳　1969「福岡県鞍手郡若宮町西の浦古墳調査概報」『九州考古学』36・37　九州考古学会
沢元保夫　1993『宮城古墳群』中国横断自動車道建設に伴う埋蔵文化財調査報告（Ⅱ）広島県埋蔵文化財センター
柴尾俊介他　2010『古立東遺跡（2）』北九州市埋蔵文化財調査報告書第427集　財団法人北九州市芸術文化振興財団埋蔵文化財調査室

下澤公明他　1977　『横見墳墓群』岡山県埋蔵文化財発掘調査報告書（15）　岡山県教育委員会

正林護・宮崎貴夫　1978「遠目塚遺跡の調査」『長崎県埋蔵文化財発掘調査集報Ⅰ』長崎県文化財調査報告書第35集　長崎県教育委員会

上智大学史学会編　1963『茨城県水海道市七塚古墳群の調査』上智大学史学会研究報告1　上智大学史学会

白木秀敏　2004『大井平野』宗像市文化財調査報告書第56号　宗像市教育委員会

新谷昌子　1990「熊本県箱式石棺一覧表」『宮崎石棺墓群―確認調査報告書―』宮崎石棺墓群調査団

末永弥義　1997『古川平原古墳群』犀川町文化財調査報告書第5集　福岡県京都郡犀川町教育委員会

杉原敏之編　2006『古坊遺跡・高野ムカエ遺跡』一般国道322香春大任バイパス関係埋蔵文化財調査報告書第3集　福岡県文化財調査報告書第206集　福岡県教育委員会

椙山林継他　1971『常陸宍塚発掘調査概要』國學院大學宍塚調査団

関根信夫　2001「舟塚山14号墳測量調査報告」『石岡市遺跡分布調査報告』石岡市教育委員会

千家和比古　1980「金銅製冠について」『上総山王山古墳』市原市教育委員会

副島和明編　2006「門前遺跡」『一般国道497号佐々佐世保道路建設に伴う埋蔵文化財発掘調査報告書』長崎県文化財調査報告書第190集　長崎県教育委員会

曽野寿彦　1954「雞知町附近の墳墓」『津島の自然と文化』九学会連合対馬共同調査委員会

た行

高瀬哲郎　1989『老松山遺跡』九州横断自動車道関係埋蔵文化財調査報告書（10）佐賀県教育委員会

高野晋司　1978「久津石棺群」『長崎県埋蔵文化財調査集報Ⅰ』長崎県文化財調査報告書第35集　長崎県教育委員会

高橋明編　1969『埋もれていた朝倉城』福岡県朝倉高等学校史学部

高橋敦彦　1985「東北地方の箱式石棺」『本屋敷古墳群の研究』法政大学

高橋徹・桑原幸則　1989『草場第二遺跡』九州横断自動車道関係埋蔵文化財調査報告書Ⅰ　大分県教育委員会

高畠豊　2004『辻古墳群』坂ノ市地区区画整理事業に伴う埋蔵文化財発掘調査報告書　大分県埋蔵文化財報告書第51集　大分県教育委員会

滝口宏他　1961『印旛・手賀沼周辺地域埋蔵文化財調査』早稲田大学考古学研究報告第8冊

竹田勝・岡本寛久　1977「山根屋遺跡」『中国縦貫自動車道建設に伴う発掘調査』12　岡山県文化財保護協会

田口崇他　1978『木滝台遺跡・桜山古墳埋蔵文化財調査報告書』鹿島町木滝台遺跡発掘調査会

田中新史他　2010『武射経僧塚古墳石棺編報告』早稲田大学経僧塚発掘報告団

田村規充・荒川正巳・若島一郎　2001『成岡A地点遺跡』財団法人広島市文化財団発掘調査報告書第6集　財団法人広島市文化財団

田平徳栄　1989『礫石B遺跡』『礫石遺跡』九州横断自動車道関係埋蔵文化財発掘調査報告書9　佐賀県教育委員会

立石泰久他　1980「山古賀遺跡」『九州横断自動車道関係埋蔵文化財発掘調査報告書（2）』佐賀県教育委員会

立花博　1970「鳴門市大麻町矢口山の組合式箱形石棺と徳島県内の組合式箱形石棺について」『徳島県博物館紀要第1集』徳島県博物館

谷口俊治他　2011『城野遺跡Ⅰ（1A・1B区の調査）』北九州市埋蔵文化財調査報告書第447集　北九州市埋蔵文化財調査室

玉口時男・久保哲三　1953「千葉県龍角寺古墳調査概報」『古代』12　早稲田大学考古学会

千葉隆司他編　2000『風返稲荷山古墳』霞ヶ浦町教育委員会

千葉隆司他　2006『富士見塚古墳』出島村教育委員会

千葉県立房総風土記の丘編　1988『千葉県成田市所在龍角寺古墳群第 101 号古墳発掘調　査報告書』千葉県教育委員会

中国文物報社編　2002「重慶豊都槽房溝発現有明確紀年的東漢墓葬」『中国文物報』第 1027 期

築比地正治　1978「千葉県北部における後期群集墳―特に箱式石棺内蔵墳を中心として―」『千葉県立房総風土記の丘年報 2』千葉県立房総風土記の丘

出宮徳尚他　1974『上の山 1 号墳発掘調査報告書』岡山市遺跡調査団

東京大学文学部考古学研究室編　1969『我孫子古墳群』我孫子町教育委員会

鳥取県教育文化財団編　1982・1983・1997『長瀬高浜遺跡Ⅳ・Ⅴ・Ⅵ・Ⅶ』財団法人鳥取県教育文化財団

豊崎卓編　1975『玉里村史』玉里村教育委員会

鳥居龍蔵　1886「阿波国二古墳の記」『東京人類学会報告』17　東京人類学会
　　　　　　1891「徳島近傍の石棺」『人類学雑誌』63　東京人類学会

な行

中井伊與太　1914「阿波国古墳概説を読む」『考古学雑誌』4-11　日本考古学会

中野和浩　1987『綾羅木遺跡―若宮古墳周辺遺構確認調査―』下関市教育委員会

中森祥他　2002「鳥取県米子市古市遺跡群」『一般県道 180 号線道路改良工事に係る埋　蔵文化財発掘調査報告書Ⅲ』鳥取県教育文化財団調査報告書 78

中村徹也他　1976『朝田墳墓群Ⅰ』山口県埋蔵文化財調査報告第 32 冊、同Ⅲ（1978）、同Ⅴ（1982）、同Ⅷ（2009）、財団法人山口県ひとつくり財団・山口県埋蔵文化財センター

中村徹也　1991「白鳥古墳」『前方後円墳集成―中国・四国編―』山川出版社

長崎県考古学会編　2014『長崎県本土地域における古墳の様相』長崎県考古学会

長嶺正英・末永弥義編　1985『下稗田』行橋市文化財調査報告書第 17 集　下稗田遺跡調査指導委員会

仁木聡・岩橋孝典・重松辰治編　2007『順庵原 1 号墓の研究』島根県古代文化センター調査研究報告 37

西川・仲田編　1994「鳥取県米子市尾高古墳群」『一般国道 9 号米子道路埋蔵文化財発掘調査報告書Ⅳ』鳥取県教育文化財団調査報告書 34

錦田剛志　1995『吉佐山根 1 号墳』島根県教育委員会

西宮一男　1969『常陸狐塚』茨城県岩瀬町教育委員会

野毛大塚古墳調査会編　1999『野毛大塚古墳』世田谷区教育委員会

則武忠直　1976『岩井山古墳群』御津町教育委員会

は行

橋口達也　1974「白蓮江浦第 2 遺跡」『対馬―浅茅湾とその周辺の考古学調査―』長崎県文化財調査報告書第 17 集　長崎県教育委員会

橋本健治編　1998『千代田流通団地造成事業に係る埋蔵文化財発掘調査報告書Ⅲ』広島県埋蔵文化財センター調査報告書第 161 集

橋本博文他　1981『梶山古墳報告書』大洋村教育委員会

速水信也　1985「横隈狐塚遺跡Ⅱ―福岡県小郡市横隈所在遺跡の調査報告書―」小郡市文化財調査報告書第 27 集　小郡市教育委員会

長谷川辰之助　1978『愛石遺稿』千代田村教育委員会

原田大六　1975『日本古墳文化―奴国王の環境―』三一書房

春成秀爾・葛原克人・小野一臣・中田啓司　1969「備中清音村鋳物師谷 1 号墳墓調査報告」『古代吉備』6　古

代吉備研究会

東広島市教育委員会編　1994『史跡三ツ城古墳整備事業報告書―史跡等活用特別事業（ふるさと歴史の広場事業）―』

樋口清之・山田実　1967「塚山古墳調査報告」『上代文化』37　國學院大學考古学会

日高　慎　2000「風返稲荷山古墳出土須恵器をめぐる諸問題」『風返稲荷山古墳』霞ヶ浦町教育委員会

平井　勝　1982『殿山遺跡・殿山古墳群』岡山県文化財発掘調査報告書47　岡山県文化財愛護協会

平井恭男編　1990『荒神風呂古墳』『岡山県埋蔵文化財発掘調査報告』76　岡山県教育委員会

平野　功　1990『千葉県香取郡小見川町三之分目大塚山古墳発掘調査報告書』小見川町教育委員会

広島県埋蔵文化財調査センター編　1989『壬生西谷遺跡』広島県埋蔵文化財調査センター調査報告書第75集

広島県埋蔵文化財センター編　1990『東広島ニュータウン遺跡群Ⅰ』広島県埋蔵文化財センター調査報告書第83集

福田正継・山磨康平　1995「中原古墳群」『中国横断自動車道建設に伴う発掘調査』岡山県埋蔵文化財発掘調査報告書93　岡山県古代吉備文化財センター

藤田和裕　2000「クワバル古墳」『長崎県埋蔵文化財調査年報7』長崎県文化財調査報告書第155集　長崎県教育委員会

藤田和裕編　1988『中道壇遺跡』長崎県文化財調査報告書第90集　長崎県教育委員会

　　　　　　2000『クワバル古墳』豊玉町文化財調査報告書第6集　豊玉町教育委員会

藤原芳秀・上田千佳穂・出野上靖・井林秀樹編　1997『西本6号遺跡』広島県埋蔵文化財センター調査報告書第143集

古瀬清秀　1991「津寺3号墳」『前方後円墳集成―中国・四国編―』山川出版社

房総風土記の丘編　1988『竜角寺古墳群第101号古墳発掘調査報告書』千葉県教育委員会

ま行

間壁忠彦　1968「岡山県下の人骨を出土した小古墳六例」『倉敷考古館研究集報』4　財団法人倉敷考古館。

増田精一編　1982『筑波古代地域史の研究』筑波大学

正岡睦夫　1983「愛媛県の箱式石棺（上）」『遺跡』23　遺跡刊行会

松尾昌彦・滝沢　誠　1988「上野古墳出土遺物の再検討」『関城町の遺跡』関城町

松岡文一　1960「箱形石棺編」『川之江市史　古墳時代編』川之江市

松岡睦彦他　1983『丸山遺跡』山口市埋蔵文化財調査報告書第17集　山口市教育委員会

松崎寿和　1954『三ツ城古墳』広島県文化財報告1　広島県教育委員会

真野和夫　1974「白蓮江浦第1遺跡」『対馬―浅茅湾とその周辺の考古学調査―』長崎県文化財調査報告書第17集　長崎県教育委員会

水野清一他　1953　『対馬』東方考古学叢刊乙種6　東亜考古学会

宮内克己・友岡信彦　2013『志津里遺跡B地区1～3次発掘調査報告書―県道玖珠山　国線道路改良工事に伴う埋蔵文化財発掘調査報告書（2）―』大分県教育庁埋蔵文化財センター　調査報告書第9集

三宅博士・赤沢秀則　1985『奥才古墳群』鹿島町教育委員会

三上次男　1958「中国東北地方（満州）における箱式石棺墓」『古墳とその時代（二）』朝倉書店

　　　　　1961『満鮮原始墳墓の研究』吉川弘文館

三木文雄　1962「利包及び内谷組合式石棺の研究」『石井』徳島県文化財調査報告第5冊　徳島県教育委員会

　　　　　1971「妻鳥陵墓参考地東宮山古墳の遺物と遺構について」『書陵部紀要』23　宮内庁書陵部

　　　　　1991『石井』徳島県文化財調査報告第5冊　徳島県教育委員会

三保光成編　1994『東広島ニュータウン遺跡群』Ⅳ　広島県埋蔵文化財調査センター調査報告書第128集
宮内克己・友岡信彦　2013『志津里遺跡B地区1～3次発掘調査報告書』―県道玖珠山国線道路改良工事に伴う埋蔵文化財発掘調査報告書（2）―大分県教育庁埋蔵文化財センター調査報告書第69集
宮田浩二編　1997『番谷遺跡発掘調査報告書』広島県歴史科学教育事業団調査報告書第20集
宮本一夫　2009『壱岐カラカミ遺跡Ⅱ―カラカミ遺跡・東亜考古学会第1地点の発掘調査―』九州大学大学院人文科学研究院考古学研究室
　　　　　2013「東チベット青銅器文化とチベット社会」『東チベットの先史社会―四川省チベット自治州における日中共同発掘調査の記録―』中国書店
村上久和他　1995　『岩崎古墳群』九州横断自動車道関係埋蔵文化財発掘調査報告書4　大分県教育委員会
村田修三　1995「陵墓と築城」『「陵墓」からみた日本史』青木書店
茂木雅博　1966a「成田市大山古墳調査報告」『古代学研究』41　古代学研究会
　　　　　1966b「箱式石棺の編年に関する試論」『上代文化』36　國學院大學考古学会
　　　　　1968「堂目木1号墳調査報告」『茨城考古学』創刊号　茨城考古学会
　　　　　1980「環頭太刀の性格」『上総山王山古墳』市原市教育委員会
　　　　　1986「箱式石棺考＝岡山県下を中心として＝」『山陰考古学の諸問題』山本清先生喜寿記念論集刊行会
　　　　　1988「茶焙山古墳」『関城町の遺跡』関城町
　　　　　1991「茨城県玉里村愛宕山古墳の測量」『博古研究』2　博古研究会
　　　　　1995「野友古墳群」『鉾田町史―原始古代資料編（鉾田町の遺跡）』鉾田町
　　　　　1999「箱式石棺の再検討」『博古研究』17　博古研究会
　　　　　2002『日本史の中の古代天皇陵』慶友社
　　　　　2006「6号墳の調査」『常陸茅山古墳』東海村教育委員会
　　　　　2008「古墳時代東国の武器副葬」『王権と武器と信仰』同成社
　　　　　2009「学史・阿波式石棺」『考古学と地域文化』一山典還暦記念論集刊行会
茂木雅博・信立祥・姜捷　1994「茨城県麻生町瓢箪塚古墳の測量」『博古研究』8　博古研究会
茂木雅博・木沢直子　1994「麻生町瓢箪塚古墳出土の円筒埴輪」『博古研究』7　博古研究会
茂木雅博他　1972『常陸須和間遺跡』雄山閣
　　　　　　1982『常陸安戸星古墳』常陸安戸星古墳調査団
　　　　　　1986『茨城県真壁郡関城町専行寺古墳発掘調査報告書』関城町教育委員会
　　　　　　1989『常陸公事塚古墳群』茨城県麻生町教育委員会
　　　　　　1990『常陸部原古墳』東海村教育委員会
　　　　　　1994『大上古墳群第4号墳発掘調査報告』鉾田町史編さん委員会
　　　　　　2003「常陸星神社古墳の測量調査」『博古研究』26　博古研究会
茂木雅博編　1976『常陸浮島古墳群』浮島研究会
　　　　　　1980『常陸観音寺山古墳群の研究』茨城大学人文学部史学第5研究室
　　　　　　2007『甲斐大丸山古墳―埋葬施設の調査―』博古研究会
茂木雅博・高橋和成編　2006『常陸真崎古墳群発掘調査報告書』東海村教育委員会
茂木雅博・横須賀倫達編　1998『常陸日天月天塚古墳』茨城大学人文学部考古学研究室報告第2冊
茂木雅博他編　1996『常陸銭塚古墳・白方古墳群』東海村教育委員会
　　　　　　　1997『麻生町の遺跡』麻生町教育委員会
　　　　　　　2006『常陸茅山古墳』東海村教育委員会

本居宣長　1795『菅笠日記』勢州書林　尾崎知光・木下泰典編　1987『菅笠日記』和泉書院
森田忠治他　2000『東大沼古墳群第 7 号墳発掘調査報告書』東町立歴史民俗資料館

　や行
柳田純孝　1971『福岡市野方中原遺跡調査概報』福岡市埋蔵文化財発掘調査報告書第 30 集　福岡市教育委員会
柳田敏司　1964「埼玉県児玉郡生野山将軍塚古墳発掘調査概報」『上代文化』34　国学院大学考古学会
柳田康雄　1996『徳永川ノ上遺跡Ⅱ』一般国道 10 号線椎田道路関係埋蔵文化財調査第 7 集　福岡県教育委員会
山口県教育委員会編　1980『黒川遺跡』山口市埋蔵文化財調査報告第 57 集　山口県教育委員会・建設省山口工事事務所
山口市教育委員会編　1978『山口市茶臼山石棺群・大判石棺調査報告書』山口市埋蔵文化財調査報告書第 6 集　山口市教育委員会
山口信義・佐藤浩司　2010『蒲生石棺群』北九州市埋蔵文化財調査報告書第 425 集
山澤直樹編　2011『曲第 2 ～ 5 号墳』中国横断自動車道尾道松江線建設に伴う埋蔵文化財発掘調査報告書（16）財団法人広島県教育事業団発掘調査報告書第 39 集
山田繁樹・佐々木直彦編　1993『東広島ニュータウン遺跡群Ⅱ』広島県埋蔵文化財調査センター調査報告書第 75 集　財団法人広島県埋蔵文化財調査センター
山田繁樹・沢元保夫　2006『みたち第 1 号古墳』東本通土地区画整理事業に係る埋蔵文化財発掘調査報告書（5）　財団法人広島県教育事業団発掘調査報告書第 16 集
山手誠治　1987『高槻遺跡（第 7 地点）』北九州市埋蔵文化財調査報告書第 65 集　北九州市埋蔵文化財調査室
山中英彦編　2005『稲童古墳群』行橋市文化財調査報告書第 32 集　行橋市教育委員会
山桝・中原編　1985『里仁古墳群 32・33．34・35 号墳の調査』鳥取県教育文化財団報告書 18
兪偉超　1993「方形周溝墓与秦文化的関係」『中国歴史博物館館刊』21　中国歴史博物館
　　　　1996「方形周溝墓」『季刊考古学』第 54 号　雄山閣
兪偉超・茂木雅博　2001「中国と日本の周溝墓」『東アジアと日本の考古学Ⅰ―墓制①―』同成社
吉田章一郎 1978「「変則的古墳」小考」『三上次男博士頌寿記念　東洋史・考古学論集』三上次男博士頌寿記念論集編集委員会
米川昭義　1964「城付古墳および城付住居址発掘についての報告」『土筆』茨城県土浦第二高等学校社会クラブ
米田規人・岸本浩忠　1993「南谷古墳群の調査」『一般国道 9 号（羽合道路）改築工事に伴う埋蔵文化財発掘調査報告書Ⅲ』鳥取県教育文化財団調査報告書 32

　ら・わ行
李　水城　2013「石棺墓の起源と拡散」『東チベットの先史社会』中国書店
渡辺一雄　1980『しらいし古墳群』山口県埋蔵文化財調査報告書第 52 集　山口県教育委員会
渡辺和夫　1960『埋蔵物発見報告書』関城町教育委員会（「塚原古墳」『関城町の遺跡』関城町 1988 に再録）
和田正夫・松浦正一　1951『快天山古墳発掘調査報告書』香川県史蹟名勝天然記念物調査報告 15　香川県教育委員会

箱式石棺実測図

Ⅰ　弥生時代篇…………………………………144

Ⅱ　古墳時代篇…………………………………220

Ⅲ　中　国　篇…………………………………304

以下には、各時期の主立ったものを選んで掲載している。各キャプションの末尾の数字は巻末の修正表に記した番号を示している。
縮尺は、521・533・534番をのぞいていずれも実物大の50分の1になっている。

掲 載 図 版 一 覧

I　弥生時代篇

1　小場石棺（9）
2　門前1号石棺（20）
3　門前2号石棺（21）
4　門前3号石棺（22）
5　門前4号石棺（23）
6　門前6号石棺（25）
7　佐保浦赤関1号石棺（33）
8　唐崎遺跡（36）
9　ハロウ2号石棺（43）
10　西の神様鼻石棺（46）
11　平野浦石棺（54）
12　小姓島5号石棺（61）
13　西原 SC023（75）
14　西原 SC024（76）
15　礫石B SC05（77）
16　礫石B SC06（78）
17　礫石B SC07（79）
18　礫石B SC09（81）
19　礫石B SC10（82）
20　礫石B SC11（83）
21　礫石B SC12（84）
22　久井池C SC04（86）
23　久井池C SC11（88）
24　志波屋四の坪 SC0276（99）
25　志波屋四の坪 SC0856（100）
26　志波屋四の坪 SC0857（101）
27　志波屋四の坪 SC1344（102）
28　志波屋四の坪 SC0994（103）
29　東宮裾 SC024（110）
30　山古賀I区 SC006（112）
31　山古賀I区 SC007（113）
32　山古賀I区 SC010（116）
33　山古賀I区 SC011（117）
34　山古賀I区 SC013（118）
35　山古賀I区 SC017（122）
36　山古賀I区 SC018（123）
37　山古賀I区 SC019（124）
38　山古賀I区 SC27（125）
39　吉野ヶ里I区 SC0371（126）
40　吉野ヶ里I区 SC0121（127）
41　吉野ヶ里III区 SC0674（128）
42　姫方20号石棺（147）
43　姫方24号石棺（151）

44　藤崎1号石棺（154）
45　藤崎2号石棺（155）
46　藤崎3号石棺（156）
47　野方塚原1号石棺（169）
48　野方塚原2号石棺（170）
49　野方塚原3号石棺（171）
50　野方塚原4号石棺（172）
51　野方塚原5号石棺（173）
52・53　野方塚原7号（上）・8号（下）石棺（174・175）
54　野方塚原9号石棺（176）
55　狐塚南13号石棺（206）
56　寺福童 R-1（253）
57　ハサコの宮1号石棺（264）
58　横隈狐塚遺跡 SK8（271）
59　蒲生30号石棺（286）
60　蒲生34号石棺（287）
61　蒲生36号石棺（288）
62　蒲生37号石棺（289）
63　蒲生27号石棺（290）
64　蒲生28号石棺（291）
65　古立東4号石棺（327）
66　上り立1号石棺（343）
67　稲童4号石棺（396）
68　稲童7号石棺（399）
69　稲童8号石棺（400）
70　下稗田 H-3石棺（408）
71　下稗田 H-5石棺（410）
72　古坊遺跡 ST02（416）
73　古坊遺跡 ST03（417）
74　古坊遺跡 ST04（418）
75　古坊遺跡 ST05（419）
76　古坊遺跡 ST06（420）
77　古坊遺跡 ST07（421）
78　古坊遺跡 ST08（422）
79　古坊遺跡 ST09（423）
80　古坊遺跡 ST10（424）
81　古坊遺跡 ST11（425）
82　古坊遺跡 ST12（426）
83　古川平原1号石棺（427）
84　古川平原2号石棺（428）
85・86　古川平原3号（上）・4号（下）石棺（429・430）
87　草場第2遺跡29号石棺（449）
88　草場第2遺跡51号石棺（450）
89　草場第2遺跡64号石棺（451）
90　草場第2遺跡97号石棺（452）

箱式石棺実測図（掲載図版一覧） 139

91 草場第2遺跡149号石棺（454）	140 茶臼山第6号石棺（550）
92 草場第2遺跡150号石棺（455）	141 茶臼山第7号石棺（551）
93 朝田第Ⅱ地区3号石棺（459）	142 茶臼山第8号石棺（552）
94 朝田第Ⅱ地区4号石棺（460）	143 茶臼山第9号石棺（553）
95 朝田第Ⅱ地区5号石棺（461）	144・145・146　丸山遺跡40-1号・2号・3号石棺
96 朝田第Ⅱ地区（1983報告）第1号石棺（464）	（555・556・557）
97 朝田第Ⅱ地区（1983報告）第2号石棺（465）	147 丸山遺跡 B-2 号石棺（559）
98 朝田第Ⅱ地区（1983報告）第3号石棺（466）	148 丸山遺跡 B-3 号石棺（560）
99 朝田第Ⅳ地区2号石棺（469）	149 丸山遺跡 B-4 号石棺（561）
100 朝田第Ⅳ地区5号石棺（472）	150 伊倉 LG003 石棺（571）
101 朝田第Ⅳ地区6号石棺（473）	151 伊倉 LG004 石棺（572）
102 朝田第Ⅳ地区9号石棺（476）	152 武久浜 ST-2 石棺（617）
103 朝田第Ⅳ地区10号石棺（477）	153 武久浜 ST-3 石棺（618）
104 朝田第Ⅳ地区11号石棺（478）	154 武久浜 ST-5 石棺（620）
105 朝田第Ⅳ地区12号石棺（479）	155 武久浜 ST-6 石棺（621）
106 朝田第Ⅳ地区13号石棺（480）	156 中ノ浜遺跡・広島大学調査区 E-1 号石棺（630）
107 朝田第Ⅳ地区14号石棺（481）	157 中ノ浜遺跡・広島大学調査区 E-2 号石棺（631）
108 朝田第Ⅳ地区15号石棺（482）	158 中ノ浜遺跡・東京教育大学調査区1号石棺（637）
109 朝田第Ⅳ地区16号石棺（483）	159 中ノ浜遺跡・東京教育大学調査区2号石棺（638）
110 朝田第Ⅳ地区18号石棺（485）	160 中ノ浜遺跡・東京教育大学調査区3号石棺（639）
111 朝田第Ⅳ地区19号石棺（486）	161 中ノ浜遺跡・東京教育大学調査区6号石棺（640）
112 朝田第Ⅳ地区20号石棺（487）	162 中ノ浜遺跡・東京教育大学調査区7号石棺（641）
113 朝田第Ⅳ地区22号石棺（489）	163 坊主山遺跡 ST14 石棺（642）
114 朝田第Ⅴ地区7号石棺（498）	164 番谷遺跡2号石棺（644）
115・116 朝田第Ⅴ地区8号・9号石棺（499・500）	165 番谷遺跡3号石棺（645）
117 朝田第Ⅴ地区10石棺（501）	166 番谷遺跡4号石棺（646）
118 朝田第Ⅴ地区11号石棺（502）	167 番谷遺跡5号石棺（647）
119 朝田第Ⅴ地区12号石棺（503）	168 番谷遺跡6号石棺（648）
120 朝田第Ⅴ地区15号石棺（506）	169 番谷遺跡7号石棺（649）
121 朝田第Ⅴ地区16号石棺（507）	170 番谷遺跡8号石棺（650）
122 朝田第Ⅴ地区17号石棺（508）	171 胡麻 4-SK1（668）
123 朝田第Ⅴ地区20号石棺（511）	172 胡麻 4-SK2（669）
124 朝田第Ⅴ地区29号石棺（520）	173 胡麻 4-SK3（670）
125 朝田第Ⅴ地区30号石棺（521）	174 胡麻 4-SK4（671）
126 朝田第Ⅴ地区31号石棺（522）	175 胡麻 4-SK6（672）
127・128 朝田第Ⅴ地区33号・34号石棺（524・525）	176 胡麻 4-SK9（673）
129 朝田第Ⅴ地区36号石棺（527）	177 胡麻 4-SK12（674）
130 朝田第Ⅴ地区40号石棺（531）	178 胡麻 4-SK14（675）
131 朝田第Ⅴ地区41号石棺（532）	179 胡麻 5-1-SK5（680）
132 朝田第Ⅴ地区43号石棺（534）	180 胡麻 5-1-SK6・7（681）
133 朝田第Ⅴ地区45号石棺（536）	181 胡麻 5-1-SK8（682）
134 黒川遺跡石棺墓（544）	182 胡麻 5-1-SK9（683）
135 茶臼山第1号石棺（545）	183 胡麻 5-1-SK10（684）
136 茶臼山第2号石棺（546）	184 胡麻 5-1-SK15（685）
137 茶臼山第3号石棺（547）	185 胡麻 5-1-SK16（686）
138・139 茶臼山第4号・第5号石棺（548・549）	186 胡麻 5-1-SK17（687）

187	胡麻 5-1-SK18（688）		233	浄福寺 2 号遺跡 3-SK75（774）
188	胡麻 5-1-SK19（689）		234	法成寺サコ遺跡 SK4（784）
189	胡麻 5-1-SK20（690）		235	入野中山遺跡 A-SK1（785）
190	胡麻 5-1-SK27（693）		236	入野中山遺跡 A-SK11（791）
191	胡麻 5-1-SK29（694）		237	入野中山遺跡 A-SK13（793）
192	胡麻 5-1-SK30（695）		238	入野中山遺跡 A-SK14（794）
193	胡麻 5-1-SK39（696）		239	入野中山遺跡 A-SK15（795）
194	胡麻 5-1-SK41（697）		240	入野中山遺跡 A-SK16（796）
195	胡麻 5-1-SK42（698）		241	入野中山遺跡 A-SK21（801）
196	胡麻 5-1-SK43（699）		242	入野中山遺跡 A-SK22（802）
197	胡麻 5-1-SK44（700）		243	入野中山遺跡 A-SK23（803）
198	胡麻 5-2-SK52（702）		244	手島山墳墓群 A-SK1（805）
199	西本 6 号遺跡 1-SK1（709）		245	手島山墳墓群 A-SK5（809）
200	西本 6 号遺跡 2-SK7（710）		246	手島山墳墓群 C-SK31（818）
201	西本 6 号遺跡 2-SK8（711）		247	矢谷 MD1 号 No1 主体部（819）
202	西本 6 号遺跡 2-SK12（712）		248	矢谷 MS2 号 No5 主体部（822）
203	西本 6 号遺跡 5-a-SK54（714）		249	須倉城遺跡 1 号調査区 A-SK1（823）
204	西本 6 号遺跡 5-a-SK60（716）		250	須倉城遺跡 1 号調査区 A-SK3（825）
205	西本 6 号遺跡 5-a-SK62（717）		251	須倉城遺跡 1 号調査区 A-SK6（827）
206	西本 6 号遺跡 5-a-SK68（718）		252	須倉城遺跡 1 号調査区 A-SK7（828）
207	西本 6 号遺跡 5-b-SK69（719）		253	須倉城遺跡 1 号調査区 A-SK10（831）
208	西本 6 号遺跡 5-b-SK70（720）		254	須倉城遺跡 1 号調査区 A-SK14（835）
209	西本 6 号遺跡 5-b-SK71（721）		255	須倉城遺跡 1 号調査区 B-SK17（836）
210	西本 6 号遺跡 5-b-SK76（722）		256	須倉城遺跡 1 号調査区 C-SK21（839）
211	西本 6 号遺跡 5-c-SK99（731）		257	須倉城遺跡 1 号調査区 C-SK22（840）
212	西本 6 号遺跡 5-c-SK100（732）		258	須倉城遺跡 1 号調査区 C-SK23（841）
213	西本 6 号遺跡 5-c-SK104（735）		259	須倉城遺跡 1 号調査区 C-SK24（842）
214	西本 6 号遺跡 5-c-SK113（737）		260	須倉城遺跡 1 号調査区 C-SK25（843）
215	西本 6 号遺跡 5-c-SK115（738）		261	須倉城遺跡 1 号調査区 C-SK26（844）
216	西本 6 号遺跡 5-c-SK119（739）		262	須倉城遺跡 1 号調査区 C-SK27（845）
217	西本 6 号遺跡 5-c-SK121（740）		263	須倉城遺跡 1 号調査区 D-SK28（846）
218	西本 6 号遺跡 5-c-SK129（741）		264	須倉城遺跡 1 号調査区 D-SK29（847）
219	浄福寺 2 号遺跡 1-SK14（748）		265	須倉城遺跡 1 号調査区 D-SK32（849）
220	浄福寺 2 号遺跡 3-SK36（751）		266	須倉城遺跡 1 号調査区 D-SK33（850）
221	浄福寺 2 号遺跡 3-SK45（755）		267	須倉城遺跡 1 号調査区 D-SK34（851）
222	浄福寺 2 号遺跡 3-SK55（763）		268	歳ノ神 2 号墓（852）
223	浄福寺 2 号遺跡 3-SK56（764）		269	歳ノ神 3 号墓 SK3-1（853）
224	浄福寺 2 号遺跡 3-SK57（765）		270	歳ノ神 3 号墓 SK3-2（854）
225	浄福寺 2 号遺跡 3-SK58（766）		271	歳ノ神 4 号墓 SK4-1（855）
226	浄福寺 2 号遺跡 3-SK59（767）		272	歳ノ神 4 号墓 SK4-2（856）
227	浄福寺 2 号遺跡 3-SK60（768）		273	歳ノ神 4 号墓 SK4-3（857）
228	浄福寺 2 号遺跡 3-SK61（769）		274	歳ノ神 4 号墓 SK4-4（858）
229	浄福寺 2 号遺跡 3-SK66（770）		275	歳ノ神 4 号墓 SK4-5（859）
230	浄福寺 2 号遺跡 3-SK67（771）		276	歳ノ神 4 号墓 SK4-6（860）
231	浄福寺 2 号遺跡 3-SK70（772）		277	横見 4 号墓第 1 主体部（869）
232	浄福寺 2 号遺跡 3-SK72（773）		278	横見 4 号墓第 6 主体部（870）

箱式石棺実測図（掲載図版一覧）　141

279　横見5号墓第5主体部（872）
280　横見6号墓第8主体部（876）
281　横見7号墓第1主体部（877）
282　横見7号墓第2主体部（878）
283　横見8号墓第5主体部（881）
284　横見9号墓第7主体部（884）
285　横見9号墓第8主体部（885）
286　横見9号墓第9主体部（886）
287　横見10号墓第4主体部（887）

Ⅱ　古墳時代篇

288　鈴熊遺跡ST011（404）
289　鈴熊遺跡SC009（407）
290　杢路寺古墳（411）
291　遠目塚遺跡（491）
292　赤崎遺跡第2号石棺（557）
293　中道壇遺跡第1号石棺（561）
294　中道壇遺跡第2号石棺（562）
295　中道壇遺跡第7号石棺（567）
296　中道壇遺跡第10号石棺（570）
297　中道壇遺跡第11号石棺（571）
298　白蓮江第1遺跡第1号石棺（584）
299　白蓮江第1遺跡第2号・3号石棺（585・586）
300　白蓮江第1遺跡第4号・5号・6号石棺（587・588・589）
301　立野遺跡A地区第1号墓（625）
302　立野遺跡A地区第2号墓（626）
303　立野遺跡A地区第6号墓（629）
304・305　立野遺跡A地区第7号墓1号・第2号石棺（630・631）
306・307　立野遺跡A地区第10号墓1号・第2号棺（632・633）
308　立野遺跡A地区第11号墓1号石棺（634）
309　立野遺跡A地区第11号墓2号石棺（635）
310　立野遺跡A地区第11号墓6号石棺（642）
311　郷屋遺跡B地点S-4（691）
312　郷屋遺跡B地点S-5（692）
313　祇園山古墳中心主体部（696）
314　祇園山古墳12号石棺（702）
315　祇園山古墳14号石棺（703）
316　大井平野遺跡S01第4主体部（720）
317　大井平野遺跡S01第5主体部（721）
318　大井平野遺跡S04（723）
319・320　大井平野遺跡S06b・S06a（725・724）
321　稲童13号墳（736）
322　古川平原第5号墳（753）

323　御陵古墳第1号石棺（758）
324　辻2号墳（760）
325　草場第2遺跡5号墓37号石棺（783）
326　草場第2遺跡6号墓198号石棺（785）
327　草場第2遺跡13号墓第1主体部第192号石棺（788）
328　草場第2遺跡17号墓第200号石棺（789）
329　志津里B地区1-2号石棺（793）
330　志津里B地区3-2号石棺（796）
331　志津里B地区3-3号石棺（797）
332　朝田第Ⅰ地区2号墓（816）
333　朝田第Ⅰ地区4号墓（817）
334　朝田第Ⅰ地区5号墓（818）
335　朝田第Ⅰ地区6号墓（819）
336　朝田第Ⅲ地区18号石棺（831）
337　朝田第Ⅲ地区19号石棺（832）
338　朝田第Ⅲ地区20号石棺（833）
339　朝田第Ⅳ地区ST1（834）
340　朝田第Ⅳ地区ST2（835）
341　朝田第Ⅱ地区6号墓（837）
342　朝田第Ⅱ地区7号墓第2主体部（838）
343　朝田第Ⅱ地区8号墓（839）
344　若宮古墳第1地点第1主体部（858）
345　成岡遺跡A地点2号墳（873）
346　三ツ城古墳3号石棺（904）
347　槇ケ坪2号墳（906）
348　槇ケ坪2号遺跡SK39（910）
349　蔵田1号遺跡SK-13（921）
350　山の神2号墳（951）
351　山の神3号墳第1主体部（952）
352　山の神3号墳第2主体部（953）
353　山の神4号墳（954）
354　みたち1号墳（957）
355　宮城1号墳第1主体部（1001）
356　宮城1号墳第2主体部（1002）
357　宮城第2号墳（1003）
358　宮城第3号墳（1004）
359　壬生西遺跡A-SK1（1006）
360　壬生西遺跡A-SK2（1007）
361　壬生西遺跡B-SK11（1008）
362　壬生西遺跡B-SK12（1009）
363　壬生西遺跡E-SK34（1010）
364　吉佐山根1号墳第1主体部（1035）
365　吉佐山根1号墳第2主体部（1036）
366　吉佐山根1号墳第3主体部（1037）
367　里仁35号墳（1060）

368	尾高 19 号墳第 3 主体部 (1075)		414	殿山 11 号墳第 3 主体部 (1239)
369	古市宮ノ谷 19 号墳 1 号石棺 (1079)		415	殿山 21 号墳第 1 号石棺 (1240)
370	古市宮ノ谷 19 号墳 2 号石棺 (1080)		416	殿山墳丘外 1 号石棺 (1241)
371	古市宮ノ谷 20 号墳 1 号石棺 (1081)		417	久米三成 4 号墳第 1 主体部 (1249)
372	古市宮ノ谷 22 号墳 (1084)		418	久米三成 4 号墳第 2 主体部 (1250)
373	馬山 4 号墳 4 号主体部 (1121)		419	沼 6 号墳 (1258)
374	長瀬高浜 1 号墳 SX40 (1128)		420	山根屋 1 号墓 (1267)
375	長瀬高浜 1 号墳 SX41 (1129)		421	山根屋 2 号墳 (1268)
376	長瀬高浜 1 号墳 SX42 (1130)		422	山根屋 4 号墳 (1270)
377	長瀬高浜 1 号墳 SX43 (1131)		423	山根屋 5 号墳第 1 主体部 (1271)
378	長瀬高浜 1 号墳 SX46 (1134)		424	山根屋 6 号墳第 1 主体部 (1272)
379	長瀬高浜 1 号墳 SX50 (1137)		425	山根屋 6 号墳第 2 主体部 (1273)
380	長瀬高浜 1 号墳 SX51 (1138)		426	山根屋 7 号墳第 1 主体部 (1274)
381	長瀬高浜 1 号墳 SX52 (1139)		427	山根屋 7 号墓第 2 主体部 (1275)
382	長瀬高浜 1 号墳 SX56 (1141)		428	山根屋 12 号墓 (1277)
383	長瀬高浜 2 号墳 SX02 (1142)		429	山根屋 14 号墓 (1278)
384	長瀬高浜 2 号墳 SX34 (1144)		430	山根屋 15 号墓 (1279)
385	長瀬高浜 2 号墳 SX36 (1145)		431	山根屋 19 号墓 (1282)
386	長瀬高浜 2 号墳 SX38 (1146)		432	山根屋 20 号墓 (1283)
387	長瀬高浜 2 号墳 SX39 (1147)		433	山根屋 22 号墓 (1284)
388	長瀬高浜 2 号墳 SX59 (1148)		434	中原古墳群 2 号墳 (1295)
389	長瀬高浜 2 号墳 SX61 (1149)		435	中原古墳群 3 号墳 (1296)
390	長瀬高浜 5 号墳第 1 主体部 (1150)		436	中原古墳群 4 号墳 (1297)
391	長瀬高浜 5 号墳東南側 SX69 (1151)		437	中原古墳群 5 号墳 (1298)
392	長瀬高浜 8 号墳第 3 主体部 (1156)		438	中原古墳群 7 号墳第 1 主体部 (1299)
393	長瀬高浜 24 号墳第 1 主体部 (1157)		439	中原古墳群 7 号墳第 2 主体部 (1300)
394	長瀬高浜 27 号墳 SX27 (1159)		440	中原古墳群 8 号墳第 1 主体部 (1301)
395	長瀬高浜 28 号墳 SX28 (1160)		441	中原古墳群 8 号墳第 2 主体部 (1302)
396	長瀬高浜 75 号墳第 1 主体部 (1162)		442	中原古墳群 10 号墳 (1304)
397	長瀬高浜 77 号墳第 1 主体部 (1163)		443	中原古墳群 11 号墳 (1305)
398	長瀬高浜 SX79 (1165)		444	中原古墳群 12 号墳 (1306)
399	長瀬高浜 81 号墳第 1 主体部 (1166)		445	中原古墳群 13 号墳 (1307)
400	長瀬高浜 81 号墳第 3 主体部 (1168)		446	中原古墳群 15 号墳 (1308)
401	長瀬高浜 SX84 (1169)		447	中原古墳群 16 号墳 (1309)
402	長瀬高浜 85 号墳第 1 主体部 (1170)		448	中原古墳群 17 号墳第 3 主体部 (1312)
403	長瀬高浜 88 号墳第 1 主体部 (1172)		449	中原古墳群 21 号墳 (1317)
404	南谷 29 号墳 (1178)		450	中原古墳群 22 号墳第 1 主体部 (1318)
405	岩井山 2 号墳第 2 主体部 (1191)		451	中原古墳群 22 号墳第 2 主体部 (1319)
406	岩井山 3 号墳 (1192)		452	中原古墳群 23 号墳第 1 主体部 (1320)
407	岩井山 8 号墳第 1 主体部 (1198)		453	中原古墳群 23 号墳第 2 主体部 (1321)
408	宇月原古墳 (1220)		454	中原古墳群 23 号墳第 3 主体部 (1322)
409	広浜古墳 (1223)		455	中原古墳群 24 号墳第 1 主体部 (1323)
410	矢部古墳群 A53 号墳石棺 1 (1227)		456	中原古墳群 24 号墳第 2 主体部 (1324)
411	矢部古墳群 A57 号墳石棺 1 (1228)		457	中原古墳群 28 号墳 (1326)
412	江崎古墳 (1231)		458	中原古墳群 29 号墳 (1327)
413	殿山 9 号墳第 2 主体部 (1238)		459	中原古墳群 30 号墳 (1328)

460	中原古墳群 31 号墳（1329）	506	東台 10 号墳（2248）
461	中原古墳群 34 号墳（1330）	507	東台 13 号墳（2249）
462	中原古墳群 36 号墳（1331）	508	三昧塚古墳（2281）
463	荒神風呂古墳第 2 主体部（1344）	509	堂目木 1 号墳（2286）
464	荒神風呂古墳第 3 主体部（1345）	510	茅山古墳（2317）
465	荒神風呂古墳墳丘外 1 号石棺（1346）	511	中道前 6 号墳（2318）
466	荒神風呂古墳墳丘外 2 号石棺（1347）	512	白方 7 号墳 1 号石棺（2319）
467	竹田 5 号墳中央南石棺（1350）	513	白方 7 号墳 2 号石棺（2320）
468	竹田 5 号墳中央北石棺（1351）	514	白方 13 号墳（2322）
469	竹田 5 号墳東石棺（1353）	515	上の原 1 号墳（2380）
470	竹田 7 号墳（1355）	516	上の原 3 号墳 1 号石棺（2382）
471	養久山 1 号墳第 2 主体部（1357）	517	上の原 4 号墳（2384）
472	養久山 1 号墳第 3 主体部（1358）	518	本屋敷 3 号墳 1 号石棺（2386）
473	養久山 1 号墳第 4 主体部（1359）	519	本屋敷 3 号墳 2 号石棺（2387）
474	養久山 1 号墳第 5 主体部（1360）	520	大之越古墳 2 号石棺（2467）
475	釈迦面山 1 号墳 1 号石棺（1406）	Ⅲ	中国篇
476	釈迦面山 1 号墳 2 号石棺（1407）	521	宴爾龍遺跡遺構配置図
477	釈迦面山 3 号墳（1409）	522	宴爾龍 1 号墓
478	釈迦面山南遺跡 1 号石棺（1410）	523	宴爾龍 2 号墓
479	猪の窪古墳（1563）	524	宴爾龍 3 号墓
480	高野山 1 号墳第 3 主体部（1774）	525	宴爾龍 4 号墓
481	高野山 2 号墳（1775）	526	宴爾龍 5 号墓
482	高野山 4 号墳（1776）	527	宴爾龍 6 号墓
483	油作 1 号墳（1778）	528	宴爾龍 7 号墓
484	経僧塚古墳（1831）	529	宴爾龍 8 号墓
485	龍角寺 101 号墳第 3 主体部（1906）	530	宴爾龍 9 号墓
486	龍角寺 110 号墳（1909）	531	宴爾龍 10 号墓
487	婆里古墳（1928）	532	宴爾龍 11 号墓
488	丸山 11 号墳（1938）	533	岬拉宗遺跡石棺調査区の位置と踏査箇所
489	丸山 13 号墳（1939）	534	岬拉宗遺跡第 2 地点の石棺墓の分布と地形
490	舟塚山古墳陪冢（1962）	535	岬拉宗 1 号墓
491	子子前塚古墳（2011）	536	岬拉宗 2 号墓
492	大生西 14 号墳（2012）	537	岬拉宗 3 号墓
493	桜山古墳（2070）	538	岬拉宗 4 号墓
494	宮中野 84 号墳（2074）	539	岬拉宗 5 号墓
495	稲荷山古墳第 2 主体部（2102）	540	岬拉宗 6 号墓
496	専行寺古墳（2139）	541	岬拉宗 7 号墓
497	中山古墳 1 号石棺（2181）	542	岬拉宗 8 号墓
498	中山古墳 2 号石棺（2182）	543	岬拉宗 9 号墓
499	原 1 号墳（2226）	544	岬拉宗 10 号墓
500	寿行寺古墳（2237）	545	岬拉宗 11 号墓
501	武者塚 2 号墳（2239）	546	岬拉宗 12 号墓
502	石倉山 5 号墳（2240）	547	岬拉宗 13 号墓
503	東台 4 号墳（2244）	548	岬拉宗 14 号墓
504	東台 5 号墳（2245）	549	岬拉宗 15 号墓
505	東台 6 号墳（2246）		

I 弥生時代篇

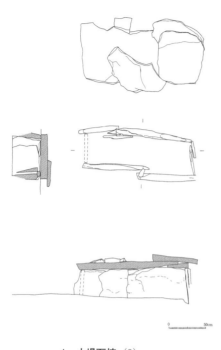

1 小場石棺 (9)

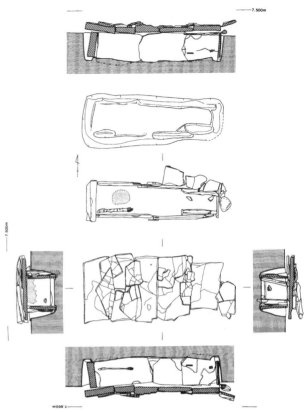

2 門前1号石棺 (20)

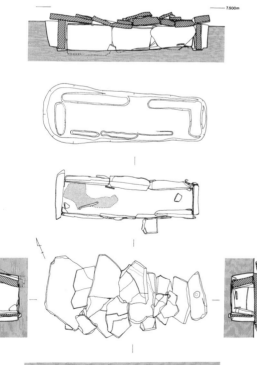

3 門前2号石棺 (21)

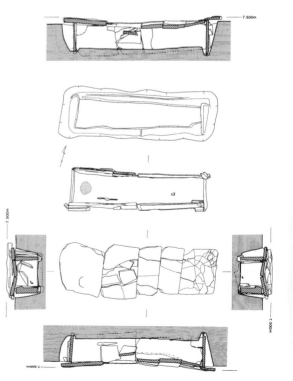

4 門前3号石棺 (22)

箱式石棺実測図（弥生時代篇） 145

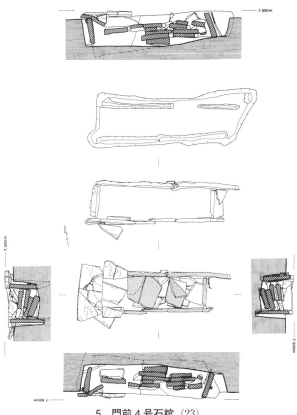

5 門前4号石棺 (23)

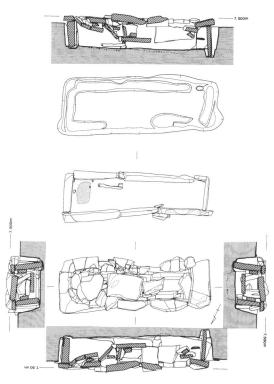

6 門前6号石棺 (25)

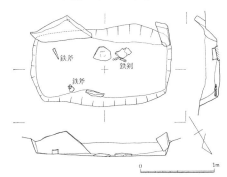

7 佐保浦赤関1号石棺 (33)

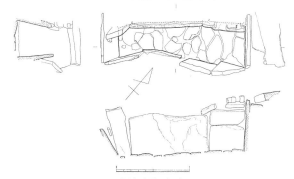

8 唐崎遺跡 (36)

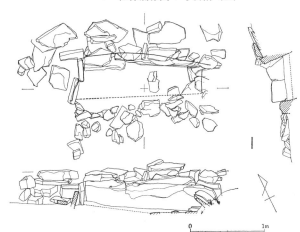

9 ハロウ2号石棺 (43)

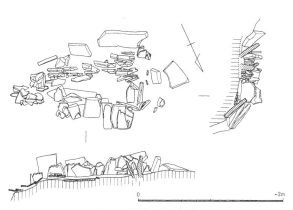

10 西の神様鼻石棺 (46)

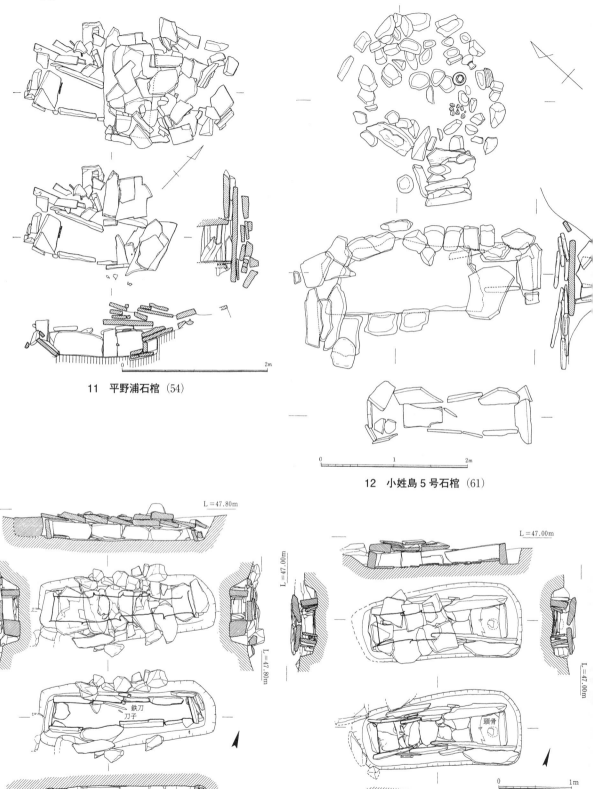

11 平野浦石棺（54）

12 小姓島5号石棺（61）

13 西原SC023（75）

14 西原SC024（76）

箱式石棺実測図（弥生時代篇） 147

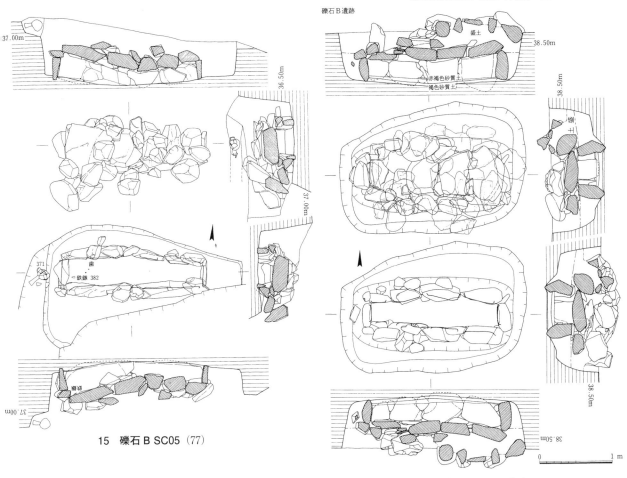

15 礫石B SC05（77）

17 礫石B SC07（79）

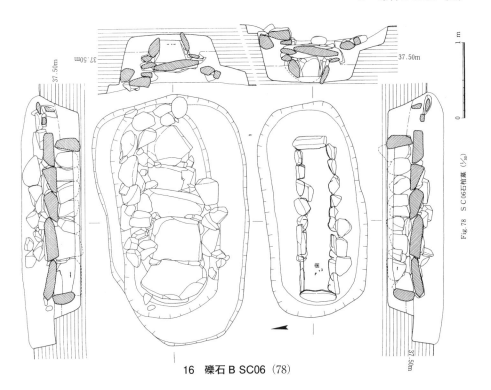

16 礫石B SC06（78）

Fig. 78 SC06石棺墓（1/30）

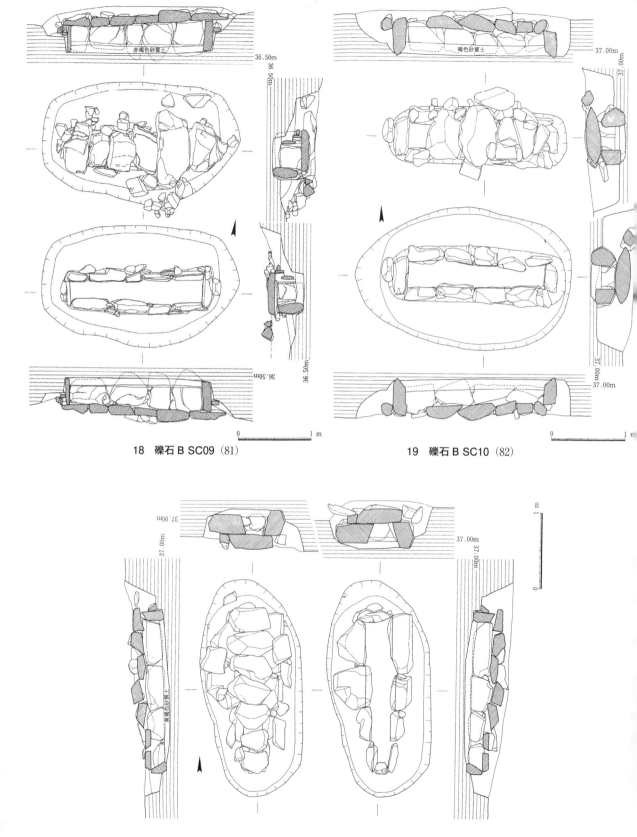

18　礫石 B SC09 (81)

19　礫石 B SC10 (82)

20　礫石 B SC11 (83)

箱式石棺実測図（弥生時代篇） 149

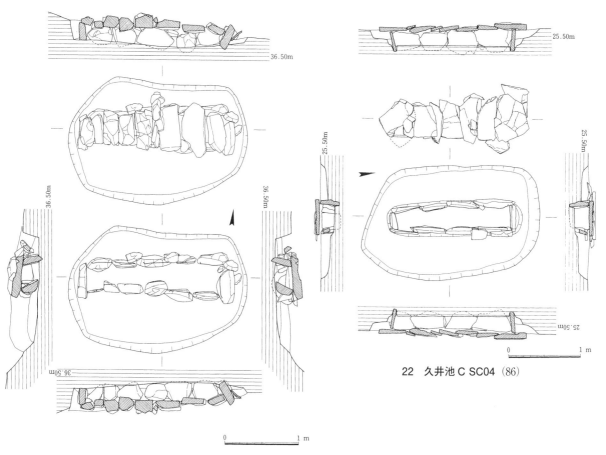

21 礫石 B SC12 (84)

22 久井池 C SC04 (86)

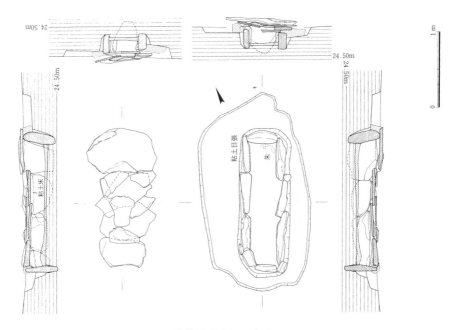

23 久井池 C SC11 (88)

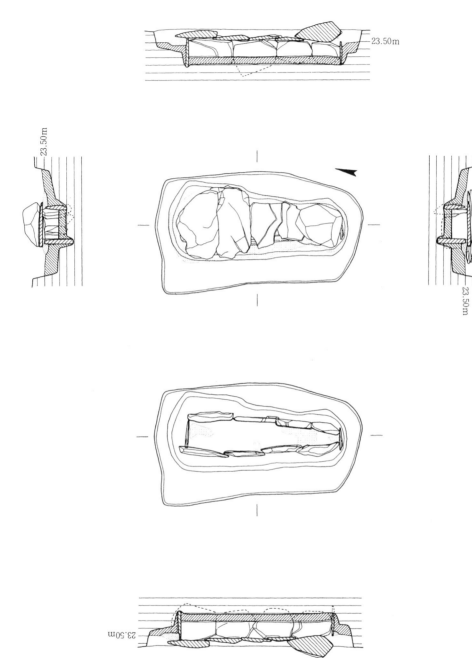

24 志波屋四の坪 SC0276（99）

箱式石棺実測図（弥生時代篇） 151

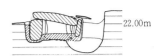
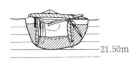
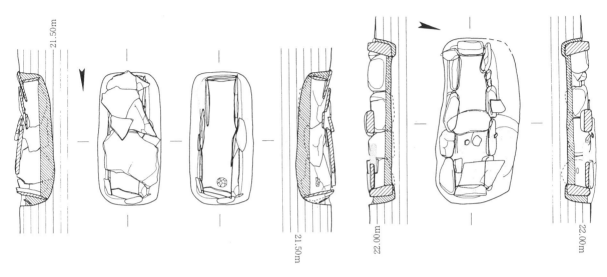

25　志波屋四の坪 SC0856（100）　　　　26　志波屋四の坪 SC0857（101）

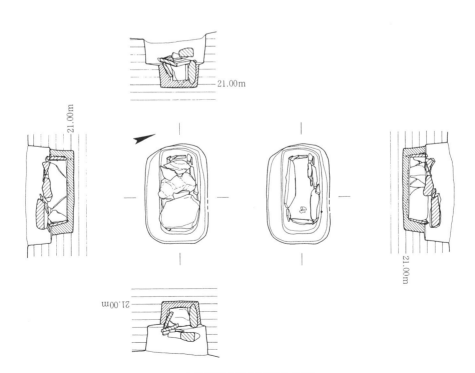

28　志波屋四の坪 SC0994（103）

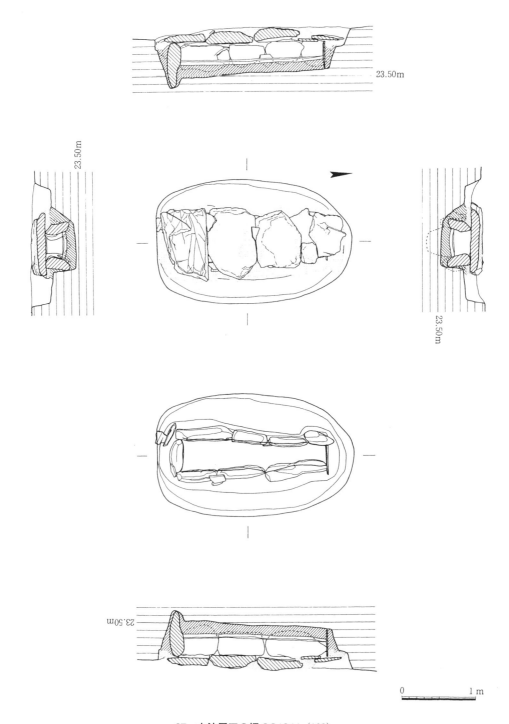

27　志波屋四の坪 SC1344（102）

箱式石棺実測図（弥生時代篇） 153

29 東宮裾 SC024（110）

30 山古賀Ⅰ区 SC006（112）

31 山古賀Ⅰ区 SC007（113）

32 山古賀Ⅰ区 SC010（116）

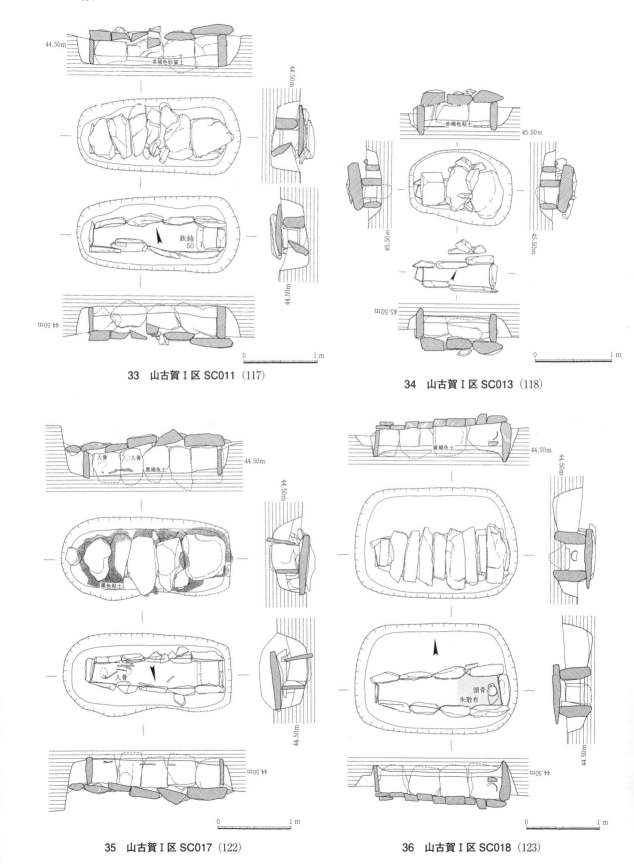

33　山古賀Ⅰ区 SC011（117）　　　　34　山古賀Ⅰ区 SC013（118）

35　山古賀Ⅰ区 SC017（122）　　　　36　山古賀Ⅰ区 SC018（123）

箱式石棺実測図（弥生時代篇） 155

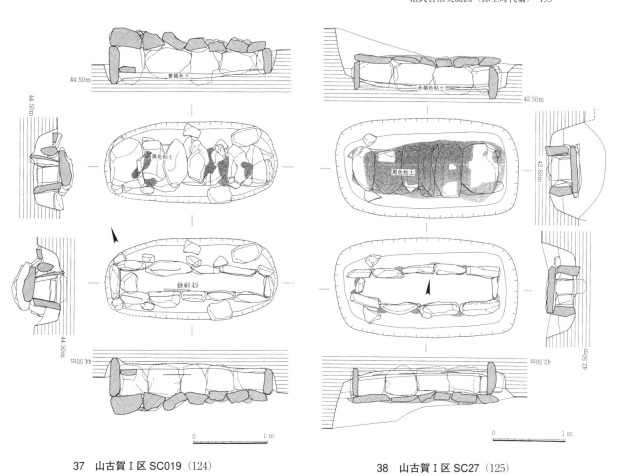

37　山古賀Ⅰ区 SC019（124）　　　　　38　山古賀Ⅰ区 SC27（125）

39　吉野ヶ里Ⅰ区 SC0371（126）

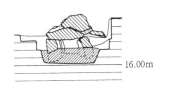
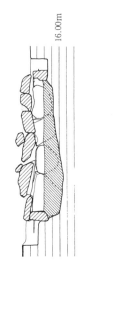
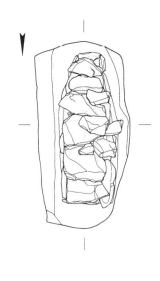
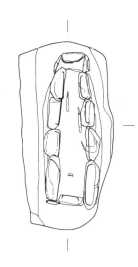
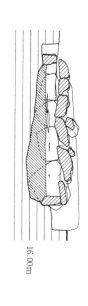
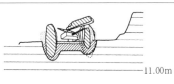

40　吉野ヶ里Ⅰ区 SC0121（127）

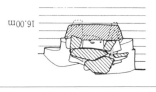
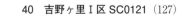
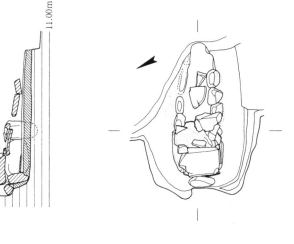
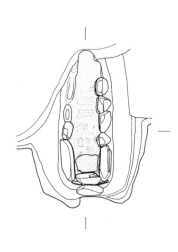
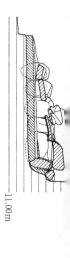
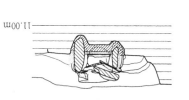

41　吉野ヶ里Ⅲ区 SC0674（128）

箱式石棺実測図（弥生時代篇） 157

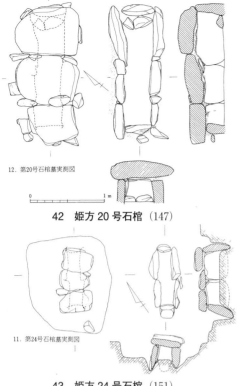

42　姫方 20 号石棺 (147)

43　姫方 24 号石棺 (151)

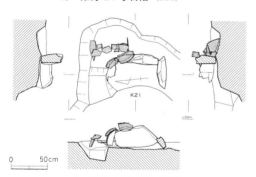

44　藤崎 1 号石棺 (154)

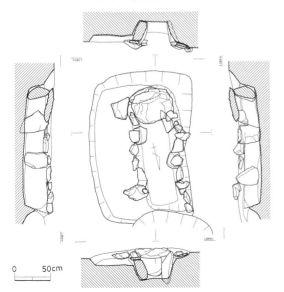

45　藤崎 2 号石棺 (155)

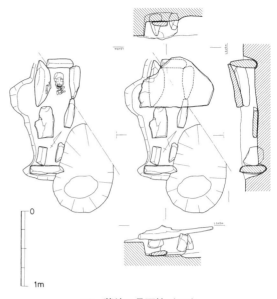

46　藤崎 3 号石棺 (156)

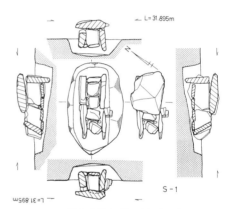

47　野方塚原 1 号石棺 (169)

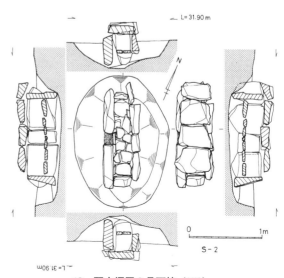

48　野方塚原 2 号石棺 (170)

158

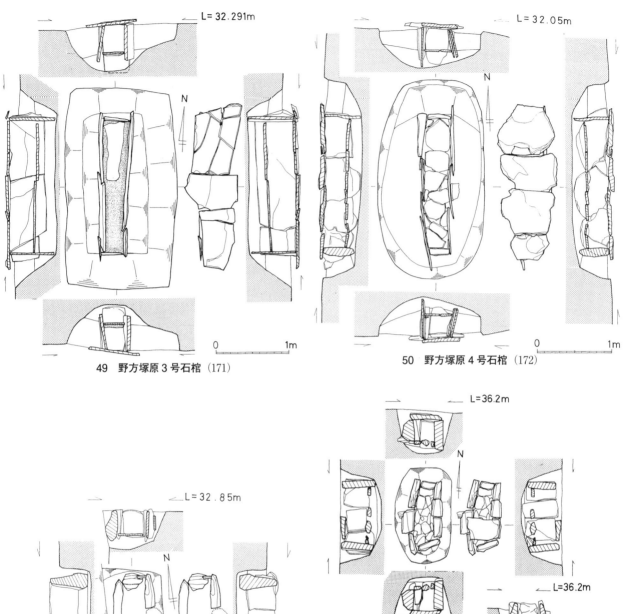

49 野方塚原3号石棺 (171)

50 野方塚原4号石棺 (172)

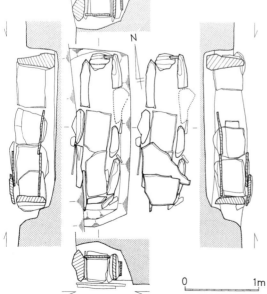

51 野方塚原5号石棺 (173)

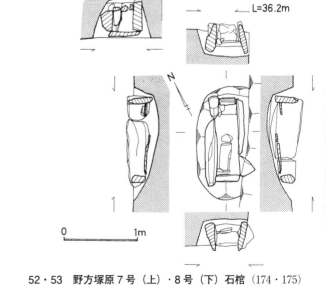

52・53 野方塚原7号（上）・8号（下）石棺 (174・175)

箱式石棺実測図（弥生時代篇） 159

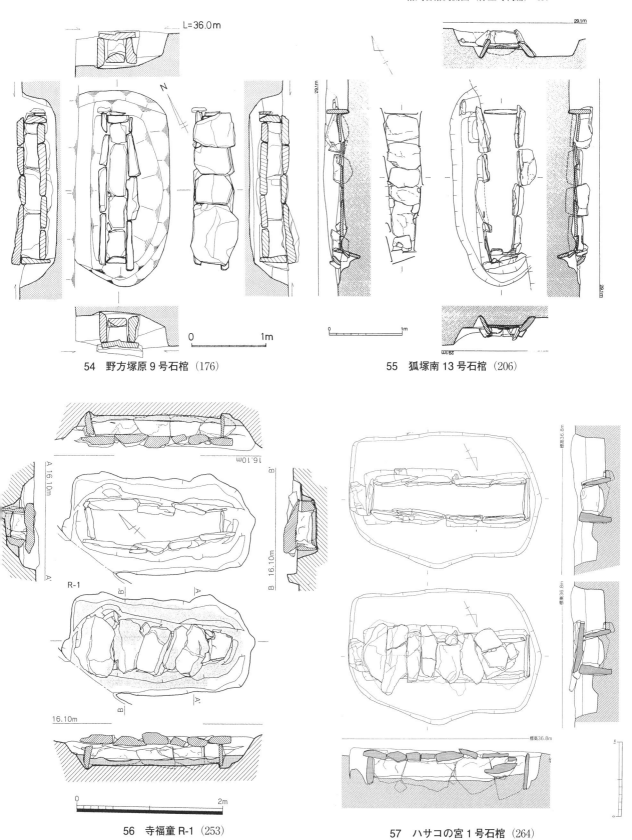

54 野方塚原9号石棺 (176)

55 狐塚南13号石棺 (206)

56 寺福童 R-1 (253)

57 ハサコの宮1号石棺 (264)

160

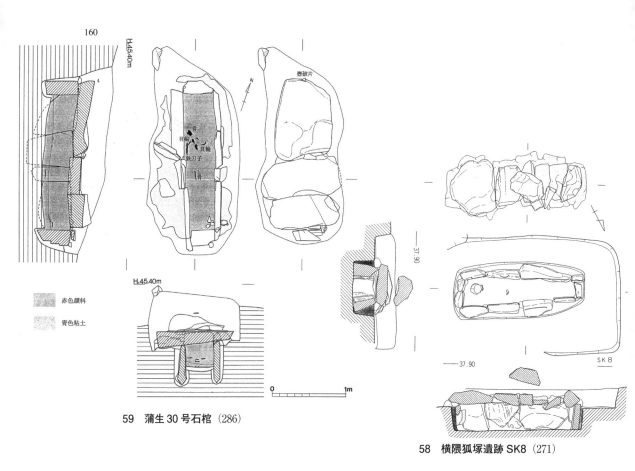

59 蒲生30号石棺 (286)

58 横隈狐塚遺跡 SK8 (271)

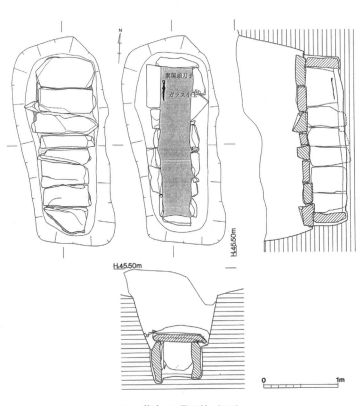

60 蒲生34号石棺 (287)

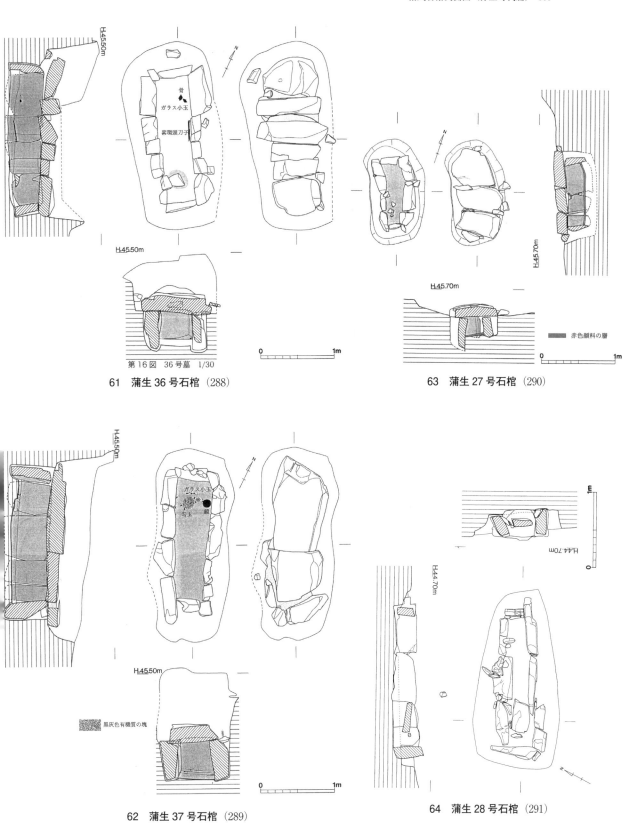

61 蒲生36号石棺 (288)

63 蒲生27号石棺 (290)

62 蒲生37号石棺 (289)

64 蒲生28号石棺 (291)

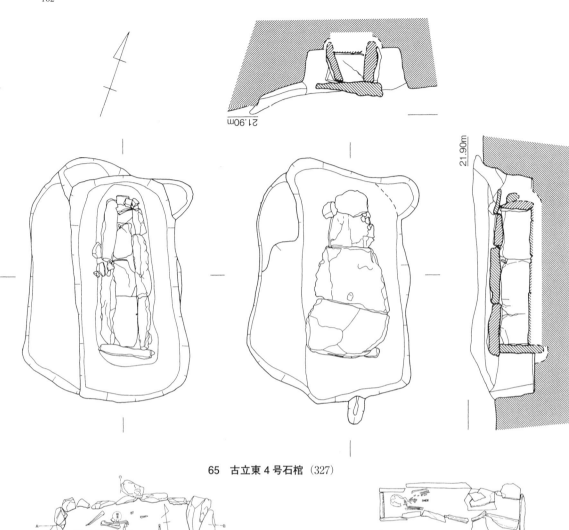

65 古立東4号石棺 (327)

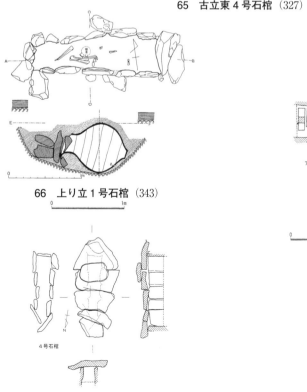

66 上り立1号石棺 (343)

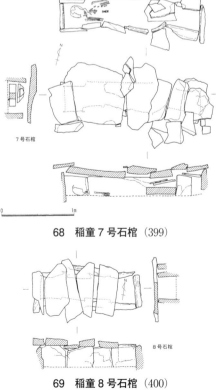

68 稲童7号石棺 (399)

67 稲童4号石棺 (396)

69 稲童8号石棺 (400)

箱式石棺実測図（弥生時代篇） 163

70　下稗田 H-3 石棺 （408）

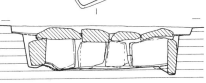

71　下稗田 H-5 石棺 （410）

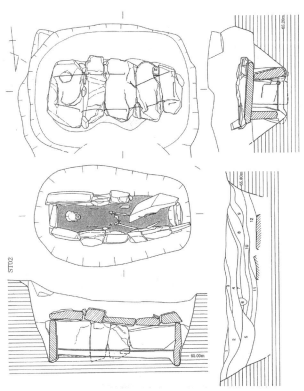

72　古坊遺跡 ST02 （416）

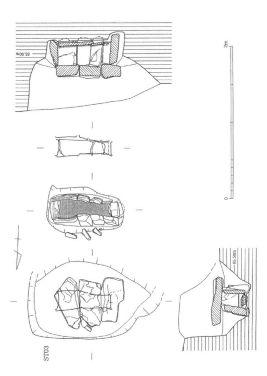

73　古坊遺跡 ST03 （417）

164

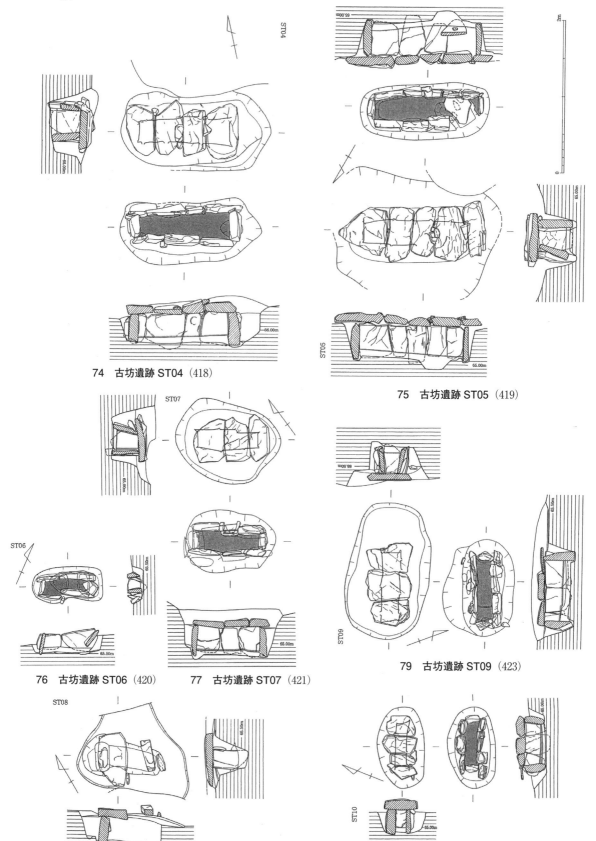

74 　古坊遺跡 ST04（418）

75 　古坊遺跡 ST05（419）

76 　古坊遺跡 ST06（420）　　77 　古坊遺跡 ST07（421）

79 　古坊遺跡 ST09（423）

78 　古坊遺跡 ST08（422）

80 　古坊遺跡 ST10（424）

箱式石棺実測図（弥生時代篇） 165

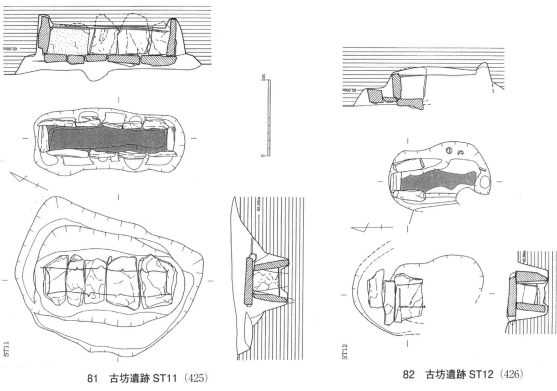

81 古坊遺跡 ST11 (425)

82 古坊遺跡 ST12 (426)

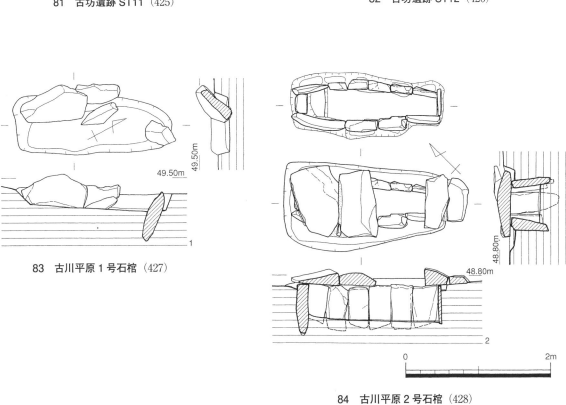

83 古川平原 1 号石棺 (427)

84 古川平原 2 号石棺 (428)

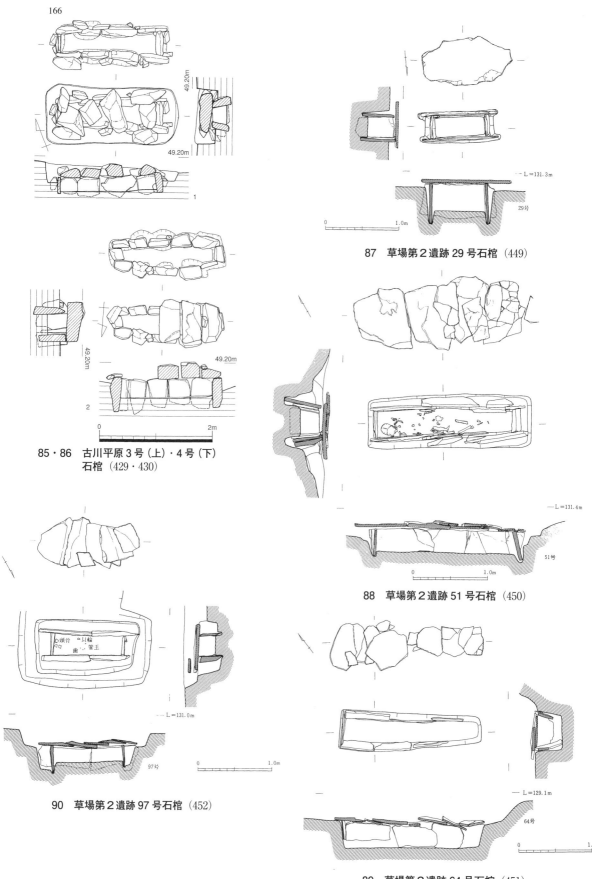

85・86 古川平原3号(上)・4号(下)石棺 (429・430)

87 草場第2遺跡29号石棺 (449)

88 草場第2遺跡51号石棺 (450)

90 草場第2遺跡97号石棺 (452)

89 草場第2遺跡64号石棺 (451)

箱式石棺実測図（弥生時代篇） 167

92 草場第2遺跡 150号石棺（455）

91 草場第2遺跡 149号石棺（454）

94 朝田第Ⅱ地区 4号石棺（460）

93 朝田第Ⅱ地区 3号石棺（459）

95 朝田第Ⅱ地区 5号石棺（461）

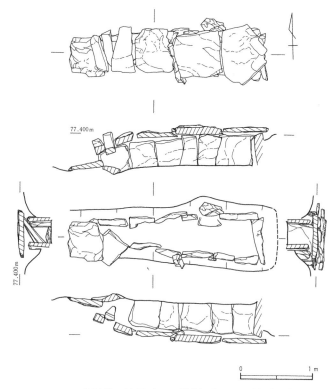

96　朝田第Ⅱ地区（1983報告）第1号石棺（464）

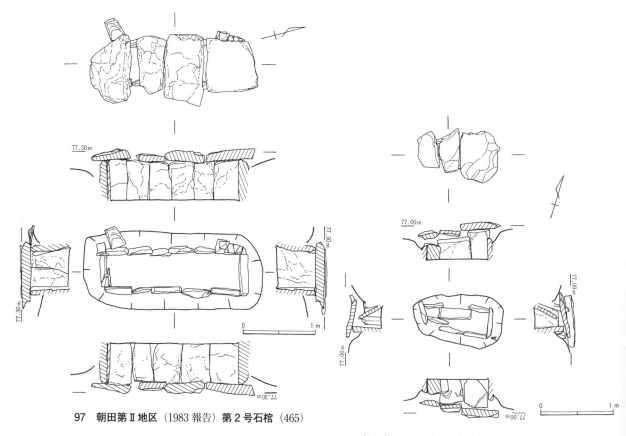

97　朝田第Ⅱ地区（1983報告）第2号石棺（465）

98　朝田第Ⅱ地区（1983報告）第3号石棺（466）

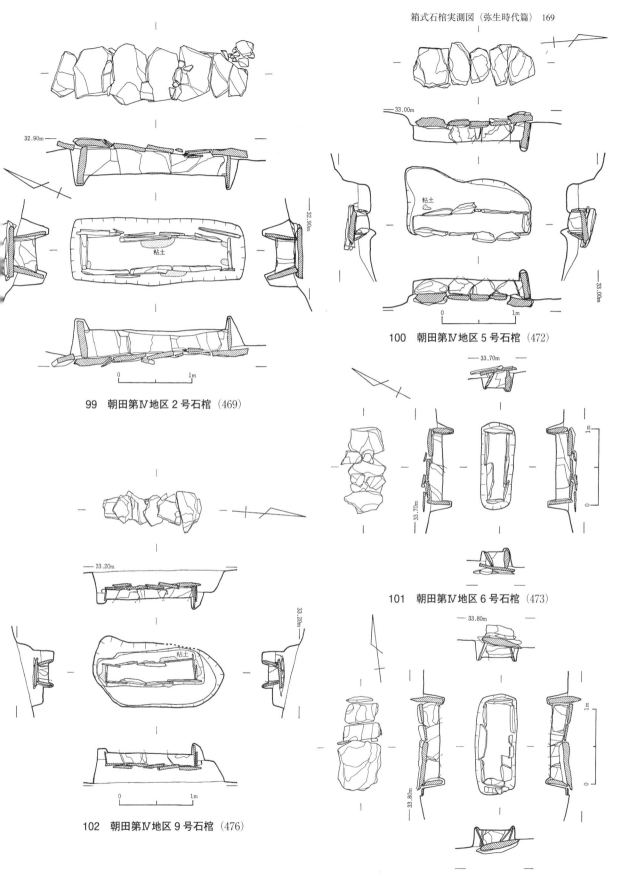

99　朝田第Ⅳ地区2号石棺（469）

100　朝田第Ⅳ地区5号石棺（472）

101　朝田第Ⅳ地区6号石棺（473）

102　朝田第Ⅳ地区9号石棺（476）

103　朝田第Ⅳ地区10号石棺（477）

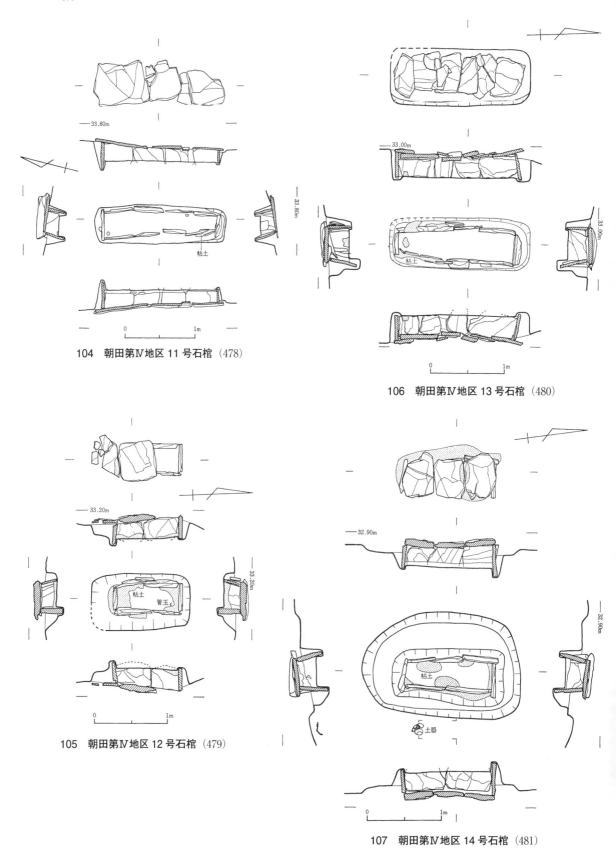

104 朝田第Ⅳ地区 11 号石棺 (478)

105 朝田第Ⅳ地区 12 号石棺 (479)

106 朝田第Ⅳ地区 13 号石棺 (480)

107 朝田第Ⅳ地区 14 号石棺 (481)

箱式石棺実測図（弥生時代篇） 171

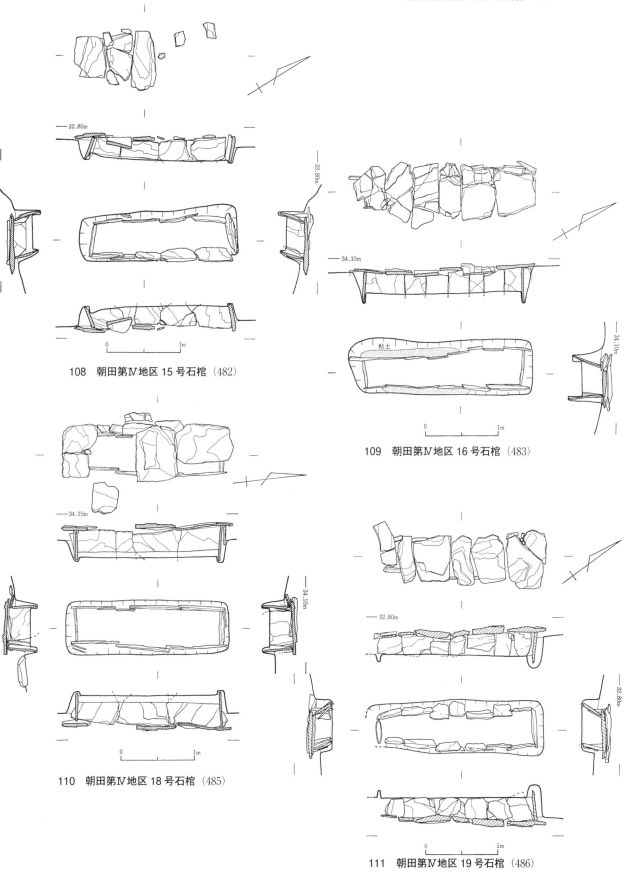

108　朝田第Ⅳ地区 15 号石棺（482）

109　朝田第Ⅳ地区 16 号石棺（483）

110　朝田第Ⅳ地区 18 号石棺（485）

111　朝田第Ⅳ地区 19 号石棺（486）

172

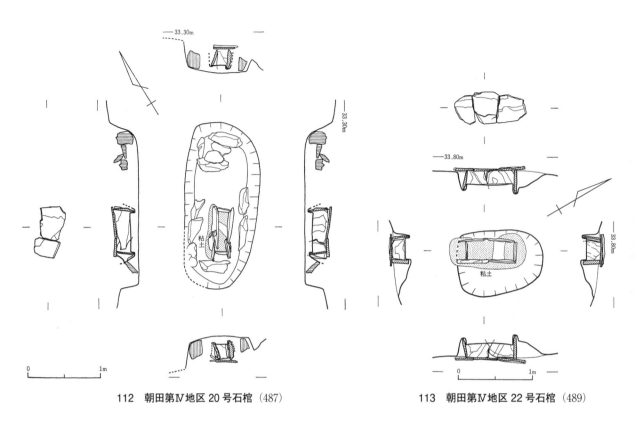

112　朝田第Ⅳ地区20号石棺（487）　　　　113　朝田第Ⅳ地区22号石棺（489）

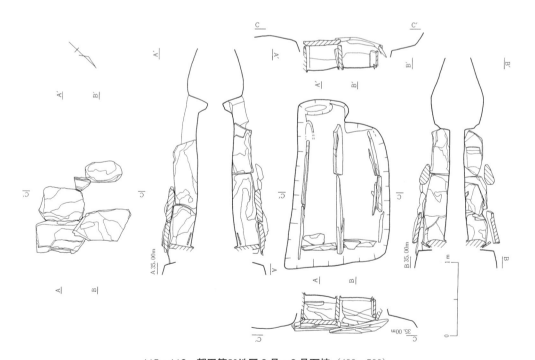

115・116　朝田第Ⅴ地区8号・9号石棺（499・500）

箱式石棺実測図（弥生時代篇） 173

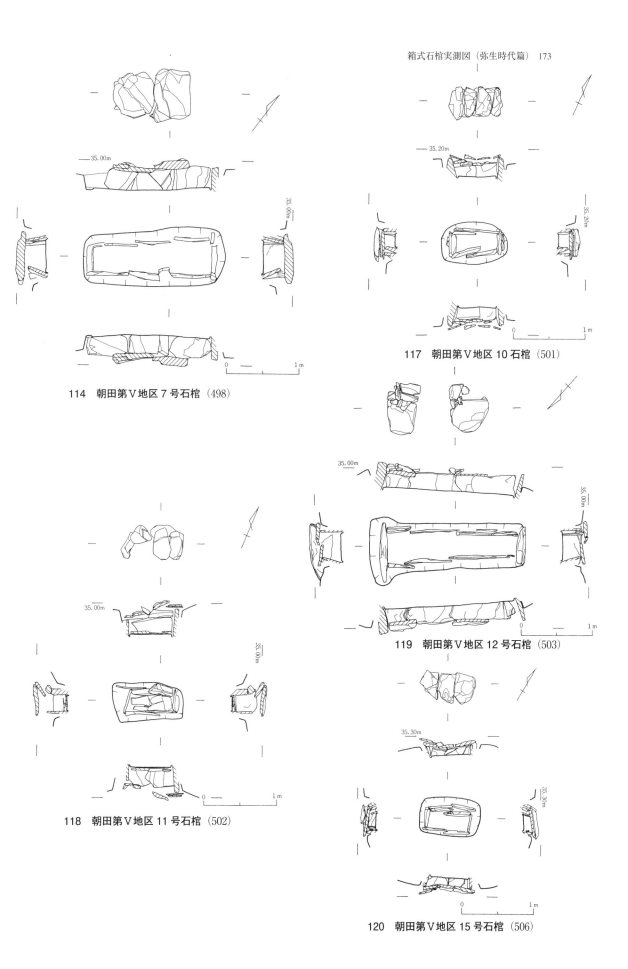

114　朝田第Ⅴ地区 7 号石棺（498）

117　朝田第Ⅴ地区 10 石棺（501）

118　朝田第Ⅴ地区 11 号石棺（502）

119　朝田第Ⅴ地区 12 号石棺（503）

120　朝田第Ⅴ地区 15 号石棺（506）

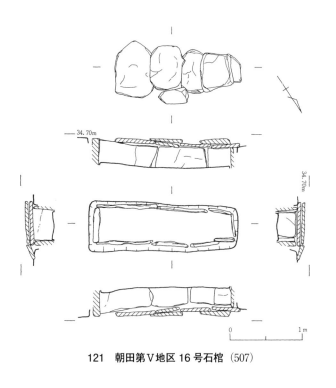

121 朝田第Ⅴ地区 16 号石棺（507）

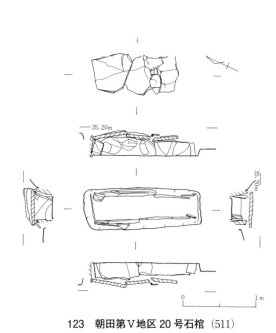

123 朝田第Ⅴ地区 20 号石棺（511）

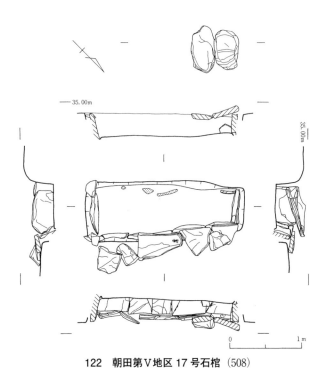

122 朝田第Ⅴ地区 17 号石棺（508）

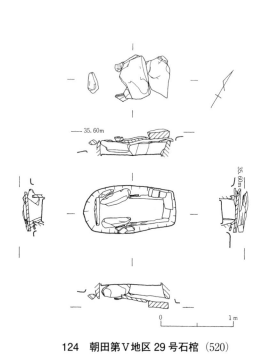

124 朝田第Ⅴ地区 29 号石棺（520）

箱式石棺実測図（弥生時代篇） 175

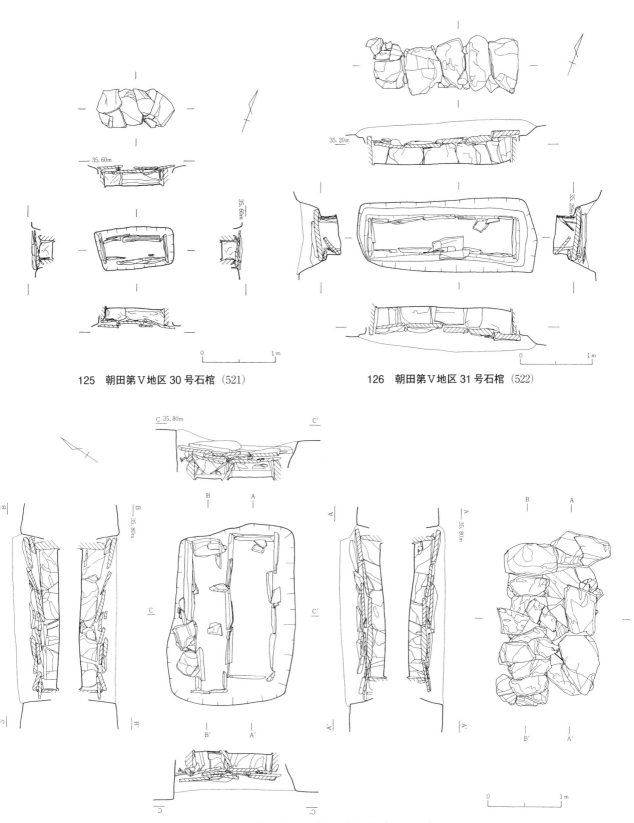

125　朝田第Ⅴ地区 30 号石棺 （521）

126　朝田第Ⅴ地区 31 号石棺 （522）

127・128　朝田第Ⅴ地区 33 号・34 号石棺 （524・525）

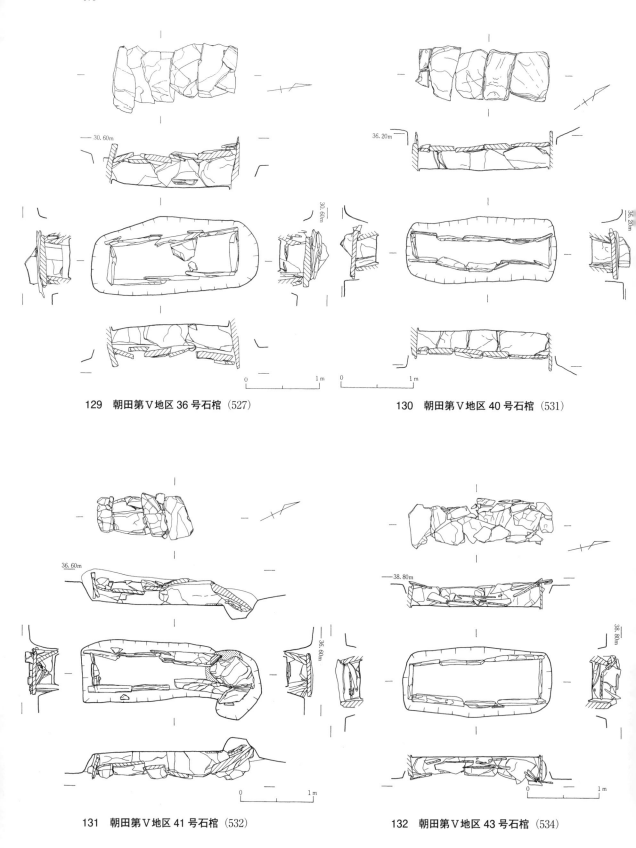

129　朝田第Ⅴ地区 36 号石棺（527）

130　朝田第Ⅴ地区 40 号石棺（531）

131　朝田第Ⅴ地区 41 号石棺（532）

132　朝田第Ⅴ地区 43 号石棺（534）

箱式石棺実測図（弥生時代篇） 177

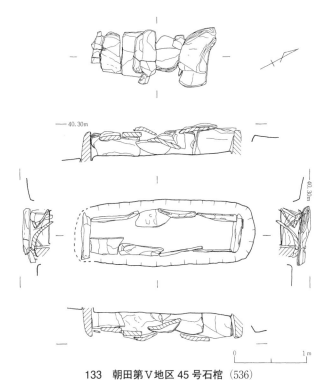

133　朝田第Ⅴ地区45号石棺（536）

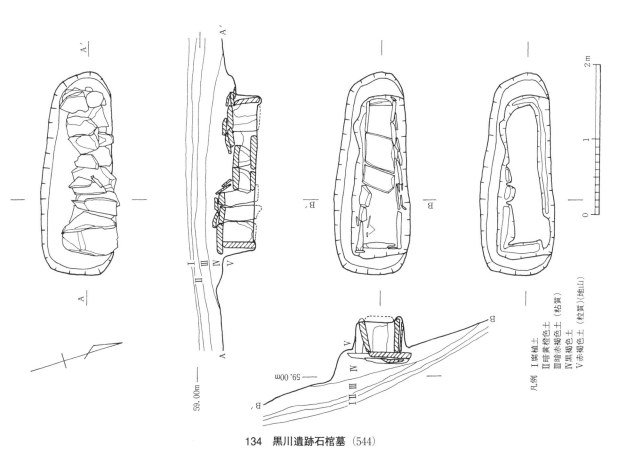

134　黒川遺跡石棺墓（544）

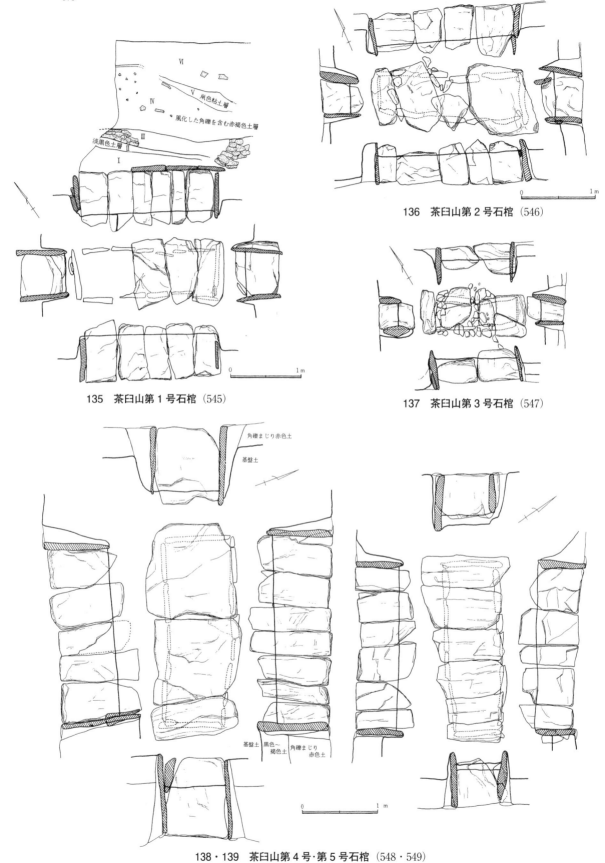

135 茶臼山第1号石棺（545）

136 茶臼山第2号石棺（546）

137 茶臼山第3号石棺（547）

138・139 茶臼山第4号・第5号石棺（548・549）

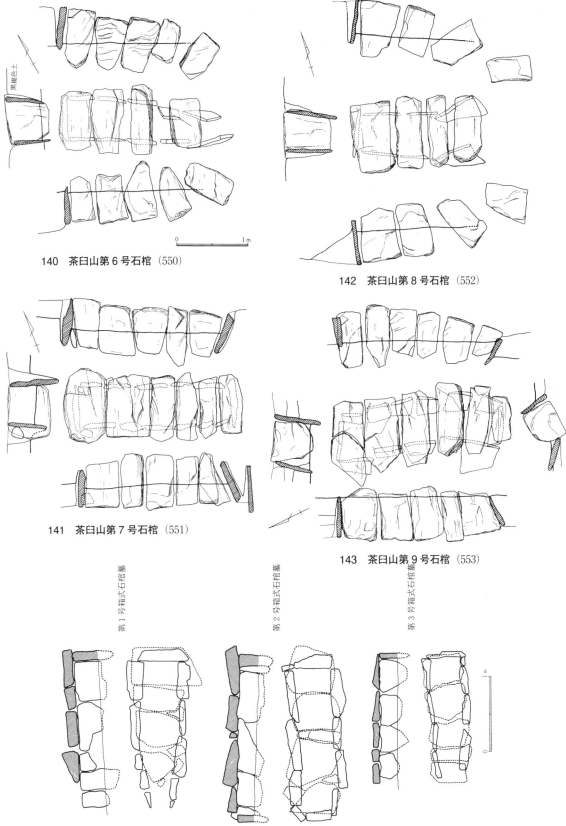

140 茶臼山第6号石棺（550）

142 茶臼山第8号石棺（552）

141 茶臼山第7号石棺（551）

143 茶臼山第9号石棺（553）

144・145・146 丸山遺跡40-1号・2号・3号石棺（555・556・557）

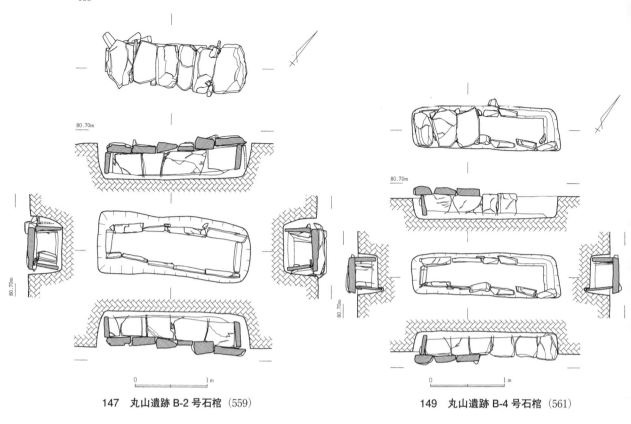

147　丸山遺跡 B-2 号石棺（559）　　　　　149　丸山遺跡 B-4 号石棺（561）

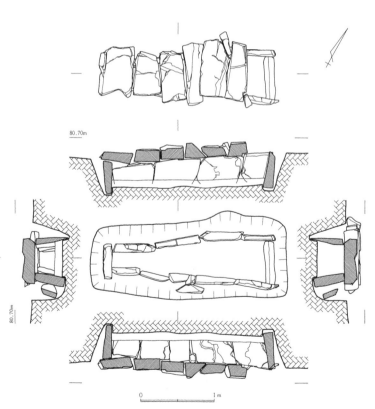

148　丸山遺跡 B-3 号石棺（560）

箱式石棺実測図（弥生時代篇） 181

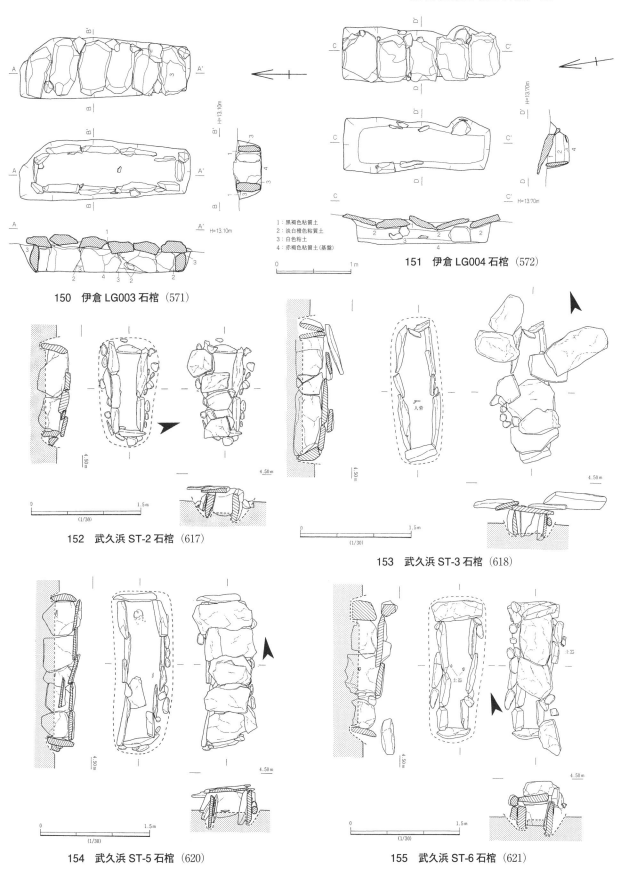

1：黒褐色粘質土
2：淡白橙色粘質土
3：白色粘土
4：赤褐色粘質土（基盤）

150　伊倉LG003石棺（571）

151　伊倉LG004石棺（572）

152　武久浜ST-2石棺（617）

153　武久浜ST-3石棺（618）

154　武久浜ST-5石棺（620）

155　武久浜ST-6石棺（621）

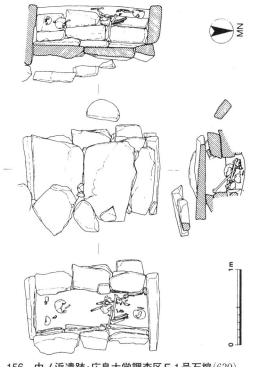

156 中ノ浜遺跡・広島大学調査区 E-1 号石棺 (630)

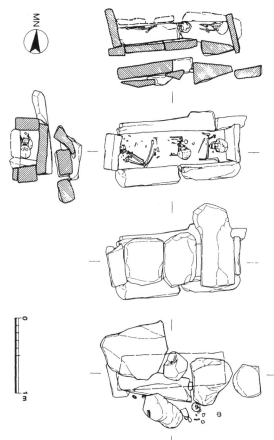

157 中ノ浜遺跡・広島大学調査区 E-2 号石棺 (631)

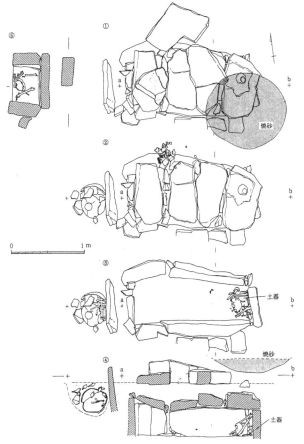

159 中ノ浜遺跡・東京教育大学調査区 2 号石棺 (638)

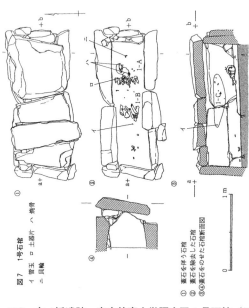

158 中ノ浜遺跡・東京教育大学調査区 1 号石棺 (637)

箱式石棺実測図（弥生時代篇） 183

160 中ノ浜遺跡・東京教育大学調査区 3 号石棺 (639)

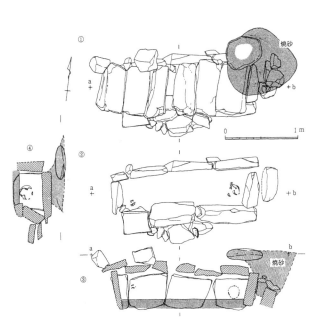

161 中ノ浜遺跡・東京教育大学調査区 6 号石棺 (640)

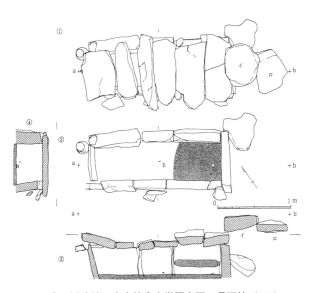

162 中ノ浜遺跡・東京教育大学調査区 7 号石棺 (641)

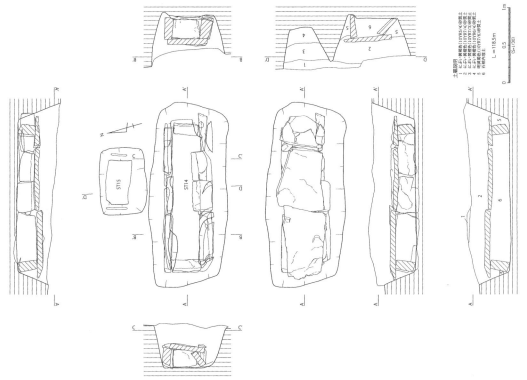

163 坊主山遺跡 ST14 石棺 (642)

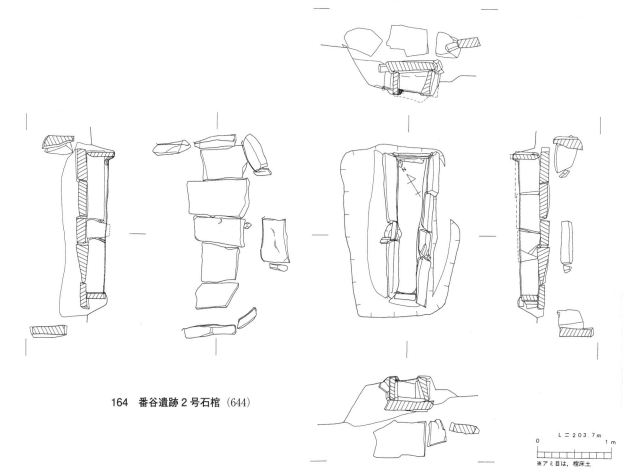

164 番谷遺跡 2 号石棺 (644)

箱式石棺実測図（弥生時代篇） 185

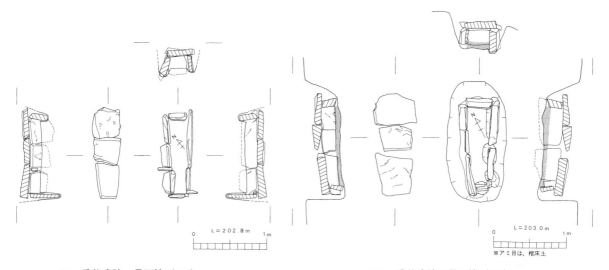

165　番谷遺跡3号石棺（645）

166　番谷遺跡4号石棺（646）

167　番谷遺跡5号石棺（647）

168　番谷遺跡6号石棺（648）

186

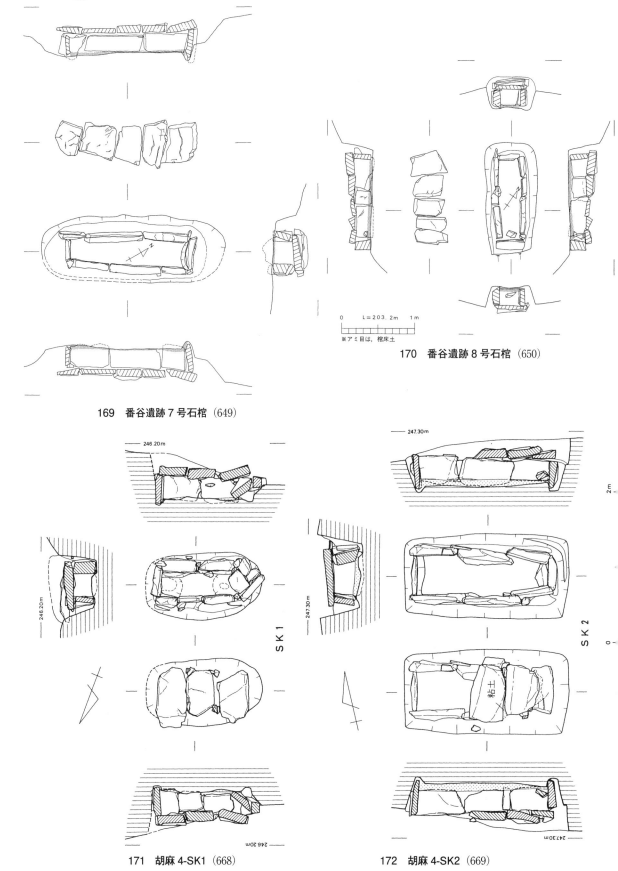

169 番谷遺跡7号石棺（649）

170 番谷遺跡8号石棺（650）

171 胡麻4-SK1（668）

172 胡麻4-SK2（669）

箱式石棺実測図（弥生時代篇） 187

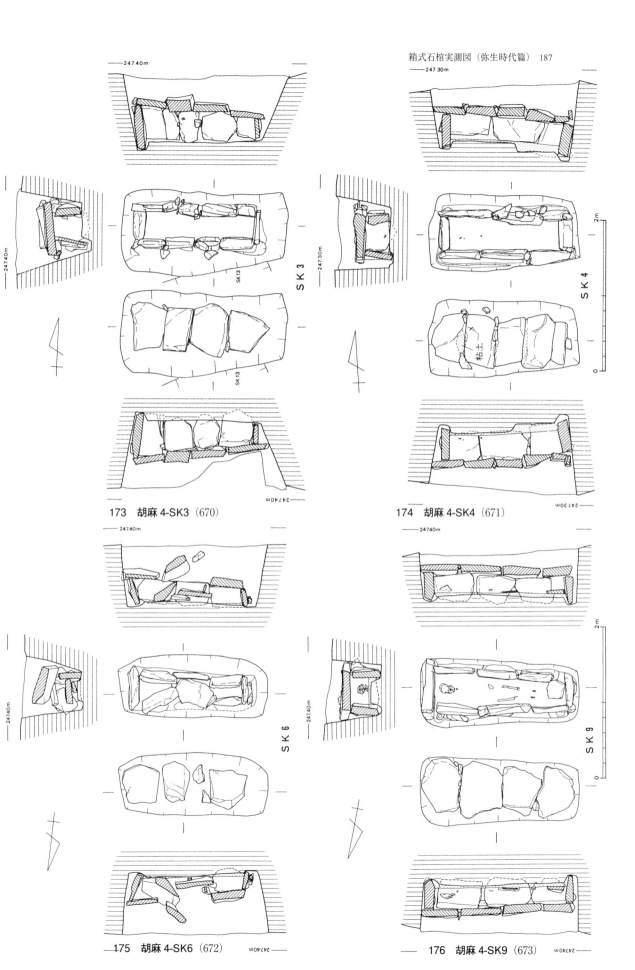

173　胡麻 4-SK3（670）

174　胡麻 4-SK4（671）

175　胡麻 4-SK6（672）

176　胡麻 4-SK9（673）

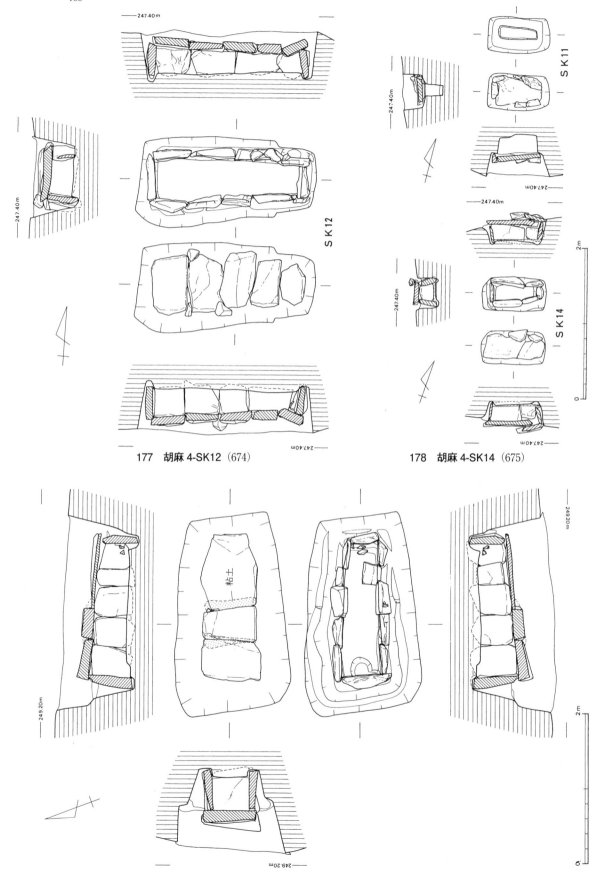

177 胡麻 4-SK12 (674)

178 胡麻 4-SK14 (675)

179 胡麻 5-1-SK5 (680)

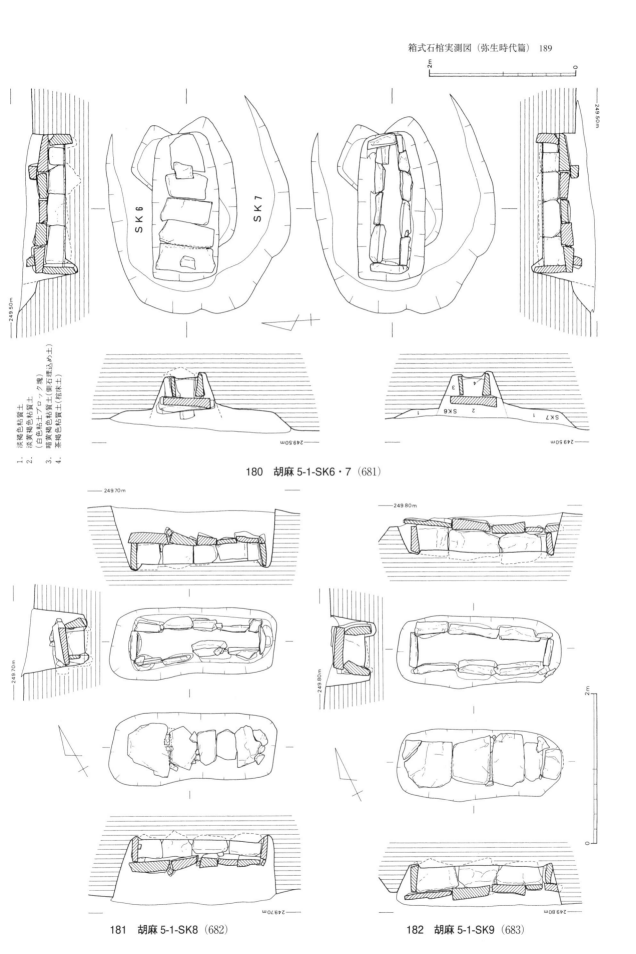

180 胡麻 5-1-SK6・7 (681)

181 胡麻 5-1-SK8 (682)　　182 胡麻 5-1-SK9 (683)

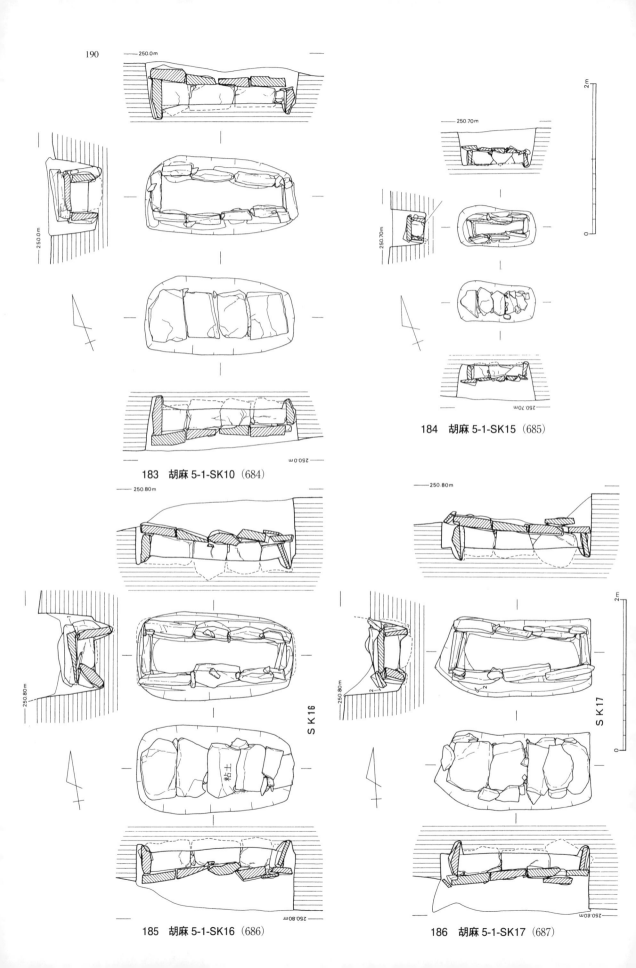

183 胡麻 5-1-SK10 (684)

184 胡麻 5-1-SK15 (685)

185 胡麻 5-1-SK16 (686)

186 胡麻 5-1-SK17 (687)

箱式石棺実測図（弥生時代篇） 191

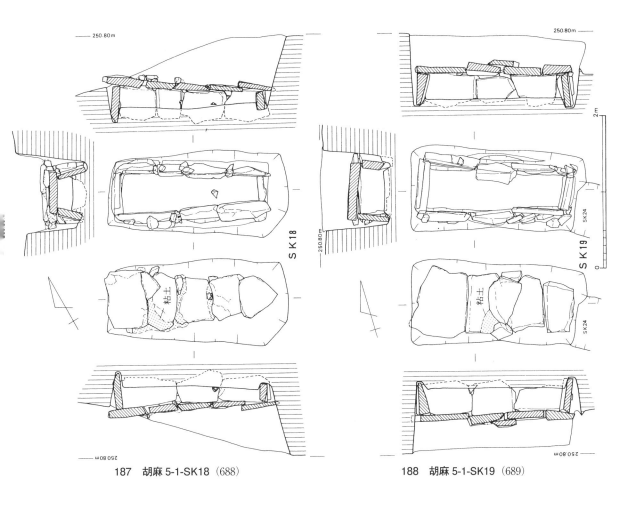

187 胡麻 5-1-SK18（688）

188 胡麻 5-1-SK19（689）

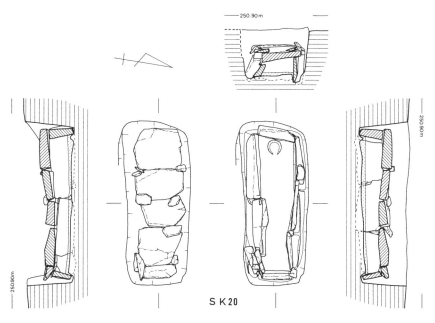

189 胡麻 5-1-SK20（690）

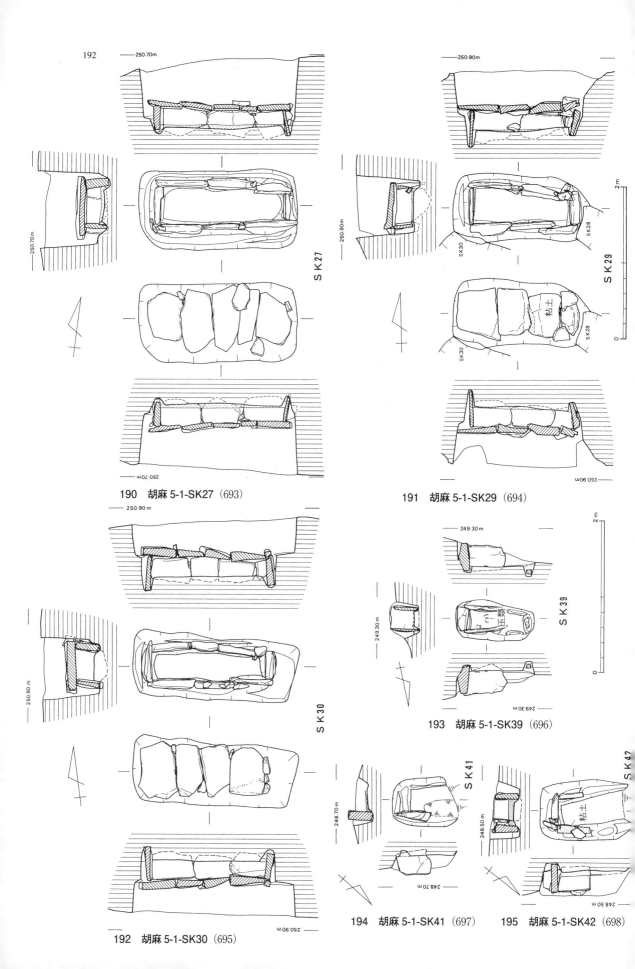

190 胡麻 5-1-SK27 (693)
191 胡麻 5-1-SK29 (694)
192 胡麻 5-1-SK30 (695)
193 胡麻 5-1-SK39 (696)
194 胡麻 5-1-SK41 (697)
195 胡麻 5-1-SK42 (698)

箱式石棺実測図（弥生時代篇） 193

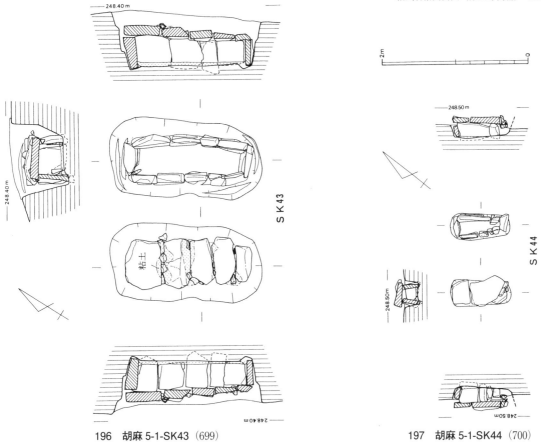

196　胡麻 5-1-SK43（699）

197　胡麻 5-1-SK44（700）

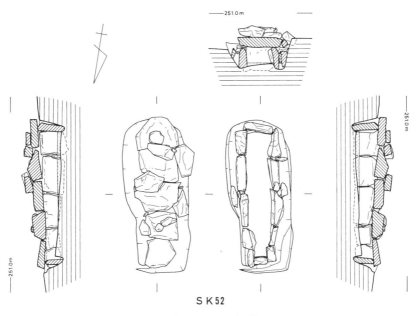

SK52

198　胡麻 5-2-SK52（702）

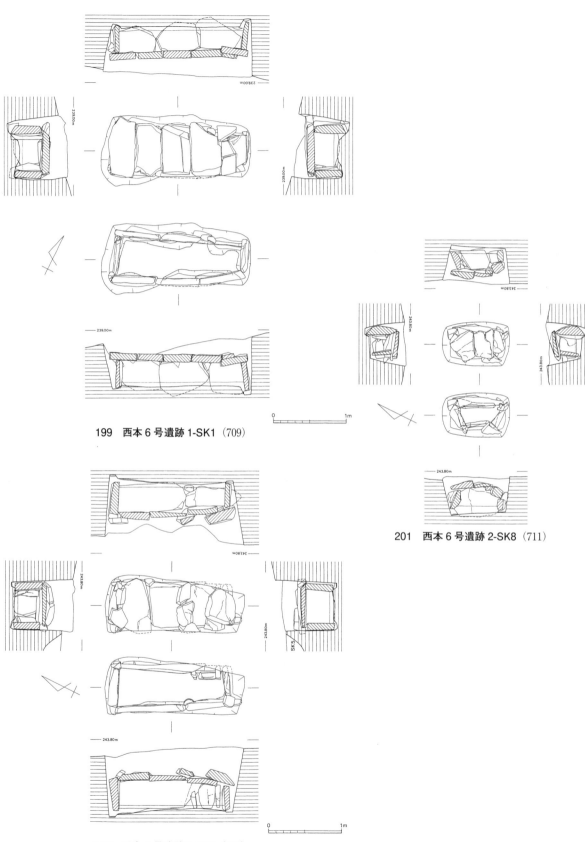

199　西本6号遺跡1-SK1（709）

201　西本6号遺跡2-SK8（711）

200　西本6号遺跡2-SK7（710）

箱式石棺実測図（弥生時代篇） 195

202 西本6号遺跡2-SK12（712）

203 西本6号遺跡5-a-SK54（714）

204 西本6号遺跡5-a-SK60（716）

205 西本6号遺跡5-a-SK62（717）

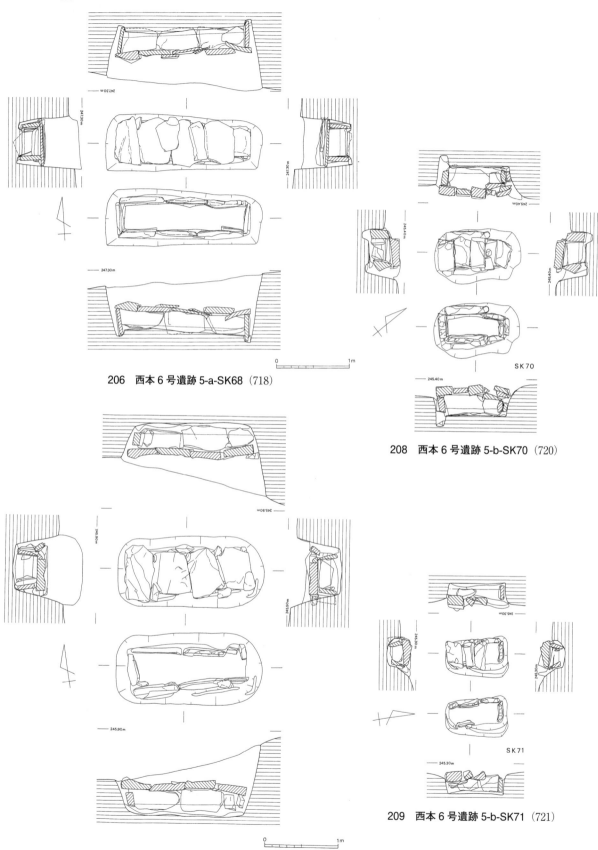

206 西本6号遺跡 5-a-SK68 (718)

207 西本6号遺跡 5-b-SK69 (719)

208 西本6号遺跡 5-b-SK70 (720)

209 西本6号遺跡 5-b-SK71 (721)

箱式石棺実測図（弥生時代篇） 197

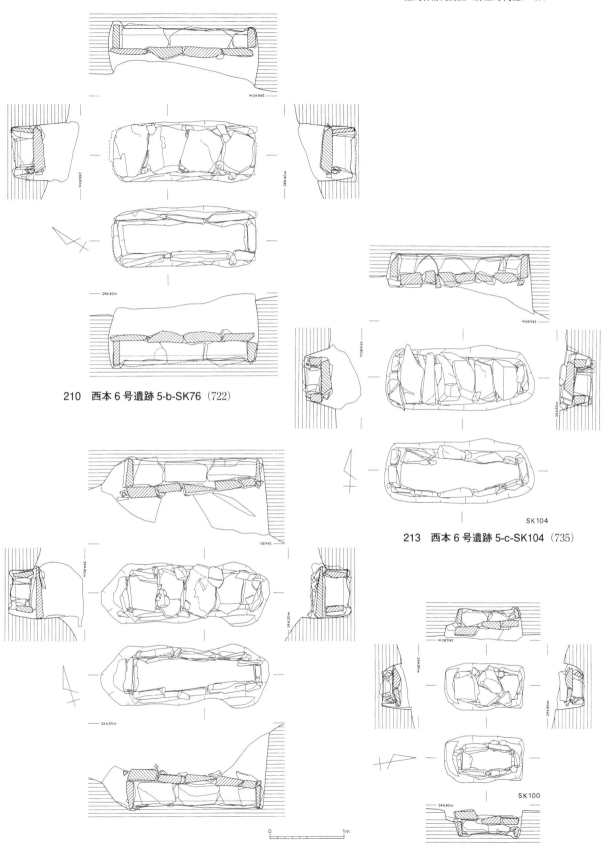

210 西本6号遺跡 5-b-SK76（722）

211 西本6号遺跡 5-c-SK99（731）

212 西本6号遺跡 5-c-SK100（732）

213 西本6号遺跡 5-c-SK104（735）

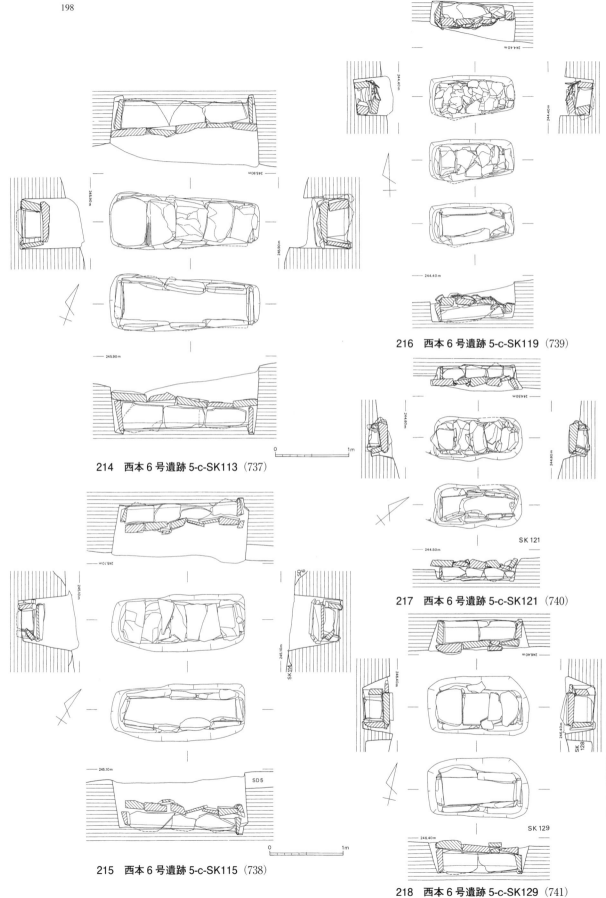

214 西本6号遺跡 5-c-SK113 (737)

215 西本6号遺跡 5-c-SK115 (738)

216 西本6号遺跡 5-c-SK119 (739)

217 西本6号遺跡 5-c-SK121 (740)

218 西本6号遺跡 5-c-SK129 (741)

箱式石棺実測図（弥生時代篇） 199

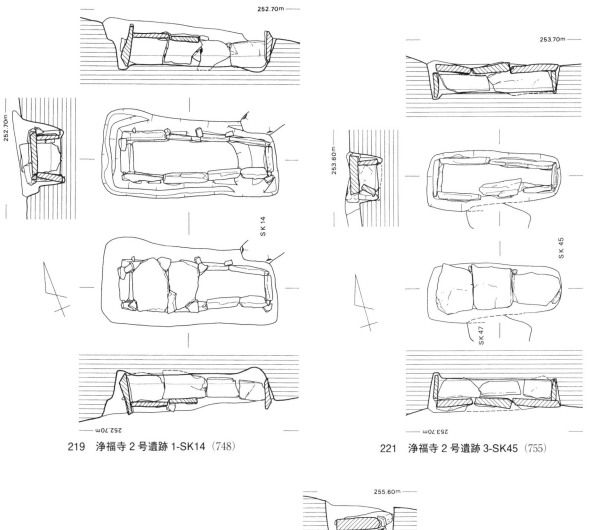

219　浄福寺2号遺跡1-SK14（748）

221　浄福寺2号遺跡3-SK45（755）

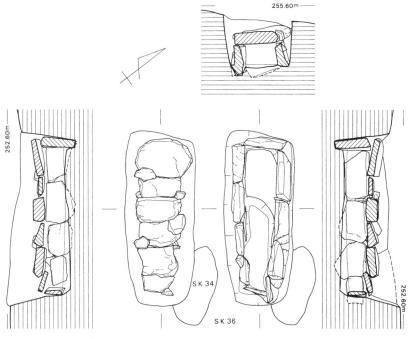

220　浄福寺2号遺跡3-SK36（751）

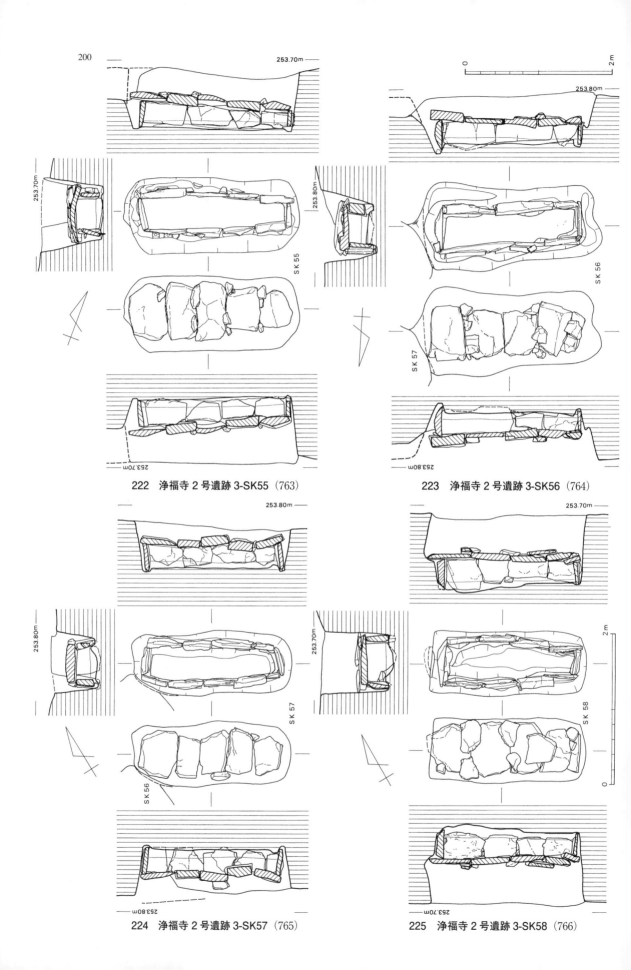

222 浄福寺2号遺跡3-SK55（763）　　223 浄福寺2号遺跡3-SK56（764）

224 浄福寺2号遺跡3-SK57（765）　　225 浄福寺2号遺跡3-SK58（766）

箱式石棺実測図（弥生時代篇） 201

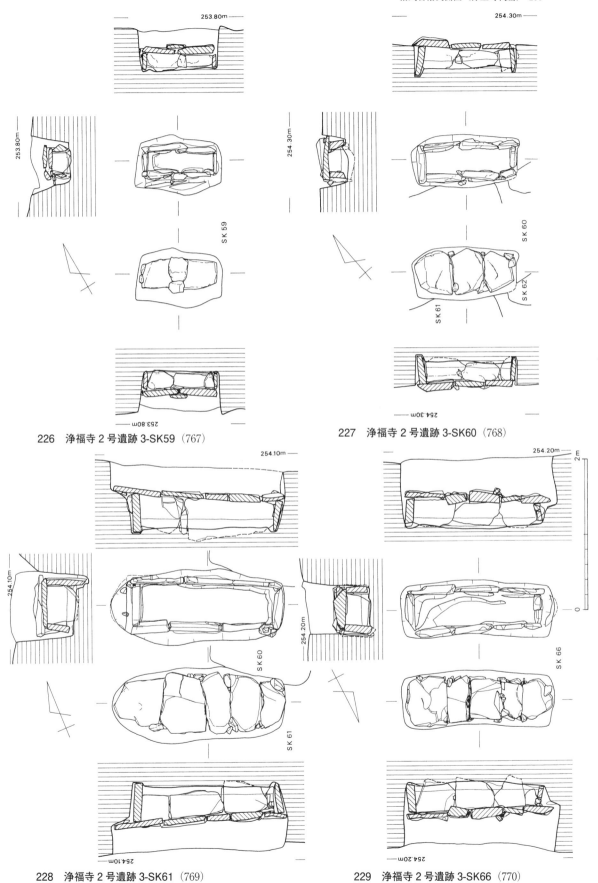

226　浄福寺2号遺跡3-SK59（767）

227　浄福寺2号遺跡3-SK60（768）

228　浄福寺2号遺跡3-SK61（769）

229　浄福寺2号遺跡3-SK66（770）

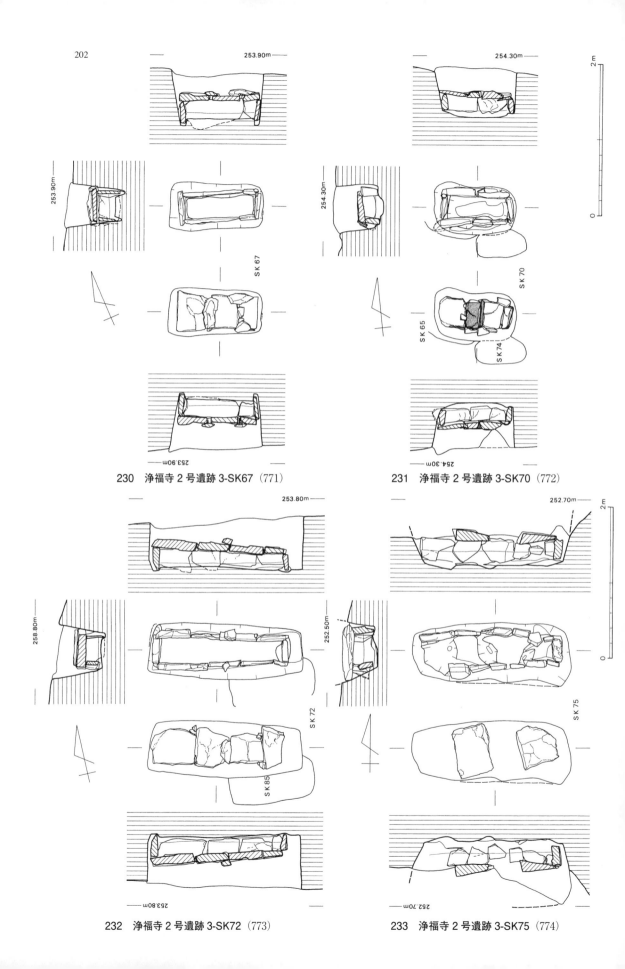

230 浄福寺2号遺跡3-SK67（771）　　231 浄福寺2号遺跡3-SK70（772）

232 浄福寺2号遺跡3-SK72（773）　　233 浄福寺2号遺跡3-SK75（774）

箱式石棺実測図（弥生時代篇） 203

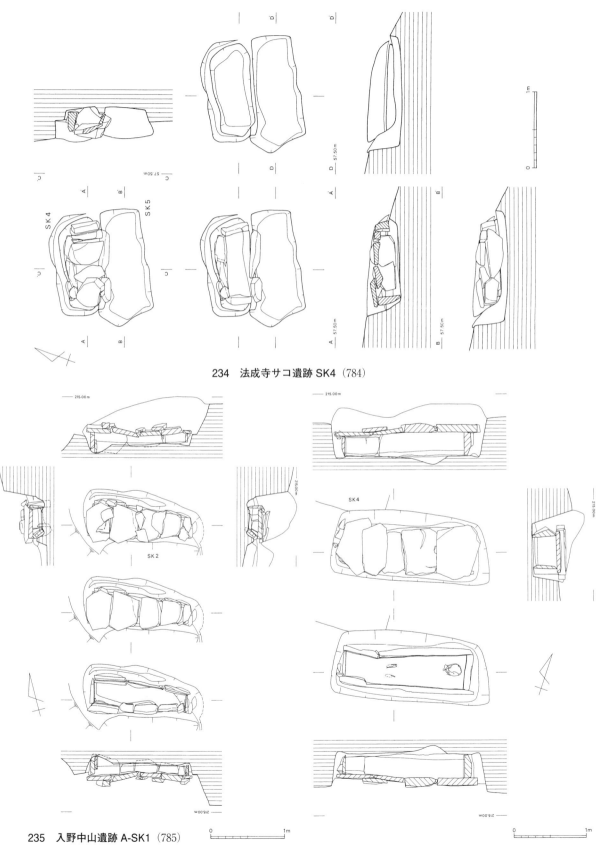

234 法成寺サコ遺跡 SK4 (784)

235 入野中山遺跡 A-SK1 (785)

236 入野中山遺跡 A-SK11 (791)

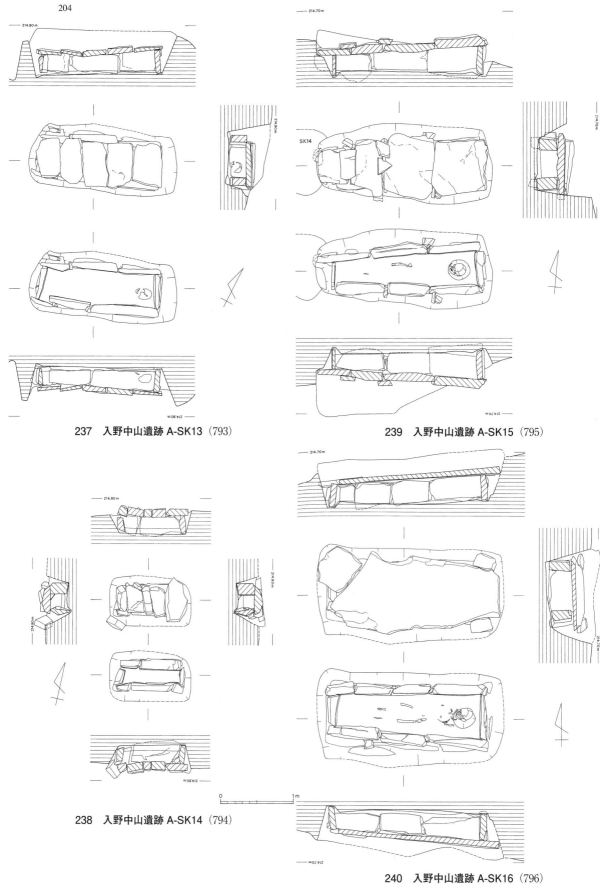

237 入野中山遺跡 A-SK13 (793)

239 入野中山遺跡 A-SK15 (795)

238 入野中山遺跡 A-SK14 (794)

240 入野中山遺跡 A-SK16 (796)

箱式石棺実測図（弥生時代篇） 205

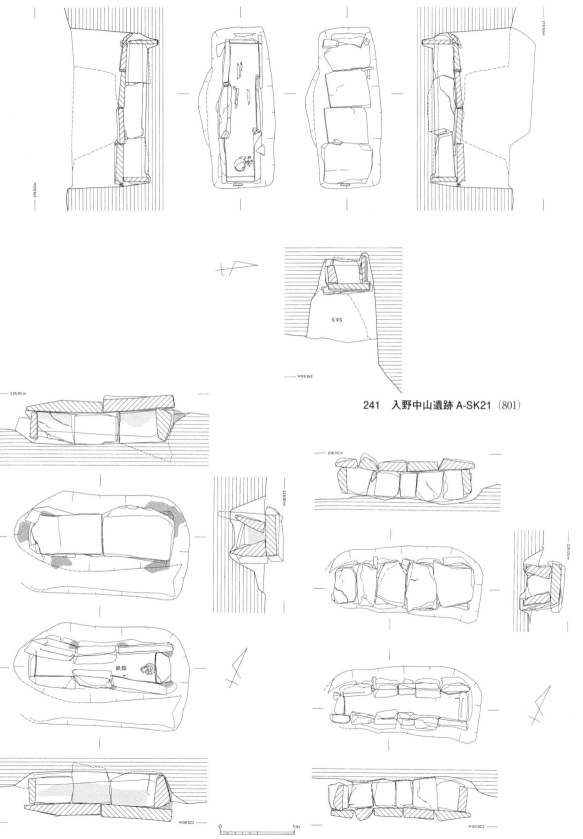

241　入野中山遺跡 A-SK21 (801)

242　入野中山遺跡 A-SK22 (802)　　　243　入野中山遺跡 A-SK23 (803)

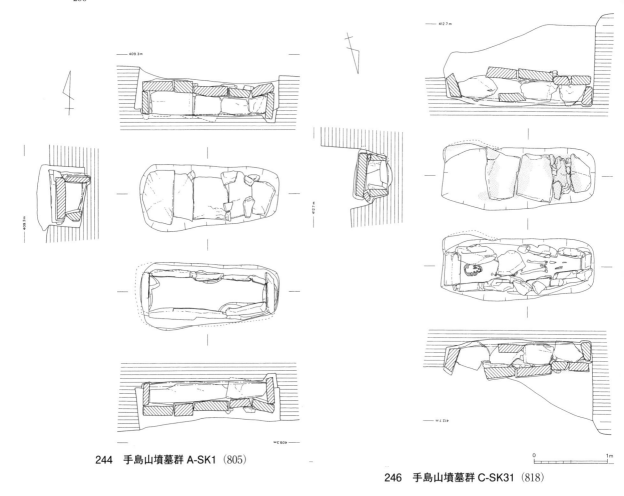

244　手島山墳墓群 A-SK1（805）

246　手島山墳墓群 C-SK31（818）

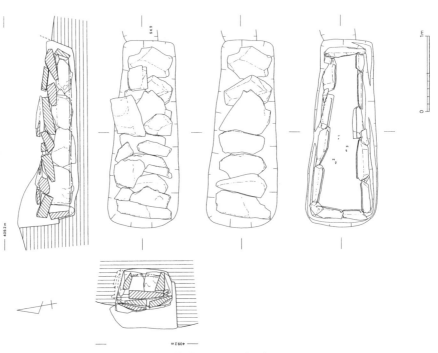

245　手島山墳墓群 A-SK5（809）

箱式石棺実測図（弥生時代篇） 207

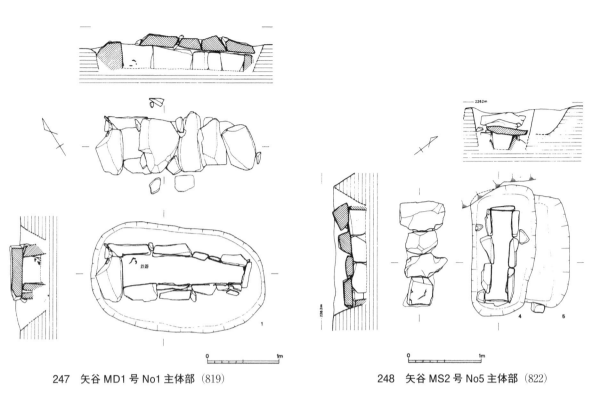

247　矢谷 MD1 号 No1 主体部（819）

248　矢谷 MS2 号 No5 主体部（822）

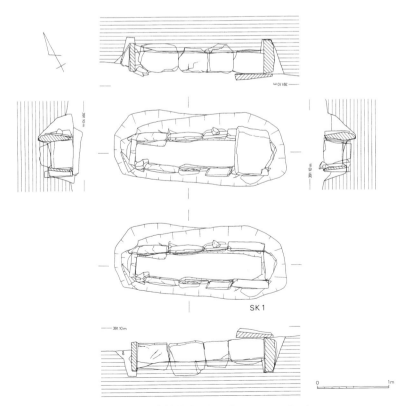

249　須倉城遺跡 1 号調査区 A-SK1（823）

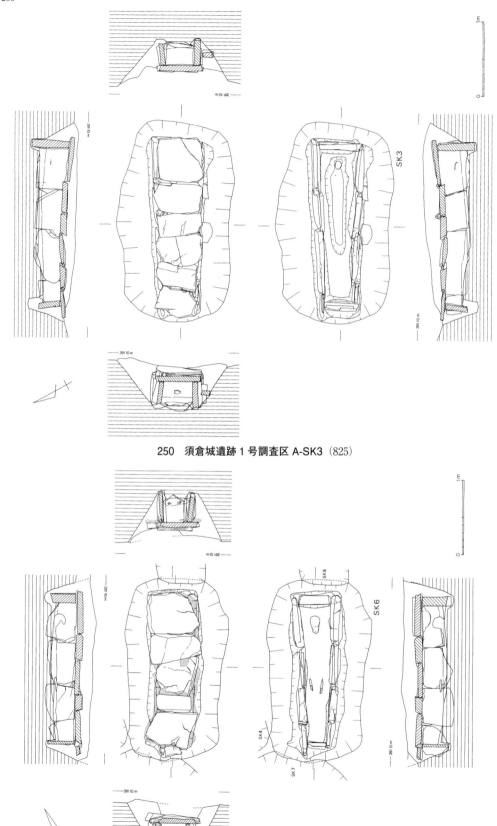

250　須倉城遺跡 1 号調査区 A-SK3（825）

251　須倉城遺跡 1 号調査区 A-SK6（827）

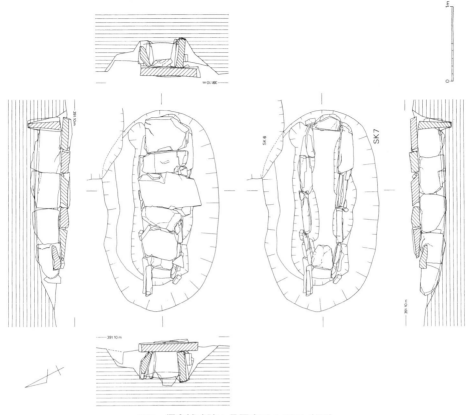

252　須倉城遺跡1号調査区 A-SK7（828）

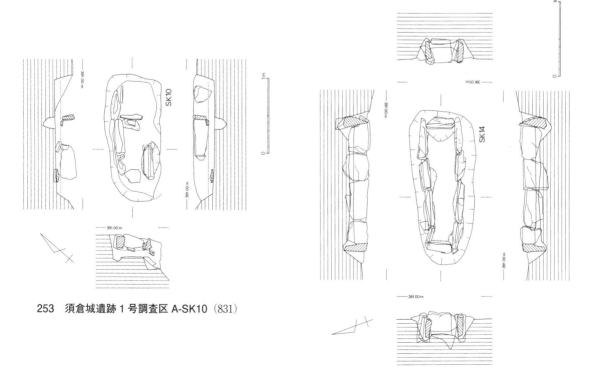

253　須倉城遺跡1号調査区 A-SK10（831）

254　須倉城遺跡1号調査区 A-SK14（835）

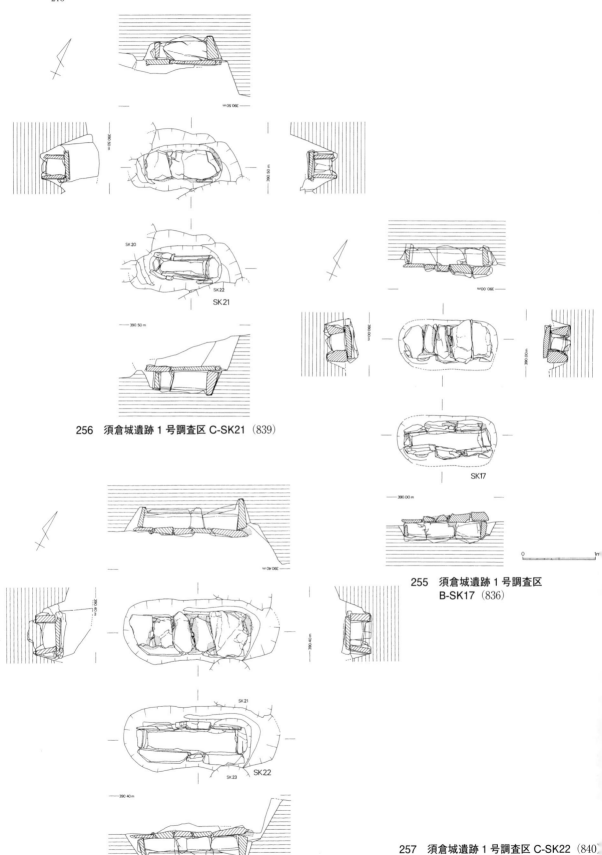

256　須倉城遺跡1号調査区 C-SK21（839）

255　須倉城遺跡1号調査区 B-SK17（836）

257　須倉城遺跡1号調査区 C-SK22（840）

箱式石棺実測図（弥生時代篇） 211

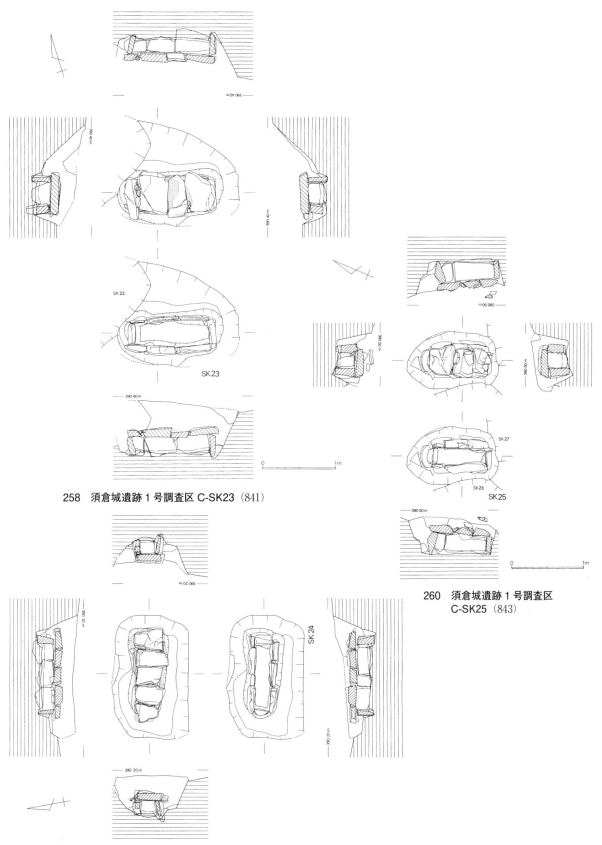

258　須倉城遺跡 1 号調査区 C-SK23（841）

260　須倉城遺跡 1 号調査区 C-SK25（843）

259　須倉城遺跡 1 号調査区 C-SK24（842）

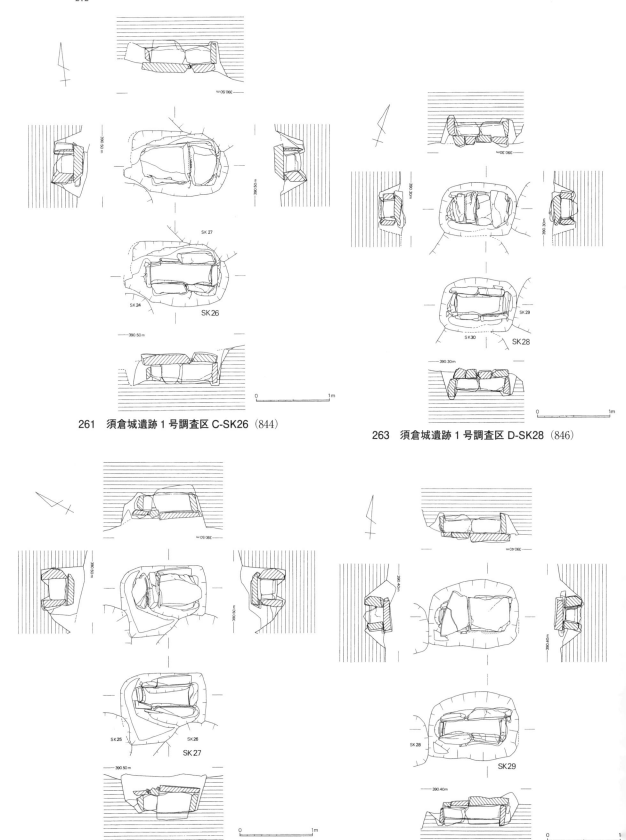

261 須倉城遺跡1号調査区 C-SK26 (844)

262 須倉城遺跡1号調査区 C-SK27 (845)

263 須倉城遺跡1号調査区 D-SK28 (846)

264 須倉城遺跡1号調査区 D-SK29 (847)

箱式石棺実測図（弥生時代篇） 213

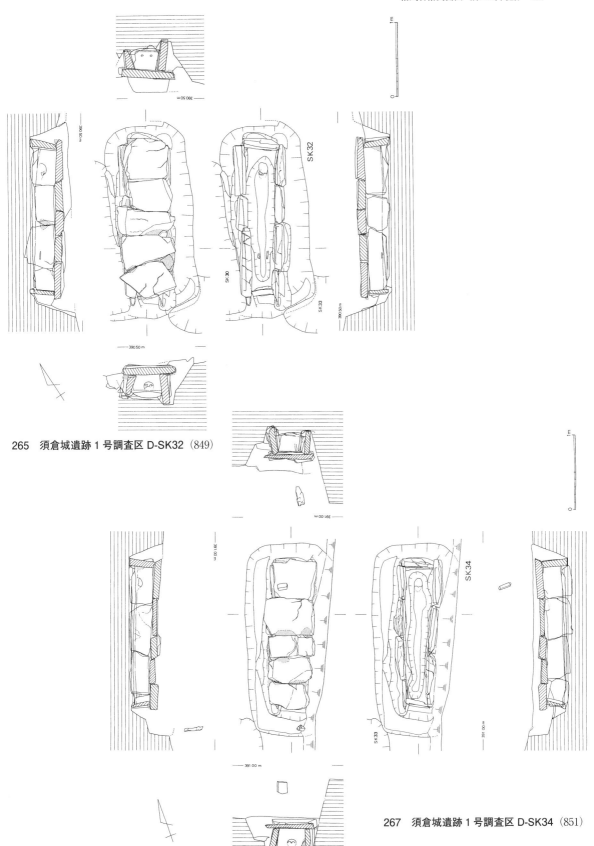

265　須倉城遺跡 1 号調査区 D-SK32（849）

267　須倉城遺跡 1 号調査区 D-SK34（851）

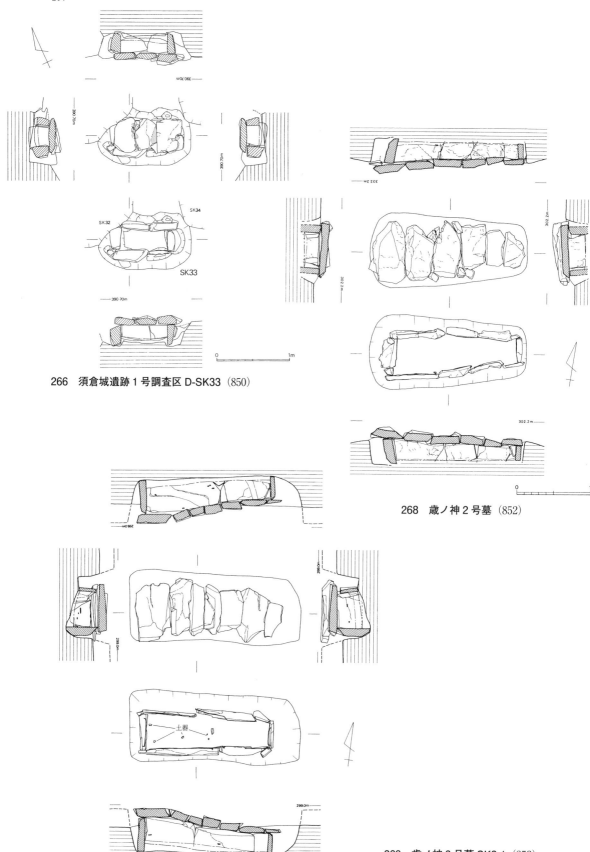

266 須倉城遺跡1号調査区 D-SK33 (850)

268 歳ノ神2号墓 (852)

269 歳ノ神3号墓 SK3-1 (853)

箱式石棺実測図（弥生時代篇） 215

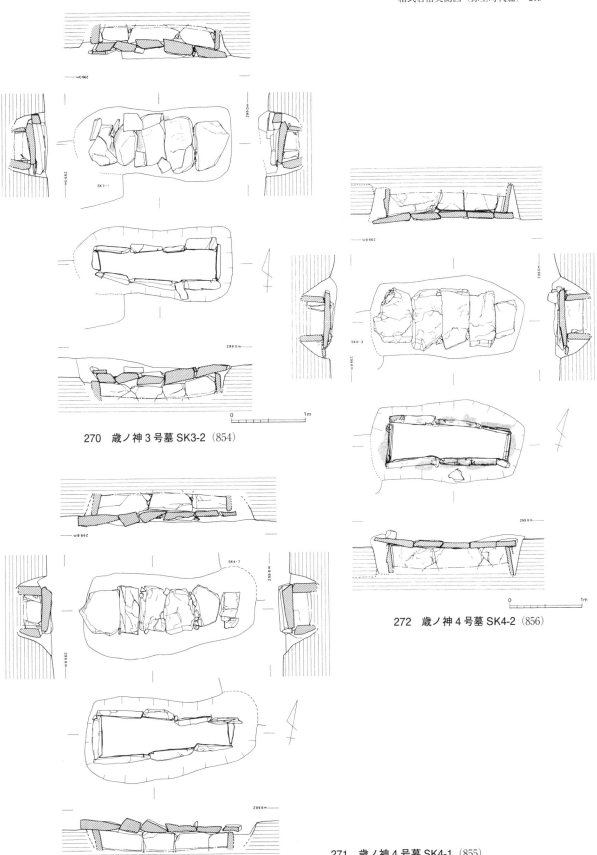

270　歳ノ神3号墓 SK3-2（854）

272　歳ノ神4号墓 SK4-2（856）

271　歳ノ神4号墓 SK4-1（855）

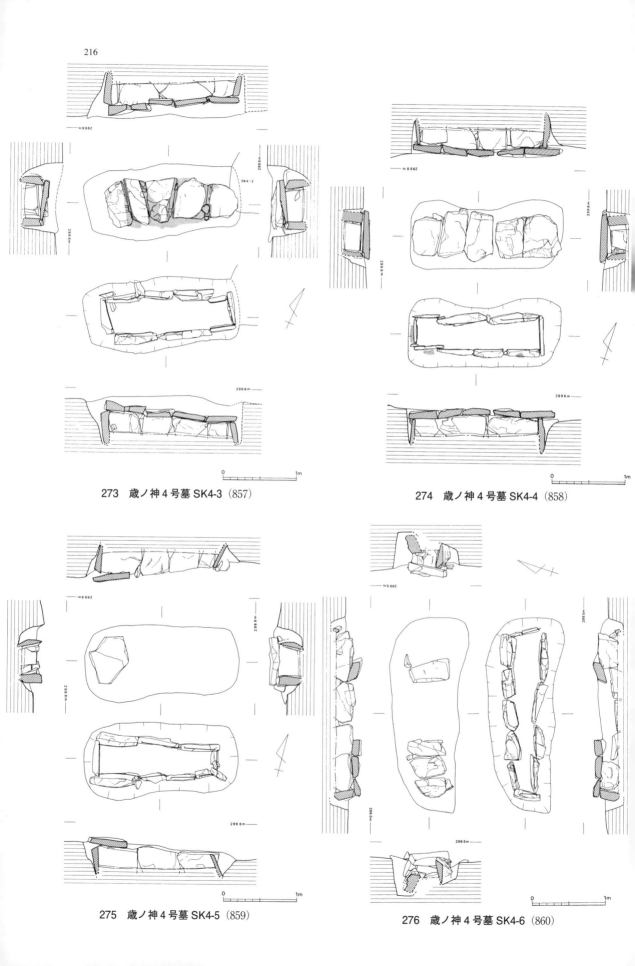

273 歳ノ神4号墓 SK4-3 (857)

274 歳ノ神4号墓 SK4-4 (858)

275 歳ノ神4号墓 SK4-5 (859)

276 歳ノ神4号墓 SK4-6 (860)

箱式石棺実測図（弥生時代篇） 217

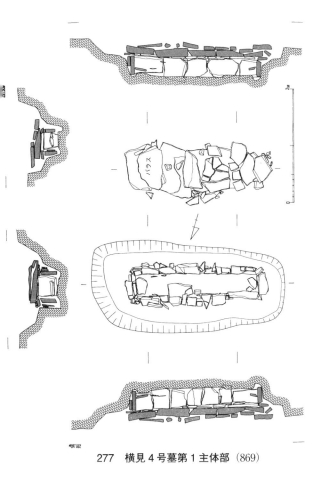

277　横見4号墓第1主体部 (869)

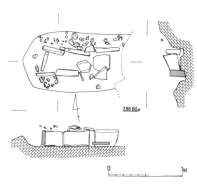

279　横見5号墓第5主体部 (872)

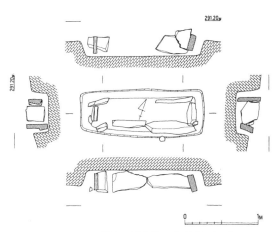

278　横見4号墓第6主体部 (870)

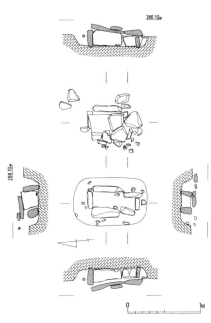

280　横見6号墓第8主体部 (876)

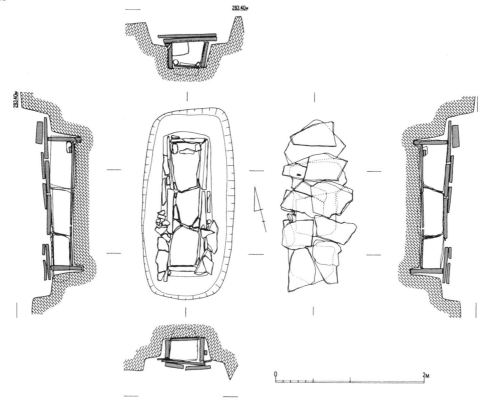

281　横見7号墓第1主体部（877）

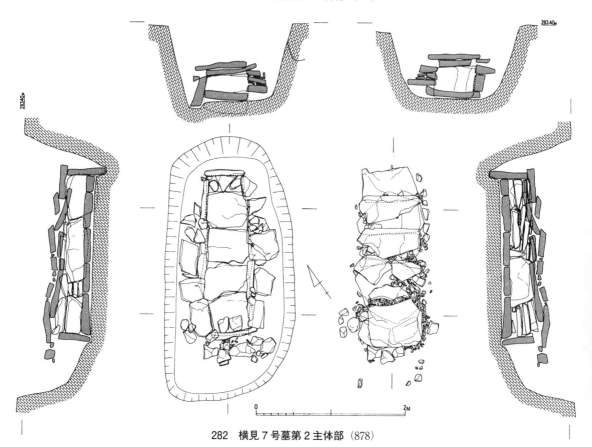

282　横見7号墓第2主体部（878）

箱式石棺実測図（弥生時代篇） 219

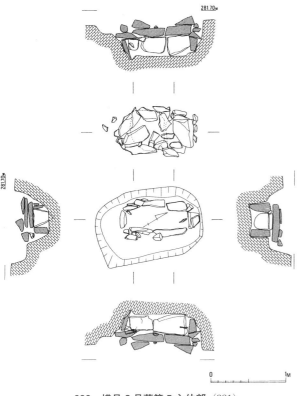

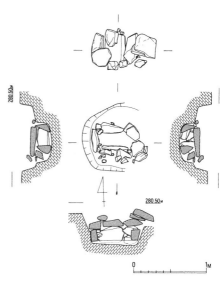

284　横見9号墓第7主体部（884）

283　横見8号墓第5主体部（881）

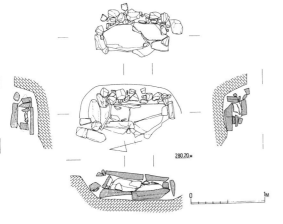

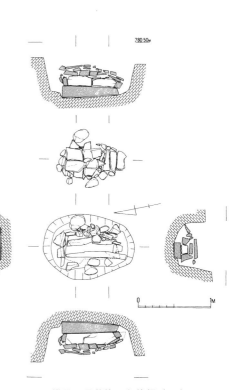

286　横見9号墓第9主体部（886）

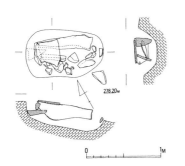

285　横見9号墓第8主体部（885）

287　横見10号墓第4主体部（887）

Ⅱ 古墳時代篇

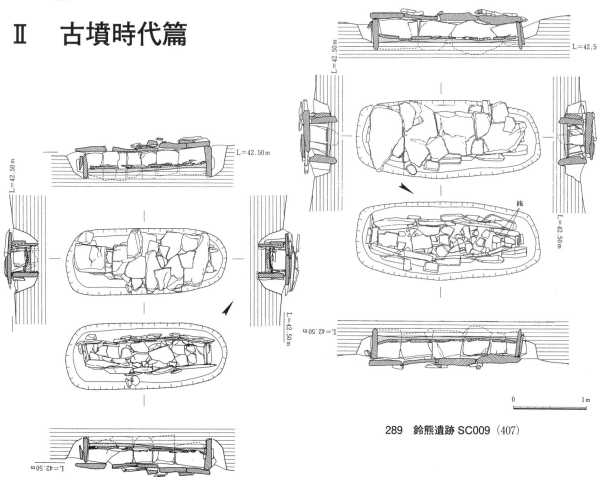

289 鈴熊遺跡 SC009（407）

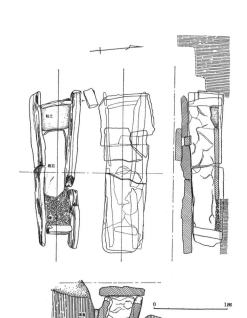

288 鈴熊遺跡 ST011（404）

290 杢路寺古墳（411）

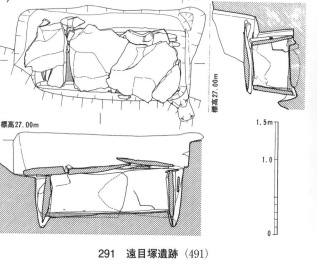

291 遠目塚遺跡（491）

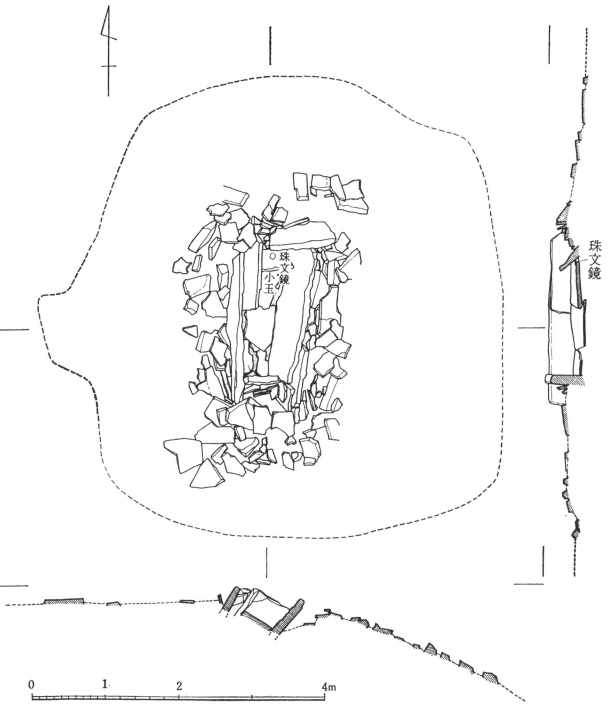

292 赤崎遺跡第2号石棺 (557)

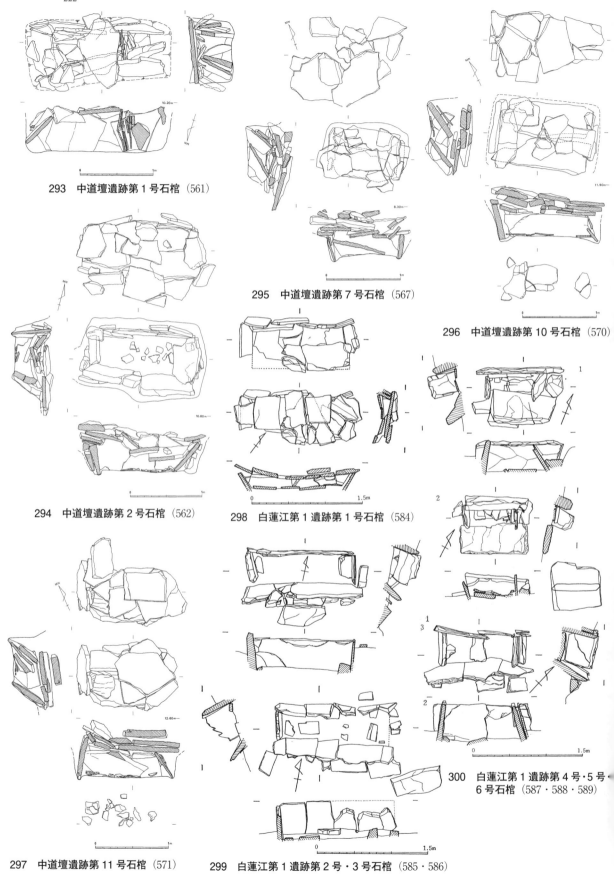

293　中道壇遺跡第1号石棺（561）
294　中道壇遺跡第2号石棺（562）
295　中道壇遺跡第7号石棺（567）
296　中道壇遺跡第10号石棺（570）
297　中道壇遺跡第11号石棺（571）
298　白蓮江第1遺跡第1号石棺（584）
299　白蓮江第1遺跡第2号・3号石棺（585・586）
300　白蓮江第1遺跡第4号・5号・6号石棺（587・588・589）

箱式石棺実測図（古墳時代篇） 223

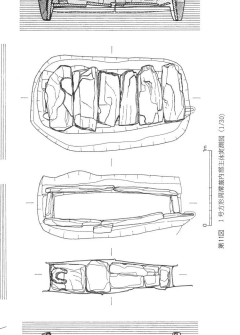
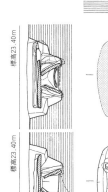
第11図 1号方形周溝墓内部主体実測図（1/30）

301 立野遺跡A地区第1号墓（625）

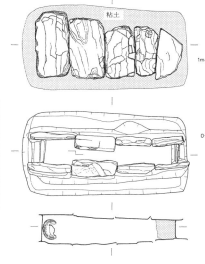
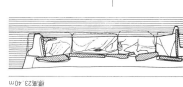

302 立野遺跡A地区第2号墓（626）

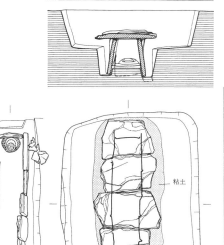
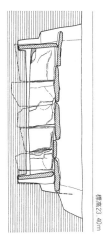
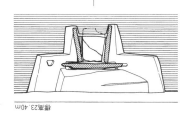

303 立野遺跡A地区第6号墓（629）

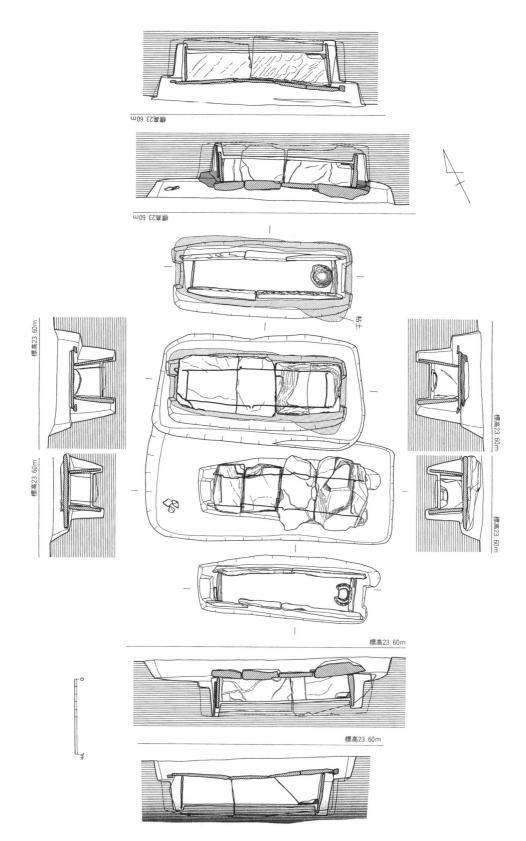

304・305 立野遺跡A地区第7号墓1号・第2号石棺（630・631）

箱式石棺実測図（古墳時代篇） 225

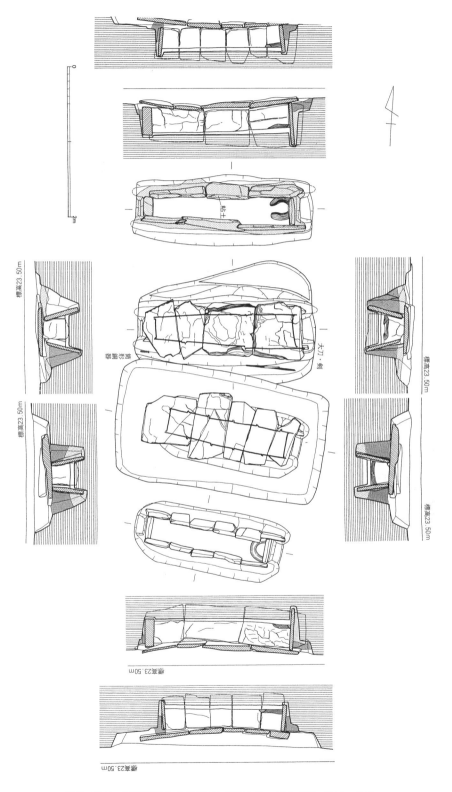

306・307　立野遺跡A地区第10号墓1号・第2号棺（632・633）

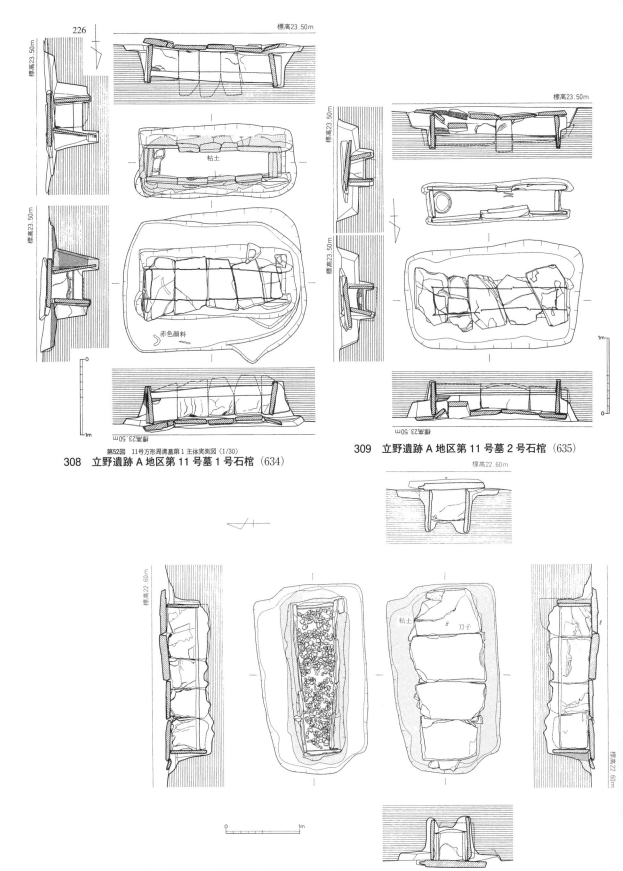

第52図 11号方形周溝墓第1主体実測図 (1/30)
308 立野遺跡A地区第11号墓1号石棺 (634)
309 立野遺跡A地区第11号墓2号石棺 (635)
310 立野遺跡A地区第11号墓6号石棺 (642)

箱式石棺実測図（古墳時代篇） 227

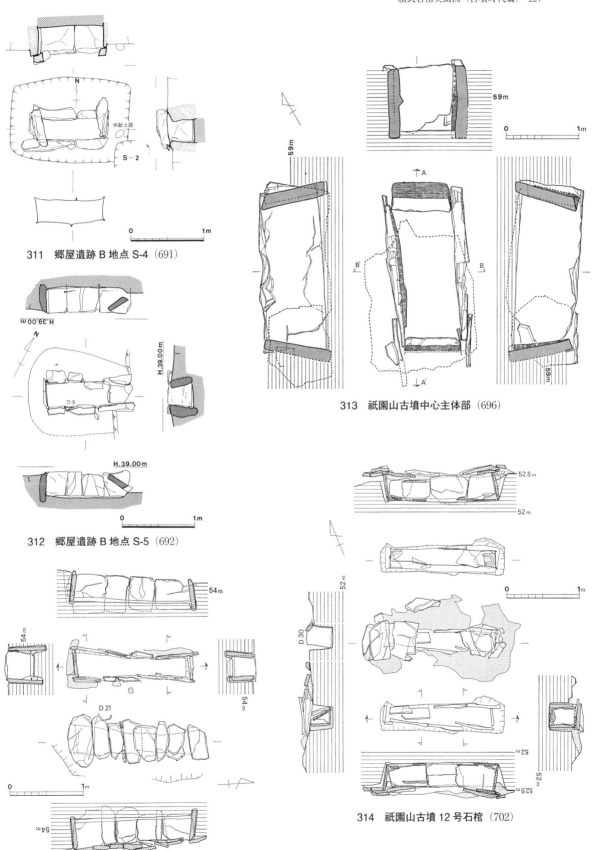

311　郷屋遺跡 B 地点 S-4（691）
312　郷屋遺跡 B 地点 S-5（692）
313　祇園山古墳中心主体部（696）
314　祇園山古墳 12 号石棺（702）
315　祇園山古墳 14 号石棺（703）

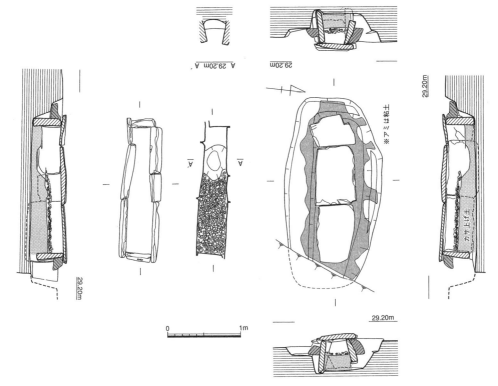

316　大井平野遺跡 S01 第 4 主体部 (720)

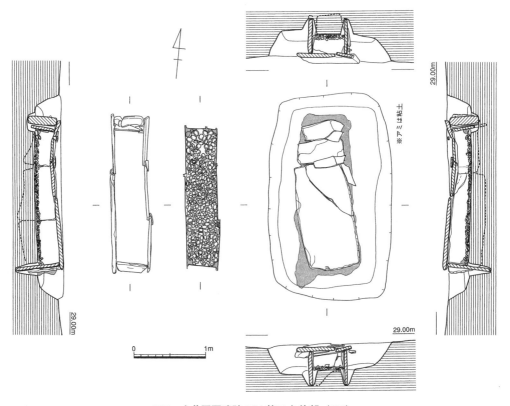

317　大井平野遺跡 S01 第 5 主体部 (721)

箱式石棺実測図（古墳時代篇） 229

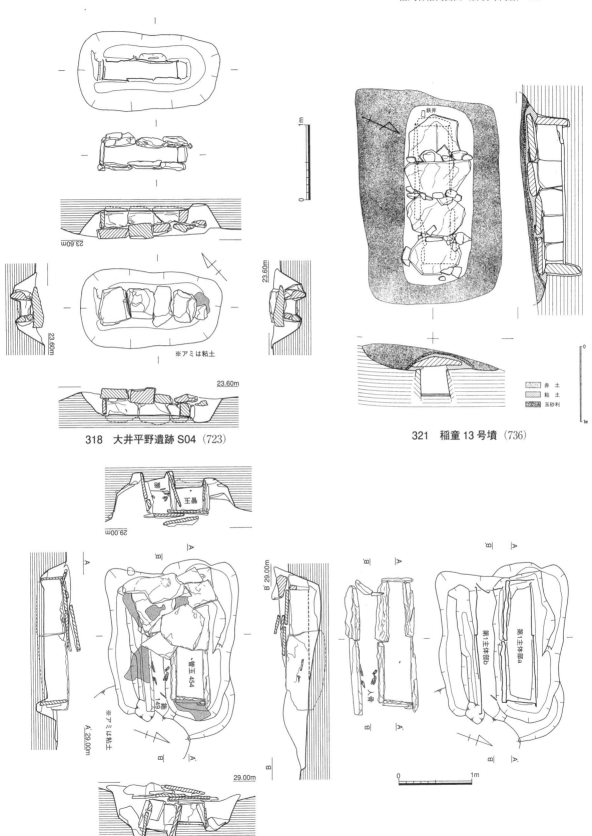

318　大井平野遺跡 S04（723）

321　稲童13号墳（736）

319・320　大井平野遺跡 S06b・S06a（725・724）

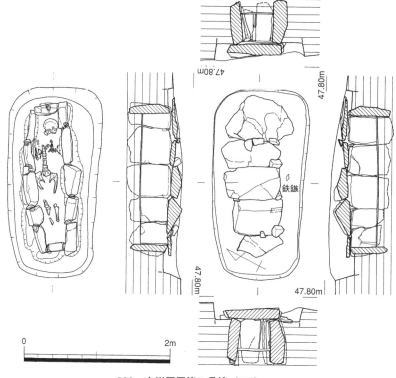

322 古川平原第5号墳 (753)

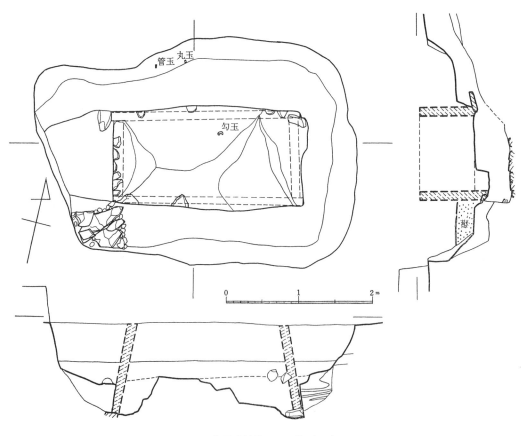

323 御陵古墳第1号石棺 (758)

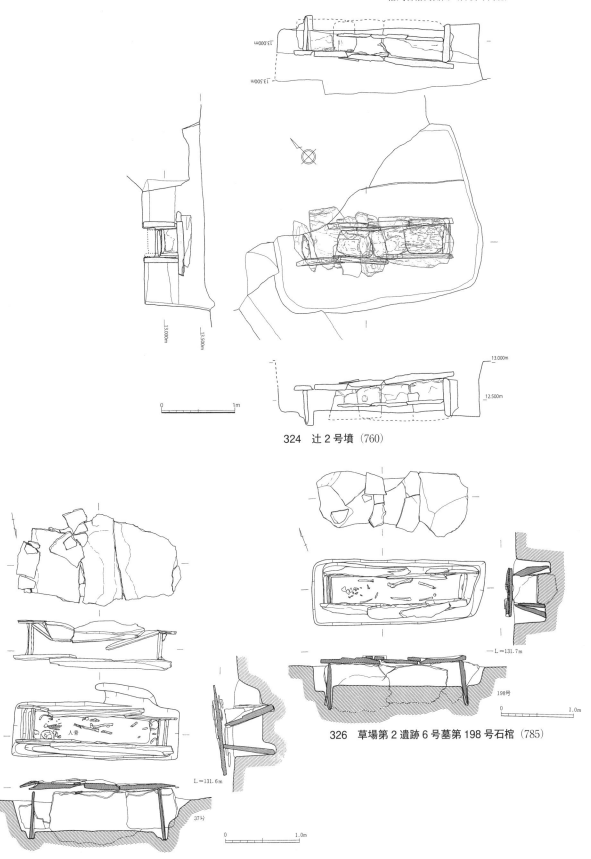

324 辻2号墳(760)

325 草場第2遺跡5号墓第37号石棺(783)

326 草場第2遺跡6号墓第198号石棺(785)

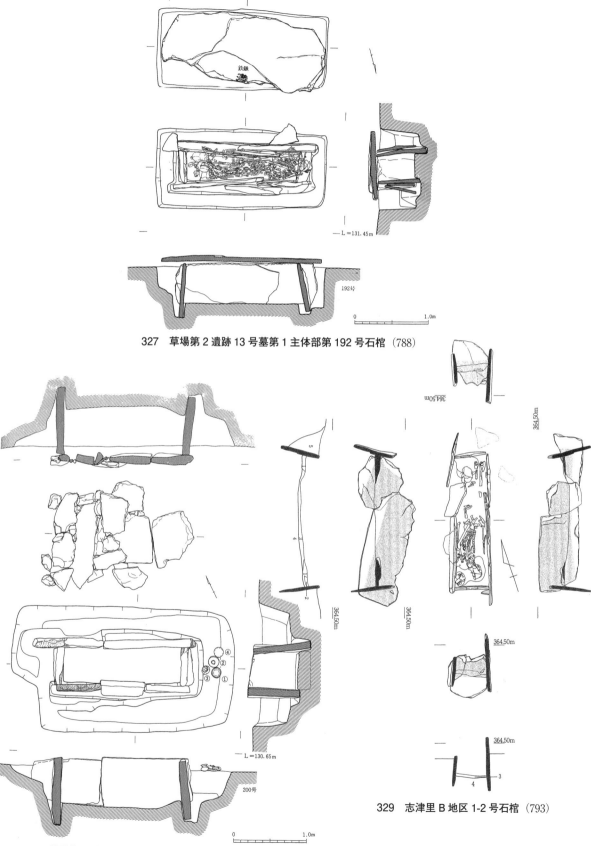

327　草場第2遺跡13号墓第1主体部第192号石棺（788）

328　草場第2遺跡17号墓第200号石棺（789）

329　志津里B地区1-2号石棺（793）

箱式石棺実測図（古墳時代篇） 233

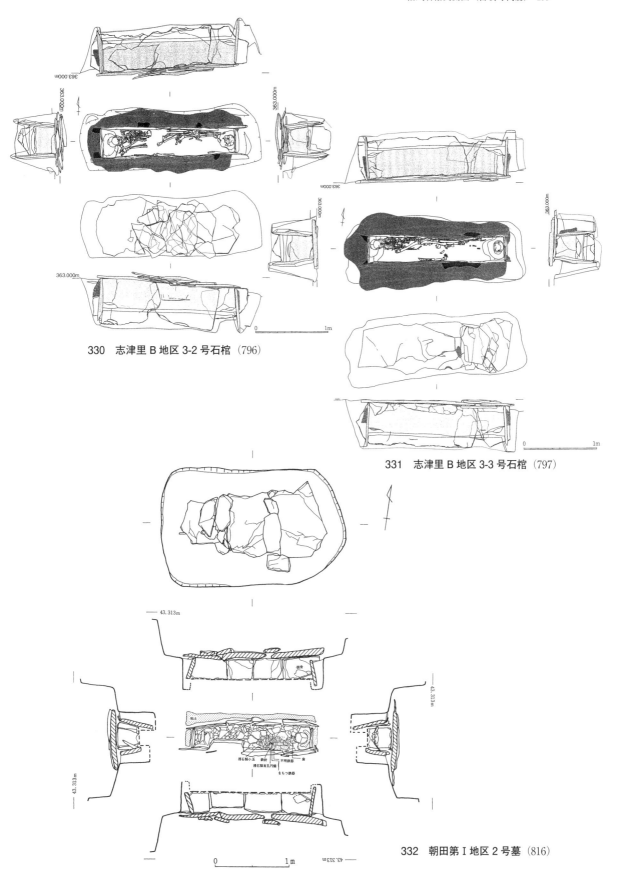

330　志津里B地区 3-2 号石棺 （796）

331　志津里B地区 3-3 号石棺 （797）

332　朝田第Ⅰ地区 2 号墓 （816）

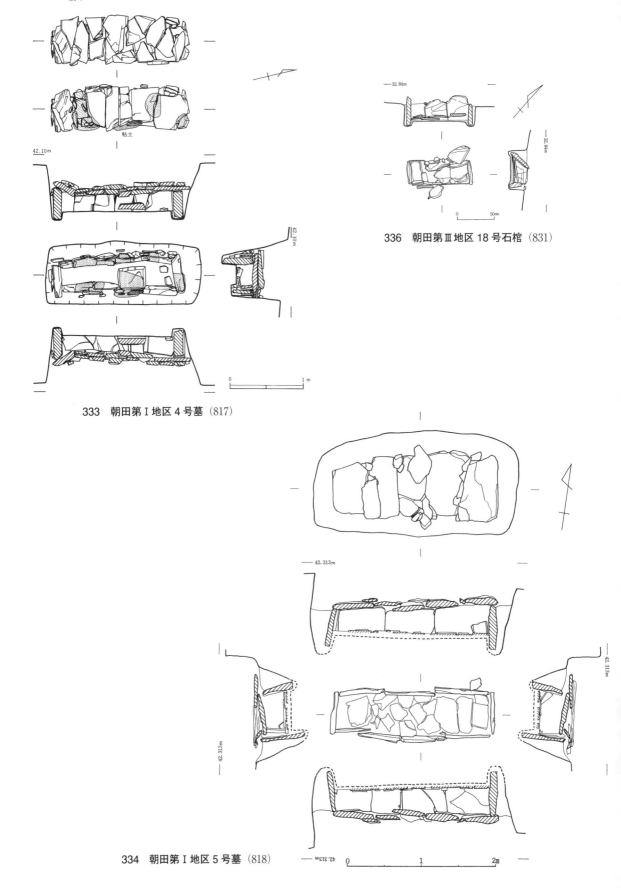

333 朝田第Ⅰ地区4号墓 (817)

336 朝田第Ⅲ地区18号石棺 (831)

334 朝田第Ⅰ地区5号墓 (818)

箱式石棺実測図（古墳時代篇） 235

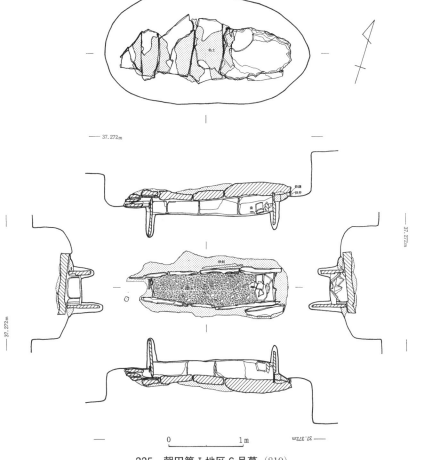

335　朝田第Ⅰ地区6号墓（819）

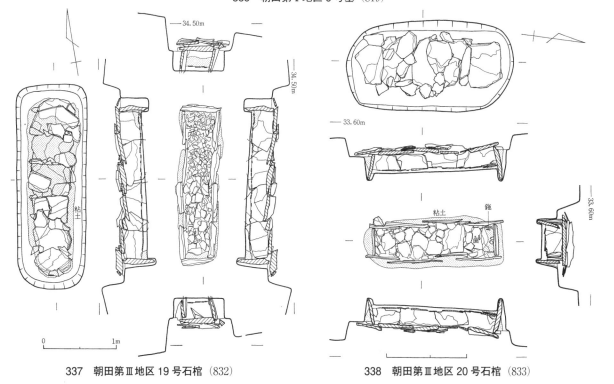

337　朝田第Ⅲ地区19号石棺（832）　　338　朝田第Ⅲ地区20号石棺（833）

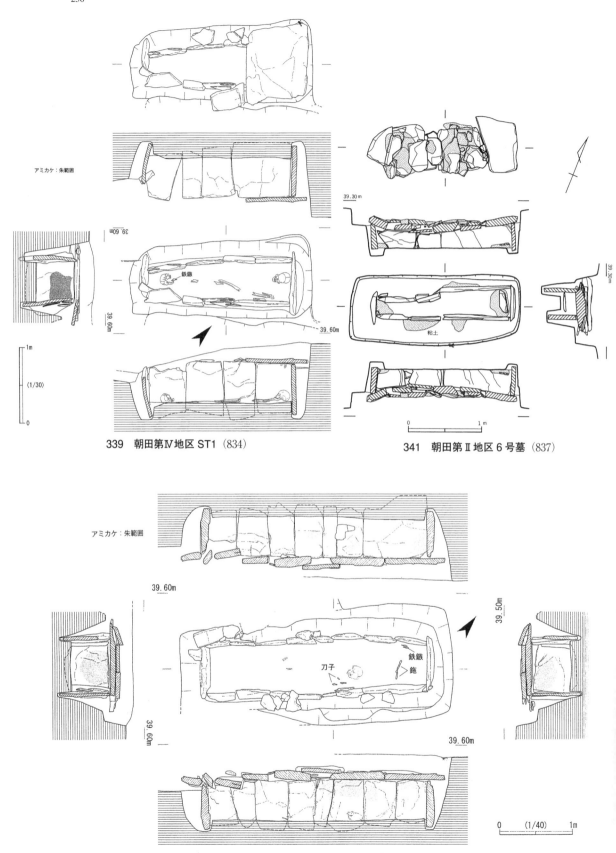

339 朝田第Ⅳ地区 ST1 (834)

341 朝田第Ⅱ地区6号墓 (837)

340 朝田第Ⅳ地区 ST2 (835)

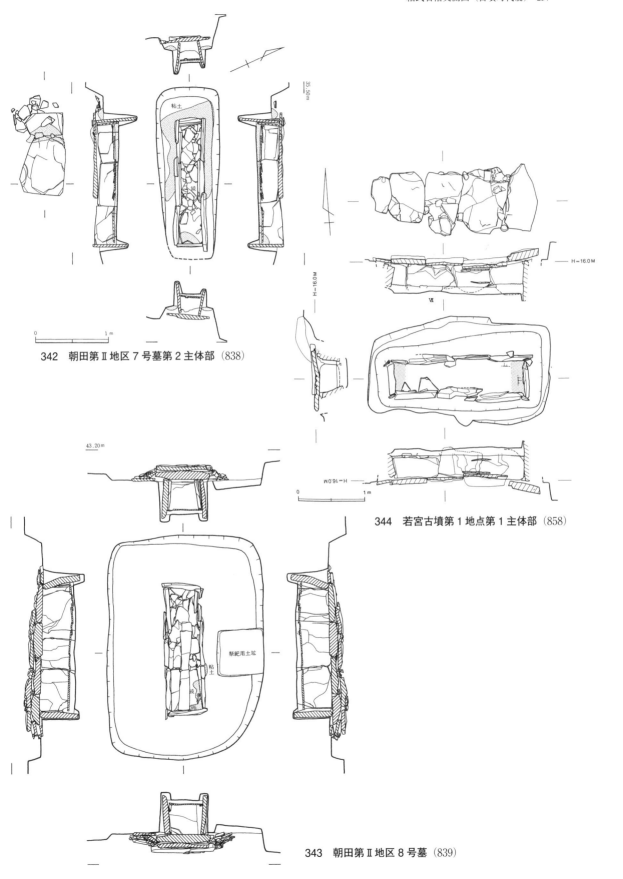

342 朝田第Ⅱ地区7号墓第2主体部（838）

344 若宮古墳第1地点第1主体部（858）

343 朝田第Ⅱ地区8号墓（839）

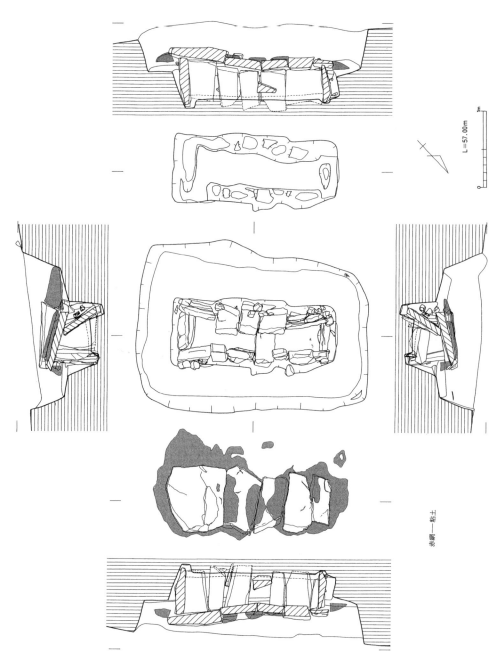

345 成岡遺跡A地点2号墳 (873)

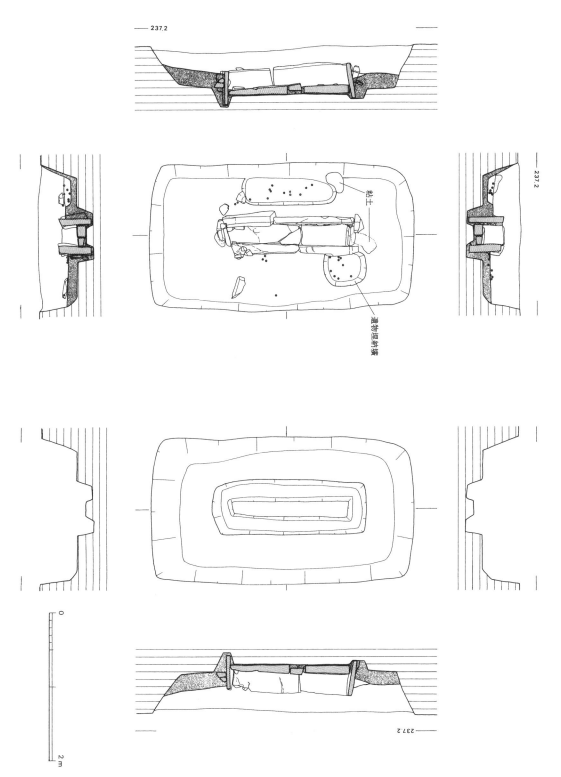

346 三ツ城古墳3号石棺 (904)

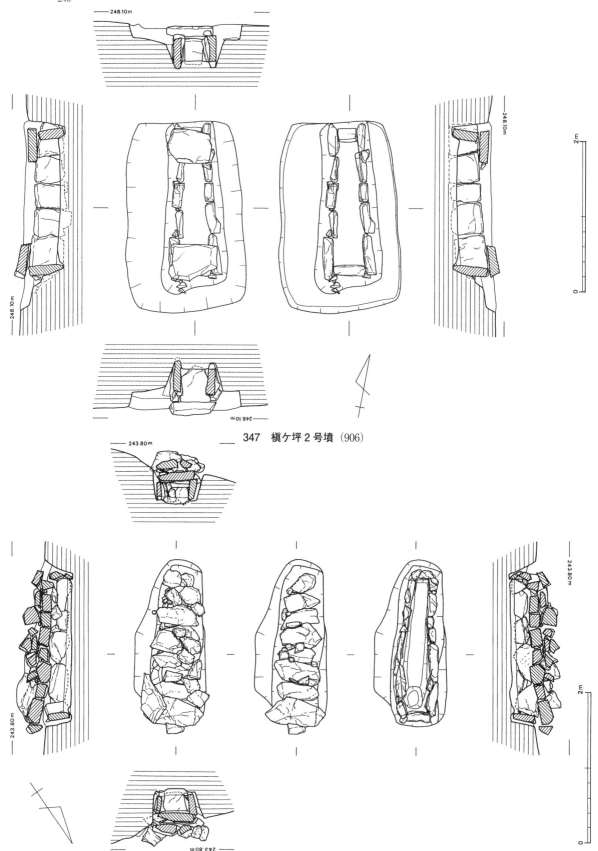

347　槇ケ坪2号墳（906）

348　槇ケ坪2号遺跡 SK39（910）

箱式石棺実測図（古墳時代篇） 241

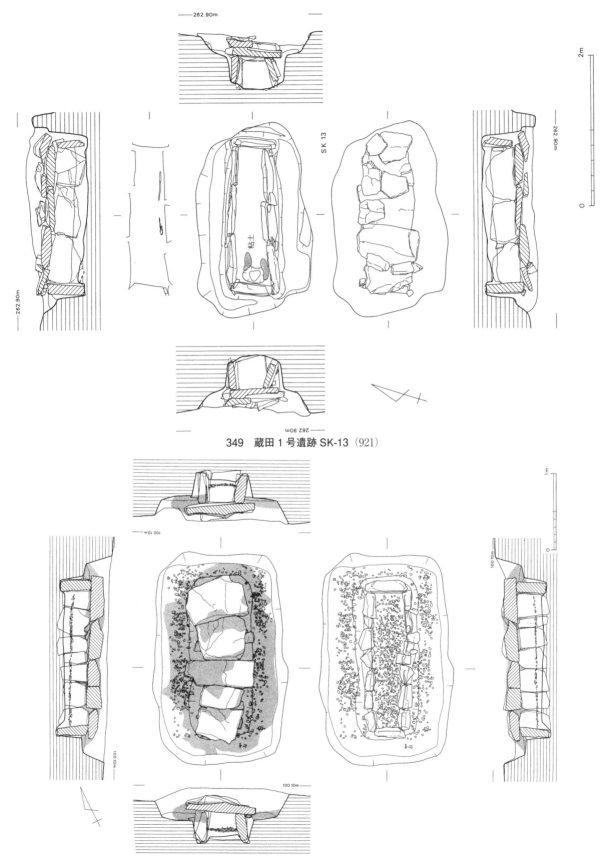

349　蔵田1号遺跡 SK-13 （921）

350　山の神2号墳 （951）

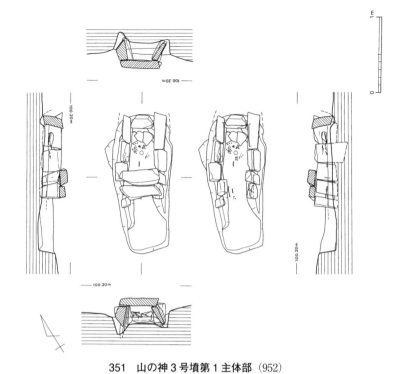

351　山の神3号墳第1主体部 (952)

352　山の神3号墳第2主体部 (953)

箱式石棺実測図（古墳時代篇） 243

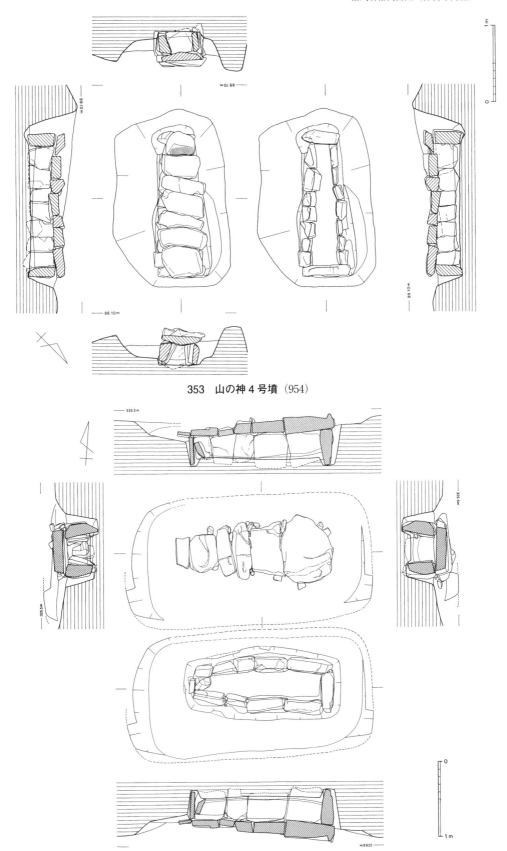

353 山の神4号墳 (954)

355 宮城第1号墳第1主体部 (1001)

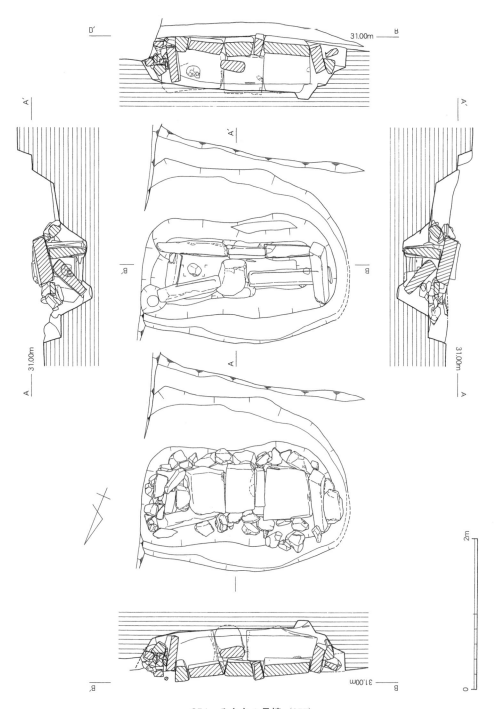

354 みたち1号墳 (957)

箱式石棺実測図（古墳時代篇） 245

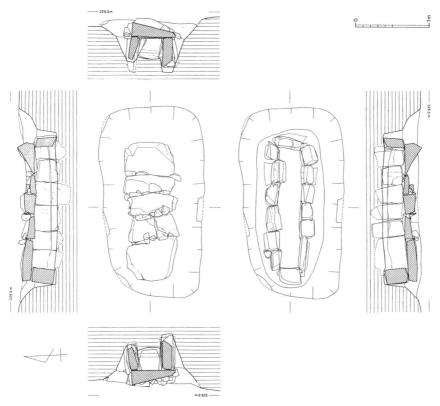

356　宮城第1号墳第2主体部（1002）

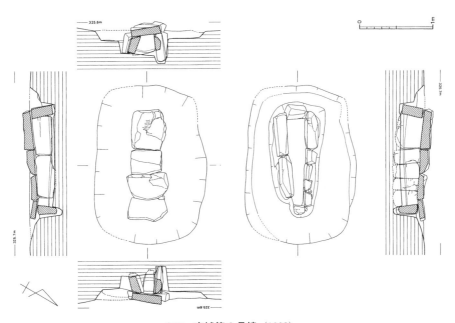

357　宮城第2号墳（1003）

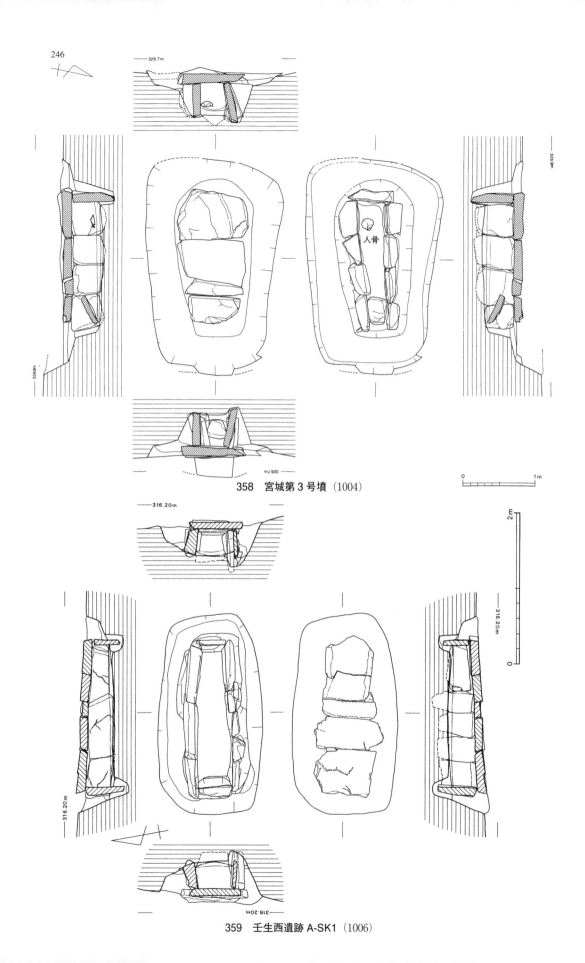

358 宮城第3号墳 (1004)

359 壬生西遺跡 A-SK1 (1006)

箱式石棺実測図（古墳時代篇） 247

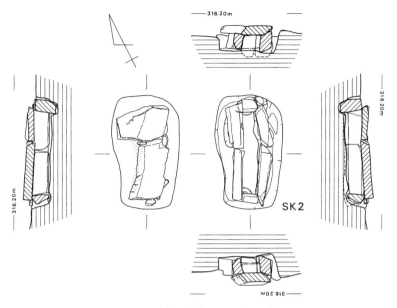

360 壬生西遺跡 A-SK2 （1007）

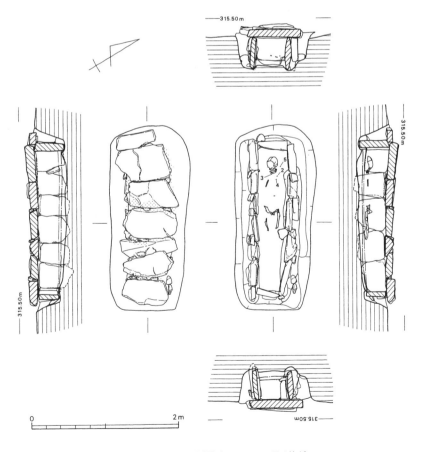

第13図　SK11実測図（1：40，アミ目は粘土）

361 壬生西遺跡 B-SK11 （1008）

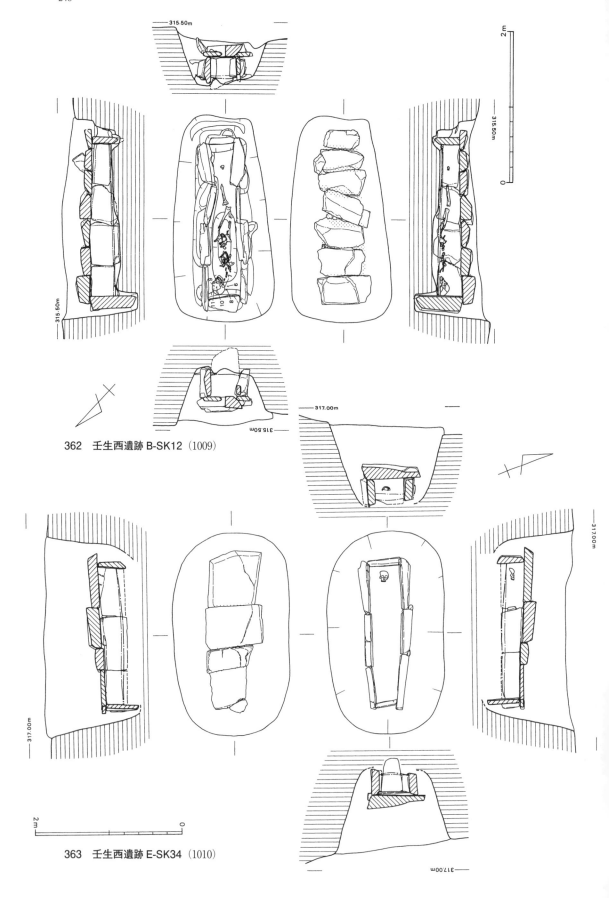

362 壬生西遺跡 B-SK12 (1009)

363 壬生西遺跡 E-SK34 (1010)

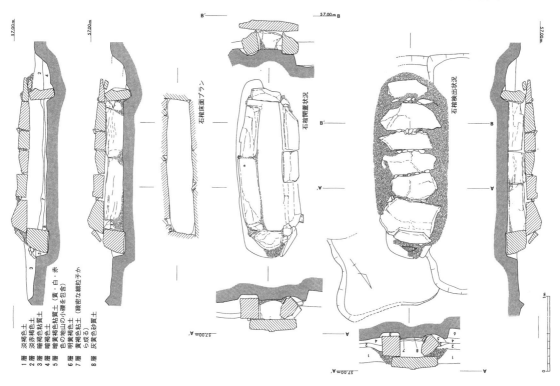

364　吉佐山根1号墳第1主体部（1035）

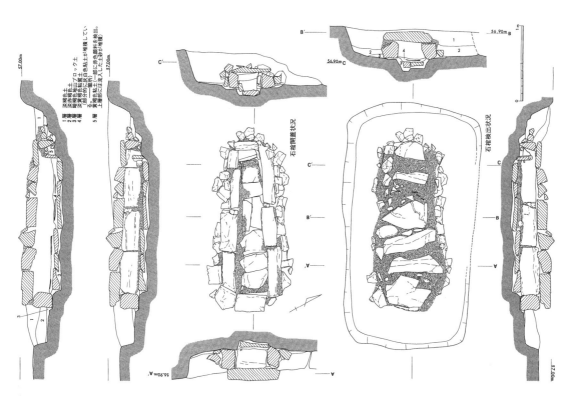

365　吉佐山根1号墳第2主体部（1036）

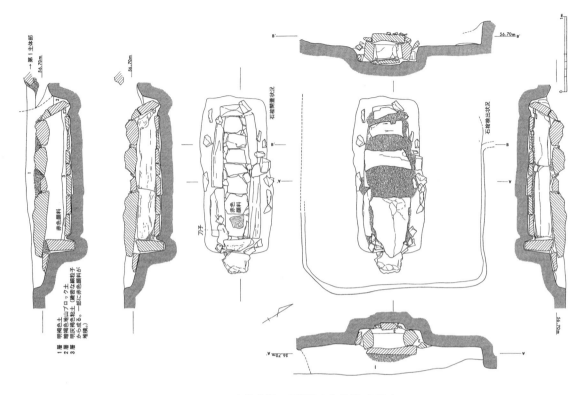

366　吉佐山根1号墳第3主体部（1037）

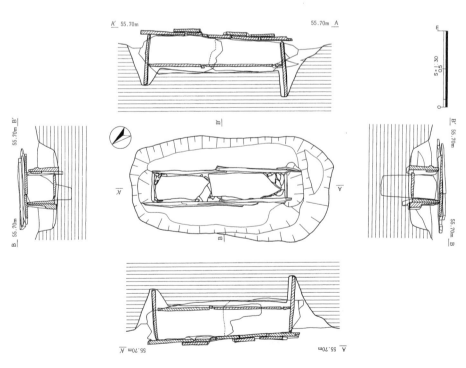

367　里仁35号墳（1060）

箱式石棺実測図（古墳時代篇） 251

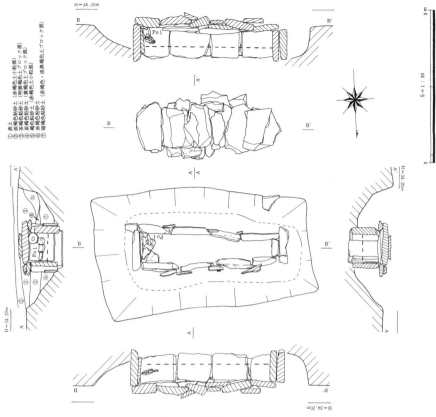

368　尾高 19 号墳第 3 主体部 (1075)

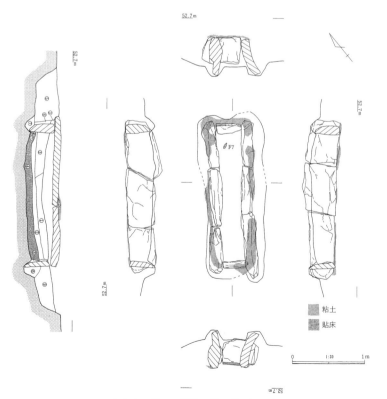

369　古市宮ノ谷 19 号墳 1 号石棺 (1079)

252

370 古市宮ノ谷19号墳2号石棺 (1080)

372 古市宮ノ谷22号墳 (1084)

371 古市宮ノ谷20号墳1号石棺 (1081)

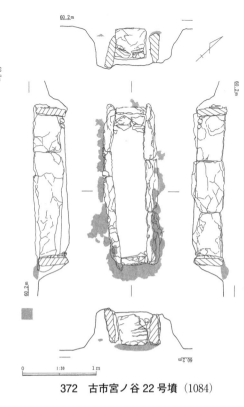

373 馬山4号墳4号主体部 (1121)

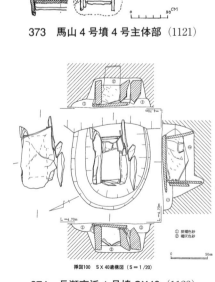

374 長瀬高浜1号墳 SX40 (1128)

箱式石棺実測図（古墳時代篇） 253

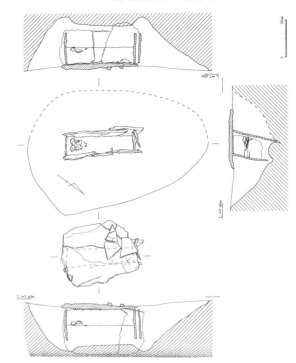

375　長瀬高浜1号墳 SX41（1129）

376　長瀬高浜1号墳 SX42（1130）

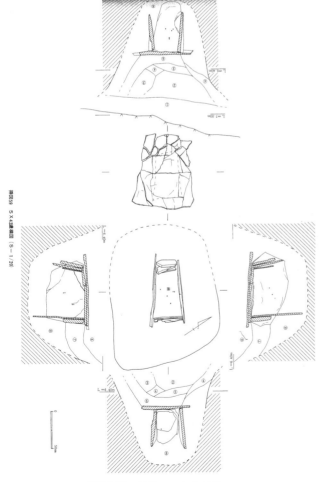

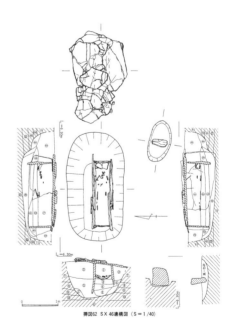

378　長瀬高浜1号墳 SX46（1134）

377　長瀬高浜1号墳 SX43（1131）

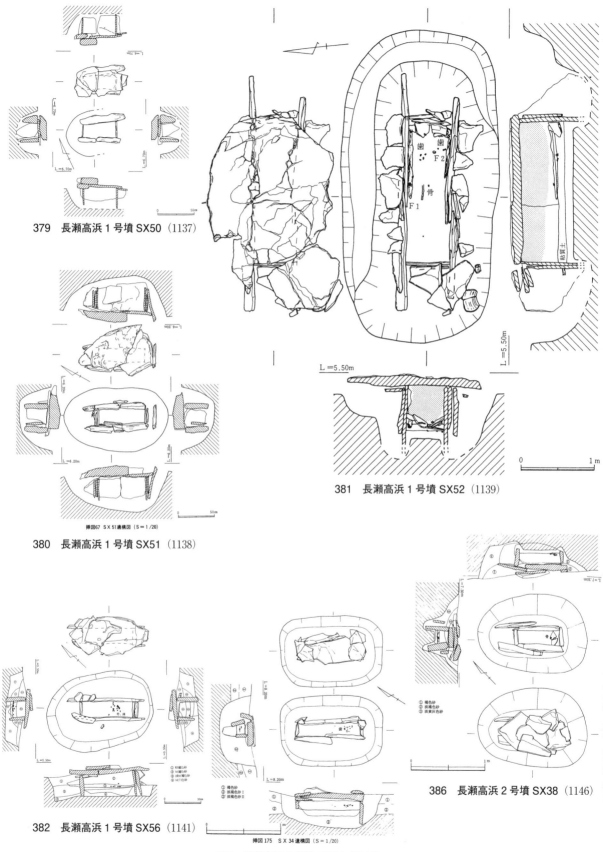

379 長瀬高浜1号墳 SX50 (1137)

380 長瀬高浜1号墳 SX51 (1138)

381 長瀬高浜1号墳 SX52 (1139)

382 長瀬高浜1号墳 SX56 (1141)

384 長瀬高浜2号墳 SX34 (1144)

386 長瀬高浜2号墳 SX38 (1146)

箱式石棺実測図（古墳時代篇） 255

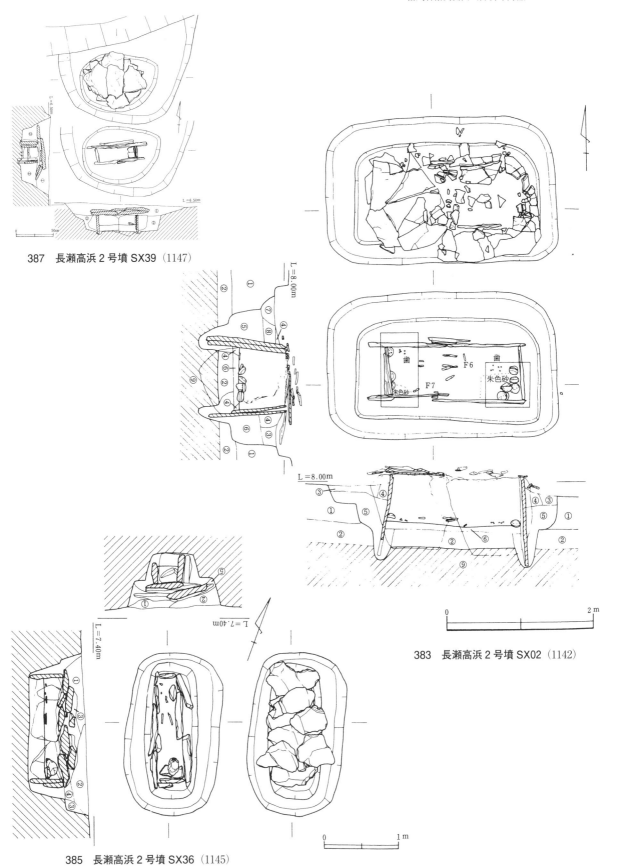

387　長瀬高浜2号墳 SX39（1147）

383　長瀬高浜2号墳 SX02（1142）

385　長瀬高浜2号墳 SX36（1145）

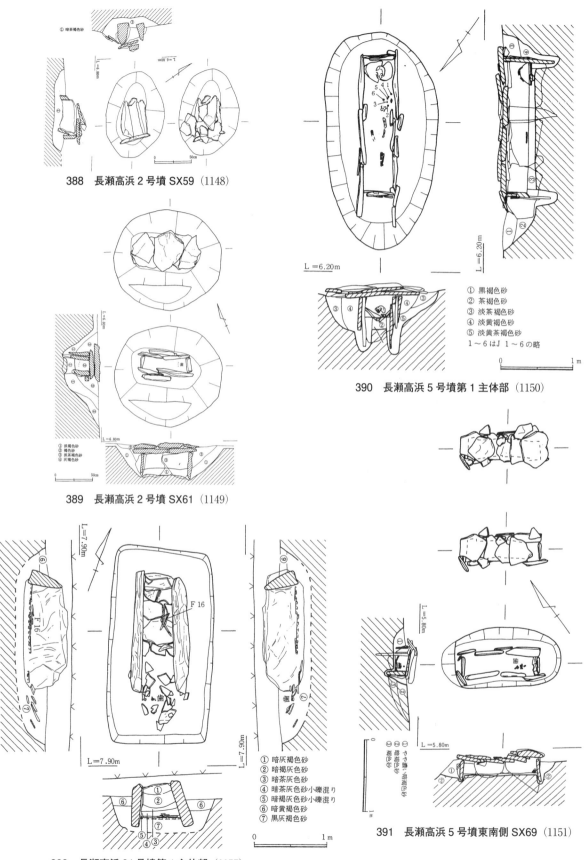

388 長瀬高浜2号墳 SX59 (1148)

389 長瀬高浜2号墳 SX61 (1149)

390 長瀬高浜5号墳第1主体部 (1150)

391 長瀬高浜5号墳東南側 SX69 (1151)

393 長瀬高浜24号墳第1主体部 (1157)

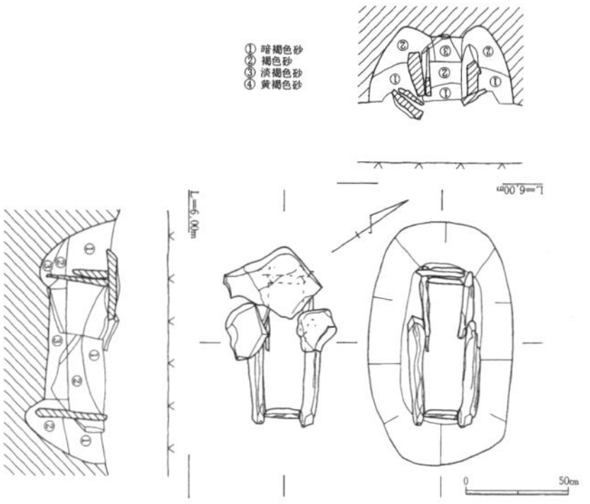

箱式石棺実測図（古墳時代篇） 257

① 暗褐色砂
② 褐色砂
③ 淡褐色砂
④ 黄褐色砂

392　長瀬高浜8号墳第3主体部（1156）

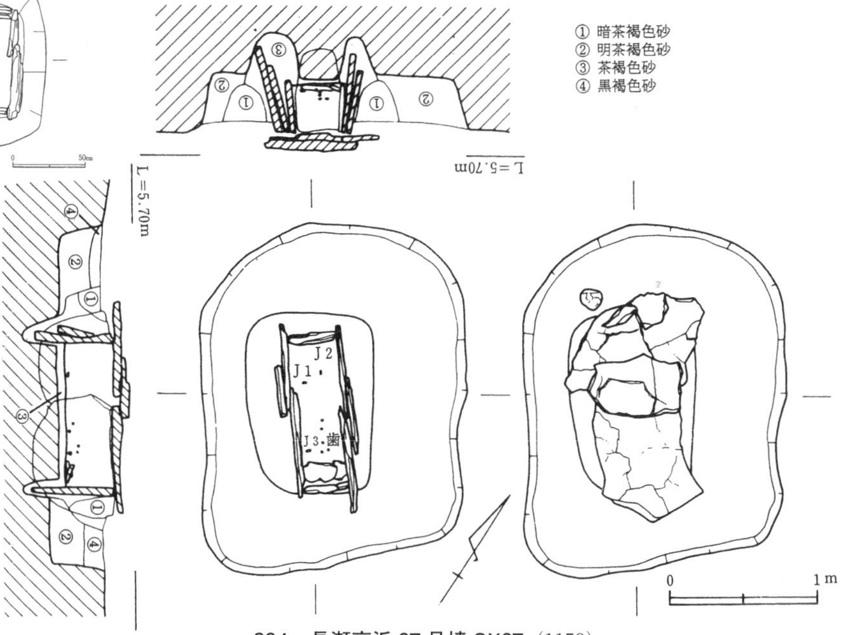

① 暗茶褐色砂
② 明茶褐色砂
③ 茶褐色砂
④ 黒褐色砂

394　長瀬高浜27号墳SX27（1159）

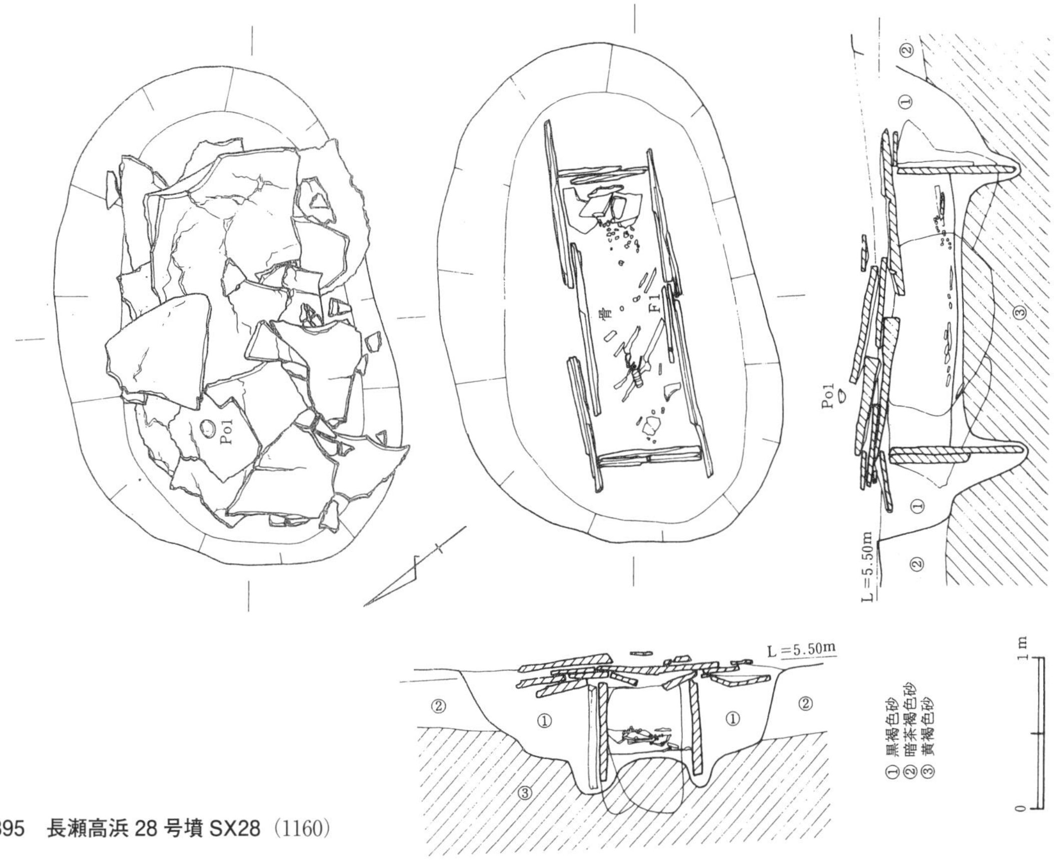

395　長瀬高浜28号墳SX28（1160）

① 黒褐色砂
② 暗茶褐色砂
③ 黄褐色砂

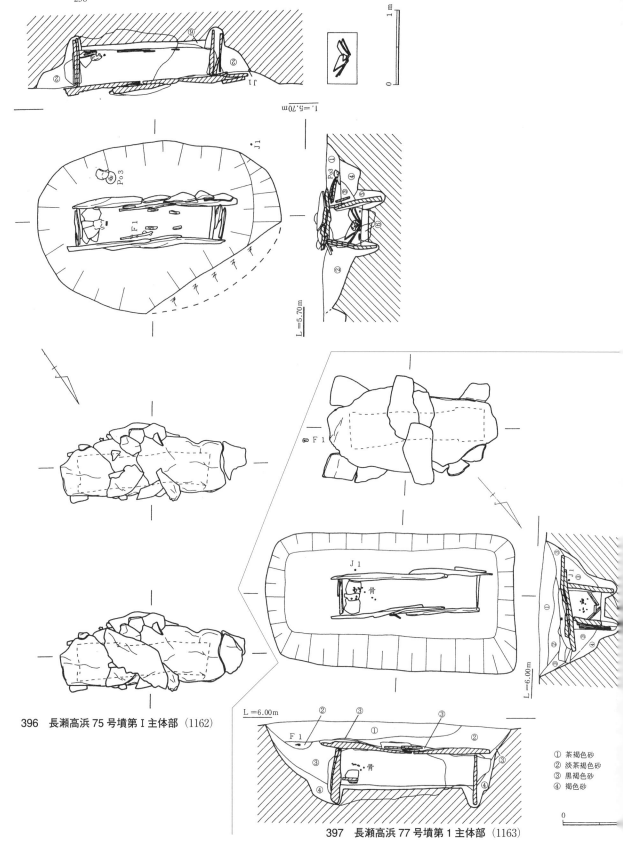

396 長瀬高浜75号墳第Ⅰ主体部 (1162)

397 長瀬高浜77号墳第1主体部 (1163)

① 茶褐色砂
② 淡茶褐色砂
③ 黒褐色砂
④ 褐色砂

箱式石棺実測図（古墳時代篇） 259

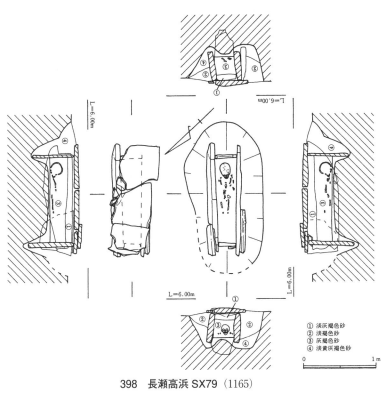

398　長瀬高浜 SX79（1165）

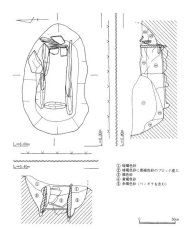

400　長瀬高浜 81 号墳第 3 主体部（1168）

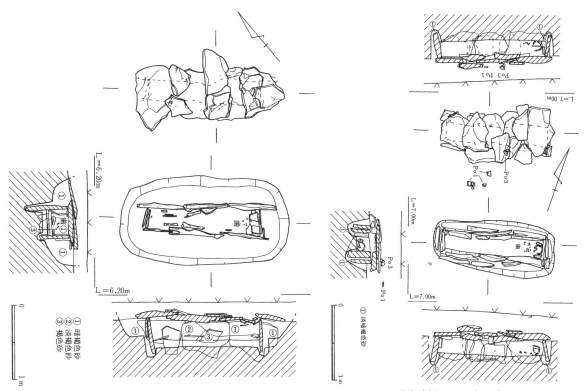

399　長瀬高浜 81 号墳第 1 主体部（1166）

401　長瀬高浜 SX84（1169）

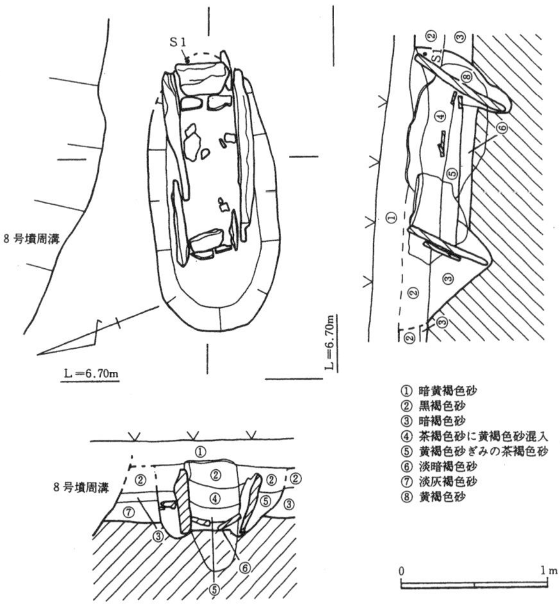

S1
8号墳周溝
L=6.70m
① 暗黄褐色砂
② 黒褐色砂
③ 暗褐色砂
④ 茶褐色砂に黄褐色砂混入
⑤ 黄褐色砂ぎみの茶褐色砂
⑥ 淡暗褐色砂
⑦ 淡灰褐色砂
⑧ 黄褐色砂
0 1m

402　長瀬高浜85号墳第Ⅰ主体部（1170）

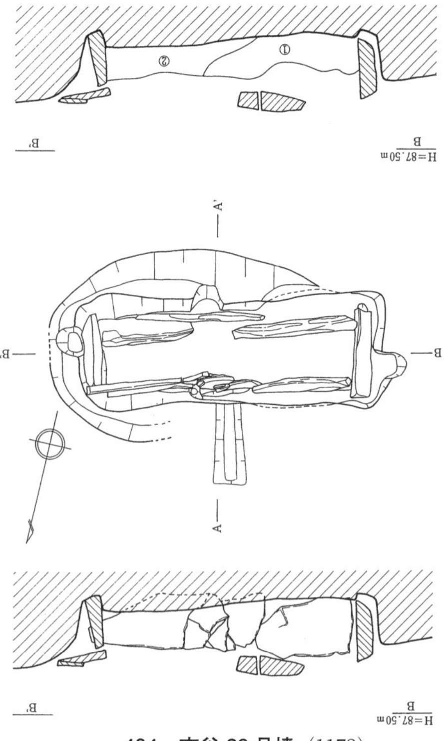

H=87.50m
A'
A
B
B'

404　南谷29号墳（1178）

L=5.30m
歯
骨
F2
① 黒褐色砂
② 暗褐色砂
0 1m

403　長瀬高浜88号墳第1主体部（1172）

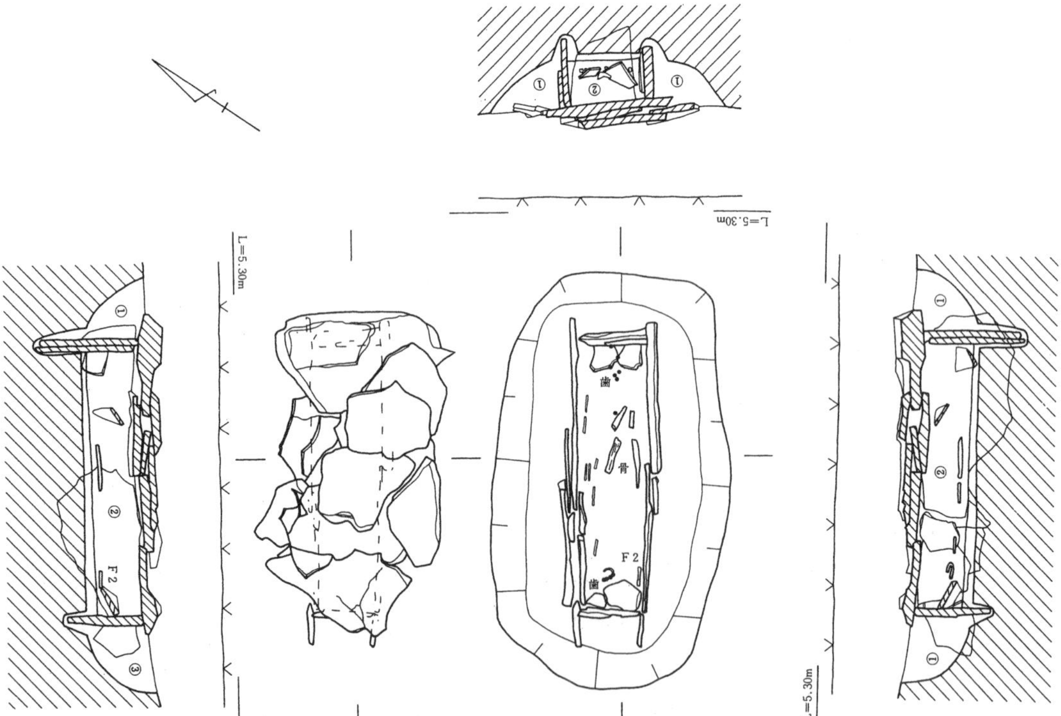

箱式石棺実測図（古墳時代篇） 261

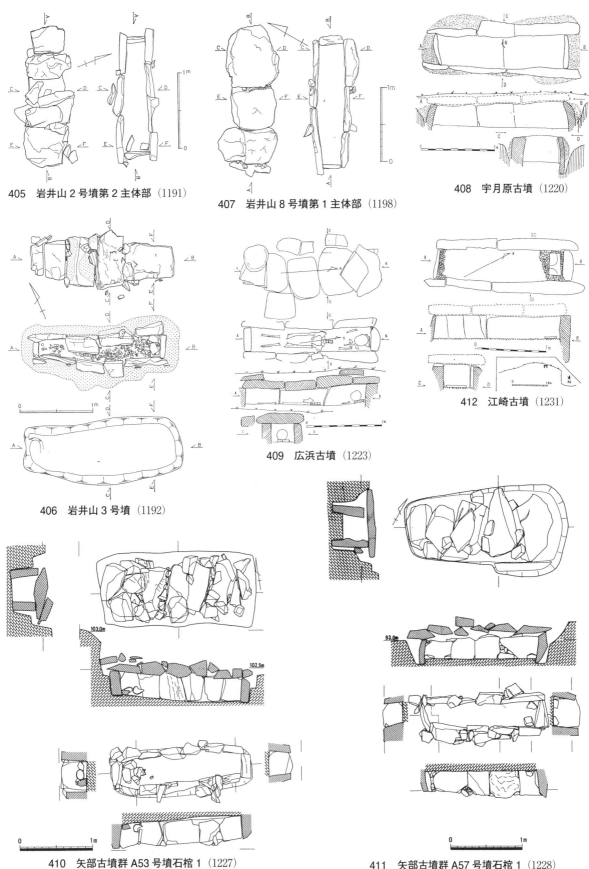

405 岩井山2号墳第2主体部 (1191)
407 岩井山8号墳第1主体部 (1198)
408 宇月原古墳 (1220)
406 岩井山3号墳 (1192)
409 広浜古墳 (1223)
412 江崎古墳 (1231)
410 矢部古墳群A53号墳石棺1 (1227)
411 矢部古墳群A57号墳石棺1 (1228)

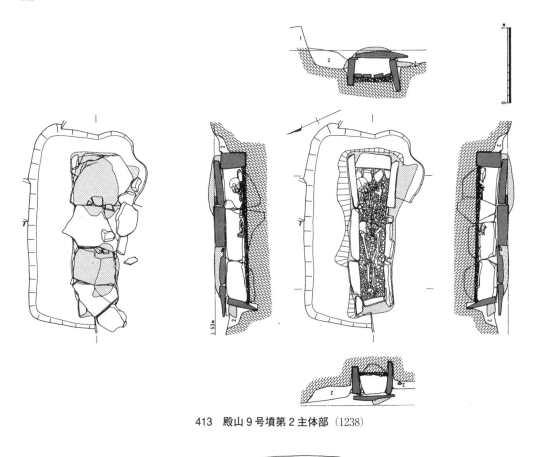

413　殿山9号墳第2主体部（1238）

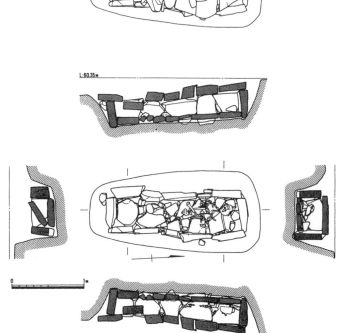

414　殿山11号墳第3主体部（1239）

箱式石棺実測図（古墳時代篇） 263

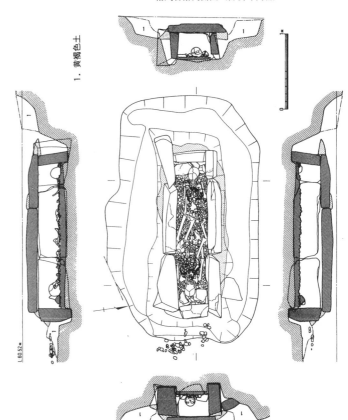

415 殿山21号墳第1号石棺 （1240）

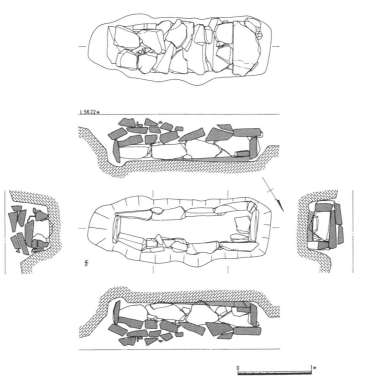

416 殿山墳丘外1号石棺 （1241）

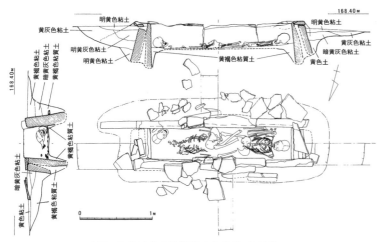

417　久米三成4号墳第1主体部 (1249)

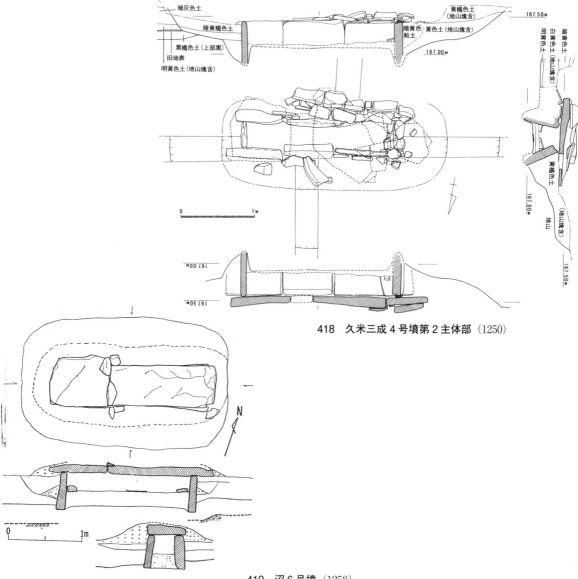

418　久米三成4号墳第2主体部 (1250)

419　沼6号墳 (1258)

箱式石棺実測図（古墳時代篇） 265

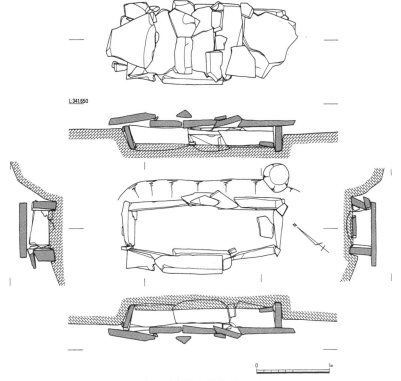

420　山根屋1号墓 (1267)

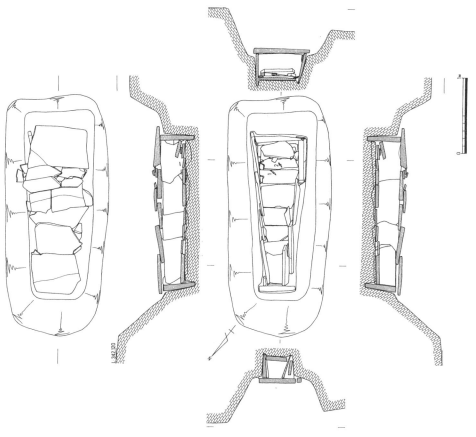

421　山根屋2号墳 (1268)

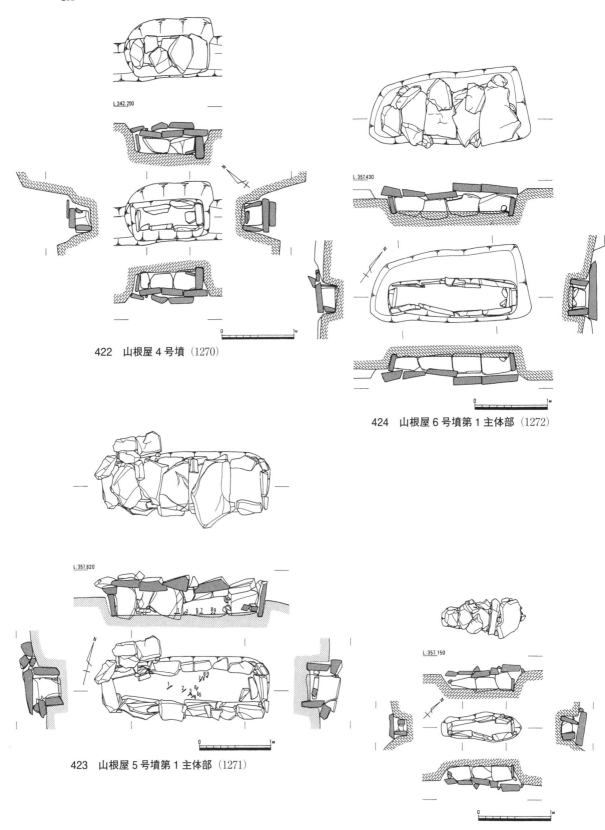

422 山根屋4号墳（1270）

424 山根屋6号墳第1主体部（1272）

423 山根屋5号墳第1主体部（1271）

425 山根屋6号墳第2主体部（1273）

箱式石棺実測図（古墳時代篇） 267

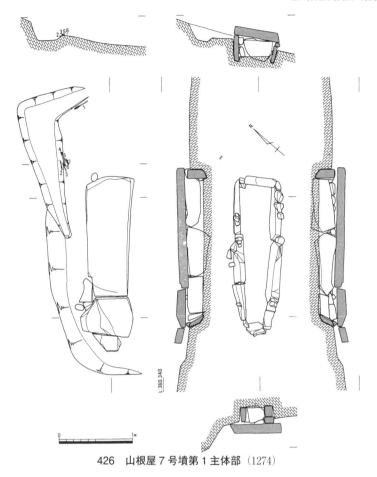

426 山根屋7号墳第1主体部 (1274)

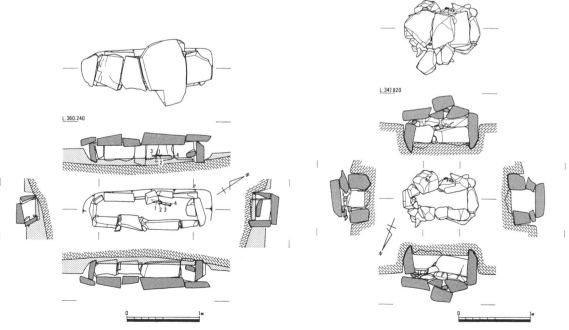

427 山根屋7号墓第2主体部 (1275)

429 山根屋14号墓 (1278)

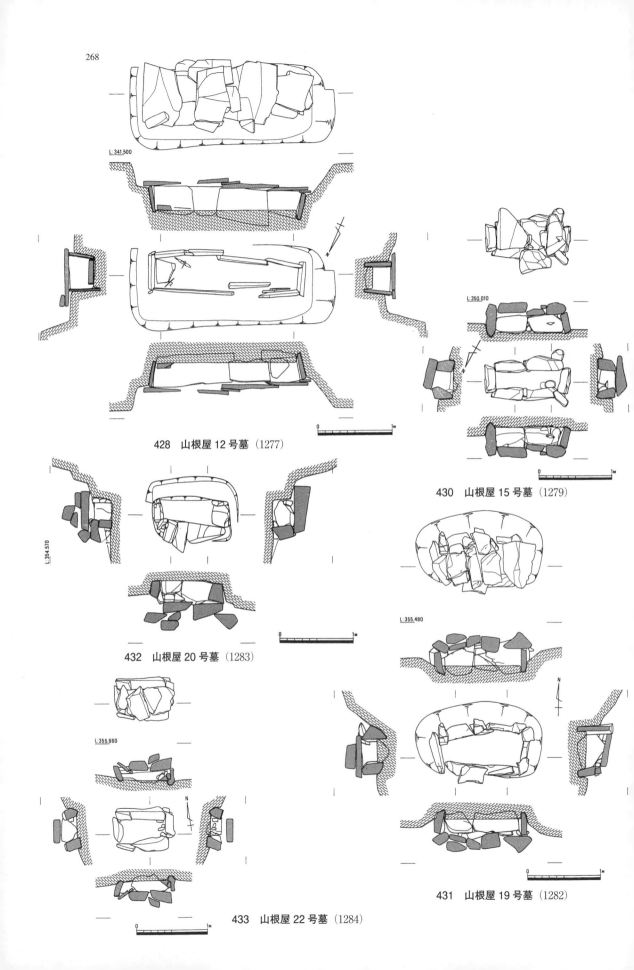

428 山根屋 12 号墓 (1277)

430 山根屋 15 号墓 (1279)

432 山根屋 20 号墓 (1283)

431 山根屋 19 号墓 (1282)

433 山根屋 22 号墓 (1284)

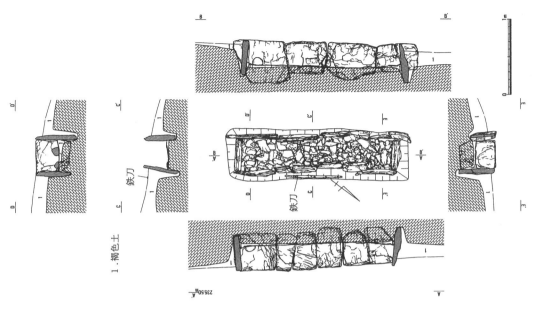

434　中原古墳群2号墳 (1295)

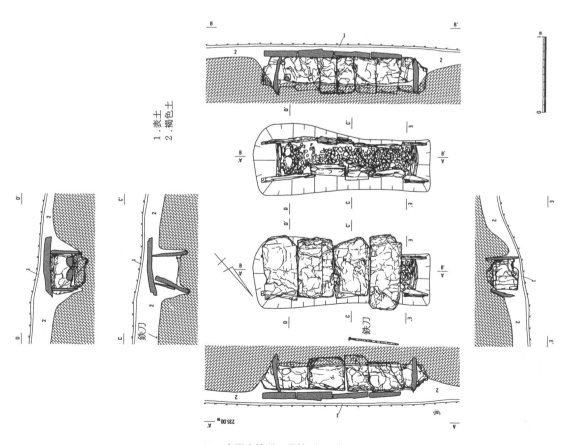

436　中原古墳群4号墳 (1297)

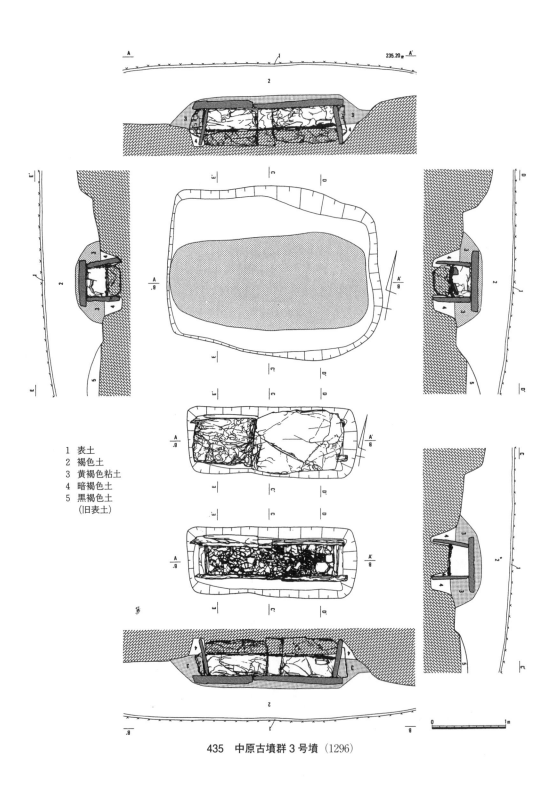

435 中原古墳群3号墳 (1296)

箱式石棺実測図（古墳時代篇） 271

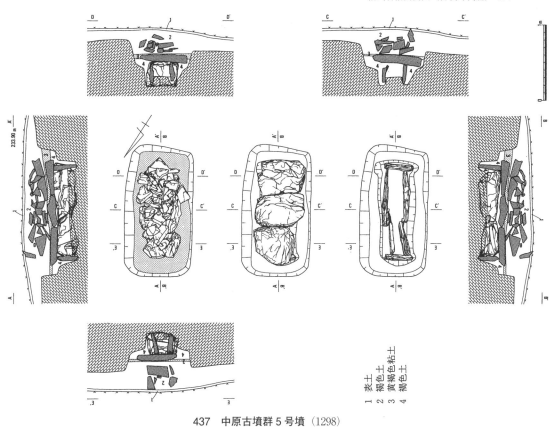

1 表土
2 褐色粘土
3 黄褐色粘土
4 褐色土

437　中原古墳群 5 号墳 (1298)

1 表土
2 褐色土

438　中原古墳群 7 号墳第 1 主体部 (1299)

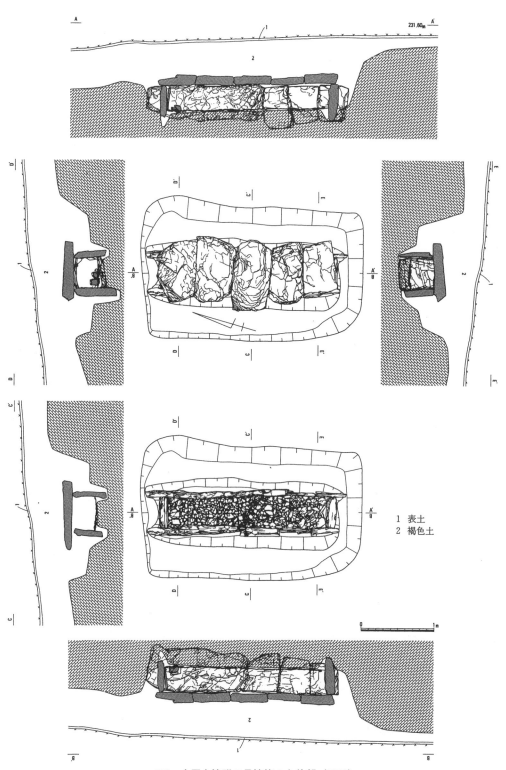

439 中原古墳群7号墳第2主体部（1300）

箱式石棺実測図（古墳時代篇） 273

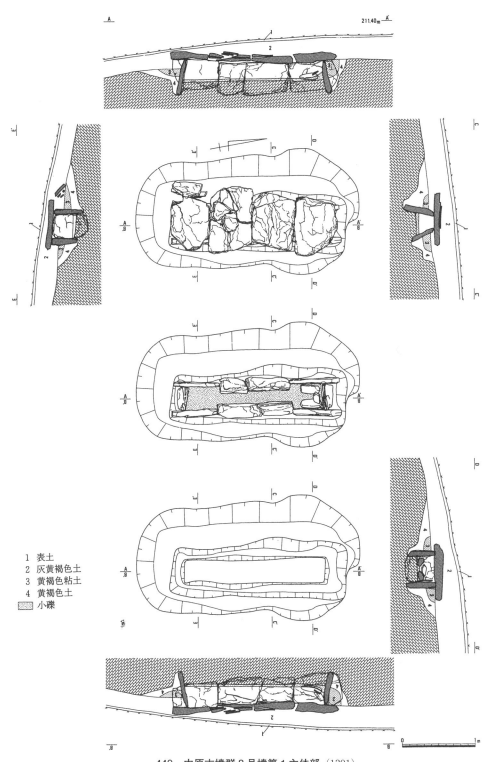

1 表土
2 灰黄褐色土
3 黄褐色粘土
4 黄褐色土
小礫

440　中原古墳群8号墳第1主体部（1301）

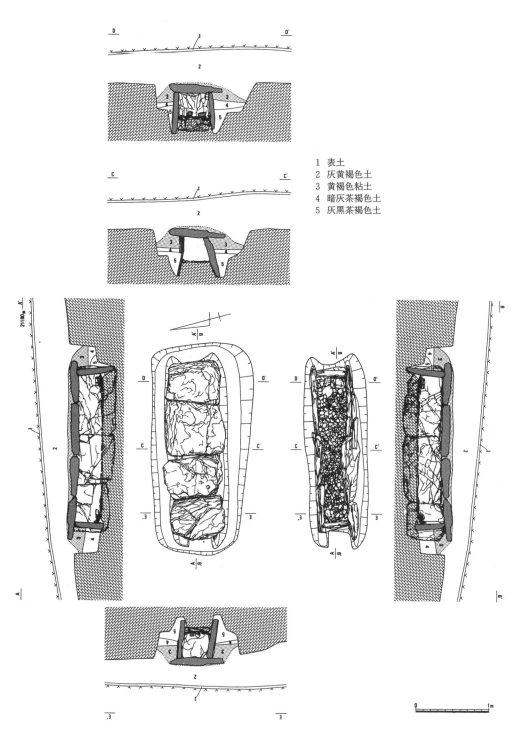

441 中原古墳群8号墳第2主体部 (1302)

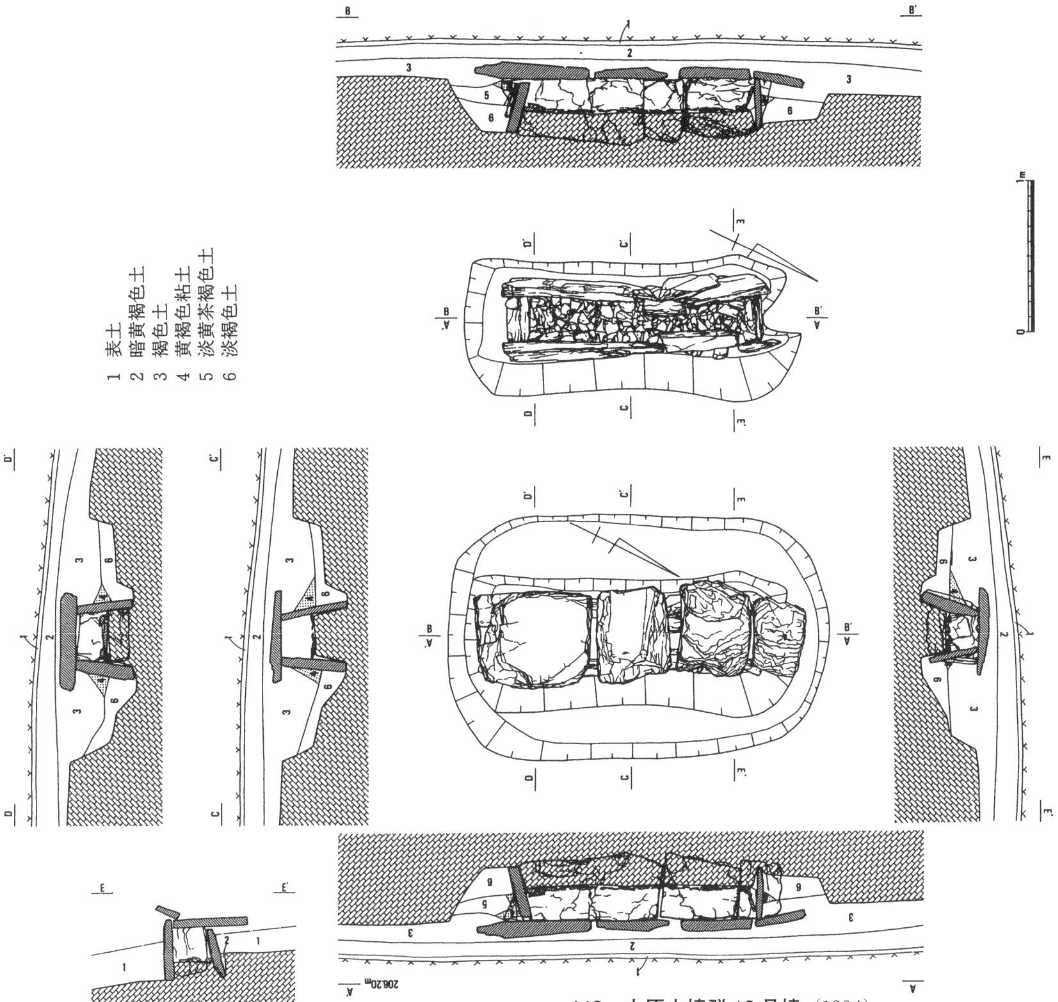

箱式石棺実測図（古墳時代篇） 275

1 表土
2 暗黄褐色土
3 褐色土
4 黄褐色粘土
5 黄褐色茶褐色土
6 淡褐色土

442 中原古墳群 10 号墳 （1304）

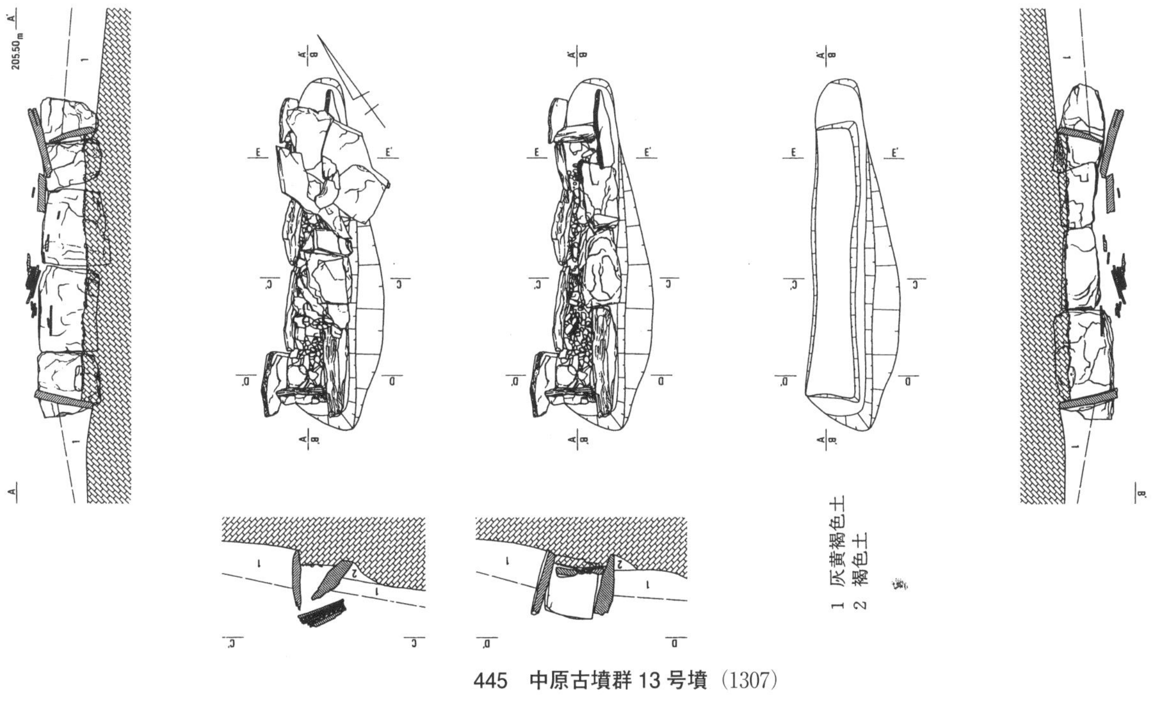

1 灰黄褐色土
2 褐色土

445 中原古墳群 13 号墳 （1307）

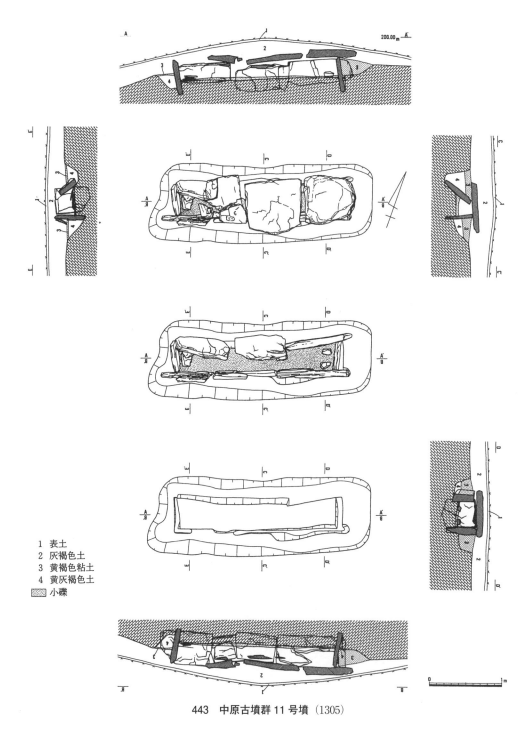

1 表土
2 灰褐色土
3 黄褐色粘土
4 黄灰褐色土
小礫

443 中原古墳群 11 号墳 (1305)

箱式石棺実測図（古墳時代篇） 277

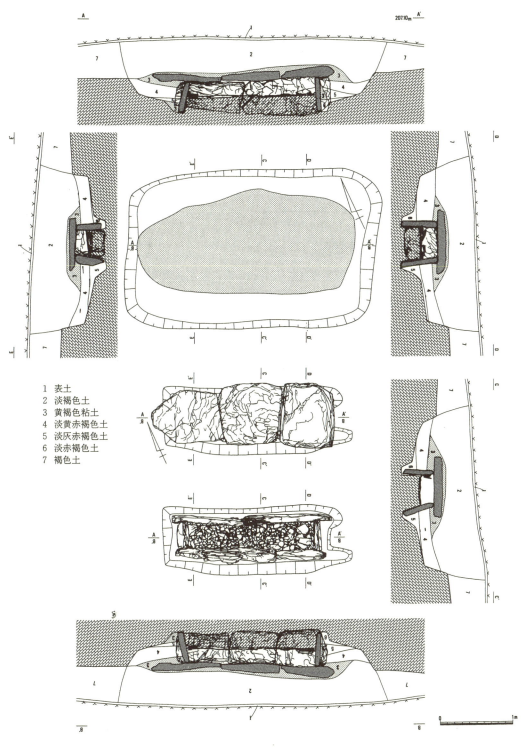

1 表土
2 淡褐色土
3 黄褐色粘土
4 淡黄赤褐色土
5 淡灰赤褐色土
6 淡赤褐色土
7 褐色土

444 中原古墳群 12 号墳 (1306)

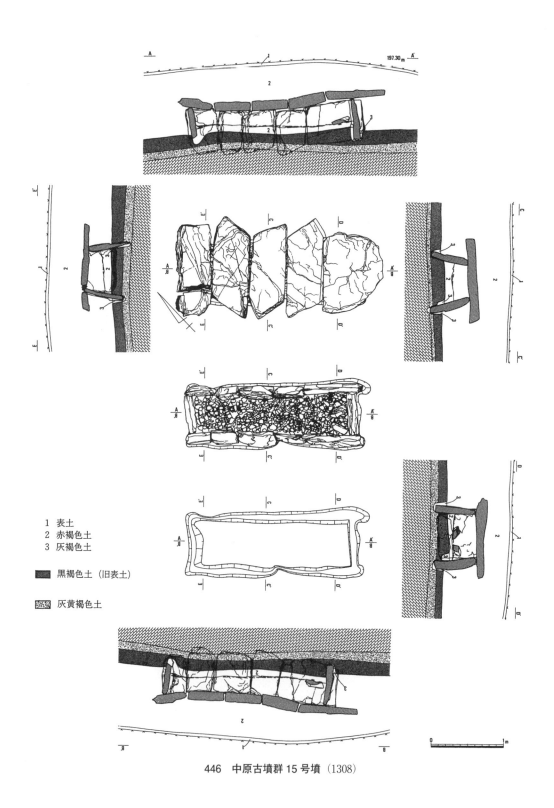

446　中原古墳群 15 号墳（1308）

箱式石棺実測図（古墳時代篇） 279

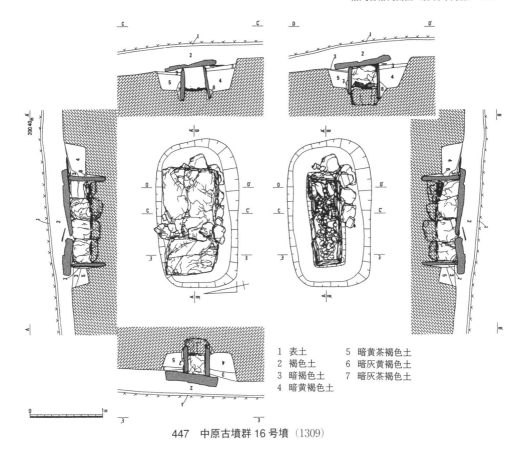

1 表土
2 褐色土
3 暗褐色土
4 暗黄褐色土
5 暗黄茶褐色土
6 暗灰黄褐色土
7 暗灰茶褐色土

447 中原古墳群16号墳 (1309)

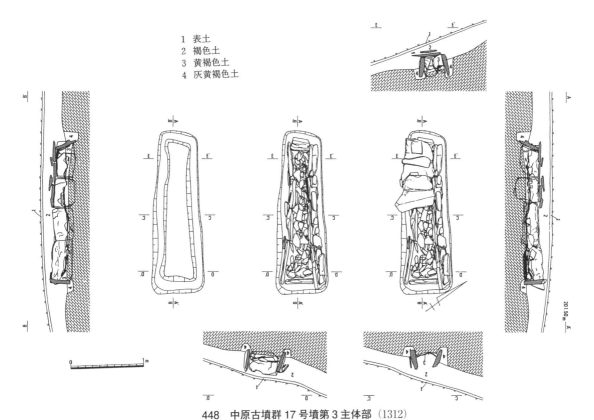

1 表土
2 褐色土
3 黄褐色土
4 灰黄褐色土

448 中原古墳群17号墳第3主体部 (1312)

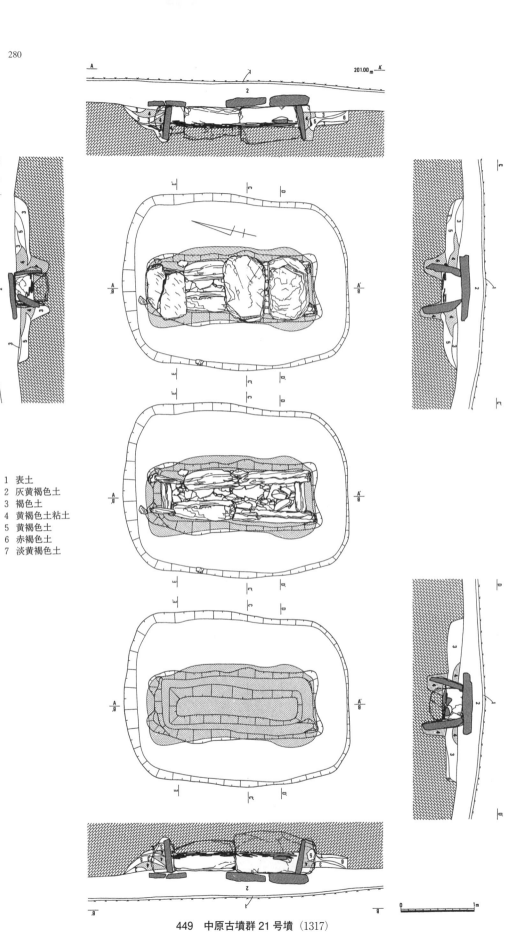

1 表土
2 灰黄褐色土
3 褐色土
4 黄褐色土粘土
5 黄褐色土
6 赤褐色土
7 淡黄褐色土

449　中原古墳群 21 号墳（1317）

箱式石棺実測図（古墳時代篇） 281

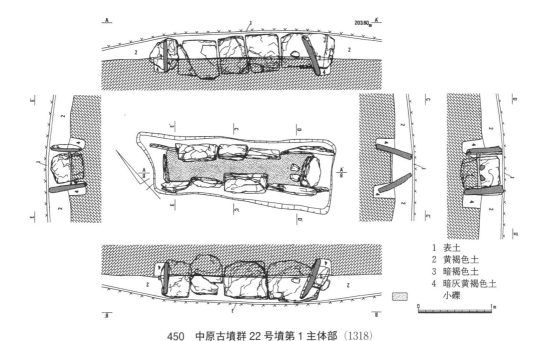

450　中原古墳群 22 号墳第 1 主体部（1318）

451　中原古墳群 22 号墳第 2 主体部（1319）

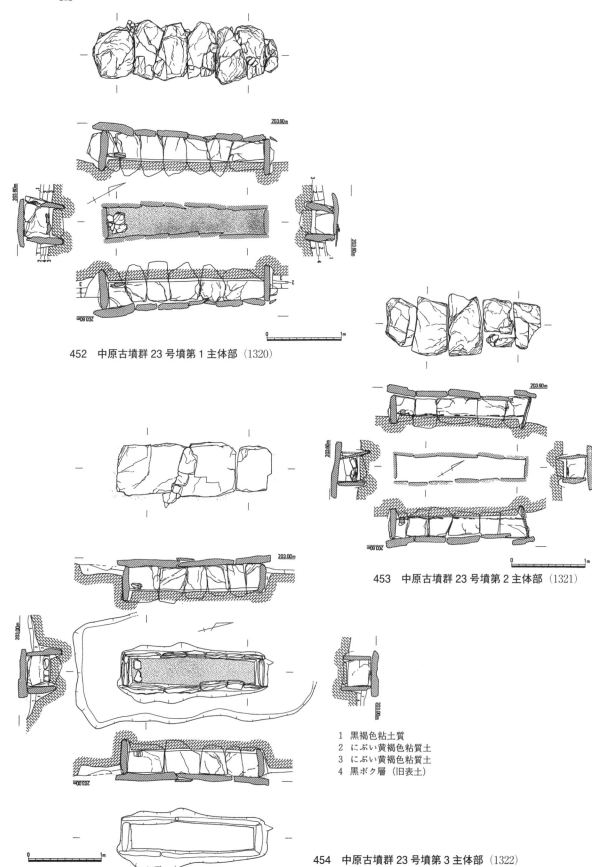

452 中原古墳群23号墳第1主体部（1320）

453 中原古墳群23号墳第2主体部（1321）

1 黒褐色粘土質
2 にぶい黄褐色粘質土
3 にぶい黄褐色粘質土
4 黒ボク層（旧表土）

454 中原古墳群23号墳第3主体部（1322）

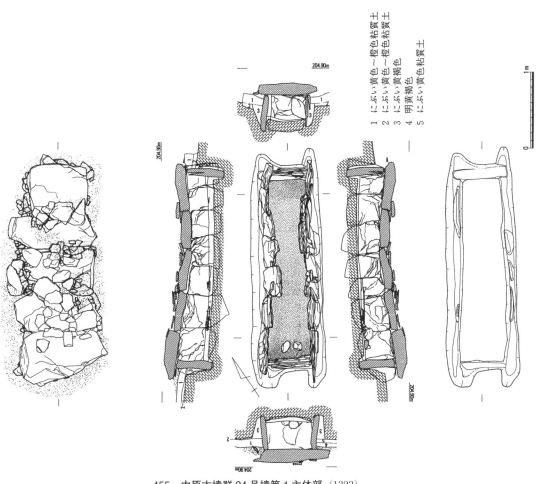

455　中原古墳群 24 号墳第 1 主体部（1323）

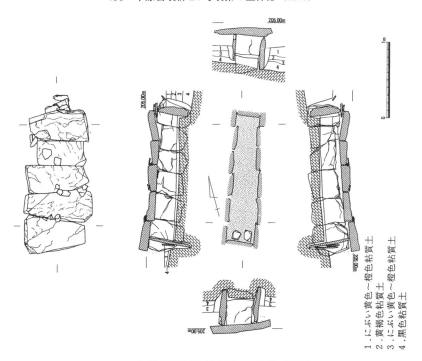

456　中原古墳群 24 号墳第 2 主体部（1324）

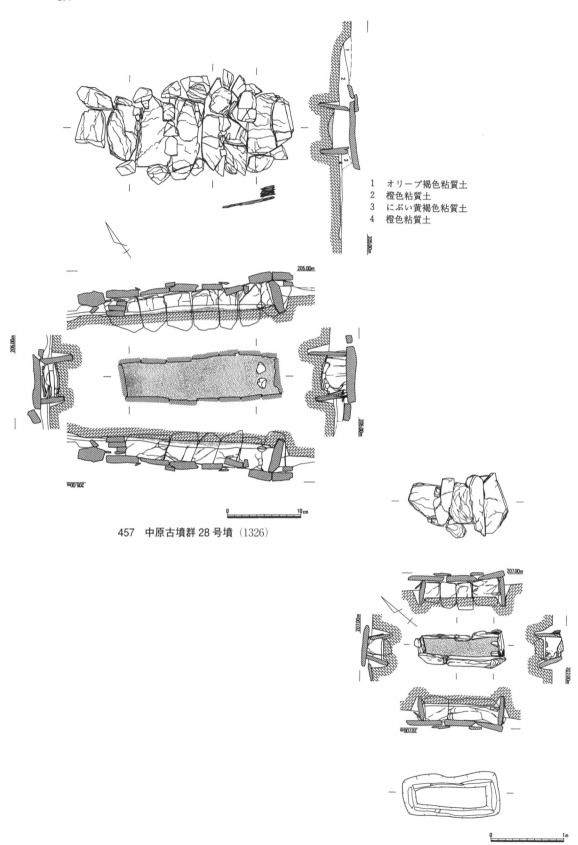

1 オリーブ褐色粘質土
2 橙色粘質土
3 にぶい黄褐色粘質土
4 橙色粘質土

457 中原古墳群 28 号墳 (1326)

458 中原古墳群 29 号墳 (1327)

箱式石棺実測図（古墳時代篇） 285

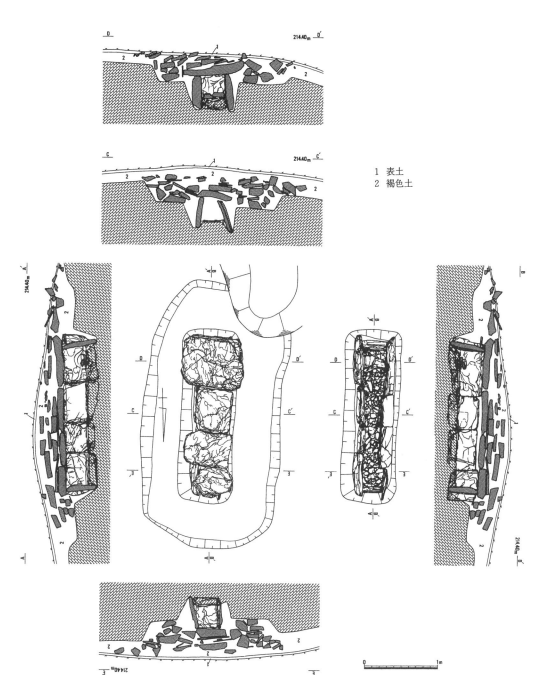

1 表土
2 褐色土

459　中原古墳群 30 号墳（1328）

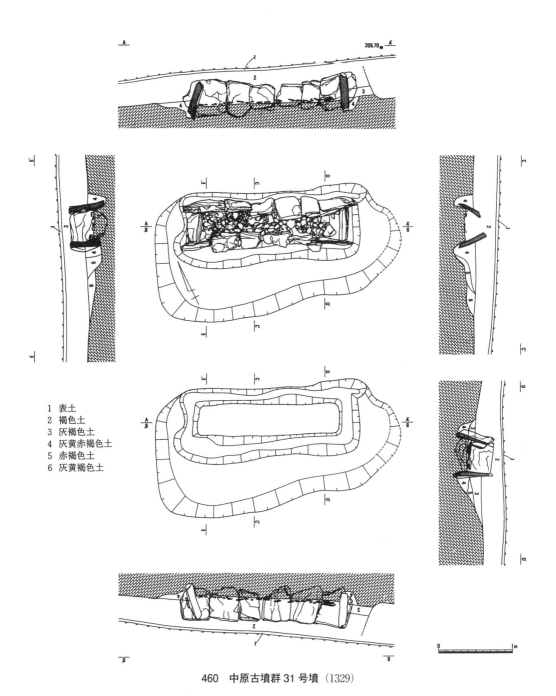

1 表土
2 褐色土
3 灰褐色土
4 灰黄赤褐色土
5 赤褐色土
6 灰黄褐色土

460 中原古墳群 31 号墳 (1329)

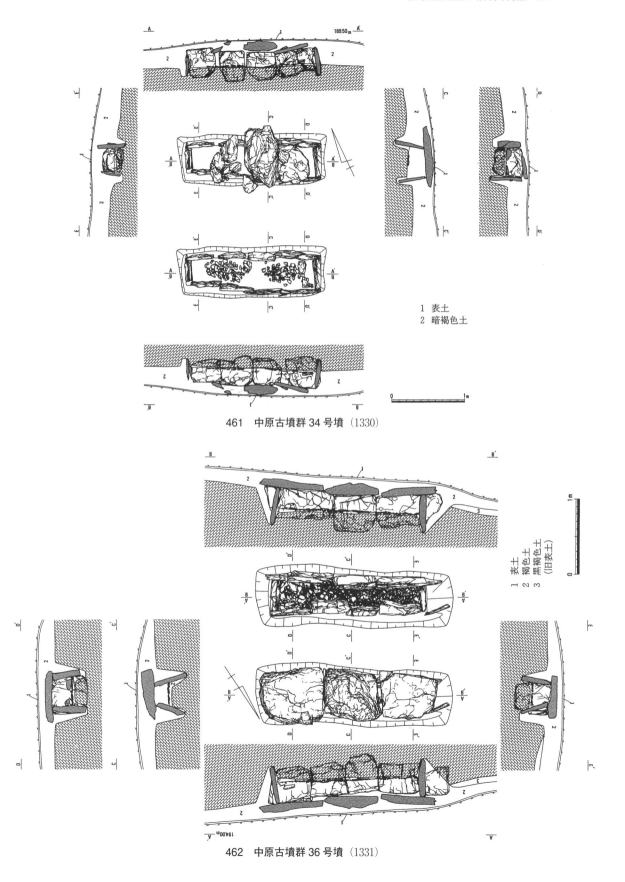

461　中原古墳群 34 号墳 （1330）

462　中原古墳群 36 号墳 （1331）

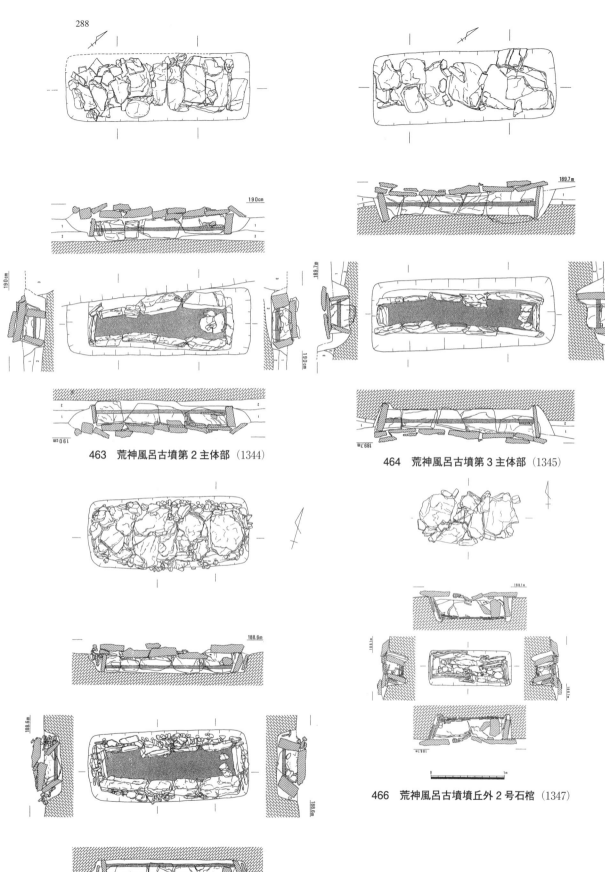

463 荒神風呂古墳第2主体部 (1344)

464 荒神風呂古墳第3主体部 (1345)

465 荒神風呂古墳墳丘外1号石棺 (1346)

466 荒神風呂古墳墳丘外2号石棺 (1347)

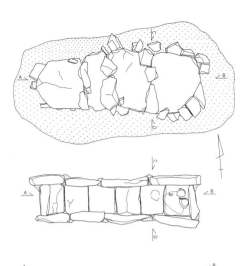
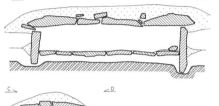

467　竹田5号墳中央南石棺（1350）

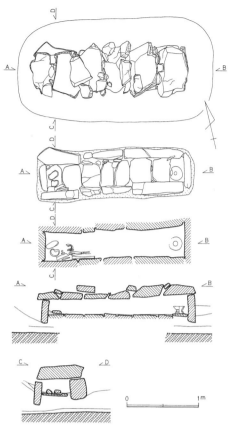

468　竹田5号墳中央北石棺（1351）

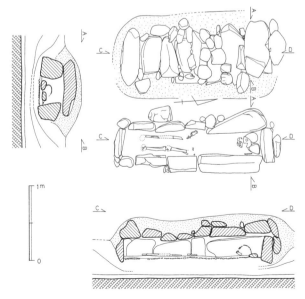

469　竹田5号墳東石棺（1353）

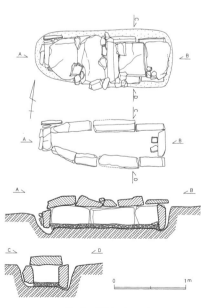

470　竹田7号墳（1355）

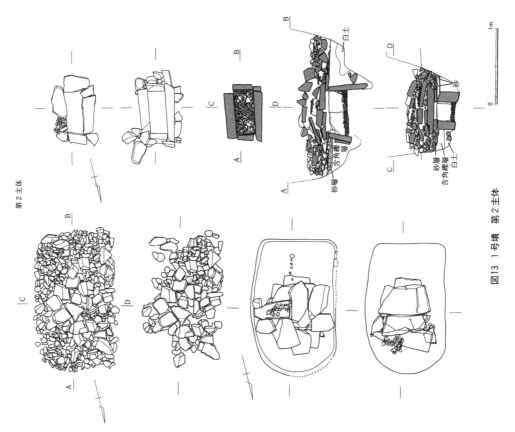

471 養久山1号墳第2主体部 (1357)

図13 1号墳 第2主体

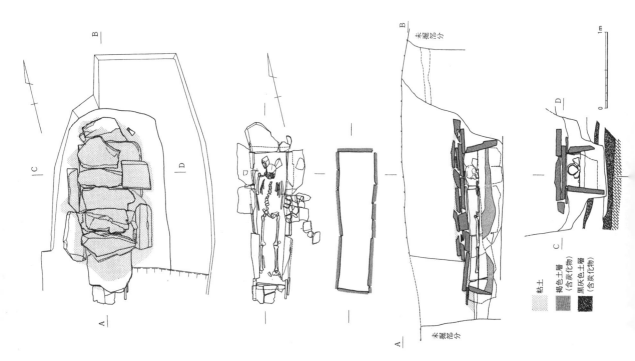

472 養久山1号墳第3主体部 (1358)

箱式石棺実測図（古墳時代篇） 291

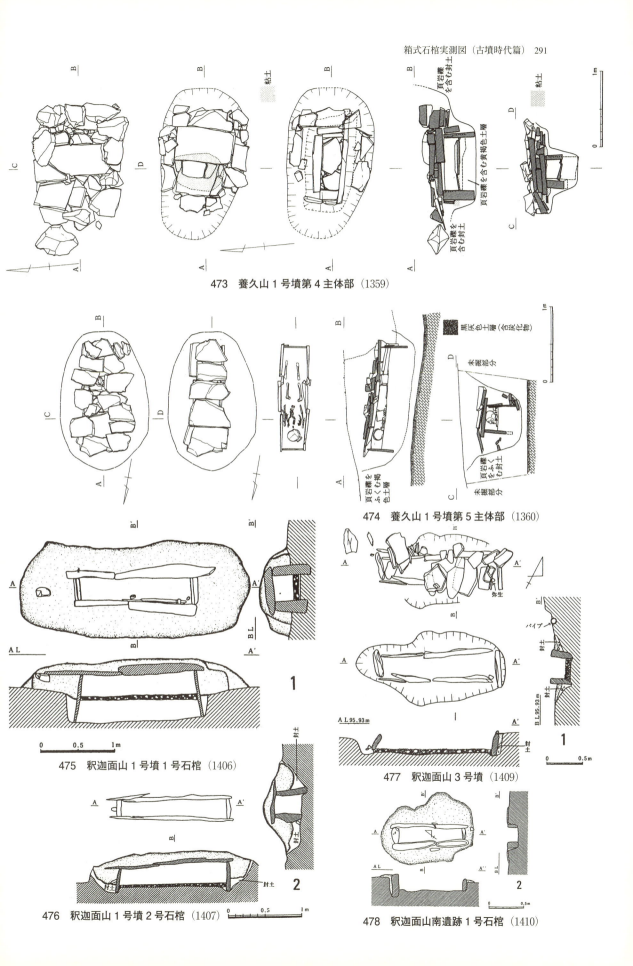

473　養久山1号墳第4主体部（1359）

474　養久山1号墳第5主体部（1360）

475　釈迦面山1号墳1号石棺（1406）

476　釈迦面山1号墳2号石棺（1407）

477　釈迦面山3号墳（1409）

478　釈迦面山南遺跡1号石棺（1410）

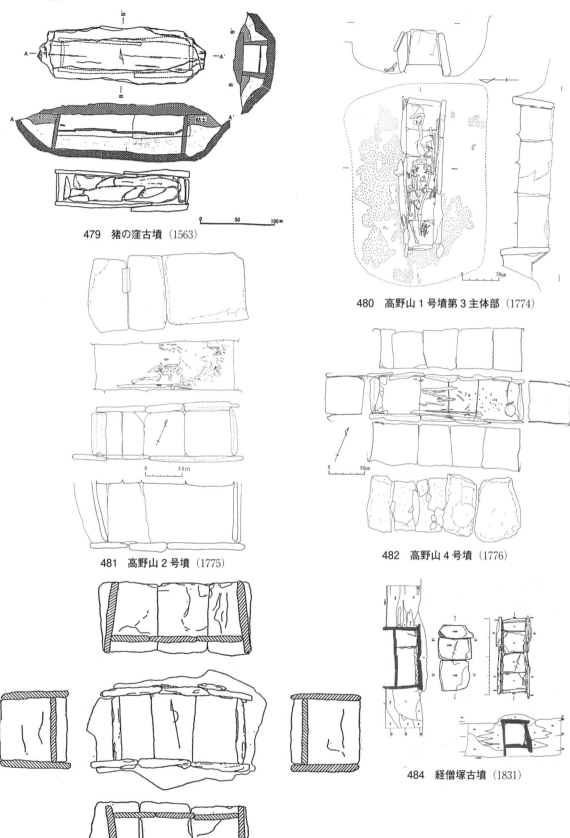

479 猪の窪古墳 (1563)

480 高野山1号墳第3主体部 (1774)

481 高野山2号墳 (1775)

482 高野山4号墳 (1776)

484 経僧塚古墳 (1831)

483 油作1号墳 (1778)

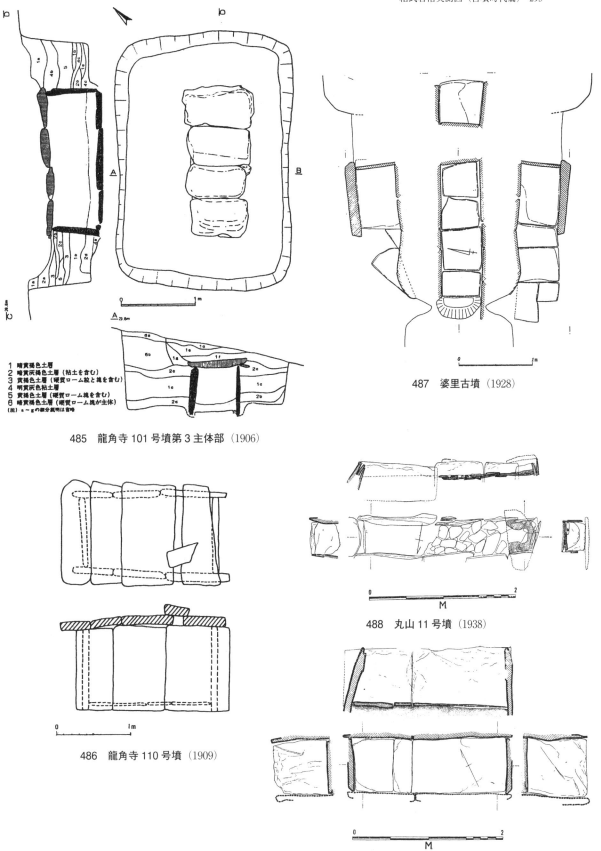

485 龍角寺101号墳第3主体部 (1906)

487 婆里古墳 (1928)

486 龍角寺110号墳 (1909)

488 丸山11号墳 (1938)

489 丸山13号墳 (1939)

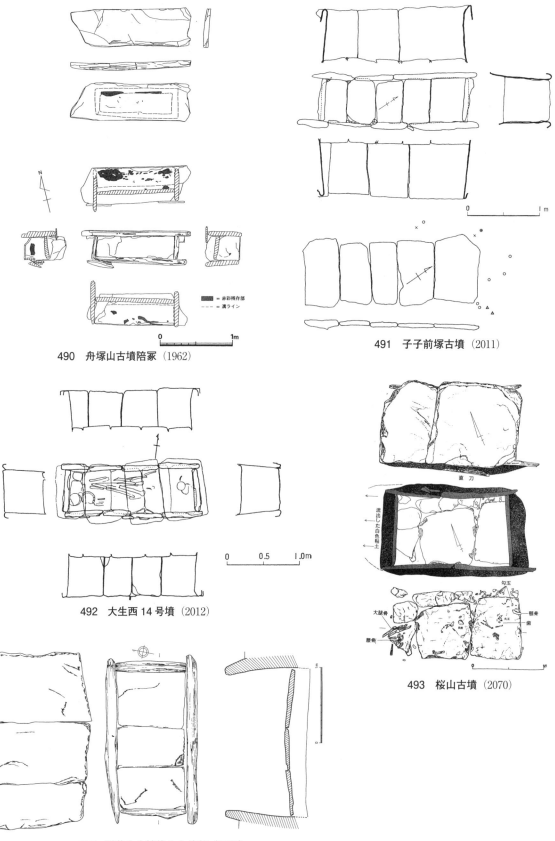

490 舟塚山古墳陪冢 (1962)

491 子子前塚古墳 (2011)

492 大生西14号墳 (2012)

493 桜山古墳 (2070)

495 稲荷山古墳第2主体部 (2102)

箱式石棺実測図（古墳時代篇） 295

496 専行寺古墳 (2139)

494 宮中野84号墳 (2074)

499 原1号墳 (2226)

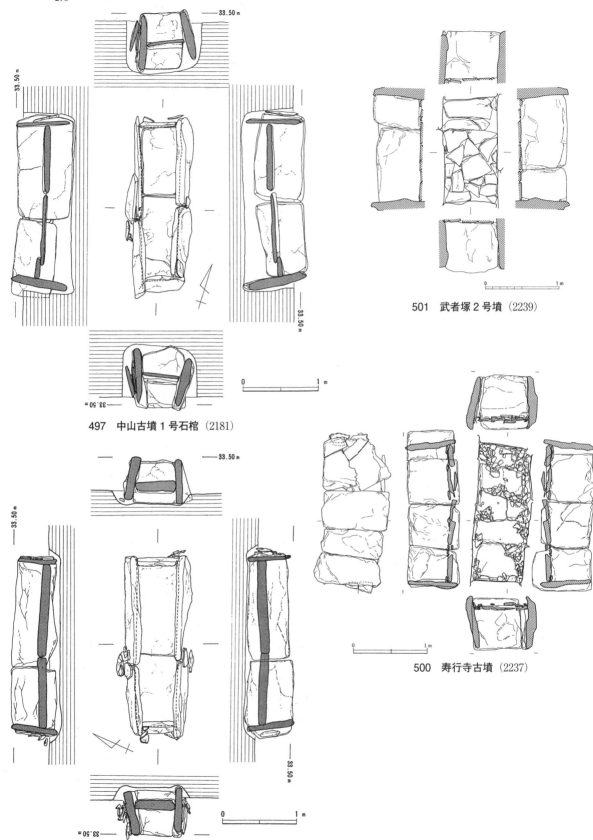

497 中山古墳1号石棺 (2181)

498 中山古墳2号石棺 (2182)

500 寿行寺古墳 (2237)

501 武者塚2号墳 (2239)

箱式石棺実測図（古墳時代篇） 297

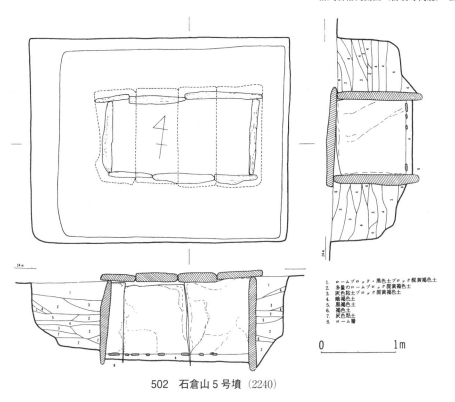

502 石倉山5号墳（2240）

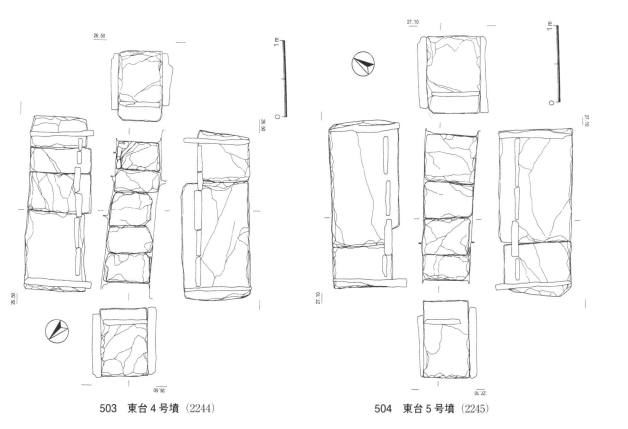

503 東台4号墳（2244）　　　504 東台5号墳（2245）

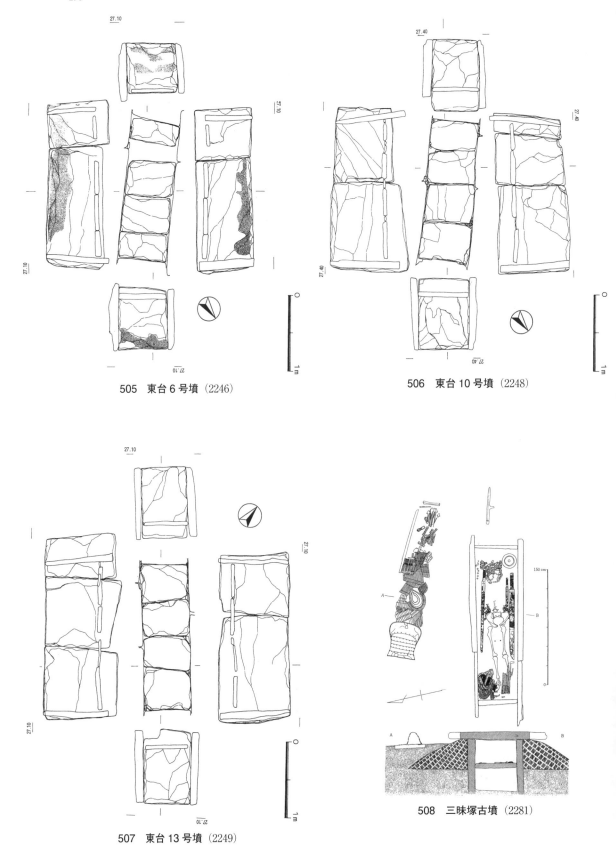

505　東台6号墳 (2246)

506　東台10号墳 (2248)

507　東台13号墳 (2249)

508　三昧塚古墳 (2281)

箱式石棺実測図（古墳時代篇） 299

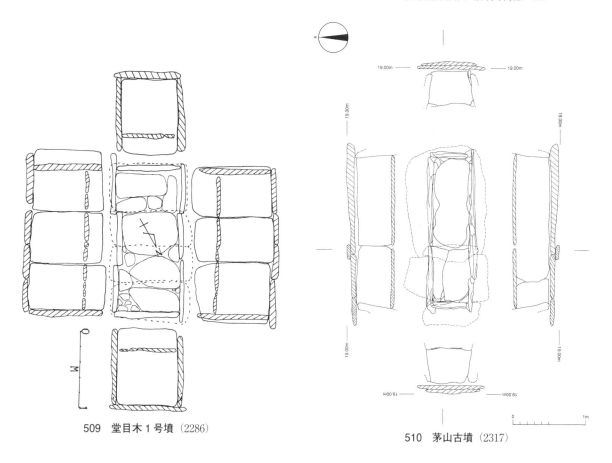

509 堂目木1号墳 (2286)

510 茅山古墳 (2317)

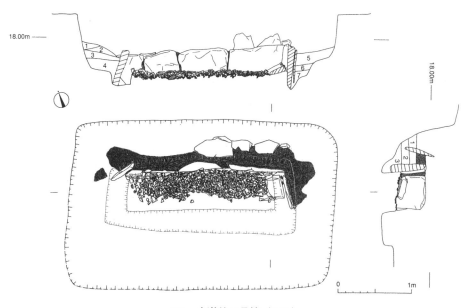

511 中道前6号墳 (2318)

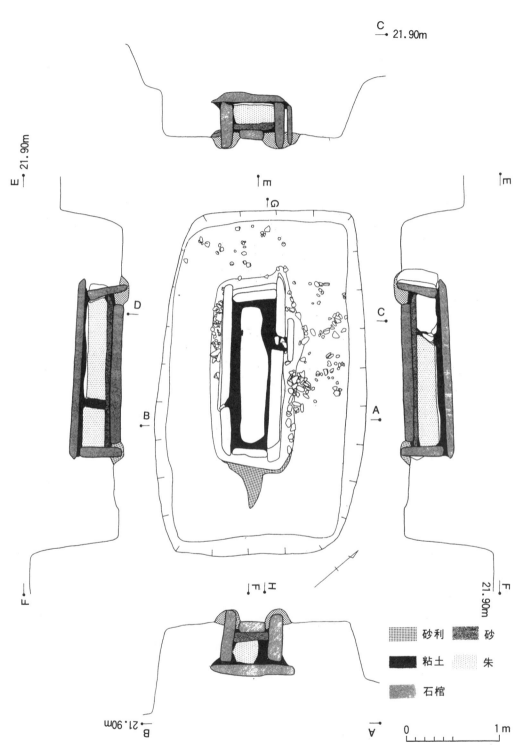

512 白方7号墳1号石棺 (2319)

箱式石棺実測図（古墳時代篇） 301

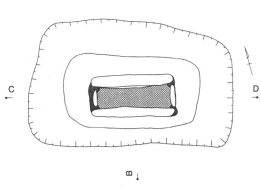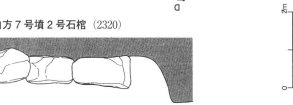

513　白方7号墳2号石棺 (2320)

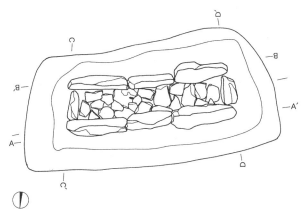

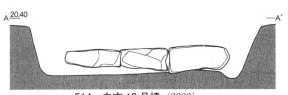

514　白方13号墳 (2322)

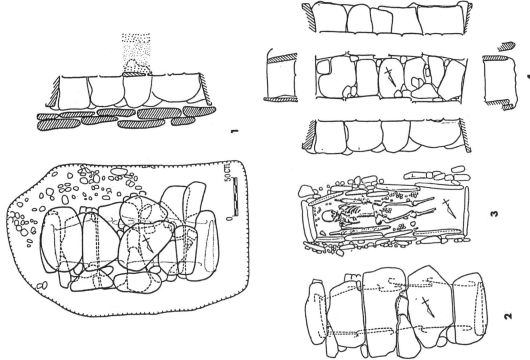

516　上の原3号墳1号石棺（2382）

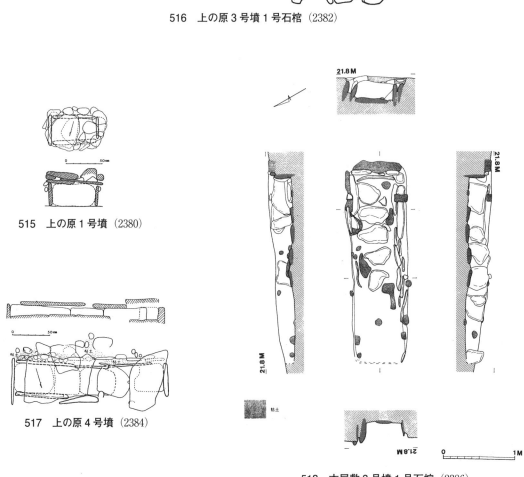

515　上の原1号墳（2380）

517　上の原4号墳（2384）

518　本屋敷3号墳1号石棺（2386）

箱式石棺実測図（古墳時代篇） 303

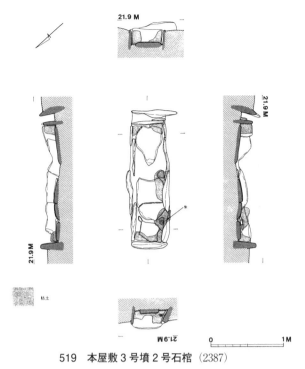

519　本屋敷3号墳2号石棺 (2387)

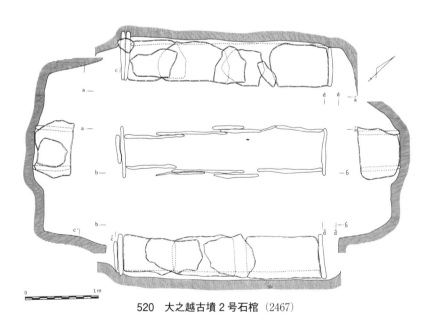

520　大之越古墳2号石棺 (2467)

Ⅲ 中国篇

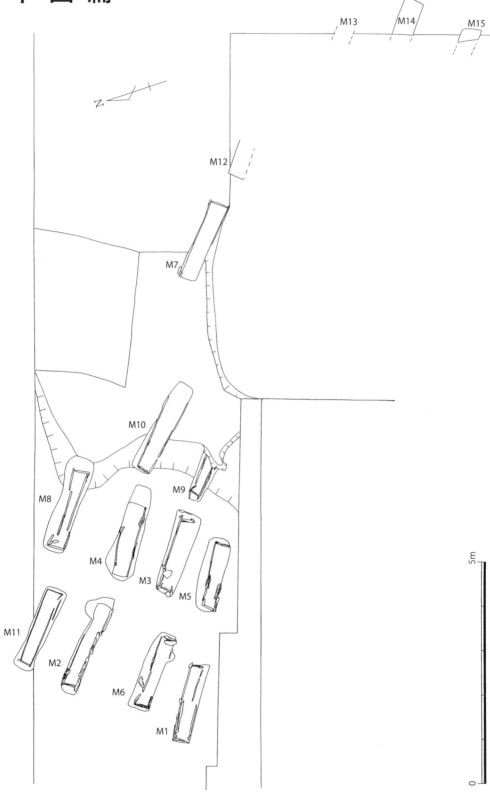

521　宴爾龍遺跡遺構配置図

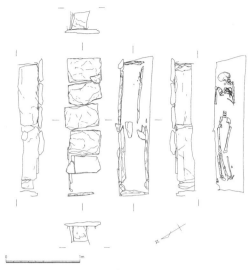

522 宴爾龍 1 号墓

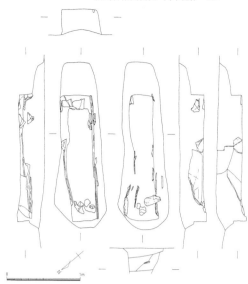

525 宴爾龍 4 号墓

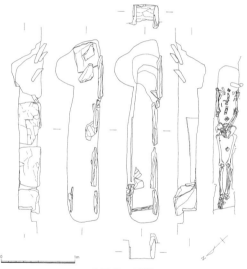

523 宴爾龍 2 号墓

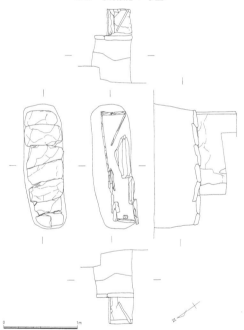

526 宴爾龍 5 号墓

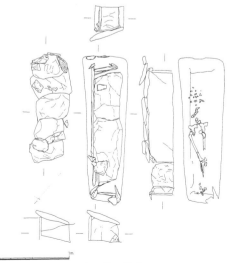

524 宴爾龍 3 号墓

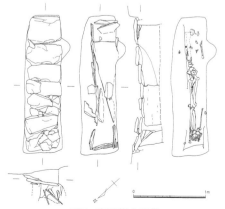

527 宴爾龍 6 号墓

528 宴爾龍7号墓

530 宴爾龍9号墓

529 宴爾龍8号墓

531 宴爾龍10号墓

532 宴爾龍11号墓

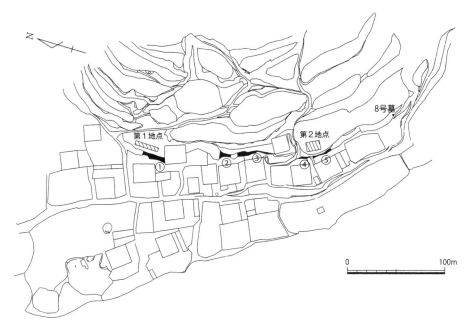

533 呷拉宗遺跡石棺調査区の位置と踏査箇所

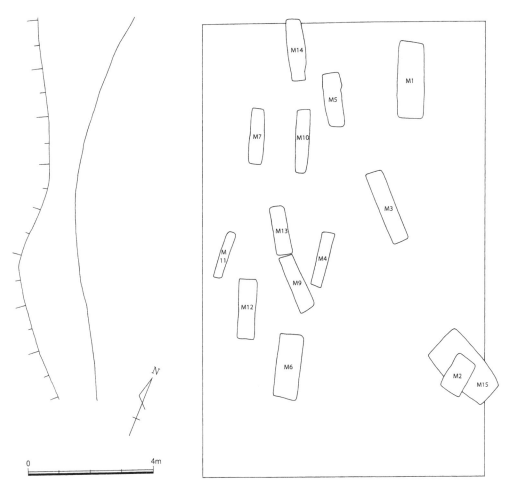

534 呷拉宗遺跡第2地点の石棺墓の分布と地形

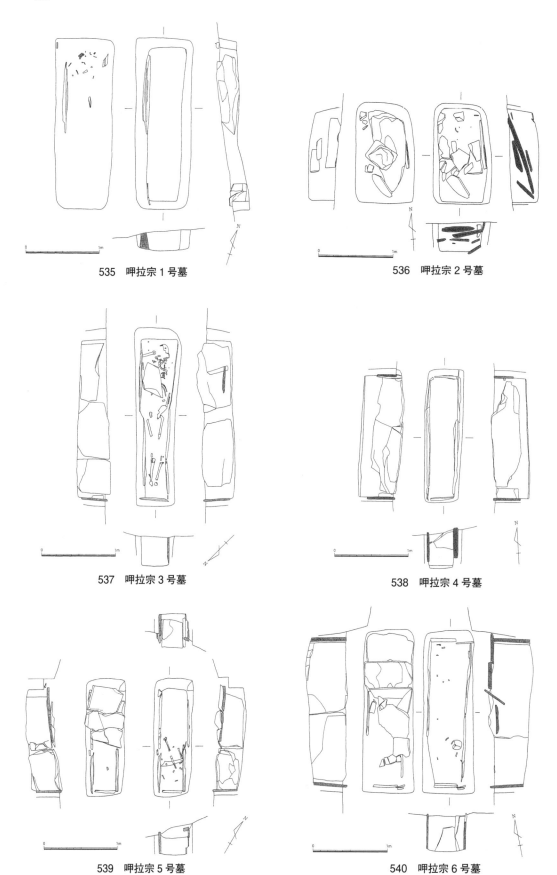

535　呷拉宗 1 号墓　　　　536　呷拉宗 2 号墓

537　呷拉宗 3 号墓　　　　538　呷拉宗 4 号墓

539　呷拉宗 5 号墓　　　　540　呷拉宗 6 号墓

箱式石棺実測図（中国篇） 309

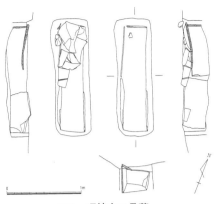

541 呷拉宗 7 号墓

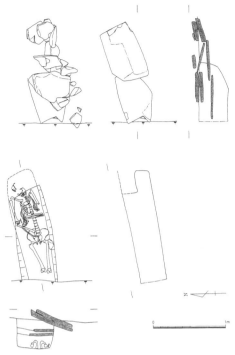

542 呷拉宗 8 号墓

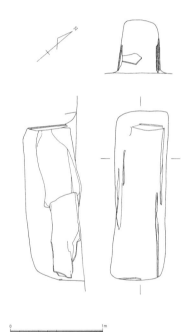

543 呷拉宗 9 号墓

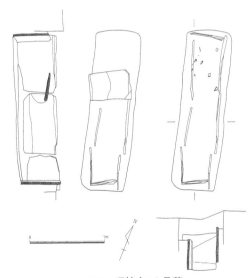

544 呷拉宗 10 号墓

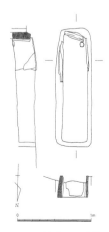

545 呷拉宗 11 号墓

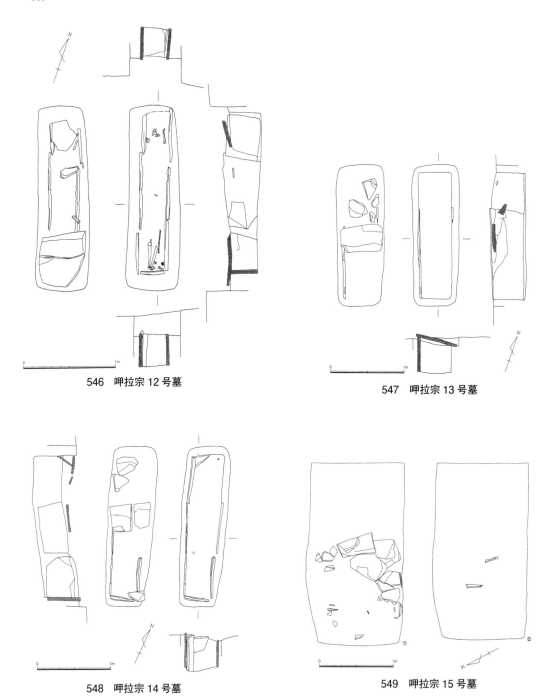

546　呷拉宗 12 号墓

547　呷拉宗 13 号墓

548　呷拉宗 14 号墓

549　呷拉宗 15 号墓

全国箱式石棺集成表

Ⅰ　弥生時代篇……………………………………312

Ⅱ　古墳時代篇……………………………………390

以下には、現在存在の知られている（もしくは知られていた）箱式石棺の各データを調査報告書等から整理し、各県毎に郵便番号順に並べてある。

各データはそれら諸資料から知りうる全てが記載してある。したがって空欄あるいは記載の不充分な欄は詳細を知りえない、もしくは出土のないことを意味しており、逐一「詳細不明」とは記していない。

I 弥生時代篇

	遺跡名	所在地	時期	主軸の方位	規模（頭位）
	熊本県				
1	八幡名石棺	熊本市南区八幡			
2	古園石棺墓	阿蘇市狩尾	（後期）		
3	下山西遺跡	阿蘇市乙姫	（後期）		
4	平松14号墓	天草市波多・平松	（後期）	東西	173×東38西30－38（東）
5	平松南1号墓	天草市波多・平松	（後期）	東西	228×東50西40－50（東）
	長崎県				
6	高鉢島遺跡	長崎市神ノ崎町	後期終末		
7	深掘1号石棺	長崎市深掘町	後期終末		
8	同　2号石棺	〃	後期終末	N29°W	180×50－？（？）
9	小場石棺	壱岐市勝本町	前期	南北	140×45-40（北？）
10	林ノ辻遺跡2号石棺	諫早市小川町	後期終末	南北	184×南32北24－24（南）
11	中江石棺群11号石棺	諫早高来町小江名	後期終末	東西	200×東32西44－36（西）
12	溝口遺跡1号石棺	諫早高来町湯江名	後期終末	南北	188×北東44南西52－32（北東）
13	宗方町	諫早市宗方町	中期前半		155×55
14	本明1号石棺	諫早市本明町	後期終末		
15	有嘉貝塚上層1号石棺	諫早市松里町	後期終末		
16	同　2号石棺	〃	後期終末		
17	冷泉1号石棺	大村市今富町			
18	同　2号石棺	〃			
19	同　3号石棺	〃			
20	門前1号石棺	佐世保市愛宕町・中里町	後期～古墳初	東西	167×31－35（西）
21	同　2号石棺	〃	後期～古墳初	東西	180×37－34（西）

石棺	副葬品・供献遺物・石材	参考文献
	銅戈（中広）	新谷昌子『宮崎石棺墓群』(1990)
		〃
	短剣、剣、ガラス小玉	〃
	剣2、管玉1	坂本経堯『平松箱式石棺群』
	剣1	〃
	小児骨？	『長崎県考古学会』(2014)
	成人骨？	〃
石13、西側石各3、妻石各1、床石なし	碧玉管玉、骨製管玉、ガラス小玉、結晶片岩	〃
石3、両側石各2、妻石各1、床石なし		『壱岐カラカミ遺跡Ⅱ』(2009)
石7（二重）、東側石3、西側石4、妻石各1、床石12	鉇、ガラス小玉	〃
石6（鎧重）、北側石4、南側石4、妻石各1、床石5、西側枕石		〃
乱、蓋石5残、両側石各3、妻石各1、床石8	成人♀1	〃
側石2、妻各1残	角閃安山岩	『県報告 35』
	成人♀	『長崎県考古学会』(2014)
		〃
	成人♀	〃
	管玉	〃
		〃
	鏡片、素環刀1、管玉	〃
石5（鎧重）、両側石各3、妻石各1、床石なし	剣1、赤色顔料、砂岩	『県埋文報告 190』
石6、北側石3、南側石4、妻石各1、床石なし	素環頭刀子1、赤色顔料（床頭辺）、砂岩	〃

	遺跡名	所在地	時期	主軸の方位	規模（頭位）
22	同 3号石棺	〃	後期～古墳初	東西	179×43（西）
23	同 4号石棺	〃	後期～古墳初	東西	182×41（西）
24	同 5号石棺	〃	後期～古墳初	東西	113×38－30（西）
25	同 6号石棺	〃	後期～	東西	161×46－39（西）
26	同 7号石棺	〃	後期～	東西	169×33－13（東）
27	塔ノ首3号石棺	対馬市上対馬町	後期末	N64°E	175×東43西33－40（東）
28	同 4号石棺	〃	後期末	N58°E	195×45（東）
29	同 5号石棺	〃	後期後半		
30	黒木南鼻遺跡	対馬市豊玉町卯麦	後期初頭	N45°E	160×南東57北西70－30（北西？）
31	観音鼻2号石棺	対馬市豊玉町観音鼻	後期末	N80°W	162×東45西50－30（西）
32	同 3号石棺	〃	後期末	N63°W	135？×50？
33	佐保浦赤崎1号石棺	対馬市豊玉町佐保	中期後半～後期初	N33°W	壙長方形178×75
34	同 2号石棺	〃	後期	N33°W	186×23
35	同 4号石棺	〃		N9°W	
36	唐崎遺跡	対馬市豊玉町佐保	後期	東西	175×東55西35－65（東）
37	イノサエ遺跡1号石棺	対馬市豊玉町佐保	弥生		
38	同 2号石棺	〃	弥生		
39	同 3号石棺	〃	弥生		
40	同 4号石棺	〃	弥生		
41	キロスガ浜遺跡	対馬市豊玉町佐保			
42	ハロウ1号石棺	対馬市豊玉町仁位	中期	東西	120？×40？
43	同 2号石棺	〃	後期	N65°E	175×西58東48－26（北西）
44	同 4号石棺	〃		N75°E	140×39
45	東の浜遺跡	対馬市豊玉町仁位	後期	北東－南西	175×東65西40－65（東）

石　棺	副葬品・供献遺物・石材	参考文献
石5、北側石3、南側石2、妻石各1、床石なし	素環頭刀子1、赤色顔料（床頭部）、砂岩	〃
石4、両側石各3、妻石各1、床石なし	素環頭刀子、赤色顔料（床頭部）、砂岩	〃
体3分の1残存、両側石各2、西妻石1残存、床石なし		〃
石13、北側石2、南側石3、妻石各1、床石なし	勾玉1、全面赤色顔料、砂岩	〃
材除去、北側石1（西端部）、妻石各1残存	小玉121	〃
石3、両側石各3、妻石各1、床石5	銅矛2、銅釧7、管玉1小玉7986、成人、頁岩	〃
石5	鏡1、鉄斧1、小玉7	〃
穴で確認		〃
壊、南西側石2残存	小玉1047、馬鐸1、鍔1、弥生土器（壺・甕）	〃
石除去、南側石4、北側石3、妻各1、床小板石	仿製内行花文鏡、銅釧、小玉3、弥生土器	〃
壊、南側石3、西妻石1残存		〃
壊、南側石1残存	剣、斧2、弥生土器（長頸壺）	〃
除去、北側石6、南側石4、妻各1、床石4残、両側面に 段自然石小口積？	鏡1、鍔、管玉1、小玉281、粘板岩	〃
壊	粘板岩	〃
石除去、南側石4、北側石2、妻各1、床小板石	笠頭銅器、十字形金具、角形銅器他、水成岩	〃
03年奴加岳村役場建設中発見	石剣、土器	〃
〃		〃
〃		〃
〃		〃
62年道路工事中に発見	広形銅矛、杷頭金具	〃
半破壊、北東側石大小7枚残	石剣、粘板岩	〃
石除去、北側石3、南側石除去、西妻石2、東妻石1、 石なし	蕨手刀子片1、小玉18、弥生式土器	〃
石9（二重）、両側石各2、妻石各1、床石4		〃
石移動、北側石3（ただし北東端は2段）、南側石4、妻各1、床小板石	細形銅剣2、鉄剣1、青銅半球形飾金具、小型仿製鏡1	〃

	遺 跡 名	所 在 地	時 期	主軸の方位	規 模（頭位）
46	西の神様鼻石棺	対馬市美津島町大船越	中期	東西	140×54（西）
47	仁兵衛島2号石棺	対馬市美津島町鴨居瀬	後期	N44°E	142×40
48	同　3号石棺	〃	後期～古墳初	南北	60×50（北）
49	弘法浦1号石棺	対馬市美津島町弘法浦		東西	137×52－？（北東？）
50	同　2号石棺	〃		東西	？×45
51	同　3号石棺	〃	後期		210×南西52北東66－？（北東？）
52	小式崎1号石棺	対馬市美津島町小式崎	後期	N11°E	180×53（北）
53	同　2号石棺	〃	不明	N12°E	120×30－？
54	平野浦石棺	対馬市美津島町平野浦	中期後半	N45°E	110×東50西40－？（東？）
55	矢取崎東方岬1号石棺	対馬市美津島町矢取崎			
56	同　2号石棺	〃			
57	小姓島1号石棺	対馬市峰町佐賀	後期後半		
58	同　2号石棺	〃	中期後半		
59	同　3号石棺	〃			？×60－50
60	同　4号石棺	〃	弥生	南北	
61	同　5号石棺	〃	中期		積石墓、径2.3×1.5m、180×150－97
62	タカマツダン1号石棺	対馬市峯町三根	後期前半		
63	同　2号石棺	〃	後期前半		
64	下ガヤノキB地点	対馬市峯町三根			
65	椎ノ浦遺跡	対馬市峯町椎ノ浦	後期末～古墳初		
66	田助遺跡2号石棺	平戸市大久保町			160×32－28（東）
67	里田原4号石棺	平戸市田平町里田免			
68	中野ノ辻石棺群3号石棺	平戸市田平町荻田免	後期		180×南24北44－24（北）
69	栢ノ木2号石棺	松浦市志佐町栢ノ木	後期		184×東40西32－36（東）

石　棺	副葬品・供献遺物・石材	参考文献
盗掘、蓋石除去	甕片	『県報告 17』
蓋石3、両側石各1、妻石1、北東除去	2体、粘板岩	〃
側石1残存	鉄片、小玉1	〃
蓋石除去、南西側石2、北東側石2残存、妻石各1、床石なし		〃
蓋石除去、東側削除、両側石1、西妻石残	弥生式土器壺3	〃
盗掘、蓋石除去、南東側石2のみ残	頁岩・砂岩	〃
蓋石除去、東側石1、西側石2、妻石各1、床石4枚残、盗掘	刀片4、鉇片1、土器片	〃
盗掘、東側石、北妻石残		〃
蓋石東1残、上部重層、北側石2、南側石3、妻石1、東妻石上に2段小口積、床石なし	頁岩	〃
破壊	土器	〃
破壊		〃
2mの範囲に石材散乱	土器片	〃
木の中に石材散在		〃
年前まで断崖に数枚の板石あり	粘板岩	〃
蓋石2、東側石2、西側石2残存		〃
盗掘、蓋石二重北東4南西5妻各1床石なし	杷頭金具、鉄剣、土器	〃
954年道路工事中破壊	細形銅剣、鉇3、鍔金具1、小玉、粘板岩	〃
〃	細形銅剣、飾鉇2、小型仿製鏡1、土器（直口壺）	〃
932年中山平次郎調査	銅鍔、鉄剣、斧、管玉	〃
	内行花文鏡1、直刀、刀子、鉄鏃、矛、小玉225	〃
蓋石除去、南側石3、北側石2、妻石各1、床石なし		『長崎県考古学会』(2014)
	剣、管玉、ガラス小玉	〃
蓋石7、東側石5、西側石6、妻石各1、床石なし		〃
蓋石4？、北側石4？、南側石5？、妻石各1、東側枕石	鏡1（内行鼻文）、管玉、ガラス小玉	〃

	遺跡名	所在地	時期	主軸の方位	規模（頭位）
70	五反田石棺群	東彼杵郡川棚町上組郷	後期終末		
	佐賀県				
71	金立開拓8区SC065	佐賀市金立町金立		N60°W	148×南34北23－40（南）
72	徳永Ⅰ区SC1096	佐賀市久保町上和泉	後期	N72°W	90×45－？（東？）
73	同　SC066	〃	後期前葉	N58°E	91×北東24南西16-24（北東）
74	西原SC022	佐賀市久保原町川久保	〃	N109°E	195×東60西40－52（東）
75	同　SC023	〃	〃	N108°W	165×東45西40－20（東）
76	同　SC024	〃	〃	N72°E	190×東32西20－20（東）
77	礫石BSC05	佐賀市大和町久池井	後期終末	S48°W	191×35－36（西）
78	同　SC06	〃	〃	N86°E	182×32－35（西）
79	同　SC07	〃	〃	N86°E	173×33－30（東）
80	同　SC08	〃		N90°E	107×43－19（東）
81	同　SC09	〃		N82°E	181×30－30（東）
82	同　SC10	〃		N89°E	186×30－21（西）
83	同　SC11	〃		南北(北)	185×40－30（北）
84	同　SC12	〃		N82°E	181×36－30（東）
85	同　SC19	〃		N10°W	120×40－35（北？）
86	久池井CSC04	佐賀市大和町久池井	後期？	N9°E	151×25－20（北）
87	同　SC09	〃		S11°W	190×33－20（南）
88	同　SC11	〃		N25°E	161×40－26（北）
89	同　SC12	〃		N32°E	179×34－34（北東）
90	一本杉SC018	佐賀市大和町東山田		N135°W	88×23－20（西南）
91	同　SC110	〃		N153°W	75×38－23（南）
92	葉山尻石棺	唐津市鏡		東西	主軸東西

石棺	副葬品・供献遺物・石材	参考文献
児棺？		〃
石3、東側石2、西側石3、妻石各1、床石なし	赤色顔料、片岩	『九州横断路 4』
石除去、両側石各2、妻石西1残存、小児棺		『市報告 86』
石5（1枚除去）、南側石3、北側石4、妻石各1、床石し	片岩系板石	〃
石除去、北側石3、南側石4、妻石各1、床石なし	赤色顔料、花崗岩、緑泥片岩	『九州横断道 3』
石8、北側石4、南側石3、妻石各1、枕石あり	成人、赤色顔料、緑泥片岩	〃
石8、両側石各4、妻石各1、床石あり（小板石）	剣、刀子、赤色顔料、緑泥片岩	〃
石5、北側石4、南側石2、妻石各1、床石なし	鉄鏃1、朱、花崗岩	『九州横断道 9』
石5、北側石7、南側石10、妻石各1、床石なし	小玉2、朱、歯6、花崗岩	〃
石4、両側石各4、妻石各1、床砂	全面朱	〃
石4、両側石各2、妻東のみ、床石なし、小児棺	花崗岩、緑泥片岩	〃
石6、北側石5、南側石4、妻石各1、床石なし	朱（床面全土）、花崗岩緑泥片岩	〃
石6（西端除去）、北側石5、南側石4、妻石各1、床石し	花崗岩	〃
石7、両側石各4、妻石各1、床石なし	朱、花崗岩	〃
石8、北側石5、南側石6、妻石各1、床石なし	緑泥片岩、花崗岩	〃
壊	花崗岩	〃
石7、両側石各4、妻石各1、床石なし	緑泥片岩	『九州横断道 9』
石除去、両側石各6、妻石各1、床石なし	花崗岩	〃
石4、両側石各3、妻石各1、床粘土	朱、花崗岩	〃
石5、北西側石3、東南側石4、妻石各1、床石なし	朱、緑泥片岩、安山岩	〃
石2、両側石各1、妻石各1（但し北側二重）、小児棺	安山岩	『九州横断道 18』
石なし（除去？木蓋？）、両側石各2、妻石各1、床石し、小児棺	安山岩	〃
石西のみ残存		『市報告 134』

	遺　跡　名	所　在　地	時　期	主軸の方位	規　模（頭位）
93	大友A石棺	唐津市呼子町			
94	同　B石棺	〃			
95	同　C石棺	〃			
96	同　D石棺	〃			
97	同　E石棺	〃			
98	六本松乙SC02	神埼市神埼町志波屋		N81°E	？×60－29（西）
99	志波屋四の坪SC0276	神埼市神埼町志波屋	後期	南北	248×南10北33－24（北）
100	同　SC0856	〃	後期	南北	140×南36北50－32（北）
101	同　SC0857	〃	後期	東西	180×東50西28－16（東）
102	同　SC1344	〃	後期	南北	192×南44北24－28（南）
103	同　SC0994	〃	後期	東西	80×東32西24－32（東）
104	朝日北4区SC79	神埼市神埼町城原	（後期）	N59°W	？×30－21（？）
105	同　SC80	〃	（後期）	N15°W	85？×37－24（？）
106	同　SC81	〃	（後期）	N76°E	240×41－24（西）
107	同　SC82	〃	（後期）	N67°E	削平
108	同　SC84	〃	（後期）	N1°E	157×27－24（北）
109	同　SC85	〃	（後期）	N3°E	195×40－27（南）
110	東宮裾SC024	武雄市北方町大崎	中期～後期	N60°W	110×東30西20（東）
111	荻野SC020	鳥栖市柚比町	弥生？、古墳？	N73°E	335×93－？（東？）
112	山古賀Ⅰ区SC006	神崎郡吉野ヶ里町石動	後期後半	南北	180×40－？（北）
113	同　SC007	〃	〃	南北	190×40－？（北）
114	同　SC008	〃	〃	東西	65×25－？（西）
115	同　SC009	〃	〃	南北	65×25－？（北）
116	同　SC010	〃	〃	南北	180×35－？（北）

石　棺	副葬品・供献遺物・石材	参考文献
	中年♀	『県報告22』
	骨片	〃
		〃
	骨片	〃
	老年♂	〃
J73 甕棺墓により削除、西妻石のみ残存		『九州横断道 13』
蓋石5、両側石各4、妻石各1、床石なし		『県報告 113』
蓋石5（鎧重？）、両側石各4、妻石各Ⅰ、床石なし		〃
両側蓋石除去現存2、南側石4、北側石5、妻石各Ⅰ、床石なし		〃
蓋石5、東側石3、西側石4、妻石各Ⅰ、床石なし		〃
蓋石3、南側石2、北側石3、妻石各1、床石なし、小児棺		〃
東側一部残、両側石各1残、東妻石1残、床石なし	赤色顔料	『九州横断道 15』
南側削除、蓋石除去、東側石3残、西側石2残、北妻石、南妻石削除、床石なし	鉄剣片、鉄器、花崗岩	〃
東側削除、蓋石4残、両側石各4残、西妻石1残、床石なし	花崗岩、緑泥片岩	〃
北側石2残、他全て削除、小児棺	緑泥片岩	〃
東側削除、蓋石4残、東側石1残、西側石4、妻石各1、床石なし	骨片、緑泥片岩・花崗岩	〃
蓋石5、東側石4、西側石3、妻石各1、床石なし	赤色顔料,1体（壮熟年♂）、緑泥片岩・花崗岩	〃
蓋石3、両側石各2、妻石各1、床石なし		『県埋文報告 121』
蓋石除去、東妻石除去、両側石各4、南側石2段積	鉄鏃、小玉4	『九州横断道 14』
蓋石6、両側石各6、妻石各1、床石なし、粘土で枕	朱、花崗岩	『九州横断道』（12）
蓋石5残存、両側石各6、妻石各1、北に枕石	朱、花崗岩	〃
一部破壊、蓋石2、北側石2、南側石1、東妻石等残存、小児棺	花崗岩	〃
一部破壊、蓋石及び東側石除去、西側石2、妻石各1、床石1枚、小児棺	花崗岩	〃
蓋石6、東側石5、西側石6、妻石各1、床面甕棺片	朱、花崗岩	〃

	遺 跡 名	所 在 地	時 期	主軸の方位	規 模（頭位）
117	同　SC011	〃	〃	東西	170×30－？（東）
118	同　SC013	〃	〃	東西	85×25－？（東）
119	同　SC014	〃	〃	南北	？×50－？（北）
120	同　SC015	〃	〃	東西	？×40－？（西北？）
121	同　SC016	〃	〃	東西	110×35－？（東）
122	同　SC017	〃	〃	東西	170×35－？（西）
123	同　SC018	〃	〃	東西	165×35－（東）
124	同　SC019	〃	〃	東西	195×30－？（西）
125	同　SC27	〃	〃	東西	175×40－？（東）
126	吉野ヶ里Ⅰ区SC0371	神崎郡吉野ヶ里町	後期	ほぼ東西	60×南32北32－12（南？）
127	同　SC0121	〃	後期	南北	172×南24北36－16（北）
128	同　Ⅲ区SC0674	〃	後期	ほぼ東西	160？×東？西32－24（西）
129	姫方1号石棺	三養基郡みやき町蓑原		N48°W	176×43・38－25
130	同　2号石棺	〃		N37°E	190×60
131	同　3号石棺	〃		N68°W	150×41
132	同　5号石棺	〃			182×36
133	同　6号石棺	〃		N53°W	175×40
134	同　7号石棺	〃		N67°E	160×？
135	同　8号石棺	〃		N88°W	158×31
136	同　9号石棺	〃		N75°W	？×20？
137	同　10号石棺	〃			
138	同　11号石棺	〃		N80°W	？×31？
139	同　12号石棺	〃		N76°W	166×西43東32－35（西）
140	同　13号石棺	〃		N64°W	108×35・30－45

全国箱式石棺集成表（弥生時代篇） 323

石　棺	副葬品・供献遺物・石材	参考文献
蓋石6、両側石各4、妻石各1、床石なし、粘土で枕	鉇1、花崗岩	〃
蓋石3、北側石3、南側石2、妻石各1、床石なし、小児棺	花崗岩	〃
南半分破壊、両側石各2、北妻石残存	花崗岩	〃
大部分破壊、南側石1、南西妻石のみ残存	朱、花崗岩	〃
北西部一部破壊、蓋石4＋1、南側石4？、北3＋？、妻石1、床石なし、小児棺	朱、花崗岩	〃
蓋石5、北側石3、南側石2、妻石各1、床石なし、両側石5、妻石各1、粘土目張り	朱、壮年♀、花崗岩	〃
蓋石10、両側石4、妻石各1、東枕石	朱、壮年♀、花崗岩	〃
蓋石7、北側石4、南側石5、妻石各1、西枕石	朱、花崗岩	〃
蓋石6、両側石各4、妻石各1	朱、花崗岩	〃
蓋石2、両側石各Ⅰ、妻石各1、床石1、小児棺		〃
蓋石6、両側石各5、妻石各1、床石1		〃
両側攪乱、蓋石1残、南側石5、北側石2残、妻石西側、床石なし		〃
花崗岩の塊石の一面のつぶれた川原石を縦に使用して棺を作り、蓋石を載せる（Ⅰ類）	花崗岩	『県埋文報告　30』
（Ⅰ類）、床頭部に扁平石	花崗岩	〃
石材を板状に加工して構築する（Ⅱ類）	花崗岩	〃
（Ⅰ類）	花崗岩	〃
（Ⅰ類）	花崗岩	〃
半壊		〃
花崗岩の川原石を使用し塊石を横にしている（Ⅲ類）	花崗岩	〃
（Ⅲ類）		〃
半壊		〃
半壊（Ⅰ類）	花崗岩	〃
（Ⅱ類）	花崗岩	〃
（Ⅲ類）	花崗岩	〃

	遺　跡　名	所　在　地	時　期	主軸の方位	規　模（頭位）
141	同　14号石棺	〃		N27°W	121×37・34－32
142	同　15号石棺	〃		N51°W	173×41・32－33
143	同　16号石棺	〃		N84°E	160?×42・33－20
144	同　17号石棺	〃		N85°E	122×37・36－35
145	同　18号石棺	〃		N88°W	110×31・24－20?
146	同　19号石棺	〃		N63°W	100×23・22－22
147	同　20号石棺	〃		N46°E	142×41・35－30（東）
148	同　21号石棺	〃		N37°W	151×28・27－20
149	同　22号石棺	〃		N53°E	151×28・27－20
150	同　23号石棺	〃		N57°E	168×東39西21－45（東）
151	同　24号石棺	〃		N35°E	68×北17南16－19（北）
152	同　25号石棺	〃		N36°E	168×東34西25－22（東）
153	香田SC013	三養基郡みやき町簑原	弥生？、古墳？	N68°30'E	134×52－35（東?）
	福岡県				
154	藤崎1号石棺	福岡市早良区藤崎	前期後半～終末	東西	
155	同　2号石棺	〃	前期後半	S5°W	142×南35北35－?（?）
156	同　3号石棺	〃	前期後半	N27°W	128×東14西31－?（西）
157	同　4号石棺	〃	中期前半	東南	?×35－35
158	藤崎27次S×007	三次市東酒屋町		N97°W	140×40－?（?）
159	同　S×008	〃		N123°E	150×40－40（東）
160	同　S×009	〃		N116°E	70×20－25（?）
161	野方中原1号石棺	福岡市西区野方	後期後半	南北	155×35
162	同　3号石棺	〃	〃		
163	同　4号石棺	〃	〃		185×41

石　棺	副葬品・供献遺物・石材	参考文献
Ⅰ類)	花崗岩	〃
Ⅱ類)	花崗岩	〃
Ⅰ類)	花崗岩	〃
Ⅰ類)	花崗岩	〃
Ⅰ類)	花崗岩	〃
Ⅰ類)	花崗岩	〃
Ⅰ類)、床面に扁平石	花崗岩	〃
Ⅱ類)	鉄刀、花崗岩	〃
Ⅱ類)	花崗岩	〃
Ⅱ類)	花崗岩	〃
Ⅰ類)、ZS小児棺？	花崗岩、	〃
Ⅰ類)	花崗岩	〃
石除去、両側石各5、妻石北2・南4、床石あり	墓壙埋土に須恵器片1	『九州横断道 2』
半21号甕棺により破壊、妻石各1残存		『市埋文報告 62』
石南1残、両側石各5、妻石南1北除去、床石なし		〃
石西北Ⅰ残、両側石各、妻石各1、床石なし		〃
半削除、側石に甕棺片を一部使用、1号石棺に類似		〃
石及び両側石抜取られ妻石散乱	赤色顔料	〃
石3＋1、両側石各2、妻石各1	赤色顔料	〃
壊、側石1残		〃
	鏡（獣帯鏡）片、鉄刀1、素環刀子1、勾玉1、管玉1、花崗岩	『市埋文報告 30』
ルで破壊（1973年）	鏡（内行花文鏡）片、勾玉1、管玉7、小玉2、花崗岩	〃
石3		〃

	遺跡名	所在地	時期	主軸の方位	規模（頭位）
164	同 5号石棺	〃	〃		82×北西24南東19－？（北西）
165	同 6号石棺	〃	〃	南北	167×34
166	同 8号石棺	〃	〃	南北	140×23
167	同 9号石棺	〃	〃	南北	
168	同 10号石棺	〃	〃		壙隅丸長方形140×80未発掘
169	野方塚原1号石棺	福岡市西区野方	後期末	東西	（東）
170	同 2号石棺	〃	〃	南北	（北）
171	同 3号石棺	〃	〃	南北	（北）
172	同 4号石棺	〃	〃	南北	（北）
173	同 5号石棺	〃	〃	南北	（北）
174	同 7号石棺	〃	〃	南北	（北）
175	同 8号石棺	〃	〃	南北	（北？）
176	同 9号石棺	〃	〃	南北	（南？）
177	同 10号石棺	〃	〃	南北	（南？）
178	同 11号石棺	〃	〃	南北	
179	同 12号石棺	〃	〃		
180	同 13号石棺	〃	〃		
181	宝満尾石棺	福岡市博多区下月隈		N65°E	56×18－26（？）
182	名子道2号石棺	福岡市東区土井		N84°W	183×43－40（西）
183	唐原SX01	福岡市東区唐原	後期前半	N24°W	147×南32北19－23（南）
184	同 SX02	〃	〃	N40°W	90×24
185	同 SX03	〃	（後期前半）	N7°W	154×南32北40－28（北）
186	同 SX04	〃	（後期前半）	W3°N	壙隅丸長方形、（193×180）155？×45
187	同 SX05	〃	（後期前半）	W18°20′N	115？×23？（東？）

石棺	副葬品・供献遺物・石材	参考文献
児棺	小玉11	〃
石4、西側石4	供献土器	〃
石南側2残存、壙内より鉄器	花崗岩、玄武岩	〃
石4、両側石各3	供献土器、花崗岩	〃
		〃
石1、両側石各2、妻石各1、床石4、小児棺	花崗岩	『市埋文報告 490』
石4、東側石4、西側石3、妻石各1、床小板石11？、小棺		〃
石4、東側石2、西側石3、妻石各1、床石2	供献土器、粘板岩	〃
石4、東側石3、西側石4、妻石各1、床石9	供献土器、粘板岩	〃
石2残、両側石各4、妻石各1、床石2残		〃
石1残、両側石各3、妻石各1、床石小板石、小児棺		〃
石除去、両側石各2、妻石各1、床石3残、小児棺		〃
石4、両側石各4、妻石各1、床石4		〃
側破壊、蓋石除去、東側石1、西側石2、南妻石1残、石3、小児棺		〃
材大半除去、北妻石1、両側石北端各1、床石1残、児棺		〃
		〃
		〃
児棺	花崗岩	『市埋文報告 26』
石3、両側石各2、妻石各1	緑泥片岩	『岡崎工業』(1972)
石2、両側石各4、妻石各1		『市埋文報告 161』
材大半除去（古墳築造時）、北側石2、南側石1のみ残、小児棺		〃
側削除、蓋石？、西側石4、北妻石1残存	頁岩	〃
底に抜き取り痕未確認、石棺？		〃
西側削除、両側石各1、東妻石1残存		〃

	遺　跡　名	所　在　地	時　期	主軸の方位	規　模（頭位）
188	同　SX06	〃	（後期前半）	破壊	?×12
189	同　SX07	〃	（後期前半）	W32°45′N	134×東25西40－?（西）
190	同　SX08	〃	（後期前半）	N36°W	100?×22?（?）
191	同　SX09	〃	（後期前半）	W31°30′N	196?×118?（?）
192	弥永原SR011	福岡市南区日佐	（後期）	N85°W	70×20－?（?）
193	同　SR037	〃	（後期）	N78°W	
194	狐塚南1号石棺	朝倉市入地	（弥生末～古墳初）	N86°W	182×西44東32－20（西）
195	同　2号石棺	〃	（弥生末～古墳初）	N75°W	100×西30東25－?（西）
196	同　3号石棺	〃	（弥生末～古墳初）	N67°20′W	190×東40西35－?（東）
197	同　4号石棺	〃	（弥生末～古墳初）	N66°30′W	170×東35西30－?（東）
198	同　5号石棺	〃	（弥生末～古墳初）	N58°10′W	170×東40西30－?（東）
199	同　6号石棺	〃	（弥生末～古墳初）	N74°30′W	140×東30西30－20（東）
200	同　7号石棺	〃	（弥生末～古墳初）	N65°30′W	160?×40－10
201	同　8号石棺	〃	（弥生末～古墳初）	N53°30′W	185×東30西25－20（東）
202	同　9号石棺	〃	（弥生末～古墳初）	N81°10′W	130?×東40西30－15（東）
203	同　10号石棺	〃	（弥生末～古墳初）	N67°30′W	165×東42西30－25（東）
204	同　11号石棺	〃	（弥生末～古墳初）	N55°W	180×40－30（?）
205	同　12号石棺	〃	（弥生末～古墳初）	N60°30′W	160×東30西40－30（西）
206	同　13号石棺	〃	（弥生末～古墳初）	N29°E	182×南30北47－15（北）
207	同　14号石棺	〃	（弥生末～古墳初）	N27°30′E	205?×南40北60－?（北）
208	同　15号石棺	〃	（弥生末～古墳初）	N52°10′W	?×35－?（?）
209	大庭久保1号石棺	朝倉市大庭	後期	S45°W	160×35－20（?）
210	同　2号石棺	〃	〃	N35°W	73×?（?）
211	同　3号石棺	〃	〃	N42°E	154×40　33－?（?）

石棺	副葬品・供献遺物・石材	参考文献
壊、石塊4点在		〃
石他に転用？、南側石3、北側石4、妻石各1、側石間隔り		〃
側石2、北側石2塊石のみ、石棺？		〃
塊3個点在		〃
石？、両側石2、東妻石1残存	花崗岩	『市埋文報告 830』
告書に記載なし		〃
石除去、両側石各4、妻石各1、床石なし	土錘、緑泥片岩	『九州横断道 28』
材全て除去、蓋石除去、壙内痕跡から北側石4、南側石妻石各1		〃
材全て除去	小玉1、管玉40、赤色顔料	〃
材全て除去	赤色顔料、緑泥片岩	〃
材全て除去		〃
材全て除去、壙内痕跡から両側石各5、妻石各1	刀子1、緑泥片岩	〃
材全て除去	赤色顔料、緑泥片岩	〃
材全て除去	鉈、鉄片、赤色顔料、緑泥片岩	〃
妻石1残存、石材除去	赤色顔料、緑泥片岩	〃
石2残存、両側石各4、妻石各1、床石なし	赤色顔料、緑泥片岩	〃
材全て除去	鉄鉈、赤色顔料	〃
材全て除去	赤色顔料	〃
石除去、両側石各4、妻石北1南2、床石6	緑泥片岩	〃
材全て除去、壙南端削除、壙内痕跡から東側石4？、西石4、北妻石1	緑色片岩	〃
材全て除去、壙北西部削除	緑泥片岩	〃
石2、両側石各2、妻石各1	刀子1、緑泥片岩	〃
児棺	緑泥片岩	〃
石4、南側石2、北側石3、床石4	朱、人骨、緑泥片岩	〃

	遺 跡 名	所 在 地	時 期	主軸の方位	規 模（頭位）
212	同　4号石棺	〃	〃	S77°E	172×29　21-？（？）
213	同　5号石棺	〃	〃	N45°E	87×？　23-？（？）
214	同　6号石棺	〃	〃	N57°E	？×40　45
215	同　7号石棺	〃	〃	N60°E	壙202×50
216	同　8号石棺	〃	〃	N46°E	180×55　42-？
217	上原1号石棺	朝倉市大庭	（後期）	東西	160×東42西28-42（東）
218	同　2号石棺	〃	（後期）	東西	114×東34西27-28（東）
219	小隈ヤシキ石棺	朝倉市小隈	（後期）	南北	172×北44南30-27（北）
220	福城中学校敷地内2号石棺	朝倉市小田	（弥生末～古墳初）	南北	170×南15北45-？（北）
221	上ノ宿1号石棺	朝倉市上ノ宿	（後期）	N106°5′W	60×東42西28-42（西？）
222	同　2号石棺	〃	〃	N42°5′E	178×北東44南西26-34（北東）
223	天皇山1号石棺	朝倉市須川	（弥生末～古墳初）	東西	169×東39西39-29（東）
224	同　2号石棺	〃	（弥生末～古墳初）	東西	182×東48西26-38（東）
225	同　3号石棺	〃	（弥生末～古墳初）		100×25-20（？）
226	同　4号石棺	〃	（弥生末～古墳初）		
227	同　6号石棺	〃	（弥生末～古墳初）		110×43-？（？）
228	同　8号石棺	〃	（弥生末～古墳初）		
229	宗原1号石棺	朝倉市提	（前期～中期）	東西	142×東48西35-28（東）
230	同　2号石棺	〃	（前期～中期）	S70°E	175×東35西47-27（西）
231	同　3号石棺	〃	（前期～中期）	N86°E	167×東32西39-29（西）
232	同　5号石棺	〃	（前期～中期）	東西	160？×東38西？-34（東）
233	同　9号石棺	〃	（前期～中期）	東西	148×東40西12-40（東）
234	大岩東部遺跡	朝倉市堤	弥生～古墳		
235	中原石棺	朝倉市中原		東西	161×東37西30-26（東）

石　棺	副葬品・供献遺物・石材	参考文献
石9（二重）、南側石4、北側石3、妻石各1	朱	〃
壊、南側石1、南妻石1残存、小児棺	朱、人骨、緑泥片岩	〃
西側攪乱	朱、頭蓋骨片	〃
	緑泥片岩	〃
	朱	〃
材横組、床石なし	鉇2、鉄鏃1	『埋もれた朝倉文化』(1969)
材横組、床石なし		〃
材横組、床石なし	鉇1	『九州横断道 36』
材横組、床石なし		〃
材横組、床石なし、小児棺	雲母片岩	『九州横断道 20』
材横組、床石なし	雲母片岩	〃
材横組、蓋石乱積、両側石各4、床石なし		『九州横断道 36』
材横組、蓋石4、両側石各2、床石なし	棺内全面朱	〃
材横組、両側石各3、床石なし	朱（少量）	〃
材横組、蓋石5＋4（継ぎ目に板石で二重）、両側石各　床石なし	鉄剣1	〃
材横組、蓋石4、両側石各1、床石6	朱（多量）	〃
材横組、両側石4・3、床石なし	鉄剣1、鉇1	〃
側石各3、妻石各1	鉄鏃片1	〃
材横組、床石なし		〃
石5、南側石3?、北側石4、妻石各1、床石なし	朱	〃
側破壊、枕石あり	管玉1、朱	〃
材横組、床石なし		〃
	人骨	『甘木市報告 27』
材横組、蓋石1、床石なし	刀子片、足部に朱	〃

	遺跡名	所在地	時期	主軸の方位	規模（頭位）
236	二塚1号石棺	朝倉市平塚	(弥生末〜古墳初)		245×78−65（?）
237	同　2号石棺	〃	(弥生末〜古墳初)		228×60−60（?）
238	同　3号石棺	〃	(弥生末〜古墳初)	南北	114×41−47（?）
239	同　4号石棺	〃	(弥生末〜古墳初)		160×50−40（?）
240	同　5号石棺	〃	(弥生末〜古墳初)		108×26−18（?）
241	川添1号石棺	朝倉市平塚	(後期)		
242	同　2号石棺	〃	(後期)		
243	同　3号石棺	〃	(後期)		
244	同　4号石棺	〃	(後期)		
245	同　5号石棺	〃	(後期)		
246	同　6号石棺	〃	(後期)		
247	同　7号石棺	〃	(後期)）		
248	栗山A-1号石棺	朝倉市平塚	(後期後半)		
249	古寺3号石棺	朝倉市菩提寺	〃		
250	同　6号石棺	〃	〃		
251	堂本石棺	朝倉市宮野	(弥生?)	東西	216×東38西38−25（東）
252	山田石棺	朝倉市山田	(弥生末〜古墳初)		160×中央部50−35
253	寺福童R-1（方形周溝墓）	小郡市寺福童	終末〜古墳初	東西	176×西50東28−28（西）
254	同　R-29	〃	(終末〜古墳初)		155×45・30−45（?）
255	同　R-42	〃	(終末〜古墳初)	東西	179×東43西28−40（東）
256	同　R-43	〃	(終末〜古墳初)	東西	174×41−35（東?）
257	同　R-48	〃	(終末〜古墳初)	東西	200×東35西58−28（西）
258	同　R-49	〃	(終末〜古墳初)	南北	120×64−?（?）
259	同　R-50	〃	(終末〜古墳初)	東西	130×32

全国箱式石棺集成表（弥生時代篇） 333

石　棺	副葬品・供献遺物・石材	参考文献
石1、床石1	鑿2、赤色顔料、1体	『埋もれた朝倉文化』(1969)
石2？、妻石1、石材横組	赤色顔料	〃
石3、側壁横組、南側石1、北側石2、床石なし	赤色顔料	〃
		〃
材横組、床石なし		〃
		『調査概報』(1993)
		〃
		〃
		〃
		〃
児棺	管玉1	〃
		〃
	鉄戈、貝釧	「甘木市遺跡地図」
滅	成人骨	〃
滅	人骨（上半身）	〃
材横組、南側石3、北側石4、妻石各1、床石1枚石	赤色顔料	『埋もれた朝倉文化』(1969)
材横組、床石なし、	素環刀太刀	『埋もれた朝倉文化』(1969)
形周溝内周5、7～6.3m、蓋石6、両側石各4、妻石各　床石なし	鈕1、赤色顔料	『市埋文報告 20』
	赤色顔料	〃
石5、南側石4＋1、北側石5、東妻石1、西妻石除去、石なし	赤色顔料	〃
石除去、両側石各3、妻石各1、床石なし		〃
石6、両側石各5、妻石各1、床石なし	剣1、赤色顔料	〃
材全て除去		〃
側石2残存、他すべて除去	赤色顔料	〃

	遺 跡 名	所 在 地	時 期	主軸の方位	規 模（頭位）
260	同 R-70	〃	（終末～古墳初）		82×42－56（?）
261	同 R-73	〃	（終末～古墳初）		約171×約47－?（?）
262	同 R-79	〃	（終末～古墳初）		171×39－?（?）
263	同 R-80	〃	（終末～古墳初）		172×35－?（?）
264	ハサコの宮1号石棺	小郡市三沢	（中期）	N63°W	205×東40西45－?（西）
265	横隈狐塚遺跡SK1	小郡市横隈	（後期）	N29°E	65×24－28（北?）
266	同 SK2	〃	（終末～古墳初）	S34°E	125×42－33（南東）
267	同 SK3	〃	（終末～古墳初）	N28°E	198×36－24（北東）
268	同 SK4	〃	（終末～古墳初）	S88°W	173×37－25（西）
269	同 SK5	〃	（終末～古墳初）	N65°W	150×40－41（西）
270	同 SK7	〃	（終末～古墳初）	N52°W	61×23－26（東）
271	同 SK8	〃	（終末～古墳初）	S61°W	153×30－35（西）
272	同 SK9	〃	（終末～古墳初）	N66°W	175×37－25（西）
273	同 SK10	〃	（終末～古墳初）	N63°W	175×42－28（西）
274	同 SK11	〃	（終末～古墳初）	S54°E	80×23－26（東）
275	同 SK12	〃	（終末～古墳初）	N87°W	78×26－29（西）
276	同 SK13	〃	（終末～古墳初）	S74°E	124×24－37（東）
277	上内畑2-1号石棺	小郡市横隈	（後期）	東西	142×36（西）
278	同 2号石棺	〃	（終末～古墳初）	東西	82×24（西）
279	同 3-1号石棺	〃	（終末～古墳初）		167×45－?（北）
280	同 2号石棺	〃	（終末～古墳初）		150×40－?（南）
281	同 3号石棺	〃	（終末～古墳初）		130×45－?（西）
282	同 4号石棺	〃	（終末～古墳初）		120×31－?（?）
283	同 5号石棺	〃	（終末～古墳初）		57×20－?（?）

全国箱式石棺集成表（弥生時代篇）　335

石　棺	副葬品・供献遺物・石材	参考文献
石材全て除去		〃
石材全て除去	墓壙内から6世紀の須恵器片出土	〃
石材全て除去	赤色顔料	〃
石材全て除去		〃
蓋石8、両側石各4、妻石各1、床石なし	1体	『市埋文報告 161』
蓋石除去、両側石各2、妻石各1、床石なし、小児棺		『市報告 27』
攪乱、両側石各3、妻石各1、床石なし	花崗岩	〃
蓋石7、両側石各4、妻石北2？南1、床石なし	朱、花崗岩	〃
蓋石9、両側石各4、妻石東なし西1、床石なし	花崗岩	〃
蓋石5、両側石各3、妻石各1、床石なし	花崗岩	〃
蓋石除去、両側石各2、妻石各1、床石なし、小児棺	花崗岩	〃
蓋石6、両側石各4、妻石東1西2、床石なし	花崗岩、人骨？	〃
攪乱、蓋石5（鎧重）、両側石各2、妻石東除去西1、床石なし	花崗岩、片岩	〃
蓋石3、両側石各4、妻石西1、床石なし	花崗岩	〃
蓋石2、南側石2、北側石1、妻石各1、床石なし、小児棺	花崗岩	〃
蓋石3、両側石各2、妻石各1、床石なし、小児棺	花崗岩、片岩	〃
攪乱、蓋石除去、両側石各2、妻石各1、床石なし		〃
	赤色顔料	『市報告 143』
	赤色顔料	〃
		『市報告 155』
		〃
		〃
		〃
		〃

	遺跡名	所在地	時期	主軸の方位	規模（頭位）
284	同 6号石棺	〃	(終末〜古墳初)		100×39−?（東）
285	向谷北石棺	春日市春日	(中期末〜終末)	N52°W	130×28−33（?）
286	蒲生30号石棺	北九州市小倉南区蒲生	後期	南北	160〜180×?−?（北）
287	同 34号石棺	〃	後期	南北	（北）
288	同 36号石棺	〃	後期	南北	（北）
289	同 37号石棺	〃	後期	南北	（北）
290	同 27号石棺	〃	後期	南北	（北）
291	同 28号石棺	〃	後期	東西	（西）
292	大興寺裏山石棺群	北九州市小倉南区蒲生			
293	祇園町遺跡	北九州市小倉南区祇園町			
294	北方石棺群	北九州市小倉南区北方			
295	狸山遺跡	北九州市小倉南区朽網	(終末)	N13°W	163×北40−?（北）
296	下貫石棺群	北九州市小倉南区下貫			
297	城野遺跡南棺（方形周溝墓）	北九州市小倉南区城野	後期	N55°30′W	107×西38東29−41（西）
298	同 北棺	〃	後期	N53°15′W	106×西34東37−31（西）
299	加用NO1	北九州市小倉南区高津尾	(弥生末〜古墳初)	N30°E	100×60−31（?）
300	同 NO2	〃	(弥生末〜古墳初)	N 60°W	73×65−63（?）
301	同 NO3	〃	(弥生末〜古墳初)	N43°W	199×51−45（?）
302	同 NO4	〃	(弥生末〜古墳初)	N54°W	115×56−46（?）
303	同 NO5	〃	(弥生末〜古墳初)	N40°W	173×72,5−57（?）
304	同 NO6	〃	(弥生末〜古墳初)	N42°E	132×45−44（?）
305	同 NO7	〃	(弥生末〜古墳初)	N32°E	160×96−?（?）
306	同 NO8	〃	(弥生末〜古墳初)	N24°E	175×41−53（?）
307	同 NO9	〃	(弥生末〜古墳初)	N41°W	107×62−27（?）

石　棺	副葬品・供献遺物・石材	参考文献
		〃
分の1未掘、蓋石なし、北側石3、南側石削除、床石1	花崗岩	『市埋文報告 12』
蓋石3、東側石4、西側石3、妻石各1、床石なし	刀子1、貝輪7、年齢不詳♂	『市埋文報告 42』
蓋石8、両側石各6、妻石各1、床石なし	管玉1、小玉10？	〃
蓋石6、両側石各5、妻石各1、床石なし	素環頭刀子1、小玉1、熟年（性別不詳）	〃
蓋石3、東側石6、西側石4、妻石各1、床石なし	鏡1（内行花文）、ヒスイ勾玉1、管玉17、ガラス勾玉24、小玉17、熟年（性別不詳）	〃
蓋石3、両側石各3、妻石各1、床石なし、小児棺	勾玉1、全面赤色顔料、砂岩	〃
蓋石除去、南側石4、北側石3、妻石各1、床石なし		〃
		〃
消滅		『市埋文報告 44』
1965年ごろ消滅		『市報告 66』
蓋石1を残して消滅、西側石6、床玉砂利		『市埋文報告 19』
		〃
蓋石2、北側石2、南側石4、妻各1、床石なし、小児棺	管玉6、棗玉1	『市埋文報告 447』
蓋石2、北側石2、南側石4、妻石各1、床石なし、小児棺	鈍1、朱、篦刻画？	〃
		『市埋文報告 66』
		〃
		〃
		〃
		〃
		〃
		〃
		〃
		〃

	遺　跡　名	所　在　地	時　期	主軸の方位	規　模（頭位）
308	同　N010	〃	(弥生末～古墳初)	N48°E	194×62－53（?）
309	同　N011	〃	(弥生末～古墳初)	N56°E	135×49－63（?）
310	同　N012	〃	(弥生末～古墳初)	N19°W	200×80－41（?）
311	同　N013	〃	(弥生末～古墳初)	N42°W	157×70－35（?）
312	同　N014	〃	(弥生末～古墳初)	N14°W	171×102－58（?）
313	同　N015	〃	(弥生末～古墳初)		160×82－47（?）
314	津田神社石棺群	北九州市小倉南区津田			
315	峠所在石棺	北九州市小倉南区峠			
316	郷屋S-1	北九州市小倉南区長尾	(終末)	N83°W	167×東40西50－38（西）
317	同　S-3	〃	(終末)	N34°W	201×南西47北東45－44（南西）
318	同　S-4	〃	(終末～古墳初)	N89°E	90×30－?（?）
319	能行遺跡	北九州市小倉南区長行			
320	高島遺跡	北九州市小倉南区貫			
321	平原石棺群	北九州市小倉南区平原			
322	虹山南端石棺群	北九州市小倉南区南方			
323	山崎	北九州市小倉南区山崎			
324	竹下石棺群	北九州市小倉南区横代			
325	宮原	北九州市小倉南区吉兼			
326	高槻第7地点1号	北九州市八幡東区松尾町	中期前半	N38°W	194×東28西30－32（西）
327	古立東4号石棺	北九州市若松区竹並	(後期)	N83°W	180×南30北20－53（南）
328	同　6号石棺	〃	(後期)		125×25－?（?）
329	桶田山1号石棺	筑紫野市塔原	(末期)	N51°30′W	126?×40・45－45（?）
330	同　2号石棺	〃	(末期)	N16°W	
331	同　3号石棺	〃	(末期)	N24°W	

石　　棺	副葬品・供献遺物・石材	参考文献
		〃
		〃
		〃
		〃
		〃
		〃
蓋石除去、側石現存		〃
開墾で破壊	赤色顔料（丹）	『市埋文報告 44』
蓋石6、南側石7、北側石6、妻石各1、床石なし、粘土枕あり	鏃1	『市埋文報告 44』
蓋石6、両側石各5、妻石各1、床枕石あり	鏃1、赤色顔料	〃
攪乱、蓋石除去、両側石各2、妻石各1、床石なし、小児棺	赤色顔料、鏃1	〃
消滅、石材一部散乱		〃
市が1972年調査		〃
	珠文鏡	〃
		〃
		〃
		〃
稲荷神社境内に移築		〃
蓋石除去、両側石各6、妻石各1、床石なし	鉄鏃6、朱	『市埋文報告 65』
蓋石4、東側石3、西側石2、妻石各1、床石なし	蓋石3枚（砂岩）、凝灰岩	『市埋文報告 427』
側石2以外削平		〃
	朱	『九州縦貫道 6』
	赤色顔料	〃
		〃

	遺跡名	所在地	時期	主軸の方位	規模（頭位）
332	同　4号石棺	〃	（末期）	N46°W	190×38－42（北西）
333	同　5号石棺	〃	（末期）	N52°30'W	
334	同　6号石棺	〃	（末期）	N52°W	80？×38－44（？）
335	同　7号石棺	〃	（末期）	N49°W	150？×？
336	同　8号石棺	〃	（末期）	N46°W	128？×39－45（？）
337	同　9号石棺	〃	（末期）	N38°E	115×38
338	同　10号石棺	〃	（末期）	S62°E	171×東南40北西25－40（東南）
339	同　11号石棺	〃	（末期）	N37°E	壙長方形266×94－40
340	同　12号石棺	〃	（末期）	N55°W	185×37・43－42（？）
341	同　13号石棺	〃	（末期）	N54°30'W	壙長方形197？×122－41？
342	同　14号石棺	〃	（末期）	N60°30'W	壙長方形142？×85－21？
343	上り立1号石棺	中間市上底井野	中期（中葉～後半）	東西	180×東45西30－45（東）
344	同　2号石棺	〃	中期（中葉～後半）	南北（南）	
345	同　3号石棺	〃	中期（中葉～後半）	東西	
346	同　4号石棺	〃	中期（中葉～後半）	東西	
347	同　5号石棺	〃	中期（中葉～後半）	東西	145×東40西25－？（東）
348	同　6号石棺	〃	中期（中葉～後半）	東西	130×東40西32－？（東）
349	同　9号石棺	〃	中期（中葉～後半）	東西	65×27－35（？）
350	同　10号石棺	〃	中期（中葉～後半）	東西	55×30－30（？）
351	同　11号石棺	〃	中期（中葉～後半）	東西	180×50－（？）（東）
352	汐井掛A-1	宮若市宮田	（弥生末～古墳初）	N22°W	178×北西39南東35？－43（北西）
353	同　A-2	〃	（弥生末～古墳初）	N47°W	216×北西58南東50－48（北西）
354	同　A-3	〃	（弥生末～古墳初）	N45°W	195×北西51南東49－37（北西）
355	同　A-4	〃	（弥生末～古墳初）	N48°W	166×北西49南東44－38（北西）

石　棺	副葬品・供献遺物・石材	参考文献
蓋石除去、両側石各5、妻石各1、床石なし	棺外鉄鏃、朱、花崗岩	〃
		〃
	花崗岩	〃
		〃
	朱、花崗岩	〃
蓋石5、両側石各3、妻石各1、床石なし	朱、花崗岩	〃
蓋石5、両側石各5、妻石各1、床石なし	勾玉1、管玉2、小玉4、朱、花崗岩	〃
材除去	花崗岩	〃
材横組、妻石1、両側石各2	朱、花崗岩	〃
材除去		〃
材除去		〃
蓋石6（除去）、南側石5、北側石6、妻石各1、床石なし	1体埋葬、壮年♂	『九州考古学 33・34』
石4、両側石各4、妻石各1、床石なし	鉄戈、貝釧8、1体埋葬（熟年♂）	〃
壊		〃
壊		〃
石4、南側石4、北側石5、妻石各1、床石なし	赤色顔料、1体埋葬（成人♂）	〃
石3、両側石各4、妻石各1、床石なし	素環頭刀子、赤色顔料、1体埋葬（壮年♀）、花崗岩	〃
石3、両側石各2、妻石各1、床石なし、小児棺	1体埋葬（壮年♀）	〃
石1、両側石各1、妻石各1、床石なし、小児棺		〃
石6、両側石各3、西側側石なし、妻石東合掌、西な、床石なし、小児棺		〃
石？、両側石2、東妻石1残存、、東側石7、西側石8		『九州縦貫道 18』
石？、両側石各6		〃
石6、両側石各6		〃
石5、東側石7、西側石6	鏡（方格蕨手文）、朱	〃

	遺　跡　名	所　在　地	時　期	主軸の方位	規　模　(頭位)
356	同　A-5	〃	(弥生末～古墳初)	N48°W	164×北西42南東29－34（北西）
357	同　A-6	〃	(弥生末～古墳初)	N45°W	184×北西48南東42－36（北西）
358	同　A-7	〃	(弥生末～古墳初)	N35°W	71×北西23南東21－28（北西）
359	同　A-8	〃	(弥生末～古墳初)	N65°W	175×北西50南東39－30（北西）
360	同　A-9	〃	(弥生末～古墳初)	N57°W	81×北西39南東38－25（北西）
361	同　A-10	〃	(弥生末～古墳初)	N150°W	75×南西34北東30－22（南西）
362	同　A-11	〃	(弥生末～古墳初)	N50°W	176×北西43南東34－36（北西）
363	同　A-12	〃	(弥生末～古墳初)	N80°W	165×東30西36－22（西）
364	同　A-13	〃	(弥生末～古墳初)	N93°W	183×東44西28－25（東）
365	同　A-14	〃	(弥生末～古墳初)	N49°W	164×45－29（北西）
366	同　A-15	〃	(弥生末～古墳初)	N46°W	81×北西23南東22－30（北西）
367	同　A-16	〃	(弥生末～古墳初)	N59°W	90×北西39南東36－31（北西）
368	同　A-17	〃	(弥生末～古墳初)	N57°W	112×北西40南東34－34（北西）
369	同　A-18	〃	(弥生末～古墳初)	N69°W	83×北西28南東27－25（北西）
370	同　A-19	〃	(弥生末～古墳初)	N66°W	67×北西24南東22－20（北西）
371	同　A-20	〃	(弥生末～古墳初)	N53°W	94×北西38南東33－26（北西）
372	同　A-21	〃	(弥生末～古墳初)	N63°W	78×北西22南東21－22（北西）
373	同　A-22	〃	(弥生末～古墳初)	N54°W	98×北西31南東25－25（北西）
374	同　B-1	〃	(弥生末～古墳初)	N10°E	190×北42南40－36（北）
375	同　B-2	〃	(弥生末～古墳初)	N10°E	75×北29南28－30（北）
376	同　B-3	〃	(弥生末～古墳初)	N60°W	61×北西25南東22－31（北西）
377	同　B-4	〃	(弥生末～古墳初)	N22°E	149×北38南34－24（北）
378	茶臼山1号石棺	宮若市山口	(後期)	N70°W	72×25－29（?）
379	同　2号石棺	〃	(後期)	N71°W	72×25－29（?）

石　棺	副葬品・供献遺物・石材	参考文献
石8、東側石5、西側石6		〃
石5、両側石各6	朱	〃
石2、東側石2、西側石1、小児棺		〃
石5、両側石各4、		〃
石3、両側石各2、小児棺		〃
石3、両側石各2、小児棺	管玉1	〃
石5、東側石7、西側石6、		〃
石4＋1、北側石6、南側石7		〃
石6、両側石各5		〃
石なし、東側石9、西側石8		〃
石4、両側石各2、小児棺		〃
石5、東側石8、Ⅷ西側石4、小児棺		〃
石3、東側石2、西側石3、小児棺？		〃
石5、両側石5、小児棺	朱	〃
石4、東側石5、西側石3、小児棺		〃
石4、両側石各4、小児棺		〃
石5、両側石各5、小児棺		〃
石5、両側石各5、小児棺		〃
石3＋？、東側石6、西側石7		〃
石2＋？、両側石各3、小児棺		〃
石2、東側石2、西側石3、小児棺		〃
石1＋？、両側石各4		〃
石2、両側石各1、床石なし、小児棺	酸化鉄、安山岩	『九州縦貫道 16』
児棺	酸化鉄、安山岩	〃

	遺 跡 名	所 在 地	時 期	主軸の方位	規 模（頭位）
380	織幡神社境内	宗像市岬	(後期)		
381	津江八升町遺跡1号石棺	八女市津江	(後期)		壙隅丸長方形、220×120-25
382	熊野134号石棺	八女市馬場	(弥生)	N81°E	157×35-35
383	辻の西14号石棺	八女市吉田	弥生	N57°E	150？×170-83（？）
384	同　20号石棺	〃		N64°E	150×90-30（？）
385	同　21号石棺	〃		N72°E	190×70-22（？）
386	同　22号石棺	〃		N68°E	210×135-40（？）
387	同　23号石棺	〃		N70°E	260×？-35（？）
388	同　32号石棺	〃	弥生	N65°E	145×30？-15（？）
389	同　35号石棺	〃	弥生	N35°E	140×？-50（？）
390	同　36号石棺	〃	弥生	N27°W	195×45-60（？）
391	同　37号石棺	〃	弥生	N56°E	120×30-20（？）
392	同　38号石棺	〃	弥生	N64°E	160×30？-10（？）
393	同　40号石棺	〃	弥生	N7°W	145×30？-15（？）
394	稲童2号石棺	行橋市稲童	(終末)	東西	140×30-？（東？）
395	同　3号石棺	〃	(終末)	南北	110×南27北35-？（北）
396	同　4号石棺	〃	(終末)	南北	90×南20北13-？（南）
397	同　5号石棺	〃	(終末)	東西	175×東40西30-？（東）
398	同　6号石棺	〃	(終末)	東西	200×東30西0-？（東）
399	同　7号石棺	〃	(終末)	東西	183×東30西33-？（西）
400	同　8号石棺	〃	(終末)	東西	125×東35西30-25（東）
401	同　9号石棺	〃	(終末)	東西	195×東45西25-25（東）
402	同　10号石棺	〃	(終末)	東西	85×東45西25-25（東）
403	同　11号石棺	〃	(終末)	東西	190×東？西30-25（西）

石棺	副葬品・供献遺物・石材	参考文献
	中細銅剣先	『考古学雑誌46-1』
	赤色顔料	『市報告 9』
		『市報告 26』
乱により石材一部抜き取り		〃
		〃
		〃
		〃
		〃
		〃
	人骨片	〃
	床面一部朱	〃
		〃
		〃
		〃
石除去、北側石4、南側石3、西妻1残		『市埋文報告 32』
石除去、東側石3、西側石1、北妻1残		〃
、両側石各4、南妻石1、北妻石2（合掌）、床石な 小児棺？		〃
石2、両側石各2、西妻石1残		〃
石4、両側石4、妻石（東1、西合掌）、床石なし	頭蓋骨	〃
石6、南側石6、北側石4、妻石各1、床石なし	1体（仰臥伸展葬）	〃
石5、南側石4、北側石3、妻石各1、床石なし		〃
、南側石5、北側石4、妻各1残		〃
、南側石2、北側石3、妻各1残、小児棺		〃
石除去、南側石4、北側石2、西妻石1残		〃

	遺 跡 名	所 在 地	時 期	主軸の方位	規 模 （頭位）
404	同　12号石棺	〃	（終末）	東西	?×20－25
405	同　13号石棺	〃	（終末）	南北	175×南40北30－30（北）
406	下稗田H-1石棺	行橋市下稗田	後期後半	N38°W	198×52－44（東）
407	同　H-2石棺	〃	後期後半	N50°E	152×36－30（南東）
408	同　H-3石棺	〃	後期後半	N59°W	189×48－37（東）
409	同　H-4石棺	〃	後期後半	N19°E	
410	同　H-5石棺	〃	後期後半	N89°E	168×40－36（東）
411	同　H-6石棺	〃	後期後半	N64°E	?×48－48（?）
412	同　H-7石棺	〃	後期後半	S48°E	101×44－30（?）
413	侍塚遺跡	行橋市泉中央	（終末～古墳初）	N76°W	180×東50西?－50（西）
414	当所石棺	朝倉郡筑前町当所	（弥生?）	S30°W	180×南37北26－24（南）
415	古坊遺跡ST01	田川郡香春町中津原	（弥生末～古墳初）	S49°W	180×南35北30－34（南）
416	同　ST02	〃	（弥生末～古墳初）	N84°E	159×東30西25－39（東）
417	同　ST03	〃	（弥生末～古墳初）	N84°E	69×東23西15－?（東）
418	同　ST04	〃	（弥生末～古墳初）	N45°W	122×東35西22－34（東）
419	同　ST05	〃	（弥生末～古墳初）	N54°E	140×東24（東）
420	同　ST06	〃	（弥生末～古墳初）	N60°E	60×20－?（?）
421	同　ST07	〃	（弥生末～古墳初）	N36°W	84×23－?（?）
422	同　ST08	〃	（弥生末～古墳初）	N58°W	102×?－?（?）
423	同　ST09	〃	（弥生末～古墳初）	N73°W	80×20－?（?）
424	同　ST10	〃	（弥生末～古墳初）	N70°W	55×15－?（?）
425	同　ST11	〃	（弥生末～古墳初）	N22°W	159×北32南28－38（北）
426	同　ＳＴ12	〃	（弥生末～古墳初）	N9°W	100×?－?（北）
427	古川平原1号石棺	京都郡みやこ町犀川古川	（中期?）	S27°E	150?×30?（北?）

石棺	副葬品・供献遺物・石材	参考文献
側除去、南側石2、北側石1残		〃
石除去、東側石5、西側石3、妻石各1、床石なし		〃
石3、東側石3、西側石5、妻石各1、床石なし	刀子1	『市埋文報告 17』
石5、両側石各3、妻石各1、床石なし		〃
石6、両側石各6、妻石各1、床枕石あり		〃
壊	素環頭刀子1	〃
石4、北側石5、南側石4、妻石各1、床石なし	赤色顔料	〃
側削除、蓋石3残	赤色顔料	〃
側削除、蓋石2残		〃
石1、南側石2、北側石3、妻石東1、西除去、床石1	赤色顔料、鉄鏃2、小玉6、棺外鉄鏃1、安山岩	『市報告 41』
材横組、床石なし	赤色顔料	『埋もれた朝倉文化』(1969)
石5、南側石5、北側石6、妻石各1、床石なし、枕石あ	赤色顔料、花崗岩、緑泥片岩	『県埋文報告 206』
石2、両側石各4、妻石各1、床石なし	鉄鏃1、1体（成人♀）、赤色顔料、片岩	〃
石3、両側石各3、妻石各1、床石2、小児棺	赤色顔料	〃
石4、両側石4、妻石各1、床石なし	鉈、赤色顔料、花崗岩	〃
石5、南側石5、北側石4、妻石各1	鉈、赤色顔料、花崗岩	〃
石除去、両側石各2、妻石各1、床石なし、小児棺	赤色顔料	〃
石3、両側石各3、妻石各1、床石なし、小児棺	赤色顔料、片岩、花崗岩	〃
石2残	片岩	〃
石3、南側石3、北側石5、妻石各1、床石なし、小児棺	片岩、花崗岩	〃
石4、両側石各4、妻石各1、床石なし、小児棺	赤色顔料、片岩	〃
石5、東側石5、西側石4、妻石各1、床石なし	赤色顔料、片岩	〃
側削除、蓋石3？、両側石各1残、妻石北1残	墓壙内に供献土器（小型鉢）、片岩	〃
材除去、西側石3、西妻石残存	弥生甕、花崗岩	『犀川町報告 5』

	遺 跡 名	所 在 地	時 期	主軸の方位	規 模（頭位）
428	同　2号石棺	〃	(中期?)	N43°W	177×60-40（西）
429	同　3号石棺	〃	(中期?)	S68°E	169×32-26（東）
430	同　4号石棺	〃	(中期?)	S68°W	163×36-32（西?）
431	川ノ上KIV-21	京都郡みやこ町徳永	(弥生末～古墳初)	S51°W	178×43-28（?）
432	同　KV-22	〃	(弥生末～古墳初)	S27°51′W	167×42-44（?）
433	同　KV-23	〃	(弥生末～古墳初)	S78°W	195×55-45（?）
434	同　KV-24	〃	(弥生末～古墳初)	S44°W	163×52-?（?）
435	同　KIX-31	〃	(弥生末～古墳初)	S68°5′W	207×62-54（?）
436	同　KIX-32	〃	(弥生末～古墳初)	S32°50′E	185×53-53（?）
437	同　KX-35	〃	(弥生末～古墳初)	N52°W	184×45-37（?）
438	同　2号墳丘墓-4	〃	終末	N87°E	50?×37-42（?）
439	同　4号墳丘墓	〃	終末	N86°E	174×48-44（?）
440	同　-2	〃	終末	N74°E	190×50-48（?）
441	同　-3	〃	終末	N86°W	175×43-41（?）
442	同　-4	〃	終末	N64°E	185×55-55（?）
443	同　-5	〃	終末	N87°E	188×60-50（?）
444	同　-7	〃	終末	N35°5′W	70×24-22（?）
	大分県				
445	浜1号石棺	大分市大在浜		南北	?×北西50-35（北西?）
446	同　3号石棺	〃		N49°W	110×北35南?-35（北?）
447	同　4号石棺	〃		N58°W	185×東35西30-35（西?）
448	同　5号石棺	〃		N46°W	160×40-40（南東?）
449	草場第2遺跡29号石棺	日田市清岸寺町	後期後半～終末	N84°W	73×東31西?-32（東）
450	同　51号石棺	〃	後期後半～終末	N59°W	192×東?西40-30（西）

石　棺	副葬品・供献遺物・石材	参考文献
石6、東側石6、西側石4、妻石各1、床石なし	鉄鏃1、花崗岩	〃
石7、両側石各4、妻石各1、床石なし	刀子、不明鉄器、花崗岩	〃
石6、両側石各5、妻石各1、床石なし	朱、花崗岩	〃
	刀子、赤色顔料	『一般国道10号線調査報告 2』
	刀子、赤色顔料	〃
	赤色顔料	〃
	刀子、赤色顔料	〃
	刀子、鉄鏃2、赤色顔料	〃
	刀子	〃
	鉇（鉄斧）、赤色顔料	〃
		〃
	刀子、鉇、赤色顔料	〃
		〃
	剣、鉄鏃2、赤色顔料	〃
	鏡、剣片、素環頭刀子、赤色顔料	〃
	赤色顔料	〃
児棺？		〃
側3分の2破壊、蓋石1残、北東側石3、南西側石2、北西石1、床石2残存		『県埋文報告』(48)
石3、両側石各1、妻石1、床石2	鉄鏃1、管玉1	〃
石除去、北側石6、南2残、妻石東1、西合掌？、床石2	鉄鏃1	〃
石4、両側石各2、妻石1、床石5		〃
石1、両側石各1、妻石1、床石なし、小児棺	安山岩	『九州横断道 1』
石4、両側石各3、、妻石1、床石なし	剣1、鉄鏃2、朱、壮年♂、安山岩	〃

	遺　跡　名	所　在　地	時　期	主軸の方位	規　模（頭位）
451	同　64号石棺	〃	後期後半〜終末	N59°W	182×南東？北西30-38（北西）
452	同　97号石棺	〃	後期後半〜終末	N60°E	94×東？西28-20（西）
453	同　135号石棺	〃	後期後半〜終末	N65°W	170×東70西？-24（東）
454	同　149号石棺	〃	後期後半〜終末	N75°W	190×東？西44-36（西）
455	同　150号石棺	〃	後期後半〜終末	N13°E	175×南？北40-？（北）
456	同　155号石棺	〃	後期後半〜終末	N88°E	179×東38西？-28（東）
	山口県				
457	朝田第Ⅱ地区1号石棺	山口市朝田	弥生末〜古墳初	N36°E	185×45-52（北・南）
458	同　2号石棺	〃	〃	N18°E	66×23-42（北）
459	同　3号石棺	〃	〃	N58°E	162×42-41（北東）
460	同　4号石棺	〃	弥生？〜古墳？	N72°E	157×46-48（北東）
461	同　5号石棺	〃	弥生〜古墳初	N39°E	189×64-48（北）
462	同　6号石棺	〃	〃	N4°E	148×42-31（北）
463	同　7号石棺	〃	〃	N88°E	
464	同Ⅱ地区（1983報告）第1号石棺	〃		N88°W	207×40-27（東）
465	同　第2号石棺	〃		N16°E	180×58-55（北）
466	同　第3号石棺	〃		N73°E	90×30-37（北東）
467	朝田第Ⅲ地区3号石棺	〃	弥生末	N86°W	53×40-28（東）
468	朝田第Ⅳ地区1号石棺	〃		N6°E	166×42-24（北）
469	同　2号石棺	〃		N22°W	194×47-30（北）
470	同　3号石棺	〃		N23°W	147×40-30（？）
471	同　4号石棺	〃		N30°W	82×25-20（北）
472	同　5号石棺	〃		N5°E	147×27-20（北）
473	同　6号石棺	〃	中期〜後期	N64°E	89×24-19（東）

石棺	副葬品・供献遺物・石材	参考文献
蓋石7？（鎧重）、両側石各3、妻石1、床石なし		〃
蓋石5、両側石各2、妻石1、床石なし、小児棺	貝輪片1、管玉3、人骨片	〃
北側土壙墓により切断、北側石2、東妻石2残存	朱、安山岩塊石	〃
蓋石6（鎧重）、両側石各3、妻石1、床石なし	1体（熟年♂）	〃
蓋石5、東側石3、西側石4、妻石1、床石なし	刀子片1	〃
石材西側除去、蓋石2残、側石（南2北3残）、妻石1東残、床石なし		〃
蓋石5、東側石4、西側石6、妻石各1、床石なし	刀子1、2体（成人北♂・南♀）、緑泥片岩	『県埋文報告 64』
蓋石1、両側石各2、妻石各1、床石なし、北側に枕石、小児棺	緑泥片岩	〃
蓋石3、両側石各3、妻石各1、床石なし	成人、緑色片岩	〃
蓋石除去、東側石4、西側石5、妻石各1、床石なし	成人、短刀1、勾玉1、管玉12、切子玉1	〃
蓋石3、東側石4、西側石5、床石なし	結晶片岩	〃
石材は西側石2を残して除去？	台状墓の主体部？	〃
		〃
蓋石6、両側石各6、妻東1、西側横二段？、床石なし	石英斑岩	『県埋文報告 69』
蓋石4、東側石5、西側石6、妻石各1、床石なし	朱、結晶片岩	〃
蓋石3、両側石各3、妻石南2・北1、床石なし、小児棺		〃
蓋石なし、両側石各1、小児棺	結晶片岩、花崗岩	『県埋文報告45』
蓋石3+1、東側石4、西側石5、妻石各1、床石なし	結晶片岩	『県埋文報告37』
蓋石6、東側石5、西側石4、妻石各1、床石なし	結晶片岩	〃
蓋石除去、東側石3、西側石1残存	結晶片岩	〃
蓋石3、両側石各1、妻石各1、床石なし、小児棺	結晶片岩	〃
蓋石5、東側石5、西側石4、妻石各1、床石なし	結晶片岩	〃
蓋石4、両側石各2、妻石各1、床石なし、小児棺	結晶片岩	〃

	遺 跡 名	所 在 地	時 期	主軸の方位	規 模（頭位）
474	同 7号石棺	〃		N18°W	
475	同 8号石棺	〃	中期～後期	N22°W	193×50－28（北）
476	同 9号石棺	〃	〃	N4°W	117×25－13（北）
477	同 10号石棺	〃		N16°EW	101×45－17（北）
478	同 11号石棺	〃	中期～後期	N13°W	161×32－19（北）
479	同 12号石棺	〃		N2°W	85×35－21（北）
480	同 13号石棺	〃		N2°E	161×44－21（北）
481	同 14号石棺	〃		N8°E	117×41－21（北）
482	同 15号石棺	〃		N35°E	185×47－25（北）
483	同 16号石棺	〃		N30°E	212×45－28（北）
484	同 17号石棺	〃		N7°W	95×？－25（？）
485	同 18号石棺	〃	中期～後期	N7°E	191×55－31（北）
486	同 19号石棺	〃		N35°E	207×50－26（北東）
487	同 20号石棺	〃	中期～後期	N32°E	55×18－20（北）
488	同 21号石棺	〃		N25°E	179×35－30（北？）
489	同 22号石棺	〃		N30°E	65×29－18（北）
490	同 23号石棺	〃	中期～後期	N16°E	198×38－25（北）
491	同 24号石棺	〃	〃	N26°E	
492	朝田第Ⅴ地区1号石棺	〃	中期中葉～後半	N65°E	197×47－40（東北）
493	同 2号石棺	〃	〃	N63°E	168？×44－51（？）
494	同 3号石棺	〃	〃	N63°E	
495	同 4号石棺	〃	〃	N56°E	125？×40－26（？）
496	同 5号石棺	〃	〃	N52°E	？×40－28（東？）
497	同 6号石棺	〃	〃	N49°E	180×27－29（北）

石棺	副葬品・供献遺物・石材	参考文献
古墳構築の際破壊、板石散乱	結晶片岩	〃
蓋石10、両側石各6、妻石各1、床石なし	結晶片岩	〃
蓋石6、両側石各4、妻石各1、床石なし、小児棺	結晶片岩	〃
蓋石3、東側石5、西側石3、妻石各1、床石なし、小児棺	流紋岩	〃
蓋石3、東側石4、西側石5、妻石各1、床石なし		〃
蓋石2+1、両側石各2、妻石各1、床石なし、小児棺	管玉2、結晶片岩	〃
蓋石6、東側石5、西側石4、妻石各1、床石なし		〃
蓋石3、東側石2、西側石3、妻石各1、床石なし、小児棺	結晶片岩、流紋岩	〃
蓋石3残存、東側石5、西側石4、妻石各1、床石なし	結晶片岩	〃
蓋石6、東側石7、西側石6、妻石各1、床石なし	結晶片岩	〃
側石1、北妻石1のみ残存、	鉄鏃1、結晶片岩	〃
蓋石3+1、東側石3、西側石4、妻石各1、床石なし		〃
蓋石6、東側石6、西側石7、妻石各1	結晶片岩	〃
蓋石2、両側石各2、妻石各1、床石なし、小児棺	結晶片岩	〃
蓋石4残、西側石1残存	結晶片岩	〃
蓋石3、両側石各2、妻石各1、床石なし、小児棺	結晶片岩	〃
片側抜き取り、蓋石2、東側石3、西側石4、南妻石1残存	結晶片岩	〃
南側攪乱、北東側石1、北妻石1残存	結晶片岩	〃
蓋は木製？、両側石各2、妻石各1、床石なし、側壁に石材を当初より欠く	結晶片岩	『県埋文報告 89』
東側石材抜き取り、両側石各1残存、妻石西1残存、床石なし	鉄斧1、結晶片岩	〃
妻石1残存、床石なし、削平		〃
蓋石西1、両側石各1残存、床石なし、小児棺		〃
蓋石1、南側石3、北側石3残存、床石なし	結晶片岩	〃
蓋石3残、南側石2、北側石3、妻石西1、床石なし		〃

	遺 跡 名	所 在 地	時 期	主軸の方位	規 模（頭位）
498	同　7号石棺	〃	〃	N50°E	175×38－29（北東）
499	同　8号石棺	〃	〃	N48°E	185?×44－33（東北）
500	同　9号石棺	〃	〃	N48°E	147?×46－32（東北）
501	同　10号石棺	〃	〃	N68°E	56×21－15（北）
502	同　11号石棺	〃	〃	N68°E	62×22－36（北）
503	同　12号石棺	〃	〃	N38°E	178×37－17（北）
504	同　13号石棺	〃	〃	S16°E	154×45－18（南?）
505	同　14号石棺	〃	〃	N55°E	92×33－20（東?）
506	同　15号石棺	〃	〃	N63°E	57×22－13（北東）
507	同　16号石棺	〃	〃	S57°E	183×40－27（東）
508	同　17号石棺	〃	〃	S45°E	185×62－20（南東）
509	同　18号石棺	〃	〃	N35°W	190?×33?－?（?）
510	同　19号石棺	〃	〃	N17°W	?×45－18（?）
511	同　20号石棺	〃	〃	N23°W	141?×30－22（北）
512	同　21号石棺	〃	〃	N39°E	137?×43－19（北）
513	同　22号石棺	〃	〃	N50°E	?×41－25（北東）
514	同　23号石棺	〃	〃	S52°E	123?×56?－?（南東）
515	同　24号石棺	〃	〃	N57°E	93?×27?－15（北）
516	同　25号石棺	〃	〃	N58°E	179×40－25（北）
517	同　26号石棺	〃	〃	N21°E	130×42－22（北
518	同　27号石棺	〃	〃	N75°E	80×34－24（東?）
519	同　28号石棺	〃	〃	N60°E	211?×31－19（北）
520	同　29号石棺	〃	〃	N60°E	82×36－14（北）
521	同　30号石棺	〃	〃	N69°E	82×25－16（東）

石　棺	副葬品・供献遺物・石材	参考文献
石2残、両側石各3、妻石各1、床石なし		〃
石北側2残、両側石各2、妻石東残、床石なし、北西側□を9号石棺と共用、墓壙同一		〃
石2残、北西側石4、南東側石2は8号石棺と共用、床石なし		〃
石4、隙間4、両側石各2、妻石各1、床石なし、小児棺	結晶片岩	〃
石8、両側石各2、妻石各1、床石6、小児棺		〃
石2残、両側石各3、妻石各1、床石なし	結晶片岩	〃
石8、両側石各1（北側）、妻石北1、南2、床石なし、□石あり	結晶片岩	〃
石7？、東側石3、西側石2＋1、妻石各1、床石なし、□児棺	結晶片岩	〃
石4、東側石2、西側石4（二重）、妻石各1、床石な□、小児棺	結晶片岩	〃
石4、両側石各4、妻石各1、床石なし	結晶片岩	〃
石北側2残、東側石6、西側石1残、妻石各1、床石な□	結晶片岩	〃
材抜き取り、北東側石1残		〃
側全体削平、蓋石1、東側石1、西側石2、南妻石1残□、床石なし	結晶片岩	〃
石3残、両側石各4、妻石北1、南除去、床石なし		〃
石除去、東側石4、西側石3＋1、北妻石1、南除去、□石なし		〃
西部削除、蓋石2、南側石1、北側石2、東妻石1等残□、床石なし	緑泥片岩	〃
材大半除去、東側石1残存	緑泥片岩	〃
東部石材抜き取り、蓋石西側7（接合部に重ねる）、東□2西側石1残存、妻石西1、床石なし		〃
西部攪乱、蓋石12、東側石3、西側石2残、妻石1、床□なし		〃
東部攪乱、蓋石4、南側石6、北抜取り、妻石各1残存、□石なし、小児棺		〃
石3、西側石1、妻石北1、小児棺	結晶片岩	〃
石7、南側石7、北側石5、東妻石1、西除去、床石なし		〃
石2＋1、両側石各2、妻石各1、床石なし、小児棺		〃
石6（二重）、両側石各2、妻石各1、床石なし、小児□		〃

	遺　跡　名	所　在　地	時　期	主軸の方位	規　模（頭位）
522	同　31号石棺	〃	〃	N61°E	190×44－28（北）
523	同　32号石棺	〃	〃	N65°W	82×24－13（北）
524	同　33号石棺	〃	〃	N57°E	178×62－20（北東）
525	同　34号石棺	〃	〃	N57°E	185×39－23（北東）
526	同　35号石棺	〃	〃	N11°E	?×34－26（北）
527	同　36号石棺	〃	〃	N9°E	165×55－30（北）
528	同　37号石棺	〃	〃	N24°E	167×?－28（北）
529	同　38号石棺	〃	〃	N30°E	?×86－35（北）
530	同　39号石棺	〃	〃	N28°E	159?×55－26（北）
531	同　40号石棺	〃	〃	N34°E	180×37－27（北）
532	同　41号石棺	〃	〃	N26°E	194?×41－26（北）
533	同　42号石棺	〃	〃	N43°E	?×?－40（北）
534	同　43号石棺	〃	〃	N12°E	178×64－30（北）
535	同　44号石棺	〃	〃	N28°E	?×?－25?（?）
536	同　45号石棺	〃	〃	N27°E	195×47－20（北）
537	王子の森第1号石棺	山口市朝田		N17°E	65?×35－30（?）
538	同　第2号石棺	〃		N6°E	?×35－40（?）
539	同　第3号石棺	〃		N1°E	150×東4西25－35（東）
540	同　第4号石棺	〃		N10°W	?×20－20（?）
541	同　第5号石棺	〃		N20°W	160?×60－?（西）
542	同　第6号石棺	〃		N46°E	?×40－?（?）
543	同　第8号石棺	〃		N41°E	160×40－30（東）
544	黒川遺跡石棺墓	山口市黒川	終末	N76°50′W	214×79－59（東）
545	茶臼山第1号石棺	山口市白石〔通称茶臼山〕	後期終末	N60°W	?（西）

石　棺	副葬品・供献遺物・石材	参考文献
蓋石5、両側石各8、妻石各1、床石なし	結晶片岩	〃
蓋石2、両側石各2、妻石各1、床石なし、小児棺		〃
4号石棺と北側石共用、蓋石11（大形5、隙間大形2、残り隙間4）、東側石5、西側石4、妻石各1、床石なし、枕石		〃
3号石棺と南側石共用、蓋石33号の上に乗る、南側石共用、北側石5、妻石東1西2、床石なし		〃
両側大半削除、両側石各1、北妻石1残存	結晶片岩	〃
蓋石7、両側石各3、妻石各1、床石なし	結晶片岩	〃
南側削除、蓋石除去、西側石3、南妻石1		〃
東側削除、蓋石除去、東側石2、西側石3、北妻石1残存、床石なし		〃
蓋石3、東側石3、西側石2、妻石各1、床石なし	結晶片岩	〃
蓋石5、両側石各4、妻石各1、床石なし		〃
蓋石4、東側石3、西側石4、妻石各1、床石なし	結晶片岩	〃
南西部削除、北妻石1残存、床石なし		〃
蓋石2、両側石各3、妻石各1、床石なし		〃
破壊		〃
蓋石6、両側石各4、妻石各1、床石なし、小児棺		〃
東側削除、蓋石1残、両側石各2+?、妻石西1残、床石なし	結晶片岩	『県埋文報告 51』
両側削除、蓋石2、南側石3?、北側石?2、床石なし	結晶片岩	〃
東側攪乱、蓋石2残、南側石3、北側石2、妻石各1、床石なし	結晶片岩	〃
南西削除、蓋石2、南側石1残、北側石3、妻石各1、床石なし	結晶片岩	〃
石材除去、西妻石1残	鉄鏃1、結晶片岩	〃
東側大きく削除、石材除去、妻石西1残存	結晶片岩	〃
石材大半抜き取り、南側石2残存		〃
蓋石10、両側石各6、妻石各1、床石なし	結晶片岩	『市埋文報告 57』
蓋石3残、南側石5、北側石6、妻石各1、床石なし	緑色片岩（1968年調査）	『県埋文報告 6』

	遺　跡　名	所　在　地	時　期	主軸の方位	規　模（頭位）
546	同　第2号石棺	〃	後期終末	N72°W	187×東54西42－46（東）
547	同　第3号石棺	〃	後期終末	N55°W	107×東27西34－30（西）
548	同　第4号石棺	〃	後期終末	N72°W	230×東89西74－80（東）
549	同　第5号石棺	〃	後期終末	N60°W	208×東55西70－60（西）
550	同　第6号石棺	〃	後期終末	N57°W	200×東無西50－?（西）
551	同　第7号石棺	〃	後期終末	N75°W	210×東47西53－?（西）
552	同　第8号石棺	〃	後期終末	N55°W	
553	同　第9号石棺	〃	後期終末	N22°E	
554	しらいし石棺墓	山口市白石	弥生末～古墳初	N82°E	88×19－19（東）
555	丸山遺跡40-1号石棺	山口市仁保下郷	中期?		200×45－25－35
556	同　40-2号石棺	〃	〃		190×42～50－33
557	同　40-3号石棺	〃	〃		150×26~40－25
558	同　B-1号石棺	〃	〃	N65°E	95×32－22（北東）
559	同　B-2号石棺	〃	〃	N52°E	170×47－33（北東）
560	同　B-3号石棺	〃	〃	N61°E	208×47－38（北東）
561	同　B-4号石棺	〃	〃	N57°E	?×32－21（北東）
562	同　B-5号石棺	〃	〃	N77°E	壙隅丸長方形、210×95－?（東?）
563	乗ノ尾第Ⅰ号石棺	山口市吉田		東西	壙長方形、220×75－30
564	同　第2号石棺	〃			
565	同　第3号石棺	〃		N74°W	168×40－?（東）
566	同　第4号石棺	〃		東西	壙長方形、?×85－25（東）
567	同　第5号石棺	〃	後期後半	N45°E	170×45－40（東）
568	清水遺跡石棺墓	岩国市玖珂町		N106°E	230×東86西44－33（東）
569	綾羅木郷遺跡第4地点石棺	下関市綾羅木	弥生	N101°W	174×東40西?－?（東）

石　棺	副葬品・供献遺物・石材	参考文献
石4、南側石5、北側石4、妻石各1、床石なし	3体埋葬？、小玉1、緑色片岩	〃
石4、両側石各2、妻石各1、床石なし	管玉4、土器、緑色片岩	〃
石3、南側石5、北側石7、妻石各1、床石なし	朱、骨片	〃
石6、東側石5、西側石6、妻石各1、床石なし	朱、人骨、緑色片岩	〃
石4＋？、両側石各5、妻石西1東なし、床石なし	人骨	〃
石7、両側石各5、妻石西1、床石なし	朱	〃
側攪乱、蓋石4、両側石各4、妻石西1東流失、床石なし	朱	〃
石6、南側石6、北側石5、妻石各1、床石なし	頭骨	〃
石2、南側石3、北側石1残存	勾玉1、結晶片岩	『県埋文報告 52』
65年6基、1982年5基調査、大内中学校に移築、蓋石4、側石各5、妻石1片方なし、床石なし	朱、花崗岩	『市埋文報告 17』
内中学校に移築、蓋石5、両側石各4、妻石各1、床石な	朱、人骨、花崗岩	〃
保中学校に移築、蓋石5、両側石各4、妻石1片方な、床石なし	花崗岩	〃
石3、両側石各2、妻石各1、床石なし	花崗岩	〃
石6、東側石5、西側石4、妻石各1、床石なし	花崗岩	〃
石6＋1、東側石5、西側石4、妻石各1、床石なし	花崗岩	〃
石3＋2、東側石6、西側石4＋1、妻石欠、床石なし	花崗岩	〃
材除去	花崗岩	〃
材除去、西側石・西妻石残存	三群変成岩変成岩	『県埋文報告 24』
		〃
石除去、南側石6、北側石3残、妻石各1、床石なし	赤色顔料、人骨片、三群変成岩	〃
側削除、東妻石1残		〃
石除去、北西削除？、南東側石5、北西側石2残、妻石1、床石なし	東埋土から高坏片	〃
石7、南側石3、北側石大小6、妻石各1、床石なし		『市埋文報告 118』
和44年重機で破壊、両側石各1残、他石材全て除去	赤色顔料、頭骸骨	『市報告』(1992)

	遺　跡　名	所　在　地	時　期	主軸の方位	規　模（頭位）
570	同　第6地点F石棺	〃	5C以前？	N34°W	107×北西30南東22－30（北西）
571	伊倉LG003石棺	下関市伊倉	中期	南北	190×南29北40－？（北）
572	同　LG004	〃	中期	南北	180×南50北30－？（南）
573	土井ヶ浜4号石棺	下関市神田	前期	ほぼ東西	295×南52北38－7　（東）
574	同　5号石棺	〃	〃	〃	193×東46西37－50（東）
575	坂ノ上N01石棺	下関市菊川町	弥生	N83°E	134×70－15？
576	同　N02石棺	〃	〃	N88°E	152×39－35（？）
577	同　N03石棺	〃	〃	N84°E	116×29－21（？）
578	同　N04石棺	〃	〃	N74°E	167×47－51（？）
579	同　N05石棺	〃	〃	N21°W	(90)×(24)－30（？）
580	同　N06石棺	〃	〃	N67°W	164×48－18（？）
581	同　N07石棺	〃	〃	N70°E	153×38－40（？）
582	同　N08石棺	〃	〃	N3°W	
583	同　N09石棺	〃	〃	N23°W	
584	同　N010石棺	〃	〃	N24°E	？×7I－14（？）
585	同　N011石棺	〃	〃	N57°W	150×59－13（？）
586	同　N012石棺	〃	〃	N59°W	147×59－10（？）
587	同　N013石棺	〃	〃	N27°E	？×50－26（？）
588	同　N014石棺	〃	〃	N77°W	(140)×(60)－21（？）
589	同　N015石棺	〃	〃	N57°W	147×27－21（？）
590	同　N016石棺	〃	〃	N73°W	(84)×58－30（？）
591	同　N017石棺	〃	〃	N36°E	186×49－44（？）
592	同　N018石棺	〃	〃	N70°E	126×54－23（？）
593	同　N019石棺	〃	〃	N54°E	150？×43－21（？）

石　棺	副葬品・供献遺物・石材	参考文献
石4、両側石各3、妻石各1、床石なし	緑泥片岩、花崗岩	〃
石5、東側石4、西側石5、妻石各1、床石なし	玄武岩	『市埋文報告 48』
石5、東側石3、西側石4、妻石なし、石蓋土壙墓と箱式棺の折衷形式	玄武岩	〃
石11、南側石8、北側石7、妻石各2、床石なし	5体♂（壮1、熟1、老3）	『日本農耕文化の生成』(1961)
石5＋1、両側石各5、妻石各1、床石なし	2体、（老♂・♀）	〃
	成人、結晶片岩	『県埋文報告 113』
石なし、東側石4、西側石2、床石？	成人、結晶片岩	〃
石1残、両側石各2、妻石各1	成人、川原石	〃
石6、南側石3、北側石1、妻石各1、床石？	成人、結晶片岩	〃
石1、東側石3、南妻石1残、小児棺	結晶片岩	〃
石除去、西側石1、妻石各1残	成人、結晶片岩	〃
石除去、東側石3、西側石5、妻石各1	成人、結晶片岩	〃
	成人、結晶片岩	〃
石5	結晶片岩、川原石	〃
石・妻石除去、東側石2？、西側石4	成人、結晶片岩	〃
石1、東側石2、西側石1、北妻石1残	成人、結晶片岩	〃
側石各1残存	成人、結晶片岩	〃
側石各1、南妻石1残存	成人、川原石	〃
側石1、北妻石1残存	成人、結晶片岩	〃
側石5、西側石4、北妻石1残存	成人、川原石	〃
側石2、西側石2、南妻石1残存	成人、結晶片岩	〃
側石47、西側石6、北妻石2残存	成人、結晶片岩	〃
石1、東側石17残存	鉇、成人、結晶片岩	〃
側石1、西側石2、北妻石1残存	成人、結晶片岩	〃

	遺　跡　名	所　在　地	時　期	主軸の方位	規　模（頭位）
594	同　N020石棺	〃	〃	N36°E	125？×49－53（？）
595	同　N021石棺	〃	〃	N12°W	155？×32－22（？）
596	同　N022石棺	〃	〃	N87°E	168×44－44（？）
597	同　N023石棺	〃	〃	N 88°E	135×45－35（？）
598	同　N024石棺	〃	〃	N27°E	130×45－20（？）
599	同　N025石棺	〃	〃	N78°E	138×43－39（？）
600	同　N026石棺	〃	〃	N79°W	200？×60－18（？）
601	同　N027石棺	〃	〃	N63°E	？
602	同　N028石棺	〃	〃	N40°W	163×49？－37（？）
603	同　N029石棺	〃	〃	N13°W	92×54－40（？）
604	同　N030石棺	〃	〃	N5°W	150？×47－27（？）
605	同　N031石棺	〃	〃	N65°E	72？×39－25（？）
606	同　N032石棺	〃	〃	N13°E	145×44－18（？）
607	同　N033石棺	〃	〃	N7°W	65？×46－39（？）
608	同　N034石棺	〃	〃	N70°W	151×53－22（？）
609	同　N035石棺	〃	〃	N50°W	178×49－6？（？）
610	同　N036石棺	〃	〃	N3°E	104？×50－30（？）
611	同　N037石棺	〃	〃	N86°W	132×44－32（？）
612	同　N038石棺	〃	〃	N89°E	84×36－？（？）
613	同　N039石棺	〃	〃	N7°W	
614	同　N040石棺	〃	〃	N16°E	151×40－52？（？）
615	同　N041石棺	〃	〃	N73°E	
616	武久浜ST-1石棺	下関市武久町	前期～中期	N86°W	165×35
617	同　ST-2石棺	〃	中期	N84°W	100×東？西25－？（西）

石　　棺	副葬品・供献遺物・石材	参考文献
石2、東側石2、西側石3、北妻石1残存	成人、川原石	〃
側石各1残存	刀子、成人、川原石	〃
石3?、東側石3、西側石4、妻石各1	成人、結晶片岩	〃
石4?、東側石2?、西側石3、妻石各1	成人、結晶片岩	〃
石除去、東側石2?、西側石1?、妻石各1	成人、結晶片岩	〃
石除去、東側石3、西側石2?、妻石各1	成人、結晶片岩	〃
石除去、東側石1、南妻石1残存	成人、結晶片岩	〃
	成人、結晶片岩	〃
石2?、東側石3、妻石各1	成人、結晶片岩	〃
石除去、東側石2、西側石3	成人、川原石	〃
石除去、東側石3?、西側石2?、南妻石1残存	成人、川原石	〃
石除去、東側石2、西側石3、南妻石1残存、小児棺	結晶片岩	〃
側石3残存	成人、結晶片岩	〃
石1、東側石2、西側石1、北妻石1残存	成人、結晶片岩	〃
側石1、南妻石1残存	成人、結晶片岩	〃
材除去	成人、結晶片岩	〃
側石1、西側石2、北妻石1残存	成人、結晶片岩	〃
石除去、両側石各2、妻石西1	成人、結晶片岩	〃
材除去、小児棺		〃
	成人	〃
石5、南側石5、北側石4、妻石各1、床石なし	成人、結晶片岩	〃
材除去	成人?	〃
石不詳、両側石各3、妻石各1、床石なし	玄武岩	『県埋文報告 32』
石4、南側石3、北側石2、妻石各1、床石なし	棺内より弥生土器片（甕）、玄武岩	〃

	遺 跡 名	所 在 地	時 期	主軸の方位	規 模（頭位）
618	同　ST-3石棺	〃	前期～中期	N14°E	144×南？北35－？（北）
619	同　ST-4石棺	〃	〃	N7°E	172×南？北32－？（北）
620	同　ST-5石棺	〃	〃	N2°E	180×南？北40－？（北）
621	同　ST-6石棺	〃	〃	N15°E	140×南？北32－？（北）
622	同　ST-7石棺	〃	〃	N6°E	115×南？北50－？（北）
623	同　ST-9石棺	〃	〃	N22°E	169×南50北？－？（南）
624	同　ST-12石棺	〃	〃	N20°E	162×南？北40－？（北）
625	中ノ浜遺跡・広島大学調査区B-1号石棺	下関市豊浦町川棚	前期		195×40－35（？）
626	同　C-1号石棺	〃	〃		175×55－50（？）
627	同　C-2号石棺	〃	〃		190×45－35（？）
628	同　C-4号石棺	〃	〃		
629	同　D-1号石棺	〃	〃		88×38－33（？）
630	同　E-1号石棺	〃		南北	153×49－50（南・北）
631	同　E-2号石棺	〃	前期	東西	150×45－32（？）
632	同　E-3号石棺	〃	〃		90？×28－22（？）
633	同　E-4号石棺	〃	〃		7Ⅰ×29－29（？）
634	同　F-1号石棺	〃	〃		153×40－36（？）
635	同　F-5号石棺	〃	〃		103×40－？（？）
636	同　G-3号石棺	〃	〃		176×51－28（？）
637	中ノ浜遺跡・東京教育大学調査区1号石棺	〃	前期末	東西	165×東54西？－？（東）（？）
638	同　2号石棺	〃	中期前半	東西	165×東56西51－？（東）
639	同　3号石棺	〃	前期中葉～末	東西	181×東50西32－？（東）
640	同　6号石棺	〃	前期後葉～末	東西	167×東48西45－？（東）
641	同　7号石棺	〃	前期末葉	東西	162×南東51北西？－？（南東）

全国箱式石棺集成表（弥生時代篇） 365

石　棺	副葬品・供献遺物・石材	参考文献
石5、両側石各2、妻石各1、床石なし	年齢不詳♀骨、弥生土器片、玄武岩	〃
石5、東側石3、西側石4、妻石各1、床石なし	性別不詳人骨、玄武岩	〃
石5、両側石各5、妻石各1、床石なし	年齢不詳♂、玄武岩	〃
石3？、両側石各3、妻石各1、床石なし	♀頭蓋骨、閃緑岩、礫岩、玄武岩	〃
石欠、東側石3、西側石欠、妻石各2、床石なし	小玉4、半両銭1、礫石系板石	〃
石4、両側石各3、妻石各1、床石なし	2体（成人♂、乳幼児）、玄武岩	〃
石1残、東側石2、西側石3、妻石各1、床石なし	玄武岩	〃
	2体、管玉1、磨製石鏃1、貝、棺外弥生土器（壺4）	『史跡中ノ浜』（1984）
	1体、棺外に弥生土器（壺1）	〃
	2体、石鏃1	〃
	人骨	〃
児棺	1体	〃
石3、両側石各3三段積、妻石各1、床石なし	2体	〃
石4＋5二重、両側石各2、妻石各1、床石3	3～4体、管玉1、ハマグリ1	〃
児棺		〃
児棺		〃
	1体、弥生土器（壺・高坏）	〃
		〃
	1体、管玉16、貝小玉10、鹿角製指輪1	〃
石4、南側石3、三田側石2、妻石1、床石なし	3体、管玉1、貝輪1、臼玉1	『大塚考古 8』
石4、両側石各3、妻石各1、床石なし		〃
石除去、両側石各3、妻石1、床石なし	2体以上、貝輪、弥生土器	〃
	2体	〃
石6、南側石4、北側石3、妻石1、床石なし		〃

	遺 跡 名	所 在 地	時 期	主軸の方位	規 模（頭位）
	広島県				
642	坊ヰ山遺跡ST14石棺	広島市安佐北区大林町	中期～後期	N74°W	172×西43東38－26（西）
643	番谷遺跡1号石棺	広島市安佐北区可部町	後期	N2°E	168?×30－30（北）
644	同　2号石棺	〃	後期	N31°E	181×北41南27－27（北）
645	同　3号石棺	〃	後期	N32°E	171×北43南32－27（北）
646	同　4号石棺	〃	後期	N39°E	187×42北43南35－25（北）
647	同　5号石棺	〃	後期	N44°E	97×北29南35－17（北）
648	同　6号石棺	〃	後期	N30°E	105×北34南17－21（北）
649	同　7号石棺	〃	後期	N30°E	158×北34南26－26（北）
650	同　8号石棺	〃	後期	N34°W	116×北23南26－19（南）
651	大町七九谷遺跡C地点SS1号石棺	広島市安佐南区大町	（中期末～後期）	S25°W	63×31－25（北？）
652	同　SS2号石棺	〃	（中期末～後期）	S59°E	壙－10（？）
653	同　SS3号石棺	〃	（中期末～後期）	S23°W	82×30－17（？）
654	同　SS4号石棺	〃	（後期）	N34°E	?×38－30（？）
655	同　SS5号石棺	〃	（後期）	N65°W	80×?－28（？）
656	同　SS6号石棺	〃	（後期）	N37°W	?×28－25（？）
657	同　SS7号石棺	〃	（後期）	N38°W	155×45－37（？）
658	同　SS8号石棺	〃	（後期）	N57°E	58×20－25（？）
659	同　SS9号石棺	〃	（後期）	N43°E	65×20－20（？）
660	同　SS10号石棺	〃	（後期）	N67°W	98×30－25（？）
661	同　SS11号石棺	〃	（後期）	N46°E	83×30－20（？）
662	同　SS12号石棺	〃	（後期）	N72°W	60×25－17（？）
663	同　SS13号石棺	〃	（後期）	N19°W	100×40－27（？）
664	同　SS14号石棺	〃	（後期）	N47°W	70×25－20（？）

石棺	副葬品・供献遺物・石材	参考文献
蓋石3、南側石3、北側石4、妻石各1、床石なし	老年♂	『市報告 1』
北側除去、蓋石5、両側石各3、妻石南1、北除去、床石なし	花崗岩	『市埋文報告 20』
蓋石5、東側石4、西側石3、妻石各1、床石なし	花崗岩	〃
蓋石5、両側石各3、妻石各1、床石なし	花崗岩	〃
蓋石6、両側石各3、妻石各1、床石なし	花崗岩	〃
蓋石3、東側石2、西側石3、妻石各1、床石なし、小児棺	花崗岩	〃
蓋石3、東側石2、西側石3、妻石各1、床石なし	花崗岩	〃
蓋石5、両側石各2、妻石1、床石なし、小児棺	花崗岩	〃
蓋石5、両側石各3、妻石各1、床石なし、小児棺	花崗岩	〃
蓋石1、両側石各2、妻石各1、床石なし		『市埋文報告 4』
両側石材除去、北側石1、東妻石1残存		〃
蓋石除去、両側石各1、妻石各、床石なし、小児棺		〃
蓋石除去、両側石各3、南妻石1、北除去		〃
蓋石除去、南側石？、北側石3、妻石各1、床石なし、小児棺		〃
蓋石除去、両側石各1、妻石除去、床石なし、小児棺		〃
蓋石5＋？、両側石各4、妻石各1、床石なし		〃
蓋石3、両側石各2、妻石各1、床石なし、小児棺		〃
蓋石2、南側石1、北側石2、妻石各1、床石なし、小児棺		〃
蓋石3、両側石各2、妻石各1、床石なし、小児棺		〃
蓋石4、南側石2、北側石3、妻石各1、床石なし、小児棺		〃
蓋石4、南側石1、北側石2、妻石各1、床石なし、小児棺		〃
蓋石4、両側石各2、妻石各1、床石なし、小児棺		〃
蓋石4、両側石各2、妻石1、床石5、小児棺		〃

	遺 跡 名	所 在 地	時 期	主軸の方位	規 模 （頭位）
665	同 SS15号石棺	〃	(後期)	N60°E	84×27－30（？）
666	同 SS16号石棺	〃	(後期)	S77°W	84×27－30（？）
667	同 SS17号石棺	〃	(後期)	N67°W	98×30－25（？）
668	胡麻4-SK1	東広島市高屋町	(後期末〜古墳初)	N69°E	100×東36西32－30（東？）
669	同 4-SK2	〃	(後期末〜古墳初)	N76°W	176×西52東34－56（西）
670	同 4-SK3	〃	(後期末〜古墳初)	N87°W	150×25西43東29－47（西）
671	同 4-SK4	〃	(後期末〜古墳初)	N86°W	149×西49東42－33（西）
672	同 4-SK6	〃	(後期末〜古墳初)	N82°E	140×東30西20－27（東）
673	同 4-SK9	〃	(後期末〜古墳初)	N77°E	182×北東50南西27－32（北東）
674	同 4-SK12	〃	(後期末〜古墳初)	N87°E	204×西59東41－37（西）
675	同 4-SK14	〃	(後期末〜古墳初)	N 71°E	60×西22東13－20（西）
676	同 5-1-SK1	〃	(後期)	N67°W	壙隅丸長方形、90？×52－74（北西？）
677	同 5-1-SK2	〃	(後期)	N63°W	壙長方形、60？×95－55（北西？）
678	同 5-1-SK3	〃	(後期)	N60°W	壙長方形、95？×65－75（北西？）
679	同 5-1-SK4	〃	(後期)	N64°W	壙長方形、110？×70－68（北西？）
680	同 5-1-SK5	〃	(後期)	N70°E	175×西55東36－？（西）
681	同 5-1-SK6・7	〃	(後期)	N85°W	164×西30東20－？（西）
682	同 5-1-SK8	〃	(後期)	N60°W	165×西40東23－？（西）
683	同 5-1-SK9	〃	(後期)	N64°W	175×西40東35－？（西）
684	同 5-1-SK10.	〃	(後期)	N68°W	170×西50東30－？（西）
685	同 5-1-SK15	〃	(後期)	N70°W	70×西28東14－？（西）
686	同 5-1-SK16	〃	(後期)	N80°W	180×東60西64－？（西）
687	同 5-1-SK17	〃	(後期)	N87°W	165×西55東40－？（西）
688	同 5-1-SK18	〃	(後期)	N60°W	185×西55東34－？（西）

石　棺	副葬品・供献遺物・石材	参考文献
蓋石5、両側石各4、妻石各1、床石なし、小児棺		〃
蓋石3、両側石各2、妻石各1、床石なし、小児棺		〃
蓋石5、南側石2、北側石？、妻石各1、床石なし、小児棺		〃
蓋石3、南側石2、北側石3、妻石各1、床石なし、小児棺？		『県埋文報告 161』
蓋石3＋？、両側石各3、妻石各1、床石なし		〃
蓋石4、南側石4、北側石5、妻石各1、床石なし		〃
蓋石5、両側石各3、妻石各1、床石なし	勾玉1、管玉2、小玉5	〃
蓋石3＋1？、両側石各3、妻石各1、床石なし		〃
蓋石4、両側石各3、妻石各1、床石なし	北東成人、東熟年♂	〃
蓋石5、両側石各4、妻石各1、床石なし		〃
蓋石2、両側石各2、妻石各1、床石なし、小児棺		〃
西側除去不詳、蓋石1、両側石各1残存、、小児棺？		〃
西側除去不詳、北側石1、東妻1残存、、小児棺？		〃
西側除去不詳、蓋石1、両側石各1、西妻石1残存、小児棺？		〃
西側除去不詳、蓋石1、両側石各1、妻石各1残存、小児棺？		〃
蓋石3、両側石各5、妻石各1、床石なし		〃
蓋石5、南側石5、北側石4、妻石各1、床石なし		〃
蓋石5、両側石各4、妻石各1、床石なし		〃
蓋石5、東側石4、西側石3、妻石各1、床石なし		〃
蓋石4、南側石4、北側石3、妻石各1、床石なし		〃
蓋石5、両側石各3、妻石各1、床石なし、小児棺		〃
蓋石5、南側石3、北側石4、妻石各1、床石なし		〃
蓋石5、両側石各3、妻石各1、床石なし	鉄鏃1	〃
蓋石5、両側石各3、妻石各1、床石なし		〃

	遺　跡　名	所　在　地	時　期	主軸の方位	規　模（頭位）
689	同　5-1-SK19	〃	（後期）	N73°W	195×47西65東40－？（西）
690	同　5-1-SK20	〃	（後期）	N80°E	180×西55東42－？（西）
691	同　5-1-SK21	〃	（後期）	N82°W	壙長方形、60×20〜30－15
692	同　5-1-SK26	〃	（後期）	N82°W	壙長方形、220×95－94（？）
693	同　5-1-SK27	〃	（後期）	N82°E	170×50－39（西）
694	同　5-1-SK29	〃	（後期）	N89°W	130×西50東40－？（西）
695	同　5-1-SK30	〃	（後期）	N82°W	160×西40東33－？（西）
696	同　5-1-SK39	〃	（後期）	N40°W	75×東30西20－？（東）
697	同　5-1-SK41	〃	（後期）	N40°W	壙・長方形90？×66－17（北西）
698	同　5-1-SK42	〃	（後期）	N37°W	壙長方形、120×80－27（北西）
699	同　5-1-SK43	〃	（後期）	N35°W	148×北西39南東30－？（北西）
700	同　5-1-SK44	〃	（後期）	N37°W	壙隅丸長方形、85×35－17（北西）
701	同　5-1-SK46	〃	（後期）	N65°W	60×西35東23－？（西）
702	同　5-2-SK52	〃	（後期）	N9°W	170×南35北15－25（南）
703	同　5-2-SK53	〃	（後期）	N55°W	150？×南東35北西15－30（南東）
704	同　5-2-SK54	〃	（後期）	N45°W	105×南東30北西20－30（南東）
705	四ケ谷遺跡SK1	東広島市高屋町	（後期中葉〜後葉）	N45°E	185×南西40北東削除－？（南西）
706	同　SK2	〃	（後期中葉〜後葉）	N56°E	140×北西30南東削除（北東？）
707	同　SK4	〃	（後期中葉〜後葉）	N51°E	190？×北東43南西削除（南西？）
708	同　SK5	〃	（後期中葉〜後葉）	N49°E	
709	西本6号遺跡1-SK1	東広島市高屋町大畠・杵原	（後期）	N63°E	170×東30西50－35（西）
710	同　2-SK7	〃	（後期）	N25°W	150×南35北50－35（北）
711	同　2-SK8	〃	（後期）	N25°W	60×25－25（北）
712	同　2-SK12	〃	（後期）	N78°W	165×東30西45－23（西）

全国箱式石棺集成表（弥生時代篇）　371

石　棺	副葬品・供献遺物・石材	参考文献
石4＋？、両側石各3、妻石各1、床石なし		〃
石4、両側石各3、妻石各1、床石なし		〃
22号と重複、蓋石3以外石材除去、		〃
材全て除去		〃
石5、両側石各3、妻石各1、床石なし		〃
石4、両側石各3、妻石各1、床石なし、小児棺？		〃
石4、両側石各3、妻石各1、床石なし		〃
石除去、両側石各1、妻石各1、残存、小児棺	小玉27	〃
側石1残存、他石材全て除去、小児棺？		〃
材除去、北東部残、両側石各1、東妻石1残存、小児？		〃
石5、南側石4、北側石5、妻石各1、床石なし、小児？		〃
石2、東側石2、西側石4、妻石各1、床石なし、小児棺		〃
石2、両側石各2、妻石各1、床石なし、小児棺		〃
石5、両側石各5、妻石？、床石なし		〃
石3、南側石5、北側石4、妻石各1、床石なし		〃
石3、両側石各2、妻石各1、床石なし、小児棺	小玉76	〃
石4、両側石各3、妻石東1、西除去、床石なし	赤色顔料	〃
石4＋1、南側石3、北側石2残、妻石北東1残		〃
西側石材除去、東側石2、西側石1残存、北妻石1		〃
東部を残し石材除去、蓋石1残存、両側石各1残存	小玉4	〃
石5、両側石各3、妻石各1、床石なし		『県埋文報告 143』
石4、両側石各2、妻石各1、床石なし		〃
石4、両側石各1、妻石各1、床石なし、小児棺		〃
石4、南側石2、北側石3、妻石各1、床石なし		〃

	遺跡名	所在地	時期	主軸の方位	規模（頭位）
713	同 2-SK20	〃	（後期）	N85°E	160×東30西40－35（西）
714	同 5-A-SK54	〃	（後期）	N81°W	175×東60西70－65（西）
715	同 5-A-SK56	〃	（後期）	N73°W	160×東40?西50－40（西）
716	同 5-A-SK60	〃	（後期）	N83°E	60×東20西28－15（西）
717	同 5-A-SK62	〃	（後期）	N70°W	60×東20西28－15（西）
718	同 5-A-SK68	〃	（後期）	N86°W	170×東60西75－30（西）
719	同 5-b-SK69	〃	（後期）	N84°W	145×東30西40－35（西）
720	同 5-b-SK70	〃	（後期）	N40°E	70×南25北20－25（南）
721	同 5-b-SK71	〃	（後期）	N9°E	65×南20北23－20（北）
722	同 5-b-SK76	〃	（後期）	N29°W	175×南40北50－30（北）
723	同 5-b-SK77	〃	後期前葉	N84°E	30×20－40（東?）、78号と重複
724	同 5-b-SK78	〃	（後期）	N84°E	115×東?西30－25（西）
725	同 5-b-SK79	〃	（後期）	N82°E	70×東20西30－25（西）
726	同 5-b-SK80	〃	（後期）	N87°E	80×東15西?－15（東?）
727	同 5-b-SK83	〃	（後期）	N76°W	135×東20西35－25（西）
728	同 5-b-SK89	〃	（後期）	N59°W	55×東15西25－25（西）
729	同 5-C-SK97	〃	（後期）	N90°W	85×東20西25－25（西）
730	同 5-C-SK98	〃	（後期）	N82°W	103×東15西30－15（西）
731	同 5-C-SK99	〃	（後期）	N85°W	170×東25西45－30（西）
732	同 5-C-SK100	〃	（後期）	N9°E	70×南25北20－20（南）
733	同 5-C-SK102	〃	（後期）	N79°W	65?×35東20（?）
734	同 5-C-SK103	〃	（後期）	N89°W	90×東20西30－20（西）
735	同 5-C-SK104	〃	（後期）	N89°E	170×東20西35－20（西）
736	同 5-C-SK105	〃	（後期）	N89°W	70×東30（?）

石棺	副葬品・供献遺物・石材	参考文献
中央部攪乱、蓋石除去、南側石2、北側石1残、妻石各、床粘土		〃
蓋石5（西端除去）、南側石3、北側石4、妻石各1、床石なし		〃
北東側攪乱、蓋石西端1残、南側石2残、北側石4、妻石西1、東欠、床石なし		〃
蓋石3、両側石各2、妻石各1、床石なし、小児棺		〃
蓋石3、両側石各2、妻石西1、床石なし、小児棺		〃
蓋石6、南側石4、北側石3、妻石西1、床石なし		〃
蓋石4、両側石各3、妻石西1、東開口、床石なし		〃
蓋石4、両側石各2、妻石各1、床石なし、小児棺		〃
蓋石3＋？、東側石1残、西側石3、妻石北1、南開口、床石なし、小児棺		〃
蓋石4、両側石各3、妻石各1、床石なし		〃
蓋石2、両側石不詳、小児棺？	弥生土器	〃
蓋石除去、南側石3、北側石2、妻石西1東除去、小児棺		〃
蓋石2残西端除去、両側石各2、妻石各1、床石なし、小児棺		〃
南西部攪乱、蓋石除去、南側石1残、北側石2、妻石東、西除去、床石なし、小児棺		〃
蓋石1残、両側石各2残、妻石各1、床石なし、小児棺？		〃
蓋石3、両側石各2、妻石各1、床石なし、小児棺		〃
蓋石3、両側石各2、妻石各1、床石なし、小児棺	覆土中弥生土器鉢	〃
蓋石3、両側石各4、妻石各1、床石なし、小児棺		〃
蓋石5、南側石3、北側石4、妻石各1、床石なし		〃
蓋石3、両側石各2、妻石各1、床石なし、小児棺		〃
両側攪乱、蓋石1残、両側石各2残、妻石東1残、床石なし、小児棺？		〃
蓋石5、、両側石各3、妻石各1、床石なし、小児棺		〃
蓋石6、南側石5、北側石4、妻石各1、床石なし		〃
両側削除、全体攪乱、北側石1、妻石東1残、床石なし、小児棺？		〃

	遺　跡　名	所　在　地	時　期	主軸の方位	規　模（頭位）
737	同　5-C-SK113	〃	（後期）	N69°E	175×東40西55－35（西）
738	同　5-C-SK115	〃	（後期）	N55°E	155×東30西35－25（西）
739	同　5-C-SK119	〃	（後期中葉）	N88°W	85×東13西27－20（西）
740	同　5-C-SK121	〃	（後期）	N38°E	90？×南30北20－15（南）
741	同　5-C-SK129	〃	（後期）	N84°E	100×東25西40－30（西）
742	浄福寺2号遺跡1-SK1	東広島市高屋町高屋堀	（後期前葉）		後世攪乱
743	同　1-SK2	〃	（後期前葉）		〃
744	同　1-SK4	〃	（後期前葉）		〃
745	同　1-SK6	〃	（後期前葉）		〃
746	同　1-SK7	〃	（後期前葉）		〃
747	同　1-SK8	〃	（後期前葉）		〃
748	同　1-SK14	〃	（後期前葉）	ほぼ東西	壙隅丸長方形（北西）
749	同　3-SK34	〃	（後期中葉）	〃	壙不整楕円形（北西）
750	同　3-SK35	〃	（後期中葉）		壙長方形
751	同　3-SK36	〃	（後期中葉）		壙隅丸長方形（北西）
752	同　3-SK37	〃	（後期中葉）		壙楕円形（北？）
753	同　3-SK38	〃	（後期中葉）		壙長方形（北）
754	同　3-SK40	〃	（後期中葉）		壙隅丸長方形
755	同　3-SK45	〃	（後期中葉）		壙不整長方形（北西）
756	同　3-SK46	〃	（後期中葉）		壙不整長方形（北西）
757	同　3-SK47	〃	（後期中葉）		壙不整長方形（北西）
758	同　3-SK48	〃	（後期中葉）		壙不整長方形（北西）
759	同　3-SK51	〃	（後期中葉）		壙隅丸長方形（南西）
760	同　3-SK52	〃	（後期中葉）		壙不整長方形（西）

石　棺	副葬品・供献遺物・石材	参考文献
石5、両側石各3、妻石各1、床石なし		〃
石6、南側石3、北側石4、妻石各1、床石なし		〃
石4（鎧重ね）、両側石各2、妻石各1、床石なし、小児		〃
石5、両側石各4、妻石各1、床石なし、小児棺		〃
石4、両側石各2、妻石各1、床石なし、小児棺		〃
石3、南側石2残存		『県報告 97』
		〃
		〃
		〃
		〃
		〃
石2残、両側石各4、妻石各1、床石なし		〃
石3＋1、北東側石4、南西側石3、妻石各1、床石な、小児棺？		〃
央より北側石材除去、蓋石1、西側石2、東側石1、南石1残存、、小児棺？		〃
石6、両側石各4、妻石各1、床石なし		〃
石2、両側石各2、妻石各1、床石なし、小児棺		〃
石4、東側石3、西側石2、妻石各1、床石なし、小児棺		〃
石2、両側石西側各2残存		〃
石33、南西側石3、北東の側石2、妻石各1、床石な、小児棺？		〃
石3、南側石4、北側石3、妻石各1、床石なし、小児棺	小玉9	〃
石2、両側石各2、妻石各1、床石なし、小児棺		〃
石2、南側石2、北側石1、妻石各1、床石なし、小児棺		〃
石3、両側石各2、妻石各1、床石なし、小児棺		〃
石3、両側石各3、妻石各1、床石なし、小児棺		〃

	遺 跡 名	所 在 地	時 期	主軸の方位	規 模（頭位）
761	同 3-SK53	〃	（後期中葉）		壙長方形（西）
762	同 3-SK54	〃	（後期中葉）		壙不整長方形（西）
763	同 3-SK55	〃	（後期中葉）		壙隅丸長方形（西）
764	同 3-SK56	〃	（後期中葉）		壙隅丸長方形（西）
765	同 3-SK57	〃	（後期中葉）		壙不整長方形（北西）
766	同 3-SK58	〃	（後期中葉）		壙隅丸長方形、175×東45西25－10（北西）
767	同 3-SK59	〃	（後期中葉）		壙不整長方形（北西）
768	同 3-SK60	〃	（後期中葉）		壙不整長方形（北西）
769	同 3-SK61	〃	（後期中葉）		壙不整長方形（北西）
770	同 3-SK66	〃	（後期中葉）		壙長方形（北東）
771	同 3-SK67	〃	（後期中葉）		壙長方形（北西）
772	同 3-SK70	〃	（後期中葉）		壙不整長方形（西）
773	同 3-SK72	〃	（後期中葉）		壙長方形（西）
774	同 3-SK75	〃	（後期中葉）		壙不整長方形（西）
775	同 3-SK78	〃	（後期中葉）		壙隅丸長方形（南西）
776	同 3-SK79	〃	（後期中葉）		壙不整長方形、103×40－8（北西）
777	同 3-SK81	〃	（後期中葉）		壙隅丸長方形（南西）
778	同 3-SK82	〃	（後期中葉）		壙不整長方形（西）
779	城山A遺跡1-SK4	福山市新方町相方	（後期～古墳初）	N46°W	169×南東36北西40－22（南東）
780	同 1-SK9	〃	（後期～古墳初）	N36°W	145×南西13北東15－14（北東）
781	同 1-SK16	〃	（後期～古墳初）	N1°E	166×北50－34（南）
782	同 1-SK18	〃	（後期～古墳初）	N23°E	165×南東26北西21－30（南東）
783	岩脇1号（四隅突出型墳丘墓）	福山市粟野町			
784	法成寺サコ遺跡SK4・5	福山市駅家町法成寺	中期	N61°E	石棺82×東34西30－33（南西）

全国箱式石棺集成表（弥生時代篇） 377

石　棺	副葬品・供献遺物・石材	参考文献
石6、両側石各4、妻石各1、床石なし、小児棺		〃
石3、両側石各2、妻石西1東なし、床石なし、小児棺		〃
石5、両側石各4、妻石各1、床石なし		〃
石4、両側石各3、妻石各1、床石なし	小玉4、覆土中14	〃
石5、両側石各4、妻石各1、床石なし		〃
石5、両側石各4、妻石各1、床面粘土		〃
石2＋接合部分1、両側石各2、妻石各1、床石なし、児棺	管玉1、小玉5、覆土中小玉3	〃
石3、両側石各3、妻石各1、床石なし、小児棺		〃
石5、南側石3、北側石？、妻石各1、床石なし		〃
石5、南側石3、北側石4、妻石各1、床石なし		〃
石3、両側石2、妻石各1、床石なし、小児棺		〃
石3、南側石3、北側石2、妻石各1、床石なし、小児棺		〃
石3、両側石各4、妻石各1、床石なし		〃
石2残、南側石6、北側石5＋1、妻石東1、床石なし		〃
石4、両側石各3、妻石各1、床石なし、小児棺		〃
石5、両側石各5、妻石南1、北合掌、床石なし、小児		〃
石5、南側石4、北側石5、妻石各1、床石なし		〃
乱、石材除去、北側石2、南側石1残存		〃
乱、北側削除、蓋石1残、南側石4、北側石1残、妻石各床石なし	1体（壮年♀）、花崗岩	『県埋文報告 137』(1996)
石6、南側石6、北側石5、妻石各1、床石なし	花崗岩	〃
乱、蓋石3残、東側石4、南妻石1、床石なし	花崗岩	〃
石除去、両側石各3、妻石各1、床石なし、南東に枕石	花崗岩	〃
		『錦田』(2004)
墓13、石蓋土壙墓1、石棺墓1、蓋石4、南側石2、側石1、妻石各1、床石なし	花崗岩	『県埋文報告 166』

	遺跡名	所在地	時期	主軸の方位	規模（頭位）
785	入野中山遺跡A-SK1	三原市河内町入野	（後期）	N72°W	125×東15西30－15（西）
786	同　A-SK2	〃	（後期）	N81°W	105×東15西30－15（西）
787	同　A-SK5	〃	（後期）	N98°E	75×東30西20－15（東）
788	同　A-SK7	〃	（後期）	N71°E	65×東30西20－15（東）
789	同　A-SK9	〃	（後期）	N74°E	80×東?西30－20（西?）
790	同　A-SK10	〃	（後期）	N77°E	壙隅丸長方形、215×105－40（西）
791	同　A-SK11	〃	（後期）	N75°E	163×東45西35－25（東）
792	同　A-SK12	〃	（後期）	N80°E	全長100未満、幅30（?）
793	同　A-SK13	〃	（後期）	N67°E	155×東45西45－25（東）
794	同　A-SK14	〃	（後期）	N78°E	80×東16西20－30（西）
795	同　A-SK15	〃	（後期）	N83°E	190×東45西30－30（東）
796	同　A-SK16	〃	（後期）	N94°E	195×東60西45－30（東）
797	同　A-SK17	〃	（後期）	N68°E	70×東30西25－15（東）
798	同　A-SK18	〃	（後期）	東西	
799	同　A-SK19	〃	（後期）	N63°E	130?×東50－20（東）
800	同　A-SK20	〃	（後期）	N57°E	壙長方形、90×東45西40－4050×20?（東）
801	同　A-SK21	〃	（後期）	N96°E	175×東37西37－25（東）
802	同　B-SK22	〃	古墳?	N68°E	165×東40西30－35（東）
803	同　B-SK23	〃	古墳?	N65°E	160×東35西30－30（東）
804	同　B-SK24	〃	古墳?	N56°E	260×東45西45－45（東）
805	手島山墳墓群A-SK1	三原市豊栄町安宿・鍛冶屋	（後期後半）	N91°W	160×東22西45－28（西）
806	同　A-SK2	〃	（後期後半）	N87°W	175×東20西35－25（西）
807	同　A-SK3	〃	（後期後半）	N90°E	180×東50西45－25（東）
808	同　A-SK4	〃	（後期後半）	N85°W	160×東40西45－30（西）

石　棺	副葬品・供献遺物・石材	参考文献
蓋石5、南側石5、北側石3、妻石各1、床石なし、小児棺		『県埋文報告 199』
蓋石4、両側石各4、妻石各1、床石なし、小児棺		〃
蓋石3、両側石各2、妻石各1、床石なし、小児棺		〃
蓋石3＋1、南側石2、北側石3、妻石各1、床石なし、小児棺		〃
両側削除、蓋石除去、北側石2、西妻石2残存、床石なし、小児棺		〃
石材北西2枚残存、南側石2残存		〃
蓋石5、両側石各2、妻石各1、床粘土	1体（成人）	〃
北側石1、南側石1残存、小児棺		〃
蓋石5、両側石各3、妻石各1、床石なし	頭骸骨（成人性別不詳）	〃
蓋石5、両側石各2、妻石各1、床石なし、小児棺		〃
蓋石5、両側石各3、妻石各1、床石なし	朱、頭蓋骨（成人）	〃
蓋石1、両側石各3、妻石各1、床石なし	成人、赤色顔料	〃
蓋石3、南側石1、北側石2、妻石東1西なし、床石なし、小児棺		〃
妻石のみ残存		〃
中央部より西側石材除去、蓋石1、両側石各1、妻石東残存		〃
妻石1を残し石材は全て抜き取られる、、小児棺		〃
蓋石4、両側石各3、妻石各1、床石なし		〃
蓋石2、両側石各3、妻石各1、床石なし	刀子1、赤色顔料、成人	〃
蓋石5、南側石6、北側石5、妻石各1、床石なし	勾玉3、管玉3、小玉7	〃
蓋石除去、東側石7、西側石6、妻石北1、南除去、床石なし	刀子1、勾玉1、管玉23、小玉33	〃
蓋石5、南側石2、北側石4、妻石各1、床石なし		『県埋文報告 93』
蓋石7、南側石6、北側石5、妻石各1、床石なし		〃
中央部攪乱、蓋石3残、両側石各2残、妻石各1、床石なし		〃
側一部攪乱、蓋石5残、南側石5、北側石4、妻石各1、床石なし		〃

	遺　跡　名	所　在　地	時　期	主軸の方位	規　模（頭位）
809	同　A-SK5	〃	(後期後半)	N80°W	205×東27西60－30（西）
810	同　A-SK6	〃	(後期後半)	N87°W	175×東30西50－30（西）
811	同　A-SK7	〃	(後期後半)	N93°W	90×東22西30－20（西）
812	同　A-SK8	〃	(後期後半)	N70°W	110×東45西70－?（西）
813	同　A-SK9	〃	(後期後半)	N87°E	70×東10西10－10（東）
814	同　A-SK10	〃	(後期後半)	N85°W	60×東20西25－20（西）
815	同　A-SK11	〃	(後期後半)	N113°W	85×東30西15－?（西）
816	同　A-SK12	〃	(後期後半)	N95°W	壙隅丸長方形、60×60－17（?）
817	同　B-SK13	〃	(後期末)	N90°E	100×東30西20－30（東7）
818	同　C-SK31	〃	(後期後半)	N115°E	160×東40西20－30（東）
819	矢谷MD1号 N01主体部（四隅突出型墳丘墓）	三次市東酒屋町	後期末	N48°W	墳丘18.5×12m、170×南東25北西45－33（北西）
820	同　N08主体部	〃	後期末	N45°W	105×31－20（東）
821	矢谷MS2号N01主体部	三次市東酒屋町	後期末	N52°W	墳丘9.5×6.8m、壙長方形、137×87
822	同　N05主体部	〃	後期末	N53°W	
823	須倉城遺跡1号調査区A-SK1	山県郡北広島町有田・今田	(後期)	N62°W	176×南東38北西29－32（南東）
824	同　A-SK2	〃	(後期)	N57°W	69×南東25－18（南東）
825	同　A-SK3	〃	(後期)	N62°W	205×南東57北西41－33（南東）
826	同　A-SK5	〃	(後期)	N42°E	90×20－24（北東?）
827	同　A-SK6	〃	(後期)	N36°E	182×北東50南西27－32（北東）
828	同　A-SK7	〃	(後期)	N63°W	200×南東42北西28－34（南東）
829	同　A-SK8	〃	(後期)	N47°W	125×55－30（北西）
830	同　A-SK9	〃	(後期)	N20°E	135×38－25（北?）
831	同　A-SK10	〃	(後期)	N49°E	70～90?×30－10（北東）
832	同　A-SK11	〃	(後期)	N74°E	73×東30西23－33（東）

石棺	副葬品・供献遺物・石材	参考文献
蓋石9（鎧重）、南側石5、北側石4、妻石東1西2、床石なし	石鏃3	〃
蓋石5、南側石4、北側石3、妻石各1、床石なし	鉄鏃1、熟年（性別不詳）	〃
蓋石5、南側石3、北側石2、妻石各1、床石なし、小児棺		〃
蓋石除去、両側石各3、妻石各1、床石なし、小児棺？		〃
上部攪乱、蓋石除去、南側石2北側石3残、妻石各1、床石なし、小児棺		〃
蓋石3、両側石各2、妻石各1、床石なし、小児棺		〃
蓋石除去、南側石2、北側石3、妻石各1、床石なし、小児棺？		〃
上側削平、蓋石1、妻石西1残、他全て削除、小児棺？		〃
蓋石4、両側石各3、妻石各1、床石なし、小児棺	朱、人骨	〃
蓋石4、両側石各4、妻石各1、床石なし	鉈1、鉄鏃1、朱、1体（熟年♂）	〃
上部攪乱、蓋石4残、両側石各5、妻石各1、床石なし	鉈1	『松ケ迫遺跡』(1981)
蓋石7（一部二重）、南西側石4、北東側石3、妻石東2西1、床石なし、東寄りに枕石		〃
蓋石6、南側石2		〃
蓋石4、東側石3、西側石4		〃
蓋石1残、両側石各4、妻石各1、床石なし	成人	『県埋文報告 161』
蓋石除去、南側石2、北側石1、妻石各1、床石なし		〃
蓋石6、両側石各4、妻石各1、床石なし	成人	〃
蓋石除去、南側石2、北側石1、西妻石残、床石なし、小児棺		〃
蓋石5、両側石各4、妻石各1、床石なし	1体（成人）	〃
蓋石5、南側石5、北側石4、妻石除去、床石なし	成人	〃
蓋石1、両側石各2、西妻石1残、床石なし、小児棺		〃
蓋石除去、東側石1、西側石3、妻石1北残、床石なし、小児棺		〃
蓋石除去、両側石各1残、妻石除去、床石なし、小児棺		〃
蓋石2残、両側石各2、妻石各1、床石なし、小児棺		〃

	遺　跡　名	所　在　地	時　期	主軸の方位	規　模（頭位）
833	同　A-SK12	〃	(後期)	N65°E	壙長方形、144×55－32（南東）
834	同　A-SK13	〃	(後期)	N38°E	壙隅丸長方形、166×86－17
835	同　A-SK14	〃	(後期)	N70°W	154×東40西35－23（東）
836	同　B-SK17	〃	(後期)	N65°E	99×北東27南西19－23（北東）
837	同　C-SK19	〃	(後期)	N81°W	43×25－23（東）
838	同　C-SK20	〃	(後期)	N68°E	87×24－23（？）
839	同　C-SK21	〃	(後期)	N65°E	67×北東24南西18－25（北東）
840	同　C-SK22	〃	(後期)	N62°E	130×北東33南西28－20（北東）
841	同　C-SK23	〃	(後期)	N74°W	106×東30西28－22（東）
842	同　C-SK24	〃	(後期)	N80°W	91×東27西22－18（東）
843	同　C-SK25	〃	(後期)	N24°W	73×北西23南東20－28（南東）
844	同　C-SK26	〃	(後期)	N83°W	85×東32西25－23（東）
845	同　C-SK27	〃	(後期)	N21°W	67×南28北22－24（南）
846	同　D-SK28	〃	(後期)	N72°E	65×西28東21－19（西）
847	同　D-SK29	〃	(後期)	N84°E	78×東26西22－19（東）
848	同　D-SK31	〃	(後期)	N72°E	60×25－17東19西14－16（東）
849	同　D-SK32	〃	(後期)	N34°E	194×47北東50南西40－34（北東）
850	同　D-SK33	〃	(後期)	N65°W	64×北西31南東27－20（北西）
851	同　D-SK34	〃	(後期)	N20°E	185×北44南30－32（北）
852	歳ノ神2号墓	山県郡北広島町南方	後期	東西	234×東48西69－43（西）
853	歳ノ神3号墓SK3-1（四隅突出型墳丘墓）	〃	後期	N97°W	170×東35西50－35（西）
854	同　SK3-2	〃	後期	N87°E	160×東42西27－27（東）
855	歳ノ神4号墓SK4-1（四隅突出型墳丘墓）	〃	後期	N101°W	173×東30西56－26（西）
856	同　SK4-2	〃	後期	N104°W	162×東39西50－30（西）

石　棺	副葬品・供献遺物・石材	参考文献
墓壙及び東妻石残存		〃
墓壙及び北東側石3残、小児棺		〃
蓋石除去、両側石各4、妻石各1、床石なし	成人	〃
蓋石5、両側石各3、妻石各1、床石なし、小児棺		〃
蓋石除去、両側石各1残、妻石東1残、小児棺		〃
蓋石1、両妻石各1残、床石なし、小児棺		〃
蓋石2、両側石各3、妻石各1、床石なし、小児棺		〃
蓋石5、両側石各3、妻石各1、床石なし、小児棺		〃
蓋石4、両側石各3、妻石各1、床石なし、小児棺		〃
蓋石5、両側石各3、妻石各1、床石なし、小児棺		〃
蓋石3、両側石各2、妻石各1、床石なし、小児棺		〃
蓋石2、南側石2、北側石3、妻石各1、床石なし、小児棺		〃
蓋石3、両側石各2、妻石各1、床石なし、小児棺		〃
蓋石4、両側石各2、妻石各1、床石なし、小児棺		〃
蓋石2、両側石各2、妻石各1、床石なし、小児棺		〃
蓋石4、両側石各3、妻石各1、床石なし、小児棺		〃
蓋石5、南側石2、北側石3、妻石各1、床石なし、小児棺	赤色顔料	〃
蓋石3、両側石各2、妻石各1、床石なし、小児棺		〃
蓋石5、東側石3、西側石4、妻石各1、床石なし	成人、赤色顔料	〃
蓋石5、南側石3、北側石4、妻石各1、床石なし		『県埋文報告 49』
蓋石7、南側石2、北側石3、妻石各1、床石なし	土器片	〃
蓋石5、南側石3、北側石4、妻石各1、床石なし	土器片	〃
蓋石6、南側石3、北側石4、妻石各1、床石なし		〃
蓋石5、南側石4、北側石3、妻石各1、床石なし		〃

	遺跡名	所在地	時期	主軸の方位	規模（頭位）
857	同　SK4-3	〃	後期	N117°W	168×東35西48－28（西）
858	同　SK4-4	〃	後期	N72°E	166×東41西36－27（東）
859	同　SK4-5	〃	後期	N104°W	162×7東32西40－30（西）
860	同　SK4-6	〃	後期	N73°E	218×東40西21－25（東）
	岡山県				
861	みそのお遺跡1区14号墓第3主体部	岡山市北区御津字高津	（後期末～古墳初）	東西	方形、一辺約10m（西）
862	同　15号墓第1主体部	〃	（後期末～古墳初）	東西	主体部石棺3基、方形、一辺約12m（西）
863	同　第2主体部	〃	（後期末～古墳初）	北東－南西	（北西）
864	同　第3主体部	〃	（後期末～古墳初）	〃	（北東）
865	同　39号墓第5主体部	〃	（後期末～古墳初）		主体部5基、長方形、4×5.7m
866	同　7区1号墓第2主体部	〃	（後期末～古墳初）		主体部2基、方形、一辺約7m
867	前山遺跡B-1号石棺	総社市宿	（後期）	南北	54×南東16北西10－19（南東）
868	同　D-2号石棺	〃	（後期?)	南北	（北）
869	横見4号墓第1主体部（方形墳丘墓）	新見市上市	（終末）	東西	216×東40西32－26（東・西）
870	同　第6主体部	〃	（終末）	東西	122×東28西26－28（東）
871	同　第9主体部	〃	（終末）	N66°E	（墳丘外）不整六角形、54×28－28（?）
872	同　5号墓第5主体部	〃	（終末）	東西	90×20－23（?）
873	同　6号墓第4主体部（矩形墳丘墓）	〃	（終末）	東西	壙隅丸長方形、95×65－?、石棺推定65×35－?
874	同　第5主体部	〃	（終末）	東西	壙隅丸長方形、74×68－40、石棺推定40×40－20
875	同　第6主体部	〃	（終末）	南北	60×60－?（?）
876	同　第8主体部	〃	（終末）	南北	50×南25北12－?（南）
877	同　7号墓第1主体部（方形墳丘墓）	〃	（終末）	南北	163×南42北41－?（北）
878	同　第2主体部	〃	（終末）	南北	208×南46北49－?（北）
879	同　第3主体部	〃	（終末）	南北	50×10－?（?）

石棺	副葬品・供献遺物・石材	参考文献
蓋石5、南側石3、北側石4、妻石各1、床石なし		〃
蓋石5、両側石各4、妻石各1、床石なし		〃
一部攪乱、蓋石4（3枚除去）、南側石4、北側石3、妻石各1、床石なし		〃
一部攪乱、蓋石8（中央部4枚除去）、南側石4、北側石、妻石東2北1、床石なし		〃
遺跡全域で埋葬施設179基調査、1区は16基、木棺2、石棺、2遺体		『県報告 87』
蓋石7、東側石4、西側石6、妻石各1、床石なし		〃
蓋石5、東側石3、西側石4、妻石各1、床石なし		〃
蓋石8、東側石4、西側石5、妻石各1、床石なし		〃
蓋石3、東側石3、西側石2、妻石各1、床石なし、小児棺		〃
蓋石2残、南側石2、北側石4、妻石西1残、床石なし	鉄片	〃
遺跡で土壙墓等141基調査、蓋石2、両側石各2、妻石各1、床石なし、小児棺	小玉16、花崗岩	『県報告 115』
蓋石7（蓋上西側乱積）、両側石各4、妻石各1（東二重)、床石なし、北側に枕石		〃
蓋石？（二重）、南側石5、北側石7、妻石各1、床石なし	鉄剣1、刀子3、流紋岩	『県報告 15』
蓋石除去、南側石3、北側石3？、妻石各1、床石なし		〃
蓋石4（二重)、側石7、床石なし		〃
蓋石除去、両側石各3、妻石各1、床石なし、小児棺？		〃
攪乱、石材全て抜き取り、小児棺？		〃
攪乱、石材全て除去、小児棺？		〃
攪乱、蓋石除去、両側石各2、妻石各1、床石なし、小児棺		〃
蓋石3、両側石各2、妻石各1、床石なし、小児棺		〃
蓋石9（二重)、両側石各3、妻石各1、床石なし、北側に枕石		〃
蓋石12（二重）、東側小口積3段、西側石3、妻石各1、床石5、北側に枕石		〃
蓋石除去、両側石各2、妻石各1、床石なし、小児棺		〃

	遺跡名	所在地	時期	主軸の方位	規模（頭位）
880	同　第4主体部	〃	（終末）	東西	42×15－11（東）
881	同　8号墓第5主体部 （方形墳丘墓）	〃	（終末～古墳初）	南北	82×29－25（？）
882	同　第6主体部	〃	（終末～古墳初）	東西	170×131－15
883	同　第7主体部	〃	（終末～古墳初）	南北	58×12－？（？）
884	同　9号墓第7主体部 （方形墳丘墓）	〃	（終末～古墳初）	東西	埋葬施設11基、46×東21西16－？（東）
885	同　第8主体部	〃	（終末～古墳初）	南北	61×15－14（？）
886	同　第9主体部	〃	（終末～古墳初）	南北	74×20－18（北）
887	同　10号墓第4主体部 （方形墳丘墓）	〃	（終末～古墳初）	東西	埋葬施設13基、壙楕円形105×62－20
888	同　10号墓東斜面W－34石棺	〃	（終末～古墳初）	南北	82×南12北20－24（北）
889	宇屋遺跡4区	和気郡和気町宇生	古墳時代以前	南北	80×28－？（東）
	島根県				
890	山ノ神石棺	安来市柿谷町	後期末	N27°E	62×37－27（？）
891	仲仙寺9号第4主体部 （四隅突出型墳丘墓）	安来市西赤江町	（後期後半）		墳丘19×16m、裾部に石棺3基、170×50－？（？）
892	同　第5主体部	〃	（後期後半）		100×35－？（？）
893	同　第6主体部	〃	（後期後半）		40×25－？（？）
894	同　10号第13主体部	〃	（後期後半）		墳丘一辺19
895	同　第14主体部	〃	（後期後半）		
896	順庵原1号第1主体部 （四隅突出型墳丘墓）	邑智郡邑南町下亀谷	後期前半	北西－南東	墳丘10.75×8.25m、木棺1石棺2、200×？52？29－30（？）
897	同　第2主体部	〃	後期前半	北西－南東	205×33－25（？）
	兵庫県				
898	船木南山第1主体部 （四隅突出型墳丘墓）	小野市船木町	後期		墳丘14×13.5m、140×40－？、（？）
899	同　第3主体部	〃	〃		70×20－25、（？）
900	周辺寺山1号A号石棺 （四隅突出型墳丘墓）	加西市綱引町	〃		墳丘9.5×6m、158×30－20（？）
901	同　B号石棺	〃	〃		170×34－？（？）

石棺	副葬品・供献遺物・石材	参考文献
蓋石6（二重）、両側石各2、妻石各1、床石なし、東側に枕石、小児棺		〃
蓋石3、東側石2、西側石3、妻石各1、床石なし、東側に枕石、小児棺	鉄鏃1	〃
蓋石除去、両側石各2、妻石各1、床石なし、小児棺		〃
蓋石除去、東側石2、西側石3、妻石各1、床石なし、小児棺		〃
蓋石除去、南側石1、北側石2、妻石各1、床石なし、小児棺		〃
蓋石除去、東側石2、西側石1、妻石各1、床石なし、小児棺		〃
蓋石除去、両側石各2、妻石各1、床石なし、北側に枕石、小児棺		〃
攪乱、南側石2、北側石1残		〃
蓋石4、両側石各3、妻石各1、床石なし、北側に枕石、小児棺		〃
攪乱、蓋石1、両側石各2、妻石各1、床石なし、東側に枕石	花崗岩	『県報告 229』
小児棺		『国道9号安来道埋文報告 10』『上代文化 36』
		『仲仙寺古墳群』(1972)、『四隅突出型墳丘墓と弥生墓制の研究』(2007)
		〃
		〃
端部に石棺2基		〃
		〃
蓋石4、両側石各4、妻石各1、床石なし	ガラス小玉14	『県報告7』(1971)、『四隅突出墳丘墓と弥生墓制の研究』(2007)
蓋石4、両側石各3、妻石各1、床石なし	墓壙内からガラス製管玉3、ガラス小玉49	〃
		『船木南山古墳』(1992)
		〃
	青年♀1	『周遍寺山古墳』(1958)
	刀子1、管玉1、壮年♂2	〃

	遺 跡 名	所 在 地	時 期	主軸の方位	規 模（頭位）
	愛媛県				
902	東宮山1号石棺（江戸時代発見）	四国中央市妻鳥町			5.6尺×3尺

石　棺	副葬品・供献遺物・石材	参考文献
	中鋒銅鉾片、弥生土器	

Ⅱ　古墳時代篇

	古墳名	所在地	時期	墳形その他	墳丘の規模(数値は約)	主軸の方位	石棺の規模(頭位)
	鹿児島県						
1	西原10号墳	姶良市	中後	地下式横穴内			
2	日羅殿古墳	薩摩川内市隈之城町		自然丘利用			
3	六堂會古墳	南九州市万世町小湊字相星	後期	不詳、小封土?		東西	227×90-60(西)
4	堀ノ原	姶良郡湧水町川西	中期	地下式横穴内			178 × 南 45 北 51-22(北)
5	和田上古墳	肝属郡肝付町	中後	〃			
6	小塚2号墳	肝属郡串良町岡崎	中後	〃			
7	大塚古墳第2主体部	肝属郡串良町唐仁原	中期	前方後円墳	全長157m、後円部径68m、前方部幅48m		178×73-39(?)
	宮崎県						
8	木花2号墳	宮崎市熊野字陣之元		前方後円墳	全長58.2m、後円部径30m・高4.4m、前方部幅22m・高3.3m	クビレ部	
9	藤古墳	串間市	後期	丘陵上、石棺2基並列			
10	美々津古墳	日向市高松	後期				
11	愛宕山北古墳	延岡市愛宕山北	後期	丘陵麓			
12	坊山1号墳	延岡市岡富町		丘陵上、箱式石棺群			
13	門川町古墳	東臼杵郡門川町					
14	南方古墳群	東臼杵郡門川町	中後	円墳			
15	上ノ原東古墳	東臼杵郡門川町	中期				
16	上ノ原西古墳	〃	中期				
17	岩脇古墳	不明					
	熊本県						
18	山ノ上石棺	熊本市北区植木町宮原					
19	正清橋石棺	熊本市北区植木町宮原・正清					
20	八久保石棺	熊本市北区植木町宮原					

石棺の構成	遺体数	副葬品等	石材	参考文献
		刀、剣、鉄鏃		『古代学研究 29』
				〃
蓋石2(接合部に小板2、三重)、南側石3北側石2(両側三重)、妻石東2西1(両側二重)、床面朱敷	1	剣1、刀子1、小玉	安山岩塊・緑色頁岩	『古代文化 13-3』
蓋石5、両側石各5、妻石各1、床石5	2	剣、刀、鏡		『考古学雑誌 9-8』
				『古代学研究 29』
	2	剣1、鉄族	軽石	〃
中心主体部は竪穴式石室、その東南3mに第2主体部		短甲1	花崗岩	『考古学雑誌 25-5』
				近藤『前方後円墳集成』(2000)
	2	頭椎太刀1、刀2		『古代学研究 29』
		金環、須恵器		〃
		金環1、須恵器1		〃
	2			〃
				〃
		剣、鉄鏃、鉄斧、鉄鍬		〃
		勾玉、管玉、剣、刀子		〃
		変形文鏡1、刀1、剣1、鉄鏃10		〃
				〃
				新谷昌子『宮崎石棺墓群』(1990)
		鉄剣、鉇		〃
				〃

	古墳名	所在地	時期	墳形その他	墳丘の規模(数値は約)	主軸の方位	石棺の規模(頭位)
21	白川学園石棺	熊本市北区打越町					
22	釜尾堂出石棺	熊本市北区釜尾町		10基以上？			
23	中山石棺	熊本市北区小糸山町					
24	柚ノ木石棺	熊本市北区硯川町	(後期)				
25	白川学園石棺	熊本市北区清水町打越					
26	名義尾塚古墳	熊本市北区高平		円墳			
27	中牧鶴古墳	熊本市北区籠田	(後期)	台形？			
28	中牧鶴石棺	熊本市北区龍田					
29	電通学園内古墳	熊本市北区津浦町					
30	花崗山石棺	熊本市北区花崗山・仏舎利塔	(中期)				
31	小松山2号石棺	熊本市西区池上町					
32	北岡神社古墳	熊本市西区春日	中期	小封土			
33	二本松石棺	熊本市西区上高橋					
34	長崎鼻古墳	熊本市西区河内町船津					
35	夢の殿石棺	熊本市西区河内町船津					
36	楢崎山石棺	熊本市西区小島町	(前・中期)				
37	楢崎山4号墳	〃	(後期)	円墳			
38	城山古墳群	熊本市西区高橋町					
39	高橋稲荷山古墳	熊本市西区高橋町	(中期)				
40	髙城山古墳	熊本市西区高橋町	(前・中期)				
41	髙城山4号墳	〃					
42	本妙寺石棺	熊本市西区花園	(前期)				
43	松尾島石棺群	熊本市西区松尾町上松尾		2基？			
44	要江石棺群	熊本市西区松尾町上松尾		数基？			
45	西竹洞石棺	熊本市西区松尾町上松尾	(後期)				

石棺の構成	遺体数	副葬品等	石材	参考文献
				〃
				〃
			安山岩	〃
		須恵器		〃
				〃
				〃
			凝灰岩	『新熊本市史』(1996)
				新谷昌子『宮崎石棺墓群』(1990)
		珠文鏡、鉄剣		〃
7基確認された(島津義昭氏教示)		3号石棺の周辺から土師器、勾玉、管玉、小玉		〃
				〃
	2(♂・♀)	鏡1、剣、斧、鋤頭、勾玉、朱		〃
			安山岩	〃
				〃
				〃
		直刀、鉄剣、刀子		〃
		須恵器		〃
				〃
		内行花文鏡、滑石製勾玉		〃
			安山岩	〃
				〃
		刀子		〃
				〃
				〃
		直刀？		〃

	古墳名	所在地	時期	墳形その他	墳丘の規模(数値は約)	主軸の方位	石棺の規模(頭位)
46	小林石棺	熊本市西区松尾町					
47	広木周溝墓	熊本市東区健軍	(前期)	方形周溝墓			
48	陣内1号石棺	熊本市東区水源	(前期)				
49	同 2号石棺	〃	(前期)				
50	同 3号石棺	〃	(前期)				
51	水源石棺	熊本市東区水源	(前期)	方形周溝墓			
52	水源D地点石棺	〃		円形周溝墓			
53	若殿塚遺跡	熊本市東区弓削町					
54	影熊石棺	熊本市南区城南町阿高		円墳			
55	城の鼻古墳	熊本市南区城南町隈庄		数基?			
56	上の山石棺	熊本市南区城南町隈庄					
57	寺の上古墳	熊本市南区城南町坂野	(中期)				
58	山畑古墳	熊本市南区城南町坂野					
59	大塚山西古墳	熊本市南区城南町坂野	(中期)	円墳			
60	迫甲古墳	熊本市南区城南町坂野	(中期)				
61	迫乙古墳	〃					
62	東天神原乙古墳	熊本市南区城南町坂野					
63	東天神原丙古墳	〃					
64	塚原古墳群	熊本市南区城南町塚原	後期	前方後円墳、円墳			6尺4寸×2尺9寸－1尺5寸5分
65	塚原8号墓	熊本市南区城南町塚原	(前・中期)	方形周溝墓	東西12m、南北11.6m		
66	同 30号墓	〃		方形周溝墓	東西8m、南北8.8m	N50°W	235×95－?(?)
67	同 31号墓	〃		方形周溝墓	東西12.8+αm、南北16m?		
68	同 35号墓1号石棺	〃		方形周溝墓	東西14.4m、南北8m		223×1.35－?(?)
69	同 2号石棺	〃					
70	同 3号石棺	〃					

石棺の構成	遺体数	副葬品等	石材	参考文献
		鉄剣、刀子		〃
		周溝より土師器	安山岩	〃
		鏡1（方格規矩鏡）		〃
				〃
				〃
				〃
				〃
				〃
				〃
				〃
		土師器片		〃
		土師器片		〃
				〃
				〃
				〃
				〃
		土製管玉、土錘、赤玉		〃
				〃
				『考古学会雑誌2-4』
攪乱			安山岩	『『県報告』 16』
			凝灰岩	〃
攪乱			凝灰岩	〃
			凝灰岩	〃
未調査			凝灰岩	〃
未調査			凝灰岩	〃

	古墳名	所在地	時期	墳形その他	墳丘の規模(数値は約)	主軸の方位	石棺の規模(頭位)
71	同 39号墓	〃		方形周溝墓	東西7.2m 南北7.2m	N41°W	
72	塚原1号石棺	〃	(中期)			N88°W	壙隅丸長方形、203×117－18
73	同 2号石棺	〃				N83°W	壙隅丸長方形、220×100－14
74	同 3号石棺	〃				N83°W	壙隅丸長方形、167×106－33
75	同 4号石棺	〃				N70°W	壙隅丸長方形、237×118－30.
76	同 5号石棺	〃				N33°W	壙隅丸長方形、194×090－15
77	同 6号石棺	〃				N53°W	壙長方形、185×105－15
78	同 7号石棺	〃				N13°W	177 × 南 45 北 37 － 40(南?)
79	同 8号石棺	〃				N11°W	壙長方形、180×55－20
80	同 9号石棺	〃					壙隅丸長方形、262×112－10、棺180×70－?(?)
81	同 10号石棺	〃				N62°E	172 × 東 45 西 40 － 40(東?)
82	同 11号石棺	〃				N52°W	壙隅丸長方形、247×120?－57. 棺140×50－?(?)
83	同 12号石棺	〃				N52°W	126 × 東 64 西 64 － 72(東?)
84	同 13号石棺	〃				N44°W	壙隅丸長方形、129×82－8
85	同 14号石棺	〃				N10°W	壙隅丸長方形、217×122－72
86	同 15号石棺	〃				N49°W	150 × 東 46 西 50 － 41(西?)
87	同 16号石棺	〃				N56°W	壙隅丸長方形、(二段掘り)420×225－48棺200×50－?
88	同 17号石棺	〃				N33°W	壙隅丸長方形、400×220＋α、棺190×100－?(?)
89	同 18号石棺	〃					
90	丸山3号墳	熊本市南区城南町塚原		円形	内径12.8m		
91	同 9号墳	〃		円形	内径9.6m	N69°E	
92	同 12号墳	〃		円形	内径7.2m	N61°W	
93	同 13号墳	〃		円形	内径8.0m	N25°W	
94	同 14号墳	〃		円形	内径7.6m	N76°E	

石棺の構成	遺体数	副葬品等	石材	参考文献
				〃
攪乱、石材抜き取り			凝灰岩	〃
攪乱、石材抜き取り		ガラス小玉175	凝灰岩	〃
攪乱、石材抜き取り		勾玉1、ガラス小玉68	凝灰岩	〃
攪乱、石材抜き取り			凝灰岩	〃
攪乱、石材抜き取り			凝灰岩	〃
攪乱、石材抜き取り			凝灰岩	〃
攪乱、蓋石除去、両側石各3、妻石各1、床石なし		鉄鉾1	凝灰岩	〃
攪乱、石材抜き取り			凝灰岩	〃
攪乱、石材抜き取り			凝灰岩	〃
攪乱、蓋石除去、両側石各2、妻石各1、床石なし		直刀1、鉄鏃8	凝灰岩	〃
攪乱、石材抜き取り			凝灰岩	〃
攪乱、蓋石除去、両側石各1、妻石各1、床石なし		赤色顔料	凝灰岩	〃
攪乱、石材抜き取り			凝灰岩	〃
攪乱、石材抜き取り		鉄片	凝灰岩	〃
蓋石5、南側石3、北側石2、妻石各1、床石なし		剣1	安山岩	〃
攪乱、石材抜き取り			凝灰岩	〃
攪乱、石材抜き取り、一部残存、南側石2片北側石1片、妻石各1片			凝灰岩	〃
			凝灰岩	〃
			阿蘇凝灰岩	〃
				〃
				〃
				〃
				〃

	古墳名	所在地	時期	墳形その他	墳丘の規模(数値は約)	主軸の方位	石棺の規模(頭位)
95	同 16号墳	〃		円形	内径12.8m	N39°E	
96	同 17号墳	〃		円形	内径8.0m	N1°E	
97	同 18号墳	〃		円形	内径8.0m	N51°W	
98	同 19号墳	〃		円形	内径6.8m	N77°E	
99	同 21号墳	〃		円形	内径9.6m	N55°E	
100	同 24号墳	〃		円形	内径6.8m	N58°E	
101	同 26号墳	〃		円形	内径12.8m		
102	同 27号墳	〃		円形	内径11.2m		
103	同 28号墳	〃		円形	内径8.9m		
104	同 29号墳	〃		円形	内径10.4m		
105	同 31号墳	〃		円形	内径6.4m		
106	同 35号墳	〃		円形	内径5.6m	N54°W	
107	丸尾5号墳	熊本市南区城南町塚原		円形	内径18m	N60°W	187×東36 西36－39(東)
108	岸甲古墳	熊本市南区城南町東阿高		円墳			
109	岸乙古墳	〃					
110	構口石棺	熊本市南区城南町宮地					
111	木原石棺	熊本市南区富合町木原		数基?			
112	粕道石棺	熊本市北区植木町粕道					
113	北原甲古墳	熊本市北区植木町北原		円墳			
114	北原乙古墳	〃					
115	諏訪原石棺	熊本市北区植木町諏訪原					
116	丸山古墳	阿蘇市一の宮町		箱式石棺群集			
117	鞍掛塚古墳	阿蘇市一の宮町鞍掛	後期初	円墳			
118	手野石棺群	阿蘇市一の宮町手野		円墳?			
119	丸山石棺	阿蘇市一の宮町手野		円墳?			

石棺の構成	遺体数	副葬品等	石材	参考文献
				〃
				〃
				〃
				〃
				〃
				〃
				〃
				〃
				〃
				〃
				〃
				〃
蓋石10(主3)、両側石各3、妻石各1(二重)、床礫敷		赤色顔料、鉄剣、堅櫛	安山岩	〃
		剣、貝輪		新谷昌子『宮崎石棺墓群』(1990)
				〃
				〃
				〃
		他に石蓋土壙		〃
				〃
				〃
				〃
				〃
		鏡4、勾玉2、管玉、小玉、銀環		『古代学研究 29』
				新谷昌子『宮崎石棺墓群』(1990)
				〃

	古　墳　名	所　在　地	時　期	墳形その他	墳丘の規模(数値は約)	主軸の方位	石棺の規模(頭位)
120	秋葉観音塚石棺	阿蘇市一の宮町手野		円墳？			
121	観音堂前石棺	阿蘇市一の宮町手野					
122	番出遺跡1号墳	阿蘇市一の宮町中坂梨		円墳			
123	鞍掛塚古墳	阿蘇市一の宮町中通					
124	権現塚古墳	阿蘇市一の宮町平野	後期	円墳			
125	番出石棺	阿蘇市内牧	(前期)				
126	本村石棺	阿蘇市小野田					
127	村下石棺群	阿蘇市小野田	(前期)				
128	日本松石棺	阿蘇市西湯浦		5基以上？			
129	宮山石棺	阿蘇市的石					
130	源太ヶ塚石棺	阿蘇市南宮原					
131	山田1号墳	阿蘇市山田					
132	平原1号墳	阿蘇市山田	(前期)				
133	土井権現塚古墳	阿蘇市平野	(後期)	円墳			
134	新地石棺	天草市有明町					
135	権六古墳	天草市有明町下津浦					
136	名桐石棺群	天草市倉岳町浦					
137	宮崎石棺群1号石棺	天草市倉岳町棚底	(前期)	丘陵東端		N56°E	80？×20？－25(？)
138	同　2号石棺	〃	(前期)	西側斜面		東西	？×50－？
139	同　3号石棺	〃	(前期)	〃			130？×60－？
140	同　4号石棺	〃	(前期)	東丘陵上			130？×40－？
141	同　5号石棺	〃	(前期)	東丘陵西側		東西	
142	同　6号石棺	〃	(前期)	東丘陵西側			
143	同　7号石棺	〃	(前期)	東尾根西端		東西	150×50－？(西)
144	同　8号石棺	〃	(前期)	西丘陵裾			

石棺の構成	遺体数	副葬品等	石材	参考文献
				〃
				〃
		内行花文鏡(仿)、直刀、剣、櫛	安山岩？	〃
		変形文鏡、珠文鏡、四獣鏡		〃
	2	勾玉4、管玉2、須恵器		『古代学研究 29』
			安山岩	新谷昌子『宮崎石棺墓群』(1990)
		土師器	安山岩	〃
			安山岩	〃
				〃
				〃
			安山岩	〃
		土師器		〃
		剣、竪櫛	安山岩	〃
	2	勾玉4、管玉2、須恵器		『古代学研究 29』
				新谷昌子『宮崎石棺墓群』(1990)
				〃
				〃
蓋石除去、南西側攪乱		流入土から小型丸底坩片		〃
攪乱、南側石片1、東妻石1残存			砂岩	〃
妻石各1残、北側石1残			砂岩	〃
蓋石除去、両側石各2、妻石東2、西1、床石なし			砂岩	〃
攪乱、石材抜取			砂岩	〃
攪乱、石材散乱			砂岩、花崗岩、頁岩	〃
蓋石1、両側石各2、妻石東1、西二重、床石なし		鉄製釣針1	砂岩	〃
攪乱、妻石北東1残		朱	砂岩	〃

	古墳名	所在地	時期	墳形その他	墳丘の規模(数値は約)	主軸の方位	石棺の規模(頭位)
145	同 9号石棺	〃	(前期)	西丘陵裾		北東一南西	
146	同 10号石棺	〃	(前期)	西丘陵東側		南北	
147	同 11号石棺	〃	(前期)	西頂部から東南側		N12°W	115×南41 北53－?(北)
148	同 12号石棺	〃	(前期)	西丘陵頂上		東西	100?×50?－?
149	同 13号石棺	〃	(前期)	西丘陵中心部		東西	
150	同 14号石棺	〃	(前期)	西丘陵頂上		東西	
151	同 15号石棺	〃	(前期)	西丘陵南西端		東西	
152	同 16号石棺	〃	(前期)	南斜面		東西	140?×60－40?(東?)
153	同 17号石棺	〃	(前期)	西丘陵中央部		東西	
154	同 18号石棺	〃	(前期)	西丘陵中央部		東西	
155	同 19号石棺	〃	(前期)	西丘陵西北端		東西	100×70－?(東?)
156	同 20号石棺	〃	(前期)	西側西端			150×90－65(西)
157	同 21号石棺	〃	(前期)	西丘陵最北端		東西	
158	同 22号石棺	〃	(前期)	西丘陵中央部北		東西	120?×60?－?
159	沖の瀬古墳群	天草市栖本町					
160	尾串石棺群	天草市下浦町		9基?			
161	四つ山古墳	荒尾市大島	(中期)				
162	亀原古墳	荒尾市下井手				N14°6'E	
163	狐原古墳	荒尾市下井手					
164	高浜古墳	荒尾市高浜					
165	野原古墳	荒尾市野原					
166	野原9号墳	荒尾市野原	前期			北	
167	金山古墳	荒尾市金山					
168	山上古墳	荒尾市山の神					
169	於呂口東石棺	宇城市不知火町永尾					

石棺の構成	遺体数	副葬品等	石材	参考文献
攪乱、石材一部残存			砂岩	〃
攪乱			砂岩	〃
攪乱、東側石3＋1、西側石5、妻石各2、床石あり		剣片4、鉄鏃4、不明鉄器3、土師器片42	砂岩	〃
攪乱、妻石各1？			砂岩	〃
攪乱			砂岩	〃
攪乱			砂岩	〃
攪乱				〃
攪乱、蓋石除去、南側石1、北側石2、妻石東1残、床石あり		土器片	砂岩	〃
攪乱				〃
攪乱			砂岩	〃
蓋石除去、両側石各2、妻石各1、床石なし			砂岩	〃
蓋石除去、南側石2＋1、北側石2、妻石東1、西2、床石なし		剣片5、鉄鏃片5、土器片	砂岩	〃
攪乱			砂岩	〃
攪乱、蓋石除去、南側石3、北側石1、妻石各1残存				〃
				〃
				〃
				〃
			安山岩	〃
		土師器		〃
				〃
		鉇		〃
		鉇1		『古代学研究 29』
				新谷昌子『宮崎石棺墓群』(1990)
				〃
				〃

	古墳名	所在地	時期	墳形その他	墳丘の規模(数値は約)	主軸の方位	石棺の規模(頭位)
170	於呂口西石棺	宇城市不知火町永尾					
171	キツネ塚古墳	宇城市不知火町永尾					
172	御領	宇城市不知火町御領					
173	八久保古墳	宇城市不知火町御領	(後期)	円墳			
174	二本松石棺	宇城市不知火町御領					
175	十五社石棺	宇城市不知火町十五社					
176	東塩屋浦石棺	宇城市不知火町東塩屋浦		円墳			
177	弁天山石棺	宇城市不知火町長崎		2基			
178	豊原石棺	宇城市豊野町					
179	久貝石棺	宇城市松橋町久貝					
180	北の原石棺	宇城市松橋町久貝					
181	要石棺群	宇城市三角町大口		2基			
182	大見観音崎石棺群	宇城市三角町大口		11基			
183	大口地神社石棺	宇城市三角町大口		1基			
184	矢苔石棺	宇城市三角町大田尾					
185	塚神社石棺	宇城市三角町大田尾		1基			
186	御船石棺群	宇城市三角町里浦		2基			
187	底江崎石棺	宇城市三角町里浦		3基			
188	寺島古墳	宇城市三角町戸馳		5基			
189	大崎古墳	宇城市三角町戸馳		3基			
190	金桁古墳	宇城市三角町中村	後期	円墳？			
191	磯山古墳群	宇城市三角町波多					
192	際崎石棺	宇城市三角町波多					
193	重盛山石棺	宇城市三角町波多					
194	越路古墳	宇城市三角町波多					

石棺の構成	遺体数	副葬品等	石材	参考文献
				〃
				〃
		鹿角装刀子、勾玉		〃
		直刀	板状砂岩	〃
				〃
				〃
			砂岩	〃
				〃
		周辺より土師器		〃
				〃
				〃
			砂岩	〃
			砂岩・安山岩	〃
				〃
				〃
				〃
				〃
			砂岩	〃
		鉄剣	砂岩	〃
			安山岩	〃
			砂岩	『古代学研究 29』
		内行花文鏡、直刀、銅鏃、鐙、筒形銅器		新谷昌子『宮崎石棺墓群』(1990)
				〃
			砂岩	〃
				〃

	古墳名	所在地	時期	墳形その他	墳丘の規模(数値は約)	主軸の方位	石棺の規模(頭位)
195	西木浦古墳群	宇城市三角町前越		3基			
196	清水古墳	宇城市三角町三角浦	(後期)				
197	平松1号墳	宇城市三角町	中期	低墳丘			230 × 東 69 西 63 − 48(東)
198	同 2号墳	〃	(中期)				181 × 東 65 西 60 − 50(東)
199	同 3号墳	〃	(中期)	円墳	径8m、高50cm		225 × 東 68 西 78 − 45(西)
200	同 4号墳	〃	(中期)				205 × 東 50 西 55 − 35(西)
201	同 5号墳	〃	(中期)			東西	200×48−50(東)
202	同 6号墳	〃	(中期)	円墳	径10m、高2m		206 × 東 60 西 52 − 50(東)
203	同 7号墳	〃	(中期)	円墳			257 × 東 82 西 78 − 50(東)
204	同 8号墳	〃	(中期)				195 × 東 60 西 35 − 38(東)
205	同 9号墳	〃	(中期)				200 × 東 46 西 40 − 40(東)
206	同 10号墳	〃	(中期)				
207	同 11号墳	〃	(中期)				200?×?
208	同 12号墳	〃	(中期)				210 × 東 45 西 55 − 50(西)
209	同 2号墳	〃	(中期)	円墳	径11m、高2m	東西	195×40−40(東)
210	同 3号墳	〃	(中期)	円墳	径14m	東西	
211	同 4号墳	〃	(中期)	円墳	径14m、高2m	東西?	
212	保養所内古墳	宇城市三角町		1基			
213	丸子島石棺群	宇城市三角町	(中期)	3基			
214	三角小学校石棺	宇城市三角町		3以上			
215	小鹿里石棺	宇城市三角町					
216	久保2号墳	宇土市伊無田町					
217	古保里石棺	宇土市古保里町		5基			
218	古保里古墳	宇土市古保里町					
219	境目石棺	宇土市境目町西原	(後期)	3基			

石棺の構成	遺体数	副葬品等	石材	参考文献
				新谷昌子『宮崎石棺墓群』(1990)
		鏡、刀		『古代学研究 29』
蓋石7	2	剣1、丹	砂岩	坂本経堯『平松箱式石棺群』
		鉄片2、丹	砂岩	〃
蓋石8、床砂岩片敷	1	剣1、短剣1、剣形刀子1、小玉8、丹	砂岩	〃
蓋石8、床粘土		短剣1、小玉51、丹	砂岩	〃
蓋石7、粘土床			砂岩	〃
蓋石9		剣2、不明鉄器2、丹	頁岩	〃
蓋石7	1	剣2、鉄鏃4、貝釧1、朱	砂岩	〃
粘土床		剣2、鉄鏃1、丹	砂岩	〃
粘土床		剣片、小玉1	砂岩	〃
				〃
				〃
蓋石鱗積に重ねる粘土床		刀子1	砂岩	〃
蓋石除去、粘土床			砂岩	〃
石材除去、壙275×？－30、東45西30、粘土床				〃
攪乱			砂岩	〃
				新谷昌子『宮崎石棺墓群』(1990)
		土師器		〃
				〃
				〃
			安山岩	〃
		仿製鏡、短剣、鉄鏃、鉇、鹿角装刀子、勾玉、小玉	安山岩	〃
	2			『古代学研究 29』
		鉄鏃、小玉		新谷昌子『宮崎石棺墓群』(1990)

	古墳名	所在地	時期	墳形その他	墳丘の規模(数値は約)	主軸の方位	石棺の規模(頭位)
220	梅崎石棺群	宇土市笹原町梅崎					
221	マブシ石棺(5)	宇土市下網田町塩屋					
222	西岡台石棺	宇土市神馬町千畳敷					
223	小部田石棺	宇土市住吉町堤上					
224	西潤野古墳	宇土市立岡町西潤野					
225	長浜石棺群	宇土市長浜町井崎	(後期)				
226	楢崎古墳	宇土市花園町楢崎		前方後円墳			
227	チョズケ山古墳	宇土市花園町佐野	中・後期				
228	上松山石棺	宇土市松山町東原					
229	南山内石棺	宇土市東山町					
230	広浦古墳	上天草市大矢野町維和	中・後期	円墳?			
231	千崎古墳群	上天草市大矢野町維和・千崎	(中期)	5基			
232	住吉祠古墳	上天草市大矢野町維和・千崎					
233	桐ノ木古墳	上天草市大矢野町維和・桐ノ木					
234	浮牟田南古墳	上天草市大矢野町維和・浮牟田					
235	仙十長瀬2号墳	上天草市大矢野町維和・仙十					
236	越路古墳	上天草市大矢野町維和・東岸		円墳			
237	大鷲浦古墳	上天草市大矢野町維和・北ヶ島					
238	成合津石棺	上天草市大矢野町登立・女鹿串	(中期)				
239	大戸鼻古墳	上天草市松島町阿村	後期	円墳			
240	大戸鼻南石棺	上天草市松島町阿村	(中期)				
241	モヘ山古墳	上天草市松島町浦島					
242	平山古墳	菊池市旭志					
243	北受遺跡	菊池市旭志					
244	五十町遺跡	菊池市旭志					

石棺の構成	遺体数	副葬品等	石材	参考文献
			安山岩	〃
		刀子、鉄鏃		〃
			安山岩	〃
			阿蘇凝灰岩	〃
			凝灰岩	〃
		鉄鏃片、須恵器片		〃
		直刀		〃
				『古代学研究 29』
		鉈	安山岩	新谷昌子『宮崎石棺墓群』(1990)
		刀子	安山岩	〃
		刀、壁画あり(浮彫彫刻)		『古代学研究 29』
		刀子、小玉、(剣)		新谷昌子『宮崎石棺墓群』(1990)
				〃
				〃
				〃
				〃
				〃
				〃
				〃
				『古代学研究 29』
				新谷昌子『宮崎石棺墓群』(1990)
				〃
				〃
				〃
				〃

	古墳名	所在地	時期	墳形その他	墳丘の規模(数値は約)	主軸の方位	石棺の規模(頭位)
245	横道石棺	菊池市旭志					
246	南様ヶ水遺跡	菊池市旭志					
247	久米古墳	菊池市泗水町豊水	後期	円墳			
248	北原古墳	菊池市泗水町南田島	(後期)				
249	南原古墳	菊池市泗水町南田島					
250	冨出分古墳	菊池市泗水町吉富					
251	村吉古墳	菊池市泗水町吉富					
252	陳塚古墳	菊池市泗水町吉富					
253	水次遺跡	菊池市七城町水次					
254	山崎古墳	菊池市七城町山崎					
255	蛇塚古墳	菊池市七城町		前方後円墳			
256	若原石棺	合志市合生・若原					
257	生坪古墳	合志市合生・生坪					
258	迫原ハヤマ塚古墳	合志市合生・迫原					
259	迫原長塚古墳	合志市合生・迫原					
260	上原石棺	合志市上原					
261	永田石棺	合志市永田					
262	高田古墳	玉名市伊倉北方					
263	岩崎古墳	玉名市岩崎					
264	白骨どん古墳	玉名市北坂門田		円墳			
265	弁財天古墳	玉名市岱明町髙道	後期				
266	今泉古墳	玉名市岱明町					
267	岡石棺群	玉名市玉名		妙修寺境内に石棺2基保存			
268	馬出古墳	玉名市玉名					
269	南大門	玉名市築地					

石棺の構成	遺体数	副葬品等	石材	参考文献
		剣、鉄鏃、刀子、鉇、ガラス小玉、滑石臼玉		〃
		勾玉		〃
		鏡、剣、鉄鏃、馬具、須恵器		『古代学研究 29』
				新谷昌子『宮崎石棺墓群』(1990)
		土師器		〃
				〃
				〃
		直刀		〃
				〃
				〃
				〃
				〃
		内行花文鏡(倣製)		〃
				〃
				〃
				〃
				〃
				〃
				〃
				『古代学研究 29』
				新谷昌子『宮崎石棺墓群』(1990)
			安山岩	〃
			凝灰岩	〃
				〃

	古墳名	所在地	時期	墳形その他	墳丘の規模(数値は約)	主軸の方位	石棺の規模(頭位)
270	寺田3号墳	玉名市寺田					
271	呑崎石棺	玉名市天水町小天					
272	大の島古墳	玉名市中		前方後円墳			
273	京塚石棺	玉名市中坂門田					
274	繁根木古墳	玉名市繁根木	中期	円墳			
275	阿弥蛇塚古墳	玉名市溝上					
276	中の塚古墳	玉名市溝上					
277	赤禿古墳	玉名市溝上					
278	城ヶ辻1号墳	玉名市向津留					
279	高畑いっちょ畑	玉名市山田					
280	塚原古墳	玉名市岱明町	(前期)				
281	大原古墳	玉名市岱明町	(後期)				
282	西の山	玉名市西の山					
283	糖峯古墳	玉名市糖峯					
284	北園石棺	水俣市陣内字北園					
285	大島古墳	八代市大島町	(後期)	円墳			
286	高島古墳	八代市高島町		円墳			
287	用七古墳	八代市長田町用七		円墳			
288	塩釜石棺	八代市日奈久大坪町					
289	大坪川古墳	八代市日奈久大坪町	前期				
290	大鼠蔵1号墳	八代市鼠蔵町	(中期)	墳丘			
291	同　2号墳	〃	(中期)	〃			
292	同　3号墳	〃	(中期)	〃			
293	如見1号墳	八代市岡谷川	(後期)	扁平小封土？			
294	岡谷川古墳	八代市岡谷川	中期	円墳			

石棺の構成	遺体数	副葬品等	石材	参考文献
				〃
				〃
				〃
				〃
				『古代学研究 29』
				新谷昌子『宮崎石棺墓群』(1990)
				〃
		鉄剣		〃
		錘		〃
				〃
				〃
		刀子、鉄鏃、勾玉、管玉	安山岩	〃
				〃
				〃
		剣、刀子、鉄鏃		〃
		直刀		〃
				〃
		刀子、土師器坩片		〃
				〃
		短剣2、剣片30・、鉄鏃1、土師器		『古代学研究 29』
	5	剣2、刀1、勾玉、土師器		〃
	2	刀子、鉄鏃		〃
		弓、靫、鏡、短甲、直刀		〃
				〃
		鏡2(変形獣首鏡・内行花文鏡)		〃

	古　墳　名	所　在　地	時　期	墳形その他	墳丘の規模(数値は約)	主軸の方位	石棺の規模(頭位)
295	産島1号墳	八代市古閑浜町産島	(中期)	独立丘上			
296	産島2号墳	〃	(中期)	〃			
297	産島3号墳	〃	(中期)	〃			
298	臼塚古墳	山鹿市石	後期				
299	小原大塚古墳	山鹿市小原大塚		円墳			
300	中尾石棺	山鹿市小原中尾					
301	竜宮石棺	山鹿市小原竜宮					
302	久保原古墳	山鹿市鹿央町	前期				
303	塚さん古墳	山鹿市鹿央町春間					
304	久保原石棺	山鹿市鹿央町岩原					
305	郷原石棺	山鹿市鹿央町岩原					
306	浦大間遺跡	山鹿市鹿央町千田	(中期)	方形周溝墓			
307	寺の上石棺	山鹿市鹿央町広					
308	一本杉古墳	山鹿市方保田					
309	辻4号墳	山鹿市方保田					
310	方保田石棺	山鹿市方保田					
311	塚の本石棺	山鹿市方保田					
312	坂東石棺	山鹿市鹿本町					
313	小町塚東石棺	山鹿市鹿本町高橋					
314	五社宮下石棺	山鹿市鹿本町津袋					
315	今山古墳	山鹿市菊鹿町下永野		円墳			
316	長谷古墳群	山鹿市菊鹿町長					
317	鍋田東石棺	山鹿市鍋田					
318	西牧石棺	山鹿市西牧					
319	藤井石棺	山鹿市藤井					

石棺の構成	遺体数	副葬品等	石材	参考文献
				〃
		鏡、剣、冠		〃
	2(小児?)			〃
		刀子、鉄鏃、馬具、銀環、須恵器		〃
				新谷昌子『宮崎石棺墓群』(1990)
				〃
			凝灰岩	〃
		鉈1		『古代学研究 29』
				新谷昌子『宮崎石棺墓群』(1990)
		珠文鏡、直刀、刀子、鉈、鍬先		〃
				〃
		竹櫛、土師器	凝灰岩	〃
				〃
				〃
		鉄剣、蕨手刀子		〃
				〃
				〃
		鉄器、高坏		〃
				〃
				〃
				〃
				〃
		剣		〃
		剣		〃
				〃

	古墳名	所在地	時期	墳形その他	墳丘の規模(数値は約)	主軸の方位	石棺の規模(頭位)
320	城山石棺	山鹿市保多田	(後期)	円墳			
321	原部石棺	山鹿市鹿央町原部					
322	八の峰古墳	山鹿市八の峰					
323	白石石棺群	山鹿市白石					
324	セベット古墳	葦北郡芦北町海浦		2基?			
325	鬼塚古墳	葦北郡芦北町海浦		2基?			
326	太田古墳	葦北郡芦北町田浦町		2基			
327	埋木古墳	阿蘇郡小国町	(後期)				
328	梅木古墳	阿蘇郡小国町宮原					
329	上ノ園古墳	阿蘇郡高森町	後期	円墳			
330	上色見石棺	阿蘇郡高森町上色見					
331	中大村1号墳	阿蘇郡高森町色見	(前期)	方形周溝墓			
332	上園古墳群	阿蘇郡高森町高森	(後期)				
333	狐塚古墳	阿蘇郡西原村		封土			
334	キツネ塚石棺群	阿蘇郡西原村小森		数10基?			
335	仲鶴石棺	阿蘇郡西原村小森	(後期)				
336	あかどう石棺	阿蘇郡西原村小森					
337	にれやま石棺	阿蘇郡西原村宮山		10数基?			
338	宮山神社石棺	阿蘇郡西原村宮山		数基?			
339	将軍塚古墳	阿蘇郡西原村宮山					
340	秋田石棺	阿蘇郡西原村宮山					
341	六の子石1号墳	阿蘇郡南阿蘇村久石	(中期)				
342	上官塚遺跡	上益城郡嘉島町井手					
343	飯田溝石棺	上益城郡嘉島町北甘木					
344	剣原遺跡	上益城郡嘉島町北甘木		2基?			

石棺の構成	遺体数	副葬品等	石材	参考文献
		刀		〃
				〃
				〃
		内行花文鏡、土師器		〃
				〃
				〃
				〃
	2(♂・♀)			『古代学研究 29』
				新谷昌子『宮崎石棺墓群』(1990)
		刀、馬具、須恵器		『古代学研究 29』
				新谷昌子『宮崎石棺墓群』(1990)
		剣、櫛	安山岩	〃
		直刀、鉄鏃、刀子、馬具、須恵器	安山岩	〃
				『古代学研究 29』
		直刀、鉄鏃		新谷昌子『宮崎石棺墓群』(1990)
				〃
				〃
				〃
				〃
				〃
		鉄刀		〃
				〃
				〃
				〃
		鉄剣、刀子、鎌		〃

	古墳名	所在地	時期	墳形その他	墳丘の規模(数値は約)	主軸の方位	石棺の規模(頭位)
345	宮の本遺跡	上益城郡嘉島町下六嘉					
346	上陳遺跡	上益城郡益城町上陳					
347	秋永遺跡	上益城郡益城町小池	(前期)				
348	塔の平石棺	上益城郡益城町小池	(後期)				
349	城の本古墳	上益城郡益城町寺迫	(前期)	円墳			157×23－26(?)
350	平田古墳	上益城郡益城町寺迫	(前・中期)				
351	高木石棺群	上益城郡益城町広崎	(前・中期)	2基以上			
352	上の原石棺群	上益城郡益城町福田	(前期)				
353	五千塚石棺	上益城郡益城町福田	(前・中期)				
354	辻石棺群	上益城郡益城町津森	(前・中期)				
355	辻ヶ峰の古墳	上益城郡益城町津森	(前・中期)	円墳			
356	火迫石棺群1号石棺	上益城郡益城町安永	(前・中期)				
357	同　2号石棺	〃	(前・中期)				
358	同　3号石棺	〃	(前・中期)				
359	豊秋石棺群	上益城郡御船町豊秋		1基			
360	城塚石棺	上益城郡御船町豊秋		4基			
361	峯石棺群	上益城郡山都町島木		4基?			
362	塔ノ木石棺	上益城郡塔ノ木		2基?			
363	久保遺跡	上益城郡御船町久保		11基			
364	秋只石棺	上益城郡御船町秋只					
365	小暮西原石棺	上益城郡御船町小暮		8基			
366	久米古墳	菊池郡泗水村豊水	後期初頭	円墳			
367	黒田古墳	球磨郡あさぎり町免田	終末				
368	千人塚古墳	球磨郡水上村湯山	後期				
369	別府古墳	球磨郡山江村別府	後初				

石棺の構成	遺体数	副葬品等	石材	参考文献
				〃
				〃
		剣、刀子、鉄鏃	安山岩	〃
				島津氏教示
	2(年齢不詳 ♂1、♀1)	鏡1(内行花文鏡)、勾玉、管玉	安山岩	『益城町史』(1990)
				〃
				〃
				〃
			安山岩	〃
			安山岩	〃
			安山岩	『新熊本市史』(1996)
				『益城町史』(1990)
				〃
				〃
		捩文鏡		新谷昌子『宮崎石棺墓群』(1990)
		刀子		〃
				〃
		剣、刀子、勾玉、管玉、臼玉、貝輪	安山岩	新谷昌子『宮崎石棺墓群』(1990)
				〃
				〃
		鏡、剣、馬具、鉄鏃、須恵器		『古代学研究 29』
		墓誌銅板?		〃
		直刀、馬具、須恵器		〃
		短剣、直刀、鉄鏃、刀子、須恵器		〃

	古墳名	所在地	時期	墳形その他	墳丘の規模(数値は約)	主軸の方位	石棺の規模(頭位)
370	竜崩古墳	下益城郡美里町					
371	箱井古墳	玉名郡玉東町白木字箱井					
372	御園石棺	玉名郡玉東町椿					
373	椿井石棺	玉名郡玉東町椿	(後期)				
374	下強当石棺	玉名郡和水町					
375	大塚石棺群	玉名郡和水町					
376	土喰1号石棺	玉名郡和水町江田					
377	同 2号石棺	〃					170×25−40(?)
378	同 3号石棺	〃					
379	同 4号石棺	〃					
380	同 5号石棺	〃					
381	竈門寺原石棺	玉名郡和水町竈門	(中期)				
382	天御子山1号石棺	玉名郡和水町竈門天御子	(中期)				
383	前原1号石棺	玉名郡和水町竈門					
384	同 2号石棺	〃					
385	同 3号石棺	〃					
386	松坂古墳	玉名郡和水町瀬川	(中期)	円墳			
387	高野古閑石棺	玉名郡和水町高野古閑		円墳			
388	西葉山塚石棺群	玉名郡和水町下津原					
389	下津原上西原石棺群	玉名郡和水町下津原上西原					
390	上原石棺	玉名郡和水町下津原字上原					182×36−46(南)
391	上西原石棺	玉名郡和水町下津原				東西	210×70−58(?)
392	北赤穂原石棺	玉名郡和水町下津原					
393	諏訪原石棺	玉名郡和水町原口					
394	久井原傾城塔1号石棺	玉名郡和水町久井原					

石棺の構成	遺体数	副葬品等	石材	参考文献
	9(老幼♂・♀)			〃
				新谷昌子『宮崎石棺墓群』(1990)
				〃
		刀		〃
				〃
		内行花文鏡		〃
		鉄鏃?、鉇?	凝灰岩・粘板岩	『菊水町史』(2006)
			凝灰岩・粘板岩	〃
			凝灰岩・粘板岩	〃
			凝灰岩・粘板岩	〃
			凝灰岩・粘板岩	〃
				〃
				〃
			凝灰岩	〃
			凝灰岩	〃
			凝灰岩	〃
				〃
				新谷昌子『宮崎石棺墓群』(1990)
				〃
				〃
			凝灰岩	『菊水町史』(2006)
			凝灰岩	〃
		剣1、刀子1		〃
			凝灰岩	〃
			凝灰岩	〃

	古墳名	所在地	時期	墳形その他	墳丘の規模(数値は約)	主軸の方位	石棺の規模(頭位)
395	同　2号石棺	〃					
396	飛山石棺	八代郡氷川町宮原					
397	室の山古墳	八代郡氷川町今字南		円墳			
398	笹尾太山古墳	八代郡氷川町大野					
	佐賀県						
399	帯隈山神護石附近	佐賀市久保泉町					
400	熊本山1号石棺	佐賀市久保泉町		石棺5基、1963年破壊		南北	137×？51？49－34(？)
401	上分石棺遺跡	佐賀市久保泉町字上分					
402	神籠池石棺	佐賀市久保泉町帯隈山		1961年破壊			
403	天童山石棺遺跡	佐賀市久保泉町字天童山				東西	210×15－40(？)
404	鈴熊遺跡(1次)ST011	佐賀市久保泉町字鈴熊	前期	方形周溝墓	一辺4.6m	N55°E	163×南東21北西29－20(北東)
405	同　SC007	〃				N19°30'W	77×43－？(北)
406	同　SC008	〃				南北	104×南30北25－23(南)
407	同　SC009	〃				S31°E	192×南東45北西19－？(南東)
408	藤附E遺跡ST006古墳	佐賀市久保泉町字藤附		円墳	径7m		147×35－30(？)
409	金立開拓遺跡A群ST028	佐賀市金立町金立	5C前半	円墳	径11.5m	N30°E	(150)×南46北41－？(南)
410	三本里木遺跡	佐賀市金立町字三本里					
411	杢路寺古墳	伊万里市松島町	5C初頭	前方後円墳(主体部のほか裾部に石棺4基)	全長80m	東西	154×東45西58－32(東)
412	寺浦遺跡(1次)ST01	小城市小城町畑田				N85°E	185×東30？西28－28(東)
413	寺浦遺跡(1次)ST02	〃					
414	寄居遺跡ST003	小城市小城町晴気	4C前半				
415	吉田遺跡	小城市小城町松尾			小城高校に復原		
416	滝A遺跡SC03	小城市小城町松尾				N77°E	70×東28西21－？(東)
417	滝C遺跡ST01	〃	前期前半	方形周溝墓		N4°E	154×南25北31－24(北)
418	宮戸古墳	小城市小城町					

石棺の構成	遺体数	副葬品等	石材	参考文献
			凝灰岩	〃
			砂岩	新谷昌子『宮崎石棺墓群』(1990)
		剣、刀子、鉄鏃、斧、鉇、斧、鎌	砂岩	〃
				『古代学研究 29』
				『古代学研究 29』
蓋石除去、両側石各1、妻石各1、床砂利敷		鉄丹	安山岩	『『県報』16』
		太刀		『佐賀県の遺跡』
	2			〃
				〃
蓋石除去、南東側石5、北西側石7、妻石各1、床石なし				『九州横断道 16』
蓋石除去、両側石各2、妻石各1、床石なし、小児棺				〃
蓋石除去、両側石各2、妻石各1、床石なし		ガラス小玉2		〃
蓋石4、南西側石4、北東側石6、妻石各1、床石なし		鉇1		〃
蓋石4、両側石各2、妻石各1、床石なし				『九州横断道 3』
石材除去、床割石敷		朱、刀子、土師器	花崗岩	『九州横断道 4』
		副葬品は開墾時に破壊		『佐賀県の遺跡』
(主体部礫床)蓋石3、両側石各2、妻石各1、床石1、西側に粘土	1体(成人性別不詳)	斧1、鉇1、鉄片1、砥石1	凝灰岩	『考古学集刊 4』
蓋石除去、南側石5、北側石4、妻石西1残、床石なし			緑泥片岩	『九州横断道 10』
		箱式石棺、石蓋土壙		〃
				『九州横断道 9』
				〃
小児棺？				〃
蓋石5、東側石4、西側石5、妻石各1、床石なし		(北)朱	安山岩	〃
				『古代学研究 29』

	古墳名	所在地	時期	墳形その他	墳丘の規模(数値は約)	主軸の方位	石棺の規模(頭位)
419	織島西分古墳群ST01古墳	小城市三日月町織島	4C	円墳	径14m、高1.5m	S49°E	193×南東38北西40－40(南・北)
420	玉毫寺裏遺跡	小城市三日月町織島		2基			
421	松陰社境内跡	鹿島市高津字城岡		4基			
422	下柳谷石棺群	唐津市石志		(一部露出)			
423	蓮和古墳	唐津市石志					
424	梶山公園石棺遺跡	唐津市相知町梶山					
425	黒岩石棺遺跡	唐津市相知町黒岩	5C前半				大形、石棺
426	正福寺石棺遺跡	唐津市北成島		2基、1956年開墾			
427	黒田石棺群	唐津市浜玉町淵上			主体部東西二基並列		
428	学校東1号墳	唐津市湊町神集島		円墳	径30m		
429	妙見山古墳	唐津市妙見町西					
430	玄門遺跡	神埼市神崎町		2基			(1号)170×60～35－20
431	志波屋六本松乙ST01	神埼市神崎町志波屋		不明		N69°W	185×東30西46－37(西)
432	朝日北遺跡1区ST01古墳	神埼市神埼町城原		不明	不明	N33°E	176×東42西35－25(東)
433	同 2区ST01古墳1号主体	〃		方墳	一辺10m	N51°30′W	180×南東39北西40－24(北西)
434	同 2号主体	〃				N56°W	125×42－42(西♂・東♀)
435	同 4区ST83古墳	〃		方墳	一辺6m	N68°W	157×39－25(西?)
436	同 5区ST09古墳	〃		方形	尾根上、東西9m	S66°E	203×60－21(東)
437	同 5区ST10古墳1号石棺	〃		方形	一辺8m	N78°W	151×東31西40－25(西)
438	同 2号石棺	〃				N80°30′W	180×東39西37－25(東)
439	同 5区ST11古墳第1主体	〃		円墳	径9m	N51°W	183×東51西20－31(東)
440	同 1区ST03古墳	〃		円墳?	径12.7m、高1.7m	N163°E	166×南27北24－30(南)
441	同 ST06古墳1号石棺	〃	前期	前方後円墳	全長24m、後円径15m、高2.2m		180×40－?(?)

石棺の構成	遺体数	副葬品等	石材	参考文献
蓋石4(鎧重)、両側石各3、妻石各1、床石なし	2体(壮年♂南、♀北)。	朱	安山岩	『九州横断道 10』
		鉄丹		『佐賀県の遺跡』
				〃
				〃
		玉類		『考古学雑誌 46-1』
			砂岩	『佐賀県の遺跡』
				〃
		鉄丹		〃
				〃
		鉄丹	玄武岩	〃
		人骨、鉄丹		〃
	1号1体(性別不詳)	1号から刀子1、2号から鉄剣1		『佐賀県の遺跡』
蓋石除去、東側石4、西側石3、妻石各1、床石なし		刀子1		『九州横断道 13』
蓋石4、南側石3、北側石2、妻石東二重、西1、床石なし	2(熟年♂・壮年♂)	鉄鏃1、赤色顔料、蓋上に土師器片		『九州横断道 15』
蓋石4、両側石各3、妻石各1、床面粘土	1(壮年♀)	鎌1、鉇1		〃
蓋石1、南側石2、北側石1、妻石各1、床礫敷	2(熟年♂・同♀)	朱	安山岩	〃
北西部攪乱、蓋石除去、南側石3、北1＋2?、妻石各1、床石なし		不明鉄器1	緑泥片岩	〃
南西側攪乱、蓋石1残北側石2＋1、南側石2＋?、妻石東1残、床石なし	年齢不詳(♀)	朱、鉇1、小玉1、管玉1	花崗岩・一部緑泥片岩	〃
蓋石5、南側石3、北側石2、妻石各1、床石なし		鉇1、朱	緑泥片岩	〃
東側一部攪乱、蓋石西側2残、南側石6、北側石5＋1、妻石1、床石なし		朱	緑泥片岩	〃
蓋石7(隙間に小形の石を載せ粘土で被覆)、東側石4、西側石5、妻石各1、床石なし	性別・年齢不詳	刀子1、朱、人骨、土師器	蓋石1枚花崗岩、他は緑泥片岩	〃
蓋石6、両側石各2、妻石各1、床粘土	1(成人♂)		花崗岩・一部緑泥片岩	〃
		鏡1、石釧1、管玉1		〃

	古墳名	所在地	時期	墳形その他	墳丘の規模(数値は約)	主軸の方位	石棺の規模(頭位)
442	同　2号石棺	〃					160×40－？（？）
443	山古遺跡	神埼市背振町石動				N69°W	185×東30西46－37(西)
444	西一本杉遺跡ST008古墳	神埼市背振町石動		不整円形	径15m	東西	180×東30西44－？(西)
445	同　ST010古墳	〃				S60°E	178×東44西38－50(東)
446	同　SC003号石棺	〃				S78°E	206×東53石38－25(東)
447	同　SC004号石棺	〃				N54°E	167×南23北30－28(北)
448	同　SC005号石棺	〃				N54°E	213×東57西50－38(西)
449	八郎社石棺	武雄市橘町大日				南北	
450	山浦古墳群第6号墳	鳥栖市山浦町		円墳	径11m	東南	180×74～64－64(？)
451	同　第7号墳	〃		円墳	径数m		176×56－30(北北東)
452	同　第9号墳	〃		円墳	〃		170×60－40(？)
453	東山石棺遺跡	神埼郡吉野ヶ里町大曲		2基			
454	二塚山遺跡	神埼郡吉野ヶ里町大曲		1959年石棺4基調査			
455	稲佐グランド石棺群	杵島郡白石町		石棺14基			石棺14基
456	宇土遺跡	三養基郡みやき町					
	長崎県						
457	岳路遺跡	長崎市三和町岳路					
458	宮田A1号石棺	長崎市下黒崎町	中期			S32°W	160×南西52北東32－47(南西)
459	同　A2号石棺	〃	中期			S59°W	173×南西47北東31－44(南西)
460	同　B1号石棺	〃	中期			S45°W	175×南西40北東20－45(南西)
461	同　B2号石棺	〃	中期			S58°W	165×南西40北東23－40(南西)
462	同　B3号石棺	〃	中期			S46°W	165×南西45北東37－30(南西)
463	同　C1号石棺	〃		円形	東西2m、高1m	N80°E	
464	同　C2号石棺	〃	中期			S20°E	150×南東34北西19－40(南東)
465	同　C3号石棺	〃	中期			S30°E	158×南東35北西20－30(南東)

石棺の構成	遺体数	副葬品等	石材	参考文献
				〃
		刀子1		『九州横断道 12』
蓋石6、両側石各4、妻石各1、床石なし	1、(詳細不詳)	鉇1	片麻岩	『九州横断道 3』
蓋石5、両側石各3、妻石各1、床石なし		刀子1、赤色顔料	花崗岩	〃
蓋石5、両側石各2(東側土壙)、妻石なし、床石なし、(石蓋土壙墓と折衷形式)			花崗岩、片麻岩	〃
蓋石5、両側石各4、妻石各1、床石なし		鉇1	花崗岩	〃
蓋石8、両側石各2(東側土壙)妻石西1、床石なし、(石蓋土壙墓との折衷形式)			花崗岩	〃
蓋石5東側石5、西側石4、他不詳				『佐賀県の遺跡』
蓋石除去		内部朱彩	緑泥片岩、床玉石	『県報 21』
蓋石4		丹	緑泥片岩	〃
		朱	緑泥片岩	〃
				『佐賀県の遺跡』
		獣帯鏡、ガラス小玉		〃
		内行花文鏡		〃
				〃
				『長崎県考古学会』(2014)
石枕				〃
				〃
枕				〃
		ガラス小玉		〃
				〃
		滑石製勾玉1、同小玉32、ガラス小玉1		〃
石枕				〃
		直刀2、剣1、鉄鏃5、刀子1		〃

	古墳名	所在地	時期	墳形その他	墳丘の規模(数値は約)	主軸の方位	石棺の規模(頭位)
466	開遺跡	長崎市下黒崎町				S30°W	175×南西50北東43－55(南西)
467	大久保遺跡	壱岐市石田町	5C			N30°E	120×南35北50－25(南)
468	池下石棺群	諫早市飯盛町池下名					
469	下釜3号石棺	諫早市飯盛町下釜名				南北	160×北東60南西25－48(北東)
470	同 4号石棺	〃				東西	88×北東40南西44－55(東北)
471	大門貝塚	諫早市飯盛町里名					
472	田代石棺	諫早市小長井町大峰名					
473	田淵遺跡	諫早市高来町小江名					
474	西前古墳	諫早市高来町湯江名	前期				
475	蔭平石棺	諫早市多良見町中里					
476	蔭山遺跡	諫早市多良見町中里					
477	本明B石棺	諫早市本明町					
478	釜の鼻古墳	諫早市森山町釜の鼻					
479	吸ノ原石棺群	雲仙市吾妻町永中名					
480	横田石棺	雲仙市吾妻町大木場名					
481	埋刀神社石棺	雲仙市吾妻町大木場名					
482	川床荒塚古墳	雲仙市吾妻町川床					
483	布江鬼塚古墳	雲仙市吾妻町布江名					
484	坊屋敷古墳	雲仙市吾妻町平江名					
485	下鬼塚古墳	雲仙市吾妻町平江名					
486	守山大塚古墳	雲仙市吾妻町本村名		前方後円墳	全長70m、後円部径45m・高7m、前方部幅20m・高2.7m	後円部	
487	筏古墳	雲仙市国見町東里					
488	小倉古墳	雲仙市千々石町小倉					
489	犬丸古墳	雲仙市千々石町南舟津					
490	門山遺跡	雲仙市南串山町荒巻名				東西	216×東40西?－24(東)

石棺の構成	遺体数	副葬品等	石材	参考文献
				〃
蓋石3(その上に川原石)、両側石各2、妻石各1、床に板石片	壮年(♂)	須恵器	玄武岩	『県報 91』
				『長崎県考古学会』(2014)
攪乱、東側未調査、蓋石除去、両側石各1、妻石各1、床石なし				〃
攪乱、蓋石除去、東側石2、西側石1、妻石各1、床石なし、小児棺				〃
		鉄鏃、貝輪		〃
				〃
				〃
				『考古学雑誌 46-1』
				『長崎県考古学会』(2014)
				〃
				〃
		剣、玉類		〃
				〃
				〃
				〃
				〃
				〃
				〃
				〃
		土師器(壺)		近藤『前方後円墳集成』(1992)
		剣		『長崎県考古学会』(2014)
		勾玉		〃
		直刀、勾玉		〃
				〃

	古　墳　名	所　在　地	時　期	墳形その他	墳丘の規模(数値は約)	主軸の方位	石棺の規模(頭位)
491	遠目塚遺跡	雲仙市南串山町乙	5C前半	群集墓地		N49°45'E	164×北東67南西74－55(北東)
492	憩場石棺	大村市今富町				東西	180×東44西52－48(東)
493	皆同郷古城石棺	大村市皆同町					
494	修所遺跡(旧玖島崎石棺)	大村市玖島					
495	坂口遺跡	大村市坂口町				東西	80?×東52西?－40(東)
496	小佐古B1号石棺	大村市武部町		傾斜面		南北	192×北56南48－40(北)
497	同　B2号石棺	〃		傾斜面		東西	171×東56西55－?(東)
498	同　B3号石棺	〃		傾斜面		南北	144×北40西28－?(北)
499	同　B4号石棺	〃		傾斜面		南北	160×40－?(?)
500	同　B5号石棺	〃		傾斜面		東西	164×52－?(?)
501	同　B6号石棺	〃		傾斜面		東西	188×64－?(?)
502	同　B7号石棺	〃		傾斜面		東西	176×92?－?(?)
503	同　B8号石棺	〃		傾斜面		東西	52?×南?北28－36(北)
504	同　B9号石棺	〃				東西	180×東52西48－36(東)
505	同　B10号石棺	〃				東西	176×東44西44－36(東)
506	同　B11号石棺	〃				東西	68×36－?(?)
507	同　B12号石棺	〃				南北	80×南32北16－28(南)
508	同　B13号石棺	〃				南北	80×20－?(?)
509	同　B14号石棺	〃				東西	148×40－?(?)
510	同　B16号石棺	〃				南北	?×68－?(?)
511	川内郷鬼塚遺跡	大村市徳泉川内町					
512	八幡神社遺跡	大村市水計町					
513	山ノ上石棺	大村市矢上郷					
514	強力遺跡	大村市矢上郷					
515	鹿の島古墳群	大村市松原字鹿島		低墳丘11基			

石棺の構成	遺体数	副葬品等	石材	参考文献
蓋石5、両側石各2、妻石各1、床石なし		鏡片4、勾玉1、小玉63、鉄鏃3、刀子2	角閃安山岩	『県報 35』
一部攪乱、蓋石3(鎧重)、両側石各2、妻石各1、床礫敷	2体(♀)			『長崎県考古学会』(2014)
				〃
				〃
攪乱、西側削平、両側石各1残、東妻石1残				〃
蓋石?、東側石4、西側石1、妻石各1、床石なし	3体(成人♂2、♀1)	剣1、鉄鏃2、刀子1、滑石製勾玉1、臼玉14、碧玉製管玉4		〃
攪乱、石材除去、妻石各13残、石枕?		刀子1、勾玉2、管玉4、滑石製臼玉53		〃
攪乱、蓋石除去、東側石6、西側石4、妻石除去、床石なし		鉄鏃7、刀子1		〃
攪乱、石材除去、両側石各1、妻石各1、床石なし		滑石製棗玉1		〃
攪乱、石材除去、東側石1、妻石各1、床石なし		滑石製管玉1、同臼玉1		〃
攪乱、石材除去、両側石各1、妻石各1		鉄鏃3、刀子1、勾玉1、滑石製臼玉26		〃
攪乱、石材除去		鉄鏃、刀子		〃
攪乱、南側削除、蓋石除去、東側石1(二重)、西側石1残、北妻石1残、床石?				〃
攪乱、蓋石1残、両側石各2、妻石各1(東側二重)、床石なし	骨片	直刀1、鉄鏃3、刀子2、管玉3、滑石製臼玉220		〃
蓋石除去、両側石各2、妻石各1、床石なし	3体(性別不明)	刀子1、貝製腕輪7、碧玉製管玉2		〃
攪乱、南側石2、北側石1残、小児棺				〃
蓋石1?、東側石1、西側石2、妻石各1、床石なし、小児棺				〃
攪乱、東側石1残、小児棺		管玉1		〃
攪乱、北側石1残				〃
攪乱、削平				〃
				〃
				〃
				〃
				〃
				〃

	古墳名	所在地	時期	墳形その他	墳丘の規模(数値は約)	主軸の方位	石棺の規模(頭位)
516	久津石棺群A地点石棺	大村市松原字久津	4C末～5C	台地上、1976年調査		東西？	210？×150？－35
517	同 B地点石棺	〃					
518	上岳鰐淵石棺	西海市西彼町上岳郷					
519	相浦中屋敷古墳	佐世保市相浦町中屋敷					
520	松原遺跡1号石棺	佐世保市宇久町平		石棺3基		N20°E	100？×南50北60－？
521	同 2号石棺	〃				N39°E	94×48－33
522	同 3号石棺	〃				N72°E	42×26－20(東)
523	松ケ崎古墳	佐世保市江上町		円墳	径6m		
524	土肥ノ浦遺跡	佐世保市鹿町土肥ノ浦					
525	蓮輸館石棺群	佐世保市萩坂町					
526	宮村館遺跡	佐世保市萩坂町					
527	三島山古墳	佐世保市広田町		円墳	径10m		
528	上馬場遺跡	島原市安徳町					
529	一野2号墳	島原市安徳町		円墳	径7m		
530	同 4号墳	〃		円墳	径8m		
531	同 6号墳	〃		円墳	径8m	南北	200×南36北44－36(北)
532	同 7号墳	〃		円墳	径10m		
533	景華園遺跡	島原市中野町					
534	大将軍山古墳	対馬市上県町志多留	4C	前方後円墳			170×
535	塔ノ首1号石棺	対馬市上対馬町古里		丘上			芋穴で確認
536	同 2号石棺	〃				N54°E	150×北40－50(北)
537	ネソ2号墳	対馬市上対馬町古里		前方後円墳	全長35.6m、後円部径13m・高3.6m、前方部幅9m・高1.5m	東西	260×80－50(？)
538	同 5号墳	〃	前・中期	円墳			
539	ツ山古墳	対馬市上対馬町古里					

石棺の構成	遺体数	副葬品等	石材	参考文献
床玉石			角閃安山岩	『県報 35』
				〃
				『長崎県考古学会』(2014)
		須恵器		〃
蓋石4(中央部二重)、東側石1、西側石2、妻石各1、床石2、小児棺			未記載、紙ノ浦小学校に移築	『県報 66』
蓋石不詳、東側石4、西側石2、床石なし、小児棺	5体(壮年♂・♀、小児)		未記載	〃
蓋石5(三重)、両側石各1、妻石各1、床石2、小児棺	1体、		未記載、離島総合センターに移築	〃
		直刀		『長崎県考古学会』(2014)
				〃
				〃
				〃
		須恵器		〃
				〃
		鉄鏃、刀子、砥石		〃
				〃
攪乱、蓋石・妻石除去、両側石各3、床石なし		直刀、鉄鏃、刀子		〃
		鉄鏃、刀子1、砥石		〃
				〃
		夔鳳鏡、鉄鏃、管玉、切子玉、陶質土器、土師器		『考古学雑誌 46-1』
				『県報 21』
蓋石除去、両側石各3、妻石各1、床石なし		銅釧1、管玉1、水晶製棗玉1、小玉1400		〃
		直刀、剣、土師器		近藤『前方後円墳集成』(1992)
		剣、須恵器		『古代学研究 29』
		銅鏃、管玉		〃

	古墳名	所在地	時期	墳形その他	墳丘の規模(数値は約)	主軸の方位	石棺の規模(頭位)
540	鶴の山古墳(出居塚古墳)	対馬市上対馬町古里		前方後方墳	全長40m、後方辺19m、高3.7m、前方部幅4m・高1.2m		200×75－75(？)
541	佐保浦唐船遺跡	対馬市豊玉町卯麦	6C？	岬先端部			
542	糠ノ浜遺跡	対馬市豊玉町卯麦					100？×50？－？(？)
543	貝口寺浦遺跡第1号石棺	対馬市豊玉町貝口		1968年石棺2基調査		N50°E	160×南西45北東60－？(北)
544	同　第2号石棺	〃		岬先端部		N20°W	161×70－30(？)
545	同　第3号石棺	〃	6C中葉			N45°W	170×東56西40－38(東)
546	貝鮒崎古墳	対馬市豊玉町貝鮒	後期	楕円形(積石塚)	南北14m、東西9m、高1.5m	N33°W	154×65－70(？)
547	鐘掛崎遺跡	対馬市豊玉町佐志賀		石棺群			
548	クワバル1号石棺	対馬市豊玉町曾	5C前半				162×43－37(？)
549	同　2号石棺	〃	5C前半				160×30－30(？)
550	ハロウ3号石棺	対馬市豊玉町仁位					
551	唐洲加志久遺跡	対馬市豊玉町唐洲	4C	石棺群(1957年中学校建設で発見)			
552	観音鼻遺跡第1号石棺	対馬市豊玉町(観音鼻)	6C前半	石棺3基(内2基弥生時代)		N71°W	190×45－？(？)
553	菜畑遺跡第1号石棺	対馬市美津島町大船越		舌状丘上		N74°E	180？×40－？(？)
554	竹崎遺跡	対馬市美津島町鴨居瀬		楕円形	東西11.2m、南北8.2m	N70°E	130×60－？(？)
555	ネソ1号墳	対馬市美津島町鶏知	5C	前方後円墳	全長30m、後円部径15m・高2.5m、前方部幅5.5m・高1m		
556	赤崎遺跡1号石棺	対馬市美津島町島山					
557	同　第2号石棺	〃		方形(積石塚)	5.5m×6m	南北	152×南40北46－46(北)
558	同　第3号石棺	〃				N62°E	130×45－？(？)
559	同　第4号石棺	〃	6C後半			N20°E	200×50－？(？)
560	同　第5号石棺	〃	7C？				160×40－40(北？)
561	中道壇遺跡第1号石棺	対馬市美津島町洲藻	4C	標高15mの傾斜地、石棺群(12基)		N72°E	120×40－50(東)
562	同　第2号石棺	〃	6C？			N75°E	125×東50西40－45(東)
563	同　第3号石棺	〃				N85°E	70×24－25(東)

全国箱式石棺集成表（古墳時代篇） 435

石棺の構成	遺体数	副葬品等	石材	参考文献
		直刀2、剣2、銅鏃12、不明土製品		『津島の自然と文化』(1954)、近藤『前方後円墳集成』(2000)
		須恵器3点保管(豊玉公民館)		〃
				『県報 171』
蓋石除去、両側石各3、妻石各1、床石なし		小玉105、土師器、須恵器		〃
攪乱、西側石3、妻石各1残存、床石なし		紡錘車2、小玉50	粘板岩	〃
攪乱、蓋2残、両側石核3、妻石各1、床石なし		刀子1	頁岩	〃
蓋石2、両側石各1、妻石各1、床石なし		剣1、矛1、刀子1、勾玉2、管玉6、棗玉13、小玉14、土師器、須恵器	粘板岩	『県報告 17』
		須恵器(坏身・坏蓋・脚付壺)		〃
蓋石除去、両側石各4、妻石各1、床石なし		土器、鉄器		『県報 155』
蓋石除去、両側石各3、妻石北1残、床石なし		土器、鉄器		〃
		須恵器(坏・坏蓋・甕)、破壊		〃
				『県報 21』
蓋石除去、両側石各2、妻石各1、床石なし			粘板岩	〃
大半削除、北側石2、西妻石1(二重)残		斧、鉄器円板、土師器、須恵器		〃
蓋石1?、両側石各1、妻石各1、床石なし		アワビ製有孔円板1(列石内)		〃
		直刀、鉄鏃、管玉		近藤『前方後円墳集成』(1992)
				『県報告 17』
蓋石除去、東側石1、北側石2、妻石各1、床石3		珠文鏡1、小玉1、陶質土器		〃
攪乱、蓋石2、北側石3、南側石2残				〃
		須恵器、土師器、陶質土器		〃
		須恵器		〃
一部攪乱、蓋石1残、南側石4、北側石3(両側石一部二重)、妻石東1、西三重)、床石なし		管玉2	砂岩	『県報告 90』
蓋石6、両側石各2、妻石各1(西側二重)、床板石片			頁岩	〃
蓋石除去、南側石1、北側石2、妻石各1、床石2、小児棺				〃

	古墳名	所在地	時期	墳形その他	墳丘の規模(数値は約)	主軸の方位	石棺の規模(頭位)
564	同　第4号石棺	〃	6C前半			N73°30′E	135×?－20(?)
565	同　第5号石棺	〃	5C前半			N23°30′E	100?×40－30(?)
566	同　第6号石棺	〃				N70°W	120?×70?－?(?)
567	同　第7号石棺	〃	6C初頭			N71°W	116×75－25(?)
568	同　第8号石棺	〃		全壊			
569	同　第9号石棺	〃				N43°W	100?×50?－?(?)
570	同　第10号石棺	〃				N63°W	120×東40西50－40(北西)
571	同　第11号石棺	〃				N65°W	123×東35西40－50(西)
572	同　第12号石棺	〃				N76°W	110?×50－?(西?)
573	五次郎遺跡第3地点第1号石棺	対馬市美津島町玉調浦				東西	160×50－?(?)
574	同　第2号石棺	〃		破壊			
575	同　第3号石棺	〃				東西	180×50－?(?)
576	ハナデンボ遺跡第1号石棺	対馬市美津島町玉調浦		舌状丘突端、石棺4基、流失			
577	同　第2号石棺	〃	6C中〜	丘陵斜面		東西	185×東35中央50－?(東)
578	同　第3号石棺	〃	7C前半			東西	95×25－30(東?)
579	同　第4号石棺	〃				東西	60×25－30(?)
580	玉調遺跡第1号石棺	対馬市美津島町万関瀬戸		石棺群(4基)		南北	88×南40北60－?(北)
581	同　第2号石棺	〃				N30°W	
582	同　第3号石棺	〃				N19°E	120×45－?(?)
583	同　第4号石棺	〃				N59°E	90?×45?－?(?)
584	白蓮江浦第1遺跡第1号石棺	対馬市美津島町白蓮江崎		岬先端部、石棺6基		N52°E	125×48－25(北?)
585	同　第2号石棺	〃				N78°E	130×50－38(東?)
586	同　第3号石棺	〃				N89°E	128×48－33(西?)
587	同　第4号石棺	〃				N48°E	80×34－33(?)
588	同　第5号石棺	〃				N63°E	60×24－25(東?)

石棺の構成	遺体数	副葬品等	石材	参考文献
蓋石除去、床石3、（特異な石棺）		磨製石剣1		〃
攪乱、蓋石2残、東側石4？、妻石北1、床石4、形状不詳				〃
半分破壊、北側石1、西妻石1、床石1残				〃
蓋石三層、両側石各1、妻石各1、床石なし		管玉2		〃
				〃
南側削平、北側石2、西妻石1残				〃
蓋石15？（三層）、両側石各1、妻石各1、床石7		管玉6		〃
蓋石7(三層)、南側石1、北側石5、妻石各1、床頁岩板石片			頁岩	〃
西側一部削除、蓋石1、南側石4、北側石2？、東妻石1、床石2				〃
攪乱		銀環1、須恵器、陶質土器		『県報告 17』
		須恵器、陶質土器	砂岩	〃
		須恵器、陶質土器	砂岩	〃
				〃
蓋石不詳、両側石各4、妻石不詳		小玉1、土師器、須恵器		〃
蓋石不詳、両側石各2？、妻石各1、床石なし、小児棺		須恵器		〃
蓋石除去、南側石1残、北側石2、妻石各1、床石なし、小児棺				〃
蓋石除去、西側石3、妻石各1、床石3残、小児棺		須恵器	砂岩	〃
ほぼ全壊		須恵器		〃
蓋石除去、東側石1、西側石6、妻石各1、床石なし			砂岩	〃
小児棺			砂岩	〃
一部流失、蓋石6（一部二重）、北側石2、南側石2残、妻石各1、床石4		管玉1		〃
蓋石除去、北側石1、南側石3、妻石各1、床石なし			砂岩、頁岩	〃
蓋石除去、両側石各4？、妻石西1残、床石散			頁岩	〃
蓋石除去、両側石各1、妻石各1、床石1、小児棺？		土器片(縄文)？		〃
蓋石除去、両側石各1、妻石各1、床石1散、小児棺？				〃

	古墳名	所在地	時期	墳形その他	墳丘の規模(数値は約)	主軸の方位	石棺の規模(頭位)
589	同 第6号石棺	〃				N46°E	105×41－47(
590	同 第2遺跡第1号石棺	〃	前期				
591	同 第2号石棺	〃	前期				
592	同 第3号石棺	〃	前期				
593	芦ヶ浦遺跡	対馬市美津島町芦ヶ浦		1970年発掘			190×60－50（?）
594	海落2号石棺	対馬市美津島町芦ヶ浦	5C	岬先端		南北	157×南47北53－43(北)
595	下ガヤノキC地点石棺	対馬市峰町三根					
596	同 F地点石棺	〃				東西	190×90－?（?）
597	同 G地点石棺	〃				N18°E	170×50－40（?）
598	チゴノハナ第1号石棺	対馬市峰町吉田	6C中葉	岬先端部		N73°W	170～200×55－55(西)
599	田助古墳	平戸市田助町					
600	久保古墳	平戸市大久保町					
601	上鬼塚石棺群	南島原市有家町蒲河					
602	前田古墳	南島原市有家町蒲河					
603	波止の上古墳	南島原市口之津町					
604	勝負田古墳	松浦市御厨町川内免	前～後期				
605	前島6号墳	西彼杵郡時津町子々川郷		円墳	径約5m		
606	串島石棺群	東彼杵郡東彼杵町里郷					
	福岡県						
607	クエゾノ1号墳第2主体部(後円部)	福岡市早良区梅林		前方後円墳(1993年消滅)	全長25m、後円部径14m・高2.5m、前方部幅?・高1.5m	南北	140×40－25(南)
608	同 前方部1号石棺	〃				東西	50×20－20（?）
609	同 前方部2号石棺	〃				東西	60×20－20（?）
610	藤崎古墳	福岡市早良区西	後期				
611	羽根戸G2号墳	福岡市西区羽根戸		前方後円墳	全長27m?、後円部径19m・高3m、前方部幅7.5m?・高1.2m	後円部中央	160×45－60（?）

石棺の構成	遺体数	副葬品等	石材	参考文献
蓋石除去、南側石3、北側石2、妻石各1、床石2		管玉5、小玉3	頁岩	〃
		ガラス小玉3以上、土師器		〃
		剣、小玉60、土師器		〃
		管玉2、小玉2、紡錘車、土師器		〃
				〃
		剣1、鉄鏃1、管玉9、滑石製臼玉10、小玉17、土師器		〃
		紡錘車1、須恵器、土師器		〃
		鏡1（内行花文鏡）、剣1.、直刀1.、須恵器、陶質土器		〃
蓋石1残、東側石4、西側石1、妻石各1残		小玉1.、紡錘車1.、須恵器、土師器、陶質土器		〃
蓋石1残、南側石4、北側石1、妻石各1、床石なし		剣1、銀環1、須恵器片	頁岩	〃
		獣帯鏡、内行花文鏡、勾玉、管玉、小玉		『考古学雑誌 46-1』
				〃
				『長崎県考古学会』(2014)
				〃
				〃
		鏡、勾玉		『考古学雑誌 46-1』
				『長崎県考古学会』(2014)
				〃
				〃
	1体（成人♀）	勾玉1、管玉23	縞状角閃岩	近藤『前方後円墳集成』(2000)
			花崗岩	〃
			花崗岩	〃
		鏡、環頭太刀		『考古学雑誌 46-1』
		鏡1（舶載？）、刀子1		近藤『前方後円墳集成』(2000)

	古墳名	所在地	時期	墳形その他	墳丘の規模(数値は約)	主軸の方位	石棺の規模(頭位)
612	同 第2主体部	〃				括れ部墳丘外	60×25－18(?)
613	五島山1号石棺	福岡市西区姪の浜	前・中期				七尺八寸(236)×二尺(60)－?(東北)
614	同 3号石棺	〃	(前・中期)				
615	同 4号石棺	〃	(前・中期)				
616	中尾古墳	福岡市南区和田					
617	池の上第1号墳第3号主体	朝倉市甘木	(中期)			東西	170×45－?(東)
618	同 第5主体部	〃	(中期)			南北	173×33－37(?)
619	上原1号石棺	朝倉市大庭	(前期)			東西	160×東42 西28－42(東)
620	同 2号石棺	〃				東西	114×東34 西27－28(東)
621	カンノクラ	朝倉市小隈					
622	福城中学内2号	朝倉市小田					
623	柿原遺跡 D地区	朝倉市柿原	後期	山腹	消滅		
624	同 F地区	〃	(中期)			N51°E	
625	立野遺跡A地区(方形周溝墓16基)第1号墓	朝倉市下浦	(前期)	方形周溝墓	1辺9m	N18°E	165×南26 北35－?(北)
626	同 2号墓	〃	(前期)	方形周溝墓	東西6.5m、南北6m	N69°E	180×東35 西25－25(東)
627	同 3号墓第1主体	〃	(前期)	方形周溝墓	東西9m、南北8m	S61°E	180×東30 西40－?(西)
628	同 第2主体	〃	(前期)			S45°E	170×東35西30－?(東南)
629	同 6号墓	〃	(前期)	方形周溝墓	一辺11m	S59°E	166×37－30(東)
630	同 第7号墓1号石棺	〃	(前期)	方形周溝墓	一辺10m	S63°E	178×東45 西35－35(東)
631	同 2号石棺	〃	(前期)			S59°E	190×東47 西40－37(東)
632	同 第10号墓1号石棺	〃	(前期)	方形周溝墓	一辺9m	S86°E	186×35－32(東)
633	同 2号石棺	〃	(前期)			N82°E	162×35－30(東)
634	同 11号墓1号石棺	〃	(前期)	方形周溝墓	一辺11m	S88°E	167×37－30(東)
635	同 2号石棺	〃	(前期)			S88°E	165×東29 西35－30(西)
636	同 13号墓	〃	(前期)	方形周溝墓	一辺7m	N5°W	壙175×40?

石棺の構成	遺体数	副葬品等	石材	参考文献
		刀子1、ガラス小玉5		〃
蓋石3、両側石?、床石なし、枕石あり		赤色顔料、鏡、剣、銅鏃、勾玉、管玉、小玉	安山岩	亀井明徳『九州考古学 38』
				〃
				〃
	人骨?			『考古学雑誌 46-1』
蓋石?、南側石4、北側石5、妻石各1	1体(熟年♂)	1号墳主体部5、直刀、刀子	緑泥片岩(柿原石)	『甘木市報告 5』
蓋石?、東側石4、西側石5、妻石各1		(盗掘)		〃
石材横組、床石なし		鉄鏃1、鉇1		『埋もれた朝倉文化』(1969)
石材横組、床石なし				〃
古墳墳丘下より出土、消滅				〃
				〃
				「甘木市遺跡地図」
蓋石1、両側石各1、妻石各1			緑色片岩	『九州横断道 12』
蓋石6、東側石2、西側石3、妻石各1、床石4		斧1	緑泥片岩(柿原石)	『九州横断道』(5)
蓋石5、両側石各4、妻石各1、床石なし、妻石各1		刀子1.、赤色顔料	緑泥片岩(柿原石)	〃
蓋石除去、両側石抜取り、南4北1残(元各6)、妻石東1残		赤色顔料溝内鉄鏃1、土師器		〃
石材大半除去、南側石2残		赤色顔料		
蓋石5、東側石5、西側石4、妻石各1、床石なし		朱、土師器	緑泥片岩(柿原石)	〃
蓋石4、南側石2、北側石3、妻石各1、床石なし、(南東)粘土枕		朱	緑泥片岩(柿原石)	〃
蓋石4、南側石2、北側石2、妻石各1、床石なし		朱	緑泥片岩(柿原石)	〃
蓋石4、南側石5、北側石6、妻石各1、床石なし		朱、館外筒形銅器、槍1、直刀1	緑泥片岩(柿原石)	〃
蓋石5、南側石5、北側石6、妻石各1、床石なし		朱	緑泥片岩(柿原石)	〃
蓋石5、両側石各5、妻石各1、床石なし		朱、重圏文鏡1、刀子1、鉇1	緑泥片岩(柿原石)	〃
蓋石5、両側石各3、妻石各1、床石なし		朱、周溝から鎌1、土師器	緑泥片岩(柿原石)	〃
石材抜き取り		刀子1、赤色顔料、土師器		〃

	古墳名	所在地	時期	墳形その他	墳丘の規模(数値は約)	主軸の方位	石棺の規模(頭位)
637	同 14号墓	〃	(前期)	方形周溝墓	東辺9m、西辺7m	N84°E	180×45?-?(?)
638	同 D地区2号墳	〃	前・中期	円形周溝墓	径11m	S75°E	190×45-55(東)
639	同 3号墳	〃	(前・中期)	円形周溝墓	径13m	N89°E	175×40-?(?)
640	同 4号墳	〃	(前・中期)	円形周溝墓	径11m	東西	160×40-?(?)
641	同 5号墳	〃	(前・中期)	円形周溝墓	径15m	S82°E	180×45-55(?)
642	同 6号墳	〃	(前期)	円形周溝墓	径12m	東西	188×東51西35-(東)
643	天皇山1号棺	朝倉市須川	(前期)				
644	同 2号棺	〃	(前期)				
645	同 3号棺	〃	(前期)				
646	同 6号棺	〃	(前期)				
647	中原古墳	朝倉市中原					180×50-25(?)
648	宝満宮境内	朝倉市把木志波	前・中期				
649	原の東1号墳	朝倉市菱野	(中期)	円墳	径10m	N51°E	200×60〜65
650	同 第8号墳	〃	(中期)	円墳	径5m	東西	80×30-?(東)
651	同 第9号墳	〃	(中期)	方形周溝墓	南北7.5m、東西5.5m	N87°E	133×40-35(?)
652	同 第13号墳	〃	(中期)	円墳	径5m	N40°E	120×南西45北東35-?(南西)
653	妙見1号石棺	朝倉市菱野	(前期)			S10°W	154×南42北36-?(南)
654	同 2号石棺	〃	(前期)			S17°E	185×東南50-?(東南)
655	同 3号石棺	〃	(前期)			N68°W	145×?-?(西)
656	同 4号石棺	〃	(前期)	方形周溝墓		S81°E	203×東45西30-?(東)
657	同 7号石棺	〃	(前期)			S38°E	(東南)
658	同 8号石棺	〃	(前期)			S67°E	158×東39西28-?(東)
659	同 9号石棺	〃	(前期)			S68°E	160×東40西40-?(東)
660	同 13号石棺	〃	(前期)	方形周溝墓		N69°E	
661	同 16号石棺	〃	(前期)			N90°W	170×東37西43-?(西)

石棺の構成	遺体数	副葬品等	石材	参考文献
石材抜き取り		刀子1		〃
石材抜き取り		朱		〃
石材抜き取り		刀子1		〃
石材抜き取り				〃
石材抜き取り		赤色顔料		〃
蓋石4、両側石各4、妻石各1、床礫敷		朱		〃
				『埋もれた朝倉文化』(1969)
		朱		〃
		朱		〃
		朱		〃
		刀子、朱塊		「市遺跡地図」
		鏡、剣、鉾、鉄鏃、斧、鎧、家型埴輪		『考古学雑誌 46-1』
攪乱、石材抜き取り		朱、土師器	緑泥片岩	『九州横断道 53』
攪乱、北側石1、妻北1残、小児棺			緑泥片岩	〃
		鉄釧、小玉、朱	緑泥片岩	〃
石材抜き取り		朱、周溝より土師器・須恵器		〃
枕石				『九州横断道 29』
削平				〃
側石上部小口積、蓋鎧重、枕石				〃
削り出し枕		朱、県、土器		〃
				〃
蓋石平蓋?		朱、歯・骨片		〃
床石なし				〃
削平				〃
蓋石平蓋	人骨?			〃

	古墳名	所在地	時期	墳形その他	墳丘の規模(数値は約)	主軸の方位	石棺の規模(頭位)
662	同 20号石棺	〃	(前期)			N78°E	192×東45西45－?(東)
663	同 23号石棺	〃	(前期)			N80°W	210×東22西35－?(西)
664	同 24号石棺	〃	(前期)			S87°W	160×東31西39－?(西)
665	同 28号石棺	〃	(前期)			N83°W	180×東40西53－?(西)
666	同 32号石棺	〃	(前期)			N83°W	189×東25西45－?(西)
667	同 37号石棺?	〃	(前期)			N77°E	225×東37西45－?(西)
668	大願寺遺跡	朝倉市平塚	(前期)			N63°E	180×東45西38－30(東)
669	二塚1号石棺	朝倉市平塚					
670	同 2号石棺	〃					
671	瓢箪山5号石棺	朝倉市菩提寺		山頂			
672	持丸5号墳	朝倉市持丸	(中期)	円墳	径19m、高2m	N51°W	220×東36西49,5－34(西)
673	同 6号墳A号石棺	〃	(中期)			南北	不詳(北)
674	同 B号石棺	〃	(中期)			S7°W	
675	同 7号墳	〃	(中期)	方形		N18°S	166×東42西46－36(西)
676	深堀遺跡	朝倉市屋形原	前・中期	尾根上	消滅		
677	外之隈1号石棺	朝倉市山田	(初頭)				200×?45?40－?(?)
678	同 Ⅰ区2号石棺	〃	(初頭)			N10°E	86×南26北33－?(北)
679	同 Ⅰ区3号石棺	〃	(初頭)				
680	同 Ⅱ区1号石棺	〃	(初頭)			N79°5′E	179×東49西38－?(東)
681	同 2号石棺	〃	(初頭)			N88°E	174×東36西16－?(東)
682	きょう塚古墳	飯塚市鹿毛馬	5C末	円墳	径14m、高2m		190×45～40－?(?)
683	開1号墳第2主体部	糸島市志摩井田原	(前期)	前方後円墳	全長90m、後円部径53m、前方部幅25m、高?	後円部裾	
684	東宮ノ尾2号墳	北九州市小倉北区篠崎	(5C後半～6C初)	封土流失		E32°S	142×東56西38－50(東)

石棺の構成	遺体数	副葬品等	石材	参考文献
蓋石平蓋	頭蓋骨？	朱、鉄鏃		〃
蓋石平蓋	人骨？			〃
蓋石平蓋	人骨？、小玉			〃
蓋石平蓋	人骨3体（？）、土器、鉄鏃			〃
石棺土壙墓の折衷形式				〃
木蓋木棺墓の可能性？				〃
石材除去		赤色顔料、棺外刀子1	緑簾片岩	『市報告 22』
		消滅		「甘木市遺跡地図」
		消滅		〃
		人骨、仿製鏡、鉾、直刀		〃
蓋石9、両側石各4、妻石各1、床石5		朱	緑泥片岩	『甘木市報告 1』
蓋石不詳、両側石各3、妻石各1、床石なし			緑泥片岩	〃
蓋不詳、東側石5、西側石4、妻石各1、床石なし			緑泥片岩	〃
蓋石4、両側石各5、妻石各1	3体（成人♀、小児2）	朱、滑石製臼玉71		〃
				「甘木市遺跡地図」
石材横組、床石なし		鏡1（内行花文鏡）		『九州横断道 29』
蓋石2(後世移動)、東側石3、西側石2、妻石各1、北西外側に小副室あり			凝灰質片岩	〃
100×150ｃmの板石1枚現存			安山岩	〃
蓋石6、南側石3、北側石1、妻石各1、床石？	1体（成人♀）	朱、鏡1(重圏文鏡)、刀子		〃
		朱、鏡1（飛禽鏡）、鉄板？		〃
蓋石2に縄懸突起、両側石各3、妻石各1	1体（熟年♂）	赤色顔料、直刀2、短刀1、刀子1、鹿角装刀装具、鉸具1、棺外鉄鏃44、鋤崎2、鉄斧2、須恵器	砂岩	『県報告 21』
		埴輪(円筒・朝顔・器材)		近藤『前方後円墳集成』(2000)
蓋石6、南側石6、北側石4、妻石各1、床面礫敷、小児棺？		朱、棺外刀子1		『市報告 14』

	古墳名	所在地	時期	墳形その他	墳丘の規模(数値は約)	主軸の方位	石棺の規模(頭位)
685	同　5号墳	〃	(5C後半〜6C初)	円墳(墳丘中央部)	径6.5m	E17°S	210×東62西39－50(東)
686	長行小学校内遺跡	北九州市小倉南区長行	(初頭)	低丘陵			
687	重住石棺群	北九州市小倉南区重住					
688	猫塚古墳	北九州市小倉南区城野	(前期)	円墳			
689	郷屋古墳	北九州市小倉南区長尾		不整円形	16×13m		
690	郷屋遺跡S-2	北九州市小倉南区長尾	前期			N1°W	114×南31北34－28(南)
691	同　B地点S-4	〃	初頭			N89°E	90×30－35(?)
692	同　S-5	〃	(前期)			N62°E	105×東23西36－35(西)
693	同　S-6	〃	(前期)			N83°W	90×西25－28(西)
694	護念寺石棺群	北九州市小倉南区長野		丘陵上	。		
695	福聚寺6号墳(埋葬施設2基)1号主体石棺	久留米市合川町	6C後半(前期)	方形	一辺10m、高1 2m	東西	176×47－32(東・西)
696	祇園山古墳中心主体部	久留米市御井町	前期	方墳、主体部周辺に57基の埋葬施設	東西23m、南北22.9m、高4m	N29°16′E	170×80－90(?)
697	同　1号石棺	〃	(前期)			東西	
698	同　4号石棺	〃	(前期)			東西	166?×東39?西39?－西13(?)
699	同　7号石棺	〃	(前期)			南北	181?×南45?北30?－24?(南?)
700	同　9号石棺	〃	(前期)			南北	166×南33北39－35(北)
701	同　11号石棺	〃	(前期)			南北	175×南24北36－33(北)
702	同　12号石棺	〃	前期			東西	144×東24西18－30(東)
703	同　14号石棺	〃	前期			南北	145×南33北24－33(南)
704	同　2号墳墳丘下南棺	〃	(前期)	円墳	径11m		155×南21北28－26(北)
705	同　7号墳1号石棺	〃	7C前半(前期)	方形	4×6m、高0.5m	南北	198×42－22(北)
706	同　2号石棺	〃	(前期)			南北	172×南35北31－26(南)
707	七曲山2号墳1号石棺	久留米市山川町七曲	(前期)	方形	18×19m、高1.3m	東西	160×40～37－31(?)
708	同　2号石棺	〃	(前期)			東西	140×39～33－27(?)

石棺の構成	遺体数	副葬品等	石材	参考文献
蓋石9、拳大礫で接合部充填、南側石4、北側石5(上段約2段小口積)、妻石各1(上段小口積)、床面礫敷		館外鎌1、鋤先1、斧1、墳丘西裾から土師器、須恵器		〃
		三角縁四峦鏡1、鉄製品、土師器		〃
				『市報告 251』
				〃
				『市報告 44』
蓋石3、両側石各4、妻石各1、床石なし		赤色顔料、刀子1、ガラス玉50	角閃玢岩	〃
蓋石除去、両側石各2、妻石各1、床石なし、小児棺		鉇1、赤色顔料、土師器		〃
蓋石除去、南側石3、北側石4、妻石各1、床石なし小児棺		素環頭刀子1.		〃
攪乱、蓋石除去、南側石2、北側石1、妻石各1、床石なし、小児棺		赤色顔料、管玉1		〃
		土師器		『加用遺跡』
蓋石2、南側石3、北側石2、妻石各1、床石なし	2体(初葬東、追葬西)			『市報告 207』
(石棺7基)盗掘、蓋石1、両側石各2、妻石各1、床石なし		朱、副葬品なし	安山岩	『九州縦貫道 27』
盗掘攪乱、石材除去、北側石2残		赤色顔料		〃
盗掘攪乱、石材除去、南側石1、西妻石1、床石3残		赤色顔料		〃
盗掘攪乱、石材除去		朱		〃
盗掘、一部攪乱、蓋石4+1、東側石3、西側石4、妻石各1、床石なし、北側に粘土枕		朱		〃
蓋石4、東側石3、西側石2南より岩盤壁、妻石北1、北側に粘土枕		朱、短剣		〃
一部攪乱、蓋石4残(一部二重)、両側石各4、妻石各1、床石中央部抜き取り他4残、東側に粘土枕				〃
蓋石8、東側石5、西側石4、妻石各1、床石なし				〃
蓋石3、両側石各3、妻石各1	1体(成人性別不詳)	刀子		〃
蓋石6、両側石各3妻石各1、床粘土敷	1体	赤色顔料	片岩系	〃
蓋石3、両側石各3、妻石各1、床石6	1体	棺内(鑿1、管玉1)、館外(刀子1、方形刃先2、不明鉄器1)	緑泥片岩	〃
	2体(壮年♂・♀)			『九州縦貫道 27』
	2体(壮年♂・♀)			〃

	古墳名	所在地	時期	墳形その他	墳丘の規模(数値は約)	主軸の方位	石棺の規模(頭位)
709	位登古墳	田川市猪国	(前期)				
710	古剣塚1号墳1号石棺	筑紫野市杉塚	4C中葉	矩形墳	東西10m、高1.6m	東西	140×40－23(？)
711	同　2号石棺	〃	(4C中葉)				
712	唐人塚1-1号石棺	〃	(4C後半)			S78°E	壙長方形、(二段)258×155－60(東)
713	同　2-1号石棺	〃	(4C後半)			N55°E	
714	同　2-3号石棺	〃	(4C後半)			N14°E	170×40－22(北)
715	同　2-5号石棺	〃	(4C後半)			N61°E	185×東45西35－？(東)
716	同　2-6号石棺	〃	(4C後半)			N9°W	170？×45？－？(北)
717	同　3-2号石棺	〃	(4C後半)			N14°5′E	65？×49－？(？)
718	薬師堂山古墳	みやま市瀬高町					
719	西の浦古墳	宮若市金丸	5C中葉～後半	円墳？	径6～8m、高1m	東西	190×東50西47－40(東)
720	大井平野遺跡S01第4主体部	宗像市大井	5C中葉	円墳、埋葬施設6(2基石棺)	径23m	N84°E	169×東37西30－？(東1西3)
721	同　第5主体部	〃	5C中葉			N6°E	182×南42北43－26(南2北1)
722	同　S02	〃	4C末～5C中葉	円墳	東西9.9m、南北11.3m、高0.6～1.6m	N62°W	195×40－？(東)
723	同　S04	〃		円墳	径7.5m	N48°W	130×20～25－？(北西)
724	同　S06a	〃	4C	方形周溝墓	一辺11m	N70°E	165×東43西30－？、(東)
725	同　S06b	〃	4C			N70°E	160×東28西39－？
726	徳重2号墳SK11	宗像市徳重	(前期)			N66°E	72×28－？(？)
727	上高宮古墳	宗像市田島	前・中期				
728	城の谷古墳	八女市北田形	(中期)	円墳	径16×10m、高2m	N72°E	172×東49西44－？(東・西)
729	西の辻42号	八女市吉田	古墳			N57°E	100×25－35
730	同　43号	〃	古墳			N67°E	52×18－30
731	同　44号	〃	古墳			N56°E	135×40？－45

石棺の構成	遺体数	副葬品等	石材	参考文献
		鏡、直刀、管玉		『考古学雑誌 46-1』
		朱、土師器		『九州縦貫道 26』
攪乱、側壁1枚残存				〃
蓋石5、両側石各4		赤色顔料、鉇1	花崗岩	『九州縦貫道 18』
蓋石5	1体(熟年♀)			〃
		赤色顔料、小玉34、鉇1		〃
		鎌1		〃
石材除去、東側石1残		赤色顔料		〃
小児棺？				〃
		人骨？		『考古学雑誌 46-1』
蓋石除去、両側石各5、妻石各1(東除去)、床面礫敷	1体	剣、鎌、鍬先、斧、刀子、鉇状鉄器、ネジリ棒状鉄器		『九州考古学 36・37』
蓋石3、両側石各3、妻石各1、床石なし	4体(成人♂2、同♀2)	刀子1、滑石製臼玉2	砂岩	『市報告 56』
蓋石3、東側石3、西側石2、妻石各1、床石なし	3体(成人♂2、♀1)	朱、2号♂(鹿角柄付鉄剣、鉄鏃)	砂岩	〃
蓋石6、両側木板、東妻粘土、妻西1、石棺木棺折衷形式		一部木材、赤色顔料、刀子1、竪櫛3		〃
蓋石4、両側石各2、妻石各1		刀子片		〃
一部攪乱、蓋石共有一部三層、両側石各2、妻石各1、床石なし		1墓壙に側壁共有並列棺)、管玉1		〃
蓋石共有、北側石共有、南側石2、東妻石なし		鉇1		〃
蓋石3、南側石2、北側石1				『市報告 52』
		刀子、銅鏃、斧、甲冑		『考古学雑誌 46-1』
蓋石2、両側石各2、妻石各1、床石なし、西側に粘土枕	2体(壮年♀、熟年♂)、♀先葬♂追葬	変形神人鏡1、勾玉3、管玉24、小玉27、算盤玉1、棺外鉾1、刀子片3、土師器	凝灰岩切組石	『市報告 9』
		川原石、緑泥片岩		『市報告 51』
		川原石、緑泥片岩		〃
		朱		〃

	古墳名	所在地	時期	墳形その他	墳丘の規模(数値は約)	主軸の方位	石棺の規模(頭位)
732	稲童10号墳	行橋市稲童	(前期?)	円墳、砂採取で消滅	径5m、高1m		
733	同 11号墳	〃	(前期)	円墳(主体部3周溝外に石棺)	12.8×11.2m、高1.5m	N81°E	48×東13西10－15(東)
734	同 12号墳1号石棺	〃	(前期)	不明	高1.5m	N24°W	172×南30北35－25(北)
735	同 2号石棺	〃	(前期)			N17°W	172×南30北38－25(北)
736	同 13号墳	〃	5C後葉	方墳	一辺5m、高1m	N65°W	183×東32西42－35(東)
737	同 15号墳	〃	5C	円墳	径6m、高1.5m		195×東35西48－45(西)
738	光正寺古墳	糟屋郡宇美町宇美	(前期)	前方後円墳	全長50m、後円部径30m・高4m、前方部幅13m・高2m	後円部中央	
739	平塚古墳	糟屋郡粕屋町大隈	弥生～古墳	楕円形	16×14m、高1.5m	東西	188×655－70(?)
740	上大隈古墳	糟屋郡粕屋町上大隈		円墳			
741	亀山神社境内	糟屋郡志免町別府					
742	炭焼第1号墳	筑紫郡那珂川町仲	(前期)				169×東50西36－?(東)
743	同 第2号墳	〃	(前期)				150×東35西22－?(東)
744	同 2号墳1号石棺	〃	(前期)	長方形	11×8m、高1.5m	S48°E	169×南東50北西22－35(南東)
745	同 2号石棺	〃	(前期)			S50°E	150×南東35北西22－35(南東)
746	油田第2号墳	筑紫郡那珂川町	4C中～後半)			南北	175×40～32－?(?)
747	岩屋1号墳第2号主体	京都郡苅田町上片島	4C前半	円墳	径南北13m、東西19m		160×東40西30－?(東)
748	同 6号墳第2号主体	〃	4C前半	方墳	一辺14.5m		167×38－40(西)
749	野添第2号墳	京都郡みやこ町勝山	(前期)	方形周溝墓			180×35－20(?)
750	同 3号墳第2主体	〃	(前期)	方形	一辺20～25m		200×40－30(?)
751	同 1号石棺	〃	(前期)				170×30－?(?)
752	同 2号石棺	〃	(前期)			南北	180×30－40(?)
753	古川平原第5号墳	京都郡みやこ町犀川	(中期)	円形周溝墓	径9m	N64°E	173×44－41(東)
	大分県						

石棺の構成	遺体数	副葬品等	石材	参考文献
				『市報告 32』
蓋石3、両側石各2、妻石各1、床石なし、小児棺				〃
蓋石除去、東側石3、西側石4、妻石各1、床石なし		滑石製勾玉2、赤色顔料(ベンガラ)		〃
蓋石7、東側石4、西側石3、妻石各1、床石なし		赤色顔料(ベンガラ)		〃
蓋石4、両側石各5、妻石各1、床石なし、粘土枕	1体	主体部3(1号石棺)、赤色顔料(ベンガラ)、棺外鉄斧1		〃
蓋石2、南側石2、北側石3、妻石各1、粘土枕、床粘土	1体(成人♂)	剣1、勾玉1、方形板革綴短甲1、鉈1	変成岩	〃
		刀子1、土師器(前方部)	砂岩	近藤『前方後円墳集成』(1992)
蓋石2、南側石1、北側石2(途中折二重)、妻石各1、床石2		赤色顔料、鏡1(内行花文)、管玉14	砂岩・蛇紋岩・花崗岩	『九州考古学 11・12』
		鏡片、管玉		『考古学雑誌 46-1』
				〃
床石なし	1体(熟年♂)	赤色顔料		『県報告 37』
	2体(成人♀・小児)	赤色顔料		〃
蓋石4、南側石4、北側石3、妻石各1、床石なし	1体(熟年♂)	朱	花崗岩	〃
一部攪乱、蓋1?、両側石各3、妻石各1、床石なし	3体(成人♀、小児2)	朱		〃
		櫛、刀子、赤色顔料		〃
北東部攪乱、蓋石1、南側石2、北側石1、西妻石1残、床石なし			緑泥片岩	『町報告 31』
蓋石3、南側石4、北側石5、妻石各1、床石なし、西側に粘土枕		主体部2基、刀子1、赤色顔料	花崗岩	〃
蓋石8、東側石5、西側石5	1体(成人♂)	土師器	片岩系板石	『県報告 141』
蓋石7、両側石各7、妻石各1、床礫敷	人骨?	鉄斧		〃
蓋石4?、両側石各5、妻石各1				〃
蓋石7、両側石各6、妻石各1		刀子1		〃
蓋石5、両側石各5、妻石各1、床石なし	1体(詳細不詳)	鉄針1、不明鉄器1、勾玉状石製品	花崗岩	『犀川町報告 5』

	古墳名	所在地	時期	墳形その他	墳丘の規模(数値は約)	主軸の方位	石棺の規模(頭位)
754	上ノ坊古墳	大分市市尾字上ノ坊	(中期)	前方後円墳	全長59m、後円部径44m・高5.5m、前方部幅16m・高2.5m		
755	大臣塚古墳	大分市上野町字六坊	(中期)	前方後円墳、江戸時代に発掘	全長30m、後円部径25m・高7m、前方部幅10m・高2m		
756	西大越古墳(俗称丸山)	大分市大在		円墳			6尺6寸5分×2尺4寸－2尺2寸(東南北西)
757	浜遺跡2号石棺	大分市大在浜				N42°W	180×45－40
758	御陵古墳第1号石棺	大分市木上	中期	前方後円墳	全長75m、後円部径55m・高6m、前方部先端幅20m・高9m	東西	230×30－70(?)
759	同　第2号石棺	〃	中期			東西	180×80－?(?)
760	辻2号墳	大分市坂ノ市		方形周溝墓	北西9m、南東8m		215×40－23(東)
761	野間1号墳	大分市坂ノ市字野間	前期?	前方後円墳	全長48m、後円部径25m、前方部幅20m、高3.5m		
762	同　2号墳	〃		前方後円墳	前方部削平、後円部径25m、高2m		
763	同　3号墳	〃	(前期)	前方後円墳、1959年消滅	全長50m		
764	同　7号墳東石棺	〃	古式須恵器	円墳	径7～8m、高2m	N12°W	103×南37北33－36
765	同　南石棺	〃		消滅			
766	同　10号墳	〃		円墳	径6m	N45°W	150×47－60(東南)
767	馬場古墳	大分市佐賀関字馬場		前方後円墳	全長60m、高5m、前方部幅14m・高3m		
768	亀塚古墳第1主体部	大分市里字大塚	(中期)	前方後円墳	全長120m、後円部径65m・高10m、前方部幅48m・高7m		320×100－?(?)
769	大内古墳	大分市下戸次		円墳			
770	蓬莱山古墳	大分市庄の原		前方後円墳	全長80m、後円部径36m・高6m、前方部幅17m・高3m		170×45－55(?)
771	大蔵古墳	大分市城原字大倉		前方後円墳	全長50m		
772	亀甲古墳	大分市三芳		前方後円墳			
773	築山古墳第1主体部南棺	大分市佐賀関字神崎	前期	前方後円墳	全長90m、後円径40m・高12m、前方部幅45m・高10m	東西	195×75－80(東)

石棺の構成	遺体数	副葬品等	石材	参考文献
		鏡1（方格規矩鏡）、剣22、三葉環頭太刀1、勾玉3、管玉多数埴輪円筒	緑泥片岩	近藤編『前方後円墳集成』（1992）
		伝短甲	結晶片岩	〃
	4体（壮年♂2、成人♀、小児）	直刀2、鉄鏃3、勾玉2、管玉9、臼玉2、小玉35、朱	緑泥片岩	『考古学雑誌 46-1』
蓋石6		勾玉2、管玉31、算盤玉1、小玉285、鉄辺1		『県報告 48』
石材全て抜取られ		勾玉1、管玉1、小玉1、鉄鏃3、短甲片3	緑色結晶片岩	『県報告 24』
石材抜き取られ		刀片、鉇片、管玉2、棗玉1	緑色結晶片岩	〃
北側一部削除、蓋石4、南側石3、北側石3？、妻石各1、床石3？		溝内に土師器	緑色結晶片岩	『市報告 51』
		昭和39年盗掘底部穿孔壺？		『県報告 13』
石材除去		剣片1		〃
副室あり坂ノ市中学校に移設		鏡1、石釧1、管玉2、鉄鏃1		〃
蓋石除去、東側石2、西側石1、妻石各1、床石4、小児棺		管玉2、小玉18	片麻岩系板石	〃
	1体（成人♂）			〃
蓋石1？、南側石1、北側石2、妻石各1、床石なし		鏡1、刀子1、勾玉2、鉄斧1、土師器		〃
				近藤義郎編『前方後円墳集成』（1992）
		埴輪（円筒・朝顔・器材・家）、直刀片、剣片、鉄鏃片、短甲片、滑石製勾玉428、同臼玉7、同管玉4、碧玉製管玉5、ガラス小玉5		近藤『前方後円墳集成』（2000）
		直刀、剣、鉄鏃、銅鏃、斧、銅環、土師器		『考古学雑誌 46-1』
			緑泥片岩・安山岩	〃
			緑泥片岩	近藤『前方後円墳集成』（1992）
		鏡、剣、管玉、小玉		『考古学雑誌 46-1』
	3体（♀1不詳2）	鏡1、直刀10、環頭太刀1、剣4、鉄鏃90、刀子4、鉇3、斧5、鍬先13、鎌2、釞1、錐6、毛抜形鉄器2、小玉180、貝釧1	緑泥片岩	佐藤虎雄『築山古墳』（1935）

	古 墳 名	所 在 地	時 期	墳形その他	墳丘の規模(数値は約)	主軸の方位	石棺の規模(頭位)
774	同　第2主体部北棺	〃	前期			東西	180×65-73(東)
775	赤塚古墳	宇佐市高森	前期	前方後円墳	全長58m、後円部径36・高5m、前方部幅21m・高2.5m	N42°W	194 × 南 55 北 62 - 90(北)
776	千石古墳	宇佐市千石?	古墳初頭				
777	灰土山古墳	杵築市大田杏掛		円墳			
778	七ツ森B号墳	竹田市菅生	前期	前方後円墳	全長51m、後円部径29m・高6m、前方部幅8m・高3m	N20°E	350×75-?(西)
779	同　C号墳	〃		前方後円墳	全長53m、後円部径31m・高?、前方部幅12m・高?		
780	亀山古墳	中津市上如水		前方後円墳			
781	狐塚古墳	中津市鍋島		円墳?	高2m	東西	180×40-55(西)
782	草場第2遺跡4号墓第13号石棺	日田市清岸寺町字亘理		方形周溝墓		N82°W	154×43-34(東)
783	同　5号墓第37号石棺	〃		方形周溝墓	一辺12.5m	N80°W	172×40-52(西)
784	同　第33号石棺	〃				N61°W	222 × 東 ? 西 60 - 23(西)
785	同　6号墓第198号石棺	〃		方形周溝墓	東西14m、南北13m	N68°W	173×35-25(西?)
786	同　11号墓第1主体第195号石棺	〃		方形周溝墓	一辺12.5m	N73°W	140×49-?(東?)
787	同　第2主体第196号石棺	〃					
788	同　13号墓第1主体第192号石棺	〃		方形周溝墓	東西11m、南北12m	S74°E	171×50-54(東3・西2)
789	同　17号墓第200号石棺	〃		円形周溝墓	径14m	N62°W	167×47-66(東?)
790	坊ノ原古墳	豊後大野市大野町北園		前方後円墳	全長45m、後円部径26m・高4m、前方部幅10m・高2m		
791	入津原丸山古墳	豊後高田市新栄	中期	前方後円墳	全長90m、後円径45m、高13m、前方部幅10m・高3m		
792	志津里B地区1-1号石棺	玖珠郡玖珠町太田	前期	石棺8基		N20°E	187 × 南 32 北 38 - 34(北)
793	同　1-2号石棺	〃	前期			N10°E	173×50-20(南2北1)

石棺の構成	遺体数	副葬品等	石材	参考文献
	1体(熟年♀)	管玉2、貝釧	緑泥片岩	〃
蓋石3、東側石1、西側石2、床石中央部に2	?	盤龍鏡、四神四獣鏡、三神三獣鏡2、直刀片3、斧1、管玉3	安山岩	梅原末治『考古学雑誌 14-3』
		内行花文鏡、剣、		『考古学雑誌 46-1』
		鏡、刀子、管玉、丸玉		〃
蓋石1、南側石2、北側石3、妻石各1、床石4	2体(成人♂・♀)	石釧1、刀子9、垂玉4、管玉2、小玉8	角閃石安山岩	『県報告 4』
			角閃石安山岩	近藤編『前方後円墳集成』(1992)
				『考古学雑誌 46-1』
蓋石2、南側石2、北側石1、妻石各1、床石2	2体(?)	赤色顔料、管玉15、ガラス小玉1		『九州考古学 32』
攪乱		勾玉2、管玉15、赤色顔料		『九州横断道 1』
蓋石3、南側石3、北側石2、妻石各1、床石なし	3体(成人♂2・同♀)	刀子1、櫛2、赤色顔料		〃
蓋石除去、南側石3、北側石2、妻石各1、床石なし		鉄鏃10?、鉇1、不明鉄器1	安山岩	〃
蓋石3、両側石各3、妻石各1、床石なし	1体(若年♀?)	朱		〃
石材除去、東妻石1残、床石なし				〃
				〃
蓋石1、南側石2、北側石3、妻石各1、床石なし	5体(熟年2♂♀・成人3♂1♀2)	剣1、直刀1、鹿角装刀子1、刀子1、鹿角装刀装具1、、鉄鏃36?、櫛6、勾玉4、管玉14棗玉1、小玉160	安山岩	
蓋石4、南側石3、北側石2、妻石東二重、西1、妻石各1、床石なし	3体(成人♀、小児1、不明1)	棺外に須恵器	凝灰岩切石	〃
			凝灰岩	〃
		埴輪(円筒・朝顔・壺形)、鏡1(四獣鏡)、勾玉1、滑石製品、伝(鉄製武器多数・短甲)	安山岩	近藤『前方後円墳集成』(1992)
蓋石3、両側石各3、妻石各1、床石なし、北側粘土枕	1体(青年♂)	剣1、朱		『県報告 69』
蓋石2、東側石2、西側石3、妻石各1、床石なし	3体(熟年♂♀成人♀)	刀子1		〃

	古墳名	所在地	時期	墳形その他	墳丘の規模(数値は約)	主軸の方位	石棺の規模(頭位)
794	同 2-1号石棺	〃	前期			N91°E	181 × 東 39 西 37 － 45 (東)
795	同 3-1号石棺	〃	前期			N96°W	160 × 東 28 西 35 － 33 (西)
796	同 3-2号石棺	〃	前期			N93°E	178 × 東 34 西 36 － 32 (東・西)
797	同 3-3号石棺	〃	前期			N98°E	184×東37西38－40(東西)
798	同 3-4号石棺	〃	前期			N102°W	105？×西38－40(？)
799	同 3-5号石棺	〃	前期			N17°W	69×37－35(？)
800	岩塚古墳	玖珠郡玖珠町戸畑	5C末	円墳	径10m、高10cm	N60°W	173×54－40(東・西)
801	玖珠SA遺跡1号石棺	玖珠郡玖珠町戸畑				東西	170×35－40(東)
802	千人塚古墳	玖珠郡玖珠町森		円墳			
	山口県						
803	朝田第Ⅰ地区1号石棺	山口市朝田	中期			E80°S	170×40－42(？)
804	同 2号石棺	〃	〃			E3°S	85×30－30(？)
805	同 3号石棺	〃	〃			N68°E	155×47－40(？)
806	同 4号石棺	〃	〃			E5°S	155×40－45(？)
807	同 5号石棺	〃	〃			N88°5′E	165×35－25(？)
808	同 6号石棺	〃	〃			N82°E	168×33－38(？)
809	同 7号石棺	〃	〃			N58°E	160×20－20(？)
810	同 8号石棺	〃	〃			N53°5′E	97×29－24(？)
811	同 9号石棺	〃	〃			N78°E	175×50－40(？)
812	同 10号石棺	〃	〃			N80°E	160×42－35(？)
813	同 11号石棺	〃	〃			N69°E	175×40－34(？)
814	同 12号石棺	〃	〃			N52°E	185×74－52(？)
815	同 13号石棺	〃	〃			N23°E	132×40－45(？)

石棺の構成	遺体数	副葬品等	石材	参考文献
蓋石4?、南側石2、北側石3、妻石各1、床石なし	2体(熟年♀成人♀)	鏡1(珠文鏡)、刀子2、勾玉2、管玉3、小玉92		〃
東側削除、蓋石2?、南側石2、北側石3、西妻1	2体(未成人?)	管玉1、小玉1		〃
蓋石5、南側石2、北側石3、妻石各1、床砂敷	2体(熟年♂老年♀)	刀子1、勾玉1		〃
蓋石4、両側石各2、妻石各1、床石なし	2体(成人♂・老人♀)	刀子1		〃
東側削除、蓋石1、南側石1、北側石2、西妻石1残		小玉1		〃
南側削除、東側石2、西側石1、北妻石1残、床石なし、小児棺		刀子1.、管玉7		〃
石材一部除去、蓋石2?、両側石各2、妻石各1、床石なし	3体(熟年♂、成人♂、壮年♀)	剣1、刀子1、鉄鏃4	安山岩	『九州横断道 1』
蓋石1残、南側石4、北側石3、妻石各1、床石なし		直刀1、ベンガラ	安山岩	『九州横断道 4』
		櫛・勾玉・管玉		『考古学雑誌 46-1』
		素環頭刀子1、頭骨		『県埋文報告 32』
小児棺				〃
		鉄鏃1		〃
3号墳により半壊		素環頭刀子1		〃
		剣1、頭骨、枕石		〃
		朱、鉄鏃1、人歯4		〃
礫床、盗掘				〃
、小児棺				〃
				〃
敷石		管玉1、小玉85		〃
		刀子1、朱		〃
		鉄鏃1		〃
		鏡1、鎌1、素環頭刀子2、小玉85、貝小玉19、歯3		〃

	古墳名	所在地	時期	墳形その他	墳丘の規模(数値は約)	主軸の方位	石棺の規模(頭位)
816	同　2号墓	〃	初期～中期	円形周溝墓	内径7.5m	東西	155 × 東 31 西 25 － 25(東)
817	同　4号墓	〃	〃	斜面・方形墓	長辺4.5m	N14°E	152 × 南 24 北 35 － 254.(北)
818	同　5号墓	〃	〃	斜面・円形周溝墓	東西内径8m	N80°E	210 × 東 52 西 41 － 40(東)
819	同　6号墓	〃	〃	円形周溝墓	東西内径9m	N70°E	160 × 東 37 西 27 － 23(東)
820	朝田第Ⅲ地区2号墳	〃		円墳	径4m、高33cm	N107°W	95×東17西21－26(西)
821	同　4号墳	〃		円墳	径7.5m、高48cm	N35°E	162 × 東 32 西 20 － 27(東)
822	同　5号墳	〃	前期	円墳	径7m、高30cm	N62°E	186 × 東 45 西 20 － 44(東)
823	同　6号墳	〃		円墳	径6m、高44cm	N70°E	185×31－28(東)
824	同　7号墳	〃	前期	円墳	径7m、高55cm	N76°E	170×20－30(西)
825	同　8号墳	〃		円墳	径8m、高80cm	N72°E	165 × 東 39 西 21 － 32(東)
826	同　9号墳	〃		円形墓	径5.6m		
827	同　11号墳	〃	後期	円形墓	径3.5m		
828	同　12号墳	〃		円形墓	径6m		
829	同　14号墳	〃	前期	方形墓	一辺5.9m	N29°E	186×44－37(?)
830	同　15号墳	〃	〃	方形墓	一辺9m	N42°E	176 × 南 20 北 35 － 21(北?)
831	同　18号石棺	〃		単独石棺		N47°E	78×東35西37－18(東)
832	同　19号石棺	〃	前期	単独石棺		N9°E	196 × 北 43 南 31 － 26(北)
833	同　20号石棺	〃	〃	単独石棺		N7°E	170 × 南 35 北 47 － 20(北)
834	朝田弟Ⅵ地区ST1	〃				N45°E	192×101－79(東・西)
835	同　ST2	〃				N5°E	295×65－65(東)
836	朝田第Ⅱ地区4号墓	〃	古墳初～5C前半	方形墓	長辺4.5m	N14°E	152×35－22(北)
837	同　6号墓	〃	〃	方形墓	長辺7.2m	N68°E	180×30－20(北東)
838	同　7号墓第2主体部	〃	〃	方形墓		N76°E	158×30－22(東)
839	同　8号墓	〃	〃	方形墓	東西12.7m×9m	N72°E	171×41－29(東)
840	同　9号墓	〃	5C後半～6C初	円形墓	径5.6m		

石棺の構成	遺体数	副葬品等	石材	参考文献
蓋石3、両側石各4、妻石各1、床石なし、東枕石	1体(?)	鉄針、不明鉄器、滑石製有孔円板、同小玉	緑泥片岩	『県報告32』
蓋石二重(6＋12)、東側石4、西側石6、妻石各1、床石なし、北枕石				〃
蓋石5、南側石4、北側石3、妻石各1、床石小板石敷		墳頂部から土師器	緑泥片岩	〃
蓋石5、南側石3、北側石4、妻石各1、床石なし、東枕石	1体(歯13本)	棺外鉄鉾1、鎌1、溝内壺形土器	緑泥片岩	〃
蓋石2、両側石各2、妻石各1、床石1、小児棺		赤色顔料	緑泥片岩	『県報告33』
蓋石5、南側石4、北側石3、妻石各1、床石なし		剣1、鉄鏃1	緑泥片岩	〃
蓋石除去、南東側石5、北西側石6、妻石各1、床石なし	歯			〃
蓋石除去、東側石6、西側石7、妻石各1	人骨		緑泥片岩	〃
蓋石除去、南側石3、北側石4、妻石各1、床石なし、小児棺		鉄針1、不明鉄器1、滑石製小玉63	緑色片岩	〃
蓋石除去、南側石3、北側石2、妻石各1、床石なし		鏡(重圏文鏡)1、鉇1	緑色片岩	〃
攪乱		鉄片1	緑色片岩	〃
攪乱			緑色片岩	〃
攪乱			緑泥片岩	〃
蓋石11、東側石4、西側石5、妻石各1、床石なし			緑泥片岩	〃
蓋石5、南側石6、北側石5、妻石各1、床石なし	人骨(頭骨・歯)	鉇1、滑石製勾玉1	緑泥片岩	〃
蓋石除去、両側石各3、妻石各1、床石4、小児棺			緑泥片岩	〃
蓋石二重(7＋5)、東側石4、西側石5、妻石各1、床石破砕板石敷			緑泥片岩	〃
蓋石5、両側石各4、妻石各1、床板石片敷	歯4	鉇1	緑泥片岩	〃
蓋石1残、両側石各4、妻石各1、床石なし	2体(成人♂)	鉄鏃、赤色顔料	変成岩系	『県報告71』
蓋石6、南東側石7、北西側石8、妻石各1、床石なし	1体(成人♂)	刀子、鉇、鉄鏃	変成岩系	〃
蓋石二重(6)、東側石4、西側石6、妻石各1、床石なし			緑泥片岩	『県報告69』
蓋石6、南側石3、北側石5、妻石各1、床石なし、東枕石		蓋石上に土師器(壺1)	緑泥片岩・砂岩	〃
蓋石2＋?、南側石4、北側石3、妻石各1、床石二重小板石	1体(成人?)	鏡(内行花文)片	緑色片岩	〃
蓋石二重(8)、両側石各4、妻石各1、床石9	1体(成人?)	鏡1(重圏文鏡)、鉇1、祭祀用土壙(壺2・器台3)		〃
		鉄片1	緑泥片岩	〃

	古墳名	所在地	時期	墳形その他	墳丘の規模(数値は約)	主軸の方位	石棺の規模(頭位)
841	同 10号墓	〃	〃	円形墓	径4m、高33cm	東西	壙隅丸方形、110×55－20.
842	同 11号墓	〃	〃	円形墓		東西	壙長方形、130×50－45
843	同 12号墓	〃	〃	円形墓	径6m	東西	
844	門前遺跡1号石棺	山口市朝田					
845	同 2号石棺	〃					
846	神田山第1号石棺	山口市大内矢田	前期初			南北	195×南60北40－?(南)
847	同 第2号石棺	〃	〃			N62°W	145×東34西24－48(東)
848	同 第3号石棺	〃	〃			南北	壙隅丸長方形、162×48－30(南)
849	黒川遺跡第2号石棺	山口市黒川字小出	初頭	方形周溝墓	東西内径6m、南北内径4m	N10°W	207×61－21(?)
850	同 第3号石棺	〃	初頭			N85°W	141×60－50(?)
851	上の山第1号石棺	山口市宮野下				N60°E	190×46－24(北)
852	同 第2号石棺	〃				N4°E	56×20－18
853	大判石棺群	山口市吉敷	前期			N52°W	147×46－22(西)
854	天神山2号墳	山口市吉敷		円墳、保存整備		N36°W	185×東45西35－35(東)
855	赤塚古墳	山口市上宇野令		円墳?			
856	山上古墳	宇部市東須恵					
857	大判山古墳	山陽小野田市大須恵	前期	前方後円墳	全長42m、後円部径24m・高2.8m、前方部幅11.6m・高0.8m?		226×1,11－?(?)
858	若宮古墳第1地点第1主体部	下関市綾羅木字郷	前期	前方後円墳	全長47m、後円部径22m・高3.8m、前方部幅12m・高2m	N94°E	180×東42西37－30(東)
859	同 第2主体部	〃				N93°W	(西)
860	同 第5主体部	〃				N93°E	240×40－36(東?)
861	上ヶ原古墳第1主体部	下関市有冨		方墳		N86°E	182×72－63(?)
862	打石遺跡Ⅱ地区	下関市彦島迫町	前期～中期			N80°E	148×東45西39－?(東)
863	椎の木原LT001	下関市後田町	古式土師器			N12°W	155×35－34(?)

全国箱式石棺集成表（古墳時代篇） 461

石棺の構成	遺体数	副葬品等	石材	参考文献
			緑泥片岩	〃
			緑泥片岩	〃
攪乱、石材除去、南側石3、北側石4想定			緑色片岩	〃
		弥生土器、土師器、鉄刀、鉄釘		『市報告 68』
				〃
蓋石6、両側石各6、妻石各1、床石6	1体（青年♂）	剣1、鍬3、管玉1、小玉4		『市報告 12』
蓋石除去、南側石5、北側石6、妻石各1、床石なし			結晶片岩	〃
攪乱、蓋石除去、北側両側石各1残、北妻石1残				〃
攪乱、蓋石除去、両側石各1残、妻石各1、床石なし	1体(成人)		結晶片岩	『県報告 57』
石材抜き取り、枕石	1体(成人)		結晶片岩	〃
蓋石7、東側石4、西側石3、妻石各1、床石なし		管玉18、貝製品1	結晶片岩	『県報告 164』
蓋石4、南側石2、北側石3、床石なし、小児棺			結晶片岩	〃
蓋石5、南側石4、北側石3、妻石各1、床石なし	2体(成人♀2)			『市報告 6』
蓋石5、両側石各4、妻石各1、床石なし、東枕石			緑色片岩	『市報告 8』
				『考古学雑誌 46-1』
		鏡		〃
	1体(?)	赤色顔料、伝(鏡1・剣1・直刀1)		近藤『前方後円墳集成』(1991)
蓋石5、南側石3、北側石4、妻石各1、床石なし			花崗岩、緑色片岩	『市報告』(1987)
西側に枕石?		赤色顔料	緑色片岩	〃
石材抜き取り、西妻石1、両側石各1残、床石なし		寛永通宝採集		〃
蓋石2、両側石各1、妻石各1、床石なし		貝小玉1	結晶片岩、花崗岩	『県報告 115』
蓋石5、両側石各5、妻石各1、床石なし			蓋石カンラン石玄武岩、側石変形玄武岩	『市報告 23』
蓋石3、両側石各4、妻石なし、床石なし			頁岩	『市報告 26』

	古墳名	所在地	時期	墳形その他	墳丘の規模(数値は約)	主軸の方位	石棺の規模(頭位)
864	同 LT002	〃				N69°W	137×28－27？(？)
865	同 LT003	〃	後期			N5°E	154×36－？(？)
866	勝谷丸山1号墳	下関市勝谷		円墳	径10m		195×東55西45－？(東)
867	同 2号墳	〃	弥生中期～古墳前半	傾斜面			壙隅丸方形、250×140(東)
868	土井古墳	周南市富田					
869	内川1号墳	美祢市伊佐町字内川	前期	方墳	一辺7m、高60cm	N19°E	222×南78北60－？(南・北)
870	同 2号墳	〃		丘陵斜面		N72°W	227×53－50（？）
871	神花山古墳	熊毛郡平生町佐賀	中期	前方後円墳、1943年軍事施設工事で一部破壊	全長30m、後円部径15m・高2.5m、前方部幅5.5m・高1m		175×37－35(？)
872	白鳥古墳	熊毛郡平生町佐賀		前方後円墳、1749年白鳥神社造営により破壊	全長120m、後円部径65m・高11m、前方部幅60m・高8.5m		
	広島県						
873	成岡遺跡A地点2号墳	広島市安芸区中野東	前期前半	円墳	径7.5m	N46°W	180×南59北43－50(南)
874	西崎2号墳	広島市安芸区矢野町字西崎					210×60－？(？)
875	同 3号墳	〃					外法180×70－？(？)
876	同 第3号墳(埋葬施設10基)第9主体部	〃	前期前半	長円墳	径13.5m×11.5m	N9°E	160×30－20(南)
877	上ガ原E-1号墳	広島市安佐北区可部町上原					200×40－？(？)
878	同 E-2号墳	〃					200×60－？(？)
879	中矢口古墳	広島市安佐北区口田				N22°W	200×南25北39－45(北)
880	高陽台遺跡B地点1号墓A主体部	広島市安佐北区口田南	弥生終末	長方形	20m×12m	N40°E	壙120？×75－39
881	同 B主体部	〃	〃			N62°E	90×30－20(東？)
882	同 C主体部	〃	〃				
883	同 2号墳	〃	5C	円形墓	径9m、高2m	N17°W	160×南35北40－？(北)
884	同 3号墳	〃	〃	方形墓	10m×9m	N24°E	151×南22北32－25(北)

石棺の構成	遺体数	副葬品等	石材	参考文献
床石川原石以下記載なし、			頁岩	〃
				〃
蓋石5、両側石各3、妻石各1、床石なし、両側石に一段の小口積あり、石枕あり		土師器片、須恵器片	花崗岩	『市報告 56』
南側削除、蓋石除去、北側石4、床石なし		朱	安山岩	〃
	人骨	管玉		『考古学雑誌 46-1』
蓋石3?、東側石7、西側石5残、妻石各1、床石なし	6体(熟年♀、成人♂3、♀1、小児1)	鉄鏃1、斧1	花崗岩、石灰岩	『県報告 24』
北側削除、南側石8、妻石西1残、床石なし			花崗岩、石灰岩	〃
	1体(壮年♀)		安山岩	近藤『前方後円墳集成』(1991)
		埴輪(円筒・家)、赤色顔料、鏡2(仿製三角縁二神二獣鏡・同四神四獣鏡)、直刀、管玉12、鎌1、鍬先1、斧5、巴形銅器5	安山岩	近藤『前方後円墳集成』(1991)
蓋石5、東側石7、西側石5、妻石各1、床石なし	1体(老年♂)	朱、刀子1、土師器		『市文化財団報告 6』
				〃
				〃
石材流出、西側石2残、床石なし		小玉1		〃
				『市の文化財 21』
				〃
蓋石除去、両側石各4、妻石各1、床石なし				『市の文化財 15』
石材抜き取り				『市の文化財 21』
石材抜き取り、南側石2、北側石1、西妻石1残、床石なし、小児棺				〃
石材3枚残存、小児棺				〃
南側抜き取り、蓋石除去、東側石3+Ⅰ、西側石4+Ⅰ、妻石北Ⅰ、床石なし				〃
北東部攪乱、蓋石2残、南側石3残、北側石5、妻石各1、床石なし、北枕石		鉄鏃1		〃

	古墳名	所在地	時期	墳形その他	墳丘の規模(数値は約)	主軸の方位	石棺の規模(頭位)
885	同 4号墳	〃	〃	半円形	11m×1m	N9°W	199×南26 北41－41(北)
886	寺山2号墳	広島市安佐南区山本	5C後半	楕円形	8.5m×7m、高80cm	N22°E	155×南30 北32－?(北)
887	同 3号墳	〃	〃	円墳	径8m	N70°E	226×東56 西57－63(西?)
888	同 4号墳	〃		円墳	径7m、高1m	N35°W	155×南81 北81－?(北?)
889	同 6号墳(埋葬施設5基)D主体部	〃	5C	方墳	南北6m、東西9m	N66°E	165?×東32 西27－?(東)
890	同 6号墳E主体部	〃				N30°E	168×東42 西22－?(東)
891	同 8号墳	〃				S30°E	168×東42 西22－?(東)
892	白山1号墳	広島市安佐南区古市					185×40－?(?)
893	宇那木山1号墳	広島市安佐南区緑井					180×40－?(?)
894	石井ケ原2号墳	安芸高田市高宮町来女木	6C後半	円墳、南裾に石蓋土壙墓6基	径7.2m	N57°E	175×35－55(北東)
895	稲干場9号墳SK1	庄原市口和町大月	6C	円墳	径10m、高2m	N70°E	234×東75 西70－30(東)
896	曲3号墳	庄原市口和町金田	5C中葉	円墳	径7m	N77°E	110×30－25(東?)
897	川東大仙山10号墳南裾SK1	庄原市東城町川東	6C	円墳	径10m	N58°E	72×東38 西29－?(東)
898	諏訪1号墳	庄原市本郷町諏訪		前方後円墳	全長29.8m、後円部径20m・高3.5m、前方部幅15.5m・高2m		
899	福浦古墳	竹原市東野町福浦	後期?	円墳?			
900	枯木野古墳	竹原市東野町枯木野	後期?	円墳?			
901	大唐田古墳	竹原市東野町吉行		前方後円墳			
902	入野中山2号墳	東広島市河内町入野			東西5m、南北7m	N56°E	260×東45 西45－45(東)
903	三ツ城古墳2号石棺	東広島市西条町御園宇	中期?	前方後円墳	全長92m、後円部径62m・高13m、前方部幅67m・高11m	南北	外側240×108－28、内側200×南45 北34－34(北?)
904	同 3号石棺	〃				南北	161×南21 北29－25(北?)
905	槙ケ坪1号墳第1主体部	東広島市高屋町杵原	弥生?	不整方形墓	南北15m×東西7m、高80cm	N20°E	170×南50 北35－30(南)
906	同 2号墳	〃		方墳	一辺10m、高40cm	N11°W	170×南45 北28－30(南)
907	同 3号墳第1主体部	〃		円形墓	径8m	N59°W	170×東40 西50－22(西?)
908	同 第2主体部	〃				N77°W	130×東40 西25－20(東)

全国箱式石棺集成表（古墳時代篇） 465

石棺の構成	遺体数	副葬品等	石材	参考文献
蓋石3、両側石各4、妻石各1、床石なし、南側に副室あり				〃
蓋石3、両側石各4、妻石各1、床石なし				『市事業団報告 19』
石棺式石室、蓋石除去、両側石各8、西側に二段小口積、妻石各1、床板石片敷		直刀、小刀、鋤先、鎌、金槌、刀子、鏃12		〃
石棺式石室、蓋石2残、両側石各6、北側一段小口積、北妻三段小口積、床石なし			花崗岩	〃
蓋石4、両側石各4、妻石西1、床石なし		鎌、鉇		〃
蓋石除去、東側削除、南側石2残、北側石3残、妻石西1残、床石なし				〃
蓋石除去、南側削除、南側石2残、北側石3、妻石各1、床石なし			流紋岩	〃
				『市の文化財 21』
				〃
一部攪乱、蓋石2残、南側石2残、北側石3、妻石東1、床石なし				『県埋文報告 89』
蓋石11、南側石8、北側石9、妻石各1、床石なし			花崗岩	『県事業団報告 45』
蓋石5、両側石各2、妻石各1、床石なし		鑿1、刀子1、管玉1、小玉4	流紋岩	『県事業団報告 39』
蓋石3、両側石各2、床石なし、小児棺		小玉20（ガラス14、土製5、碧玉1）		『県埋文報告 125』
箱式石棺2基、配石土壙2基				近藤『前方後円墳集成』(1991)
				『考古学雑誌 46-1』
				〃
				〃
		刀子1、勾玉1、管玉3、小玉33		『県埋文報告 119』
蓋石不詳、側壁二重、外側両側石各2、妻石各1、内側両側石各2、妻石各1、床石2、北側に石枕状に1個		埴輪（円筒・朝顔・器材・馬）、直刀、刀子、銅釧、勾玉、丸玉、櫛		『県文化財報告』(1954)、『史跡三ツ城古墳整備事業報告書』(1994)
蓋石不詳、両側石各2、妻石各1、床石2		剣、鉄鏃、鉾、勾玉、棗玉、丸玉		〃
一部攪乱、蓋石除去、東側石5、西側石4残、妻石各1、床石なし				『県埋文報告 72』
蓋石2残、両側石各5、妻石各1、床石なし		溝内覆土中に弥生土器、土師器		〃
一部攪乱、蓋石除去、南側石2、北側石1残、妻石東残、床石なし				〃
一部攪乱、両側石各2残、東妻石残、床石なし				〃

	古墳名	所在地	時期	墳形その他	墳丘の規模(数値は約)	主軸の方位	石棺の規模(頭位)
909	同 第3主体部	〃				N56°E	96×東20西30－20(西)
910	同 2号遺跡SK39	〃	(後期)			N36°E	壙・長方形、224×60－45(北東)
911	胡麻1号遺跡SK 1	東広島市高屋町				N79°W	46？×54－40(？)
912	同 2号遺跡SK5	〃	(後期)			N50°W	壙・長方形、224×60－45(北東)長方形、143×98－25(？)
913	蔵田1号遺跡SK-1	東広島市高屋町				N23°E	175×南西27北東38－？
914	同 SK-2	〃				N69°E	65×東23－？(東)
915	同 SK-4	〃				N86°W	67×東21西48－？(西)
916	同 SK-5	〃				N77°E	165×東40西32－？(東)
917	同 SK-6	〃				N81°W	175×東42西23－？(東)
918	同 SK-7	〃				N30°W	
919	同 SK-10	〃				N77°E	180×東39西51－？(西)
920	同 SK-11	〃	前期			N54°W	
921	同 SK-13	〃				N74°E	182×東37西52－31(西・東)
922	同 SK-15	〃				N44°W	140？南東38北西42－？(北西)
923	同 SK-16	〃				N66°E	130×東34西40－？(西)
924	同 SK-17	〃				N65°E	壙隅丸長方形、110×90－35
925	同 SK-18	〃				N65°E	壙隅丸長方形、95×75－30
926	同 SK-20	〃				N70°E	壙長方形、95×65－65残
927	同 SK-21	〃				N78°W	168？×東44西55－？(西)
928	同 SK-22	〃				N80°E	80？×東42西47－？(西？)
929	同 SK-23	〃	初期布留0式			N39°W	48×東14西20－？(西)
930	同 SK-28	〃	初期			N60°W	110×東52西62－？(西)
931	同 SK-30	〃				N67°W	85×東47西50－？(西)
932	同 SK-31	〃				N65°W	壙隅丸長方形、80×90－45残

石棺の構成	遺体数	副葬品等	石材	参考文献
蓋石3、両側石各2、妻石各1、床石なし小児棺				〃
蓋石8(鎧重)、両側石各5、妻石北1南2、床石なし				『県埋文報告 83』
攪乱、東側削除、小児棺				〃
攪乱、蓋石除去、南側石2、北側石4、妻石各1、床石なし				〃
北東部攪乱、蓋石除去、両側石各2残、南妻石1、床石なし		箱式石棺20基		『県埋文報告 128』
攪乱、蓋石除去、南側石2、東妻石1、小児棺				〃
西側攪乱、蓋石1、両側石各1、東妻石残、小児棺				〃
攪乱、蓋石除去、両側石3残、東妻石1残、床石なし				〃
西側削除、蓋石1残、南側石3、北側石2残、東妻石1残、床石なし				〃
北西部削除、南東部側石1残				〃
攪乱、西側石材抜き取り、蓋西端1残、南側石2残北側石3残、東妻石1残、床石なし				〃
攪乱、南西側石2残		管玉1	凝灰岩	〃
蓋石6、両側石各3、妻石各1、床石なし	2体(西壮年♂・東熟年♂)	鹿角装短刀1、鉄鏃4		〃
攪乱、蓋石除去、南側石1残、北側石2残、東妻石1残、床石なし				〃
攪乱、西側石材除去、南側石2残、北側石3残、西妻石1残、床石なし		滑石臼玉7、小玉25		〃
攪乱、南西部削除、北側石1残、小児棺?				〃
攪乱、東側削除、西妻石1残、小児棺				〃
攪乱、南西側削除、西妻石1残、小児棺				〃
攪乱東側削除、蓋石除去、南側石2残、北側石3残、西妻石1、床石なし				〃
攪乱、東側削除、両側石各1残、西妻石1、床石なし				〃
蓋石小口石4積、東側石4、西側石2、北妻石1、床石なし、小児棺				〃
攪乱、西側削除、蓋石2残、両側石各2残、東妻石1、床石なし				〃
攪乱、東側削除、蓋石除去、両側石各1残、西妻石1、床石なし、小児棺				〃
南東部削除				〃

	古墳名	所在地	時期	墳形その他	墳丘の規模(数値は約)	主軸の方位	石棺の規模(頭位)
933	同　2号遺跡SK-1	〃				N78°E	170 × 東 40 西 35 − 40(東)
934	同　SK-3	〃				N80°W	110 × 東 35 西 30 − 20(東)
935	同　3号遺跡SK-1	〃				N70°W	162 × 東 45 西 33 − 24(東)
936	同　SK-3	〃				N86°W	123 × 東 32 西 18 − ?(東)
937	同　SK-4	〃				N87°W	
938	同　SK-5	〃				N68°W	60×東25西18−?(東)
939	同　SK-7	〃				N76°W	59×東25西16−?(東)
940	金口1号墳	東広島市福富町久芳		円墳	径9m、高80cm	N55°W	202×南東45北西35−50(南東)
941	同　3号墳	〃		円墳?、削平	径5m	N73°W	50×東28西8−25(東)
942	同　4号墳	〃		円墳	径6m、高1.5m	N85°W	168 × 東 45 西 23 − 45(東)
943	同　6号墳第1主体部	〃		円墳	径7m	N69°E	195 × 東 30 西 15 − ?(東)
944	同　第2主体部	〃				N90°E	
945	同　7号墳	〃		円墳	径6m	N65°E	
946	安井古墳	福山市赤坂町赤坂	前期				
947	城山A遺跡1-SK4	福山市新市町相方				N45°W	169×南東36北西40−22(南東)
948	同　1-SK9	〃				N36°W	145×南西13北東15−14(北東)
949	同　1-SK16	〃				N1°E	166×北50−34(南)
950	同　2-SK18	〃				N23°E	165×南東26北西21−30(?)
951	山の神2号墳	府中市元町	前期	長方形	11.5m×6.5m	N26°E	179 × 東 42 西 35 − 34(東・西)
952	同　3号墳第1主体部	〃	前期	長方形	7m×5m	N32°E	110×北東35南西?−21(東)
953	同　第2主体部	〃	前期			N60°W	165×北西27南東40−30(南東)
954	同　4号墳	〃	前期	長方形	6.5m×4.7m	N37°E	161×北東40南西25−35(北東)
955	坊迫1号墳第1主体部	府中市元町	前期	円墳	径12m、高1.5m	南北	151 × 南 東 40 北 西 30 −?(南東)
956	同　第2主体部	〃	前期			南北	

石棺の構成	遺体数	副葬品等	石材	参考文献
蓋石6、両側石各3、妻石各1、床石なし		刀子片		『県埋文報告 83』
蓋石5、両側石各2、妻石各1、床石なし小児棺				〃
一部攪乱、蓋石4残、南側石5、北側石4、妻石各1、床石なし				〃
蓋石除去、南側石3、北側石2、妻石各1、床石なし				〃
攪乱、蓋石、妻石削除、南側石4北側石3、床石なし		刀子1		〃
蓋石除去、南側石3、北側石2、西妻石1、床石なし、小児棺				〃
蓋石除去、両側石各2、妻石各1、床石なし、小児棺				〃
南東部攪乱、蓋石6鎧重、両側石各3、上面一部小口積、妻石西1、床石なし		蓋上から須恵器（坏・甑・壺・甕・鉄鎌片）		『県埋文報告 145』
蓋石5(二重)、南側石4、北側石3、妻石各1、床石なし、小児棺				〃
蓋石3+3(一部二重)、南側石6、北側石7、妻石各1、床石3		剣1、刀子1、須恵器		〃
蓋石3残、南側石7、北側石6、妻石各1、床石なし		鉈1		〃
攪乱、北東部削除、南側石3残、小児棺		須恵器		〃
攪乱、石材抜き取り、蓋石1残、南側石1、北側石3残、東妻石1、床石なし				〃
		内行花文鏡、勾玉、管玉		『考古学雑誌 46-1』
攪乱、北側削除、蓋石1残、南側石4、北側石1残妻石各1、床石なし	1体（壮年♀）		花崗岩	『県埋文報告 137』
蓋石6、南側石6、北側石5妻石各1、床石なし			花崗岩	〃
攪乱、蓋石3残、東側石4、南妻石1、床石なし		銅鏃1.	花崗岩	〃
蓋石除去、両側石各3、妻石各1、床石なし、南枕石			花崗岩	〃
蓋石5、両側石各7、妻石各1、床砂利敷	2体（壮年♀・♂）	珠文鏡1、刀子1	花崗岩	『県埋文報告 165』
攪乱、西側削除、蓋石2残、東側石4残、西側石5残、北妻石1、床石なし	2体（小児9才前後・7歳前後）	珠文鏡1、管玉7、小玉4		〃
攪乱、蓋石1残、南側石4、北側石2残、妻石各1、床砂利敷	人骨			〃
蓋石7、両側石各7、妻石各1、床石なし	1体（壮年♀）	鉄鏃1		〃
一部攪乱、蓋石除去、東側石5、西側石3残、妻石各1、床石なし	1体（若年以上性別不詳）			『市埋文報告 13』
攪乱、東側石2残、北妻石残、床石なし				〃

	古墳名	所在地	時期	墳形その他	墳丘の規模(数値は約)	主軸の方位	石棺の規模(頭位)
957	みたち1号墳	三原市本郷町本郷	中期(5C中葉)	楕円形墳	径東西12m・南北13m,高1m	N67°E	160×東40西20－?(東)
958	勇免4号墳第2主体部	三次市大田幸町 勇免		前方後円墳	全長14.5m、後円部径10m・高1.6m、前方部幅9m・高?		110×50－35(?)
959	寺津3号墳第2主体部	三次市吉舎町知和		前方後方墳	全長35m、後方辺20×15m、高3m、前方部幅25m、高3m	前方部頂	
960	茶臼古墳SK-1	三次市甲奴町宇賀		長方形墳	東西10m、南北12m	東西	161×東33西25－30(東)
961	善法寺8号墳第2主体部	三次市十日市町岡竹		前方後円墳	全長30m、後円部径21m・高21m、前方部幅12.5m・高1m		180×35－30(?)
962	同　第3主体部	〃					110×20－20(?)
963	同　9号墳第2主体部	〃		前方後円墳	全長35m、後円部径14m・高3.5m、前方部幅13m・高2m		180×35－30(?)
964	同　第4主体部	〃					190×30－30(?)
965	同　第5主体部	〃					106×25－15(?)
966	善法寺11号墳第2主体部	〃		前方後方墳	全長34m、後方辺13×16m・高3m、前方部幅10m・高1m		200×50－35(?)
967	同　第3主体部	〃					100×35－25(?)
968	野曾原	三次市三良坂町		前方後円墳			
969	植松4号墳	三次市三良坂町皆瀬		円墳	径12m、高2m	N117°E	215×東45西30－?(東)
970	杉谷9号墳第1主体部SK1	三次市三良坂町灰塚		円墳	径16m、高2m	N54°W	193×東38西21－36(東)
971	同　SK2	〃				N89°W	151×東33西25－30(東)
972	瀬戸越南古墳	三次市向江田町	5C中葉	円墳	径13m	東西	180×東25西45－(西)
973	同　SK-2	〃				東西	172×東59西32－43(西・東)
974	同　SK-3	〃				東西	63×東22西20－15(東)
975	宮の本20号墳SK20-2	三次市向江田町		不整楕円形	13m×11m、高3m	N12°W	88×30－39(北)
976	同　SK20-3	〃				N1°W	110×南25北31－?(北)
977	同　21号墳SK21-1	〃		不整円形	15m×13m	N71°W	173×東38西24－39(東)
978	同　SK21-2	〃				N68°W	壙長方形、136×54－32
979	同　22号墳SK22-1	〃		不整円形	11.9×9.9m、高2m	N81°E	198×東49西35－?(東)

全国箱式石棺集成表（古墳時代篇）

石棺の構成	遺体数	副葬品等	石材	参考文献
蓋石3+2、両側石各3、妻石東1、床石なし	1体(壮・熟年♀)	刀子1		『県財報告 16』
				近藤『前方後円墳集成』(1991)
				〃
蓋石5、南側石5、北側石7、妻石各1、床石なし、東枕石	2体(詳細不詳)	ベンガラ、小玉15	流紋岩	『県事業団報告 35』
				近藤『前方後円墳集成』(1991)
		直刀1、剣1、斧1		〃
				〃
				〃
				〃
				〃
				〃
				『考古学雑誌 46-1』
北西部攪乱、蓋石除去、南側石7、北側石8、東妻石1、床石なし		鉄鎌(曲刃)1、須恵器片		『県埋文報告 58』
蓋石7、南側石8、北側石7、妻石各1、床石なし、東粘土枕		朱		『町報告 3』
蓋石4残、両側石各6、妻石各1、床石なし		朱		〃
蓋石5、両側石各6、妻石各1、床石なし		鉄滓	花崗岩	『県事業団報告 36』
蓋石4、南側石5、北側石4、妻石各1、床石なし	2体(詳細不詳)			〃
一部攪乱、蓋石2残、両側石各4、妻石各1、床石なし、小児棺		小玉15		〃
蓋石4、両側石各3、妻石各1、床石なし、小児棺？		棺内須恵器(坏3・壺1)		『県事業団報告 53』
攪乱、蓋石・東側石・南妻石除去、西側石3、北妻石1、床石7		棺内須恵器(坏)		〃
蓋石5、南側石5、北側石4、妻石各1、床石なし		鉄鎌1、鉄斧1、鉄鏃1、赤色顔料		〃
攪乱、北側石2、西妻石1残				〃
蓋石5、南側石6、北側石4、妻石各1、床石なし		刀子1、不明鉄器1		〃

	古墳名	所在地	時期	墳形その他	墳丘の規模(数値は約)	主軸の方位	石棺の規模(頭位)
980	同 23号墳SK23-1	〃	後期	不整円形	径10.5m、高70cm	N39°W	164 × 南 33 北 22 − 38(南)
981	同 SK23-2	〃				N67°W	52×南東14北西17−17(北西)
982	同 SK23-3	〃				N85°W	72×東23西10−24(東)
983	同 24号墳SK24-2	〃		円墳	径30m、高3.7m	N71°E	323 × 東 82 西 72 − 84(東)
984	同 SK24-3	〃	後期			N57°E	壙隅丸長方形、311×140−38
985	同 SK24-4	〃	後期			N30°W	61×南東23北西21−19(南東)
986	同 SK24-5	〃				N53°E	50×南西17北東18−22(北東)
987	同 SK24-11	〃	中期			N31°E	50×南西17北東18−22(北東)
988	同 25号墳SK25-1	〃	5C中葉	円墳	径12m、高2m	N65°W	184 × 東 35 西 30 − 42(東)
989	同 墳外SK1	〃		22号墳の北側		N15°W	69×南24北25−30(北)
990	権現2号墳2-SK1	三次市向江田町	5C	円墳、墳頂部に石棺5基	径20m	N63°W	178 × 東 30 西 37 − 37(西)
991	同 2-SK2	〃	5C			N9°W	164 × 南 17 北 40 − 30(北?)
992	同 2-SK3	〃	5C			N8°E	160 × 南 21 北 28 − 25(北?)
993	同 2-SK4	〃	5C			N80°W	150 × 東 23 西 30 − 33(西)
994	同 2-SK5	〃	5C			N90°W	68×17−21(東?)
995	同 3号墳3-SK1	〃	5C	円墳、墳頂部に石棺2基	径11m	N49°W	110×南東10北西35−38(北西)
996	同 3-SK2	〃	5C			N24°W	95×南16北25−26(北)
997	上定25号墳裾部墳墓群1号石棺	三次市大田幸町上定		円墳	東西11m、南北10.5m、高1m	N41°W	60×東20西25−25(西)
998	同 2号石棺	〃				N115°S	60×東20西14−40(東)
999	同 4号石棺	〃				N41°W	150×南東31西北33−70(西北)
1000	同 6号石棺	〃				N97°W	60×東22西28−40(西)
1001	宮城第1号墳第1主体部	山県郡北広島町有間		円墳	径10m、高1m	東西	171 × 東 37 西 23 − 30(東)
1002	同 第2主体部	〃				東西	162 × 東 34 西 30 − 30(東)
1003	同 第2号墳	〃		円墳	径14m、高70cm	東西	120 × 東 18 西 26 − 30(西)
1004	同 第3号墳	〃		円墳	径14m、高2m	東西	170 × 東 25 西 40 − 40(西)

石棺の構成	遺体数	副葬品等	石材	参考文献
蓋石5、両側石各5、妻石各1、床面礫敷		赤色顔料		〃
蓋石4、両側石各2、妻石各1、床粘土、小児棺				〃
蓋石除去、南側石6、北側石5、妻石各1、床石なし、小児棺				〃
蓋石6、南側石7、北側石8、妻石東なし、西小口積4段、床粘土槨		鏡1		〃
攪乱、中央部より西側石材除去、南側石3、北側石1、妻石東1残、床石なし		鉄剣片2、鉄鏃片20		〃
蓋石3、両側石各2、妻石各1、床石なし、蓋石両側に切石を載せる特異な構造、小児棺?				〃
蓋石除去、南側石1、北側石3、妻石各1、西妻石外側に小口積2段、床石なし、小児棺				〃
蓋石4、両側石各2、妻石各1、床面粘土、小児棺				〃
蓋石除去、南側石4、北側石6、妻石各1、床面粘土				〃
蓋石除去、東側石3、西側石2、妻石各1、床石2、小児棺		須恵器1(坏)		〃
蓋石除去、南側石5、北側石6、妻石各1、床砂利敷		鉄鎌1、管玉1、臼玉16	花崗岩	『県事業団報告 32』
攪乱、蓋石除去、東側石6残、西側石4残、南妻石1、床石なし			花崗岩	〃
攪乱、蓋石除去、東側石6残、西側石4残、南妻石1、床石なし			花崗岩	〃
蓋石7、両側石各7、妻石各1、床石なし		刀子1、勾玉1、管玉2	花崗岩	〃
蓋石5、両側石各3、妻石各1、床石なし、小児棺				〃
北側石材抜き取り、蓋石除去、両側石各3残、東妻石1、床なし、小児棺		刀子1、勾玉1、棗玉1、臼玉20	花崗岩	〃
北側石材抜き取り、蓋石除去、両側石各2残、床石なし		勾玉3、楕円形玉1、管玉21	花崗岩	〃
攪乱、蓋石除去、南側石2、北側石1残、妻石各1、床石なし、小児棺				『県埋文報告 57』
蓋石4、東側石5、西側石4、妻石各1、床石なし小児棺				〃
蓋石除去、東側石3、西側石2残、上段に横積、妻石北1、床石なし				〃
蓋石1残、南側石5、北側石4、妻石各1、床石なし、小児棺				〃
蓋石6、南側石4、北側石5、妻石各1、床石なし		墳丘より土師器	花崗岩	『県埋文報告 116』
蓋石5、両側石各6、妻石各1、床石なし				〃
蓋石4、南側石2、北側石4、妻石各1、床石なし			花崗岩	〃
蓋石4、両側石各4、妻石各1、床石なし	人骨	赤色顔料	花崗岩	〃

	古墳名	所在地	時期	墳形その他	墳丘の規模(数値は約)	主軸の方位	石棺の規模(頭位)
1005	同 第3号SK1	〃		墳丘西端		東西	70×東25西20－20(東)
1006	壬生西遺跡A-SK1	山県郡北広島町壬生				N80°W	187×東30西51－22(西)
1007	同 A-SK2	〃				N27°E	108×南22北21－22(北)
1008	同 B-SK11	〃				N60°W	191×東30西40－35(西)
1009	同 B-SK12	〃				N42°W	202×南東37北西48－28(北西)
1010	同 E-SK34	〃				N71°W	179×東27西42－28(西)
1011	同 第2主体部	〃	(前期後半)			E30°S	185×42－26(?)
1012	同 14号墳第1主体部	〃	前期	円墳	径18m	E31°S	180×東40西30－30(東)
1013	同 第2主体部	〃	前期後半			E34°S	180×46－34(?)
1014	同 17号墳第1主体部	〃	前期	円墳、墳頂部に石棺5基	径20m	E29°S	163×東49西41－20(東)
1015	同 32号墳	〃	前期	方墳	一辺9.5m	E14°N	111×東30西26－18(東)
	島根県						
1016	屋敷3号墳	松江市宍道町佐々布	6C初頭	方形	一辺8m、高1m	N76°W	192×東69西59－18?(東)
1017	尼頭2号墳	松江市宍道町佐々布	5C後半～6C前半	方墳	一辺7m、高2m		180×?－?
1018	タルヤ古墳	松江市島根町大芦					
1019	鳥羽古墳	松江市玉湯町玉造					
1020	岩屋遺跡Ⅰ区5号墳1号石棺	松江市玉湯町玉造	後期?	方墳、石棺3基	一辺9m	W13°S	162×東50西34－45
1021	同 2号石棺	〃				W24°S	170×東45西40－42(西)
1022	同 3号石棺	〃				W3°N	164×東48西38－37(東西)
1023	同 6号墳	〃		方墳	一辺6.5m	東西	165×東37西36－30(東)
1024	布志名大谷Ⅲ遺跡南区1号石棺	松江市玉湯町布志名	後期前半	1号墳南方斜面		N90°W	50×312－20(東)

石棺の構成	遺体数	副葬品等	石材	参考文献
蓋石除去、東側石2、西側石3、妻石各1、床石なし、小児棺			花崗岩	〃
蓋石5、南側石5、北側石3、妻石各1、床石なし	1体(壮年性別不詳)			『県埋文報告 75』
蓋石2、両側石各2、妻石各1、床石なし、小児棺				〃
蓋石7、南側石6、北側石、妻石各1、床石なし	1体(熟年♀)	朱、管玉4		〃
蓋石7、両側石各4、妻石各1、床石なし	1体(熟年♂)(病没)	朱		〃
蓋石4、両側石各3、妻石各1、床石なし	1体(熟年♂)			〃
蓋石2、両側石各2、妻石各1、床石なし			凝灰質砂岩	〃
蓋石2、両側石各2、妻石各1、床石なし		棺内に鏡2(内行花文鏡・方格文鏡)、紡錘車、刀子、棺外に鉄剣、槍、素環頭太刀、鉄鏃、鉇	凝灰質砂岩	〃
蓋石3、両側石各3、妻石各1、床石なし		剣1、鉄鏃1、刀子1、鉄針2	凝灰質砂岩・細粒硬砂岩	〃
蓋石3、南側石3、北側石2、妻石各1、床石なし	性別不詳(13～14才)	刀子、鉄針、人骨		〃
蓋石3、両側石各3、妻石各1、床石なし		鉄剣	凝灰岩	〃
蓋石除去、両側石各2、妻石各1、床石2		須恵器		『屋敷古墳群』(2002)
		土師器		『吉佐山根1号墳』(1995)
				『考古学雑誌 46-1』
				〃
蓋石1(縄懸突起側面3対)、両側石各2、妻石各1、床石2、2体東・小児西側足元	3体(東壮年♂・♀、西小児)	鉄鏃3(♂)、小玉26(♀)	石英安山岩質凝灰岩	『中国横断道 6』
蓋石2、南側石2、北側石3、妻石各1、床石3	1体(壮年♀)	耳環2、須恵器	石英安山岩質凝灰岩	〃
蓋石1(長軸1対、南側縁2、北側円3)、南側石3、北側石2、妻石各1、床石2	2体(東壮年♀、西10代後半♀)	小玉、須恵器	石英安山岩質凝灰岩	〃
蓋石2、両側石各3、妻石各1、床石3	2体(熟年♀、?)		石英安山岩質凝灰岩	〃
蓋石2、両側石各2、妻石東1、床石なし、小児棺			安山岩	『国道9号線 2』

	古墳名	所在地	時期	墳形その他	墳丘の規模(数値は約)	主軸の方位	石棺の規模(頭位)
1025	同 2号石棺	〃	後期前半	斜面上		N73°W	110×25－20東)
1026	同 3号石棺	〃	後期前半	緩斜面		N68°E	170×東38西－25(東)
1027	同 4号石棺	〃	後期前半	斜面		N53°W	73×21－15(東南)
1028	渋山池古墳SX03	松江市東出雲町字池山池	後期	1号墳北斜面			50×18－16(?)
1029	奥才13号墳第1主体部	松江市鹿島町名分	(前期後半)	方墳	23m×19m	E29°S	155×38－26(東)
1030	山地古墳第3主体部	出雲市神西沖町	(前期後半)	円墳	径24m、高4m		70×25－?(?)
1031	小丸山古墳	出雲市斐川町荘原					
1032	塚山古墳	出雲市斐川町学頭					
1033	仏山古墳	安来市荒島町荒島	後期	円墳			
1034	八幡山古墳	安来市吉佐町	前期	方墳	南北17m		180×70－50(?)
1035	吉佐山根Ⅰ号墳第1主体部	安来市吉佐町	(前期)	方形周溝墓、石棺3基	一辺10m	N37°E	170×30－23(?)
1036	同 第2主体部	〃	(前期)			N62°W	205×南東43北西27－25(東)
1037	同 第3主体部	〃	(前期)			N59°W	177×東35西30－25(東)
1038	池田古墳	安来市安来町	後期	円墳			
1039	宇田見古墳第1主体部	隠岐市海士町海士		前方後円墳	全長10m、後円部径5m・高0.5m、前方部幅4.3m・高?		
1040	同 第2主体部	〃					
1041	中山B-1号墳第1主体部	邑智郡邑南町中野	(前期後半)	前方後方墳	全長22.3m、後方辺13×13.8m・高1.1m、前方部幅11m・高0.2m		162×南24北40－50 n(北)
1042	同 第2主体部	〃	(前期後半)				118×12北20－20(北)
1043	同 第3主体部	〃	(前期後半)				114×南20北26－27(北)
1044	同 第4主体部	〃	(前期後半)				162×東16西12－34(東)
	鳥取県						
1045	阿古山古墳	鳥取市青谷町		円墳7			
1046	上ノ平古墳	鳥取市円護寺	中期後半				
1047	円護寺4号墳	鳥取市円護寺	6C末～7C初	円墳	径9m	N79°E	200?×70－50(?)

石棺の構成	遺体数	副葬品等	石材	参考文献
蓋石10(三重)、両側石各2、妻石各1、床石二重、小児棺			安山岩	〃
一部攪乱、蓋石一部除去・8(二重)、両側石6、妻石各1、床石板石片		蓋上より須恵器	安山岩	〃
蓋石2、両側石各2、妻石各1、床石4			安山岩	〃
蓋石3、両側石各2、妻石各1、床石なし、小児棺				『国道9号線 11』
蓋石2、両側石各2、妻石各1、床石なし		土師器	凝灰質砂岩	〃
小児棺				『山地古墳』(1986)
				『考古学雑誌 46-1』
		剣、鉄鏃、小札、櫛、勾玉、管玉		〃
		鏡、環頭太刀、直刀、鉾、斧、馬具、勾玉		〃
床石なし	1体(成人性別不詳)	鉄剣2、朱		『吉佐山根1号墳』(1995)
蓋石6、東側石3、西側石2、妻石各1、床石なし			米子流紋岩	〃
蓋石7、南側石4、北側石3、妻石各1、床石6		刀子1、赤色顔料	米子流紋岩	〃
蓋石7、両側石各2、妻石各1、床石7		刀子1、赤色顔料	米子流紋岩	〃
		勾玉、管玉、切子玉、丸玉		『考古学雑誌 46-1』
				近藤『前方後円墳集成(1991)
				〃
		剣2、方形板革綴短甲1、斧1、刀子1		『中山古墳』(1977)
				〃
				〃
				〃
		鏡、直刀、須恵器		『考古学雑誌 46-1』
		玉類、須恵器		〃
盗掘攪乱、西妻石1残		刀子片、鉄鏃3、須恵器		『県財報告 13』

	古墳名	所在地	時期	墳形その他	墳丘の規模(数値は約)	主軸の方位	石棺の規模(頭位)
1048	同 19号墳第2主体部	〃	後期後半	円墳	東西20m、南北23m	南北	120×90−15(北)
1049	同 21号墳	〃	7C前半	円墳	径7m、高30cm	N29°E	180×南90北70−70(北・南)
1050	同 22号墳	〃	6C前〜中葉	円墳、周溝北外側に石棺	径10m	東西	105×20−15(
1051	同 23号墳	〃		円墳、溝外に石棺4基	径10m	東西	205×東60西45−35(東)
1052	同 溝外第2埋葬施設	〃					
1053	同 第3埋葬施設	〃					
1054	同 第4埋葬施設	〃					
1055	海蔵寺4号墳	鳥取市海蔵寺	後期	前方後円墳	全長25m、後円部径14m・高2.2m、前方部幅10.6m・高1.5m		197×66−75(?)
1056	古郡家1号墳第2主体部	鳥取市古郡家		前方後円墳	全長90m、後円部径51m・高7.5m、前方部幅34m・高4.5m		143×43−38(西)
1057	同 第3主体部	〃					190×45−40(西)
1058	里仁32号墳1号石棺(西側)	鳥取市里仁	中期	方墳	南西辺14m、高1.8m	N17°E	103?×南55北50−43(?)
1059	同 2号石棺(東側)	〃	中期			N15°E	108?×南355北37−29(北?)
1060	同 35号墳	〃	後期?	長方形墳	18×13.5m、高2.6m	N28°E	180×南西36北東40−70(北)
1061	湯山6号墳	鳥取市福部町湯山		円墳	径13m		
1062	六部山3号墳第4主体部	鳥取市久米	後期	前方後円墳	全長63m、後円部径51m・高7.5m、前方部幅18m・高?	前方部東裾部、	
1063	六部山38号墳	鳥取市久末		円墳	径15m		
1064	清水浦古墳	倉吉市大谷	後期				
1065	大谷大将塚古墳	倉吉市大谷		前方後円墳	全長50m、後円部径29m・高3.5m、前方部幅17m・高3m	後円部中央に石棺	
1066	上神45古墳	倉吉市上神		前方後円墳	全長18m、後円部径9m・高1m、前方部幅8m・高?	後円部中央に石棺	
1067	大将塚古墳	倉吉市上神		方墳?			
1068	国分寺古墳第2主体部	倉吉市国府		前方後円墳	全長60m、後円部径33m・高7m、前方部幅16m・高3m		

石棺の構成	遺体数	副葬品等	石材	参考文献
蓋石除去、両側石各2、妻石各1、床石なし		鉄片、管玉8、切子玉1、須恵器	安山岩	〃
蓋石4、東側石5、西側石4、妻石南2、北1、床石なし	2体(？)	須恵器多数、鉄鏃3、刀子1、赤色顔料		〃
蓋石8(接合部二重)、両側石各2、妻石各1、床石なし				〃
蓋石5、南側石3、北側石4、妻石東2西1、床石なし		刀子1		〃
				〃
				〃
				〃
		鉄鏃、刀子、管玉1、耳環1、須恵器(蓋杯TK43)		近藤『前方後円墳集成』(1991)
	1体(成人♂)			〃
	1体(成人♂)	鏡1(素文鏡)		〃
壙内石棺2基、北側半分削除、蓋石1、両側石各1、妻石南1、床石1残		櫛、赤色顔料	石英安山岩	『県財報告 18』
北側半分削除、蓋石5残二重、東側石1、西側石2、妻石南1、床石2残	1体(壮〜熟年♂)	赤色顔料、埴輪片混入		〃
蓋石5+3(接合部二重)、両側石各2、妻石南1、床石2		赤色顔料、剣2、鎌1(曲刃)、斧1、鉄針、刀子、櫛16、管玉6、小玉48	石英安山岩	〃
		直刀、短甲、冑、櫛1、棺外鉄鏃、土師器		『県報告 18』
		埴輪(円筒・器材)		近藤『前方後円墳集成』(1991)
		剣、刀子、櫛		『県財報告 18』
				『考古学雑誌 46-1』
				近藤『前方後円墳集成』(1991)
				〃
		三角縁神獣鏡、獣帯鏡、直刀、剣、鉄鏃、斧、鉾、碧玉製鍬形石、琴柱形石製品、滑石製管玉、同臼玉		『考古学雑誌 46-1』
		鑿頭1		近藤『前方後円墳集成』(1991)

	古墳名	所在地	時期	墳形その他	墳丘の規模(数値は約)	主軸の方位	石棺の規模(頭位)
1069	高鼻2号墳	倉吉市鋤		前方後円墳	全長26m、後円部径17.7m・高2.7m、前方部幅10m・高0.5m		220×90-70(?)
1070	屋喜山9号墳	倉吉市和田	6C前葉	円墳	径20m		
1071	三度舞古墳	倉吉市大谷茶屋	後期				
1072	青木遺跡HSK42	米子市青木				東西	(東?)
1073	放山古墳	米子市青木		前方後円墳			
1074	原古墳	米子市岡成		円墳			
1075	尾高19号墳第3主体部	米子市尾高	前期	方墳	東西10m、南北11.5m	N3°S	180×東40西24-25(東)
1076	日下4号墳	米子市日下		前方後円墳	全長28m、後円部径18m・高3m、前方部幅10m・高1m	後円部頂	180×68-50(?)
1077	石州府58号墳第1主体部	米子市石州府		前方後円墳	全長26m、後円部径12.2m、前方部幅10m、高?	後円部中央	200×175-?(?)
1078	同 第2主体部	〃				前方部中央	
1079	古市宮ノ谷19号墳1号石棺	米子市古市	前期	方墳	東西7.5m、南北10m	N40°50'E	170×南30北30-20(北)
1080	同 2号石棺	〃	前期			N39°E	175×南27北31-20(北)
1081	同 20号墳1号石棺	〃		円墳	径15m	N43°W	170×東41西30-20(東)
1082	同 2号石棺	〃				N41°50'E	163×南24北35-30(北)
1083	同 周溝外石棺	〃	6C前半			N37°W	壙長方形、140?×65-18
1084	同 22号墳	〃	6C前葉~中葉	円墳	径東西9m、南北0.5m	W41°50'N	187×東34西41-40(西)
1085	小波上7号墳	米子市淀江町小波		前方後円墳	全長29m		
1086	高井谷5号墳	米子市淀江町高井谷		前方後円墳	全長27m、後円部径15m	後円部	
1087	百塚94号墳	米子市淀江町西尾原		前方後円墳	全長29m、後円部径13.5m		
1088	淀江山古墳	米子市淀江町西原	6C前葉	円墳			
1089	長者ヶ平古墳第2主体部	米子市淀江町福岡		前方後円墳	全長48m、後円部径37m・高6m、前方部幅17m・高3.5m		
1090	小枝山7号墳	米子市淀江町福岡		前方後円墳	全長25m、後円部径14m・高2.5m、前方部幅12m・高1.5m		

石棺の構成	遺体数	副葬品等	石材	参考文献
		墳丘より須恵器(杯蓋3・杯身3・有蓋高坏1・有蓋短頸壺1・甕2)		〃
	1体(年齢不詳♂)	剣、鹿角装刀子、勾玉、管玉、丸玉、小玉、櫛11		『県財報告 18』
		直刀		『考古学雑誌 46-1』
蓋石除去、両側石各3、妻石各1、床石なし				『青木 Ⅲ』(1978)
				『考古学雑誌 46-1』
				〃
蓋石7、両側石各4、妻石東1、北1(二重)、床石なし		土師器(鼓型器台)		『県財報告 34』
	1体(?)	直刀2、刀子1、勾玉1、管玉1、小玉2(ガラス・滑石)、須恵器(坏3)		近藤『前方後円墳集成』(1991)
		須恵器(坏・高坏・提瓶・甑)		〃
				〃
蓋石2、両側石各3、妻石各1、床石なし		鉄鏃1	角礫凝灰岩	『県財報告 78』
蓋石3、東側石4、西側石3、妻石各1、床石なし			角礫凝灰岩	〃
蓋石5、南側石5、北側石3、妻石各1、床石なし			角礫凝灰岩	〃
蓋石2、東側石4、西側石3、妻石各1、床石なし、東床面に土師器転用枕			角礫凝灰岩	〃
攪乱、石材全除去		土師器片採集	角礫凝灰岩	〃
蓋石3、両側石各3、妻石各1、床石なし、西側枕石			角礫凝灰岩	〃
				近藤『前方後円墳集成』(1991)
				〃
				〃
	人骨?	直刀		『考古学雑誌 46-1』
		三累環頭太刀1、三輪玉3、金銅製冠1、銅鈴8		近藤『前方後円墳集成』(1991)
				〃

	古墳名	所在地	時期	墳形その他	墳丘の規模(数値は約)	主軸の方位	石棺の規模(頭位)
1091	同 12号墳	〃		前方後円墳	全長54m、後円部径34m・高5m、前方部幅24m・高4.5m		185×74－110(?)
1092	晩田山3号墳第2主体部	米子市淀江町福岡		前方後円墳	全長35m、後円部径16m、前方部幅13m、高2.5m	前方部	120×40－30(?)
1093	百塚原古墳	米子市淀江町壺瓶山		円墳			
1094	東宗像3号墳	米子市宗像	6C前半	円墳	径10m	N77°W	壙長方形、400×290－90(推定130×90－?)
1095	同 3号墳東南1号石棺	〃		尾根上		N30°E	65×南19北22－23(北)
1096	同 5号墳	〃	6C前半	円墳	径12m、高2m	南北	210×43－40(南東)
1097	同 23号墳	〃	6C前半	円墳	径6m	南北	100×南30北28－30(南)
1098	同 24号墳	〃		円墳	径6.5m	N47°W	100×南東35北西23－30(南東)
1099	同 25号墳	〃		円墳	径5.5m	N75°E	115×東33西28－35(東)
1100	新井1号墳第3主体部	岩美郡岩美町洗井		前方後円墳	全長15m、後円部径10m・高2m、前方部幅8m・高?		100×40－40(?)
1101	末吉古墳	西伯郡大山町末吉					
1102	日岡古墳	西伯郡南部町天万	後期後半				
1103	大亀塚古墳	西伯郡南部町天万		前方後円墳、盗掘により破壊	全長53m、後円部径33.4m、高5m、前方部幅30m、高5m		
1104	越敷野原3号墳	西伯郡伯耆町坂長		前方後円墳	全長20m、後円部径12.5m・高3m、前方部幅9m・高1.5m	後円部	
1105	坂長古墳	西伯郡伯耆町坂長	後期?	円墳			
1106	北尾26号墳	東伯郡北栄町北尾	後期後葉	円墳	径4m、高33cm	N49°E	69×30－?(北東)
1107	茶臼山35号墳	東伯郡北栄町国坂		前方後円墳	全長45m、後円部径23m、高4.5m		
1108	下種8号墳第1主体部	東伯郡北栄町下種		前方後円墳(帆立貝式)	全長31m、後円部径24m・高2.3m、前方部幅18m・高?	後円部中央	
1109	同 第2主体部	〃				後円部東端	
1110	狼谷古墳	東伯郡北栄町土下		円墳	径21m		
1111	島5号墳	東伯郡北栄町北条島	6C前葉	円墳	径16m、高2m	N52°W	170×東60西50－57(東)

石棺の構成	遺体数	副葬品等	石材	参考文献
				〃
				近藤『前方後円墳集成』2000
		環頭太刀、剣、馬具、金環、銀環、銅環、勾玉、臼玉、切子玉、小玉、土師器		『考古学雑誌 46-1』
石材全て抜き取り		鍔状金具、刀子1、須恵器(MT15〜TK10)		『県報告 16』
蓋石2、両側石各2、妻石各1、床石なし、小児棺				〃
蓋石4、両側石各2、妻石東1、西2(合掌)、床石なし	1体(壮年性別不詳)	刀子2、砥石1、蓋石後に須恵器・土師器		〃
蓋石3、両側石各3、妻石各1、床石なし		周溝から須恵器(坏蓋MT15)		〃
蓋石3、両側石各2、妻石各1、床石なし				〃
一部攪乱、蓋石1残、両側石各2、妻石各1、床石なし				〃
		耳環1、須恵器	石英粗面岩	近藤『前方後円墳集成』(1991)
		鏡、勾玉、臼玉、平玉		『考古学雑誌 46-1』
				〃
				近藤『前方後円墳集成』(1991)
				〃
		五獣鏡、鉄鏃		『考古学雑誌 46-1』
蓋石1、東側石1、西側石2、妻石各1、床石なし、北東部に枕石、小児棺		溝内と墳丘から須恵器採集	無斑晶安山岩	『県財報告 64』
				近藤『前方後円墳集成』(1991)
				〃
				〃
	1体(♂年齢不詳)	直刀、勾玉、管玉、櫛2		『里仁古墳』
蓋石2、南3、北2、東妻石1、西1(二重)、床石7(側壁中断)	1体(熟年♂)	直刀1、土師器、須恵器	無斑晶安山岩	〃

	古墳名	所在地	時期	墳形その他	墳丘の規模(数値は約)	主軸の方位	石棺の規模(頭位)
1112	同　7号墳1号石棺	〃		円墳、墳頂部に石棺2基、周辺に5基	径20m、高2m	N12°W	220×南60北70－？(北)
1113	同　2号石棺	〃				N0°W	160×東38西34－？(東西)
1114	同　7号墳周辺SX1	〃				N66°W	(115×東50西40－？)(東)
1115	同　SX3	〃				N51°W	100×東60西50－？(東)
1116	同　SX4	〃				N65°E	110×34－？(東？)
1117	同　SX8	〃				南北	70×25－？(？)
1118	同　12号墳裾部SX6	〃				N4°W	60×20－30(南？)
1119	曲216号墳	東伯郡北栄町曲		前方後円墳	全長31m、後円部径23m・高3m、前方部幅5m・高1.1m		250×98－？(？)
1120	馬山4号墳2号主体部	東伯郡湯梨浜町上橋津	前期	前方後円墳、埋葬施設8(竪穴式石室1、箱式石棺4、埴輪円筒棺3)	全長88m、後円部径58m・高10m、前方部幅35m・高6m	東西	3.15(240)×45(東)35(西)－33東西両端に副室あり(東)
1121	同　4号主体部	〃	中期			東西	180×37.5(東)33(西)－35(東)
1122	同　5号主体部	〃				東西	55×22－18(？)
1123	同　6号主体部	〃				東西	90×23－10(？)
1124	馬山5号墳	〃		前方後円墳	全長38m、後円部径25m、前方部幅27m、高？		180×90－120(？)
1125	公園内古墳	〃		前方後円墳			
1126	北山古墳第2主体部	東伯郡湯梨浜町野花・長和田		前方後円墳	全長110m、後円部径70m・高12m、前方部幅62m・高9.5m		155×50－40(？)
1127	長瀬高浜1号墳第1埋葬施設	東伯郡湯梨浜町はわい長瀬	前期後葉	円墳、周辺に石棺13基	径24m	N107°E	185×61－30(東)
1128	同　SX40	〃		浜井戸		N70°W	50×25－25(東)
1129	同　SX41	〃	1号墳築造後	19D地区		N162°E	85×南23北18－25(南)
1130	同　SX42	〃	中期以降	〃		N140°W	90×南24北24－22(南)
1131	同　SX43	〃	1号築造後	〃		N120°E	62×東40西30－30(東)
1132	同　SX44	〃	5C後半	19E地区		N117°E	50×東22西20－？(東)
1133	同　SX45	〃		〃		N85°E	壙楕円形、163×100－50(？)

石棺の構成	遺体数	副葬品等	石材	参考文献
攪乱、蓋石4		鏡1、剣1、斧1、刀子1、土師器	無斑晶安山岩	〃
側壁二重、南側石2、北側石3、妻石各1、特異な形式	2体(東壮年♀、西熟年♀)	赤色顔料	無斑晶安山岩	〃
蓋石2、南側石2、北側石4、床石なし、東側に枕石			無斑晶板状安山岩	〃
蓋石2、両側石各1、妻石各1、床石なし、東側に枕石、小児棺			無斑晶板状安山岩	〃
蓋石3+2(接合部二重)、南側石5、北側石3、床石なし、東側に枕石			無斑晶板状安山岩	〃
蓋石2+1(接合部二重)、東側石2、西側石1(二重)、床石なし、小児棺			無斑晶板状安山岩	〃
蓋石1、両側石各1、妻石各1、床石なし、南側に枕石、小児棺				〃
				近藤『前方後円墳集成』(1991)
蓋石4、南側石3、北側石2、妻石東2重・西1、副室各1、床石なし	1体(歯16)(成人♀)	仿製鏡(環状乳四神四獣鏡)、硬玉勾玉2、管玉6、棺外直刀	安山岩	『馬山古墳群』(1962)
蓋石1、南側石2(東側二重)北側石2(二重)、妻石各1、床石なし、東側に枕石	1体(熟年♀)			〃
蓋石除去、両側石各1(北側二重)、妻石各1(二重)、床石なし、小児棺				〃
蓋石5(西側三重)、両側石各2、妻石各1、床石なし、小児棺				〃
		直刀1、須恵器(平瓶6、高坏1)		近藤『前方後円墳集成』(1991)
				『考古学雑誌 46-1』
		埴輪(円筒・器材・動物)、鏡(舶龍虎鏡)、直刀5、刀子1、斧1、勾玉6、管玉67、棗玉1		近藤『前方後円墳集成』(1991)
蓋石2、両側石各1、妻石各1、床石なし	1体(壮年♀)	直刀1、櫛1、赤色顔料、棺内土師器(高坏3)	安山岩	『県財報告 12』
東側削除、蓋石1、両側石各1、妻石各1、床石なし、東側に枕石、小児棺				〃
蓋石10(三重)、両側石各3、妻石各1、床石なし、小児棺		赤色顔料	安山岩	〃
蓋石1、南側石3、西側石2、妻石南1、北1(二重)、床石なし、南側に枕石、小児棺				〃
蓋石1、東側石2、西側石3、妻石各1、床石なし、小児棺	幼児(2-3才)			〃
蓋石1、両側石各1、妻石東二重、西三重、床石なし、小児棺				〃
攪乱、石材除去、北側石1、妻石東1残、床石なし				〃

	古墳名	所在地	時期	墳形その他	墳丘の規模(数値は約)	主軸の方位	石棺の規模(頭位)
1134	同 SX46	〃	中期後半～後期	〃		N90°E	164×42－40(東)
1135	同 SX48	〃	1号墳築造後	〃		N106°E	35×20－?
1136	同 SX49	〃	中期末～後期	〃		N104°E	91×東21西18－24(東)
1137	同 SX50	〃		〃		N115°E	46×東21西16－?(東)
1138	同 SX51	〃	5C	19D地区		N155°E	63×南18北16－?(南)
1139	同 SX52	〃	中期後半～後期前半	1号墳南東		N95°W	186×東59西51－?(
1140	同 SX54	〃	5C中葉	20D地区		N120°E	円筒30×15
1141	同 SX56	〃	中期後半	20E地区		N138°E	70×20－?(東)
1142	同 2号墳SX02	〃	6C初頭後半	円墳、埋葬施設5基	径15.8m	N90°E	170×70－60(東西)
1143	同 SX33	〃				東西	壙楕円形、155×118(東?)
1144	同 SX34	〃	中期	15J地区		N144°E	83×14－?(東)
1145	同 SX36	〃	中期	15J地区		N160°E	137×32－20(南)
1146	同 SX38	〃	中期	15I地区		N138°E	55×17－?(東)
1147	同 SX39	〃	中期(5C中葉)後半			N48°E	50×26－13(東)
1148	同 SX59	〃		14K地区		N123°E	45×15－?(東)
1149	同 SX61	〃		13K地区		N111°W	60×13－?(東)
1150	同 5号墳第1主体部	〃	中期～後期	円墳	径10.2m	N144°E	175×44－35(?)
1151	同 5号墳東南側SX69	〃	中期～後期	11H地区		N126°E	108×38－16(東)
1152	同 7号墳北西SX79	〃	中期～後期	11G地区		N131°E	112×26－33(?)
1153	同 SX84	〃	不明	10E地区		N75°E	145×25－20(東)
1154	同 8号墳第1主体部	〃		円墳、主体部石棺3基	径16.8m、高1.4m	N106°E	200×97－60(?)
1155	同 第2主体部	〃				N140°E	50×20－18(南)

石棺の構成	遺体数	副葬品等	石材	参考文献
蓋石1、両側石各3、妻石各1、床石なし、東側に枕石	頭蓋骨	赤色顔料	安山岩	〃
蓋石1、両側石各1、妻石各1、床石なし、小児棺				〃
蓋石1、両側石各2、妻石東川原石1、西板石1歩とに川原石1、床石なし、小児棺	2体（成人♂、6歳未満幼児）		板石、川原石	〃
蓋石2＋1(接合部)、南側石2、北側石1、床石なし、小児棺				〃
蓋石2、東側石2、西側石3、妻石各1(三重)、床石なし、小児棺				〃
蓋石2、両側石各2、妻石各1(二重)、床石なし、東側に枕石	2体？（詳細不詳）	直刀1、剣1、鉄鏃6、赤色顔料、土師器片		〃
円筒棺の外護施設、蓋石1、側壁4、床石なし				〃
蓋石2＋1(接合部)、両側石各1、妻石各1(東二重)、床石なし、小児棺	1体(若年性別不詳)	赤色顔料		〃
攪乱、蓋石1(東側除去)、両側石各2、妻石各1、床石なし	2体以上(?)	鉄鏃1、刀子1、須恵器(短頸壺1、蓋坏6、蓋2)		『県財報告 11』
蓋石4、両側石各1、妻石西1、東なし、床石なし	骨片			〃
蓋石5、両側石各2、妻石各1、床石なし、小児棺	歯、骨片			〃
蓋石13(二重)、東側石4、西側石V、妻石各1(南側二重)、床石なし、南側枕石	頭蓋骨	滑石製小玉1		〃
蓋石7、(三重)、両側石各2、妻石各1、床石なし、東側に枕石、小児棺	頭蓋骨片			〃
蓋石5(二重)、両側石各3(接触面二重)、妻石各1(東二重)、床石なし、東側に石枕、小児棺				〃
蓋石3、両側石各1、妻石各1、床石なし、小児棺				〃
蓋石5(二重)、両側石各各3(接触面二重)、妻石各1、床石なし、小児棺	歯3本			〃
蓋4＋12(二重)、南側石6、北側石3、妻石東2、西3(二重)、床石なし	1体(?)	鉄片1、滑石製小玉20、赤色顔料		『県財報告 12』
蓋石4、南側石3、北側石4、妻石各1、床石なし、東側枕石	歯6本			〃
蓋石1、両側石各2、妻石各1、床石なし、小児棺	1体(6〜7歳♀)	赤色顔料		『県財報告 14』
	1体(青年後期〜壮年前期、性別不詳)			〃
攪乱、蓋石散乱、南側石2、西妻石1残、床石なし		管玉1、小玉6、金環1、須恵器(坏蓋9)		〃
蓋石5、南西側石3、北東側石2、妻石各1、床石なし、南側枕石、小児棺		棗玉1、赤色顔料		〃

	古墳名	所在地	時期	墳形その他	墳丘の規模(数値は約)	主軸の方位	石棺の規模(頭位)
1156	同 第3主体部	〃				N53°W	61×18−20(南?)
1157	同 24号墳第1主体部	〃		円墳、埋葬施設11基	周溝外形18.6m、内径14m	N161°E	120×40−50(東)
1158	同 第5主体部	〃			周溝から南へ7.5m離れた位置	N208°E	?×南37北45−23(?)
1159	同 27号墳SX27	〃	5C後半	円形		N35°W	94×30−30(南)
1160	同 28号墳SX28	〃	中期後半(5C後半)	円墳	径11m	N127°E	180×55−42(東・西)
1161	同 64号墳第1主体部	〃		円形、21地区	径12.8m	N93°E	
1162	同 75号墳第1主体部	〃		円墳	径8m	N122°E	180×40−48(東)
1163	同 77号墳第1主体部	〃	中期中葉	円墳	径11.9m	N131°E	182×35−51(東)
1164	同 78号墳	〃	中期	円墳	径8.8m	N120°E	154×40−20(東)
1165	同 SX79	〃	中期〜後期	11G地区		N131°E	112×26−33(南東)
1166	同 81号墳第1主体部	〃	6C後半	円墳、埋葬施設3基	径8m	N136°E	148×34−24(東)
1167	同 第2主体部	〃				N75°E	35×15−15(東)
1168	同 第3主体部	〃	6C後半より古			N39°E	71×31−30(東)
1169	同 SX84	〃		10E地区		N75°E	145×東25西20−20(東)
1170	同 85号墳第1主体部	〃	中期	円墳、10D地区	径5.4m	N108°E	103×40−40(東)
1171	同 86号墳第2主体部	〃	中期後半	円墳、10C・D地区	径8.8m	N129°E	160×40−64(東)
1172	同 88号墳第1主体部	〃	後期初頭	円形?、10B北東区		N85°E	177×46−32(東・西)
1173	同 SX94	〃	7C前半(TK217)			N111°E	80?×25−?(東)
1174	南谷19号墳第1主体部	東伯郡湯梨浜町南谷		前方後円墳	全長32m、後円部径18.8m・高2.9m、前方部幅20.5m・高2.5m	後円部中央、N70°W	
1175	南谷24号墳第1主体部	〃	6C後半	円墳、主体部に石棺2基、周溝内に1基	径10m、高1.5m	N79°E	150×75−?(東?)
1176	同 第2主体部	〃	6C後半			N79°E	100×55−50(東)

全国箱式石棺集成表（古墳時代篇） 489

石棺の構成	遺体数	副葬品等	石材	参考文献
蓋石4、両側石各2、妻石東1、西二重、床石なし、小児棺				〃
蓋石除去、両側石各1、妻石北1、南除去	1体(?)	刀子1		〃
攪乱、蓋石除去、両側石各1、妻石南1、床石なし、小児棺	人骨	須恵器(坏身2)		〃
蓋石3、両側石各3(2+接合部)、妻石南2、北Ⅰ、床石なし、南側に枕石、小児棺	歯	管玉4、須恵器(把手付椀1)		『県財報告 11』
蓋石6、南側石2、北側石3、妻石東2北3二重、床石なし	2体(?)	鹿角装剣2、須恵器、赤色顔料		〃
攪乱				『県財報告 12』
蓋石2、南西側石3、北西側石2、妻石各1(二重)、床石なし、東側に枕石				〃
蓋石2(接合部板石)、両側石各2、妻石各1(東二重)、床石なし、東側に枕石	人骨	勾玉4(瑪瑙製3・碧玉製1)、小玉835(滑石製825・ガラス製13・瑪瑙製1)、赤色顔料、棺外に勾玉1、小玉140、鉄斧1、墳丘に供献土器		〃
蓋石除去、南側石3、北側石4、妻石各1、東二重、床石なし、東側に枕石	1体(壮年♂)			〃
蓋石3、両側石各1、妻石各1、床石なし、小児棺	1体(6-7歳♀)	赤色顔料		『県財報告 14』
蓋石5+接合部、南側石4、北側石5、妻石各1(西二重)、床石なし	1体(壮年♂)	赤色顔料		〃
周溝が埋まる過程で構築、蓋石除去、両側石各1、妻石各1、床石なし、小児棺				〃
西側一部攪乱、蓋石除去、南側石1、北側石2、東妻石1残、床石なし、東側に枕石、小児棺				〃
蓋石8(二重)、両側石各6(二重)、妻石東2、西1、床石なし、東側に枕石	1体(青年後期～壮年前期、性別不詳)			〃
蓋石除去、南側石1、北側石2、妻石各1(西側二重)、床石なし、東側に枕石				〃
蓋石3、南側石3+2、北側石2+2(部分的に二重)、妻石各1(両側二重)、床石なし	1体(壮年後半～熟年前半♂)	刀子1、赤色顔料		〃
蓋石11(中央部二重)、南側石5、北側石6、一部二重、妻石各1、東側二重、東西両側に枕石	2体(詳細不詳)	刀子1		〃
蓋石2、両側石各1、妻石各1、床石なし、小児棺	1体(6～9歳♂)			『県財報告 49』
			安山岩	近藤『前方後円墳集成』(2000)
攪乱、蓋石除去、両側石抜く取、妻石各1				『県財報告 32』
蓋石2、南側石1、北側石2、妻石各1、床石なし、小児棺	1体(Ⅰ～2歳幼児)	赤色顔料、鉄針、小玉2、須恵器		〃

	古墳名	所在地	時期	墳形その他	墳丘の規模(数値は約)	主軸の方位	石棺の規模(頭位)
1177	同 周溝内石棺	〃		東南周溝内		N46°30′E	110×東75西45-?(北東)
1178	南谷29号墳	〃	前期後半	方墳	一辺10m、高1.5m	N77°E	174×26-21(?)
1179	宮内2号墳第1主体部	東伯郡湯梨浜町宮内		前方後円墳、主体部に石棺3基	全長26m、後円部径18m、前方部幅12m、高3.1m		190×70-70(?)
1180	同 第3主体部	〃				東西	190×70-70(東)
1181	同 63号墳	〃	後期後半	円形	径7.5m		
1182	同 64号墳第1主体部	〃	後期中葉	円墳	径9m、高50cm	N28°E	98?×70-22(東)
1183	同 65号墳	〃	後期中葉	円墳	径15m、高40cm		170×?-?(?)
1184	丸山1号墳	日野郡日南町丸山		前方後円墳	全長19.3m、後円部径12m・高2.2m、前方部幅6m・高1.2m	後円部	
1185	名士山林古墳	日野郡日南町矢戸					
1186	宮谷1号墳	八頭郡八頭町郡家		前方後円墳	全長32m、後円部径15m・高3.3m、前方部幅6m・高2.2m		
	岡山県						
1187	観音山12号墳第1主体部	岡山市北区高松	(中期)	円墳	径15m、高1.5m		205×南36北44-35
1188	同 第2主体部	〃	(中期)				185×35-32(?)
1189	七つ坑5号墳第2主体部	岡山市北区津島笹ヶ瀬	(前期)	前方後方墳	全長25m、後方部辺12m・高1.2m、前方部幅9.5m・高1.3m	括れ部後方より下	120×40-?(?)
1190	岩井山2号墳第1主体部	岡山市北区御津伊田	5C	方墳、埋葬施設4基(石棺2)	9×8.4m、高1.2m	N60°W	141×30-25(東)
1191	同 第2主体部	〃	5C			N70°E	144×36-24(東)
1192	同 3号墳	〃	5C	方墳	9.6×8.7m、高80cm	N64°W	165×東32西19-23(東)
1193	同 4号墳第1主体部	〃	(5C)	1973年消滅	径12m、石棺2	南北?	(東)
1194	同 第2主体	〃	(5C)	1974年消滅		南北?	170?×32?-30(東)
1195	同 6号墳第1主体部	〃	5C	方墳	10.8×9.6m、高1.3m	東西	156×36-30(西)
1196	同 7号墳第2主体部	〃	(5C)	方墳、埋葬施設4基(石棺2)	11.2×9.5m、高1.4m	南北	151×南32北24-8(南)
1197	同 第3主体部	〃	(5C)			東西	191×65-?(?)
1198	同 8号墳第1主体部	〃	5C	方墳、埋葬施設2(石棺1)	10.3×9.2m	東西	160×37-24(東)

石棺の構成	遺体数	副葬品等	石材	参考文献
蓋石1、両側石各1、妻石各1床石なし、小児棺		土師器		〃
攪乱、蓋石1残、両側石各3、妻石各1、床石なし		周溝内より土錘、玉髄剥片、土師器		〃
盗掘で攪乱、板石散乱				『県財報告 48』
蓋石2、南側石2、北側石4、妻石各1、床石なし		赤色顔料、直刀3、鉄鏃11、小玉(ガラス5・水晶1・滑石2)、須恵器(坏身蓋)		〃
大半破壊				〃
果樹園により攪乱		須恵器NT85、TK43		〃
		鉄斧、須恵器(MT85・TK43)		〃
		須恵器片		近藤『前方後円墳集成』(1991)
		鏡、直刀、剣、管玉、切子玉		『考古学雑誌 46-1』
		伝甲冑		近藤『前方後円墳集成』(1991)
		鏡(素文鏡)、鉈、勾玉2、小玉120(玉は滑石製)	花崗岩	『私たちの考古学 16』
			花崗岩	〃
				近藤『前方後円墳集成』(1991)
蓋石4、両側石各3、妻石各1、床石なし、東側に枕石			石英斑岩、文象斑岩	『町報告』(昭和51)
蓋石(接合部二重)、南側石3、北側石4、妻石各1、床石なし、東側に石枕		赤色顔料、棺外鉄斧1、鎌1、刀子1	石英斑岩、文象斑岩	〃
蓋石5、両側石各4、妻石各1、床面礫敷、東側に枕石		赤色顔料、棺外刀子、斧、鎌		〃
蓋石1、側壁板石3枚散乱		赤色顔料	石英斑岩、文象斑岩	〃
蓋石4残、東側石2、西側石4残、南妻石1残、床石なし		鉄剣1	石英斑岩、文象斑岩	〃
蓋石3、両側石各4、妻石各1、床石なし、東側に枕石、西側に枕石	1体(壮年♀)	直刀1、鉈Ⅰ、板状鉄器1	文象斑岩、石英斑岩	〃
蓋石除去、両側石各5、妻石各1、床石なし			文象斑岩、石英斑岩	〃
攪乱、蓋石・南側石除去、北側石4、妻石各1、床石なし			文象斑岩	〃
蓋石3、南側石3、北側石2、妻石各1、床面拳大礫散敷	1体(青年♂)		文象斑岩、石英斑岩	〃

	古墳名	所在地	時期	墳形その他	墳丘の規模(数値は約)	主軸の方位	石棺の規模(頭位)
1199	同 9号墳第1主体部	〃	(5C)	方墳	7×5m、高1.5m		
1200	同 第2主体部	〃	(5C)				
1201	上の山1号墳第2主体部	岡山市中区四御神	5C前半	方墳、埋葬施設2基(石棺1)	一辺12.8m		
1202	備前車塚古墳後方部背後石棺?	岡山市中区四御神	(前期?)	前方後方墳	全長48m、後方部辺24.5m・高3.8m、前方部幅22m・高1.3m		
1203	寺山8号墳	岡山市東区寺山	(5C)	円形	径5m	S30°E	168×東42西22－?(東)
1204	野山2号墳1号石棺	赤磐市岩田		方墳、埋葬施設2基(石棺2)	12×10.5m	N5°E	177× 28 42－20(南東)×40－30(北)
1205	同 2号石棺	〃				N6°E	186×40－32(南・北)
1206	同 5号墳1号石棺	〃		円墳、埋葬施設2基(石棺2)	径10m、高1m	N14°E	168?×南?北38－29(北)
1207	同 2号石棺	〃				南北	84×南36北15－30(?)
1208	前内池7号墳南1号石棺	赤磐市可真下・稗田				南北	壙長方形、140×90(北?)
1209	同 2号石棺	〃				南北	壙隅丸長方形?、(北)
1210	同 3号石棺	〃				東西	(東)
1211	同 北4号石棺	〃				東西	(東)
1212	同 8号墳西5号石棺	〃				東西	(北?)
1213	同 東南6号石棺	〃				東西?	(北東)
1214	同 9号墳南東7号石棺	〃				南北	(北)
1215	同 7号墳第4主体部(隍内)	赤磐市河本字野山		円墳、埋葬施設5基(墳丘内3、隍内2)	径15m、高2.5m	N24°E	60×25－20(北)
1216	安ヶ乢古墳	赤磐市斗有		円墳	径8m、高1m	南北	199×南43北26－?(南)
1217	陣屋6号墳(旧唐臼山)	赤磐市斗有		円墳	径6.5m、高1m	東西	174×東44西427－?(東・西)
1218	用木16号墳	赤磐市和田		円墳	径7m	N30°E	171×47－31(北)
1219	四辻3号墳	赤磐市和田	5C	円墳	径9m、高2m	東西	
1220	宇月原古墳	浅口市鴨方町字宇月原	5C	尾根上		東西	170×東45西40－30(東)
1221	岩崎山5号墳	井原市下出部町	(中期)	尾根上	。		
1222	弓場山古墳	笠岡市走出	5C後半	円墳	径10m、高30cm		壙長方形、250×90(?)

石棺の構成	遺体数	副葬品等	石材	参考文献
未調査保存				〃
未調査保存				〃
攪乱、蓋石除去、南側石1、北側石2、妻石各1、床石なし		円筒埴輪あり	石英斑岩、文象斑岩	『市報告』(1974)
				近藤『前方後円墳集成』
攪乱、蓋石除去、南側石3?、北側石3、妻石各1、床石なし			流紋岩	『県報告 118』
蓋石除去、両側石各3、妻石各1、床石なし、北側に枕石		赤色顔料、小玉1	花崗岩	『岩田古墳群』(1976)
蓋石除去、1残、両側石各3、妻石各1、床石なし、両側に枕石		勾玉1、管玉7、切子玉2、赤色顔料	花崗岩	〃
南側除去、蓋石6、両側石各3残、北側妻石残、床石なし、北側に枕石		勾玉(滑石)、ガラス小玉	花崗岩	〃
蓋石4、東側石2、西側石1、妻石各1、床石なし、小児棺			花崗岩	
蓋石除去、東側石2、西側石1、妻石各1、床石なし、北側に枕石、小児棺				『県報告 174』
蓋石4、両側石各3、妻石各1、床石なし、北側に枕石				〃
攪乱、蓋石2残、南側石4、北側石3、妻石各1、床石なし、小児棺				〃
攪乱、蓋石3残、南側石4、北側石3、妻石各1、床石なし、東側に枕石?				〃
攪乱、蓋石3残、北側に枕石?				〃
攪乱、蓋石除去、両側石各4、妻石各1、床面には円筒埴輪片を敷、北東側に枕石				〃
攪乱、蓋石除去、両側石各4、妻石各1、床石なし、北側に枕石		直刀1、鉄鏃16		〃
床石なし、北側に枕石、小児棺			花崗岩	〃
	1体(老年♂)	桃の実1	花崗岩	『瀬戸内海研究 4・5』
	2体(?)		花崗岩	〃
東側石3、西側石4、妻石各1、床石なし、北側に枕石		赤色顔料	花崗岩	『用木古墳群』(1975)
蓋石除去、南側石4、北側石5、妻石各1、床石なし			花崗岩	『四辻古墳群』(1973)
蓋石3、南側石3、北側石2、妻石各1、床石なし	2体(熟年♂、不明)	鉇1、鎌1、剣形品1	花崗岩	〃
盗掘				『倉敷考古館報 4』
蓋石4、南側石4、北側石3、妻石各1、床石なし	1体(成人♂)	直刀2、鉄斧1、鍬1、鎌1(直刃鎌)		『倉敷考古館報 8』

	古墳名	所在地	時期	墳形その他	墳丘の規模(数値は約)	主軸の方位	石棺の規模(頭位)
1223	広浜古墳	笠岡市広浜	5C	封土		南北	160×30－30(北)
1224	茂平八幡神社境内1号石棺	笠岡市茂平	中期	1964年整地			160×南東30北西20－20(南東)
1225	同　2号石棺	〃	中期	〃			150×南東40北西30－30(南東)
1226	七ツ塚古墳	笠岡市山口・走出	6C	円墳	径10m、高1m	東西	220×50－45(?)
1227	矢部古墳群A53号墳石棺1	倉敷市矢部	(前期)			東西	壙長方形、212×100(西)
1228	同　A57号墳石棺2	〃	前期			北東から南西	85×南26北40－32(北?)
1229	同　B44号墳	〃	(前期)	円墳	径5m	東西	178×40－?(東)
1230	矢部堀越遺跡X301	倉敷市矢部	前期				
1231	江崎古墳	総社市上林	5C後半	不明?	径5～6m、高1m	南北	175×南40北45－30(北)
1232	鋳物師谷1号墳D主体部	総社市清音三因	前期	方墳?、主体部4基	一辺20m、高2m	東西	65×?－15(?)
1233	久米10号墳	総社市久米	5C	前方後方墳	全長32.9m、後方辺19m・高3.5m、前方部幅10.3m・高1.2m	後方部中央	
1234	法蓮広堂山1号墳第2主体部	総社市下林	(後期)	方墳(造り出し付)	一辺16m、造り出し3×7m	南北	155×南28北45－23(北)
1235	法蓮40号墳	〃	6C前半				
1236	前山1号墳	総社市宿	5C前半	方形墓			
1237	同　2号墳	〃	5C前半	方形墓			
1238	殿山9号墳第2主体部	総社市三輪	5C前半	長方形墳	東西12m南北14m	東西	180×40－?(東)
1239	同　11号墳第3主体部	〃	4C後半	方墳	東西13m南北15m、墳頂部一辺8.5m	南北	壙隅丸長方形、230×南65北110石棺記録なし(北)
1240	同　21号墳1号石棺	〃	弥生末～古墳初頭	方墳?(斜面)	東西5m南北8m、高1,4m	東西	194×44－?(東西)
1241	同　墳丘外1号石棺	〃		11号墳南、墳丘		東西	175×東28西40－?(西)
1242	同　2号石棺	〃	4C後半			東西	130×東20西40－?(西)
1243	宮山古墳前方部	総社市三輪	(前期)	前方後円墳、前方部に7基埋葬施設	全長37m、後円部径23m、高3m		
1244	赤羽根2号墳	髙梁市落合町阿部	5C後半～6C初頭	耕作中に発見			134×南34北35－?(?)

全国箱式石棺集成表（古墳時代篇）　495

石棺の構成	遺体数	副葬品等	石材	参考文献
蓋石4、両側石各3、妻石各1、床石なし、北側に枕石	1体（老年♀）		花崗岩	『倉敷考古館報 4』
蓋石4、両側石各4、妻石各1、床石なし	1体（青年♂）		花崗岩	〃
蓋石4、両側石各4、妻石各1、床石なし、南東部に枕石	1体（熟年♂）		花崗岩	〃
蓋石8、両側石各7、妻石各1、床石なし、西側に副室		鉄剣1、直刀1、鉄鏃1束、鉄斧1、鍬1、滑石製勾玉1、臼玉31、副室より須恵器(壺1・甑1)、土師器(塊1)		『長福寺裏山古墳群』(1965)
蓋石8、南側石7、北側石、妻石各1、床石なし、西側に枕石	歯		流紋岩	『県報告 82』
蓋石7(一部二重)、両側石各4、妻石各1、床石なし、東側に枕石、小児棺		剣1	閃緑岩、流紋岩	〃
蓋石5+2(一部二重)、両側石各3(但し南側横位、北側二重)妻石各1床石な、東側に枕石？、形状特異		勾玉2、管玉1		〃
開墾時攪乱、蓋石除去、東側石3、妻石北1残、抜き取りの痕跡から東側石4、西側石3、妻石各1が推定される、床石板石片敷				〃
蓋石3残、東側石3、西側石2、妻石各1、床石なし	2体（老年♂、♀）	鉄剣、鍬、勾玉	花崗岩	『倉敷考古館報 4』
盗掘、蓋石1残、南側石2、北側石1、妻石？、床石なし、小児棺			水成岩	『古代吉備 6』
		埴輪(円筒)		近藤『前方後円墳集成』(1991)
盗掘、蓋石4+1、両側石各4、妻石各1、床面礫敷		鉄剣1、鉄鏃、刀子1、滑石製臼玉32、ガラス小玉、埴輪片	花崗岩	『市報告 21』
				『市報告 4』
				『県報告 115』
				〃
蓋石4、南側石4、北側石3、妻石各1、床礫敷、東側に枕石	1体（壮年♂）	剣1、鎌(直刃)1、鉄鏃1		『県報告 47』
蓋石7、両側石各5、妻石各1、床石7以上、北側に枕石	1体(？)	管玉2		〃
蓋石2、両側石各3、妻石各1、床礫敷、東西に枕石	2体(？)			〃
蓋石6+8(東側二重)、両側石各4、妻石各1、床石なし、西側に枕石				〃
西側攪乱、蓋石3残、両側石各4残、妻石東1残、床石なし				〃
				近藤『前方後円墳集成』2000
		朱、滑石製勾玉		『市報告 1』

	古墳名	所在地	時期	墳形その他	墳丘の規模(数値は約)	主軸の方位	石棺の規模(頭位)
1245	同 6号墳	〃	〃	6・7号同一墳丘の可能性あり			185×43－?(東)
1246	同 7号墳	〃	〃	〃			165×42－?(北)
1247	同 8号墳	〃	〃	〃			182×42－?(東)
1248	隠里古墳	津山市瓜生原	(中期)			東西	155×40－33・25(東・西)
1249	久米三成4号墳第1主体部	津山市中北字三成		前方後方墳、埋葬施設5基(石棺5)	全長35m、後方部幅18m、前方部先端幅19m	東西(N5°E)	190×45－30(東・西)
1250	同 第2主体部	〃		前方部に埋葬		東西(N6°E)	197×40－30(?)
1251	同 第3主体部	〃		後方部西裾部に埋葬		東西	77×東22西21－20(東)
1252	同 第4主体部	〃		後方部北西に埋葬		南北	65×?－21(?)
1253	同 第5主体部	〃		後方部西裾部に埋葬		東西	67×東21西14－17(東)
1254	沼2号墳	津山市沼		(消滅)			
1255	同 3号墳	〃		円墳	径6m、高1.5m	東西	158×東45西40－45(東)
1256	同 4号墳	〃		不詳		南北	167×南38北42－36(北)
1257	同 5号墳	〃		方墳	一辺9m、高90cm	東西	
1258	同 6号墳	〃	5C	方墳、埋葬施設2基(石棺1)	一辺13.8m、高1.5m	東西	177×東38西37－27(東・西)
1259	同 7号墳	〃		封土流失			
1260	同 14号墳	〃		封土流失		東西	162×南36－?(?)
1261	日上天王山古墳第3主体部	津山市日上		前方後円墳	全長56.9m、後円部径32.4m・高6.35m、前方部幅24.6・高3m	東西	175×35－19(東・西)
1262	同 第4主体部	〃				東西	?×40－25(?)
1263	門の山古墳A号石棺	津山市平福		方墳、埋葬施設3基(石棺3)	一辺10m	南北	207×南50北40－?(?)
1264	同 B号石棺	〃				東西	160×東40西30－?(東)(?)
1265	同 C号石棺	〃					125×35－?(?)
1266	岩倉7号石棺	新見市高尾字岩倉	6C後半	墳丘		N50°E	180×35－20(?)
1267	山根屋1号墓	新見市哲西町上神代	前期	墳丘		ほぼ東西	190×50－?(東)

石棺の構成	遺体数	副葬品等	石材	参考文献
	1体（壮年♂）	剣1	花崗斑岩	〃
	2体同時埋葬（壮年♂・♀）		花崗斑岩	〃
	1体（年齢不詳♂）	鉄剣？2片		〃
蓋石3、両側石各?妻石各1、床石6	3体（東→西→東）	刀子1、勾玉3（滑石製）		『古代吉備 2』
蓋石3、両側石各3、妻石各1、床面玉石敷、1号遺骸に枕石あり	2体（♂、♀）	鏡1、鉄剣1、鉄斧1（2号人に副葬）、朱	リンバーグ石	『久米三成4号墳』（1979）
蓋石4、両側石各3、妻石各1、床石2	2体（♂、♀）	朱	緑色千枚岩	〃
蓋石2、両側石各2、妻石各1、床石なし、東枕石、小児棺				〃
蓋石除去、東側石3、西側石2、妻石各1、床石なし、小児棺				〃
蓋石除去、1残、両側石各2、妻石各1、東側に枕石、小児棺				〃
	人骨？			『古代吉備 6』
蓋石？、両側石各3、妻石各1、床石2	人骨	鉄片		〃
蓋石1、東側石3、西側石2、妻石各1、床石なし	2体？（詳細不詳）			〃
	人骨？			〃
蓋石2、両側石各2、妻石各1、床石なし	2体（成人♂、熟年性別不詳）	鉄剣1		〃
	人骨？			〃
蓋石？、両側石各2、妻石各1、床石3	1体（？）			〃
前方部				近藤『前方後円墳集成』（2000）
前方部				〃
				〃
				〃
				〃
攪乱、蓋石除去3残、両側石各3、妻石各1、床面割石敷		須恵器(坏)		『市報告 1』
蓋石5、両側石各3、妻石各1、床石なし、東側に枕石				『中国縦貫道 12』

	古墳名	所在地	時期	墳形その他	墳丘の規模(数値は約)	主軸の方位	石棺の規模(頭位)
1268	同 2号墓	〃	前期	〃		ほぼ東西	179 × 東 41 西 14 − 23(東)
1269	同 3号墓	〃	前期	〃		南北	38×南20北16−22(?)
1270	同 4号墓	〃	前期	〃		ほぼ東西	75×東24西20−?(東)
1271	同 5号墳第1主体部	〃	後期	方形	一辺8m	東西	201 × 東 48 西 28 − 44(東)
1272	同 6号墳第1主体部	〃	後期	方形	一辺6m	東西	160 × 東 28 西 28 − 24(東)
1273	同 第2主体部	〃	後期	北隍内に石棺		ほぼ東西	84×東24西8−24(東)
1274	同 7号墳第1主体部	〃	後期	方形	一辺3.5m	ほぼ東西	180 × 東 44 西 24 − 14(東)
1275	同 第2主体部	〃	後期			ほぼ南北	140 × 東 28 西 16 − 26(北)
1276	同 11号墓	〃	前期	〃		ほぼ東西	210×50−?(東西)
1277	同 12号墓	〃	前期	〃		東西	196 × 東 40 西 32 − 36(東)
1278	同 14号墓	〃	後期	墳丘		東西	76×東16西28−36(西)
1279	同 15号墓	〃	後期	〃		東西	92 × 東 24 西 24 − 28(東?)
1280	同 17号墓	〃	後期	〃		ほぼ東西	184 × 東 60 西 48 − 24(東)
1281	同 18号墓	〃	後期	〃		ほぼ東西	160 × 東 36 西 44 − 28(西)
1282	同 19号墓	〃	後期	〃		東西	108 × 東 40 西 24 − 24(東)
1283	同 20号墓	〃	後期	〃		東西	68 × 東 32 西 28 − 28(東?)
1284	同 22号墓	〃	後期	〃		東西	68×東24西32−22(東)
1285	光坊寺1号墳	新見市哲西町矢田	(前期)	円墳、埋葬施設5基(石棺1)	径14m、高2m		120×東34西20−27(南東)
1286	横田東15号墳	新見市哲西町矢田	(後期)				80×40−?(?)
1287	鴻島蜂の頭6号墳	備前市日生町日生	前期	円墳	径13m		196 × 東 38 西 40 − ?(?)
1288	宮の前1号墳	真庭市一色	(前期)	円墳	径18.5m	南西	266 × 東 65 西 80 − ?(西)
1289	宮の前1号石棺	真庭市一色	(前期)	方形周溝墓(C−3)外			180×50−?(?)
1290	同 2号石棺	〃	方形周溝墓(前期より新しい)	C− 3東隅			
1291	同 3号石棺	〃	〃	C− 3南辺		N55°E	210 × 東 45 西 30 − 20(東)

石棺の構成	遺体数	副葬品等	石材	参考文献
蓋石5、一部鎧重、両側石各4、妻石各1、床石8、東側に枕石		刀子2		〃
蓋石1、両側石各1、妻石各1、床石なし、小児棺				〃
蓋石6(二重)、南側石3、北側石2、妻石各1、床石なし、東側に枕石、小児棺				〃
蓋石5、両側石各5、妻石各1、床石なし、東側に枕石		鉄鏃7		〃
蓋石5、両側石各4、妻石各1、床石なし、東側に枕石				〃
蓋石5、両側石各3、妻石各1、床石なし、小児棺				〃
蓋石2、両側石各3、妻石各1、床石なし		棺外、鉄斧2、鉄鏃6		〃
蓋石5、東側石4西側石6、妻石各1、床石なし、北側に枕石		直刀1、刀子2		〃
蓋石7、南側石9、北側石7、妻石各1、床石なし、東西両側に枕石	2体(?)			〃
一部攪乱蓋石5、南側石4、北側石3、妻石各1、床石なし、東側に枕石		剣1、鉈1		〃
蓋石3、両側石各2、妻石各1、床石なし、小児棺		棺外から鉄鏃、刀子		〃
蓋石3、両側石各2、妻石各1、床石なし、小児棺		須恵器(高坏)		〃
攪乱、南側石2残、北側石4、妻石西側1残、床石なし、東側に枕石				〃
攪乱、南側石4、北側石2残、妻石各1、床石なし、西側に枕石				〃
蓋石6、両側石各2、妻石各1、床石なし				〃
蓋石2+4、南側石2、北側地山、妻石各1、床石なし、小児棺				〃
蓋石3、南側石2、北側石1、妻石各1、床石なし、東側に枕石、小児棺				〃
攪乱、蓋石2残				〃
				『中国縦貫道 8』
				『県報告 8』
		鉄鏃20、刀子3、鉈1		『中国縦貫道 7』
蓋石9、南側石2、北側石?、妻石なし			角礫	〃
攪乱、蓋石1、南西側石3、北東側石2等確認			角礫	〃
蓋石、南側石、北側石、床石				〃

	古墳名	所在地	時期	墳形その他	墳丘の規模(数値は約)	主軸の方位	石棺の規模(頭位)
1292	同 4号石棺	〃	〃	3号石棺東		東西	60×15－20(？)
1293	同 5号石棺	〃	〃	C－1南辺		東西	130×40－25(？)
1294	同 6号石棺	〃	〃	5号石棺南		N60°E	壙隅丸長方形、190×90－50
1295	中原古墳群2号墳	真庭市久世	(中期)	長方形墳	9.7m×7.5m	南北	209×39－？(南東)
1296	同 3号墳	〃	前期	楕円形墳	16m×14m	東西	178 × 東44 西42－27(東)
1297	同 4号墳	〃	前期	長方形墳	10.8m×6.7m	東西	182 × 東46 西38－35(東)
1298	同 5号墳	〃	後期	長方形墳	9m×8m	東西	113 × 東22 西10－22(東)
1299	同 7号墳第1主体部	〃		長方形墳	11.3m×9.1m	南北	174×南東42北西33－32(南東)
1300	同 第2主体部	〃	後期			南北	218 × 南40 北42－33(北)
1301	同 8号墳第1主体部	〃		長方形墳、埋葬施設2基(石棺2)	15m×12m	南北	188 × 南34 北38－30(北)
1302	同 第2主体部	〃	後期			南北	198×36－45(北・南)
1303	同 9号墳	〃		長方形墳	10m×7.5m	東西	185 × 東53 西37－30(東)
1304	同 10号墳	〃		方墳	9m×8m	東西	158×南東35北西26－40(東・西)
1305	同 11号墳	〃	中期	長方形墳	10m×7.5m	東西	214 × 東37 西25－25(東)
1306	同 12号墳	〃	中期	円墳	14m×16m	東西	173 × 東43 西34－23(東・西)
1307	同 13号墳	〃	5C前	長方形墳	14.5m×15.8m	東西	172×南西36北東27－30(南西)
1308	同 15号墳	〃	5C	長方形墳	12.2m×10.8m、高1.2m	東西	213×南東62北西57－32(南東)
1309	同 16号墳	〃	5C	方墳	一辺6.3m	東西	109 × 東35 西24－27(東)
1310	同 17号墳第1主体部	〃	5C	円墳、埋葬施設2基(石棺2)、墳丘外に石棺2	径17m	南北	壙長方形、175×50
1311	同 第2主体部	〃				南北	壙長方形、160×50－52
1312	同 第3主体部	〃	5C			東西	177× 28 42－20(南東)
1313	同 第4主体部	〃				南北	60×20－20(北西？)
1314	同 19号墳第1主体部	〃		方墳、埋葬施設2基(石棺2)	10m×11m、高1m	東西	168×東90西？－30(東)
1315	同 第2主体部(西溝内)	〃				南北	58×35－30(東)
1316	同 20号墳	〃				南北	160 × 南？北40－？(？)

石棺の構成	遺体数	副葬品等	石材	参考文献
蓋石2、両側石各2段、小児棺				〃
攪乱、蓋石3?、南側石				〃
				〃
蓋石除去、南西側石4、北東側石6、妻石各1、床面小板石敷、南東側に枕石		直刀1		『県報告 93』
蓋石2、両側石各3、妻石各1、床面小板石敷、東側に枕石	1体(	直刀1、剣1		〃
蓋石4?、南側石7、北側石6、妻石各1、床面小板石敷、東側に枕石		直刀1、鉄鏃3		〃
蓋石3(二重乱石積)、南側石3、北側石2、妻石各1、床石なし、小児棺				〃
蓋石4、両側石各4、妻石各1、床石なし				〃
蓋石5、両側石各4、妻石各1(北二重)、床面小板石敷、北側に枕石	頭蓋骨			〃
蓋石4、両側石各4、妻石各1、床石なし、北側に枕石		墳端から鉄器(斧2・刀子1・鉄鏃2)		〃
蓋石4、両側石各3妻石各1、床面割敷、両側に枕石	2体(?)			〃
攪乱、蓋石除去、南側石1、北側石4、妻石東2、西1、床石なし、東側に枕石		鉄剣1、刀子1		〃
蓋石4、両側石各4、妻石各1、床面割石敷、両側に枕石		鉄鏃1		〃
蓋石3+1、両側石各4、妻石各1、床石なし、東側に枕石		滑石臼玉7		〃
蓋石3、両側石各3、妻石各1、床面割石敷、南側に枕石	2体(?)	鎌(曲刃)1		〃
蓋石4?、両側石5、妻石各1、床面小板石敷、南西側に枕石		紡錘車形石製品1		〃
蓋石5、両側石各5、妻石各1床面小割石敷、南東側に枕石	1体(?)			〃
蓋石2、両側石各4、妻石各1、床面小割石敷、東側に枕石				〃
攪乱、南東側石2残、小児棺？				〃
攪乱、北西側石1残、小児棺？				〃
攪乱、蓋石3残、両側石各4、妻石各1、床面割石敷				〃
北西側攪乱、北東側石2残、床面割石敷				〃
攪乱、北西部削除、蓋石除去、南側石3、北側石1残、妻石各1、床面砂利敷				〃
攪乱、蓋石1残、両側石各1残、妻石南1残、床石1残、小児棺		鉄剣1、刀子2、管玉7、勾玉1、櫛4		〃
攪乱、西側石1、北妻石1残、床面板石片敷				〃

	古墳名	所在地	時期	墳形その他	墳丘の規模(数値は約)	主軸の方位	石棺の規模(頭位)
1317	同　21号墳	〃		長方形墳	10.5m×9m	南北	174 × 南 37 北 48 － 24(北)
1318	同　22号墳第1主体部	〃		円墳、埋葬施設2基(石棺2)	径16m		193 × 南 東 48 西 40 － ?(南東)
1319	同　第2主体部	〃				南北	172×南東37北西31－28(南東)
1320	同　23号墳第1主体部	〃		長方形墳、埋葬施設3基(石棺3)	14m×10m	N29°E	214 × 南 40 北 33 － ?(南)
1321	同　第2主体部	〃				N31°E	174 × 南 西 35 北 東 25 － ?(南西)
1322	同　第3主体部	〃				N14°E	179 × 南 41 北 35 － ?(南)
1323	同　24号墳第1主体部	〃		方墳、埋葬施設2基(石棺2)	16.5m×17.5m	N33°E	246 × 南 64 北 52 － ?(南)
1324	同　第2主体部	〃				N19°E	167 × 南 38 北 32 － ?(南)
1325	同　27号墳	〃		方墳	8m×7m	N100°W	壙長方形、120×60?棺45×?
1326	同　28号墳	〃		方墳	一辺8m	N55°W	205×南49北44－?(南東)
1327	同　29号墳	〃		半円形	径6m	N40°W	102 × 南 32 北 24 － ?(南)
1328	同　30号墳	〃		円墳	径4m	南北	185 × 南 33 北 ? － 327(南)
1329	同　31号墳	〃		長方形墳	13m×10m	東西	195×南東42北西?－?(南東?)
1330	同　34号墳	〃	後期	長方形墳	6.7m×8.5m	東西	170×南東43北西30－24(南東)
1331	同　36号墳	〃		長方形墳	9.5m×6m	東西	192×南東38北西30－26(南東)
1332	同　37号墳	〃		長方形墳	9.5m×6m	南北	192×南東48北西30－?(南東)
1333	同　39号墳	〃		方墳	一辺6m	東西	170 × 南 西 37 北 東 40 － ?(北東)
1334	山之城1号墳	真庭市五名		円墳	径14m、高35cm		
1335	同　2号墳第1主体部	〃		円墳	径11m、高75cm	東西	192 × 東 43 西 33 － 16(東)
1336	同　第2主体部	〃				東西	85×18－12(東?)
1337	同　第3主体部	〃				南北	84×24－16(南)
1338	同　5号墳(旧そうずぶう古墳)	〃	中期	前方後円墳	全長60m、後円部径40m・高6m、前方部幅25m・高5m	後円部中央	220×70－?(?)
1339	下湯原B遺跡石棺1	真庭市下湯原	7C初頭			東西?	150×25－?(東?)
1340	同　石棺2	〃	7C初頭			南北	50×30－10(?)
1341	中山A-198	真庭市西河内	(前期)	(削平)		N55°E	150×30?－?(?)

石棺の構成	遺体数	副葬品等	石材	参考文献
蓋石3、両側石各3、妻石各1、床面割石敷、南側に枕石		赤色顔料		〃
蓋石除去、北東側石5、南西側石4、妻石各1、床面砂利敷、南東側に枕石		鉄斧1、鎌(直刃)1、小玉2		〃
蓋石4、東側石4、西側石5、妻石各1、床面砂利敷、両側に枕石	2体(?)			〃
蓋石6、南側石6、北側石7、妻石各1、床面片岩片敷、南側に枕石		臼玉555以上、管玉3、櫛3		〃
蓋石5、南側石6、北側石5、妻石各1、床面片岩片敷、南側に枕石				〃
蓋石3、東側石5、西側石6、妻石各1、床面片岩片敷、南側に枕石		赤色顔料、刀子1、管玉2、小玉1	結晶片岩	〃
蓋石5、両側石各7、妻石各1、床面片岩片敷、南西側に枕石		直刀1、刀子1、櫛37、斧1		〃
蓋石5、両側石各6、妻石各1、床面片岩片敷、南側に枕石				〃
攪乱、西側削除床面片岩片敷、小児棺?				〃
蓋石8、南側石6、北側石7、妻石各1、床面片岩片敷、何東側に枕石		直刀1、斧1、鉄鏃15		〃
蓋石3(接合部2)、東側石4、西側石2、妻石各1、床面片岩片敷、南側に枕石		勾玉2、管玉9		〃
蓋石4(上部に集石あり)、両側石各4、妻石各1、床面板石片敷、南側に枕石				〃
蓋石除去、両側石各6、妻石各1、床面割石敷、南東側に枕石		鉄鏃1		〃
攪乱、蓋石2残、両側石各4、妻石各1、床面割石敷、南東側に枕石		刀子1、須恵器壺1		〃
蓋石3、南側石3、北側石5、妻石各1、床面割石敷、南東側に枕石		刀子1		〃
蓋石除去、両側石各5、妻石各1、床面板石片敷、南東側に枕石		鍬先1、勾玉1、臼玉120		〃
攪乱、蓋石除去、東側石3、西側石4、妻石各1、床石なし、北東側に枕石		鉄剣1		〃
		直刀2、剣1、鉄鏃20、須恵器		『山之城古墳群』(1987)
(主体部3基)蓋石3、南側石6、北側石13、妻石各1、床石なし、東に板石		刀子1、鉈1	砂岩	〃
蓋石2、両側石各1、妻石各1、床石なし、小児棺			結晶片岩	〃
蓋石2、両側石各2、妻石各1、床石なし、南側石枕、小児棺			結晶片岩	〃
			砂岩	近藤『前方後円墳集成』(1991)
攪乱、蓋石除去、南側石5、北側石4、妻石東1残、床石なし			流紋岩、安山岩	『県報告166』
攪乱、蓋石2、東側石1残、床石なし、小児棺			流紋岩、安山岩	〃
攪乱、石材除去、床石一部残存			片岩系	『県報告』(1978)

	古墳名	所在地	時期	墳形その他	墳丘の規模(数値は約)	主軸の方位	石棺の規模(頭位)
1342	同　A-200	〃	(前期)			N50°E	80？×25－？(？)
1343	同　A-201	〃	(前期)			N60°E	140×30－？(北)
1344	荒神風呂古墳第2主体部	真庭市西河内	前期	円墳、埋葬施設3基(石棺2)、墳丘外に石棺2	径13m、高1.2m	南北	178×40－13(北東)
1345	同　第3主体部	〃	前期			東西	195×41－17(東)
1346	同　墳丘外1号石棺	〃	中期			東西	178×40－15(東)
1347	同　2号石棺	〃	中期			東西	88×15－25(東)
1348	芋岡山1号石棺	小田郡矢掛町中	中期	尾根上		東西	160 × 東 55 西 45 － 35(東)
1349	同　2号石棺	〃	(中期)	尾根上			170 × 南 東 35 北 西 30 －？(？)
1350	竹田5号墳中央南石棺	苫田郡鏡野町竹田	4C	方墳、埋葬施設4基(石棺4)	一辺17m	東西(E2°N)	193 × 東 44 西 40－？(東)
1351	同　中央北石棺	〃	4C			東西(E5°S)	193×東43西40－？(東♀西小児)
1352	同　南石棺	〃	4C			東西(N14°E)	163 × 東 40 西 21－？(？)
1353	同　東石棺	〃	4C			南北(N15°W)	185 × 南 37 北 38－？(北)
1354	同　6号墳	〃	7C初頭	円墳	径9m	南北	150？ × 南 35？ 北 40(北)
1355	同　7号墳	〃	7C初頭	円墳	径8m、高70cm	東西	151 × 東 35 西 21－？(東)
1356	宇屋古墳第2主体部	和気郡和気町宇生		円墳	径12.5m、高1m	N78°E	160×30－？(西)
	兵庫県						
1357	養久山1号墳第2主体部	たつの市揖保川町養久	前期	前方後円墳	全長31.6m、後円部径17.6m・高2.2m、前方部幅9.7m・高0.8m	南北	90×110－90(？)
1358	同　第3主体部	〃	前期			南北	183×47－20(南)
1359	同　第4主体部	〃	前期			南北	69×28－22(？)
1360	同　第5主体部	〃	前期			南北	134×28－21(北)
1361	同　第6主体部	〃	前期			東西	180×46－19(東)
1362	同　2号墳墓1号石棺	〃		円形墓	径9m、高50cm	南北	157 × 南 32 北 37.5－28(北)
1363	同　2号石棺	〃				南北	170？ × 南 35 北 27－33(南)

石棺の構成	遺体数	副葬品等	石材	参考文献
攪乱、南側石2、北側石1西妻石残存、床石なし、小児棺			片岩系	〃
蓋石6？、両側石各4、妻石各1、床石なし、東側に枕石			川原石、片岩系	〃
蓋石11、東側石4、西側石3、妻石各1、床面礫敷、北側に枕石				『県報告76』
蓋石7(一部二重)、両側石各5、妻石各1、床面礫敷				〃
蓋石5、南側石4、北側石5、妻石各1、床面礫敷				〃
蓋石3、両側石2、妻石各1、床石小板石敷、小児棺				〃
蓋石3、両側石各2、妻石各1、床石なし、東側に枕石	1体(老年♂)	櫛1	花崗岩	〃
蓋石5、南西側石4、北東側石3、妻石各1、床石なし、両側に枕石			花崗岩	〃
蓋石4、両側石各4、妻石各1、床石6、東側に枕石	1体(成人性別不詳)		流紋岩質凝灰岩	『竹田墳墓群』(1984)
蓋石6、両側石各4、妻石各1、床石7、西側に枕石	2体(壮年♀、小児)	小刀、刀子、鎌(直刃)、鼓型器台	流紋岩質凝灰岩	〃
蓋石8、南側石3、北側石2、妻石各1、床石6、東側に枕石	2体(成人性別不詳)		玄武岩	〃
蓋石8、両側石各4、妻石各1、床面礫敷、北側に枕石	1体(熟年♂)	鉇1	玄武岩	〃
南側攪乱、蓋石5残、両側石各7残、妻石北側残、床面礫敷			川原石、玄武岩	〃
蓋石5、南側石4、北側石3、妻石各1、床面礫敷、東側に枕石			玄武岩	〃
攪乱、蓋石2、両側石各3、西妻石1残、床石なし				『県報告229』
蓋石3(蓋上小板石礫積)、両側石各1、妻石各1、床面礫敷		剣1	流紋岩質凝灰岩	近藤義郎『養久山墳墓群』(1985)
蓋石7(南側を除き二重)、東側石5、西側石6、妻石各1、床石なし	1体(成人♂)	剣1、斧1、ガラス小玉8	〃	〃
蓋石2(上部三重)、両側石各1、妻石南1(二重)、妻石北竪2、床石2、小児棺			〃	〃
蓋石5(接合部二重)、両側石各3、妻石各1、床石なし	1体(幼児？)	剣1	〃	〃
蓋石9(上部乱積三重)、両側石各4、妻石各1、床面粘土	1体(壮年♂)	鉇1	〃	〃
蓋石2？(移動)、東側石1、西側石2、妻石各1、床石なし、東と北に控積石あり			〃	〃
蓋石除去、両側石各2妻石北1、南除去、床石なし			〃	〃

	古墳名	所在地	時期	墳形その他	墳丘の規模(数値は約)	主軸の方位	石棺の規模(頭位)
1364	丸山1号墳前方部石棺	丹波市山南町野坂		前方後円墳	全長8m、後円部径24m・高3.8m、前方部幅20.5m・高2.6m		210×30－42(?)
1365	カチヤ古墳	豊岡市三宅		円墳	径18m、地山整形		115×東43西51－51(北西)
1366	天神山古墳	西脇市黒田庄町喜多					
1367	蛤山古墳	姫路市今宿		円墳			
1368	西脇古墳群E支群75号墳	姫路市西脇	5C末～6C初頭	不整円形	6.7×6.2m、高60cm	N62°E	220×東60西49－30(東)
1369	同 76号墳第1主体部	〃	5C末～6C初頭	不整円形、埋葬施設2基(石棺2)	8.4×7.7m、高1.3m	N15°E	170×18北30－26(北)
1370	同 第2主体部	〃	5C末～6C初頭			N15°E	146×南18.北30－30(北)
1371	同 77号墳	〃	5C末～6C初頭	不整円形	6.4×5.9m、高2.1m	N79°W	90?×80－12(西)
1372	同 78号墳	〃	5C末～6C初頭			N59°W	100×東28西18－30(東)
	愛媛県						
1373	浅海原13号石棺	松山市浅海原		(消滅)			
1374	同 14号石棺	〃		(消滅)			
1375	同 15号石棺	〃		(消滅)			
1376	みやがたに22号石棺	松山市浅海原		丘陵上			
1377	同 23号石棺	〃		丘陵上			
1378	同 24号石棺	〃	6C中葉	丘陵上			
1379	小竹8号墳	松山市浅海本谷	(中期)	円墳、墳頂部に石棺3	径32m、高4m		
1380	丸山10号石棺	松山市浅海本谷	(中期)	円墳	径15m	N44°E	167×40－?(?)
1381	同 11号石棺	〃	(中期)			N47°E	
1382	同 12号石棺	〃	(中期)				
1383	高山古墳	松山市浅海本谷	(中期)	前方後円墳、1918年発掘埋め戻す			
1384	石ケ峠1号石棺	松山市朝美		標高60m			
1385	同 2号石棺	〃		(破壊)			
1386	大峰ケ台1号石棺	松山市朝美		稜線上		N70°W	175×?－?(?)
1387	同 2号石棺	〃		稜線上			

石棺の構成	遺体数	副葬品等	石材	参考文献
		鉇1		近藤『前方後円墳集成』(1992)
蓋石1(南側に縄掛突起)、両側石各2、妻石各1、床面礫敷、妻石外側底面礫敷、北西側に枕石		朱	灰白色流紋岩	『県報告 18』
		鏡、剣、刀子、鉾、鎌、斧、勾玉、須恵器		『考古学雑誌 46-1』
				〃
攪乱蓋石流失、南側石2残、北側石3、妻石各1、床面破砕した須恵器片敷、東側に枕石		須恵器、刀子1		『県報告 141』
蓋石4+2(接合部二重)、両側石各2、妻石各1、床石なし、北側に枕石				〃
蓋石流失、両側石各2、妻石各1、床石なし、北側に枕石				〃
蓋石・両側石・妻石流失、床石3残		石製紡錘車1、須恵器		〃
蓋石3、両側石各2、妻石各1(西側二重?)、床石なし		刀子1、籠状鉄器1、不明鉄器1、勾玉19、小玉16		〃
				正岡睦夫『遺跡 23』
				〃
				〃
				〃
				〃
	東端棺2体(?)	埴輪(盾・円筒)、棺外に直刀1、剣3、鎌1、斧1		〃
蓋石除去、南側石1、北側石2、東妻石1残		朱、勾玉2、管玉10		〃
				〃
蓋石1残、周囲に柄あり				〃
	人骨?	朱		〃
石材集積			緑色片岩	
石小祠			安山岩	〃
北側石3、妻石各1残存				〃
石材散乱			花崗岩	〃

	古墳名	所在地	時期	墳形その他	墳丘の規模(数値は約)	主軸の方位	石棺の規模(頭位)
1388	同 3号石棺	〃		(半壊)		N89°E	?×東?西35－?(?)
1389	同 4号石棺	〃		尾根上			100?×40－?(?)
1390	同 5号石棺	〃		標高60mの独立丘上		N50°W	?×東?西40－?(?)
1391	同 6号石棺	〃		(破壊)			
1392	北吉田の石棺	松山市生石町		稜線上			
1393	同 石棺D	〃		稜線上			
1394	同 石棺E	〃		稜線上			
1395	同 石棺F	〃		稜線最高位			
1396	同 石棺H	〃		丘陵端			
1397	津田山古墳	松山市生石町	(中期)	標高129m、1969年発見			210×南40北48－30(北)
1398	祝谷1号墳	松山市祝谷				南北	
1399	常信寺裏山石棺	松山市祝谷					150×?－?(?)
1400	釈迦面山1号墓1号石棺	松山市上野町	(中期)	方形周溝墓、1974年調査	外周6m×9.5m	N80°E	壇長方形、220×90
1401	同 2号墓	〃	(中期)	方形周溝墓	外周10.3m×10.5m		壇長方形、211×55
1402	同 3号墓第1主体部	〃	(中期)	方形周溝墓、石棺2基	溝削平、幅90cm	N19°E	
1403	同 第2主体部	〃	(中期)			N19°W	
1404	同 4号墓	〃	(中期)	方形周溝墓(消滅)	一辺8.65m		
1405	同 5号墓	〃	(中期)	方形周溝墓	東西10.8m	N5°E	168×東33西31－21(東)
1406	釈迦面山1号墳1号石棺	松山市上野町	(中期)	長方形墳、1973年調査、埋葬施設2	25m×20m	N65°E	158×北東36南西30－30(北東・南西)
1407	同 2号石棺	〃	(中期)			N70°E	148×東27西22－28(東)
1408	同 2号墳	〃	(中期)	長方形墳	25m×20m	消滅	
1409	同 3号墳	〃	(中期)			N60°E	160×東30西22－22(東)
1410	釈迦面山南遺跡1号石棺	松山市上野町	(中期)	1974年調査		N35°W	壇110×38
1411	内浜NO6石棺	松山市内浜町		(消滅)			
1495	湊山石棺群	松山市梅津寺町		丘陵下端部			

石棺の構成	遺体数	副葬品等	石材	参考文献
南側石2、北側石3残			安山岩、花崗岩	〃
石材一部残			緑色片岩	〃
				〃
				〃
				〃
			緑色片岩	〃
			緑色片岩	〃
				〃
			緑色片岩	〃
蓋石	1体(年齢不詳♂)	獣文鏡1、朱	緑色片岩	〃
				〃
			砂岩	〃
石材抜き取り				〃
			緑色片岩	〃
石材抜き取り、東側削除	人骨?	朱	緑色片岩	〃
石材抜き取り、南側削除				〃
			緑色片岩	〃
蓋石除去、両側石各3、妻石各1、床面礫敷	1体(成人♂)	朱		〃
蓋石2、両側石各2、妻石各1、床面砂利敷	2体(熟年♂、♀)	赤色顔料、剣、直刀、刀子、鹿角装柄	緑色片岩	〃
蓋石2、両側石各2、妻石各1、床面砂利敷	1体(?)		緑色片岩	〃
				〃
一部攪乱、蓋石6?散乱、南側石3、北側石2、妻石各1、床面砂利敷				〃
両側石各2、妻石各1、床面砂利敷			和泉砂岩、緑色片岩	〃
		鉄刀?		〃
石棺3基		1952年頃は朱が確認された		〃

	古墳名	所在地	時期	墳形その他	墳丘の規模(数値は約)	主軸の方位	石棺の規模(頭位)
1412	セセナギ古墳	松山市小浜		山頂			
1413	オクシゴエ古墳(市脇古墳)	松山市小浜	(中期)	山頂			
1414	中山古墳	松山市小浜	(中期)	丘陵上(1897年発見)			6尺×3尺−?
1415	片山の石棺	松山市片山		斜面に複数の石棺、開墾で消滅			
1416	高月山2号墳	松山市勝岡町	(中期)	長方形墳	16m×10m	N60°40'W	166×南東49北西32−25(南東)
1417	同 3号墳	〃	(中期)	楕円形墳	径9m	N35°22'W	196×南東44北西43−32(南東)
1418	赤子谷上古墳	松山市勝岡町	(中期)				
1419	神田21号石棺	松山市神田町		丘陵頂部(流失)			
1420	同 22号石棺	〃		丘陵頂部(流失)			127×45−?(?)
1421	新池北石棺	松山市久万ノ台		丘陵上、1955年発掘			
1422	青石さまの石棺	松山市久万ノ台		円墳	径数m?		
1423	椋池北上石棺	松山市久万ノ台		丘陵上、石棺2基			
1491	山田池北東石棺	松山市久米窪田町		円墳		N69°E	166×南西34北東54−33(北東)
1492	タンチ山1号墳	松山市久米窪田町		丘陵南面、1977年調査		南北	(南)
1424	五郎山石棺	松山市桑原		1954年発見			7尺×2尺−?(?)
1425	権現NO11古墳	松山市権現町		尾根上(封土流失)			180×50−?(?)
1426	同 NO15古墳	〃		(破壊)			
1427	同 NO30古墳	〃		(破壊)			
1428	才之原石棺	松山市才之原		石棺数基?			
1429	瀬戸風峠遺跡B区4号石棺	松山市下伊台町		尾根平坦部		N90°E	138×東30西22−30(東)
1430	同 5号石棺	〃				N90°E	133×東24西40−30(西?)
1431	同 6号石棺	〃				N109°E	105×24−24(?)
1432	同 7号石棺	〃				N95°E	175×東22西14−22(東)
1433	同 8号石棺	〃				N82°E	67×50−15(?)

全国箱式石棺集成表（古墳時代篇） 511

石棺の構成	遺体数	副葬品等	石材	参考文献
	人骨？			〃
蓋石1	人骨？	朱、滑石製勾玉36、銅釧2（東博蔵）		〃
		朱、勾玉3、管玉15、小玉45、鉾1	花崗岩	〃
				〃
一部攪乱、蓋石2、両側石各3、妻石各1、床石なし、南側に板石3枚敷く		朱、棺外鉄剣1、鉄斧1、鉄鎌1、土師器、周隍から銅鏃1	緑泥片岩、緑色片岩	『市報告 19』
攪乱、蓋石1残、両側石各4、妻石各1、床石なし		朱、鉄剣1	安山岩	〃
	2体（壮年♀・♂）	赤色顔料		『遺跡 23』
石材露出				〃
蓋石除去				〃
蓋石露出				〃
			緑色片岩	〃
石材で祭壇作成				〃
蓋石5、南東側石4、北西側石3、妻石各1	1体（？）	剣1、斧1、鹿角装刀子1、鉄鏃数本（国学院大学蔵）		〃
蓋石3、両側石各3、妻石各1	頭蓋骨		和泉砂岩	〃
	1体（老年♂）	赤色顔料	安山岩	〃
				〃
	人骨？。			〃
		丹		〃
				〃
蓋石除去、両側石各3、妻石各1、床石なし			花崗岩	『市報告 69』
攪乱、西側石材除去、両側石各1、東妻石1残、床石なし、小児棺	小児歯		花崗岩	〃
蓋石3、両側石各2、妻石東1、西なし、床石なし、小児棺			花崗岩	〃
蓋石7+2(西側二重)、両側石各4、妻石各1、床石なし	1体（成人♂）	朱	花崗岩	〃
攪乱、西側削除、両側石各1、東妻石1残、床石なし、小児棺		須恵器		〃

	古墳名	所在地	時期	墳形その他	墳丘の規模(数値は約)	主軸の方位	石棺の規模(頭位)
1434	同 9号石棺	〃				N102°E	89×30-20(東)
1435	同 C区1号石棺	〃				E20°S	170×東40西25-20(東)
1436	同 2号石棺	〃	5C末〜6C初頭			E20°S	140×東40-25(東)
1437	大浦観音山1号墳	松山市下難波		丘陵端(消滅、石材散乱)			
1438	打越2号墳東石棺	松山市下難波		大浦観音山の南東、標高90m附近			7尺×3尺5寸
1439	同 南石棺	〃					8尺×4尺
1440	同 北石棺	〃					6尺×4尺
1441	打越無名墳	松山市下難波					7尺×3尺1寸
1442	城山3号墳	松山市下難波		標高59mの頂部			
1443	同 4号墳	〃		〃			
1444	長浜6号墳	松山市下難波		丘陵中腹(標高39m)		N38°W	
1445	同 7号墳	〃		(消失)			
1446	新城8号石棺	松山市下難波		1970年代発見(消滅)			
1447	同 15号石棺	〃		円墳			
1448	同 16号石棺	〃		丘陵上			
1449	同 17号石棺	〃		丘陵上、石材集積			
1450	同 18号石棺	〃		丘陵上(開墾破壊)			
1451	同 43号石棺	〃		蜜柑園内、石材集積			
1452	庄南石棺	松山市庄	(中期)			東西	179×東26西36-30(西)
1453	同 北石棺	〃	(中期)				
1454	小原古墳	松山市庄		(消滅)			
1455	一助山石棺	松山市新浜町	(中期)	標高20mの稜線上、石材集積			
1456	辻之内古墳群	松山市善応寺		(開墾により消滅)			
1457	坂浪古墳	松山市太山寺町	(中期)	蜜柑山			
1458	高山石棺群	松山市高浜町	後期				

石棺の構成	遺体数	副葬品等	石材	参考文献
攪乱、北西側削除、蓋石1残、南側石2、北側石1、東妻石1残、床石なし、小児棺	1体(小児)	朱	花崗岩	〃
攪乱、蓋石西側3残、南側石4、北側石4、妻石各1、床石なし			花崗岩	〃
攪乱、北西側削除、蓋石除去、南側石3、北側石2残、東妻石1、床石なし	1体(熟老年♂)		花崗岩	〃
			花崗岩	『遺跡 23』
石棺3基、大正2年再埋納				〃
	2体	刀剣		〃
	2体	朱、刀剣		〃
大正9年再埋納	1体			〃
				〃
				〃
蓋石露出				〃
				〃
				〃
石材8枚集積			花崗岩	〃
石材集積			花崗岩	〃
			花崗岩	〃
			花崗岩	〃
				〃
	1体(熟年♂)			〃
小児棺	1体(小児)			〃
			花崗岩	〃
石棺2基		剣、鏡1		〃
石棺3〜4基		埴輪		〃
	人骨？	舶載鏡片2？		〃
1950代には約30基の石棺群集				〃

	古墳名	所在地	時期	墳形その他	墳丘の規模(数値は約)	主軸の方位	石棺の規模(頭位)
1459	丸山1号石棺	松山市高浜町	後期	1954年発見		N34°W	160×60-40(?)
1460	同 2号石棺	〃					
1461	同 3号石棺	〃					
1462	滝本の石棺	松山市滝本					
1463	天池東石棺	松山市道後		丘陵上			
1493	中ノ木古墳	松山市中島町		尾根上			(南)
1464	ごまが谷古墳	松山市夏目		1924発掘			
1465	東方町の石棺	松山市東方町		尾根上、石材集積		東西	
1466	東野御茶屋跡古墳	松山市東野	(中期)	円墳			
1467	堂ケ谷古墳	松山市平田町	(中期)				
1468	舟ケ谷NO20石棺	松山市舟ケ谷町		徳利山古墳の東(消滅)、石材集積			
1469	同 NO24石棺	〃		徳利山古墳の南西寄り(消滅)			
1497	北山町の石棺	松山市舟ヶ谷町		丘陵上			
1470	数珠塚	松山市古三津	(中期)	円墳			300×90-60(東)
1471	西畑山石棺	松山市古三津		標高30mの丘陵斜面			6尺×?-?(北)
1472	舟谷越石棺	松山市古三津		稜線上(消滅)			
1473	雲雀ケ岡石棺	松山市 古三津町		低丘陵上			
1474	弁天様古墳	松山市別府町		(破壊)			
1475	清水山1号石棺	松山市別府町	(中期)	尾根上		N38°E	
1496	門前の石棺	松山市北条					
1476	桜谷古墳2号主体	松山市本谷	(後期)	標高218mの丘陵上、1968年調査		N45°W	104×南26北37-?(北?)
1477	同 3号主体	〃	(後期)			N55°E	167×南27北33-27(北)
1494	登尾山古墳	松山市南勝岡町字登尾		蜜柑山			
1487	中ノ谷1号東棺	松山市南斎院町		低丘陵上			160×40-?(?)
1488	同 1号西棺	〃		低丘陵上			160×40-?(?)

石棺の構成	遺体数	副葬品等	石材	参考文献
		赤色顔料	安山岩、花崗岩	〃
		赤色顔料		〃
				〃
石棺3基？				〃
石棺2〜3基		管玉2		〃
	人骨？	朱		〃
石棺2〜3基	人骨3体(再埋納)	刀子1		〃
		須恵器？		〃
石棺4基？				〃
		剣、滑石製小玉		〃
				〃
				〃
半壊				〃
	1体(？)	円筒埴輪朱、刀剣、槍、鉄鏃、玉類？		〃
	1体(？)	朱、鉄器？		〃
石棺2基				〃
石棺2基				〃
石材数個残、弁天様を祀る			緑色片岩	〃
石材集積、小祠あり				〃
石棺4基？				〃
埋葬施設4基(石棺2)、妻石各1、小児棺？				〃
妻石各1	1体(成人♂)	朱		〃
	2体(？)			〃
				〃
				〃

	古墳名	所在地	時期	墳形その他	墳丘の規模(数値は約)	主軸の方位	石棺の規模(頭位)
1489	同 2号石棺	〃		1号石棺の西約30mの地点			
1478	馬場9号墳	松山市宮内	(中期)	稜線上		N45°E	176×南34 北40－36(北)
1479	萩尾古墳	松山市宮内	(中期)	円墳			(南)
1480	御幸の石棺	松山市御幸		1930年発掘			
1490	溝辺古墳	松山市湯山町		(半壊)			
1481	高城古墳	松山市吉藤		円墳(半壊)			
1482	池ノ谷古墳	松山市吉藤		丘陵上			
1483	同 2号石棺	〃		池ノ谷古墳から10mの地点			
1484	宮ケ谷石棺	松山市和気町		1940年に石棺2基			
1485	平山古墳	松山市和気町	(中期)	円墳、1930年に石棺3基	径30m		
1486	奥せじ坊山石棺	松山市和気町					
1498	山の神さん上古墳	今治市阿方	(後期)	稜線上標高120m			
1499	下田の古墳	今治市阿方	(後期)	封土流失、1946年消滅			80×30－?(?)
1500	石井の石棺	今治市石井町		円墳	径10m、高1m		
1501	馬島4号石棺	今治市馬島					
1502	同 6号石棺	〃					200?×?－?
1503	同 9号石棺	〃					
1504	ナラズ山古墳	今治市大西町別府					
1505	妙見山の石棺	今治市大西町宮脇	(前期)	尾根上			
1506	大浜入口上古墳	今治市大浜町		低丘陵上			
1507	松木山古墳	今治市大三島町浦戸		円墳	径6m、高3m		
1508	長瀬山古墳	今治市大三島町口総		円墳	径7m、高2m		
1509	槍端の石棺	今治市上浦町		円墳	径8m、高2m		現存168×32～35－?(?)
1510	高城古墳	今治市菊間町佐方	(前期)	1925年発掘		東西	5尺1寸5分×東1尺2寸 西1尺－1尺2寸(西・東)

全国箱式石棺集成表（古墳時代篇）　517

石棺の構成	遺体数	副葬品等	石材	参考文献
側石一部残			花崗岩	〃
南東側石2、北西側石4、妻石各1、床面粘土床				〃
	人骨？			〃
				〃
				〃
	人骨？			〃
	2体（北♂、南♀）	骨（♂）、朱		〃
				〃
				〃
		埴輪、剣、貝釧		〃
		勾玉2、臼玉3、切子玉25等？		〃
	人骨？	須恵器？		〃
		須恵器		〃
			花崗岩	〃
石材3枚露出				〃
蓋石4露出				〃
				〃
				〃
埋め戻し	1967に1体発見、石棺再埋納			〃
				〃
床面礫敷		朱、太刀2		〃
石棺2基？		直刀2		〃
石棺2基？				〃
蓋石3、両側石各4、妻石各1	2体（性別不詳成人、小児）		花崗岩	〃

	古墳名	所在地	時期	墳形その他	墳丘の規模(数値は約)	主軸の方位	石棺の規模(頭位)
1511	長津神社裏古墳1号石棺	今治市菊間町長坂					
1512	同 2号石棺	〃					
1513	三島神社裏石棺	今治市小泉					
1514	高地2号墳	今治市高地町		丘陵上			190?×?－?(?)
1515	唐子台遺跡群2号丘1号石棺	今治市桜井	(前期)	1972年調査(消滅)			172×40－?(?)
1516	同 8号丘石棺	〃	(中期)			N48°W	189×北西33－39(?)
1517	同 第12号丘石棺	〃	(中期)	墳丘流失			168×39－33(?)
1518	唐子台NO5	今治市桜井	(中期)	円墳	径10m	南北	175×25〜20－?(?)
1519	同 NO8	〃	(中期)	稜線上			
1520	同 NO24	〃		1972年消滅			
1521	同 NO44	〃	(中期)	(消滅)			195×48－30
1522	同 NO85	〃					
1523	同 NO93	〃	(中期)	円墳(横穴式石室)			
1524	同 NO103	〃	(中期)			南北	199×南36北34－35(?)
1525	同 NO111	〃					
1526	同 NO112	〃	(後期)			東西	
1527	雉之尾2号墳	今治市桜井	(中期)	1965年調査		N20°E	165×南20北40－15(北)
1528	治平谷9号墳	今治市桜井		稜線上(消滅)			
1529	同 10号墳	〃		1972年調査、消滅			
1530	大崎鼻1号石棺	今治市桜井				東西	70?×80－?(?)
1531	同 2号石棺	〃		1912年発見			
1532	孫兵エ作1号石棺	今治市桜井		低丘陵上			
1533	菜切谷古墳	今治市桜井		円墳	径7m、高80cm	S20°E	206×34
1534	ゴルフ場下古墳	今治市桜井					150?×?－30(?)
1535	桜井駅裏の石棺	今治市桜井		丘陵上			150?×?－30(?)

石棺の構成	遺体数	副 葬 品 等	石 材	参考文献
蓋石除去、東側石5、西側石3、妻石各1	人骨?	朱	花崗岩	〃
蓋石4、両側石各3、妻石各1	人骨?		花崗岩	〃
				〃
				〃
				〃
攪乱、蓋石除去				〃
		鉄剣片、鉄鏃片	花崗岩	〃
床面砂敷		朱		〃
		小型鏡		〃
	人骨?			〃
蓋石1		朱、鉄斧		〃
		鋤先1		〃
附近から石棺(未調査)				〃
		刀子1	無斑晶板状安山岩	〃
				〃
		鉄鏃1		〃
攪乱、蓋石除去、東側石3残、西側石4、妻石各1、床面粗砂敷	人骨片?	朱、鏡片、管玉片		〃
		小型銅鏡?		〃
				〃
攪乱、蓋石3			花崗岩	〃
	人骨?	直刀1		〃
石棺2基				〃
			花崗岩	〃
				〃
石材一部露出				〃

	古墳名	所在地	時期	墳形その他	墳丘の規模(数値は約)	主軸の方位	石棺の規模(頭位)
1536	正月鼻古墳A	今治市関前	(中期)	円墳、1955年調査			
1537	同 B	〃	(中期)	円墳			
1538	旭方1号石棺	今治市高部		楕円形墳		N73°E	85×東30西19-45(東)
1539	相の谷9号墳	今治市近見町	(中期)	方形墓	13.2m×4m	N91°E	180×東38西23-?(東)
1540	同 15号墳	〃		(消滅)			
1541	松本の石棺	今治市近見町		未調査			
1542	二の谷2号墳第2主体部	今治市長沢	(中期)	円墳、埋葬施設2基	径14m	N45°50′W	170×30-20(東)
1543	二の谷の石棺	今治市長沢		支丘先端		南南東-北北西	170?×?-?(?)
1544	地下名古墳	今治市伯方町					
1545	いこいの松下石棺	今治市別名					
1546	いこいの松石棺	今治市別名					
1547	見近島の石棺	今治市宮窪町					
1548	名駒峠古墳	今治市吉海町名駒	5C末				
1549	名駒1号石棺	今治市吉海町名駒		丘陵上		N22°W	180×50-50(?)
1550	同 2号石棺	〃		(破壊)			
1551	亀田山古墳	今治市吉海町仁江					
1552	城山古墳	今治市吉海町福田					
1553	八幡山頂東下古墳	今治市吉海町八幡					
1554	大谷古墳	今治市吉海町八幡		段丘上			
1555	神宮の石棺	今治市神宮					
1556	礼拝古墳	今治市神宮		丘陵中腹			180?×?-?(?)
1557	上野石棺NO12	伊予市上野		丘陵上			
1558	上三谷石棺NO3	伊予市上三谷		丘陵上			
1559	同 NO4	〃		丘陵上			

全国箱式石棺集成表（古墳時代篇） 521

石棺の構成	遺体数	副葬品等	石材	参考文献
石棺3基？				〃
石棺4基？		No.1－剣片・刀片・紡錘車、No.2－肢骨、No.3－肢骨・刀片		〃
攪乱、蓋石除去、両側石各2、妻石西1、東抜き取り、床石なし、小児棺			花崗岩	『県埋文報告 76』
蓋石1、南側石6、北側石5、妻石各1	人骨？	朱、鏡片2、勾玉1、管玉2、小玉17	花崗岩	『遺跡 23』
	2体(？)	朱		〃
				〃
蓋石6、南側石7、北側石6、妻石各1	1体(成人♂)	朱	花崗岩	『県埋文報告 87』
				〃
				〃
				〃
				〃
			花崗岩	〃
		鉄剣？		〃
	1体(？)		花崗岩	〃
				〃
				〃
				〃
				〃
		直刀1		〃
		砥石(今治西高校蔵)		〃
				〃
石材露出				『遺跡 23』
石材積上げ			川原石	〃
破壊			緑色片岩	〃

	古墳名	所在地	時期	墳形その他	墳丘の規模(数値は約)	主軸の方位	石棺の規模(頭位)
1560	同 N05	〃		丘陵上			
1561	同 N06	〃		丘陵上			
1562	尊霊社	伊予市上三谷	4C(中期)	丘陵裾部、嘉永年間発見			
1563	猪の窪古墳	伊予市宮下	5C	円墳	径18m	N77°W	167×36－234(西・東)
1564	猿ヶ谷2号墳第2主体部	伊予市上三谷字猿ヶ谷	(中期)	前方後円墳	全長39m、後円部径25m、高3.5m	後円部	160×30－35(?)
1565	後谷古墳	西条市上市	(中期)	1967年発見			
1566	片山1号墳	西条市上市	(中期)	円墳	径8m	S88°E	170×東42 西40－34(東)
1567	同 2号墳	〃	(中期)	円墳	径10m、高1m	N89°E	157×東44 西28－28(東)
1568	同 3号墳B主体	〃	(中期)	円墳	径1.5m	N18°E	163×南35 北48－25(北)
1569	格蔵山古墳	西条市小松町字格蔵山				N84°E	172×東36 西23－25(東)
1570	実報寺裏山1号墳	西条市実報寺				N2°E	190×南? 北41－34(北)
1571	同 2号墳	〃				N68°E	155×東? 西41－30(西)
1572	祭ケ岡古墳	西条市氷見乙	5C	円墳	径15m、高2m	N75°E	235×東? 西35－40(西)
1573	佐々久山石棺	西条市安用佐々久山		(破壊)			
1574	横岡山石棺群	四国中央市上柏町		(1934年開墾破壊)			
1575	与五郎塚	四国中央市上柏町		1960年確認			
1576	岡の上古墳	四国中央市上柏町		大正時代破壊			
1577	学校園古墳	四国中央市上柏町		1941年発掘		南北	
1578	井地山1号石棺	四国中央市川之江町	(中期)			N89°E	165×東52 西45－27(東)
1579	同 2号石棺	〃	(中期)	(破壊)			
1580	同 3号石棺	〃	(中期)			N2°W	177×南28 北35－26(北)
1581	同 4号石棺	〃	(中期)	傾斜地(川之江高校に移築保存)		N38°E	165×北41－25(北)
1582	同 5号石棺	〃	(中期)	傾斜地、戦前発見			
1583	同 6号石棺	〃	(中期)	稜線上			

石棺の構成	遺体数	副葬品等	石材	参考文献
			緑色片岩	〃
			緑色片岩	〃
	人骨？	鏡1		〃
蓋石1、両側石各2、妻石各1、床面板石敷	2体（若年♂、熟年♂）	剣3、刀子1、鉗子1、小玉2、朱棺外から剣1、鎌1、斧1、鋸1、鉄鏃15、土師器	緑色片岩	〃
		滑石臼玉74、ガラス小玉37	緑色片岩	近藤『前方後円墳集成』(2000)
再埋納	人骨？	短甲1、剣1、直刀3、三輪玉5		『遺跡 23』
	1体(?)	朱	花崗岩	〃
蓋石2、南側石4、北側石4、妻石各1、床面粘土	1体(?)		花崗岩	〃
蓋石5、東側石5、西側石4、妻石各1、床面地山	1体(?)		花崗岩	〃
蓋石2、南側石3北側石2、妻石各1、床石5			緑色片岩	〃
石棺埋没、東側石5他不詳			花崗岩	〃
東側破壊			花崗岩	〃
蓋石8、両側石各7、妻石各1、西側に枕石？		直刀3、剣1、刀子1、鉇1、鋤1、斧1、鑿1、鉄鏃20、須恵器	緑色片岩	〃
				〃
石棺4～5基				〃
側石3枚残		須恵器？		〃
		直刀1？		〃
石材抜き取り		直刀1、鉄鏃50		〃
蓋石2、両側石各2、妻石各1、床面礫敷		直刀1、剣1、鹿角装刀子1、鉄鏃17		〃
側石2残、床面礫敷			緑色片岩	〃
床面礫敷	1体(?)			〃
蓋石3＋2(接合部二重)、両側石各2、妻石各1			緑色片岩、石墨片岩	〃
				〃
蓋石2確認、未調査				〃

	古墳名	所在地	時期	墳形その他	墳丘の規模（数値は約）	主軸の方位	石棺の規模（頭位）
1584	同 7号石棺	〃	（中期）	祇園山頂部			
1585	同 8号石棺	〃	（中期）			N70°W	220×? 35（東）
1586	荒神山古墳	四国中央市川之江町		支丘上			180×60－40（?）
1587	大江古墳	四国中央市川之江町					
1588	経ケ岡古墳第2主体部	四国中央市下柏町	（後期）	前方後円墳	全長30m、後円部径20m・高5m、前方部幅20m・高4m	前方部中央	80×40－20（東）
1589	横地山1号石棺	四国中央市中曽根町		円墳、石棺2	径12m、高1.5m	N14°W	160 × 南37 北42－55（北）
1590	同 2号石棺	〃				N8°W	205 × 南45 北40－35（南）
1591	東宮山2号石棺	四国中央市妻鳥町		神社境内		N65°W	128×東235西32－26（西）
1592	天満1号墳	四国中央市土居町天満姥ケ谷	（後期）	海岸に突出した入江（明治期消滅）			6尺×2尺5寸－2寸（?）
1593	チョウサク森古墳	西予市宇和町清沢	（中期）	小丘陵上			
1594	十本松塚穴	八幡浜市西海寺	（後期）	愛宕山山頂（標高120m）（破壊）			
1595	同 4号墳1号石棺	〃	（後期）	円墳	径10m	N82°W	60×40－?（?）
1596	田浦古墳	伊予郡砥部町田ノ浦	（中期）				（東南東）
1597	長田3号墳	伊予郡砥部町原町	（後期）			N40°W	160×40－?（東）
1598	大下田2号墳	伊予郡砥部町字大下田	（後期）	円墳			
1599	長田3号墳1号石棺	伊予郡砥部町字原田	（後期）	円墳	径10m	N42°W	160×南東40北西20－30（南東）
1600	土壇原Ⅰ遺跡	伊予郡砥部町字下原		方形周溝墓			
1601	同 Ⅱ遺跡	〃		方形周溝墓	一辺7m		
1602	同 Ⅲ遺跡	〃		方形周溝墓			
1603	土壇原3号墳	〃	（中期）	円墳	径20m		
1604	同 4号墳	〃	6C前半	円墳	径20m		
1605	弓削島の石棺	越智郡上島町					
1606	三崎町の石棺	西宇和郡伊方町三崎	（後期）	砂丘上			
1607	坊山遺跡	西宇和郡伊方町三崎		赤坂山腹（標高70m）			

石棺の構成	遺体数	副葬品等	石材	参考文献
	人骨？	直刀？		〃
南側石2、北側石1、妻石東1残			緑色片岩	〃
蓋石4？、両側石各1、妻石各1		直刀片	絹雲母石墨片岩	〃
				〃
	1体（老年♂）		緑色片岩	近藤『前方後円墳集成』(1991)
蓋石1、両側石各1、妻石各1、床面礫敷			結晶片岩	『遺跡23』
蓋石5＋10（三重）、両側石各4、妻石各1、床面粘土	人骨？		結晶片岩	〃
			緑色片岩	〃
	人骨？	金環3、直刀？、鉄鏃？	結晶片岩	〃
		鏡（内行花文）1、金環、須恵器	緑色片岩	〃
	人骨？	朝鮮式土器	緑色片岩	〃
主体部横穴式石室、西側攪乱、蓋石除去、両側石各1、妻石東1残、床石なし			川原石	〃
	人骨？	勾玉、小玉		〃
				『県埋文報告7』
				『遺跡23』
主体部横穴式石室、墳丘東側に石棺、攪乱、蓋石2残、両側石各4、妻石各1、床石なし			川原石	『県埋文報告7』
				『遺跡23』
				〃
				〃
	人骨？	櫛		〃
		周湟から須恵器、土師器		〃
				〃
蓋石4		須恵器付近から子持勾玉	緑色片岩	〃
	1体（熟年性別不詳）		緑色片岩	〃

	古墳名	所在地	時期	墳形その他	墳丘の規模(数値は約)	主軸の方位	石棺の規模(頭位)
	香川県						
1608	六ツ目古墳第3主体部	高松市国分寺町福家		前方後円墳	全長21.5m、後円部径12.3m・高2m、前方部幅5.2m・高50cm	後円部頂東より	56×18－20(?)
1609	川東古墳	高松市西植田町		円墳			
1610	高松茶臼山古墳第3号主体部	高松市東山崎町・前田西町・新田町		前方後円墳	全長75m、後円部径35m・高2.4m、前方部幅17m・高1.8m	前方部頂	178×40－20(?)
1611	同　第7号主体部	〃				前方部頂	
1612	山林古墳	坂出市府中町					
1613	寺尾5号墳第2主体部	さぬき市大川町字神前		前方後円墳	全長20m、後円部径10m・高2m、前方部幅7m・高1.5m	前方部	
1614	奥3号墳第2主体部	さぬき市寒川町字奥		前方後円墳	全長37m、後円部径17m・高3m、前方部幅10m・高1.5m	N69°W	165 × 東 30 西 48 －27(西)
1615	岩崎山1号墳	さぬき市津田町		円墳			
1616	北羽立峠古墳	さぬき市津田町津田		前方後円墳	全長42m、後円部径25m、前方部幅14m	後円部頂	
1617	若宮古墳第1主体部	さぬき市長尾字昭和		前方後円墳	全長?、後円部径16m、高5m		
1618	同　第2主体部	〃					
1619	碑殿古墳	善通寺市吉原町					
1620	平尾2号墳第1主体部	丸亀市綾歌町岡田		前方後円墳	全長28m、後円部径16m・高2.5m、前方部幅6m・高1m		330?×60－?(?)
1621	万塚古墳	丸亀市綾歌町岡田		前方後円墳			
1622	快天山古墳前方部第1号石棺	丸亀市綾歌町栗熊	前期	前方後円墳、1967年破壊、埋葬施設は後円部3基・前方部5基	全長100m、後円部径65m・高8m、前方部幅?		
1623	同　2号石棺	〃					
1624	同　3号石棺	〃					
1625	同　4号石棺	〃					
1626	同　5号石棺	〃					
1627	石塚山1号墳第2主体部	丸亀市綾歌町栗熊西		前方後方墳	全長25m、後方部辺17m・高2m、前方部幅6m・高1m	東西	170×40－20(東)

石棺の構成	遺体数	副葬品等	石材	参考文献
			安山岩	近藤『前方後円墳集成』(2000)
		変形神獣鏡、玉類、土師器		『古代学研究 29』
				近藤『前方後円墳集成』(1991)
				〃
		変形神獣鏡、画文帯神獣鏡、直刀、勾玉、管玉、切子玉		『古代学研究 29』
				近藤『前方後円墳集成』(1991)
	1体(熟年♀)	鉈1、斧1	安山岩	〃
		直刀、剣、斧、鎧、石製刀子、鎌、貝輪		『古代学研究 29』
	人骨?	鏡1(仿四神四獣鏡)、剣1		近藤『前方後円墳集成』(1991)
				〃
				〃
		勾玉、管玉、丸玉		『古代学研究 29』
墳丘内に土壙墓20基重複する				近藤『前方後円墳集成』(1991)
				『考古学雑誌 46-1』
				近藤『前方後円墳集成』(1991)
				〃
				〃
				〃
				〃
			安山岩	〃

	古墳名	所在地	時期	墳形その他	墳丘の規模(数値は約)	主軸の方位	石棺の規模(頭位)
1628	平尾3号墳第2主体部	丸亀市綾歌町栗熊西		前方後円墳	全長28m、後円部径16m・高2.5m、前方部幅6m・高1m	後円部墳裾	250×30−30(?)
1629	地神山5号墳第1主体部	丸亀市綾歌町富熊		前方後円墳	全長20m	後円部頂	
1630	同　第2主体部	〃			全長20m	前方部	
1631	深尾古墳	三豊市三野町大見					
1632	親子塚古墳	仲多度郡多度津町奥白方					
	徳島県						
1633	七ツ山古墳	徳島市勝占町					
1634	熊山1号墳	徳島市勝占町		独立丘頂部			96×48−39(?)
1635	向寺山1号棺	徳島市上八万町		方墳		N2°E	195×40−?(?)
1636	同　2号棺	〃		方墳		N106°E	174×51−?(?)
1637	花折塚古墳	徳島市上八万町		円墳			
1638	源田	徳島市国府町字源田		舌状丘頂部			300×120−?(?)
1639	奥谷1号墳第2主体部	徳島市国府町字奥谷		前方後方	全長50m、後方部幅27m・高4m、前方部先端幅20m・高2m	N29°E	185×37−?(?)
1640	同　2号墳	〃		前方後円墳		東西	150×45−?(?)
1641	城山神社1号墳	徳島市国府町字奥谷		舌状丘頂部、竪穴式石室外護			
1642	丈領古墳	徳島市丈六町丈領					
1643	新宮塚古墳	徳島市丈六町		円墳		東西	1787×542−666(?)
1644	桜間古墳	徳島市丈六町		前方後円墳			
1645	鶴島山古墳1号石棺	徳島市西須賀町				N85°E	185×32−?(?)
1646	同　2号石棺	〃				N88°W	178×39−?(?)
1647	同　3号石棺	〃				N28°W	126×36−?(?)
1648	同　4号石棺	〃				N37°W	159×32−?(?)
1649	同　5号石棺	〃				N38°E	176×45−?(?)
1650	同　6号石棺	〃				N39°E	55×22−?(?)

石棺の構成	遺体数	副葬品等	石材	参考文献
				〃
		直刀3、須恵器		〃
				〃
				『考古学雑誌 46-1』
				〃
蓋石3、両側石各3、妻石各1、床石なし		刀？	緑色片岩	『県博紀要 1』
蓋石1、両側石各1、妻石各1、床石なし			緑色片岩	〃
蓋石？、両側石各2、妻石西1、床面粘土		製塩土器		栗林誠治『論集・徳島の考古学』
蓋石？、両側石？、妻石？、床面粘土		製塩土器		〃
		直刀1？		〃
両側石各3、妻石各1、床面砂利敷		玉	緑泥片岩	『県博紀要 1』
(前方部に石棺)蓋石2、両側石各1、妻石各1		赤色顔料、直刀	緑泥片岩	〃
蓋石1、両側石各1、妻石各1、東側に副室あり		須恵器(袋形土器・提瓶・坏)	緑泥片岩	『埋文紀要 5』
両側石各1、妻部は石室共有、石枕		直刀、斧、馬具、玉、須恵器	緑泥片岩	『県博紀要 1』
		変形神獣鏡	緑泥片岩	『遺跡 23』
蓋石1、両側石各1、妻石各1、床石あり		勾玉文鏡1、直刀4、剣2、管玉19、棗玉2	緑泥片岩	『県博紀要 1』
			緑泥片岩	『遺跡 23』
蓋石？、両側石各1、妻石各1、床面石敷			緑泥片岩	『論集・徳島の考古学』
蓋石？、両側石各1、妻石各1、床面石敷	1体(？)	棺外から手斧1、鉇1	緑泥片岩	〃
蓋石1、両側石各1、妻石各1、床面石敷	4体(成人♀2、熟年♂2)	石棺周囲より円筒埴輪	緑泥片岩	〃
蓋石？、両側石各1、妻石各1、床面石敷	2体(熟年♂、♀)		緑泥片岩	〃
蓋石？、両側石各2、妻石各1、床面粘土			緑泥片岩	〃
蓋石1、両側石各1、妻石各1、床石？、小児棺			緑泥片岩	〃

	古墳名	所在地	時期	墳形その他	墳丘の規模(数値は約)	主軸の方位	石棺の規模(頭位)
1651	同 7号石棺	〃	中〜後期			N55°E	80×25−?(?)
1652	同 8号石棺	〃				N36°E	191×30−?(?)
1653	天神山古墳	徳島市八万町					
1654	惠解山1号墳	徳島市八万町		円墳			
1655	同 2号墳東棺	〃		円墳		北西―南東	168×南50北52−?(北)
1656	同 西棺	〃				北西―南東	176×南56北40−51(南)
1657	同 8号墳東棺	〃	5C末	円墳		北西―南東	197×南37北42−40(北)
1658	同 西棺	〃				北西―南東	194×南38北51−35(北)
1659	同 9号墳南棺	〃		円墳(舌状先端)、竪穴式石室外護		南北	160×南43北40−35(南)
1660	同 北棺	〃				東西	114×東33西20−23(東)
1661	節句山2号墳	徳島市名東町		円墳(舌状丘頂部)		南北	151×南43北40−35(南)
1662	論田所在墳	徳島市論田町					154×?46?41−25(?)
1663	勝命寺池古墳	阿波市阿波町勝命					
1664	萩原1号石棺	鳴門市大麻町萩原		円墳		N65°W	91×20−10(東)
1665	同 2号石棺	〃				N89°E	133×東25西16−18(東)
1666	同 3号石棺	〃				S82°E	25×東23西18−8(東)
1667	同 4号石棺	〃				S63°E	壙長楕円形、140×67−12(東?)
1668	同 5号石棺	〃				S60°W	40×25−20(?)
1669	同 6号石棺	〃				N15°E	168×南20北21−25(北)
1670	同 7号石棺	〃					壙長方形、
1671	同 8号石棺	〃				N8°E	164×南23北20−27(北)
1672	同 9号石棺	〃				N10°E	102×南?北21−24(北?)
1673	谷口山上古墳	鳴門市大麻町桧				東西	179×東43,5西37−25(東)
1674	熊野神社古墳	鳴門市大麻町桧					180×30−?(?)
1675	桧北山石棺	鳴門市大麻町桧				N80°E	165×33−?(?)

全国箱式石棺集成表（古墳時代篇） 531

石棺の構成	遺体数	副葬品等	石材	参考文献
蓋石1、両側石各1、妻石各1、床石？、小児棺			緑泥片岩	〃
蓋石？、両側石各2、妻石各1、床面粘土		鉄剣1	緑泥片岩	〃
		剣	緑泥片岩	『遺跡 23』
		五獣鏡、直刀、剣、鉄鏃、短甲、衝角付冑	緑泥片岩	『県博紀要 1』
蓋石1、両側石各1、妻石各1、床面礫敷		剣、刀子、櫛、琴柱形石製品、管玉、布	緑泥片岩	〃
蓋石1、両側石各1、妻石各1、床面板石敷、副室あり		副室から直刀、剣、鉄鏃、斧、鎌、短甲、衝角付冑		〃
蓋石2、東側石2、西側石3、妻石各1、床石なし		直刀、剣、鉄鏃、斧	緑泥片岩	〃
蓋石1（加工痕）、南側石3、北側石2、妻石各1、床板石敷		朱、直刀、剣、櫛、棺外から鍬先、鉄斧	緑泥片岩	〃
蓋石1（加工痕）、両側石各1、妻石各1、床小板石敷		鏡、直刀、刀子、鉄鎌、鉄斧、鉄鏃、勾玉、管玉	緑色片岩	〃
蓋石1（加工痕）、両側石各2（二重）、妻石各1、床小板石敷、小児棺		管玉、臼玉、棺外から直刀	緑泥片岩	〃
蓋石1、両側石各2、妻石各1、床小板石敷	1体（？）	四獣鏡、直刀、勾玉、棺から剣、刀子、斧、鎌	緑泥片岩	〃
蓋石2、両側石各2、妻石各1、床面礫敷			緑泥片岩	〃
		刀子、鉄鏃、斧		『論集・徳島の考古学』
攪乱、蓋石3？、南側石2、北側石3、妻石なし、床石5、小児棺			砂岩板石	『県報告』(1883)
蓋石7、南側石7、北側石5、妻石各1（西側二重）、床面地山			結晶片岩	〃
蓋石2、両側石各1、妻石西1残、床石あり			結晶片岩	〃
攪乱床石のみ9残			結晶片岩	〃
攪乱、東側削除、両側石2、妻石西2残、床面拳大礫敷			砂岩角礫	〃
攪乱、蓋石1残、東側石10、西側石11、妻石南1北2、床石32			結晶片岩	〃
攪乱、北側石2、妻石西1、床石2残			砂岩角礫	〃
攪乱、蓋石除去、東側石5、西？、床面砂岩礫敷			砂岩角礫	〃
攪乱、南側削除、蓋石除去、両側石各3、妻石北1、床面砂岩礫			砂岩角礫	〃
蓋石7+3（一部二重）、南側石7、北側石5、妻石各1、床面粘土上板石敷、東側枕石	1体（？）	乳文鏡、直刀、琴柱形石製品、勾玉、管玉		『県博紀要 1』
蓋石？、両側石？、妻石各1				『論集・徳島の考古学』
蓋石？、両側石？、妻石各1、床面粘土		直刀1、刀子1		〃

	古墳名	所在地	時期	墳形その他	墳丘の規模(数値は約)	主軸の方位	石棺の規模(頭位)
1676	谷口山古墳	鳴門市大麻町桧				N72°E	179×44－?(?)
1677	宮尾神社西山古墳	鳴門市大麻町姫田					180×45－?(?)
1678	旧不動庵古墳	鳴門市大麻町					
1679	新四国登山口古墳	鳴門市大麻町					
1680	西山1号墳	鳴門市大麻町					
1681	同 3号墳	〃				N75°W	243×98－?(?)
1682	山神社古墳	鳴門市大麻町		円墳			
1683	日出1号墳	鳴門市大麻町		独立丘頂部			
1684	同 2号墳	〃					
1685	同 3号墳	〃					
1686	同 4号墳	〃				N9°E	190×90－?(?)
1687	天河別神社6号	鳴門市大麻町		円墳			
1688	孫太郎谷古墳	鳴門市大麻町		円墳		東西	180×50－?(?)
1689	大代古墳東石棺	鳴門市大麻町					
1690	櫛木古墳	鳴門市北灘町櫛木		斜面に複数の石棺、開墾で消滅			180×70－?(?)
1691	田ノ浦古墳	鳴門市鳴門町土佐泊浦					
1692	納言山6号墳	鳴門市鳴門町					180×62－?(?)
1693	松瀬崎古墳	鳴門市鳴門町		円墳			
1694	室古墳	鳴門市鳴門町					180×50－?(?)
1695	朱れんさん古墳	鳴門市撫養町					
1696	竹島古墳	鳴門市撫養町					180×70－?(?)
1697	成願寺古墳	美馬市美馬町願勝寺					
1698	谷剣塚古墳	美馬市美馬町					
1699	住吉古墳	吉野川市(住吉)		円墳			182×60－45(?)
1700	東禅寺古墳	吉野川市(東禅寺)		円墳			

石棺の構成	遺体数	副葬品等	石材	参考文献
蓋石？、両側石？妻石各1、床石敷、枕石		直刀1、鹿角装刀子1		〃
		琴柱形石製品2		〃
		直刀		〃
		直刀、玉類		〃
		玉類		〃
蓋石？、両側石各1、妻石各1、床面粘土		剣		〃
				〃
		須恵器		〃
				〃
				〃
妻石各1				〃
		直刀、剣、短甲		〃
蓋石除去、両側石？、妻石各1				〃
蓋石？、両側石？、妻石各1、床面粘土		直刀1		〃
				〃
				〃
蓋石？、両側石？、妻石各1		直刀		〃
				〃
		直刀		〃
		朱		〃
				〃
				〃
		剣、鉄鏃		〃
蓋石1、両側石各1、妻石各1				〃
妻石各1		須恵器	緑色片岩	〃

	古墳名	所在地	時期	墳形その他	墳丘の規模(数値は約)	主軸の方位	石棺の規模(頭位)
1701	西原古墳	吉野川市(東禅寺)		円墳			
1702	宮ノ前古墳	吉野川市(東禅寺)		円墳			
1703	臼古墳	吉野川市(東禅寺)		円墳			
1704	諏訪神社古墳	板野郡板野町					
1705	韓崇山1号棺	板野郡板野町		円墳		東西	171×33－？(？)
1706	同　9号墳	〃		円墳			
1707	吹田西山4号墳	板野郡板野町		円墳			
1708	松谷3号墳	板野郡板野町					
1709	井川塚古墳	板野郡板野町					
1710	尼寺1号墳	名西郡石井町石井		円墳		N97°E	194×52－？(？)
1711	前山1号墳	名西郡石井町石井	前期？	前方後円墳	全長17.7m、後円部径9m・高1.2m、前方部幅4.5m・高1m	N4°W	？×60－？(北)
1712	内谷古墳	名西郡石井町石井		円墳		N66°W	185×38－？(？)
1713	利包古墳	名西郡石井町石井		円墳		N101°W	170×32－？(？)
1714	利包乙棺	〃					
1715	白鳥甲棺	名西郡石井町石井					
1716	白鳥乙棺	〃					
1717	白鳥丙棺	〃					
1718	清成1号墳	名西郡石井町(清成)		円墳		N1°E	167×南37 北40－43(北)
1719	山ノ神2号墳	名西郡石井町(清成)		円墳			
1720	横林乙棺	名西郡石井町(横林)					
1721	高良甲棺	名西郡石井町(高良)					
1722	高良乙棺	〃					
1723	高良丙棺	〃					
	和歌山県						
1724	千塚50号墳	和歌山市岩橋	後期	円墳			

石棺の構成	遺体数	副葬品等	石材	参考文献
				〃
				〃
				〃
		直刀、須恵器		〃
蓋石？、両側石各2、妻石各1、床石敷		直刀1、鹿角装剣1、鉄鏃、玉類、朱		〃
		鉄鏃、鍬、鋤		〃
				〃
				〃
蓋石1、両側石各1、妻石各1、床板石敷		板状鉄斧1		〃
蓋石除去、両側石3、妻石各1、床面石敷、枕石		直刀、管玉4 小玉17、須恵器		〃
蓋石1、側石3枚露出			結晶片岩	近藤『前方後円墳集成』(2000)
		石釧1	緑色片岩	『論集・徳島の考古学』
蓋石1、両側石各2、妻石西1、床面粘土		臼玉2		〃
		剣		〃
		勾玉		〃
				〃
				〃
蓋石1、両側石各1、妻石各1、床面砂質粘土		内行花文鏡、鉄製品		〃
		刀子		〃
		直刀1		〃
		朱		〃
				〃
				〃
				『考古学雑誌 46-1』

	古墳名	所在地	時期	墳形その他	墳丘の規模(数値は約)	主軸の方位	石棺の規模(頭位)
1725	同 75号墳	〃	後期	円墳			
1726	同 100号墳	〃	後期	円墳			
1727	同 104号墳	〃	後期	円墳			
1728	丸山古墳	紀の川市貴志川町上野山	後期	円墳			
	大阪府						
1729	西光寺山古墳	泉南郡岬町多奈川					
	奈良県						
1730	大正池南2号墳石棺2基合体西棺	御所市櫛羅				南北	165×南41北37－28(北・南)
1731	同 東棺	〃				南北	164×40－34(?)
1732	小殿1号墳	御所市小殿	6C中葉				
1733	石光山22号墳	御所市元町		円墳		東西	135×50－18(北西)
1734	鴨山古墳	北葛城郡広陵町三吉	6C末				185×85－51(?)
	京都府						
1735	保津山古墳	亀岡市保津町					
1736	カザハヒ古墳	木津川市相楽		方墳、埋葬施設3基(石棺1)	径12m		
1737	作山古墳	与謝郡与謝野町加悦	中期?	前方後円墳	全長30m、後円部径18m・高3m、前方部幅12m・高1.5m		
	滋賀県						
1738	唐臼山古墳	大津市小野		円墳			
1739	瓢箪山古墳前方部1号石棺(北)	近江八幡市安土町宮津	前期	前方後円墳	全長134m、後円部径78m・高7.13m、前方部幅62m・高7m	N118°E	190×60－60(東)
1740	同 2号石棺(南)	〃	前期			N108°E	160×東70西60－70(東?)
	三重県						
1741	布海苔古墳	志摩市志摩町布海苔	後期				
1742	車塚古墳	鈴鹿市国府町字保子里	後期	前方後円墳			

石棺の構成	遺体数	副葬品等	石材	参考文献
				〃
				〃
		鎧、土器、埴輪		〃
		勾玉、管玉、丸玉、小玉		〃
		剣、鉄鏃、勾玉、管玉		『考古学雑誌 46-1』
一部攪乱、蓋石1（＋1）、両側石各2、妻石各1、床石1	2体(?)	初葬　金環、鉄釘	緑泥片岩	神庭滋『博古研究 26』
攪乱、蓋石除去、西側石西棺共有、東側石2残、妻石各1、床石なし	1体(?)後葬		水成岩	〃
		土師器、須恵器	緑泥片岩	〃
蓋石2、両側石各2、妻石各1、床石2、北西側に枕石	1対(?)		緑泥片岩	〃
蓋石1、両側石各1、妻石各1、床石1	3体(年齢不詳♂・♀・幼児)	銀環、銀製空玉、棗玉、ガラス小玉、金銀刀装具片	粘板岩	〃
		鏡、剣、鉇、斧、鎌、勾玉、管玉		『考古学雑誌 46-1』
				〃
		埴輪(円筒)、変形四獣鏡、直刀、斧、鎌、鉇、石釧、勾玉、小玉		近藤『前方後円墳集成』(1992)
				『考古学雑誌 46-1』
蓋石1、両側石各2、妻石各1、床石なし		石釧3、管玉8、勾玉3、丸玉3、小玉28？棺上に土師器片群		梅原末治『近畿地方古墳墓の調査二』(1937)、近藤『前方後円墳集成』(2000)
蓋石1、両側石各1、妻石各1、床石なし				〃
		変形文鏡、直刀、馬具		『考古学雑誌 46-1』
		環頭太刀、鉄鏃、馬具、斧、銅鈴、耳飾		〃

	古墳名	所在地	時期	墳形その他	墳丘の規模(数値は約)	主軸の方位	石棺の規模(頭位)
	愛知県						
1743	小幡古墳	名古屋市守山区小幡	後期	円墳			
1744	右友寺古墳	春日井市高蔵寺町	後期				
	静岡県						
1745	東護森古墳	静岡市清水区草薙	後期	円墳			
1746	山神古墳	静岡市駿河区小鹿	後期	円墳、石棺5			
1747	森下古墳	島田市阪本	後期	円墳			
1748	駒形古墳	島田市野田	後期				
1749	長塚古墳	沼津市東沢田		前方後円墳	全長55m、後円部径32m・高5m、前方部幅17m・高3.5m		
1750	徳倉古墳	三島市徳倉	後期	円墳			
	福井県						
1751	金ヶ崎城支址古墳	敦賀市衣掛町					
	石川県						
1752	狐山(二子塚)古墳	加賀市勅使町	後期	前方後円墳	全長54m、後円部径29m・高5.5m、前方部幅25m・高約4.75m	東西	60 ? × 東 72 西 48 – 60 (東)
1753	大堰宮古墳	加賀市山代温泉		円墳			
1754	八幡神社古墳	小松市矢田野町		円墳			
1755	永禅寺古墳	珠洲市上戸町南方	後期	円墳			
1756	りまのみや古墳	七尾市三室町	後期	前方後円墳			
1757	船塚邸古墳	鹿島郡中能登町井田	後期	円墳?			
1758	曾祢古墳	鹿島郡中能登町曾祢		円墳?			
1759	鍋山古墳	鹿島郡中能登町水白		円墳			

石棺の構成	遺体数	副葬品等	石材	参考文献
		銀環		『考古学雑誌 46-1』
		須恵器		〃
		七鈴鏡、直刀、金環、銀環、玉、直刀、槍、甲、轡		『考古学雑誌 46-1』
		直刀、勾玉、小玉、馬具、須恵器		〃
		直刀、鉄鏃、斧、管玉 棺外に直刀、馬具、土師器、須恵器		〃
		鐔、刀子、金環、棺外に直刀、鉄鏃、馬具、須恵器	粘板岩	〃
		埴輪（円筒・朝顔）、鉾、土師器（高坏2・杯4・坩2）、須恵器（坏3・蓋2・脚付坩1・器台1）		後藤守一『沼津長塚古墳』(1957)、近藤『前方後円墳集成』(1992)
				『考古学雑誌 46-1』
		鏡、直刀、金具		『考古学雑誌 46-1』
	1体（壮年♂）	埴輪（円筒・朝顔・人物）、鏡1（舶・画文帯神獣鏡）、直刀4、剣2、刀子5、鉾1、鉄鏃多数、銅鈴7、短甲1、冑1、小札、銅鈴7、勾玉6、管玉35、ガラス小玉20、金銅製空玉2	凝灰岩	後藤守一『古墳発掘品調査報告』1937．近藤『前方後円墳集成』1992
		須恵器		『考古学雑誌 46-1』
		銀環、須恵器、土師器		〃
		直刀、剣、斧、櫛		〃
		直刀、玉、須恵器		〃
				〃
		直刀、金環、須恵器、土師器		〃
		鏡、直刀、斧		〃

	古 墳 名	所 在 地	時 期	墳形その他	墳丘の規模(数値は約)	主軸の方位	石棺の規模(頭位)
1760	飛塚古墳	羽咋郡志賀町富来		円墳			
1761	堂前古墳	鳳珠郡穴水町甲	後期	円墳?			
	長野県						
1762	武富佐古墳1号石棺	長野市信州新町竹房		円墳	径15m	東西	230×70－?(?)
1763	同　2号石棺	〃				東西	100×26－?(?)
	神奈川県						
1764	唐櫃山古墳	横須賀市長沢	後期	円墳			
	東京都						
1765	上野毛古墳第2主体部	世田谷区野毛	中期	前方後円墳(帆立貝式)	全長82m、後円部径68m・高10m、前方部幅28m・高80cm	東西	190×南64北67－48(北東)
1766	亀塚古墳第3主体部(前方部)	狛江市元和泉	後期	前方後円墳(帆立貝式)	全長40m、後円部径31m・高6m、前方部幅14m?・高1.5m	東西	175×東45西30－35(東?)
	埼玉県						
1767	生野山将軍塚古墳第2主体部	本庄市児玉町	中期	円墳(東南裾部)	径60m	N40°E	165×25－20(東?)
	千葉県						
1768	松ヶ丘古墳	千葉市中央区松ヶ丘町		円墳(南裾)、(大森小学校に移築)			
1769	犢橋古墳	千葉市花見川区犢橋町		1961年工事中発見			
1770	人形塚古墳	千葉市緑区おゆみ野南	6C末～7C初	前方後円墳(クビレ部南)	全長42.6m	N43°E	190×76－?(北東)
1771	兼坂1号墳	千葉市若葉区加曾利町	7C後半	円墳(南東裾部)	径22m		
1772	新山3号墳	千葉市若葉区加曾利町		円墳(中央部)、土木工事で破壊	径20m		
1773	内野5号墳	千葉市若葉区多部田町		円墳	径30m	東西	200×54－?(?)
1774	高野山1号墳第3主体部	我孫子市高野山	6C末	前方後円墳(南裾)	全長22m	東西	190×東50西40－40(東)

石棺の構成	遺体数	副葬品等	石材	参考文献
		直刀、銀環、須恵器		〃
		直刀、朱		〃
蓋石除去、南側石1、北側石3、妻石各1、床石なし		臼玉660、ガラス小玉17、須恵器片、棺外に鉄鏃8、刀子1	砂岩	『武富佐古墳』(1968)
蓋石2、両側石各2、妻石各1、床石2、小児棺			砂岩	〃
		直刀、刀子、鉄鏃、金銅釘、金銅飾板		『考古学雑誌 46-1』
蓋石1、両側石各2、妻石各1、床石2		直刀、剣、勾玉、管玉、臼玉、小玉、石製模造品(刀子・鑿・履・槽・盤・坏・甑)		『野毛大塚古墳』(1999)
蓋石3+2、南側石2、北側石4、妻石各1、床石なし		埴輪(円筒、朝顔、人物、馬)、副葬品なし	第三紀岩盤切石	『狛江市史』(1985)
蓋石2、南側石2、北側石3、妻石各1、床石3		剣2、鉄鎌1(曲刃)、鉄斧1、墳丘朝顔形埴輪、土師器(高坏)	緑泥片岩	『上代文化 34』
			黒雲母片岩	『千葉市の文化財』
		直刀、鉄鏃		大庭磐雄『常陸大生古墳群』
蓋石4、両側石各3、妻石各1、床石4	人骨、歯4。	直刀1、刀子2、鉄鏃22、埴輪	雲母片岩	『千葉東南部ニュータウン35』
	3体(成人♂、♀・子供1、幼児1)	刀子1、金環1、管玉1、小玉1、須恵器片	黒雲母片岩	『千葉市史』
蓋石一部残存			黒雲母片岩	〃
蓋石除去、両側石各4、妻石各1、床石6	数体?	直刀2、鉄鏃、刀子	黒雲母片岩	〃
蓋石3、両側石各3、妻石各1、床石5	3体(年齢不詳♂1、♀1、小児1)	直刀3、鉄鏃13?、刀子2、丸玉3、小玉7、形象・円筒埴輪	雲母片岩	『我孫子古墳群』

	古墳名	所在地	時期	墳形その他	墳丘の規模(数値は約)	主軸の方位	石棺の規模(頭位)
1775	同　2号墳	〃	6C後半	前方後円墳(北裾括寄り)	全長35.5m	東西	160×60－80(東)
1776	同　4号墳	〃	6C後半	前方後円墳(括部主軸直交)	全長15m	東西	205×55－60(東)
1777	炭焼2号墳	印西市鎌苅	7C?	円墳(南裾)	径26.3m	南北?	
1778	油作1号墳	印西市平賀	7C	矩形墳(南西寄り)	19m×14m	東西	180×90－?(?)
1779	古井戸前2号墳	印西市平賀		前方後円墳(括部南裾)	全長40m		
1780	同　4号墳	〃		前方後円墳	全長45m、後円部径26m、高4m		
1781	船尾町田1号墳	印西市船尾	7C前半	前方後円墳(後円部墳頂)	全長25.4m	東西	
1782	同　2号墳	〃		円墳(南裾)	径19.5m	N35°E	
1783	同　3号墳	〃		前方後円墳(括部東)	全長30.5m	東西	170?×60?－?(?)
1784	吉高山王古墳	印西市吉高	6C後半	前方後円墳(前方部括寄り主軸直交)	全長26m	東西	
1785	立田台第2SM-01	印西市吉高	7C中葉～後半	方墳(南西隅寄)	一辺21m	N21°E	182×80－?(北東)
1786	船戸4号墳第3主体部	柏市大井				南北	190×60－?(?)
1787	金杉1号墳	香取市伊地山	6C後半	円墳?(西裾部)	径23m	N122°E	200×69－84(北西)
1788	台の内1号第1主体部	香取市岩部	6C末～7C初	円墳(南裾)	径20.5m	N146°E	185×80－63(東南)
1789	同　第2主体部	〃	6C末～7C初	円墳(南裾)		東西	175×90－58(東)
1790	外部台6号墳	香取市岩部	7C後半	方墳(中央)	一辺12m	南北	
1791	白幡古墳	香取市大戸		円墳	径14m		
1792	新林1号墳	香取市大戸	7C前半	円墳(南裾)	径22.3m	N25°E	
1793	同　2号墳	〃	7C前半	前方後円墳(括中央主軸上)	全長23.4m、後円部径14.5m・高1.5m、前方部幅13.5m・高1m	N33°E	
1794	城山(小見川高校敷地)1号墳	香取市小見川		(削平)		東西	194×96－?(?)
1795	同　2号墳	〃		〃		東西	164×82－71(?)

全国箱式石棺集成表（古墳時代篇）　543

石棺の構成	遺体数	副葬品等	石材	参考文献
蓋石3、両側石各3、妻石各1、床石4	3体（成人性別不詳2、小児1）	直刀1、刀子2（鹿角装1）、鉄鏃7、形象・円筒埴輪	雲母片岩	〃
蓋石5、南側石4、北側石5、床石4	5体（性別不詳成人4、小児1）	直刀3、鉄鏃9、刀子2	雲母片岩	〃
				『郡市埋文報告 2』
蓋石4、両側石各3、妻石各1、床石3		直刀3片、刀子1片、鉄鏃2片、耳環1、勾玉1、丸玉3	雲母片岩？	『印旛・手賀』
			雲母片岩	近藤『前方後円墳集成』(1994)
			雲母片岩	〃
攪乱、石材抜き取り		棺外直刀片6片、鉄鏃11片	片岩？	『千葉ニュータウン埋文報告 8』
攪乱、石材抜き取り		管玉1、切子玉3、隍内から太刀（奈良期）、鈴3	片岩？	〃
攪乱、石材抜き取り		切子玉3、丸玉3	片岩？	〃
攪乱		金環1、太刀柄頭、刀子2、片円筒埴輪	雲母片岩	『吉高山王遺跡』(1977)
蓋石4、両側石各3、妻石各1、床面礫敷	6体以上（年齢不詳♂2、♀1）	勾玉8、丸玉2、小玉1、棺外から須恵器	雲母片岩	『県埋文報告 643』
攪乱、石材抜き取り		鉄鏃片		『船戸4号墳』
蓋石3、南側石2、北側石3、妻石各1、床石5	3体（年齢不詳♂2、♀1）	直刀1片、鉄鏃16片、両頭飾鋲、棺外から馬具	雲母片岩	『県埋文報告 179』
蓋石4、両側石各3、妻石各1、床石4		直刀3、鉄鏃9、刀子3、須恵器片	雲母片岩	『栗源町台の内古墳』(1984)
蓋石4、南側石2、北側石3、妻石各1、床石4	2体（熟年♂、少年）、犬	直刀4、鉄鏃15？、刀子2	雲母片岩	〃
攪乱、石材抜き取り、床石破片数個残		鉄鏃3片、刀子3片、須恵器片	片岩	『栗源町外部遺跡』（昭和61年）
	骨片？	直刀、鹿角装刀子、鉄鏃、金環、勾玉、丸玉、棗玉、練玉	緑泥片岩	『県史名天 6』(1929)
攪乱、石材抜き取り、1枚残存		直刀1片、鉄鏃2片、刀装具1片、須恵器片	雲母片岩	『新林古墳』
攪乱、石材抜き取り		直刀5片、刀子2片、刀装具3片、小玉33	雲母片岩	〃
削平、床石5のみ残存、両側石各3、妻石各1	2体（？）		雲母片岩	『古代 58』
蓋石4、両側石各2、妻石各1、床石5			雲母片岩	〃

	古墳名	所在地	時期	墳形その他	墳丘の規模(数値は約)	主軸の方位	石棺の規模(頭位)
1796	同 3号墳	〃		〃		東西	178×東59 西68－40(西?)
1797	同 4号墳	〃		〃		南北	178×100－75(?)
1798	同 5号墳	〃		〃		?	168×84－56(?)
1799	城山3号墳第1主体部	香取市小見川		方墳(墳頂)	一辺19m	東西	
1800	同 第2主体部	〃		方墳(南裾)		東西	
1801	同 7号墳	〃		円墳(西寄り)		南北	153×63－45(?)
1802	片野4号墳	香取市片野	7C	前方後円墳(括部中央)	全長23.65m	N45°W	
1803	同 8号墳	〃	7C	円墳(南西裾)	径20.5m	南北	205×89－110(?)
1804	同 10号墳	〃	7C	前方後円墳(後円部頂)	全長24.8m	N80°E	191×50－44(?)
1805	大方古墳	香取市五郷内			全長41m、後円部高3m		
1806	天神古墳	香取市五郷内		前方後円墳	全長42.5m	前方部東西	
1807	阿玉台北1号墳	香取市五郷内					
1808	三ノ分目大塚山古墳	香取市三ノ分目	中期	前方後円墳(後円部頂)	全長123m、後円部径68m・高9.5m、前方部幅62m・高7.5m		
1809	同 14号墳	香取市下小堀	6C後半	前方後円墳?(後円部中央)		N40°E	
1810	富田2号墳	香取市富田	6C前半	前方後円墳(前方部南)	全長35～40m、前方部幅24m		
1811	同 3号墳	〃	6C	前方後円墳(後円部)	全長48m、後円部径28m・高4.5m、前方部幅32m・高4.5m		
1812	柿の木台古墳	香取市新里					
1813	堀之内2号墳	香取市堀之内	6C?	円墳?(墳丘中央部)	径16m	東西	196×73－60(?)
1814	十老山古墳(神里3号墳)	香取市虫幡	7C	前方後円墳(括部主軸上)	全長22m、後円部径15m・高2m、前方部幅15m・高50cm	S60°E	180×60－53(東)
1815	飯塚16号墳	佐倉市飯塚	6C前半	円墳(石棺2)	全長28m、後円部径21m、高2m、前方部幅12m		
1816	石川1号墳	佐倉市石川	6C後半～7C前半	前方後円墳		東西	181×東80 西64－40(東)
1817	岩向5号墳	佐倉市岩名	7C中葉	方墳(中央やや南)	径20m	東西	230?×70?－?(?)
1818	池向3号墳	佐倉市大作	7C前半	円墳(中央)	一辺19m	東西	

石棺の構成	遺体数	副葬品等	石材	参考文献
蓋石4、両側石各4、妻石各1、床石4		直刀1	雲母片岩	〃
蓋石4、両側石各2、妻石各1、床石4	3体(?)	直刀1	雲母片岩	〃
蓋石4、東側石2、西側石3、妻石各1、床石5	人骨		雲母片岩	〃
攪乱、石材抜き取り		直刀3、須恵器	雲母片岩	『城山3号墳』
攪乱、石材抜き取り		鉄鏃10片、刀子1片	雲母片岩	〃
蓋石2、両側石各2、妻石各1、床石3		鉄釘、須恵器	凝灰岩板石	『海上文化 1』
攪乱、石材抜き取り		管玉、小玉、須恵器	雲母片岩	『片野古墳群』
蓋石4、両側石各3、妻石各1、床石5	2体(?)	朱、直刀5、鉄鏃?、刀子3、勾玉9、管玉2、切子玉5、算盤玉1、棗玉1、丸玉6、小玉12、金環一対	雲母片岩	〃
一部攪乱、蓋石3+1、両側石各4、床石3		直刀1片、鉄鏃1、刀子1、鐔1片	雲母片岩	〃
	人骨?	直刀、鉄鏃		『県埋文抄報』(1983)
		伝直刀、馬具?		近藤『前方後円墳集成』(1994)
				『阿玉台遺跡』
後円部頂に板石3枚あり		埴輪(円筒・朝顔)	ホルンフェルス	『大塚山古墳発掘調査報告書』(1990)
攪乱、石材抜き取り、蓋石1、南側石1残		刀子1片、須恵器、円筒埴輪	雲母片岩	『小見川城跡』
		鉄鏃、小札?、埴輪(円筒・朝顔)		『千葉文化 26』
		埴輪(円筒)、挂甲	雲母片岩	〃
蓋石3、両側石各3、妻石各1、床石凝灰岩?				宍倉昭一郎氏教示
蓋石2、南側石1、北側石2、妻石各1、床石4	人骨?		絹雲母片岩	『堀之内遺跡』
蓋石3(接合面二重)、両側石各3、妻石各1、床石3	6体以上(?)	直刀2、刀子2、琥珀玉?	絹雲母片岩	『十老山古墳』(1984)
	人骨?	直刀、埴輪(人物)		『佐倉市史 考古考編』
一部攪乱、蓋石3、両側石各3、妻石各1、床石5	5～6体(♂3～4、♀2)	直刀6、鉄鏃37?、刀子1、貝釧2、朱粉	絹雲母片岩	〃
攪乱、石材抜き取り、長方形墓壙		鉄鏃9片、刀子6片、土師器、須恵器	絹雲母片岩	『県埋文報告 520』
石材抜き取り		鉄鏃18、刀子1、勾玉3、丸玉9、周湟から須恵器	雲母片岩	『県埋文報告 268』

	古墳名	所在地	時期	墳形その他	墳丘の規模(数値は約)	主軸の方位	石棺の規模(頭位)
1819	同 6号墳	〃	7C	円墳(南裾)	径21m、高3.6m	N220°E	168×52－?(北)
1820	同 11号墳(岩富古墳)	〃	7C前半	円墳(南東裾)	径33.3m	東西	188×72－?(東)
1821	野中3号墳	佐倉市大作	7C前半	円墳(南裾)	径18.8m	N230°E	181×76－?(東)
1822	同 4号墳	〃	7C中葉	円墳(南東裾)	径36.8m	N237°E	183×72－?(?)
1823	同 5号墳	〃	7C中葉	方墳(南張出部)	径22.3m	東西	182×80－?(?)
1824	花輪台3号墳	佐倉市大佐倉	6C末	前方後円墳(クビレ部主軸上直交)	全長31.4m	東西	184×90－?(?)
1825	大篠塚1号墳	佐倉市大篠塚			一辺20.1m	東西	172×80－80(東)
1826	萩山11号墳	佐倉市萩山新田		円墳			
1827	桔梗塚古墳(将門1号墳)南石棺	佐倉市将門町		前方後円墳(括部主軸線上直交)	全長17.3m、後円部径13m、前方部幅9m	東西	
1828	粟野Ⅰ古墳第1主体部(クビレ部)	佐倉市宮本	6C後半～7C	前方後円墳(後円部南裾)	一辺20.7m	東西	190×95－100(東)
1829	同 西石棺	〃		方墳(石棺2基)	径31m?	南北	
1830	中津田古墳	山武市板中新田	7C中葉	円墳(南裾)	径24m	東西	175×54－?(東)
1831	経僧塚古墳	山武市成東	6C末	円墳(南西中段)	径45m	S20°E	189×75－?(南)
1832	海老内台古墳	白井市平塚字海老内台			径40m?		170 × 南60 北70 －55(北)
1833	雉子ノ台2号墳	匝瑳市八日市場	6C後半～末	円墳(南裾)	径22m	東西	189 × 東72 西68 －64(東)
1834	同 4号墳	〃	7C中葉～後半	長方形(南西寄り)	16.1m×11.6m	南北	177 × 南76 北84 －72(北・頭骨寄せ)
1835	同 8号墳	〃	7C中葉	長方形(墳頂部)	16.2m×11.9m	南北	206 × 南104 北84 －88(北)
1836	同 10号墳	〃	7C前半	長方形(南裾部)	二重周隍内側15.3×11.9m	東西	217 × 東105 西88 －94(東)
1837	同 11号墳	〃	7中葉	円墳(墳頂部)	径14m	南北	212 × 南94 北94 －80(北・頭骨寄せ)

全国箱式石棺集成表（古墳時代篇） 547

石棺の構成	遺体数	副葬品等	石材	参考文献
一部攪乱、蓋石4残、両側石各5、妻石各1、床石6		鉄鏃2片、鉄釘2、丸玉9、小玉6	雲母片岩	〃
蓋石4、両側石各3、妻石各1、床石4	6体(青年♂1、♀1、他?)	直刀11片、鉄鏃4片、勾玉1、小玉10	雲母片岩	『県報告 6』
一部攪乱、蓋石3、南側石3、北側石4、妻石各1、床石4		直刀4片、鉄鏃1、刀子3片、紡錘車1、須恵器片(周隍内も含む)	雲母片岩	〃
一部攪乱、蓋石3?、両側石各4、妻石東1西2、床石粗礫敷		鉄鏃22片、刀子1片、勾玉1、須恵器片	雲母片岩	〃
一部盗掘孔、蓋石4、両側石3、妻石各1、床石5		直刀4、鉄鏃1+34片、小札6片、勾玉2、切子玉3、小玉16、金環1、須恵器	雲母片岩	〃
蓋石3、両側石各3、妻石各1、床石4		短刀1、鉄鏃6片、紡錘車1、須恵器片、土師器片	絹雲母片岩	『市報告』(2010年度)
攪乱、蓋石除去、両側石各2、妻石各1、床石11一部二重)	3体(壮年♂、♀、小児1)	直刀1片、刀子1片、鉄鏃2片、銀環1	緑泥片岩	『東関道関係報告』
		直刀、鉄鏃		『県文化財抄報』(1981年度)
石材抜き取り		須恵器片	雲母片岩	〃
蓋石4、両側石各3(南側1内部に倒)、妻石各1、床面礫敷	人骨片?	朱、鉄鏃1、刀子1片、鉄釘1、切子玉3、周隍から須恵器	雲母片岩	『県埋文報告 199』
石材抜き取り			雲母片岩	〃
蓋石4、両側石8二段積、妻石各1、床石4	4体(熟年♀、成人♂3)	直刀2、鉄鏃22、刀子1	蓋石緑泥片岩、他切石	『中津田古墳』(1976)
蓋石3、両側石各2、妻石各1、床石4	2体(成人♂、♀)	太刀7、鉄鏃5束、刀子2、馬具、耳環1対、貝玉、小玉、鈴10、埴輪	雲母片岩	『武射経僧塚古墳』(2010)
		直刀1、鉄鏃14、刀子1		『下総考古 2』
蓋石4、両側石各4、妻石各1、床石6	4体(成人♂3、♀1)	直刀1、鉄鏃32、刀子1、土師器	軟砂岩板石	『飯塚遺跡 II』(1986)
蓋石4、両側石各4、妻石各1、床面板石丸石敷	2体(成人♀1、小児1)	棺内なし、須恵器、土師器、鞘金具	軟砂岩板石	〃
蓋石3、両側石各4、妻石各2、床石大1・中12	2体(熟年♀、♂)	直刀1、周隍から土師器片、須恵器片	軟砂岩板石	〃
蓋石4、南側石3、北側石4、妻石各1、床面中小板石敷	2体(壮熟年♂、性別不詳壮年)	直刀2、勾玉1、ガラス玉多数、石棺上に刀子1、周隍から須恵器、土師器	軟砂岩板石	〃
蓋石4、両側石各4、妻石各2、中小石敷	7体(性別不詳成人4、青年1、幼児1、小児1)	石棺上に鉄片、須恵器	軟砂岩板石?	〃

	古　墳　名	所　在　地	時　期	墳形その他	墳丘の規模(数値は約)	主軸の方位	石棺の規模(頭位)
1838	赤塚古墳	銚子市赤塚町		円墳			
1839	台町古墳	銚子市台町		円墳			
1840	瓢塚40号墳	成田市赤坂	7C末	方墳(南裾)	一辺14.5m	東西	185×90－?(東)
1841	船塚9号墳	成田市吾妻		円墳	径15m		
1842	同　26号墳	成田市吾妻		円墳	径21m		
1843	飯仲2号墳	成田市飯仲		前方後円墳	全長30m		
1844	同　53号墳	成田市大竹		前方後円墳(括部南西)	全長43.6m		
1845	同　54号墳	〃		前方後円墳	全長27m、後円部径22m・高2.6m、前方部幅2m・高1.6m		
1846	同　3号墳	成田市大袋		前方後円墳	全長30m		
1847	小野所在墳	成田市大和田		(削平)			
1848	川栗台4号墳	成田市川栗		円墳(墳裾)	径20m		
1849	勝福寺2号墳	成田市北須賀		円墳	径11m		
1850	同　5号墳	〃		前方後円墳	全長47m		150×75－?(?)
1851	地蔵原1号墳	成田市久井崎		円墳	径15m		
1852	中里紙敷口遺跡	成田市中里	7C前半	方墳		東西	160×75－?(東?)
1853	媛宮1号墳	成田市名木	6C	前方後円墳	全長24m		
1854	菊水山3号墳	成田市滑川	6C中葉	前方後円墳	全長36m		
1855	栗山2号墳	成田市滑川	6C末～7C初	円墳(裾部)	径13m		
1856	同　7号墳	〃	6C後半?	前方後円墳(裾部)	全長26m		
1857	同　9号墳	〃	6C後半?	円墳(墳頂部)	径19m		
1858	同　10号墳	〃	6C後半?	前方後円墳(裾部)	全長16m		
1859	同　11号墳	〃	6C後半?	円墳(墳頂部)	径20m		
1860	同　14号墳	〃	6C後半?	円墳(墳頂部)	径18m		
1861	同　15号墳	〃	7C中葉?	方墳(裾部)	一辺14m		

全国箱式石棺集成表（古墳時代篇） 549

石棺の構成	遺体数	副葬品等	石材	参考文献
		直刀、ガラス玉？、臼玉、貝輪		『県埋文詳報』(1978年度)
		鉄鏃、臼玉		〃
蓋石3、両側石各2、妻石各1、床面木炭		棺外蓋上方に方頭柄頭太刀1、棺内に木芯金銅張柄頭、板状銅製品、金糸、隍内から馬鈴、須恵器	絹雲母片岩	『公津原』(1975)
			片岩	『成田史壇 15』
		直刀、金環	片岩	『市教委』(1980)
		直刀、鉄鏃、埴輪	雲母片岩	近藤『前方後円墳集成』(1994)
				『県文化課』(1982)
				〃
石棺4基？、1基は蓋石1、両側石各4	1体(？)	直刀10？、鉄鏃？、馬具？	雲母片岩	『成田市の古墳群』(1961)
				杉山林継氏教示
		直刀		〃
公園整地、石材散乱				1964年茂木実査
蓋石3、両側石各3、妻石各1、床石3			雲母片岩	『成田市の古墳群』(1961)
蓋石5、側壁泥岩		直刀2、鉄鏃3、刀子2、金環1対		『古代 9』
攪乱、蓋石除去、両側石各2、妻石東2、西1、床面小板石敷、横穴式石室折衷形式？			雲母片岩	『郡市報告 255』
		埴輪(円筒)		『県報 6』
攪乱、石材抜き取り、埋葬施設3(後円部2、前方部1)？		直刀、耳環、墳頂部から須恵器	黒雲母片岩	『香取郡市事業報告 Ⅱ』(1993)
		須恵器	板石？	『日本考古学年報 43』
			板石？	〃
		直刀、棗玉、ガラス玉？	板石？	〃
			板石？	〃
			板石？	〃
			板石？	〃
			板石？	〃

	古墳名	所在地	時期	墳形その他	墳丘の規模(数値は約)	主軸の方位	石棺の規模(頭位)
1862	同 21号墳	〃	7C中葉?	方墳(裾部)	一辺8m		
1863	同 31号墳	〃	7C中葉?	方墳(裾部)	一辺11m		
1864	同 34号墳	〃	6C中葉?	前方後円墳(裾部)	全長32m		
1865	同 35号墳	〃	7C中葉?	方墳(裾部)	一辺11m		
1866	同 38号墳	〃	6C末〜7C初?	円墳(裾部)	径15m		
1867	同 42号墳	〃	7C前半?	方墳(裾部)	一辺10m		
1868	同 49号墳	〃	6C後半?	前方後円墳(裾部)	全長25m		
1869	椎出し1号墳	成田市野毛平	6C後半〜末	前方後円墳(後円部頂)	全長21.7m	東西	
1870	同 27号墳	成田市船形	7C	方墳(西裾)	36m×35m	南北	
1871	山ノ台SM=001	成田市松崎	7C中葉	長方形墳(南裾)	18.8m×15.6m	東西	185×113−?(?)
1872	かのへ塚7号墳	成田市村田	7C中葉	方墳(南裾)		東西	217×81−?(?)
1873	八代台8号墳	成田市八代		長方形墳(南裾)	15.3m×11m	東西	
1874	天王塚古墳	成田市八代		前方後円墳(前方部)	全長約63m		
1875	同 3号墳	〃					
1876	同 6号墳	〃		円墳	径8m		190×95−?(?)
1877	同 48号墳	〃	7C中葉?	長方形墳(南寄)	12.2m×11m	東西	176×90−?(東)
1878	麻賀多神社古墳	成田市八代		前方後円墳	全長44m		
1879	山口1号墳	成田市山口		前方後円墳	全長24m、後円径8m、高3m		
1880	宮前古墳	八街市用草					182×58−54(?)
1881	間見穴005号墳	八千代市島田台	7C後半	前方後円墳(帆立貝式)クビレ部		N46°E	?×60−?(北)
1882	同 006号墳	〃	7C前半	(方墳?)	全長25.7m、後円部径18.6m、高2m、前方部幅13m	N50°E	174×78−?(北東)
1883	真木野古墳	八千代市島田台・佐山		円墳?			
1884	神野芝山古墳	八千代市神野		円墳			

石棺の構成	遺体数	副葬品等	石材	参考文献
			板石？	〃
		須恵器	板石？	〃
		耳環	板石？	〃
			板石？	〃
		刀子	板石？	〃
			板石？	〃
			板石？	〃
攪乱、石材抜き取り		直刀5片、鉄鏃8片、周隍内から土師器、須恵器	絹雲母片岩	『東関道1』
蓋石2		直刀	片岩	『公津原古墳群』(1997)
攪乱、石材抜き取り		棺外に須恵器、土師器	雲母片岩	〃
蓋石4、両側石各3、妻石各1、床石3？		直刀1片、鉄鏃8片、刀子1片、両頭飾鋲2、須恵器片	雲母片岩	『大栄町教委』(1999年)
攪乱、床石3残存	人骨細片		絹雲母片岩	『公津原』(1975)
蓋石確認			雲母片岩	1962年茂木実査
板石1枚確認、小祠あり				『成田市の古墳群』(1961)
蓋石3、両側石3、妻石各1、床石？				大野政治氏教示
蓋石4、両側石各3、妻石各1、床面木炭敷	1体(？)	棺外から鉄鏃一束(23本？)、尾錠3、不明鉄器2	雲母片岩	『古代学研究 41』
境内に板石13枚山積			雲母片岩	『成田市の古墳群』(1961)
石棺露出				〃
	数体？	直刀4、鉄鏃17、刀子1		近藤『前方後円墳集成』(1994)
蓋石5、東側石5、西側石4、妻石各1、床石5		朱、直刀1、勾玉6、管玉2、丸玉16、小玉2、耳環1対、土師器	雲母片岩	『県埋文報告 473』
蓋石4、南側石2、北側石3、妻石各1、床石5	4体(？)	棺外から馬具(轡)、勾玉3、棗玉？1、丸玉16？、小玉71？、須恵器片、土師器片	雲母片岩	〃
	2～3体(？)			『県埋文抄報』(1990)
	人骨	鉄鏃、刀子、勾玉、棗玉、丸玉		県立八千代高校『史学 3』

	古墳名	所在地	時期	墳形その他	墳丘の規模(数値は約)	主軸の方位	石棺の規模(頭位)
1885	平戸台2号墳	八千代市平戸	6C後半〜7C前半	円墳?(南裾)		東西	173×71−?(東)
1886	同 8号墳	〃	7C前半		径18m	東西	187×60−?(東)
1887	道地遺跡026号跡	八千代市平戸	7C中葉	円墳(南裾)		N55°E	180?×100?−?(?)
1888	粟谷古墳	八千代市保品		不詳	径16.8m、高1.4m	N30°E	180×65−?(?)
1889	鶴口1号墳	四街道市亀崎	7C中葉	矩形墳	21.2m×15.2m	N60°E	
1890	清水S02号墳	四街道市物井	6C末〜7C初頭	矩形墳(南裾)	全長27m	N40°E	(175×60−?)
1891	同 S03号墳	〃	6C末〜8C初頭	前方後円墳(括れ部)	全長21m	N41°E	(175×61−?)
1892	同 S04号墳	〃	6C後半	前方後円墳(括れ部)	径21m	東西	(170×60−?)
1893	同 S05号墳	〃	7C前半	円墳(南裾)	径17m	東西	180×95−?(東)
1894	同 S11号墳(物井1号墳)	〃	7C初頭	円墳(南裾)	径23m	東西	189×66−?(東)
1895	同 S12号墳	〃	7C前半	円墳(南裾)	径16m	東西	190×70−?(東)
1896	同 S16号墳	〃	TK43〜209	前方後円墳(後円部南裾)	全長33.6m	東西	200?×60?−?
1897	御山SX015墳	四街道市物井	7C初頭	円墳(南裾)	径23m	東西	214×85−?(東・西)
1898	同 SX021墳	〃	7C前半			東西	170?×70?−?(?)
1899	同 SX054墳	〃	7C後半	円墳(南裾)		N50°E	204×90−?(東)
1900	蔵下古墳	印旛郡栄町麻生					

全国箱式石棺集成表（古墳時代篇）　553

石棺の構成	遺体数	副葬品等	石材	参考文献
蓋石3、南側石4、北側石3、妻石各1、床石4	15体（年齢不詳♂4、♀4、幼児3 他不詳）	直刀2、鉄鏃14、刀子1？、鉄釧1、耳環3対、勾玉5、切子玉7、棗玉？2、丸玉5、小玉125？、木製品	雲母片岩	『平戸台2号墳』（市教委）
一部攪乱、蓋石4、両側石各4、妻石各1、床石5	6体以上（年齢不詳♂3、幼児3）	直刀2、鉄鏃11＋？、管玉4、小玉6、棺外に須恵器	雲母片岩	『平戸台8号墳』（市教委）
攪乱、石材抜き取り		刀子1、小玉31	雲母片岩	『県埋文報告 464』
蓋石3、両側石各3、妻石各1、床石4	2体（？）	直刀1、鐔2、鉄鏃一束、刀子2、勾玉1、棗玉7		『古代 11』
石材抜き取り		鉄鏃片、刀子片、釘、須恵器片	絹雲母片岩	『鶴口遺跡』（2009）
石材抜き取り		直刀1、直刀片、刀子片、鉄鏃片4、勾玉1、臼玉4、小玉57？、周隍より土師器	雲母片岩？	『四街道清水遺跡』（2009）
石材抜き取り		直刀1、直刀片、刀子片、鉄鏃片4、勾玉1、臼玉4、小玉58？、周隍より土師器	雲母片岩？	『四街道清水遺跡』（2010）
石材抜き取り		直刀1、直刀片、鉄鏃片21、石製品片？、臼玉1、周隍内から土師器、須恵器	雲母片岩？	〃
蓋石3、南側石2、北側石3、妻石各1、床石3	1体（壮年性別不詳）	直刀2、鉄鏃片3、刀子1、鉄針1、勾玉4、丸玉9、小玉1	雲母片岩	〃
蓋石4、南側石4、北側石3、妻石各1、床石6	10体以上（成人♂、♀詳細不詳）	金銅製円頭太刀、直刀、鉄鏃片12、琥珀玉5、棺外から直刀、鉄鏃、刀子	雲母片岩	『物井1号墳』（1982）
蓋石5、南側石4、北側石5、妻石各1、床石5	10体（成人♂6、♀1、小児3）	直刀4、鉄鏃115、刀子2、周隍内から土師器	雲母片岩	『四街道清水遺跡』（2009）
石材抜き取り		直刀1、直刀片、鉄鏃片17、刀子片6、切子玉5、丸玉11、小玉1、棺外に須恵器、土師器	雲母片岩	〃
蓋石3、両側石各2、妻石各1、床石5	6体（熟年♂、壮年♀3、小児2）	金銅装頭椎太刀1、直刀5、鉄鏃5、勾玉6、琥珀玉6、管玉1、丸玉14、小玉20、須恵器	絹雲母片岩	〃
石材抜き取り		鉄鏃26、管玉1、臼玉2、丸玉3、小玉12、須恵器	片岩？	〃
蓋石4、両側石各3、妻石各1、床面割石敷	7体（成人♂2、♀1、不詳1、青年♂1、小児2）	鉄鏃2、刀子1、貝釧4、勾玉9、管玉2、蜜柑玉1、丸玉（滑石製15・ガラス製14・小玉3）	絹雲母片岩	〃
				『考古学雑誌 46-1』

	古墳名	所在地	時期	墳形その他	墳丘の規模(数値は約)	主軸の方位	石棺の規模(頭位)
1901	龍角寺5号墳	印旛郡栄町龍角寺		削平			
1902	同 24号墳R主体部	〃	7C中葉	円墳	径19m	東西	197×92-?(東)
1903	同 46号墳	印旛郡栄町酒直		前方後円墳(後円部南裾括れ寄り)	全長27m、後円部径19.4m・高3m、前方部幅18.5m・高2m	未調査	
1904	同 57号墳	印旛郡栄町龍角寺		前方後円墳	全長32m		
1905	同 101号墳第2主体部	〃	6C前半	前方後円墳(クビレ部)	全長48m、後円部径33m・高5.8m、前方部幅35m・高6.3m	N50°E	148×78-?(?)
1906	同 第3主体部	〃	6C末～7C初	前方後円墳(南東裾)		N47°E	182×60-?(東)
1907	同 第4主体部	〃	6C末～7C初	前方後円墳(北東裾)		N45°W	160?×70?-?(?)
1908	同 109号墳	〃		円墳(南裾)	径25m	東西	190×100-?(東)
1909	同 110号墳	〃		円墳(南裾)	径26m	東西	164×98-?(?)
1910	同 112号墳	〃	6C末	前方後円墳(括部主軸直交)	全長26.5m	N40°W	
1911	同?号墳(平野元三郎調査)	印旛郡栄町興津					
1912	所古墳	印旛郡栄町須賀所					
1913	小台1号墳第2主体部	印旛郡栄町木塚字小台地先	6C末	前方後円墳(後円部北東裾)	全長37m、後円部径25m・高2.6m、前方部幅28m・高2.6m	N10°W	
1914	墨小盛田古墳	印旛郡酒々井町墨	7C末	長方形(南側)	30.3m×23.3m	東西?	
1915	宮作石棺	印西市中根字宮作		前方後円墳	全長28m、後円部径20m、高2m		182×90-90(?)
1916	向田古墳(小松古墳)	香取郡神崎町小松		前方後円墳?(墳頂)			242×75-?(東)
1917	新所在墳	香取郡神崎町新字辺原		前方後円墳、1967年破壊	全長30m		180×80-(?)
1918	新田古墳	香取郡神埼町辺原新田	7C後半	円墳(南西裾部)		東西	
1919	坂並白貝18号墳第1主体部(後円部西裾)	香取郡多古町北中		前方後円墳	全長30m、後円部径21m、高3.6m、前方部幅18m	南北	190×53-60(北)
1920	同 第2主体部(クビレ部東裾)	〃				南北	190×75-?(北)
1921	同 第3主体部(後円部東裾)	〃				N45°E	95×25-?(?)
1922	同 第4主体部(後円部東裾)	〃				N18°E	176?×?-?(?)

石棺の構成	遺体数	副葬品等	石材	参考文献
				『県文化課』(1982)
蓋石4、両側石各3、妻石各1、床面大小板石敷	頭骨片、歯	直刀4片、鉄鏃7片、刀子片1、切子玉1、耳環1、棺外に須恵器	片岩	『県文化課』(1984)
(1964年実査)				〃
		埴輪(円筒・形象)		〃
蓋石2、両側石各2、妻石各1、床石大小9		埴輪	緑泥片岩？	県教委『調査報告』(1988)
蓋石4、両側石各2、妻石各1、床石3	8体(成人♂3、♀3、小児1、幼児1)	直刀、刀子、金環、掘方、鉄鏃、埴輪	凝灰岩質砂岩	〃
攪乱、石材抜き取り		直刀、馬具、鉄鏃、埴輪	緑泥片岩？	〃
蓋石4、両側石各3、妻石各1、床面割石敷	2体(壮年♀、小児)	直刀、土師器	緑泥片岩？	『古代 1・2合併号』
蓋石4、両側石各3、妻石各1、床石3	複数？	土師器	緑泥片岩？	〃
攪乱、石材抜き取り		鉄鏃、刀子、埴輪	絹雲母片岩	『郡市報告 84』
蓋石4、両側石各3、妻石各1、床石4				1963年調査
		直刀、刀子、勾玉、丸玉		『考古学雑誌 46-1』
攪乱、石材抜き取り		直刀3？、馬具(轡2)、刀子1、耳環4、管玉1、墳丘から須恵器	絹雲母片岩	『小台遺跡』(1981)
			雲母片岩	『綜合公園遺跡調査』(1987)
板石使用	2体(？)	直刀2	雲母片岩	『いはらき 第2804号』(明治37年)
		直刀4片、丸玉4、石枕1	石墨片岩	『県史名天 2』(1926)
蓋石4、両側石各2、妻石各1、床石5		勾玉3、管玉1、小玉3	雲母片岩	茂木実査
蓋石5、側壁砂岩切石、床面4？	人骨片？	直刀片	緑泥片岩	『古代 9』
	1体(成人？)	直刀2、鉄鏃11、刀子5、金環2、須恵器(提瓶・大甕)、土師器(坏・甕・高坏)		『坂並白貝古墳群』(1978)
		直刀2、鉄鏃13		〃
蓋石2、以下不詳		ガラス小玉2	片岩・砂岩	〃
攪乱、床板石？		耳環	雲母片岩	〃

	古墳名	所在地	時期	墳形その他	墳丘の規模(数値は約)	主軸の方位	石棺の規模(頭位)
1923	同 66号墳	〃	7C	円墳(南裾)	径13m	南北	200×96－?(北)
1924	年能古墳群1号石棺	香取郡東庄町笹川い		削平			
1925	同 2号石棺	〃		〃			
1926	平山寺台古墳	香取郡東庄町平山	7C			N64°W	200×95－84(東3・西1)
1927	清水西1号墳	香取郡東庄町羽計	7C	円墳(南裾)	径18.2m	東西	
1928	婆里古墳	香取郡東庄町羽計		前方後円墳	全長19m、後円部径14.5m、前方部幅13m	クビレ部東西	175×52－38(東)
1929	刑部古墳(宮本2号墳)	香取郡東庄町宮本		前方後円墳	全長22m、後円部径16m、前方部幅12m	クビレ部東西	180×50－?(?)
1930	山田4号墳	山武郡芝山町大台	7C初	円墳(南裾)	径22m	東西	210×65－?(東)
1931	同 9号墳	〃	7C前半	円墳(南裾)	径21.6m	東西	204×70－?(東)
1932	林8号墳	山武郡芝山町上吹入		前方後円墳			
1933	高田古墳	山武郡芝山町高田		前方後円墳、畑作消滅	全長54m、後円部径20m		
1934	宝馬35号墳	山武郡芝山町宝馬		前方後円墳、破壊	全長30m?、後円部径15.7m・高2.5m、前方部幅10m・高?		
	茨城県						
1935	石川古墳(?)	石岡市石川		前方後円墳			
1936	同 2号墳	〃		円墳			
1937	丸山10号墳	石岡市柿岡		円墳(墳頂)、1952年地元民発掘	径15m	N20°W	
1938	同 11号墳	〃		円墳(墳頂部)	径15m	N80°E	245×東50西46－20(西)
1939	同 13号墳	〃		円墳(南裾)	径11.5m	N62°W	205×70－90(東)
1940	同 16号墳	〃		円墳、昭和10年代削平			
1941	同 18号墳	石岡市片岡		円墳			
1942	加生野2号墳	石岡市加生野					

石棺の構成	遺体数	副葬品等	石材	参考文献
攪乱、蓋石なし、両側石各3、妻石各1、床石板石片敷	2体？	直刀	雲母片岩	『坂並白貝古墳群66号墳』(1974)
	3体？	直刀、鉄鏃、刀子、鉸具、砥石		『県埋文抄報』(1977年度)
	3体？	直刀、鉄鏃		〃
一部攪乱、蓋石4？、南側石3、北側石2、床面砕石敷	4体(熟年♂1、♀1、他不詳)	耳環、金銅製飾薄板	雲母片岩	『古代 19・20合併号』
攪乱、石材抜き取り		刀子2片、琥珀玉片、砥石1片、須恵器片	黒雲母片岩	『羽計清水西遺跡』(2001)
一部攪乱、蓋石1残、南側石4、北側石3、妻石各1(西抜き取り)、床石4	2体(熟年♂、♀)	ガラス玉45、埴輪片	雲母片岩	『羽計古墳群』(1972)
	人骨	直刀、鉄鏃？	ホルンフェルス	『房総文化 13』
蓋石5、両側石各4二段積、妻石各1、床石7	3体(壮年♂2、♀1)	鉄鏃19片、耳環1、小玉(ガラス・土製)	蓋石雲母片岩、他軟質砂岩	『芝山町山田古墳』(1982)
蓋石5、両側石各4(二段積)、妻石各1、床石5	5体(壮年♂1、♀2、不詳2)	直刀2、鉄鏃17？、鉄斧1、鍬1、鎌1(直刃鎌)	蓋石雲母片岩他は軟質砂岩	〃
		有孔円板、土師器(高坏)		近藤『前方後円墳集成』(1994)
		埴輪(円筒・器材・家・武人・男子・女子・動物)、直刀1、鉄鏃2束、耳環2、ガラス小玉	凝灰質泥岩	〃
		鉄鏃片8	凝灰質砂岩	〃
		直刀、鉄剣、土師器		東京帝国大学(明治33年)
				『常陸の古墳群』(2010)
		鉄鏃		『常陸丸山古墳』(1957)
蓋石5、両側石各4、妻石各1、床石6、床石西側半分割石敷、西端に粘土枕あり		直刀		〃
盗掘、蓋石・南側石除去、北側石2、妻石各1、床石3		直刀3、刀子3、鉄鏃7		〃
		直刀4、鉄鏃数本		〃
板石4枚残存				〃
				西宮一男氏教示

	古墳名	所在地	時期	墳形その他	墳丘の規模(数値は約)	主軸の方位	石棺の規模(頭位)
1943	同 4号墳	〃					
1944	同 7号墳	〃		円墳		南北	118×70－70(北)
1945	同 12号墳	〃					
1946	同 18号墳	〃					210×105－130(?)
1947	同 25号墳	〃					
1948	同 26号墳	〃					
1949	宮下古墳	石岡市金指		円墳	径10m		
1950	東原古墳	石岡市川又		円墳			
1951	二子塚古墳	石岡市瓦谷					
1952	瓦谷1号墳	石岡市瓦谷		昭和30年代発見			
1953	同 2号墳	〃		〃			
1954	同 3号墳	〃		〃			
1955	同 7号墳	〃					
1956	同 8号墳	〃		1990年発見			
1957	同 12号墳	〃					
1958	同 13号墳	〃					
1959	同 14号墳	〃					
1960	同 15号墳	〃					
1961	同 16号墳	〃					
1962	舟塚山古墳陪冢(14号墳)	石岡市北根本	5C中葉	円形?、2000年実測調査	径11.5m		
1963	舟塚山3号墳	〃		円墳	径25.5m		
1964	同 4号墳(佐太郎塚)	〃		円墳	径8m		
1965	同 5号墳(惣見塚)	〃		円墳			
1966	同 9号墳	〃		方墳(中心より東)、墳丘削平	一辺13m	南北	165×72－70(北)

石棺の構成	遺体数	副葬品等	石材	参考文献
				〃
蓋石3、両側石各3、妻石各1、床石5				〃
		勾玉、管玉、金環		〃
				〃
				〃
				〃
石棺2基と記載				『常陸の古墳群』(2010)
伝石棺				〃
				〃
	人骨?			〃
	人骨?			〃
	人骨?			〃
				〃
	2体(?)	直刀1		〃
				〃
				〃
				〃
				〃
				〃
		滑石製品(刀子外)	雲母片岩?	『石岡市遺跡分布調査報告』(2001)
				『常陸の古墳群』(2010)
		刀剣、金環、勾玉、管玉、土師器片、埴輪		『舟塚山周辺 I』(1977)
		埴輪		『常陸の古墳群』(2010)
蓋石5、両側石各4、妻石各1、床面礫敷	2体(?)		雲母片岩?	『舟塚山周辺 I』(1977)

	古　墳　名	所　在　地	時　期	墳形その他	墳丘の規模(数値は約)	主軸の方位	石棺の規模(頭位)
1967	同　10号墳	〃		方墳？	一辺7.4m	N45°W	壙隅丸長方形、280×200－70、石棺床石100×70
1968	同　12号墳	〃		円墳	径19m		170×85－50(？)
1969	同　24号墳	〃		円墳、消滅	径4.1m		
1970	同　25号墳	〃					
1971	同　26号墳	〃		1897年小学校建設中発見			
1972	同　27号墳	〃		〃			
1973	同　28号墳	〃		〃			
1974	同　29号墳	〃		〃			
1975	同　30号墳	〃		〃			
1976	同　31号墳	〃		〃			
1977	同　32号墳	〃		1933年小学校再建中発見			
1978	同　33号墳	〃		〃			
1979	同　34号墳	〃		〃			
1980	同　35号墳	〃		〃			
1981	同　36号墳	〃		〃			
1982	要害山1号墳	石岡市小井戸		前方後円墳(墳頂部？)	全長75m		
1983	同　3号墳	〃		円墳	径27m		
1984	上ノ内？号墳	石岡市佐久					
1985	厚茂古墳	石岡市柴間					
1986	阿弥陀久保古墳	石岡市須釜		円墳			
1987	高根2号墳	石岡市染谷	6C	円墳			180(×60－？(？)
1988	染谷古墳	石岡市染谷					
1989	同　12号墳	〃		円墳	消滅		
1990	同　13号墳	〃		円墳	径6.5m、高1m		

石棺の構成	遺体数	副葬品等	石材	参考文献
盗掘、石材抜き取り、床石5、妻石一部残存	人骨？	直刀、鉄鏃、刀子、馬具、金環	雲母片岩？	『舟塚山周辺 Ⅱ』(1978)
蓋石4、両側石各3、妻石各1、床面礫敷	2体	丸玉1、小玉49	雲母片岩？	『常陸の古墳群』(2010)
				〃
	人骨3	金環		〃
	人骨	刀剣、鉄鏃、勾玉		〃
〃				〃
〃				〃
〃				〃
〃				〃
〃				〃
〃				〃
〃				〃
〃				〃
〃				〃
〃				〃
		埴輪(円筒・形象)		『要害山古墳』(2001)
		埴輪(円筒・形象)		〃
				〃
				〃
				『常陸の古墳群』(2010)
蓋石3、両側石各3、妻石各1、床石2		埴輪(円筒・形象)		『石岡市遺跡分布調査』(2001)
				西宮一男氏教示
				『道祖神古墳』(1995)
	人骨？	勾玉3		〃

	古墳名	所在地	時期	墳形その他	墳丘の規模（数値は約）	主軸の方位	石棺の規模（頭位）
1991	同 29号墳	〃					
1992	同 33号墳	〃					
1993	茨城古墳	石岡市茨城		円墳？	径42m		
1994	細谷1号墳	石岡市細谷		円墳			
1995	同 2号墳	〃		円墳			
1996	同 4号墳	〃		前方後円墳 後円部東裾)	全長30m		
1997	鷲塚古墳	石岡市三村		円墳			
1998	鰻塚古墳	石岡市三村		円墳、消滅			
1999	観音寺山1号墳	潮来市上戸	7C	前方後円墳	全長33m、後円部径22.6m・高3.5m、前方部幅12m・高75cm	南北	170？×70－？（？）
2000	同 3号墳	〃	7C	円墳、削平		東西	190×東54西41－50（東）
2001	同 7号墳	〃	7C	前方後円墳（前方部主軸上）	全長15.7m、後円部径11m・高1m、前方部幅5m・高70cm	南北	壙楕円形、350×250－80
2002	同 8号墳	〃	7C	前方後円墳（前方部主軸上）	前方部一部残存		
2003	同 10号墳	〃		前方後円墳？、1965年頃土砂採取破壊			
2004	同 11号墳	〃		円墳、青年団が発掘後観音寺境内に2基分板石移設			
2005	同 12号墳	〃		円墳、大正3年発掘			
2006	同 13号墳	〃		円墳			
2007	同 14号墳	〃		円墳？			
2008	同 15号墳？	〃		弘化4年発見、1974年町教委調査			
2009	同 16号墳？	〃		『水府志料』に記載			
2010	同 17号墳？	〃		大野雲外報告			
2011	子子前塚古墳	潮来市大生	6C	前方後円墳（南西に造出部）	全長71.5m、後円部径40m・高6m、前方部幅31.5m・高6.5m	ほぼ南北	204×60－70（南西・北東）
2012	大生西14号墳	潮来市大生	7C	円墳（南裾）	径15m	N85°E	182×東68西58－40（東・西）

石棺の構成	遺体数	副葬品等	石材	参考文献
				『常陸の古墳群』（2010）
				〃
				〃
				〃
				〃
				〃
		直刀、鉄鏃、丸玉、小玉（川上博義氏教示）		『茨城県古墳総覧』（1959）
		直刀、鉄鏃、丸玉、小玉（川上博義氏教示）		〃
盗掘、石材抜き取り、土壙痕跡から両側石各3、妻石各1等が復原できる		直刀4片、鐔2片、鉄鏃14片、刀子1片、土玉1、土師器片	ホルンフェルス	『常陸観音寺山古墳群の研究』（1980）
石棺露出、蓋石1残（元5枚）、南側石6、北側石5、床石6	歯	鉄鏃2片、刀子1、須恵器片	ホルンフェルス	〃
盗掘、石材抜き取り、土壙痕跡から両側石各3、妻石各1、等が復原できる		直刀5片、鉄鏃9片、鉾1、刀子2、切子玉1	ホルンフェルス	〃
板石1枚残存			ホルンフェルス	〃
				〃
		金銅装鐙？（長谷川延秋氏教示）		〃
	2体？	朱（長谷川延秋氏教示）、1914年発見		〃
				〃
				〃
		直刀、刀子		〃
		剣、甲冑		〃
				〃
蓋石5、東側石4、西側石3、妻石各1、床石4	2体（熟年♂、小児）	直刀9、鉄鏃10、鉄製環状金具1、鞘金具、鐔4、鞘尻金具、管玉7、骨製管玉4、切子玉3、丸玉19、小玉20、耳環5、須恵器、埴輪（円筒・形象）	ホルンフェルス	『常陸大生古墳群』（1971）
蓋石4、両側石各4、妻石各1、床石5	2体（青年♀・♂）		ホルンフェルス	〃

	古墳名	所在地	時期	墳形その他	墳丘の規模(数値は約)	主軸の方位	石棺の規模(頭位)
2013	浅間山麓古墳	潮来市大賀		丘陵斜面		南北	200(6尺6寸)×73(2尺2寸)－78(2尺6寸)(?)
2014	庚申塚古墳(棒山7号墳)	潮来市大賀	7C	円墳(南西中腹部)	径25m	N35°W	190×53－?(東)
2015	御安台1号墳	潮来市堀之内		前方後円墳			
2016	同　2号墳	〃		前方後円墳、昭和50年代初土砂採取消滅			
2017	同　3号墳	〃		前方後円墳	全長27m	東西	220×?－?
2018	日天月天塚古墳	潮来市堀之内	6C中葉	前方後円(後円部頂)	全長42m、後円部径22m・高6.3m、前方部幅21m・高4.2m	N43°W	壙隅丸長方形、300×190－100石棺推定180×50－40
2019	和田2号墳	稲敷市浮島		円墳(西裾)			
2020	浮島17号墳	稲敷市浮島		円墳(中央墳丘下)、浮島小学校に移設			
2021	同　18号墳	〃		円墳(中央墳丘下)、削平			
2022	水神峯古墳	稲敷市佐倉字水神峯	6C後半				報告書に石棺の記録なし
2023	東大沼5号墳	稲敷市東大沼		円墳	径15m、高2.5m		
2024	同　7号墳	〃	6C末～7C初	前方後円墳(クビレ部南寄り)	全長30m、後円部径20m、高2m	東西	186×北東84南西775－86
2025	同　18号墳	〃		円墳	径20m		
2026	同　19号墳	〃		円墳(西裾)	径12m		
2027	同　21号墳	〃		円墳、愛宕神社建築の際墳丘削平	径30m		
2028	同　22号墳	〃		前方後円墳	全長30m、後円部径20m・高1.5m、前方部幅15m・高1m		
2029	同　23号墳	〃		円墳?	径10m、高1m		
2030	クヌギ山古墳	稲敷市東大沼					
2031	福田3号墳	稲敷市福田		円墳	径23m		
2032	同　6号墳	〃		円墳	径25m		

石棺の構成	遺体数	副葬品等	石材	参考文献
板石計18枚、妻石各1		鉄鏃数片	雲母片岩？	『楽石雑筆』巻36
蓋石5、両側石各4、妻石各1、床石6	5体（壮年♂、♀、小幼児3）	直刀1、鉄鏃33、刀子2、耳環一対	雲母片岩？	『棒山古墳群』(1991)
				〃
	3体？	直刀3、鉄鏃一束、丸玉？	ホルンフェルス	『ふるさと牛堀』(2001)
蓋石除去、両側石各2、妻石各1、床石？（昭和50年代初土砂採取後中央公民館に移築復元）			ホルンフェルス	『常陸観音寺山古墳群の研究』(1980)
盗掘、石材抜き取り、西側石1残		直刀4片、鉄鏃22片、刀子5片、鐔2片、滑石製臼玉14、ガラス製丸玉4、小玉1、挂甲（小札789）、埴輪（円筒・形象）	ホルンフェルス	『常陸日天月天塚古墳』(1998)
盗掘、石材除去				『茨城考古学 3』
		直刀1	雲母片岩？	1963年実査
				〃
蓋石？、両側石各3、妻石各1、床石4	1体（？）	朱、直刀1、鉄鏃、刀子1、棺外から馬具一式（鏡板一対・帯金具・尾錠）		『姫宮古墳群1～2号墳・水神峯古墳』(2000)
		直刀		『東町立歴史民俗資料館報告1』
蓋石3、両側石各2、妻石各1、床石5	16体（熟年～老年1、壮年11♂6♀2不詳3、小児4）	直刀7、鉄鏃115、刀子10、金環1、勾玉2（水晶・瑪瑙）、切子玉5、管玉2、琥珀棗玉7、丸玉58、小玉266	雲母片岩？	〃
墳丘上に石材一部露出				〃
墳頂部に氏神あり				〃
神社境内に板石あり				〃
				〃
	2体？			〃
板石2枚が集落北側の小川の橋に使用、圃場整備で移設				〃
				『東町史』(1998)
		鉄鏃1片、刀子4片、金環2、管玉、平玉2、丸玉4、小玉1、棺外から直刀1、小玉2	雲母片岩？	〃

	古墳名	所在地	時期	墳形その他	墳丘の規模(数値は約)	主軸の方位	石棺の規模(頭位)
2033	同 27号墳	〃		円墳	径30m		
2034	富士権現古墳	小美玉市小川		円墳(墳頂部)	径35m		
2035	舟塚古墳	小美玉市上玉里	6C	前方後円墳(後円部頂)	全長88m	N68°W	外側345×180×－50、内側210×東94西88－83(東?)
2036	龍神山古墳	小美玉市上玉里					
2037	宮平古墳	小美玉市上玉里		1965年道路工事中に確認			
2038	大塚古墳	小美玉市栗又四ケ		円墳(南裾)	径20m	東西?	186×東87西80－73(東)
2039	岩屋古墳第2主体部	小美玉市栗又四ケ	7C	前方後円墳(北西裾部)	全長30m	東西	130×東60西50－55(?)
2040	木舟Ⅱ号石棺	小美玉市栗又四ケ				N42°E	180×80－70(?)
2041	木船2号墳	〃		前方後円墳、前方部削平?			
2042	同 4号墳	〃		1973年道路工事中に確認、削平			
2043	同 9号墳	〃		1973年道路工事中に確認、削平			
2044	同 10号墳	〃		1987年路工事中に確認、円墳			180×80－70(?)
2045	同 11号墳	〃		円墳			176×61－44(?)
2046	同 12号墳	〃					
2047	同 13号墳	〃		1973年道路工事中に確認			
2048	同 14号墳	〃	7C初頭	前方後円墳(クビレ部前方部より)	全長32m		
2049	岩下古墳	〃		円墳			190×90－?(?)
2050	熊野権現古墳	小美玉市三箇		円墳	径20m		
2051	大井戸古墳(俗称伝馬塚・小舟塚)	小美玉市下玉里	6C前半?	前方後円墳(後円部頂)	全長100m?		
2052	紫雲山古墳	小美玉市下玉里		円墳(耕作中に西側裾部発見)	径30m		
2053	亀の子山古墳	小美玉市下玉里					
2054	神楽窪古墳	小美玉市下玉里		学校建設のため整地			
2055	権現山古墳	小美玉市下玉里	6C	前方後円墳(後円部頂)	全長89.5m		
2056	権現平1号墳	小美玉市下玉里		円墳	径17.8m	東西	180×東62西56－48(東)

石棺の構成	遺体数	副葬品等	石材	参考文献
			雲母片岩？	〃
明治末期盗掘				〃
盗掘、二重構造、外側蓋石5、南側石3、北側石3、妻側各1、床石9？、内側蓋石1、南側石1、北側石2、妻石各1、床石1	人骨片？	圭頭太刀、鹿角装太刀、鉄鏃20以上、銀製梔子玉2、丸玉11、小玉48、鞍金具、挂甲、埴輪（円筒・形象）	ホルンフェルス	『考古学集刊 4-1』
				『玉里村史』（1975）
	人骨			〃
蓋石3、両側石各2、妻石各1、床石5	4体？		ホルンフェルス	『上代文化 36』
蓋石除去、両側石各4、妻石各1、床石4	数体？	刀子1、金環2、臼玉1	雲母片岩？	『玉里村の歴史』（2006）
一部攪乱、蓋石2+1、両側石各2、妻石各1、床石5	4体？	金環5	雲母片岩？	『権現平古墳群』（1994）
				『玉里の遺跡』（2004）
				〃
				〃
蓋石3、両側石各2、妻石各1、床石なし	4体？	金環5	雲母片岩？	〃
攪乱蓋石1残、両側石各4、妻石各1、床石割石敷	人骨？		雲母片岩？	『木船塚第11号墳』（1995）
				『玉里の遺跡』（2004）
				〃
（1998年高齢者福祉施設建設により事前調査）		圭頭金装太刀、双竜環頭金装太刀（明治12年東京国立博物館購入）	雲母片岩？	『玉里村の歴史』（2006）
				『玉里村史』（1975）
		直刀		『常陸の古墳群』（010）
霞ヶ浦築堤土砂採取（明治・大正期2度）		伝太刀、鎧、勾玉、埴輪（円筒・形象）	ホルンフェルス	『玉里の遺跡』（2004）
				『茨城県古墳総覧』（1959）
		伝直刀、鎧		『玉里村史』（1975）
	人骨	埴輪（円筒）		〃
（未調査）		埴輪（円筒・形象）	雲母片岩？	『権現平古墳』（2000）
攪乱、蓋石除去、両側石各3、妻石各1、床石5	2体？			『権現平古墳群』（1994）

	古墳名	所在地	時期	墳形その他	墳丘の規模(数値は約)	主軸の方位	石棺の規模(頭位)
2057	下平4号墳	小美玉市下玉里		前方後円墳?	全長?、後円部径40m		
2058	同 5号墳	〃					
2059	山田峯所在墳	小美玉市下玉里		円墳			
2060	同 5号墳	〃				東西	203×101－94(?)
2061	同 6号墳	〃				東西	?×52－48(?)
2062	久殿の森古墳	小美玉市下馬場		円墳(墳頂部)	径10m		
2063	新堀古墳	小美玉市下吉影	7C			N45°E	170×40－40(?)
2064	岡の内1号墳	小美玉市高崎		1913年発見、1973年調査			180×65－55(?)
2065	富士峰古墳第1号石棺	小美玉市高崎		前方後円墳	全長推定68m		177×72 68－65(?)
2066	同 2号石棺	〃					196×98 110－108(?)
2067	同 3号石棺	〃					195×68 75－68(?)
2068	岩屋権現古墳	小美玉市竹原		(希望が丘公園に移築)			
2069	権現塚古墳	小美玉市幡谷		前方後円墳(帆立貝式)	径55m		
2070	桜山古墳	鹿嶋市木滝	7C?	削平		N15°E	151×95－94?(東?)
2071	宮中野64号墳	鹿嶋市宮中		円墳、1970年未調査破壊			
2072	同 79号墳	〃	7C	円墳(南裾)	径22.7m	東西	壙長方形、230×130－50
2073	同 83号墳	〃	7C	円墳(南裾)	径17.3m	N5°W	230?×90?－65
2074	同 84号墳	〃	7C	円墳(南裾)	径18m	東西	170×55－68(東)
2075	同 85号墳	〃	6C?	前方後円墳(後円部南裾)	全長29m、後円部径18.5m・高1.3m、前方部幅8.6m・高1.2m	東西	壙長方形、340×165－50 石棺推定235×80－40?
2076	同 97号墳	〃		前方後円墳(後円部南裾)	全長31.5m	東西	壙長方形、380×230－120 石棺推定270×120－?
2077	同 98号墳	〃	6C?	前方後円墳(後円部南裾)	全長31m	東西	壙隅丸長方形、440×280－?、石棺推定170×60－?
2078	同 112号墳	〃					200×100?

石棺の構成	遺体数	副葬品等	石材	参考文献
		伝直刀、甲冑		『玉里の遺跡』(2004)
		伝直刀、鎧		〃
				『茨城県古墳総覧』(1959)
蓋石3、両側石各2、妻石各1、床石8	4体？		雲母片岩？	『権現平古墳群』(1994)
盗掘、蓋石除去、南側石3、北側石4、妻石各1、床石なし	2体以上？	金環4	雲母片岩？	〃
				『町遺跡分布報告』(1985)
蓋石4、東側石4、西側石3、妻石各1、床石6	人骨？	勾玉3、管玉、小玉、金環	雲母片岩？	『新堀古墳』(1988)
	1体？			『玉里村史』(1975)
	1体？	金環2	雲母片岩？	『権現平古墳群』(1994)
	3体？	直刀2、銅釧3、金環4、勾玉12、丸玉19、小玉？	雲母片岩？	〃
	数体？		雲母片岩？	〃
		伝鉄剣、鏡、玉類(所在不詳)		〃
1930年玉垣改修の際石棺発見		鉄鏃20片？、管玉10、算盤玉2、切子玉1(東京国立博物館蔵)、埴輪(円筒・朝顔)	雲母片岩？	〃
蓋石2、両側石各2、妻石各1、床石大小7	2体(青年♂、幼年)	勾玉6、丸玉21、棺外から直刀2(大・小)	雲母片岩？	『鹿島町の文化財 6』
板石散乱			雲母片岩？	茂木実査
盗掘、石材抜き取り		鉄鏃1片、刀子1片	雲母片岩？	『宮中野古墳群』(1970)
盗掘、石材抜き取り、北側石1残			雲母片岩？	〃
蓋石2+1(接合部二重)、南側石3、北側石4、妻石各1、床石4	3体(？)	直刀3、鉄鏃11、丸玉1、小玉	雲母片岩？	〃
盗掘、石材抜き取り		円筒埴輪	雲母片岩？	〃
盗掘、石材抜き取り		直刀2片、周隍内から須恵2片	雲母片岩？	〃
盗掘、石材抜き取り		鉄鏃5片、刀子1、鐔1片、琥珀棗玉6、小玉25、土玉1、須恵器片、埴輪片	雲母片岩？	〃
(飯田平左衛門氏教示)	人骨？			1961年茂木確認

	古墳名	所在地	時期	墳形その他	墳丘の規模(数値は約)	主軸の方位	石棺の規模(頭位)
2079	笹塚1号墳	かすみがうら市安食		上円下方墳	一辺23m		
2080	同 3号墳	〃		円墳(中央部)	径18m		
2081	同 6号墳	〃		円墳			
2082	野中1号墳	かすみがうら市安食		前方後円墳	全長28m		
2083	同 5号墳	〃					
2084	坊中内台古墳	かすみがうら市牛渡		円墳			160×60-?(?)
2085	銚子塚古墳(勅使塚)	かすみがうら市牛渡		前方後円墳	全長70m		
2086	天神塚6号墳	かすみがうら市牛渡		円墳、墳丘削平			
2087	同 17号墳	〃		円墳	径15m		
2088	同 38号墳	〃		円墳	径30m		
2089	新南古墳	かすみがうら市牛渡		1975年調査消滅			
2090	谷ツ後古墳	かすみがうら市牛渡		1980年消滅			
2091	中房1号墳	かすみがうら市牛渡			全長24.7m		
2092	十八塚5号墳	かすみがうら市牛渡		円墳	径33m		
2093	富士見塚古墳第2主体部	かすみがうら市柏崎	6C初頭?	前方後円墳(前方部頂)	全長78m	N45°E	198×73-45(?)
2094	富士見塚3号墳	かすみがうら市柏崎		円墳(中央部地上)	径17m	N56°E	183 × 東 56 西 51 - 38(東)
2095	西田古墳	かすみがうら市上稲吉					
2096	根崎古墳	かすみがうら市上土田		円墳(墳頂部)	径18m		
2097	加茂所在墳	かすみがうら市加茂		円墳			
2098	大塚1号墳	かすみがうら市加茂		円墳			
2099	権現塚2号墳	かすみがうら市加茂		円墳?、1977年調査			
2100	大平古墳	かすみがうら市坂		円墳	径12m		
2101	白幡11号墳	かすみがうら市坂		円墳	径20.5m		
2102	稲荷山古墳第2主体部	かすみがうら市宍倉	7C	前方後円墳(クビレ部)	全長78m、後円部径43m・高7〜10m、前方部幅57m・高5〜8m	東西	196 × 東 100 西 94 - 88(東)

全国箱式石棺集成表（古墳時代篇） 571

石棺の構成	遺体数	副葬品等	石材	参考文献
盗掘、石材抜き取り			黒雲母片岩？	『茨城県史研究 17』
		直刀、管玉、小玉	黒雲母片岩？	〃
				『常陸の古墳群』(2010)
				〃
				〃
蓋石？、両側石各3、妻石各1、床石？	3体？	勾玉16、金環9		『人類学雑誌9-248』
盗掘		伝直刀、玉類		『茨城県史研究 17』
				『茨城県古墳総覧』(1959)
				〃
				〃
				『常陸の古墳群』(2010)
				〃
石棺材散乱				〃
消滅				〃
蓋石1、両側石各1、妻石各1、床石1		直刀、鉄鏃、馬具、歩揺	雲母片岩？	『富士見塚古墳』(2006)
蓋石1、両側石各2、妻石各1、床石2	1体(壮年後半～熟年初♀)	朱、刀子2、小玉91、須恵器(甕)	雲母片岩？	〃
				〃
盗掘、石材集積		埴輪(円筒・形象)	雲母片岩？	『村報告 Ⅰ』(1969)
				『茨城県古墳総覧』(1959)
				『常陸の古墳群』(2010)
	人骨？			〃
				〃
				〃
蓋石3、両側石各1、妻石各1、床石3		朱、円頭太刀1、金銅製耳環、小玉30、棺外から馬具(鞍・轡・鏡板)、布片	絹雲母片岩？	『風返稲荷山古墳』(2000)

古墳名	所在地	時期	墳形その他	墳丘の規模(数値は約)	主軸の方位	石棺の規模(頭位)
2103 大日山古墳	かすみがうら市宍倉		前方後円墳(墳頂部南側)	全長55m	N65°W	(東)
2104 市村1号墳	かすみがうら市下稲吉		円墳	径16m		
2105 高峰3号墳	かすみがうら市下稲吉		円墳(東南裾)	径14m		
2106 丸峯1号墳	かすみがうら市下佐谷		円墳	37?×35m	東西	185×50−?(?)
2107 大塚10号墳南主体部	かすみがうら市下志築		前方後円墳(前方部)	全長31m	南北	壙長方形、404×221−100、石棺推定260×南117北117−113
2108 同 北主体部	〃		後円部東裾)		南北	壙長方形、469×308−108、石棺推定260×108−?
2109 栗村東9号墳	かすみがうら市高倉		前方後円墳(前方部)	全長40m	N60°W	196 × 東 57 西 54 − 66(東)
2110 同 12号墳1号石棺	〃		楕円形(南裾)	径16m×20m	E21°S	195 × 東 71 西 61 − 70(東)
2111 同 2号石棺	〃		楕円形(北裾)		東西	78×東30西30−20(?)
2112 同 19号墳	〃		円墳(南裾)、削平	径18m	東西	194 × 東 96 西 73 − 76(?)
2113 栗村西4号墳第2主体部(座王1号墳)	かすみがうら市高倉		前方後円墳(クビレ部主軸直交)	全長18m	東西	200 × 東 44 西 27 − 22(?)
2114 同 6号墳第2主体部(座王4号墳)	〃		円墳(南裾)	径27m	東西	132 × 東 32 西 26 − 18(東)
2115 権兵山1号墳	かすみがうら市田伏		円墳	径15m		
2116 小池1号墳	かすみがうら市田伏		削平			
2117 水神古墳	かすみがうら市田伏		円墳	径12m		
2118 長町古墳	かすみがうら市西成井		円墳			
2119 大日(様)古墳	かすみがうら市西成井		円墳	径13.6m		
2120 愛宕山古墳	かすみがうら市深谷		方墳			
2121 田中1号墳	かすみがうら市深谷		円墳	径6m		
2122 青柳1号墳1号石棺	桜川市青柳	5C中葉〜	円墳(南裾部)	径40m	東西	168 × 東 38 西 35 − 21(東)
2123 同 2号石棺	〃	〃			東西	185 × 東 32 西 21 − 22(東)
2124 同 3号石棺	〃	〃			東西	84×東32西35−25(東)
2125 加茂B1号石棺	桜川市加茂部	6C後半〜7C	8号墳北側の標高97mの傾斜面で発見		N63°W	93×東29西21−?(東西)

全国箱式石棺集成表（古墳時代篇） 573

石棺の構成	遺体数	副葬品等	石材	参考文献
蓋石1、両側石各1、妻石各1、床石？	3体（?）	直刀1、鉄鏃一束、勾玉・管玉1連、丸玉4連棺外直刀1、鉄鏃数十本、金銅片、埴輪（円筒2列？）	雲母片岩？	〃
		直刀		〃
盗掘		勾玉、管玉、土師器、埴輪		〃
蓋石除去、南側石抜き取り、北側石1、妻石各1、床面礫敷				『町報告』(1997)
盗掘、攪乱東側石1、北妻石1、床石2残存			雲母片岩？	『常磐道Ⅰ』(1979)
盗掘、石材抜き取り			雲母片岩？	〃
蓋石3、両側石各3、妻石各1、床石6		直刀2		〃
蓋石4、両側石各3、妻石各1、床石4割石充填				〃
蓋石1、南側石1、北側石2、妻石各1、床石1、小児棺				〃
蓋石除去、両側石各3、妻石各1、床石5割石充填		刀子1		〃
蓋石7(鎧重)、南側石5、北側石4、妻石各1、床面割石敷				〃
蓋石5、南側石3、北側石2、妻石各1、床石大2板石片充填、小児棺				〃
				〃
				〃
				〃
				『茨城県古墳総覧』(1959)
				『常陸の古墳群』(2010)
				〃
			雲母片岩？	〃
盗掘、蓋石2残、両側石各3、妻石各1、床石12				伊東重敏氏教示
盗掘、蓋石除去、両側石各2、妻石各1、床石4				〃
蓋石三重(3+2+2)、南側石3、北側石2、妻石各1、床石なし、小児棺				〃
蓋石3、南側石4、北側石3、妻石各1、床石なし、小児棺			砂岩、花崗岩	『県埋文報告 304』

	古墳名	所在地	時期	墳形その他	墳丘の規模(数値は約)	主軸の方位	石棺の規模(頭位)
2126	同 2号石棺	〃	〃	8号墳周溝内で発見		N23°E	78×22－?(南北)
2127	同 3号石棺	〃	〃	1号石棺に隣接して発見		N72°W	90×18－25(東西)
2128	大塚戸古墳	常総市大塚戸町		円墳			200×70－60(?)
2129	神子埋1号墳	常総市篠山					183×48－60(?)
2130	同 2号墳	〃					227×76－70(?)
2131	花島?号墳	常総市花島町					
2132	七塚1号墳	常総市羽生町		前方後円墳	全長30m		
2133	同 4号墳	〃		円墳(南裾)	径10m		
2134	同 5号墳	〃		円墳			200×?－130(?)
2135	茶焙山古墳(上野古墳)	筑西市上野	6C初頭?	前方後円墳?	全長126m、後円部径41m、高6.5m、前方部幅推定36m	南北	192(6尺3寸5分)×44(1尺4寸6分)北59(1尺9寸7分)－42(1尺4寸)(北北西)
2136	茶焙山南1号墳	筑西市上野		削平、			
2137	同 2号墳	〃		1974年開墾中発見			
2138	同 3号墳	〃		〃			
2139	専行寺古墳	筑西市上野	6C後半	円墳(東南裾部)	径20m	N45°E	195 × 東 44 西 40－45(東)
2140	台ノ上1号墳	筑西市海老江					
2141	同 2号墳	〃					
2142	同 3号墳	〃		1897年発掘(倉持家文書)			
2143	黒子小学校庭1号墳	筑西市黒子		1920年校庭整地中発見			
2144	同 2号墳	〃 (1号の北東20m地点)		円墳?(1935年同校土塁工事中確認)			6尺(181)×2尺(60－?(?)
2145	安塚1号墳	筑西市関本上		円墳(南裾)(耕作中発見し埋め戻す)	径25m		
2146	金比羅塚	筑西市関本中		円墳	径10m		
2147	桜塚南1号墳	筑西市関本下		前方後円墳(クビレ部)	全長40m		
2148	東石田2号墳	筑西市東石田		削平			

全国箱式石棺集成表（古墳時代篇） 575

石棺の構成	遺体数	副葬品等	石材	参考文献
蓋石2、両側石各3、妻石各1、床石なし、小児棺			花崗岩	〃
蓋石2、両側石各5、妻石各1、床石なし、小児棺		鉄鏃3、刀子1		〃
蓋石3＋4(二重)、両側石各3、妻石各1、床石？		直刀、鉄鏃、刀子、鉄環、須恵器片		『七塚古墳群の調査』(1963)
(岡田小学校に移築)蓋石4＋3(二重)、両側石各3、妻石各1		直刀3、鉄鏃4、鹿角装刀子2、鐔、環、玉類？		〃
(野田市立博物館に移築)蓋石3、両側石各3、妻石各1、床石なし、西側枕石				〃
石材散乱				〃
盗掘、石材抜き取り		直刀片、耳環2、鐺、須恵器小片		〃
盗掘、石材抜き取り、側壁1枚残存		直刀4、鐔、須恵器片		〃
		直刀4、鉄鏃、耳環1		〃
蓋石2＋1(接合部二重)、両側石各2、妻石各1、床石2	1体(?)	直刀2、鉄剣1、鉾1、鉄鏃5、刀子1、武具(短甲1・籠手1・臑当1・轡1)、馬具(鞆・杏葉3・馬鐸3)、六鈴鏡1、勾玉8	閃緑岩	『関城町の遺跡』(1988)
板石4枚集積			雲母片岩？	〃
		朱、玉？		〃
	人骨？			〃
蓋石3、南側石1、北側石2、妻石各1、床石3	7体(壮年♂4、同♀2、3歳前後幼児1)	朱、直刀1、短刀1、鉄鏃3片、刀子1、曲刃鎌1、釣針1、砥石1円筒埴輪		〃
		直刀3、鉄鏃7、刀子2、金環2		『明野町の遺跡と遺物』(1983)
				〃
				〃
			雲母片岩？	『関城町の遺跡』(1988)
	人骨	朱、直刀2、円筒埴輪		〃
				〃
板石3枚飛び石利用			雲母片岩？	〃
板石片散乱			雲母片岩？	〃
				〃

	古墳名	所在地	時期	墳形その他	墳丘の規模(数値は約)	主軸の方位	石棺の規模(頭位)
2149	同 3号墳	〃		削平			
2150	塚原2号墳	筑西市舟生	6C	円墳?、1960年発見		南北	230×45-40(北)
2151	下宿古墳	筑西市船玉		削平			
2152	臼井3号墳	つくば市臼井					
2153	五十塚10号墳	つくば市大井	6C末～7C前半				
2154	立石古墳	つくば市大曾根					
2155	小田1号墳	つくば市小田	6C	円墳	径8.4m		180×69-?(?)
2156	上郷大塚古墳	つくば市上郷	7C				
2157	台宿2号墳	つくば市上郷	7C	円墳	径21m		
2158	同 3号墳	〃	7C				
2159	同 4号墳	〃	7C				
2160	作ノ内古墳	つくば市上境					
2161	古塚古墳	つくば市栗原	7C				
2162	五龍塚2号墳	つくば市栗原	6C末～7C前半				
2163	権現塚古墳	つくば市高野					
2164	佐2号墳	つくば市佐					
2165	同 3号墳	〃					
2166	同 4号墳	〃					
2167	榎内西古墳	つくば市島名					
2168	関ノ台2号墳	つくば市島名					
2169	同 3号墳	〃					
2170	同 9号墳	〃		円墳(南裾)	径33m	N24°W	196×84-88(?)
2171	高山4号墳	つくば市下河原崎		1956年発掘			
2172	同 9号墳	〃		円墳、高山中学校建設破壊	径20m		
2173	下横場3号墳	つくば市下横場		円墳、1957年盗掘	径12m		

石棺の構成	遺体数	副葬品等	石材	参考文献
				〃
蓋石7、両側石各5、妻石各1、床石5	4体(?)	直刀3、鉄鏃20片、鈴釧1		〃
板石3枚集積				〃
				『常陸の古墳群』(2010)
		土師器	雲母片岩?	〃
		直刀2、土師器	雲母片岩?	〃
蓋石1、両側石各2、妻石各1、床石3	2体(?)	朱、直刀2、鉄鏃、管玉3、埴輪少量	雲母片岩?	『考古界 6-1』
			雲母片岩?	『常陸の古墳群』(2010)
			雲母片岩?	〃
		短刀1	雲母片岩?	〃
	2体(?)		雲母片岩?	〃
				〃
		直刀、鉄鏃	雲母片岩?	〃
		鉄鏃	雲母片岩?	〃
				〃
			雲母片岩?	〃
			雲母片岩?	〃
			雲母片岩?	〃
				〃
				〃
				〃
蓋石2、両側石各2、妻石各1、床面礫敷		直刀3、金環2、丸玉1、金銅製金具2片		『町報告 I』(1978)
		直刀1		〃
	人骨?	直刀		〃
				西宮一男氏教示

	古墳名	所在地	時期	墳形その他	墳丘の規模(数値は約)	主軸の方位	石棺の規模(頭位)
2174	同 5号墳	〃	6C後半				
2175	同 19号墳	〃		1957年盗掘			
2176	同 34号墳	〃		1925年調査			
2177	同 35号墳	〃		1930年耕作中に発見			
2178	玉取古墳	つくば市玉取					8尺×2尺5寸ー?(?)(242×75)
2179	十九耕地古墳	つくば市作谷		円墳			
2180	羽成1号墳	つくば市羽成	6C末〜7C初				
2181	甲山古墳1号石棺	つくば市北条	6C前半	前方後円墳(墳頂部)	全長?、後円部径30m、高4m	N16°W	195×南43北53ー41(北)
2182	同 2号石棺	〃	〃			N67°E	210×東52西42ー34(東)
2183	中台4号墳第1号石棺	つくば市北条	7C前半	前方後円墳(墳頂部)	全長23.5m	N80°E	190×東100西85ー?(?)
2184	同 2号石棺	〃	7C前半	後円部(墳丘下)		N55°E	105×東31西25ー36(?)
2185	同 7号墳	〃	6C後半			N54°E	200×南西63北東55ー49(?)
2186	同 10号墳	〃	7C前半	円墳(中央部地下)	径7.4m	N29°W	壙不整長方形、55×36ー70
2187	同 15号墳	〃	7C前半			N45°E	200×北東50南西45ー49(北東)
2188	同 23号墳	〃	7C	前方後円墳(前方部地下)	全長9.6m	N75°W	壙長方形
2189	同 29号墳	〃	7C前半			N4°W	160×南71北86ー73(北)
2190	同 39号墳	〃		円墳(東裾地下)	径14m	N92°E	178×東92西67ー73(東)
2191	同 41号墳	〃	7C前半			N75°E	158×東48西58ー61(東)
2192	同 42号墳	〃				N85°W	壙隅丸長方形、231×104ー30
2193	同 43号墳	〃				N8°W	
2194	同 44号墳	〃				N8°W	52×東30西15ー12(東)
2195	同 45号墳	〃		円墳(中央南寄り)		N13°E	184×南73北80ー55(北)
2196	同 46号墳	〃			径10m	N61°E	
2197	同 47号墳	〃				N63°E	報告書より復原不可

石棺の構成	遺体数	副葬品等	石材	参考文献
		埴輪		『常陸の古墳群』(2010)
	人骨？	直刀		西宮一男氏教示
		直刀1、埴輪(東博が円筒・形象所蔵)		西宮一男氏教示、『東京国立博物館図版目録』(1980)
		直刀		西宮一男氏教示
1913年発見		直刀3	雲母片岩？	『歴史館館報 31』
				『常陸の古墳群』(2010)
		直刀片、刀子、須恵器	雲母片岩？	〃
蓋石5、両側石各2、妻石各1、床石なし	1体(熟年♀)	朱、直刀2	雲母片岩？	『筑波古代地域史の研究』(1981)
蓋石3、両側石各3、妻石各1、床石2	3体(熟年♂、壮年♀、幼児)	直刀4、鉄鏃120、刀子1、勾玉9、滑石製臼玉2、青銅製鋲金具6	雲母片岩？	〃
蓋石2？、両側石各4、妻石各1、床面割石敷			雲母片岩？	『県埋文報告 102』
蓋石3、両側石各2、妻石各1、床石2			雲母片岩？	〃
蓋石除去、両側石各4、妻石東1西除去、床小板石敷			雲母片岩？	〃
盗掘、石材抜き取り		不明鉄器	雲母片岩？	〃
蓋石除去、南側石4、北側石3、妻石各1、床石7？			雲母片岩？	〃
盗掘、石材抜き取り、床面のみ残存、川原石敷				〃
盗掘、蓋石除去、東側石3、西側石2、南側石1、北側石除去、床小板石敷			雲母片岩？	〃
盗掘、蓋石除去、両側石各2、妻石各1、床石東側寄4、西側寄石敷		金環	雲母片岩？	〃
蓋石除去、南側石4、北側石3、妻石各1、床石4		耳環(銅地銀張)	雲母片岩？	〃
盗掘、石材抜き取り			雲母片岩？	〃
盗掘、石材抜き取り、床面割石敷？				〃
蓋石1、両側石各1、妻石東1、西Ⅰ(二重)、床石1、小児棺				〃
蓋石除去、東側石北1南2横積2段、西側下4上2段小口積、妻石各1、床石北側2、南側小板石敷？		耳環		〃
盗掘、石材抜き取り				〃
盗掘、石材一部残存				〃

	古墳名	所在地	時期	墳形その他	墳丘の規模(数値は約)	主軸の方位	石棺の規模(頭位)
2198	同 48号墳	〃				N4°W	
2199	同 50号墳	〃				N17°E	
2200	同 52号墳	〃		前方後円墳(クビレ部)	全長16.3m	N102°E	
2201	同 53号墳	〃				N2°E	
2202	同 58号墳	〃		前方後円墳	全長15.7m	N20°W	
2203	同 59号墳	〃		円墳			
2204	同 60号墳	〃				N63°E	83×東21西27－21(東)
2205	同 62号墳	〃					壙長方形、172×43－?
2206	同 66号墳	〃	7C前半	円墳	径18.4m	N9°W	260×145－?
2207	同 72号墳	〃					
2208	新田1号墳	つくば市真瀬					
2209	面の井1号墳	つくば市面野井		前方後円墳、1962年地元民発掘			
2210	同 2号墳	〃		円墳、明治期に盗掘	径17m		
2211	同 3号墳	〃		削平			
2212	同 4号墳	〃				N60°E	
2213	同 5号墳	〃		円墳	径18m		188×88－90(?)
2214	同 7号墳	〃		明治30年発掘			
2215	根崎1号墳	つくば市豊里の杜百家	7C				
2216	同 2号墳	〃		前方後円墳	全長21m		
2217	カロウド塚古墳	つくば市谷田部		円墳、大正年間盗掘	径10m		
2218	谷田部3号墳	つくば市谷田部					
2219	同 4号墳	〃		円墳	径12m		
2220	能田1号墳	つくば市吉沼		前方後円墳	全長42m		
2221	宮本1号墳	つくば市若栗					
2222	同 2号墳	〃					

石棺の構成	遺体数	副葬品等	石材	参考文献
盗掘、石材抜き取り、床石一部残				〃
盗掘、石材抜き取り、床石残、割石敷				〃
盗掘、石材抜き取り				〃
盗掘、石材抜き取り				〃
盗掘、石材抜き取り		刀子		〃
		土師器		〃
蓋石除去、両側石各2、妻石各1、床石2、小児棺		不明鉄器		〃
盗掘、石材抜き取り				〃
盗掘、石材抜き取り、床面石敷		不明鉄器、切子玉、琥珀玉、石製小玉	雲母片岩?	〃
盗掘、石材抜き取り				〃
				『常陸の古墳群』(2010)
	人骨?	直刀1、刀子4、金環2、鉄環2、勾玉4、切子玉4		西宮一男氏教示
		伝四獣鏡?		〃
	人骨?	直刀		〃
蓋石4、南側石3、北側石4、妻石各1、床石4	人骨?	直刀2		〃
蓋石4、側壁7?、妻石各1、床石なし	人骨。	直刀6、刀子1		『町報告 I』(1978)
				西宮一男氏教示
	6体以上(?)	耳環、勾玉、丸玉、小玉?	雲母片岩?	『常陸の古墳群』(2010)
			雲母片岩?	〃
	人骨?	直刀、鉄鏃		〃
				西宮一男氏教示
				〃
			雲母片岩?	『常陸の古墳群』(2010)
石棺現存				〃
石棺現存				〃

	古墳名	所在地	時期	墳形その他	墳丘の規模(数値は約)	主軸の方位	石棺の規模(頭位)
2223	同 3号墳	〃					
2224	同 4号墳	〃					
2225	同 5号墳	〃					
2226	原1号墳	つくばみらい市筒戸		前方後円墳	全長26.2m	N52°E	173×68－?(?)
2227	堂原3号墳	土浦市粟野町		円墳			
2228	同 7号墳	〃		石材露出	径12m		
2229	油田古墳	土浦市粟野町		円墳	径14m		
2230	細内古墳	土浦市粟野町		円墳	径28.5m		
2231	本殿坪古墳	土浦市今泉					
2232	愛宕山2号墳	土浦市今泉		円墳			
2233	同 10号墳	〃		円墳	径32.2m		
2234	根鹿北3号墳	土浦市今泉					
2235	中内山1号墳	土浦市大岩田		方墳	一辺10m		
2236	藤沢東町古墳?	土浦市大畑					
2237	寿行寺古墳	土浦市沖宿町	7C中葉	円墳(東南裾)、墳丘削平	径約14.5m	N74°55′W	178×東73 西69－55(東)
2238	上坂田5?号墳	土浦市上坂田					
2239	武者塚2号墳	土浦市上坂田		円墳?			134×? 74? 71－60(?)
2240	石倉山5号墳	土浦市烏山	7C	前方後円墳(前方部)、削平	全長15.6m、後円部径11m、前方部幅8m	N85°E	190×東95 西93－95(東)
2241	同 8号墳	〃		長方形(南部)	14m×20m	南北(N0°E)	壙長方形、320×240－130
2242	東台1号墳	土浦市木田余東台	7C	楕円形墳(南裾)、削平	32.5m×27.5m	東西	壙長方形、345×275－137 石棺推定170×29－?(?)
2243	同 2号墳	〃	7C	前方後円墳(クビレ部前方部より)、削平	全長22m	N48°E	壙長方形、311×228－37. 石棺推定185×92－?(?)
2244	同 4号墳	〃	7C	前方後円墳(クビレ部前方部より)、削平	全長23.3m	N44°W	壙隅丸長方形、640×440－150、170×東52 西61－70(西)
2245	同 5号墳	〃	7C	前方後円墳(括部前方部寄り)、削平	全長29m	N63°E	163×東73 西61－100(東)

全国箱式石棺集成表（古墳時代篇） 583

石棺の構成	遺体数	副葬品等	石材	参考文献
石棺現存				〃
石棺所在不詳				〃
石棺所在不詳				〃
蓋石4、両側石各4、妻石各1、床面礫敷		直刀1片、鉄鏃22片、刀子2片、須恵器片	雲母片岩？	『県埋文報告 112』
墳頂部に石材あり			雲母片岩？	『常陸の古墳群』（2010）
				〃
				〃
				〃
				〃
				〃
				〃
				〃
板石5枚残存、小祠台座				〃
藤沢小学校整地の際石棺出土と伝承				〃
蓋石4、南側石3、北側石4、妻石各1、床石6＋板石片敷	1体（性別不詳成人）	金環1、繊維片、須恵器片	雲母片岩？	『寿行地古墳』（1995）
				『常陸の古墳群』（2010）
（武者塚古墳脇に移築保存）蓋石除去、両側石各2、妻石各1、床石片岩片敷		直刀2、鉄鏃6片	片麻状黒雲母花崗岩	『武者塚古墳』（1986）
蓋石4、両側石各3、妻石各1、床石なし、北側に枕石、妻石各1、礫床、小児棺	歯	須恵器1片	雲母片岩？	『烏山遺跡群第2次・3次』（1975）
盗掘、石材抜き取り痕跡から推定両側石各3、妻石各1			雲母片岩？	〃
石材抜き取り			ホルンフェルス	『木田余 I』（1991）
石材抜き取り			ホルンフェルス	〃
蓋石4、東側石4、西側石2、妻石各1、床石5		須恵器片	ホルンフェルス	〃
蓋石4、両側石各2、妻石各1、床石4		耳環	ホルンフェルス	〃

	古墳名	所在地	時期	墳形その他	墳丘の規模(数値は約)	主軸の方位	石棺の規模(頭位)
2246	同 6号墳	〃	7C	前方後円墳(括部前方部寄り)、削平	全長29.6m	N37°E	200×東67西64－64(東)
2247	同 7号墳	〃	7C	前方後円墳(括部前方部寄り)	全長20m、墳丘削平、4号墳と重複	N40°W	壙隅丸長方形、341×253－66、石棺推定221×105－?(?)
2248	同 10号墳	〃	7C	前方後円墳(括部)	全長39.6m、墳丘削平	N39°E	176×東61西55－80(東)
2249	同 13号墳	〃	7C	前方後円墳(前方部)	全長28m、墳丘削平	N40°W	182×61西61－83(西)
2250	同 17号墳	〃	7C	前方後円墳			
2251	桜ヶ丘古墳	土浦市小岩田		道路工事中発見、未調査			
2252	宍塚1号墳(大日山古墳)	土浦市宍塚		前方後円墳(クビレ部東南裾部)	全長56m、後円部径40m・高5.5m、前方部幅28m・高5m	N33°W	壙隅丸長方形、550×360－135、石棺推定200～160×130?－?
2253	同 5号墳	〃	6C末?	円墳	径23m		
2254	塚山古墳	土浦市下坂田	6C中葉	前方後円墳(前方部主軸上)	全長22m、後円部径15m・高3m、前方部幅15m・高1.5m	N120°E	195×東85西85－93(東)
2255	霞ヶ浦病院内古墳?	土浦市下高津					
2256	西浦3号墳	土浦市白鳥町		円墳			
2257	稲荷塚古墳	土浦市田土部		円墳	径15m		
2258	田宮8号墳	土浦市田宮		円墳	径15m		
2259	後久保古墳	土浦市田村町		円墳?			
2260	ドンドン塚古墳	土浦市手野町		円墳	径15m		
2261	下郷1号墳	土浦市手野町	6C前半	円墳	径20m		
2262	同 3号墳	〃		円墳(中央部)	径13.5m		壙長方形、195×75
2263	同 7号墳	〃					
2264	同 8号墳(俗称天の宮)	〃					
2265	同 9号墳	〃					
2266	同 10号墳	〃		前方後円墳	全長26.4m		
2267	同 12号墳	〃		方墳	一辺13m		
2268	同 13号墳	〃		前方後円墳	全長?、後円部径12m		

石棺の構成	遺体数	副葬品等	石材	参考文献
蓋石4、両側石各2、妻石各1、床石4			ホルンフェルス	〃
盗掘、石材抜き取り			ホルンフェルス	〃
蓋石4、東側石2、西側石3、妻石各1、床石4		鉄片、小玉	ホルンフェルス	〃
一部攪乱、蓋石3(1枚除去)、東側石2、西側石3、妻石各1、床石4	3体(性別不詳成人3)	直刀5、鉄鏃46片、刀子3、小玉130、土製棗玉1	ホルンフェルス	〃
石棺露出			ホルンフェルス	〃
板石4枚放置			雲母片岩？	『土浦の遺跡』(1984)
盗掘、攪乱、石材抜き取り		金環1		『常陸宍塚』(1971)
盗掘、石材抜き取り、東裾部に板石1枚残		円筒埴輪少量樹立	雲母片岩？	〃
蓋石4、両側石各2、妻石各1、床石3	5体？	直刀4、鉄鏃26、刀子2、鉄環2	雲母片岩？	『上代文化 37』
昭和初期敷地内で2～3基の石棺発見との伝承あり				『常陸の古墳群』(2010)
				〃
				〃
盗掘、石材抜き取り				〃
				〃
				〃
		土師器、須恵器		『下郷古墳』(1981)
盗掘、石材抜き取り		直刀1、刀子1、鐔1		〃
板石集積			雲母片岩？	〃
板石2枚建立、7月15日地主祭祀挙行			雲母片岩？	〃
板石8枚集積	人骨？	直刀	雲母片岩？	〃
板石10枚集積、「建徳院殿」「明治四十年」と銘あり	人骨？	直刀、鉄鏃、刀子	雲母片岩？	〃
				『常陸の古墳群』(2010)
				〃

	古墳名	所在地	時期	墳形その他	墳丘の規模(数値は約)	主軸の方位	石棺の規模(頭位)
2269	同 17号墳	〃					
2270	常名台石棺	土浦市常名				N85°E	181 × 東 86 西 83 － 70(東)
2271	山川3号墳	土浦市常名		前方後円墳(帆立貝式)、削平	全長18.3m、後円部径16.8m、前方部幅8.3m	N79°W	177×77－?(?)
2272	同 9号墳	〃		長方形(クビレ部)	20m×11m	N19°E	壙隅丸長方形、325×159－85
2273	同 14号墳	〃	7C?	前方後円墳(帆立貝式?)、墳丘削平	全長18.5m、後円部?径15.3m	N82°W	壙長方形、283×212－27 石棺推定211×100－20
2274	殿里台古墳	土浦市殿里		削平		N20°E	196 × 東 102 西 96 － 91(東)
2275	向原2号墳	土浦市中村字向原	7C	長方形(南裾)	周溝外縁13m×16m	南北	壙長方形、350×2756－100、石棺推定170×70－?(?)
2276	不動堂古墳	土浦市中村字西根					
2277	馬道5号墳	土浦市中村字一区		円墳			
2278	城付古墳	土浦市本郷字城付	7C	削平		N25°W	193×50－60(?)
2279	大日山古墳	取手市岡		円墳	径20m		
2280	山の神古墳	行方市井上		町道拡幅により消滅			
2281	三昧塚古墳	行方市沖洲	5C後半	前方後円墳(後円部頂)	全長85m、後円部径48m、高8m、前方部幅40m/、高6m	N82°E	196 × 東 58 西 54 － 37(東)
2282	カロウド様古墳	行方市沖洲		円墳(西裾)			
2283	南1号墳(三夜塚古墳)	行方市小高	6世紀後半	前方後円墳	全長30m、後円部径20m・高4.5m、前方部幅11m・高3.5m		
2284	同 3号墳	〃		円墳	径15m、高2.5m		
2285	同 4号墳(農協裏山)	〃		円墳?		N45°W	160 × 東 64 西 58 － 66(東?)

石棺の構成	遺体数	副葬品等	石材	参考文献
	人骨？	伝直刀		〃
蓋石4、南側石4、北側石2、妻石各1、床石5	3体？	直刀2		『殿里台及び常名台遺跡』
蓋石4、南側石3、北側石2、妻石各1、床石8	人骨片	直刀3、刀子1、金環1	ホルンフェルス	『山川古墳群第2次』(2004)
盗掘、石材抜き取り			ホルンフェルス	〃
盗掘、床石3のみ残存		直刀1片、土師器4片、須恵器2片	ホルンフェルス	『山川古墳群第3次』(2007)
蓋石3、両側石各3、妻石各1、床石1	2〜3体？	直刀3、鐔1		〃
盗掘、石材抜き取り、細不詳		鉄鏃21片、勾玉1、須恵器片		『向原遺跡』(1987)
板石集積			雲母片岩？	『土浦の遺跡』((1984)
大正9年石棺発見				〃
(土浦二高に移築復原)蓋石5(二重)、両側石各3、妻石各1、床石4	人歯24本採集	鉄鏃数片、ガラス製丸玉12、土製漆塗丸玉10	雲母片岩？	1963年土浦二高実測調査(茂木参加)
	人骨？	直刀、鉄鏃片、管玉12、小玉3、(東博蔵)埴輪(円筒・人物)		『七塚古墳群の調査』(1963)
		直刀、玉類？、埴輪片	雲母片岩？	1984年実査
蓋石((縄掛突起有)、両側石各2、妻石各1、床石2	1体(成人♂)	金銅冠、変形神獣鏡、乳文鏡、直刀2、剣1、鉄鏃50？、棒状鉄器1、尖頭形鉄器1、鉤状鉄器1、青銅製飾金具、挂甲1刀子3、金銅製耳飾一対、管玉12、丸玉468、小玉1792、斧1、金銅製金具、竹櫛1、棺外から戟1、直刀1、鉄鏃160以上、刀子1、短甲1、挂甲1、衝角付冑1、馬具(轡鏡板一対・面繋飾金具一括)、埴輪(円筒・形象)	接触変質粘板岩(ホルンフェルス)	『三昧塚古墳』(1960)
				『茨城県古墳総覧』(1959)
石材除去		管玉	ホルンフェルス	『日本考古学年報 11』
				『麻生町の遺跡』(1997)
蓋石除去、陵側石各4、妻石各1、床石7			ホルンフェルス	『若木考古 70』

古墳名	所在地	時期	墳形その他	墳丘の規模(数値は約)	主軸の方位	石棺の規模(頭位)
2286 堂目木1号墳	行方市小幡	6C末〜7C	前方後円墳(括部)	全長25m、後円部径17.8m、高2m	N50°E	184×88−75(?)
2287 坂山古墳	行方市四鹿		削平			180×80−90(?)
2288 高芝古墳	行方市杉平		1971年耕作中に発見、削平			
2289 富田3号墳	行方市富田		前方後円墳	全長25m		
2290 台山古墳	行方市中根		円墳			
2291 茶臼山古墳	行方市行方		前方後円墳、小学校のプール建設で消滅	全長50m		
2292 神の山古墳	行方市行方		円墳、削平			
2293 根小屋1号墳	行方市根小屋		前方後円墳(クビレ部南西裾)	全長32m、後円部径15m・高3m、前方部幅15m・高2m	南北	
2294 同 22号墳(旧13号墳)	〃		前方後円墳(南裾・前方部)前方部	全長22.4m、後円部径14m、高2m		墳隅丸長方形、370×250−100、石棺推定250×130−90
2295 同 23号墳(旧4号墳)	〃		円墳(南側墳丘内)	径15m	N81°E	
2296 公事塚2号墳	行方市橘門		前方後円墳(クビレ部主軸線上)	全長50m、後円部径25m、高3.5m		
2297 瓢箪塚古墳	行方市矢幡	5C末〜6C初	前方後円墳(後円頂)、江戸時代末に発掘	全長75m、後円部径40m・高7.6m、前方部幅20m・高4.1m		
2298 武田所在墳	行方市小幡		削平			
2299 要害台古墳	行方市矢幡		学校校地整備中発見			
2300 諸井所在墳	行方市玉造		円墳(東南裾)			
2301 神田山古墳	坂東市神田山		円前方後円墳、明治期に発掘			179×90−97(?)
2302 筵打古墳	坂東市筵打		円墳	径12m		190×96−?(?)
2303 駒寄古墳	坂東市弓田		円墳	径18m		157×106−120(?)
2304 幡山16号墳A石棺	常陸太田市幡町				東西	170×東44−25(東)
2305 同 B石棺	〃				南北	195×南43 北25−18(北)
2306 鉾の宮1号墳	ひたちなか市高場	6C後半	円墳	径20m	南北	180×南39 北48−35(北)
2307 阿玉後館石棺	鉾田市阿玉	7C?				180×80−60(?)

石棺の構成	遺体数	副葬品等	石材	参考文献
盗掘、蓋石4(2移動)、両側石各3、妻石各1、床石5	1体(？)	直刀1片、鉄鏃1片、切子玉7、丸玉(ガラス15・滑石1)、土製漆塗丸玉11、ガラス小玉101	ホルンフェルス	『茨城考古学 1』
蓋石5、両側石各2、妻石各1、床石不詳	2体？	直刀1		『いはらき』(1971年1月号)
地主宅に石材13枚保管	2体？	直刀1	ホルンフェルス	〃
文化八年三月「古冢の碑」建立				『麻生町の遺跡』(1997)
			雲母片岩？	『北浦村のむかし』(1962)
旧行方小学校庭隅に板石4枚残存	人骨？	直刀	雲母片岩？	『麻生町の遺跡』(1997)
板石1枚残				〃
石棺一部耕作中に露出、未調査			ホルンフェルス	『根小屋古墳群』(1985)
盗掘、石材抜き取り		鉄鏃3片	雲母片岩？	〃
盗掘、石材抜き取り		管玉1	雲母片岩？	〃
盗掘、攪乱、石材除去		墳丘より土師器、金環2個		『常陸公事塚古墳群』(1989)
板石1枚墳頂部に現存		刀剣・甲冑出土と伝承、円筒埴輪樹立	ホルンフェルス	『楽石雑筆 巻3』『常陸の前方後円墳 1』
石材集積				『茨城考古学 Ⅰ』
	2体？			『楽石雑筆 巻36』
				『茨城県古墳総覧』(1956)
	人骨？	直刀、鉄鏃		〃
	3体(？)	直刀、勾玉		〃
盗掘、蓋石3残存	3体(？)			〃
蓋石なし、南側石3＋11(二重一部三重)、北側石4＋3(二重)、妻石東4(三重)、西3(三重)、床石5	歯49片	小玉12	片麻岩	『史考 11』
蓋石4、東側石2＋3(北側二重)、西側1＋2(二重)、妻石各2(二重)、床石7	人骨片	鉄片5、管玉11、丸玉1	片麻岩・粘板岩	〃
蓋石4、両側石各2、妻石各1、床石3		埴輪(円筒・朝顔・人物・馬)、直刀、鉄鏃、刀子	軟質凝灰岩(高野石)	『勝田市史・考古資料編』(1979)
蓋石3、南側石3、北側石2、妻石各1、床面粘土				『大洋村史』(1979)

	古墳名	所在地	時期	墳形その他	墳丘の規模(数値は約)	主軸の方位	石棺の規模(頭位)
2308	梶山古墳	鉾田市梶山	7C	円墳(南西裾)	径40m	東西	220×115-95(東)
2309	浦房地古墳	鉾田市当間		円墳			190×75-75(?)
2310	野友1号墳	鉾田市野友	6C?	前方後円墳(後円部南裾)	全長27m、後円部径12m・高2m、前方部幅?・高1.2m	東西	190×60-50(?)
2311	鹿島神社2号墳	稲敷郡阿見町青宿		円墳(南東部)	径25m		200?×90-77(?)
2312	若宮地古墳	稲敷郡阿見町島津		1936年発見			
2313	高砂古墳	稲敷郡阿見町大形字高砂		1964年月発見			
2314	弁天塚古墳	稲敷郡美浦村大塚		円墳、1847(弘化4)年発見			10尺9寸×4尺5寸-?(?)
2315	光仏古墳	稲敷郡美浦村布佐		前方後円墳			191×61-52(?)
2316	庚申古墳	稲敷郡美浦村(保健センター敷地内)		前方後円墳		東西	
2317	茅山古墳	那珂郡東海村石神外宿	6C後半	前方後円墳(クビレ部墳丘下)	全長40m、後円部径21m、前方部幅21m	N70°W	199 × 東62 西61-42(東)
2318	中道前6号墳	那珂郡東海村石神外宿	7C	工事中発見、削平		N120°W	220 × 東60 西60-30(東)
2319	白方7号墳1号石棺	那珂郡東海村白方	6C後半	前方後円墳(クビレ部地下)	全長32m、後円部径20m、前方部幅23m	N49°W	150 × 東40 西47-40(東)
2320	同 2号石棺	〃	6C後半	(南陸内)		N70°W	96×30-24(東)
2321	同 8号墳	〃	7C後半?	削平		N50°W	192 × 東52 西48-48(?)
2322	同 13号墳	〃				N78°W	192 × 東40 西36-20(東)
2323	太田古墳	結城郡八千代町太田		削平		南西-北東	202×南西55北東65-65(北東)
2324	城山?号墳	結城郡八千代町栗山		消滅			200×70-60(?))
2325	白山塚古墳	結城郡八千代町栗山		1920年発見			
2326	仁江戸古墳	結城郡八千代町仁江戸		1957年発見			

全国箱式石棺集成表（古墳時代篇）　591

石棺の構成	遺体数	副葬品等	石材	参考文献
蓋石4、南側石1、北側石2、妻石各1、床石4	5体（熟年1壮年3?）内♂1	直刀10（円頭柄頭1・獅噛式環頭1）、刀子1、耳環3、勾玉24、管玉10、切子玉27、棗玉3、算盤玉1、臼玉5、丸玉9、小玉645、須恵器片	雲母片岩?	『梶山古墳』(1981)
				『町報告 2』
石棺一部露出、蓋石1残、南側石3、北側石2、妻石各1、床石埋土で不詳、蓋石上に半肉彫石塔、天和二年十一月吉日銘あり			ホルンフェルス	『鉾田町史 原始・古代編』(1995)
蓋石2、両側石各2、妻石各1		朱、直刀5、鉄鏃4、刀子5片、銅釧2、管玉8、切子玉5		『上代文化 36』
				『歴史館館報 31』
				湯原庸三郎氏教示
		鉄剣1、鏡（方格規矩鏡）1、甲冑		『黒坂命墳墓考』
蓋石2		直刀1、鉄剣1、鉄鏃一束		『美浦村史』(2005)
蓋石4、両側石各3、妻石各1	2体（成人♀）	金環2、青銅環2、小玉366		〃
蓋石3、両側石各2、妻石各1、床石3	1体（壮年♂）	直刀1、鉄鏃38、刀子1、雲母塊（瓔珞?）、埴輪（円筒・形象）	白色片岩（寒水石）	『茅山古墳』(2006)
蓋石除去、北側石4、南側石除去、妻石各1、床面礫敷、東に枕石	4体（熟年♀、壮年♂、性別不詳成人、10位の幼児）	直刀3（大1・小2）、管玉7、臼玉1、小玉84、貝珠1	雲母片岩?	〃
蓋石1、両側石各2、妻石各1、床石1	1体(11歳前後小児)	鉄鏃1、骨鏃3、刀子3、棗玉17、円筒埴輪	砂岩切石	『常陸銭塚・白方古墳群』(1996)
蓋石3、両側石各Ⅰ、妻石各1、床面砂利石	1体（2歳未満幼児）	金環2、棗玉12、小玉52、不明骨製品2片	蓋石砂岩、側壁凝灰岩	〃
盗掘、蓋石除去両側石各2、妻石各1、床石2			泥岩切石	〃
蓋石4、両側石各3、妻石各1、床石なし	1体(年齢不詳♀)	刀子1、管玉10、小玉20	凝灰質泥岩	『白方遺跡群』(2009)
蓋石4、両側石各2、妻石各1、床石4	5体(成人♂2・♀2、小児1)	1号人骨－直刀2・鉄鏃105・刀子3・金環、42号人骨－銅鏡、13号人骨－勾玉15・管玉6・丸玉22(内土製2)・小玉201		『太田古墳』(1989)
蓋石3、両側石各3、妻石各1	人骨?	直刀1、不明鉄器、土器?		〃
板石道路に使用		埴輪（人物・武人・馬・犬・鳥）（一部湯本医院に保存）		〃
	人骨?	直刀		〃

	古墳名	所在地	時期	墳形その他	墳丘の規模(数値は約)	主軸の方位	石棺の規模(頭位)
	群馬県						
2327	轟山下古墳	伊勢崎市赤堀今井町					
2328	御富士山古墳	伊勢崎市安堀町					
2329	台所山古墳	伊勢崎市波志江町					
	福島県						
2330	大塚山3号墳	会津若松市一箕町		円墳?			180×70−40(?)
2331	村北2号墳	会津若松市一箕町		円墳	径8.8m、高70cm		175×38−28(?)
2332	同　5号墳中央棺	〃		円墳	径9m、高90cm		167 × ? 37 ? 34 − 20(?)
2333	同　北棺	〃					194 × ? 45 ? 35 − 20(?)
2334	同　6号墳	〃		円墳	径13.4m、高1.5m		
2335	諸荷古墳1号石棺	いわき市平赤井		不詳			187×40−?(?)
2336	同　2号石棺	〃					175×32−?(?)
2337	神谷作103号墳	いわき市平神谷作		不詳			
2338	同　108号墳	〃		不詳			175×40−?(?)
2339	同　201号墳	〃		不詳			
2340	久保ノ作2号石棺	いわき市平下高久					
2341	同　3号石棺	〃					
2342	同　4号石棺	〃					
2343	同　5号石棺	〃					
2344	同　7号石棺	〃					
2345	同　8号石棺	〃					
2346	同　9号石棺	〃					
2347	同　11号石棺	〃					
2348	沼之内101号墳	いわき市平沼ノ内					
2349	横山25号墳	いわき市平平窪		円墳			

石棺の構成	遺体数	副葬品等	石材	参考文献
				『考古学雑誌 46-1』
		鏡、石製槍・刀子		〃
		乳文鏡、直刀、剣、鉄鏃、小玉		〃
		直刀1		『本屋敷古墳群の研究』(1985)
		鉄鏃6、刀子1	凝灰岩	〃
				〃
				〃
		勾玉1		〃
		直刀1、刀子2(鹿角装1)、鉄鏃	硬砂岩	〃
			硬砂岩	〃
				〃
		刀子2(鹿角装1)	凝灰岩	〃
				〃
			凝灰岩	〃
		刀子1	凝灰岩	〃
			凝灰岩	〃
			凝灰岩	〃
			凝灰岩	〃
			凝灰岩	〃
			凝灰岩	〃
		管玉10	凝灰岩	〃
		鹿角装刀子1、紡錘車1、勾玉2、丸玉6、ガラス小玉36、貝類		〃
				〃

	古墳名	所在地	時期	墳形その他	墳丘の規模(数値は約)	主軸の方位	石棺の規模(頭位)
2350	同 76号墳	〃		円墳			
2351	御城1号墳	いわき市四倉町玉山		不詳			172×?30?25－?(?)
2352	寺内古墳	喜多方市熊倉町					
2353	十九壇4号墳1号石棺	喜多方市塩川町	5C中葉	方墳	10m×11m、高1m	南北	170×40－25(?)
2354	同 2号石棺	〃	5C中葉			南北	
2355	金森古墳	喜多方市塩川町					
2356	江添古墳	喜多方市塩川町		円墳			
2357	中屋沢古墳	喜多方市塩川町		方墳			
2358	正直11号墳	郡山市田村町正直		円墳	径15m、高1.5m		
2359	同 27号墳南棺	〃		円墳	径26m、高2.6m		280×?－?(?)
2360	同 北棺	〃					470?×?－?(?)
2361	大善寺古墳群	郡山市田村町大善寺		円墳			200×50－?(?)
2362	泉田古墳群	須賀川市泉田		円墳			190×48－?(?)
2363	オサン壇2号墳	須賀川市大桑原		円墳			
2364	同 4号墳	〃		円墳			
2365	同 7号墳	〃		円墳			
2366	島崎1号墳1号石棺	南相馬市鹿島区島崎		前方後円墳	全長28.6m		57×27－?(?)
2367	同 2号石棺(南)	〃					65×?25?22－?(?)
2368	真野・寺内7号墳	南相馬市鹿島区寺内		円墳			184(5尺6寸)×39(1尺2寸)－29(9寸)(?)
2369	同 36号墳	〃		円墳	径?、高1.7m		163×40－?(?)
2370	同 37号墳	〃		円墳	径14m、高1.7m		175×?40?30－40(?)
2371	同 39号墳	〃		円墳	径16m、高1.8m		170×?40?30－30(?)
2372	同 64号墳	〃		円墳	径13m、高1.6m		200×?50?40－40(?)
2373	大磯4号墳	南相馬市原町区泉		円墳	径10m、高1m		173×63－?(?)

石棺の構成	遺体数	副葬品等	石材	参考文献
				〃
			硬質凝灰岩	〃
		直刀1		〃
北側一部破壊、蓋石二重				『福島考古 14』
1号石棺と平行、破壊				〃
				『本屋敷古墳群の研究』(1985)
				〃
				〃
				〃
		鉄鏃、鉄斧、石製模造品		〃
		鉄剣(鹿角装)、鉄斧、櫛、石製模造品、ガラス小玉		〃
		鉄鏃5、骨鏃5、刀子1		〃
		朱、鹿角装刀子1		〃
		朱	安山岩	〃
		朱	安山岩	〃
		朱	安山岩	〃
				〃
			泥岩	〃
		鹿角装刀子1、竹櫛2		〃
		丹、刀子1	石英粗面岩	〃
		丹		〃
		丹	石英粗面岩	〃
		直刀1、刀子1		〃
				〃

	古墳名	所在地	時期	墳形その他	墳丘の規模(数値は約)	主軸の方位	石棺の規模(頭位)
2374	遠背戸1号墳	石川郡浅川町浅川					
2375	同　2号墳	〃					
2376	大壇古墳	大沼郡会津美里町鶴野辺字長尾原		円墳			
2377	舟渡古墳	河沼郡会津坂下町		円墳			
2378	胡麻沢古墳南棺	東白河郡棚倉町祝部内					186×？ 48？ 37－？ (？)
2379	同　北棺	〃					185×？ 47？ 37－？ (？)
2380	上の原1号墳	双葉郡浪江町川添		円墳	径25m	東西	
2381	同　2号墳	〃		円墳	径18m		
2382	同　3号墳1号石棺	〃	5C後半	円墳	径20m	N120°E	180×50－40(東)
2383	同　2号石棺	〃	5C後半			南北	223×南45 北56－31(北)
2384	同　4号墳	〃	5C末	円墳	径15m	N22°E	204×39－14(？)
2385	本屋敷1号墳前方部	双葉郡浪江町幾世橋字本屋敷	5C中葉	前方後方墳	全長36.5m、後方部辺21×17.6m・高3.3m、前方部幅8.5m・高1.27m	N72°W	177×東66 西53－26(東)
2386	本屋敷3号墳1号石棺	〃	5C中葉	円墳(墳頂部)	径13m	N61°W	225×77－26(東？)
2387	同　2号石棺	〃				N50°W	182×58－19(東？)
2388	宮本古墳	南会津郡只見町					
2389	金ヶ城跡南古墳	耶麻郡猪苗代町					
2390	漆高福寺跡古墳	耶麻郡北塩原村					
	宮城県						
2391	六反田遺跡石棺	仙台市太白区大野田					
2392	松崎古墳1号石棺	角田市横倉		円墳	径17m、高4m		290×55－40(？)
2393	同　2号石棺	〃					180×40－30(？)
2394	鱸沼1号墳1号石棺	角田市角田字鱸沼		円墳	径22m、高4m		330？×80－30(？)
2395	同　2号石棺	〃					190×40－35(？))
2396	同　3号石棺	〃					(170)×25－15(？)
2397	塔入古墳	白石市大鷹沢					

石棺の構成	遺体数	副葬品等	石材	参考文献
		土師器坏2（蓋石上）		〃
		刀子1、ガラス小玉2		〃
				〃
		直刀5		〃
		直刀1、鉄鏃10、骨鏃25		〃
				〃
蓋石2＋1（西側二重）、両側石各1、妻石各1、床石なし		鉄斧、土師器	凝灰岩板石	〃
攪乱、石材散乱				〃
蓋石9（下5上4二重）、南側石5、北側石4（両側二重）、妻石各1、床石6？	1体（？）	鉄剣1、槍先1、鉄製石突1	凝灰岩板石	〃
	人骨？	鎌		〃
攪乱、蓋石3残、南側石3、北側石2残、妻石各1、床4残		朱、鎌、鹿角装刀装具	凝灰岩	〃
		土師器（小型丸底坏）		〃
攪乱、蓋石除去、南側石10（二重）、北側石2残、妻石東1残、床石5残		墳丘西側隍内より土器、滑石製勾玉2、臼玉17	凝灰岩・砂岩	〃
攪乱、蓋石除去、両側石各4、妻石各1（東側二重）、床石4		朱	凝灰岩・砂岩	〃
				〃
				〃
				〃
				『本屋敷古墳群の研究』(1985)
		丹	花崗岩	〃
		土師器坏3	玄武岩質安山岩	〃
		鉄剣1、直刀1、鉄鏃、刀子1	カンラン玄武岩	〃
		鉄鏃、竪櫛、土師器	花崗岩・玄武岩	〃
			玄武岩	〃
				〃

	古墳名	所在地	時期	墳形その他	墳丘の規模(数値は約)	主軸の方位	石棺の規模(頭位)
2398	鷹の巣3号墳	白石市鷹巣		円墳	径14m、高1m		
2399	同 13号墳	〃		円墳	径16m、高3m		180×？40？35－30(？)
2400	同 18号墳	〃		円墳	径22m、高2.5m		170×？40？35－？(？)
2401	台町1号墳1号石棺	伊具郡丸森町金山		円墳	長径24m、短径20m、高3m		205×50－40(？)
2402	同 2号石棺	〃					170×35－25(？)
2403	同 3号石棺	〃					190×40－30(？)
2404	同 4号石棺	〃					180×40－40(？)
2405	同 5号石棺	〃					200×50－30(？)
2406	同 2号墳1号石棺	〃		円墳	径20m、高2.5m		160×35－25(？)
2407	同 2号石棺(南)	〃					190×40－30(？)
2408	同 7号墳	〃		円墳	径11.2m、高1.5m		40×45－40(？)
2409	同 13号墳	〃			径15m、高3m		200×40－30(？)
2410	同 29号墳	〃			径20m、高3.5m		140×？45？40－40(？)
2411	同 58号墳	〃					230×70－30(？)
2412	同 61号墳1号石棺	〃		円墳	径17m、高2.5m		180×40－30(？)
2413	同 2号石棺	〃					220×40－20(？)
2414	同 3号石棺	〃					180×35－25(？)
2415	同 96号墳	〃		円墳	径15m、高2.5m		190×40－35(？)
2416	同 103号墳	〃		円墳	径25m、高4m		100×30－20(？)
2417	同 112号墳	〃		円墳			180×40－30(？)
2418	同 166号墳	〃		円墳	径5m、高50cm		180×30－？(？)
2419	明神裏古墳	刈田郡蔵王町明神裏					
	山形県						
2420	青野古墳群？	山形市青野					
2421	御花山1号墳	山形市青野	5C後半	円墳			150×？43？36－？(？)

石棺の構成	遺体数	副　葬　品　等	石　材	参考文献
				〃
		鉄鏃1		〃
		鉄鏃4、石製模造品（有孔円板・勾玉・小玉）	安山岩	〃
			花崗岩	〃
		酸化鉄、土師器	花崗岩・玄武岩	〃
		朱		〃
		酸化鉄	花崗岩	〃
		丹、刀子1、土師器	花崗岩	〃
			花崗岩	〃
		丹	花崗岩	〃
				〃
			花崗岩	〃
			花崗岩	〃
		鉄鏃1	花崗岩	〃
			花崗岩	〃
			花崗岩	〃
			花崗岩	〃
		酸化鉄		〃
				〃
				〃
			花崗岩	〃
				〃
				『本屋敷古墳群の研究』(1985)
				〃

	古墳名	所在地	時期	墳形その他	墳丘の規模(数値は約)	主軸の方位	石棺の規模(頭位)
2422	同 2号墳	〃	5C後半	円墳			182×44?-60(?)
2423	衛守塚5号墳	山形市漆山		円墳			
2424	同 6号墳	〃		円墳			151×45-?(?)
2425	同 7号墳	〃		円墳			110×25-?(?)
2426	同 9号墳	〃		円墳			
2427	柴崎古墳	山形市漆山					
2428	風間古墳	山形市風間					
2429	中林古墳	山形市柏倉		円墳?			
2430	同 2号墳	〃	6C末				198×60-?(?)
2431	菅沢1号墳	山形市菅沢		円墳	径25m		200×40-?(?)
2432	同 2号墳1号石棺	〃		円墳	径56m、高4.4m		
2433	同 2号石棺	〃					200×?-?(?)
2434	同 3号石棺	〃					170×?-?(?)
2435	高原1号墳	山形市高原町小山	7C後半	円墳			256×69-46(?)
2436	同 2号墳	〃		円墳			
2437	同 3号墳	〃		円墳			130×50-?(?)
2438	同 4号墳	〃		円墳			
2439	同 5号墳	〃		円墳			58×42-?(?)
2440	同 4号石棺	〃	8C中葉				
2441	同 5号石棺	〃					
2442	同 B地点1号石棺	〃	6C末				180×46-?(?)
2443	同 2号石棺(南)	〃	8C中葉				150×50-?(?)
2444	同 3号石棺	〃					151×?-?(?)
2445	同 4号石棺	〃					?×50-?(?)
2446	同 5号石棺	〃					165×65-?(?)

石棺の構成	遺体数	副　葬　品　等	石　材	参考文献
				〃
				〃
				〃
			石英安山岩	〃
				〃
				〃
		直刀		〃
		鉄斧		〃
				〃
		埴輪	石英安山岩	〃
		埴輪		〃
			石英安山岩	〃
			石英安山岩	〃
			石英安山岩	〃
			石英安山岩	〃
		鉄鏃	石英安山岩	〃
		鉄鏃、管玉	石英安山岩	〃
				〃
				〃
				〃
			石英安山岩	〃
			石英安山岩	〃
			石英安山岩	〃
			石英安山岩	〃
		鉄剣1	石英安山岩	〃

	古墳名	所在地	時期	墳形その他	墳丘の規模(数値は約)	主軸の方位	石棺の規模(頭位)
2447	同 6号石棺	〃					
2448	同 7号石棺	〃					180×60−?(?)
2449	同 8号石棺	〃					176×60−?(?)
2450	同 9号石棺	〃					187×50−?(?)
2451	同 10号石棺	〃					?×55−?(?)
2452	同 11号石棺	〃					?×55−?(?)
2453	同 12号石棺	〃					?×55−?(?)
2454	同 13号石棺	〃					170×60−?(?)
2455	同 14号石棺	〃					190×57−?(?)
2456	同 15号石棺	〃					180×52−?(?)
2457	同 16号石棺	〃					?×37−?(?)
2458	同 17号石棺	〃					190×49−?(?)
2459	耳切古墳	山形市七浦					
2460	狐山4号墳	山形市七浦		円墳			225×99−45(?)
2461	同 5号墳	〃		円墳			103×35−35(?)
2462	同 7号墳	〃		円墳			220×65−?(?)
2463	同 8号墳	〃		円墳			131×36−?(?)
2464	上り亀下り亀古墳	山形市前明石		削平			
2465	村木沢古墳群?	山形市村木沢		丘陵上			
2466	大之越古墳1号石棺	山形市門伝	5C後半	円墳	径10m	東西	125×東60−48(東?)
2467	同 2号石棺	〃	5C後半			東西	267×東48 西38−54(東?)
2468	谷柏山A地点1号石棺	山形市谷柏	6C末〜7C中葉				215×46−?(?)
2469	同 2号石棺	〃	6C末〜7C中葉				176×38−?(?)
2470	同 3号石棺	〃	6C末				

石棺の構成	遺体数	副葬品等	石材	参考文献
			石英安山岩	〃
		鉄鏃	石英安山岩	〃
			石英安山岩	〃
			石英安山岩	〃
			石英安山岩	〃
			石英安山岩	〃
			石英安山岩	〃
			石英安山岩	〃
			石英安山岩	〃
			石英安山岩	〃
			石英安山岩	〃
			石英安山岩	〃
				〃
			石英安山岩	〃
			石英安山岩	〃
			石英安山岩	〃
				〃
				〃
				〃
西側削平、蓋石1、両側石内側各1(二重に南側3、北側1)、妻石東1(二重)、西側削除、床石2残		環頭太刀(単鳳式)1、直刀1、剣1、鉄鏃16、刀子2、鉄鉗1、鉄斧1、冑片1、鉄片4、土師器坩1	石英粗面岩	『『県報告 18』
一部攪乱、蓋石17(鎧積?)、両側石各5、妻石各1、(西側二重)、床石1		棺蓋上 馬具(杏葉1・絞具2・遊環1・帯金具他11)	石英粗面岩	〃
				『本屋敷古墳群の研究』(1985)
			流紋岩	〃
				〃

	古墳名	所在地	時期	墳形その他	墳丘の規模(数値は約)	主軸の方位	石棺の規模(頭位)
2471	去手路1号墳	山形市志戸田字去手路	6C末				200×57－?(?)
2472	土矢倉1号墳	上山市金谷		円墳	径13m、高2.5m	東西	280×57－40(?)
2473	高瀬山古墳	寒河江市寒河江字高瀬山	7C後半	円墳	径18m		235×33－57(?)
2474	根際古墳	寒河江市山辺町字根際	8C中葉	円墳			166×425－33(?)
2475	原町古墳	天童市原町		円墳			150×43－33(?)
2476	松沢1号墳	南陽市松沢		積石塚			237×120－45(?)
2477	同 2号墳	〃		楕円形墳(積石塚)	長径7m		180×82－47(?)
2478	河島山1号墳	村山市河島	7C後半	円墳	径24m、高2.4m		175×40 24－27(?)
2479	戸塚山137号墳	米沢市浅川	6C中葉?	前方後円墳(帆立貝式)	全長24m、後円部径21m・高2.8m、前方部幅9m・高1.5m	N55°E	150 × 東 50 西 46－30(東)
2480	同 2号墳	〃		前方後円墳	全長27m、後円部径17.7m・高4m、前方部幅13.5m・高3.5m	東西	363?×66－66(?)
2481	同 3号墳	〃		円墳(墳丘中央部)	径15.2m、高3m	北西－南東	200?×60＞－30?(?)

石棺の構成	遺体数	副葬品等	石材	参考文献
				〃
一部攪乱、蓋石3残、南側石14残、北側石二重(内17、外5)、妻石(東4、西5)、床石西側のみ12		鉄鏃、土師器、須恵器	石英粗面岩	『土矢倉古墳』(1969)
		直刀1		『本屋敷古墳群の研究』(1985)
	人骨?			〃
				〃
		直刀片、鉄鏃片、土師器(坩)	石英粗面岩	〃
蓋石?、両側石各2、妻石各1(西側二重)、床石板石16敷			石英粗面岩	〃
			凝灰岩	〃
蓋石1、両側石各2、妻石各1、床石板石10敷	1体(壮年♀)	櫛3、刀子1	安山岩	『米沢市埋文報告 9』
		円筒埴輪、直刀片、鉄鏃片、須恵器片	石英粗面岩	〃
攪乱、両側石各4、妻石各1、床石4		埴輪?		

あとがき

　本書が成るにあたっては、実に多くの方々のご支援をいただいた。

　私が生まれ育った茨城県は、本書の集成表にも明らかなように実に多くの箱式石棺を出土している。箱式石棺は大和政権の中枢部にあった人びとの墓葬には採用されていない。その意味では、いわばB級の墓葬といってもいいかもしれない。それが私がこの石棺にこだわった理由のひとつだったような気もするが、そうした意味でも私の研究を支えてくれた人としてまず挙げるべきは茨城県の方々であろう。就中、本書の「まえがき」にも記したが、高校時代の恩師でありその後もさまざまな局面で惜しみなく援助の手を差し伸べてくださった故大森信英先生を挙げねばならない。

　次いで大学時代の恩師であり、人生の師でもあった故大場磐雄先生の名を挙げるのは言わずもがなであろう。

　さらに本書の中枢部と言うべき集成表の作成にあたっては、奈良県立橿原考古学研究所に並々ならぬお世話になったが、同研究所の関係者各位のご協力なくしては本書は形すら成らなかったであろう。同研究所の図書室で足かけ3年もの間、近畿以西の府県および市町村教育委員会、埋蔵文化財センターの調査報告書を虱潰しに調査し、1000冊をはるかに超える膨大な調査報告書の山の中から箱式石棺部分をコピーし、カード化してデーターベース化したのが本集成表の主要部分となっている。

　そのほか多くの先哲また学友にご協力をいただいた。以下にそれらの方々のお名前を銘記して心からの感謝の意を表したい。

　佐野大和、甘粕　健、藤本　強、大森信英、亀井正道、西宮一男、森　昭、児玉真一、森本岩太郎、☆乗安和二三（以上故人）、轟俊二郎、寺村光晴、小田富士雄、石野博信、椙山林継、☆石山勲、☆島津義昭、☆正岡睦夫、☆江見正巳、一山　典、宮本一夫、菅谷文則、☆会下和宏、☆黒沢崇、柳沢　亮、菅野智則、塩谷　修、高根信和、奥田　尚、白神典之、鈴木裕明、神庭　滋、大藪由美子、川上みね子、小原俊巳、小南裕一、前田義人、藤川智之、黄　暁芬、信　立祥、信　瑩、田辺美江、高橋和成、米川暢敬の各氏。さらに奈良県立橿原考古学研究所、茨城県教育財団、茨城県歴史館、土浦市立博物館、土浦市立上高津貝塚ふるさと歴史の広場、東海村教育委員会、関城町教育委員会、麻生町教育委員会、鉾田町史編纂室、牛堀町教育委員会、潮来町教育委員会、鹿島町教育委員会、山口県埋蔵文化財センター、下関市立土井ヶ浜・人類学ミュージアム、北九州市埋蔵文化財調査室、千葉県埋蔵文化財センター、茨城大学人文学部、東京大学文学部考古学研究室の関係者各位である。なお☆印の方々には特に集成中の墓葬時期および地名表に関して再点検をご協力いただいた。

　最後になるが、本書の刊行にあたっては学生の頃からの畏友である同成社の会長・山脇洋亮氏に、刊行についてばかりでなく制作にあたってのさまざまな労を提供してもらった。昔と変わらぬ同氏の友情に満空の謝意を表するものである。

　　　　　2015年10月

　　　　　　　　　　　　　　　　　　　　　　　　　　　　　　　　　茂木雅博

箱　式　石　棺
はこ　しき　せっ　かん

■著者略歴■

茂木　雅博（もぎ　まさひろ）

1941年　茨城県行方郡麻生町生
1965年　國學院大學文学部卒業
1966年　東京電機大学高等学校教諭（〜1980年3月）
1976年　茨城大学人文学部兼任講師
1980年　茨城大学人文学部助教授（1988〜2007年　同大学教授、現在同大学名誉教授）
1982年　茨城県東海村文化財保護審議会委員（〜現在に至る）
1994年　國學院大學より博士（歴史学　文乙第113號）の学位授与
1997年　中国・西北大学文学院兼職教授（〜現在に至る）
2000年　中国社会科学院古代文明研究中心客座研究員（〜現在に至る）
2004年　奈良県立橿原考古学研究所指導研究員（〜現在に至る）
2007年　土浦市立博物館館長（〜現在に至る）

〈主要著書〉（単著のみ掲載）

『前方後方墳』（雄山閣、1974）、『墳丘よりみた出現期古墳の研究』（雄山閣、1987）、『日本古代の遺跡　茨城』（保育社、1987）、『身近な郷土の遺跡　古墳』（筑波書林、1988）、『天皇陵の研究』（同成社、1991）、『前方後円墳』（同朋社、1992）、『古墳時代寿陵の研究』（雄山閣、1994）、『天皇陵とは何か』（同成社、1997）、『日本史の中の古代天皇陵』（慶友社、2002）、『常陸の古墳』（同成社、2007）、『常陸国風土記の世界』（同成社、2011）

2015年12月24日発行

著　者　茂木雅博
発行者　山脇洋亮
組　版　㈱富士デザイン
印　刷　モリモト印刷㈱
製　本　協栄製本㈱

発行所　東京都千代田区飯田橋4-4-8
　　　　（〒102-0072）東京中央ビル　㈱同成社
　　　　TEL 03-3239-1467　振替 00140-0-20618

©Mogi Masahiro 2015. Printed in Japan
ISBN978-4-88621-715-8 C3021